"十二五"国家重点图书出版规划项目

交通运输建设科技丛书·公路基础设施建设与养护

西藏扎木至墨脱公路建设关键技术

蒋树屏　林　志　汪继泉　著

人民交通出版社股份有限公司
China Communications Press Co.,Ltd.

内 容 提 要

本书以西部交通建设科技项目——“西藏扎木至墨脱公路建设关键技术研究”为依托，系统论述了恶劣环境下山地公路建设原则、设计思路与设计方法；阐述了高山峡谷地区活动构造调查、地震地表破裂预测方法以及在环境恶劣地区地震监测台阵建立方法，预测了隧址区主要活动断裂活动特性；介绍了活动断层区公路隧道抗错断结构设计技术、高烈度地震区震害评估及隧道结构抗震设计技术、高地应力区隧道围岩稳定性预测技术与工程措施、扎墨公路典型地质灾害防治措施及环境保护技术，并总结了西藏多年来在公路病害和地质灾害防治方面的主要成果及应用建议。

本书介绍的高海拔、复杂地质地貌、恶劣气候条件下公路工程技术群，为西藏扎木至墨脱公路建设及养护提供了强有力的技术支撑，对于高寒、高地应力和高烈度地震区的隧道设计施工、地质灾害异常发育活跃区的公路设计施工、自然环境非常敏感和脆弱区的生态公路建设与保护等方面具有显著的应用价值。

本书可供从事我国西部，特别是青藏高原及其周边地区的重点公路或其他重大工程设计、施工和科研人员使用，也可作为相关大中专院校师生参考用书。

图书在版编目(CIP)数据

西藏扎木至墨脱公路建设关键技术/蒋树屏，林志，汪继泉著. —北京：人民交通出版社股份有限公司，2015.7

ISBN 978-7-114-12219-4

Ⅰ.①西… Ⅱ.①蒋… ②林… ③汪… Ⅲ.①道路工程—工程技术—西藏 Ⅳ.①U41

中国版本图书馆 CIP 数据核字(2015)第 090018 号

“十二五”国家重点图书出版规划项目
交通运输建设科技丛书・公路基础设施建设与养护

书　　名：**西藏扎木至墨脱公路建设关键技术**
著 作 者：蒋树屏　林　志　汪继泉
责任编辑：尤　伟
出版发行：人民交通出版社股份有限公司
地　　址：(100011)北京市朝阳区安定门外外馆斜街 3 号
网　　址：http://www.ccpress.com.cn
销售电话：(010)59757973
总 经 销：人民交通出版社股份有限公司发行部
经　　销：各地新华书店
印　　刷：北京市密东印刷有限公司
开　　本：787×1092　1/16
印　　张：22.5
字　　数：510 千
版　　次：2015 年 11 月　第 1 版
印　　次：2015 年 11 月　第 1 次印刷
书　　号：ISBN 978-7-114-12219-4
定　　价：120.00 元

总　序

近年来，交通运输行业认真贯彻落实党中央、国务院“稳增长、促改革、调结构、惠民生”的决策部署，重点改革力度加大，结构调整积极推进，交通运输科技攻关不断取得突破，促进了交通运输持续快速健康发展。目前，我国公路总里程、港口吞吐能力、全社会完成的公路客货运量、水路货运量和周转量等多项指标均居世界第一。交通运输事业的快速发展不仅在应对国际金融危机、保持经济平稳较快发展等方面发挥了重要作用，而且为改善民生、促进社会和谐做出了积极贡献。

长期以来，部党组始终把科技创新作为推进交通运输发展的重要动力，坚持科技工作面向需求，面向世界，面向未来，加大科技投入，强化科技管理，推进产学研相结合，开展重大科技研发和创新能力建设，取得了显著成效。通过广大科技工作者的不懈努力，在多年冻土、沙漠等特殊地质地区公路建设技术，特大跨径桥梁建设技术，特长隧道建设技术，深水航道整治技术和离岸深水筑港技术等方面取得重大突破和创新，获得了一系列具有国际领先水平的重大科技成果，显著提升了行业自主创新能力，有力支撑了重大工程建设，培养和造就了一批高素质的科技人才，为交通运输科学发展奠定了坚实基础。同时，部积极探索科技成果推广的新途径，通过实施科技示范工程，开展材料节约与循环利用专项行动计划，发布科技成果推广目录等多种方式，推动了科技成果更多更快地向现实生产力转化，营造了交通运输发展主动依靠科技创新，科技创新服务交通发展的良好氛围。

组织出版《交通运输建设科技丛书》，是深入实施创新驱动战略和科技强交战略，推进科技成果公开，加强科技成果推广应用的又一重要举措。该丛书分为公路基础设施建设与养护、水运基础设施建设与养护、安全与应急保障、运输服务和绿色交通等领域，将汇集交通运输建设科技项目研究形成的具有较高学术和应用价值的优秀专著。丛书的逐年出版和不断丰富，有助于集中展示和推广交通运输建设重大科技成果，传承科技创新文化，并促进高层次的技术交流、学术传播和专业人才培养。

今后一段时期是加快推进“四个交通”发展的关键时期，深入实施科技强交战略和创新驱动战略，是一项关系全局的基础性、引领性工程。希望广大交通运输科技工作者进一步解放思想、开拓创新，求真务实、奋发进取，以科技创新的新成效推动交通运输科学发展，为加快实现交通运输现代化而努力奋斗！

王昌顺

2014 年 7 月 28 日

序

西藏墨脱县地处青藏高原—喜马拉雅山脉东南坡、岗日嘎布山脉南面，南与印度接壤，东、西、北三面为喜马拉雅山脉和岗日嘎布山脉所阻隔，印度洋暖湿气流与青藏高原寒冷气流在此交汇，降雨量丰沛，地势高差大、内外营力作用十分强烈。其特殊的自然地理、地质构造、气候环境造就了地形起伏最大、自然坡降最大、降雨量最大、地震烈度最高、地质灾害最多、地质条件最复杂的“六项之最”，墨脱公路所在区域是当之无愧的“地质灾害博物馆”，地质灾害的严重程度在世界上也是少见的。墨脱公路建设面临三大世界性难题：一是作为墨脱公路控制性工程的嘎隆拉隧道，所在区域新构造运动强烈，存在高地应力、高烈度地震、多条活动大断层影响，如何解决这些问题是世界性难题；二是沿线地质灾害种类繁多且分布广泛，在缺乏前人研究资料、一切都是空白的基础上要对沿线灾害进行综合治理；三是墨脱公路部分位于雅鲁藏布大峡谷自然保护区实验区内，需要科学、客观地评价墨脱公路对环境的影响，并最大程度减少对环境的负面影响。

为保障墨脱公路顺利建成、破解其中重大关键技术问题，2007 年交通运输部立项“西藏扎木至墨脱公路建设关键技术研究”。通过 10 多家科研、设计和施工单位，100 多位科技人员近 9 年联合攻关，研发了 4 种调查方法，12 种创新设计方法，4 种新材料、新结构和工法，填补了 3 种资料空白，取得以下 4 个方面的主要科技创新成果：

(1)创建了喜马拉雅山地区公路隧道建设技术；

(2)建立了新构造运动异常活跃区公路地质灾害调查和防治技术；

(3)建立了恶劣环境下山地公路设计方法；

(4)研发了雅鲁藏布大峡谷自然保护区环境观测和保护新技术。

项目成果对墨脱公路的建设和运营发挥了重要作用，还对我国西部特别是青藏高原及其周边地区的重点公路，以及水利水电工程，如：进藏高速公路、南水北调、雅砻江流域开发、大渡河流域开发等重大工程的设计和施工有重要的借鉴作用或参考价值。现在,项目组同志将研究成果撰写成书正式出版。这是一件推动山区公路工程与岩土工程科技进步的好事,我衷心希望该书出版后能达到著者的初衷。在此,特向《西藏扎木至墨脱公路建设关键技术》一书的出版表示祝贺。

中国工程院院士 郑颖人

2014 年 7 月

前言

墨脱地处藏东南中印边界北侧，是当时我国唯一不通公路的县，工程资料极度缺乏。新建西藏扎木至墨脱公路穿越喜马拉雅—岗日嘎布山脉，新构造运动活跃，雨水充沛，地势高差大，地质灾害广为分布，强震破坏性效应十分强烈，是世界最不稳定地区。本书以西藏扎墨公路新建工程为依托，围绕我国高地应力、高地震烈度、地质灾害严重、气候条件恶劣等地区的公路建设与运营养护，系统论述了喜马拉雅山地区公路隧道建设技术，全面总结了新构造运动异常活跃区公路地质灾害调查和防治技术，详细阐述了恶劣环境下山地公路设计方法，提出了雅鲁藏布大峡谷自然保护区环境观测和保护新技术，形成了具有自主知识产权的高海拔，复杂地质、地貌，恶劣气候条件下修建公路工程的技术群体，为西藏扎木至墨脱公路建设及养护提供了强有力的技术支撑。

本书共分 10 章。第 1 章阐述了扎墨公路存在的主要技术问题及其国内外研究现状与研究方案；第 2 章系统论述了恶劣环境下山地公路建设原则、设计思路与设计方法；第 3 章阐述了高山峡谷地区活动构造调查、地震地表破裂预测方法以及在环境恶劣地区地震监测台阵建立方法，预测了隧址区主要活动断裂活动特性；第 4 章阐述了穿越活动断层隧道超挖、铰接和隔离消能 3 种抗错断设计方法；第 5 章阐述了近场地震动输入方法、新型隔震材料泡沫混凝土以及公路隧道抗减震设计方法；第 6 章阐述了地应力测试的综合方法，最大熵最优相对隶属度岩爆预测方法及岩爆防治措施；第 7 章详细介绍了扎墨公路沿线主要地质灾害形成机理、发育及分布规律，全线 80 条泥石流沟和 64 处滑坡崩塌的综合防治技术；第 8 章阐述了应用 RS 技术对十余年来扎墨公路沿线周边区域的植被指数、植被覆盖度、叶面积指数和植被净初级生产力等生态指标进行时—空变化分析的环境观测评价方法，以及环境保护技术；第 9 章总结了西藏多年来在公路病害和地质灾害防治方面的主要成果，以及应用建议；第 10 章对全书的主要内容进行了归纳总结。

本书由招商局重庆交通科研设计院有限公司牵头，会同中交第二公路勘察设计研究院有限公司、交通运输部科学研究院、西藏自治区地震局工程研究所、西藏自治区地质环境与灾害防治科学研究所、四川武通路桥工程局等单位，依托交通运输部西部课题“西藏扎木至墨脱公路建设关键技术研究”的研究成果编写而成。感谢王锦河、冉仕平、王洁、曹忠权、马和平、何先志、谢正理、田金昌、郭小红、刘海京、程尊兰、刘涌江、陈卫忠、张前进、尤惠川、程春明、乔春江、邹宗良、谢平、成民、刘九林、方林、白玛次仁、张晓峰、靳晓光、曹广华、王芳其、何子文、张晓刚、程崇国、秦峰、孙建国等对本书的贡献。本书对于从事我国西部,特别是青藏高原及其周边地区的重点公路或其他重大工程设计、施工和科研人员具有重要借鉴价值,亦可供相关大中专院校师生参考使用。

由于编写人员水平有限,书中难免存在不足之处和不当之处,敬请读者批评指正。

作　者

2014 年 7 月

目　录

第1章 绪 论

1.1 项目概况

1.1.1 工程背景

墨脱县是我国唯一不通公路的县。墨脱县是门巴、珞巴等少数民族聚居区，西、北、东三面被喜马拉雅山和岗日嘎布山阻隔，南面与印度、缅甸两国接邻，雅鲁藏布大峡谷及其支流帕隆藏布峡谷穿行其间，地形十分险要。由于客观条件制约、地质灾害频发，公路屡建屡毁，长期以来，进出墨脱县的物资全靠人背畜驮，翻山越岭。人口不多，经济发展滞后。

为解决墨脱县通公路问题，交通运输部、国家发改委、西藏自治区领导十分关心，高度重视，立项建设西藏波密扎木至墨脱公路，真正解决好墨脱县通路通车的问题，图1-1为西藏扎墨公路新建工程路线平面示意图。

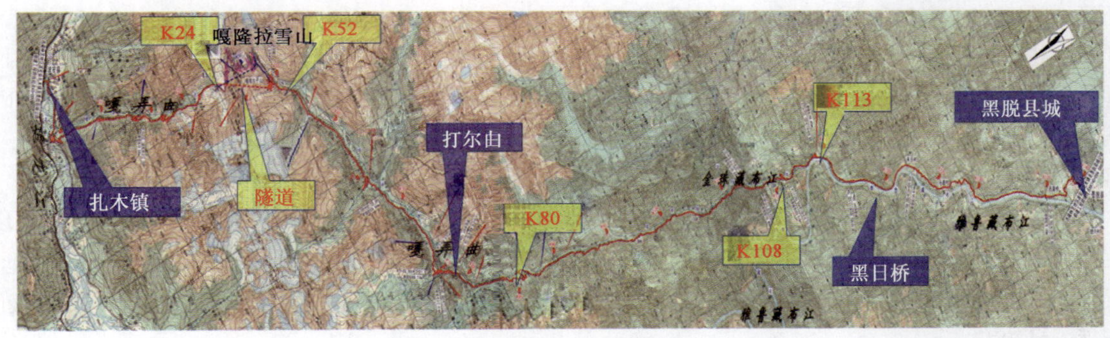

图1-1 西藏扎墨公路新建工程路线平面示意图

扎墨公路新建工程起点位于波密县扎木镇老扎墨公路与318国道的交叉点，利用扎木大桥，向南经嘎隆寺（K24），以隧道穿越嘎隆拉雪山进入墨脱境冈戎勒（K52），之后路线沿嘎弄曲右岸原始森林行进，经洒拉库（K69）、波弄贡（K80），于K108跨越金珠藏布至K113，路线继续沿雅鲁藏布江左岸半坡行进，经米日、马迪，跨西莫河，到达终点墨脱县城墨脱镇莲花广场，全线长117.278km。路线所经过的地形最高海拔约4 300m，最低海拔约820m，相对高差为3 480m。

路线平纵指标：

①最小平曲线半径，一般路段15m，特殊困难地段8m；

②最大纵坡，一般路段10%，特殊困难路段14%；

③平均纵坡，不大于7%；

④最小平曲线长度，一般路段不小于40m，地形极其复杂地段不小于20m；

⑤错车道设置，有条件路段，每公里2～3处，困难路段至少1处。

工程特点：

①项目区域气候、气象条件特殊；

②地质条件极其复杂，不良地质发育；

③地形复杂；

④地震烈度高；

⑤项目建设条件差，人工、材料单价高，施工周期短；

⑥项目风险性高，大部分工程在大的地质灾害面前存在损毁的可能。

施工条件：

①墨脱境内雨季长，气候条件恶劣，严重影响工程施工；

②运输条件极差，大型机械设备无法通行，建设成本高；

③施工及生活物资供应困难；

④医疗卫生条件差，电力供应不足；

⑤沿线场地狭窄，施工期间保通压力大；

⑥劳动力依靠外地招募，人工单价偏高。

全线重难点工程：K9、K14雪崩沟，众多泥石流的处理；嘎隆拉隧道，进口接线湿地路基处理，弃渣堆放问题；嘎隆拉隧道，出口接线岩堆路基处理；"K89"滑坡、打尔曲大型崩塌、芒给沟泥石流；K108～K113两端新线、马迪2及3号滑坡、西莫桥、达国桥；众多泥石流、水毁和滑坡。

嘎隆拉隧道全长3 360m，隧道进口设计高程为3 775.559m，位于岗日嘎布山北坡谷地的中间坡脚，隧道出口设计高程为3 645.170m，位于岗日嘎布山南坡西侧。根据地震安全评价方法得到的工程场地设计地震动参数结果，结合《中国地震动参数区划图》(GB 18306—2001)的相关规定，本工程场地的地震基本烈度为Ⅷ度。

隧道区地层主要有第四系土层，及燕山—喜马拉雅期的花岗岩类，基岩大多裸露，仅在山凹、缓坡及坡脚处被第四系土层所覆盖。第四系土层(Q)分布于隧道处的山凹、缓坡及坡脚地带，主要为崩坡积物和冰碛物。花岗岩类主要为黑云母花岗岩、混合花岗岩、二云母花岗岩及花岗闪长岩。

1.1.2 扎墨公路历史沿革

长期以来，中央人民政府和西藏自治区政府对墨脱公路的修建都十分重视。早在20世纪50年代即开始调查研究，70年代开始修建，历经了几代公路人的艰苦努力，付出了巨大的代价，皆因环境恶劣、资金不足、技术手段落后等诸多因素，加之气候多变，塌方、洪水、泥石流、雪崩等灾害一年四季轮番发生，墨脱公路几经上马又几次下马，始终没有建成通车。

1962年开始沿雅鲁藏布江修筑通向墨脱的公路，但只修筑了8km，花费800万元，死亡8人。路，一直没有修通。

1975年，国家投资2 400万元修筑从波密县的扎木翻多热拉通往墨脱的公路。后因资金、地质条件、自然灾害等原因，修建了80km后被迫停工。

1988～1989年，西藏自治区又投入200万元资金，用于修整扎木至墨脱公路K80处的路段。

1990～1993年,国家先后拨款1400余万元,用于墨脱公路K80处至县城路段的建设。

1994年2月1日,《人民日报》发布了我国最后一个不通公路的墨脱县通车的消息,各族人民载歌载舞,迎来了进入墨脱的第一辆汽车。由于地质环境恶劣,雨水多,公路修通不久就出现多处大面积塌方和泥石流,部分路基在雨季的洪水肆虐下荡然无存。所谓的“通车”实际上只通了一天车,也只通过一辆车。这也许是世界上通车时间最短、车流量最小的一条新建公路。而那辆解放牌大卡车,最终也没能再开出来。

1995～1997年,西藏自治区交通厅开始对墨脱公路进行养护,基本实现了季节性、分段、简易便道通行的目标。2000年易贡冰湖溃决,再次冲毁扎墨公路多处路段。

2000年至今,西藏自治区财政厅、交通厅每年筹措少量资金,实施保通工程,维持扎墨公路每年夏季约两个月的间断性便道通行的目标。

1.1.3 项目研究的重要性

扎墨公路之所以屡建屡毁,是其独特的自然地理条件决定的,这也是“西藏扎木至墨脱公路建设关键技术研究”项目开展的主要原因。

墨脱县南迦巴瓦地区处于我国新构造运动强烈的藏东南,是印度板块东北角与欧亚板块交互作用的前缘地段,由于太平洋板块的砥柱作用,南迦巴瓦地区成为强大应力高度集中地区,构造运动特别是新构造运动既强烈又特殊,成为强烈的地震活动中心。新构造运动也使该区地质构造复杂化,并在外营力参与下使地貌形态特殊化,塑造出独特的孕灾地质环境。强烈的新构造运动,对公路设计和建设造成极其不利的影响。

墨脱区域气候、气象、地质条件极其复杂,如图1-2所示。由于长期与外界隔绝,境内气候、气象、地质等各种基础资料基本为空白,能收集到的主要是一些科学考察文献资料,对工程仅能起到宏观参考作用。尽管整个勘测期间进行了不间断的观察,也采取了一些高科技手段,但对于一些需要长期观测才能获取的数据(如最大降雨量、降雪量、冰雪消融速度等)在测设周期内很难确定下来,这给沿线地质灾害的分析、预测带来了相当大的难度。

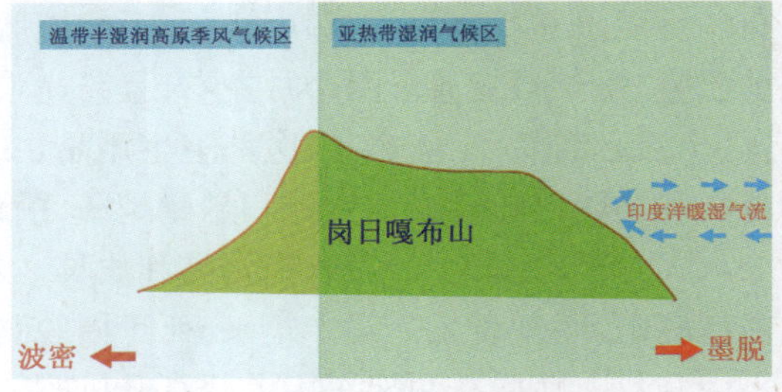

图1-2 西藏扎墨公路气候分区示意图

1.1.4 扎墨公路存在的主要问题

扎墨公路设计里程约117.278km。项目区气候、气象条件特殊,地质条件极其复杂,不良地质发育。该地区位于欧亚板块与印度板块的缝合线上,印度洋暖湿气流与青藏高原寒冷气流交汇区,新构造运动活跃,雨水充沛,地势高差大,内外营力作用十分强烈,是世界最不稳定地区,松散堆积物厚度大,河流动力地质作用强烈。地质灾害种类繁多,泥(水)石流、滑坡、崩塌、水毁、冰雪害及路基渗水翻浆等不良地质广为分布。强震破坏性以及地震效应十分强烈。

原墨脱公路全长141.2km,1973年开始测量,1975年动工,建设历时5年之久,最终被迫停工。其主要问题有：

(1)路线翻越海拔4 300多米的多热拉山,该地段积雪和雪崩十分严重,一年只能通车两个月。由于路线在山的两侧强行展线,回头线多设在横坡较平缓的地带,而这种地带恰好是雪崩体堆积区,雪崩路段也很多,大的约23处,其堆积厚度一般达5~10m,如不人工扫雪和清除滚石则无法通车。该路段路基宽度很窄,没有破坏的也多为4.5m左右,平纵面突破四级路技术标准处很多,特别是回头曲线处,有的半径只有5~6m,纵坡有的超过15%。无边沟,无防护,排水工程(如涵洞等)严重不足,且多为临时性的,致使雨季水在路基上漫流。

(2)原墨脱公路若干路段如打尔曲(原里程K68)至达国桥(原里程K108)段,相对高差超过1 700m,原路线线位很低,紧靠嘎隆藏布和金珠藏布。由于两条河流比降很大(7%~13%),河水湍急,河床深切,两岸极不稳定,线位靠近河槽,支流流域长,水量大,泥石流对公路的危害加大。更为严重的是,路线展线地段多分布在泥石流堆积体或者滑坡体上,遇暴雨、山洪、地震时,会产生塌方、滑坡、泥石流和水毁灾害。由于灾害点多,灾害规模大,每逢雨季,公路就被毁坏分割成许多小段,使交通中断。

现在,原墨脱公路冬季雪封山,夏季水断路,一年之中基本上是南通北阻、北通南阻的状况。由波密方向运进的物资多在8~9月份,抢修多热拉段道路后运至波弄贡(即K80),待雨季过后再用小型车辆或人挑马驮运往墨脱县城。

由于异常复杂的地质原因,墨脱是一个自然灾害极为频繁的地区,洪水、泥石流、滑坡、地震、冰雪灾害等司空见惯,随时发生。由于受喜马拉雅山脉和岗日嘎布山的阻隔和频繁的自然灾害影响,直到本项目竣工前,墨脱仍是全国唯一不通公路的县。从墨脱走到有公路有汽车的地方,最短也要4天,并且沿途猛兽出没,雪崩、泥石流等随时可能发生。

墨脱县西、北、东三面为喜马拉雅山和岗日嘎布山阻隔,雅鲁藏布大峡谷及其支流帕隆藏布峡谷无法通行,南面与印度接邻,通往墨脱的路都要翻过4 000m以上的高山隘口,冰冻、积雪严重,每年只能通车两个月左右,且路途艰险,气候恶劣,安全无保障。墨脱军民所需建设物资、生活必需品、工业产品、医药卫生用品、文化教育用品等,每年几十万斤,都要靠人背、畜驮。背夫和马队伴随着崇山峻岭和悬崖峭壁,蹒跚于荆棘丛生、崎岖难行的羊肠小道,来回一趟需七八天乃至十多天,沿途自带食品和炊具。无论走哪条道,都要翻越雪山,即使在盛夏,山上仍白雪皑皑,寒气袭人。几十年来,死于墨脱路上的部队官兵、普通老百姓以及运送物资的牲口不计其数。前后有两架军用黑鹰直升机坠毁于多雄拉山口。由于运输条件恶劣,后勤保障跟不上,边防部队被迫撤出三分之一,墨脱县党政机关减员三分之一,仍难以维持。

1)隧道

岗日嘎布山脉是新建扎墨公路必须翻越的山脉,其南坡地处印度洋暖湿气流的迎风坡,强对流天气导致冬季的强降雪,海洋性冰川十分发育,积雪时间一年长达10个月,是制约扎墨公路通行时间的主要因素。为确保常年通车,建议修建嘎隆拉隧道。

扎墨公路嘎隆拉隧道位于青藏高原东南部的喜马拉雅山脉与横断山脉的交接处,构造上属喜马拉雅东西向构造带、冈底斯褶皱带和雅鲁藏布江缝合带的弧形转折部位,新构造运动强烈,发育有众多大断裂,隧址区高地应力与高烈度地震并存。而且隧址位于高海拔地区,空气稀薄,气候严寒,各种物资极端匮乏,隧道存在防冻、防雪等设计问题,以及在高海拔无人区的施工问题。如图1-3所示,修建嘎隆拉隧道将面临众多技术难题,必须开展针对性极强的课题研究，为该隧道的设计、施工与运营提供技术保障。

a)隧道进口

b)隧道洞口环境

图 1-3 西藏扎墨公路嘎隆拉隧道进出口地形

在青藏高原如此复杂的地质条件下，由于高地应力的存在给隧道工程建设带来一些新的问题，需要采取适当的工程措施来解决，如果没有对此形成足够的认识，可能给隧道建设带来一系列极为不良的灾害（如岩爆、隧道大变形等）。

隧道所处的东喜马拉雅构造是现今青藏高原构造变形最为强烈的地区之一，伴随着地壳NE-SW 向的强烈缩短和应力释放，发生了一系列的中强以上的地震，其中 1950 年发生在该地区的阿萨姆大地震（$M=8.5$）就是该地区应力释放的结果；在青藏高原东部通过 GPS 测量获得的观测结果表明，由于南迦巴瓦—阿萨姆“犄角”的楔入作用，青藏高原东部及邻区的地壳运动特征表现为围绕东喜马拉雅构造结的顺时针涡旋运动，也使得东喜马拉雅构造结地区变形十分强烈。由于扎墨公路嘎隆拉隧道地形复杂，无法避让活动断裂，尤其是穿过隧道的 NW 向嘉黎断裂和 NE 向的马尼翁断裂，均为全新世活动断裂，破碎带较宽，次级断裂发育，不仅存在发生同震地表错动的可能，而且存在由于附近大地震的发生诱发的同震错动，并可能引发与断裂相关的次生地质灾害。因此，对隧道附近的嘉黎断裂和马尼翁断裂，必须研究其对隧道的影响，并努力把灾害减小到最低程度。首先要通过大范围内断裂的调查，研究断裂的空间结构和几何结构，查明其从深部到浅部的活动成因和机制，从青藏高原整体演化过程来说明其在时间上的演化过程以及最新活动习性。其次在这两条断裂穿过隧道段进行详细地质调查，划分主断裂及次级断裂，判定断裂的精细结构和活动习性，进而对断裂可能对隧道造成的错动危害及引发的次生地质灾害进行评价，并提出相应的防治对策，以达到防治灾害或将灾害减小到最低的目标。

2）地质灾害

墨脱县位于西藏东南边陲，地处岗日嘎布山脉南侧，属深切割高山峡谷地貌，地形十分险要，是我国唯一不通公路的县。其主要原因就是由于地质、地貌、水文、气象等条件组合形成独特而又非常脆弱的自然环境，地形陡峻，高差极大，构造活动强烈，地震活动频繁，岩体十分破碎；气候的垂直分异和水平分异都很显著，还多有局地性暴雨和积雪。这种自然环境导致公路沿线地质灾害分布广泛，类型齐全，是西藏地区地质灾害危害最严重的地区之一，尤其是频频发生的泥石流（K20 + 800 ~ K21 + 000、K58 + 120 ~ K58 + 750、K88 + 730 ~ K88 + 930）、滑坡（K92 + 355 ~ K92 + 670）、崩塌、水毁、冰雪灾害和大面积的路基渗水翻浆作用，导致公路屡建屡毁，直接影响到公路修筑和畅通，解决这些问题成为修筑墨脱公路十分迫切的关键技术问题。该公路曾修建后即刻毁坏，导致长期不通，90% 以上是由泥石流（86 条）、滑坡（14 处）、崩（坍）塌（3 处）、雪崩（7 处）和河岸坍塌（6 处）等作用造成的。其中泥石流、滑坡危害十分突出，如图 1-4 所示。因此，把“西藏扎墨公路典型地质灾害防治对策研究”作为扎墨公路建设的关键技术之一，弄清楚典型地质灾害的发育机理、形成条件、稳定性等对保障扎墨公路的顺利修建和建成后的顺利通行具有十分重要的意义。

图 1-4　西藏扎墨公路新建工程沿线地质灾害

3)环境保护

扎墨公路设计里程 117.278km,其中有 91km 位于雅江大峡谷自然保护区实验区内。大峡谷地区发育着我国仅有的以热带为基带,经山地亚热带、山地温带一直到高山寒带的完整的立体气候类型,并成为世界上生物多样性最丰富的山地,被世人誉为"植被类型的天然博物馆"、"生物资源的基因宝库",在世界生物多样性保护方面具有极其重要的地位。长期以来,由于交通条件的限制,人力背夫是墨脱县唯一的运输方式,而且受气候的影响,一年中大部分时间处于封闭状态,正因为如此,墨脱县被誉为"人类最后的秘境",自然环境处在最原始状态。

扎墨公路的建设必然会提高人民生活水平,促进经济社会的发展,同时有助于减少原始生活方式对环境的破坏。但毋庸置疑,公路建设也不可避免地会引起水土流失、植被破坏等生态破坏,而施工和运营期间也可能会对项目区域水、大气、声环境质量造成一定的影响。

这些不利影响的存在,加上扎墨公路所在区域环境的敏感性,公路建设必然会引起国内外各界人士的关注。因此,公路建设会对环境造成何种程度的影响,就成为在公路建设之前和建设过程中必须回答的一个重要问题。如何科学、客观地评价扎墨公路建设对环境影响的程度,从而向公众做出回答,并及时发现问题,指导设计与施工,减少或避免对环境的负面影响,就成为一个亟待解决的问题。

综上所述,扎墨公路沿线生态环境问题十分敏感,地质条件极其复杂,具有很好的代表性,修建公路面临着众多世界性的难题。为了保证扎墨公路的顺利建设和运营,有必要先期进行重大关键技术问题的研究。

1.2 国内外研究现状

1.2.1 活动断层对隧道的影响

在高海拔地区修建公路隧道往往会面临高地应力、高地震烈度、恶劣气候、生态脆弱等问题。如何解决这些问题是世界性难题。

目前,国内外学者对活断层与隧道之间关系的研究相对来说比较少。若隧道位于活断层错动区段,一般很难于震灾后幸免,因此,选线时应尽量避免与断层相交。若因为线形限制必须穿越断层时,应尽量保持正交位态,以缩小受影响的范围,而支撑结构设计及断面配置时,应考虑变位余裕量和修复容易的策略。

嘎隆拉隧道进口段处于通麦—嘎隆寺活动断裂影响范围内,隧道轴线与附近的马尼翁活动断层平行,间距 200~500m,如图 1-5 所示。因此,研究两条活动断层对于嘎隆拉隧道的影响至关重要。通过文献检索和资料查阅,目前国内外几乎没有一位学者做过这方面的定量研究,已有规范也没有涉及活断层与隧道安全距离方面的规定。

活动断层对深埋隧道工程的影响主要表现在两个方面,即活动断层对地应力场的影响和活动断层运动模式对隧道围岩稳定性的影响。其中活动断层的运动模式是影响工程稳定性及安全性的重要因素。运动形式可分为黏滑和蠕滑两种运动,地震时断层快速破裂就是一种黏滑错动。蠕滑是不伴随地震的断裂缓慢错动,它是弹性应变积累和地震形成的抑制因素。对于地下工程的影响主要表现为:岩体振动引起的破坏(即抗震问题),断层活动造成的破坏(即抗断问题)。

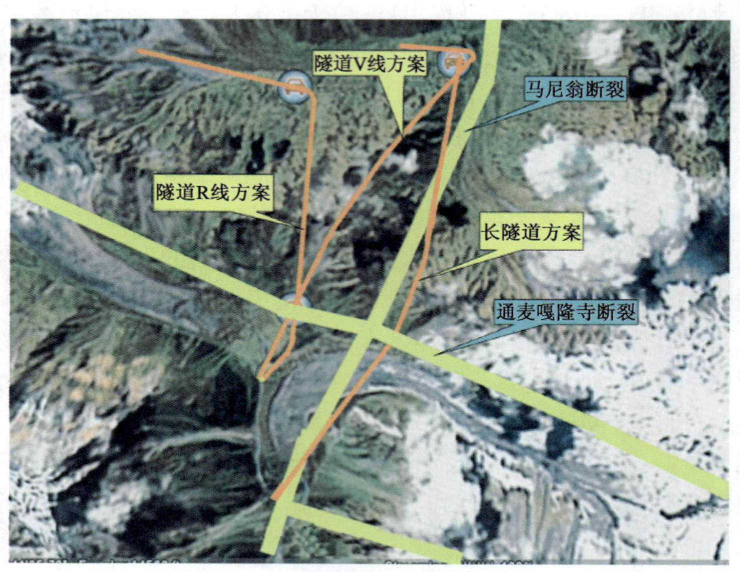

图 1-5　嘎隆拉隧道与活动断层平面图

此外,活动断层的错动剪切破坏不仅使隧道工程难以修复,甚至可能造成工程的彻底毁坏。1930 年日本伊豆地震,当时惠那第一线隧道正在修建,上覆厚约 40m 由黏土和漂砾组成的古代湖泊沉积,地震使其排水隧洞在穿越惠那断层处发生水平错位 2.39m,竖向错位 0.6m,主隧道边墙数处产生裂缝。1971 年美国圣佛南都地震,附近 5 座隧道受到不同程度的损害,其中 2 座穿越或靠近发震断层的隧道损害和错位现象较为严重,2 座隧道出现了非破坏性的裂缝,1 座隧道轻度损坏。"5 · 12 汶川大地震"中,近发震断层区都汶公路高速段多座隧道的震害再一次深刻表明,近发震断层的地震动明显不同于远离震源地区的远场地地震运动,对隧道工程造成的破坏也更加严重。通过现场调查,汶川大地震中隧道震害有以下特点:

总体而言,距离汶川地震震中越近的隧道震害越强烈,烧火坪隧道和龙溪隧道就在震中映秀附近,因此,其震害程度非常严重;都汶公路高速路段的 3 座隧道距离汶川地震震中的直线距离小于 15km,震害均为严重受损,而且随着震中距的减小隧道受损变得更加严重(图 1-6、图 1-7)。

a) 剪切破坏

b) 二次衬砌整体垮塌

图 1-6　龙溪隧道地震破坏

a)二次衬砌掉块

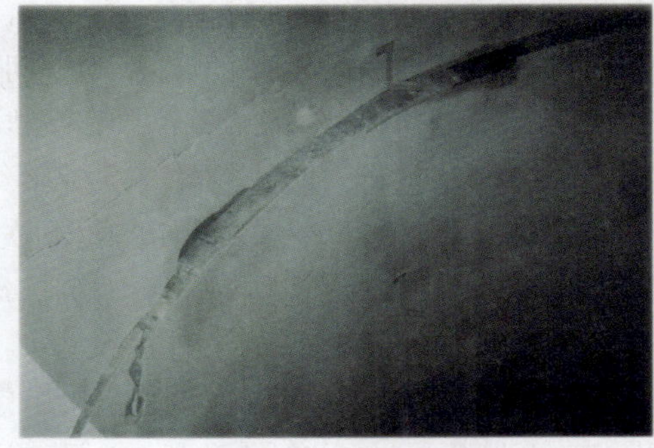

b)施工缝错动开裂

图 1-7 龙洞子隧道地震破坏

都汶公路从南至北穿越龙门山断裂带,虽然隧道没有直接跨越汶川地震的主要发震断裂——映秀—北川断裂,但是高速路段的3座隧道处在龙门山前山断裂和中央断裂(映秀—北川断裂)之间。中央断裂和前山断裂之间的次级断层会因为发震断裂而产生一定的活动。高速路段的3座隧道震害非常严重,而且在洞内次级断裂带两侧一定范围内,震害特别显著。如龙溪隧道进口左洞LK22+115附近发育F8断层,震后发现在该断层两侧各约100m范围内(LK22+011~LK22+220)出现二次衬砌混凝土坍落、开裂和错台以及仰拱隆起(最大达60cm)等严重震害现象。

虽然近断层地震动研究成为热点,但是与隧道工程学相结合的研究则呈空白状态。迄今为止,对于隧道地震响应分析主要集中在远场条件下,而对近断层隧道的动力响应分析也与远场地震动等同视之。究其原因,主要有两个方面:一是地震动输入问题。在相当长一段时间内,对近断层地震动数据记录非常少,这极大地限制了近断层隧道地震动研究。二是对于近断层区域,破坏性大,地震动特征相当复杂,这种复杂性给近断层隧道抗减震理论研究带来了较大的难度。

针对活动断裂引起的隧洞工程抗断问题研究还不是很多,可以借鉴其他方面的研究成果。有文献将活动断裂的错动模拟为6种不同方向的错动,研究了错动对输水管道位移场的影响,对其安全性进行了评价。冯启民等研究了埋地管道在大位移断裂错动下的反应,并且指出作用的效应与断裂类型及管道埋深均有关系。准确预估活动断裂的运动及变形模式,是分析和评估隧洞工程稳定性的基础。1994年R. John. Caulfield等在美国加利福尼亚南部的克莱尔蒙特输水压力隧道工程中,采取了扩大隧道断面尺寸、减小衬砌节段长度及节段间设置剪切缝的抗断措施。2002年Russo. M等在土耳其Bolu公路隧道工程中,提出了隧道衬砌节间采用刚度相对较小的柔性连接的抗断防护设计,2005年A. R. Shahidi等在希腊的Koohrang-Ⅲ输水压力隧道工程中也采用了相同的设计方法。2004年,在国内的乌鞘岭铁路隧道建设中也遇到穿越活动断层的问题,梁文灏等采取了扩大断面尺寸的抗断措施。

有关结构抗震及相关的动力学问题,早在20世纪已经成为结构工程领域的研究热点,并且已经取得极大进展,但大多集中在地面工程领域。在地下结构方面,Sharma收集了192篇报告所反映的世界范围内85次地震中地下洞室的性态,对全球范围内地下洞室在地震作用下的性态的定性资料进行了综述(1991);Robert Rowe(1992)亦进行了类似的研究,认为软地层、弱土层或弱岩层中的隧道,比起那种建在硬的、完整的地层中的隧道更易受地震损害。同济大学李国豪院士主编的《工程结构抗震动力学》和《工程结构抗爆动力学》就工程结构(包括地基基础、工民建结构及桥梁结构)抗震问题进行了总结,在地下结构动力学领域,我国在山岭(铁路,公路)隧道、地下铁道(盾构隧道)、沉管隧道等领域也取得了一定进展。在隧道设计领域,我国现行《建筑抗震设计规范》(GB 50011—2001)适用于地面建筑,对地下结构抗震问题基本没有提及;原《公路工程抗震设计规范》(JTJ 004—1989)规定了单车道和双车道隧道验算抗震强度和稳定性的范围;连拱隧道在我国属于新型结构,其双跨紧连,双跨度远大于单洞双车道,双向3车道大跨扁平连拱隧道也开始在公路隧道中大量采用,相关规范未对此做出明确规定。如果隧道位于地震高烈度区内,需进行结构动力分析,并进行抗震验算。

在地震特性研究中,主要集中在地震峰值加速度及谱特性等地震动参数衰减关系及地震动模拟方法的研究上,近年来,考虑地震动速度和位移特性的地震动模拟研究工作取得了一些初步研究成果并得到了应用。地震荷载既是动荷载又是往复荷载。因此,在地震荷载作用下,岩体的强度和变形等力学特性一方面受动荷载的变形/加载速率的影响,另一方面也受往复荷载的影响。特别是在往复荷载作用下,由于循环应力作用造成岩石材料的损伤以及节理面的磨损和钝化,对地下工程的安全有不利影响。高烈度地震作用下,隧道岩体的地震动力响应方面的研究,目前主要集中在震后现场调查以及数值分析的初步工作上。Shama根据震后现场调查,分析了地下岩体工程的变形破坏模式、程度与覆盖层厚度、岩石类型、支护类型和地震参数之间的关系;李小军应用拟静力极限平衡法、Newmark法、有限元和离散元法分析了地下洞室在地震荷载作用下的速度、加速度、位移等响应特征和规律;涂劲、陈厚群、杜修力等采用大学地震模拟振动台的大比例动力模型试验,应用有限元法结合人工投射边界的地震波动模拟方法和动接触力模型,模拟水电站坝基的地震动力反应;贾艾晨等根据大坝地震反应整体应力分布情况,提出多层断面云图显示方法,可将多层断面的应力云图在同一画面中显示出来;M. Cervera应用损伤力学模型对大坝进行地震评估,并对大坝受到随机产生的不同烈度的地震波激励进行分析,作为大坝安全性评价的依据。对于地震动峰值加速度系数在0.4以上地区的隧道工程的设防标准问题,不论是高速公路隧道还是一般公路隧道,也不究其是长大隧道还是中短隧道,目前国内还比较缺乏经验和资料,应开展工程场地地震安全性评价工作,进行地震危险性概率分析、场地地震动参数确定和地震地质灾害评价,并据此开展隧道地震课题设计,确保工程抗震的可靠性,使隧道结构有足够的抗震能力,力争做到"小震不坏、中震可修、大震不塌"。

近断层地震动(Near-fault Ground Motion)是近年来国内外地震工作者研究的新兴领域。在1957年的美国Port Hueneme地震中,地震研究工作者和土木工程师发现,从近断层区域获得的地震动与从较远的区域获得的地震动具有一些显著不同的特征,这是人们对近断层地震动的最初认识。对于近断层地震动,到目前为止还没有一个严格的定义,大部分研究人员将距离断层破裂面小于20km的区域看作近断层区域(Bray等,2004;Somerville,1998,2000;Mavroeidis等,2002,2003),而Stewart等(2001)认为断层距的界限值应取20~60km。近断层地震动的基本特征主要有:近断层强地震动的集中性(Concentration of Near-fault Strong Ground Motions);地表破裂和永久位移(Surface Rupture and Fling-step);破裂的方向性效应(Rupture Directivity Effect);近断层的速度脉冲(Nearfault Velocity Pulse);上盘效应(Hanging Wall Effect)。

1.2.2 岩爆预测与防治

在深埋隧道施工中常遇到岩爆(Rock Burst)(图1-8)。什么是岩爆现象?为什么会发生岩爆?即岩爆的发生机理是什么?它与哪些因素相关?国内外专家学者对此做了大量研究,但由于隧道围岩地质的复杂性,还没有一个公认的结论和一致看法,有些现象的本质还难以解释。

a)

b)

图1-8 岩爆

关于岩爆机理分析,主要有以下几种理论:

(1)强度理论

早期的强度理论着眼于岩体的破坏原因,认为地下洞室周围产生应力集中,当应力集中的程度达到围岩强度极限时,岩层突然破坏,发生岩爆。近代的强度理论主要考虑岩体—围岩系统复杂受力状态的极限平衡条件,并注重应用实测资料进行定量分析。认为导致岩体承受的应力 σ 与其强度 σ' 的比值,即 $\sigma/\sigma' \geqslant 1$ 时,导致岩爆发生。格里菲斯理论认为,岩爆为拉伸破坏;用莫尔—库仑准则解释,岩爆为剪应力作用产生的剪切破坏;陈宗基教授认为岩爆为岩体扩容破坏。福尔泽克等采用不同加载速度对炭质页岩进行的强度试验表明,缓慢加载时,试件破坏应力小,变形量大,破坏过程平缓;快速加载时,试件破坏应力增加,变形量较小,破坏过程短促,试样崩裂。

强度理论忽略了岩爆最主要的动力学特征,容易将围岩的一般脆性破坏与具有弹射特征的岩爆破坏相混淆。

(2)能量理论

20世纪60年代中期,Cook等人提出,岩爆是由岩体—围岩系统在其力学平衡状态破坏时,释放的能量大于消耗的能量所引起的。这种理论较好地解释了地震和岩石抛出等动力现象。同一时期,Denkhaus给出了岩爆的能量平衡方程式,对释放和消耗的能量结构进行了分析。其后,И. М. Пемухов也对Cook等人的理论进行了补充和完善。Wafflow提出了无摩擦剩余能量理论。这些理论从能量的角度解释了岩爆形成的原因,对岩爆机理研究起到了重要的推进作用。其不足之处是没有考虑时间因素和能量释放的非均匀性。

(3)刚度理论

刚度理论是在20世纪60年代中期由库克和霍杰姆在控制岩样破坏的研究中发现并提出的。他们发现试样的应力—应变曲线的下降斜率超过压力机刚度时,破坏过程就成为不稳定的,岩石呈现突然脆性爆裂,而在刚性试验机加载条件下,达到极限强度后岩石的破坏平稳。经分析认为,这是由于试件的刚度大于试验机的刚度导致的。

20世纪70年代,Black将矿柱视为矿山结构,矿体的刚度大于矿山负荷系统围岩的刚度,认为这是产生岩爆的必要条件。80年代,И. М. Пемухов认为,岩爆发生是因为那里的岩体破坏时实现了柔性加载条件,在他的研究中也引入了刚性条件,并且明确认为矿山结构的刚度是峰值后载荷—变形曲线下降段的刚度。

刚度理论简单、直观,但是没有对地层结构与地层负荷系统的划分,也没有明确给出刚度的概念。

(4)岩爆倾向理论

岩石本身的力学性质是发生岩爆的内因条件。用一个或一组与岩石本身性质有关的指标衡量岩石的岩爆倾向强弱,这类理论就是所谓的岩爆倾向理论。表征岩石岩爆倾向的指标很多,其中常用的有弹性能量指数、岩石冲击能指标、岩石的脆性系数等。

(5)"三准则"理论

在研究强度理论、能量理论和冲击倾向理论所提出的岩爆判据基础上,我国学者李玉生等把强度准则视为矿岩的破坏准则,作为岩爆发生的必要条件;把能量准则和冲击倾向度准则视为矿岩突然破坏准则,作为岩爆发生的充分条件。当三个准则同时满足,才是判定岩爆发生的充要条件。

该理论没有给出三个准则的具体形式,且需确定的参数太多,使用不方便。

(6)失稳理论

失稳理论是将围岩看成一个力学系统,将岩爆当作围岩组成的力学系统的动力失稳过程。失稳理论认为,只有在矿岩破裂时有多余能量释放才可能发生岩爆。这与能量理论是一致的,但能量理论未涉及能量释放条件,也不能解释发生岩爆的动力学过程。失稳理论是从矿岩破坏机制出发而提出来的,矿岩变形稳定性问题存在于矿岩进入极限强度后变形区域内。

该理论认为,岩石在已具备大量弹性应变能及峰值强度以后处于非稳定的平衡状态,在干扰性因素(如洞室的开挖、地震、围岩振动等)的影响下,岩石会失稳,产生岩爆。

该理论使岩爆机理研究定量化和进行数值模拟成为可能,是目前较为成熟的理论。

(7)断裂损伤理论

该理论认为,岩体内的初始损伤由于采动应力在岩体内部形成局部损伤拉应力状态,引起岩体内的局部微破裂。随着采动应力增加,微破裂也相应地增加,并形成微破裂集聚区。由于一些地质构造面的存在使进一步开采诱发的应力状态为拉应力,使严重损伤区演化成岩爆的震心,并形成一个大的岩爆事件。如果继续开采诱发的是高地应力状态,集聚区经过一个损伤愈合过程之后,持续作用的高地应力又一次在严重损伤区形成局部拉应力场。这些局部的微断裂汇合聚集,引发岩爆。

(8)突变理论

所谓突变是指从一种稳定状态跳跃式地转变到另一种稳定状态,或者说在系统演化中,某些变量的逐渐变化导致系统状态的突然变化。目前,大都采用尖角突变模型建立岩体的势函数,分析分叉集,得出突变判据。突变理论发展了刚度理论和强度理论。这一理论的研究刚刚起步,在实际中的应用尚待时日。

(9)"三因素"理论

"三因素"理论是齐庆新等人在研究冲击地压的发生与煤岩体摩擦滑动破坏的关系时提出来的。该理论将岩体内在因素(冲击倾向)、力源因素(集中的应力、高变形能及外部扰动)和结构因素(结构面等)作为导致岩爆发生的最主要因素。该理论认为岩体破坏是滑动破坏,其滑动形式分为稳定滑动和黏性滑动两种。岩层受力过程中的瞬时黏滑过程,是岩层满足剪切强度准则的突然滑动并在滑动过程中伴有变形能释放的动力过程。

上述这些理论从不同的角度阐述岩爆发生的机理,有的还能在一定程度上定量地给出发生岩爆的判据。这些理论从本质上说是相互联系的。"三准则"理论是对强度理论、刚度理论及能量理论的组合;失稳理论是对强度理论、刚度理论和能量理论的发展;突变理论也是对强度理论、刚度理论和能量理论的进一步发展;"三因素"理论是冲击倾向理论和能量理论的综合。

可以看出,目前岩爆机理研究中强度理论、能量理论和冲击倾向理论仍占主导地位。

近年来,国内外专家对岩爆预测技术进行了长期深入的研究,也取得了一定的成果。

(1)根据特殊的地质现象进行宏观预测

这些特殊的地质现象诸如:钻孔岩芯饼裂现象;现场大剪试验或表面应力解除时,岩体底部会自动断裂,甚至会被弹起,并伴有断裂声等;应力—应变全过程曲线异常等。这些现象多预示着该区岩体具有较高的地应力,可以帮助判断岩爆是否会发生。日本 Kan-Etsu 公路隧道在施工过程中,超前水平钻孔中所发现的岩芯饼裂区就与开挖后的岩爆区完全一致,这为及时采取预防措施、保障该隧道施工安全提供了重要的证据。日本京都大学斋藤教授等人也曾在一个隧道导洞中分别从岩爆发生与不发生地段取样,在单轴压缩、环向应变控制试验条件下进行的应力—应变全过程试验结果表明,发生岩爆地段的岩石峰值后变形阶段往往出现非稳定破裂传播型破坏(Ⅱ型破坏),不发生岩爆地段的岩石峰值后变形阶段则往往出现稳定破裂传播型破坏(Ⅰ型破坏)。据此他们认为,岩石的破坏类型可以为岩爆预测提供依据。

(2)岩石力学室内试验与分析预测

岩石力学室内试验与分析预测主要有下列 3 种方法:

①σ_θ/R_b 判据法。国内外学者多将切向应力 σ_θ 和岩石单轴抗压强度 R_b 之比值作为岩爆判据。

②岩爆倾向性指数(Wet)判据法。岩石中积聚弹性应变能是岩爆发生的内部主导因素。该方法由波兰学者 A. Q. Kidybinski 提出。其测定方法是:应用岩石单轴抗压强度试验,将试件加载到其峰值强度的 70% ~80%,然后卸载到 $0.05R_b$。卸载所释放的弹性应变能(φ_{SP})和耗损的弹性应变能(φ_{ST})之比值,定义为岩爆倾向性指数(Wet),用于判断和预测岩爆。根据波兰国家标准:Wet≥5.0,将出现严重岩爆;Wet = 2.0 ~ 4.9,出现中、低烈度岩爆;Wet < 2.0,则不产生岩爆。

③岩爆能量冲击性指标(A_{cf})判据法。国内外学者根据岩石在刚性压力机上得到的应力—应变全过程曲线,来求取岩爆能量冲击性指标 A_{cf}。

(3)现场测试预测预报

①声发射现场监测预报。根据李强(1994)和 Langstaff(1977)的资料,无论是室内试验还是现场初步监测结果都表明,声发射信号急剧增加都超前岩体(石)的变形破坏,根据这一特点,可以将岩体声发射技术推广应用到岩爆监测预报中去。目前,该方法尚处于试验阶段。

②煤(岩)体电磁辐射监测预报。这一方法是依据完整煤(岩石)压缩变形破坏过程中,弹性范围内不产生电磁辐射,在峰值强度附近时电磁辐射最强烈,软化后又无电磁辐射的原理,采用特制的仪器,现场监测煤(岩)体变形破裂过程中发出的电磁辐射"脉冲"信号,通过数据处理和分析研究,来预报煤(岩)爆。这一方法首先由俄罗斯学者提出,我国王来贵等人也在开展具体应用研究工作,目前该方法主要应用在煤爆监测预报领域。

③地震波预测法。利用单道地震仪对工作面及前方岩体沿水平线每隔 1m 逐点测试岩石弹性波速度,计算准岩体抗压强度 σ_m,若准岩体抗压强度 $\sigma_m > 80$MPa,则有可能发生岩爆。

(4)多因素综合评判预测

①岩爆临界深度预测。侯发亮(1989)认为,岩爆虽然多发生在水平构造应力较大的地区,但如果洞室埋深较大,即使没有构造应力,由于上覆岩体效应,洞室也可能会发生岩爆。根据弹性力学求解,侯发亮推导出仅考虑上覆岩体自重情况下岩爆发生最小埋深 H(即岩爆临界深度)的计算公式。

②模糊数学综合评判预测。谭以安(1998)、王元汉等(1998)等认为,岩爆是受多种因素制约的模糊问题,其内在联系很难用一个精确的数学公式加以表达。因此,可以采用模糊数学综合评判方法,选取影响岩爆的一些因素(如地应力大小、岩石抗压和抗拉强度、岩石弹性能量指数、岩体结构与水文地质特征等),对岩爆的发生与否及其烈度级别进行预测。胡名标等人提出了多因素综合模糊数学综合评判方法,并且给出了解决各因素的权重分配的数学方法。

③冯夏庭、李庶林、杨涛应用神经网络系统理论,提出了使用自适应模式识别方法,利用人工神经网络来预测岩爆。

④杨莹春等人尝试采用可拓学的综合评判方法预测岩爆的发生与否和烈度的大小。

⑤地下工程岩爆预测的综合集成方法。李天斌等(2008)提出地下工程施工前岩爆综合集成预报的地质分析法、应力强度比法、层次分析—模糊评判法和神经网络法。

虽然长期以来国内外的许多专家都在该方面做了大量的研究工作,也取得了一定的收获和进步,但是岩爆预测预报问题极为复杂,直到现在国内外依然还没有形成一整套成熟的岩爆预测预报技术。怎样继续更深入、更全面、更彻底地研究岩爆预测预报问题显得非常重要。

为了预防岩爆发生,工程选址时就首先应当尽量避开易发生岩爆的高地应力集中地区。实在难于避开时,也应尽量使洞轴线与最大主应力方向平行布置,以减小应力集中系数,防止岩爆发生或尽可能降低岩爆烈度级别。目前,综合国内外的研究,地下工程具体施工过程中的岩爆防治措施主要有以下 3 大类。

(1)改善围岩物理力学性能

如在掌子面和洞壁喷洒水,一定程度上可以降低表层围岩的强度(煤炭科学研究院,1985)。采用超前钻孔向岩体高压均匀注水,可以通过以下 3 个方面的作用来防治岩爆:一是可以提前释放弹性应变能,并将最大切向应力向围岩深部转移;二是高压注水的楔劈作用可以软化、降低岩体的强度;三是高压注水可产生新的张裂隙,并使原有裂隙继续扩展,从而可降低岩体储存弹性应变能的能力。

(2)改善围岩应力条件

根据挪威赫古拉公路隧道和我国318国道二郎山隧道等工程施工实践经验,岩爆地段宜短进尺掘进,减小药量,特别要控制好光爆效果,以减少围岩表层应力集中现象。轻微、中等岩爆段尽可能采用全断面一次开挖成形的施工方法,以减少对围岩的扰动。强烈岩爆地段必要时也可以采用上下台阶法开挖,以降低岩爆破坏程度,但在施工中应尽量减少爆破震动触发连锁性岩爆的可能性;可以采用超前钻孔、松动爆破等方法,使岩体应力降低,能量在开挖前释放。

(3)加固围岩

国内外对开挖后不同岩爆烈度的围岩,一般分别采取不同的加固处理措施。例如,对轻微、中等岩爆初期支护中,一般锚杆ϕ22mm,L=1.5~2.5m,@1~1.2m,梅花形布置;洞壁喷10~15cm混凝土或钢纤维混凝土,挂钢筋网(ϕ6~8cm,@15cm×15cm)。对强烈岩爆段初期支护中,一般锚杆ϕ22mm,L=2~3.5m,@0.5~1.0m,梅花形布置;洞壁喷15cm左右混凝土或钢纤维混凝土,挂钢筋网(ϕ8cm,@15cm×15cm)。根据实际情况增删网格钢架支撑。

这些研究对岩爆的预防和治理在一定程度上都取得了一些成功,然而岩爆本身的复杂性和客观性使得这些研究本身具有很大的局限性,还没有形成一个统一的认识和理论,没有研究出理想的工程防护措施从而有效地防治岩爆。因此,对岩爆的防治措施应当进行更深入的研究和探索。

1.2.3 地质灾害

1)国外研究现状分析和评价

国外多山国家均十分重视滑坡、落石、泥石流、山洪、雪害和河流冲刷等自然灾害及其造成的公路病害与处治技术的研究。早在20世纪50年代,苏联专家就提出:在公路(指军用公路)建设中要注意泥石流、滑坡的危害,应采用适当的工程技术措施消除其危害;1983年美国犹他州中部锡斯尔岩屑滑坡(体积约2 000×10^4m^3)堵塞了福克河,毁坏了美国6号公路、89号公路和一条铁路干线,淹没了一个小镇,造成的直接经济损失达2亿美元,引起美国有关部门的高度重视。随后加强了滑坡、泥石流对公路危害的研究,制订了一套有效的防治对策,提出一些新的处治技术,明显地减少了由此引起的公路病害。自20世纪90年代以来,美国还很重视落石对公路交通的危害。落石规模很小,但发生频率高。它不仅阻断行车,还容易造成车毁人亡事故。为此,美国国家公路研究院建立了落石风险评估系统,提出了具体的处治技术。加拿大、挪威等高纬度国家十分注重山区积雪和雪崩对公路危害的研究,建立了山区公路雪害防治体系,研究了雪害处治技术。目前,国外大部分都是针对某一自然灾害对公路的危害进行研究,提出防治对策或具体技术措施,几乎没有以一个区域为对象,对多种公路病害开展综合研究,提出综合的防治体系。同时,采用的处治技术,大部分是一些传统的技术,新的处治技术不多,应急保通研究很少。

在喜马拉雅山南坡,尼泊尔、印度等国在联合国教科文组织的国际山地综合发展中心(ICIMOD)的统一组织下,对泥石流、滑坡造成的公路病害及其处治技术进行了研究。尤其尼泊尔

在日本和瑞士的资助下做了许多工作，提出了公路病害的一系列处治技术，特别是生物治理技术。但这些技术大部分都比较简单。印度相当重视喜马拉雅山南坡公路的建设，对滑坡、山洪、泥石流所造成的公路病害做了比较多的研究，提出了一些比较有效的防治技术。由于当地的地势相对较低和平缓，公路的路况相对较好，有的已经建成沥青路面。但他们的研究仍是以某一种公路病害为对象，开展专项的研究，没有对一条公路，更没有对一个区域的多种公路病害开展综合的研究、提出系统的处治技术，其研究水平明显低于我国对公路病害的研究水平。

2）国内研究现状分析和评价

国内公路交通管理部门，尤其是西部地区，都十分重视由于雪害、涎流冰、滑坡、崩塌、泥石流、河流冲刷和山洪等自然灾害所造成公路病害的处理和整治，有关科研院所和高校也对这些公路病害的成因和处治技术进行了不同程度的研究，出版了不少论文和专著，如《泥石流地区公路工程》《公路水文勘测设计与水毁防治》《山区公路的滑坡灾害及其防治对策》等。有些专著虽然没有直接以"公路病害"命名，但都涉及公路病害的处治技术，如《公路挡土墙设计》《泥石流及其综合治理》《滑坡减灾理论与实践》《中国山地灾害防治工程》等。国家为了统一灾害防治技术规范，在大量科学研究和防治实践的基础上制定了技术规范，如《公路路基设计规范》（JTG D30—2015）、《堤防工程设计规范》（GB 50286—2013）、《建筑边坡工程技术规范》（GB 50330—2013）等。总之，我国公路病害处治技术研究已具有相当高的水平，国家也建立了统一的工程技术规范。然而这些研究成果和国家规范，大部分不是直接针对公路病害处治技术，仅仅是可以应用到公路病害处治上。

关于区域性公路病害形成机制和处治技术研究，虽然各省区都在进行，并取得一定进展，但是公开发表的研究成果不多。现有的专著几乎都集中在西藏地区，尤其是川藏公路，如《川藏公路南线（西藏境内）山地灾害及其防治对策》《川藏公路典型山地灾害研究》《川藏公路沿线雪害与防治》《中尼公路聂友段公路病害整改对策研究》《西藏公路水毁研究》。这些公开发表的专著表明，西藏对公路的滑坡、泥石流、雪害和河流冲刷等灾害及其造成的公路病害开展了全面的研究，并提出了防治对策和处治技术，如图1-9、图1-10所示。从研究的广度和内容来看，在国内处于领先水平。但这些研究主要集中在念青唐古拉山（主脉）和横断山区域，对处于边境地区的喜马拉雅山、岗日嘎布山区的山地灾害及其造成公路病害的研究，相对较少，对墨脱山区更少。

a）

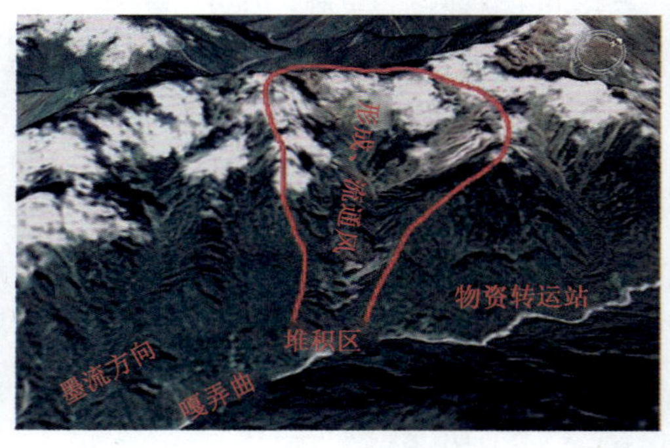

b）

图1-9　西藏扎墨公路滑坡、泥石流

图1-10 西藏扎墨公路K24处冰川、雨水混合型泥石流

1.2.4 生态保护

1)环境评价

公路建设对环境的影响主要是生态影响，国内外学者在公路生态环境评价方面进行了众多探索。

公路生态影响的研究起源于20世纪70年代，Oxley(1974)等研究公路影响下路旁小型哺乳动物和野生动物格局的变化，这一时期公路生态影响的研究主要集中在公路对野生动物行为的影响上。随着相关研究的开展和认识的提高，各国相继出台了一系列法律法规，要求对公路建设项目进行环境影响评价。到20世纪末期，公路生态影响评价逐渐扩展到景观尺度的生态影响研究。进入21世纪，公路生态影响的研究进一步理论化和定量化，在此期间出现了不少专著，主要代表作有Forman等编著的《道路生态学:科学与解答》和Spellerberg的《公路生态影响》。

对于公路对环境的影响评价，国内有部分学者已经进行过探索。在生态环境影响评价方面的研究一般以定性评价为主，采用的生态因子通常包括:①土壤(理化性质:有机质、氮、磷、水分、重金属铅等);②动、植物(珍稀动植物、野生动植物及生物量、生物环境、生态完整性);③土地资源(占地类型及面积、占地影响程度、耕地);④农作物(产量、质量、种类变化);⑤水土流失(水土流失类型、水土流失量、取弃土工程、路基工程);⑥景观(地形地貌、特殊物象、动物、植物);⑦空气质量(汽车尾气、路面扬尘、灰土拌和、沥青烟);⑧其他(湿地、森林、特殊水域、城市生态等)。但由于各地地域、地形、气候、土壤、生物等差异，不能照搬原有的研究成果，必须结合当地的环境状况而定。

2)公路建设新理念

2004年9月，全国公路勘察设计工作会议提出了“六个坚持，六个树立”的公路勘察设计新理念。其实质是围绕“科学发展观”的要求，通过“灵活设计和创作设计”(即坚持合理选用标准，树立创作设计的理念)，实现“安全”(坚持以人为本，树立安全至上的理念)，“环境优美”(坚持人与自然相和谐，树立尊重自然、保护环境的理念)，“节约资源”(坚持可持续发展，树立节约资源的理念)，“质量优良”(坚持质量第一，树立让公众满意的理念)，“系统最优”(坚持系统论的思想，树立全寿命周期成本的理念)。以此为契机，交通部针对新理念的应用开展了很多示范公路工程的建设，并取得了良好的成效。

早在2003年，交通部和四川省就联合组织实施了川主寺至九寨沟公路改建示范工程。川九公路的成功主要在于采用了合理的建设原则：在选线时坚持“环保选线”，灵活运用技术指标，在保证行车安全、舒适的前提下最大限度保护生态环境；各专业具体设计时注重“创作性设计”，充分考虑到公路沿线景观和视觉特点，尽量不破坏原始景观和地貌；灵活确定边坡坡率，改折线为曲线边坡，恢复自然地貌景观；分段研究区域生态特点，营造“动感”旅游景观，尽量保留沿线原有的自然景观和风情景观特色点。建设过程中注重“细节型施工”，最大程度地恢复生态环境。

宝鸡至天水公路陕西段初步设计伊始，陕西交通主管部门就从保护环境出发，明确要求公路勘测设计与环境保护、水土保持统筹规划，注重环保方案与主体工程相结合。采取避免高填深挖、适当增加桥隧数量、合理优化取弃土方案等措施保证山体稳定和原有自然环境。临河路段为避免侵占和积压河道，增加了浆砌防护工程和新建桥梁的方案，维护了山体河道原貌。在滑坡、崩塌及高边坡等不良地段采用工程防护与植被防护相结合的方法尽可能的恢复原有植被。实践表明以上措施取得了良好的环保效果。

1.2.5 西藏地区公路建设养护主要技术成果

“十五”以来，西藏公路交通进入了发展最快、建设成就最突出、完成投资最多的新时期，也是西藏地区公路交通科研水平显著提高的时期。特别是在区域性公路路基修筑技术、公路病害形成机制与处治技术等方面开展了大量的研究，如：西藏干线公路修筑技术研究、公路管理综合信息系统、悬挑结构加宽山区公路技术研究、西藏边防公路整治应急保通关键技术研究、山区高等级公路修筑关键技术与示范工程、公路隧道围岩稳定与支护衬砌设计技术研究、川藏公路南线（西藏境内）山地灾害及其防治对策、川藏公路典型山地灾害研究、川藏公路沿线雪害与防治、中尼公路聂友段公路病害整改对策研究及西藏公路水毁研究等，取得了较为丰富的成果，为藏区公路建设、养护管理提供了有力支撑。

（1）中尼公路聂友段公路病害整改对策研究

中尼公路聂友段，沿线地形陡峻、地质构造复杂、地震频繁、山体破碎。公路沿线山地灾害极为发育，重点灾种有崩塌、滑坡、雪崩和泥石流。典型公路病害路段有K5353+800～K5354+150区间的康山桥雪崩危害段、K5359+600～K5359+750区间的707号滑坡及樟藏布泥石流危害段、K5373+000～K5375+000区间的扎木拉滑坡—崩塌危害段、K5378+000～K5386+642.67樟友段滑坡危害段。该研究项目采取大比例尺地形图测量和全方位调查，通过灾害类型、成因、活动状况、规模、危害程度、危害区间、发展趋势和现有公路的抗灾能力等综合评价，结合前人研究基础，进行多方案比较和全面综合分析论证，提出了典型公路病害点保通性工程方案和永久性整治改建工程方案。

（2）青藏公路纵向裂缝成因及处治对策研究

青藏公路于1954年通车，1972～1984年改建成沥青路面，由于沥青路面的吸热作用，极大地改变了原路基及地基下多年冻土的水热平衡状态，加上全球气温变暖造成多年冻土边缘带冻土退化，冻土上限下降，从而加剧了路基不均匀沉降变形等病害。20世纪90年代对病害严重路段进行了两期整治。随着整治工程的完工，1998～2000年多年冻土地区内的路基普遍出现严重的纵向裂缝,并呈现出日趋严重的趋势。公路穿越冻土地段,纵向裂缝特别发育,多处单条裂缝长达上百米,甚至500~600m,宽度10~30cm,并行数条纵向裂缝常出现在同一断面,局部地段路基已存在随时失稳的可能性。

"青藏公路纵向裂缝成因及处治对策研究"对青藏公路纵向裂缝分布规律、冻土路基温度场和水分场、冻土路基应力及变形与水热力、冻土融化区域处治结构设计理论与方法等进行研究,得出一些有益的结论。其成果已被扎墨公路建设借鉴。

(3)西藏妥坝至昌都公路典型边坡处治技术研究

国道319线川藏公路妥坝至昌都段改建工程起点在昌都地区妥坝乡,终点接昌都县。由于其特殊的地质、地形、地貌以及高寒气候环境,造成沿线滑坡、边坡崩塌、剥落、泥石流等自然灾害十分发育。特别是在路基施工过程中,由于大量开挖,形成了数量众多的人工高边坡。这些高边坡由于没有进行治理,严重影响了公路的正常建设,"西藏妥坝至昌都公路典型边坡处治技术研究"针对公路沿线高危边坡进行治理研究,提出了适合西藏"三高"特点,经济实用的高边坡处治技术。

另外,还针对土钉墙支护技术、格构锚杆护坡技术、桩板式挡土墙技术、喷浆及喷射混凝土技术、植被加固边坡原理及其他防护技术进行了详细的适用性分析,并结合西藏特殊的地质条件提出了相应的技术建议。

(4)西藏干线公路修筑技术研究

"西藏干线公路修筑技术研究"课题,依据西藏干线公路建设和养护的主要危害因素和影响程度,以及前期研究工作基础情况,主要研究以下4个内容:沿河公路路基防护技术及水力计算;泥石流防治及预测技术;滑坡防治及预测技术;多年冻土地区路面基层修筑技术。

(5)川藏公路102滑坡群整治工程技术研究

川藏公路102滑坡群由6个不同的滑坡组成,是发育在一套松散古冰碛地层上的一组滑坡,于1991年6月下滑成灾,堵断川藏公路。其中2号滑坡灾害程度最高。项目进行了预应力锚索锚固工程试验研究、加固后坡体稳定性分析研究、应力监测及坡体变形监测研究、预应力锚索肋(桩)板墙施工方法及施工工艺等4个方面的研究,总结了适用于松散冰碛物滑坡体整治的指导思路。

(6)西藏公路人工高切坡超前支护技术研究

西藏地处青藏高原,自然条件极为恶劣,区内山高谷深,沟壑纵横。特殊的地理地貌特征给西藏公路建设和维护管理带来了极大的困难。由于开挖路堑的需要,在公路建设中不可避免需要进行边坡开挖,形成大量的人工高切坡。如果边坡开挖不当,或开挖后不及时进行支护,长期暴露,在开挖卸荷、雨水入渗的综合作用下极易导致高切坡发生变形破坏,甚至演变成滑坡。

该项目系统地研究了岩土体边坡无支护开挖极限高度的计算方法,提出了预应力锚索抗滑挡土墙这一新的抗滑支挡结构形式,建立了人工高切坡超前支护的设计、施工技术指南,并对西藏中尼曲(水)—大(竹卡)公路改建工程、妥(坝)—昌(都)公路扩建工程沿线的高切坡工点进行调查分析,先后完成30余项高切坡灾害点的施工图设计,为西藏波密扎木至墨脱县城公路新改建工程施工图设计提供了参考。

1.3 本书主要内容

本书以西藏扎墨公路新建工程为依托，围绕我国高地应力、高地震烈度、地质灾害严重、气候条件恶劣等环境下的公路建设与运营养护，针对公路隧道建设、地质灾害治理、生态环境保护以及高寒地区公路隧道的设计、施工、安全运营、养护管理等关键技术中存在的核心技术难题，采用产学研相结合的攻关方式，开展自主研发与集成创新，形成具有自主知识产权的高海拔、复杂地质、地貌、恶劣气候条件下修建公路工程的技术群，如图 1-11 所示。

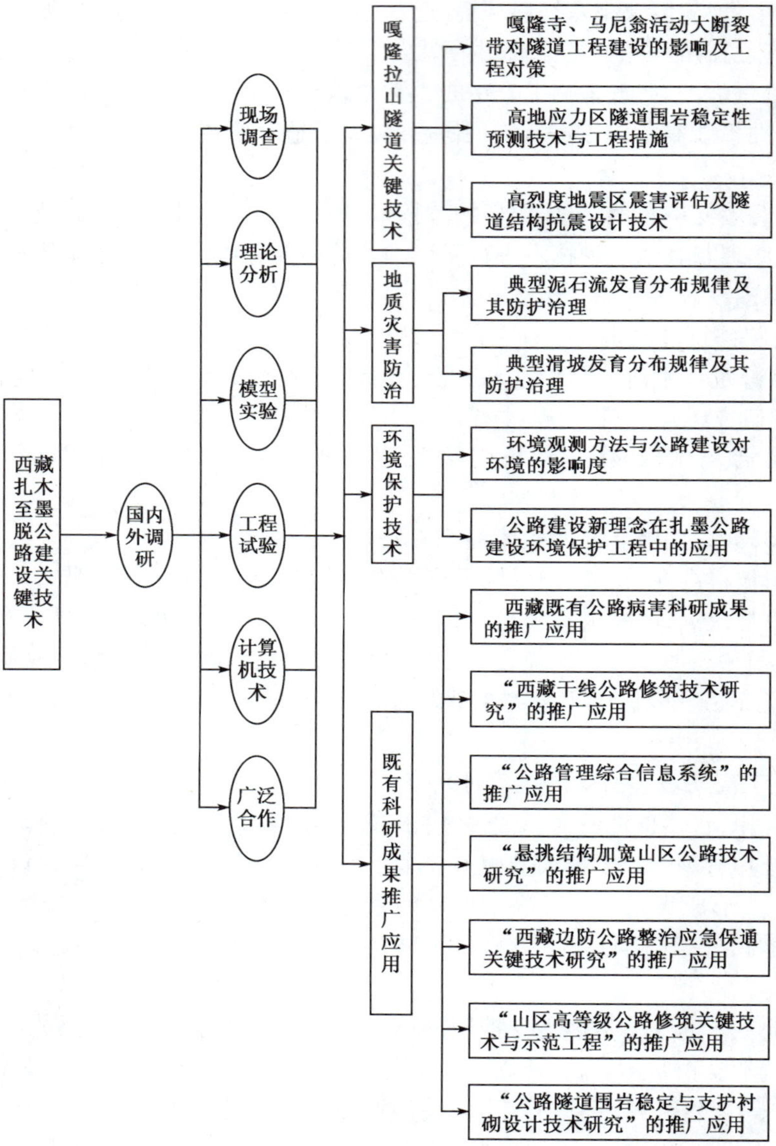

图 1-11 西藏扎木至墨脱公路建设关键技术

1.3.1 西藏扎墨公路嘎隆拉隧道设计与建设关键技术

根据嘎隆拉隧道面临的活动断裂、高地应力、高烈度地震、恶劣气候等设计和施工技术难点，结合嘎隆拉隧道的实际情况，阐述以下3个方面主要内容。

(1)嘎隆寺、马尼翁活动大断裂带对隧道工程建设的影响及工程对策

嘉黎断裂为青藏高原晚新生代拉萨地块与羌塘地块的活动边界，马尼翁断裂为印度板块沿NE方向楔入青藏高原东结点的其中一条NE向断裂，这两条断裂近地表运动强烈，并有多次中强以上地震发生。首先通过在大范围内对断裂的调查，研究断裂的空间结构和几何结构，进行活动断裂分段，从青藏高原整体演化过程来说明其在时空上的演化过程以及最新活动习性，从而判定隧道附近大地震的发生诱发断裂同震错动的可能性和对隧道的影响。其次通过详细的地质调查，来确定断裂及次级断裂穿过隧道的具体位置，研究断裂最新活动性、活动速率和活动期次，从而判定断裂穿过隧道可能引起的地表错动，提出具体工程对策。

(2)高烈度地震区震害评估及隧道结构抗震设计技术

如图1-12所示，根据高烈度地震条件下隧道工程设计和施工技术难点，结合嘎隆拉隧道示范性工程，通过室内动三轴压缩，研究岩石和混凝土动力学特性，研究高烈度地震作用下的隧道围岩和衬砌变形与破坏机理与模式，研究隧道的抗震技术措施，形成主要内容包括：

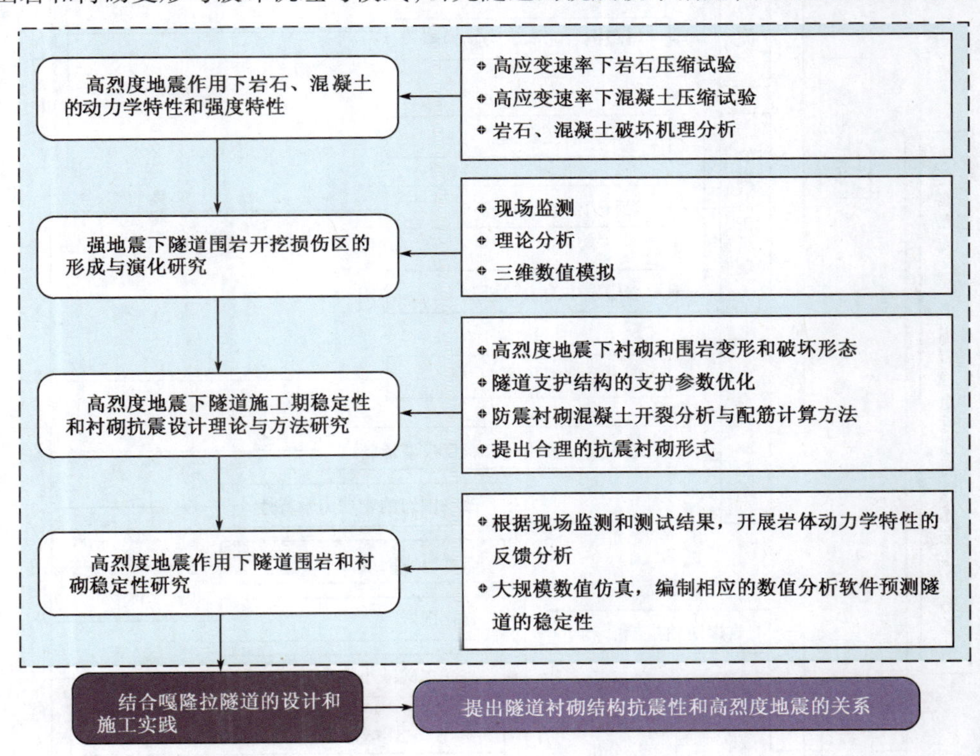

图1-12 高烈度地震区震害评估及隧道结构抗震设计技术研究方案

①嘎隆拉隧道区地震动的合理模拟技术。

②岩体和混凝土衬砌动力学特性。

③隧道衬砌抗震设计技术。

④地震作用下隧道围岩和衬砌安全性评估。

(3)高地应力区隧道围岩稳定性预测技术与工程措施

通过研究嘎隆拉高地应力条件下,如何处理好高地应力对工程存在的威胁,通过研究岩爆机理、围岩二次应力场分布,制订安全防治措施,同时研究高应力下隧道工法、支护参数及长期稳定性预测的问题,为工程安全顺利进行做好坚实的理论和科研基础,见图1-13。主要内容如下:

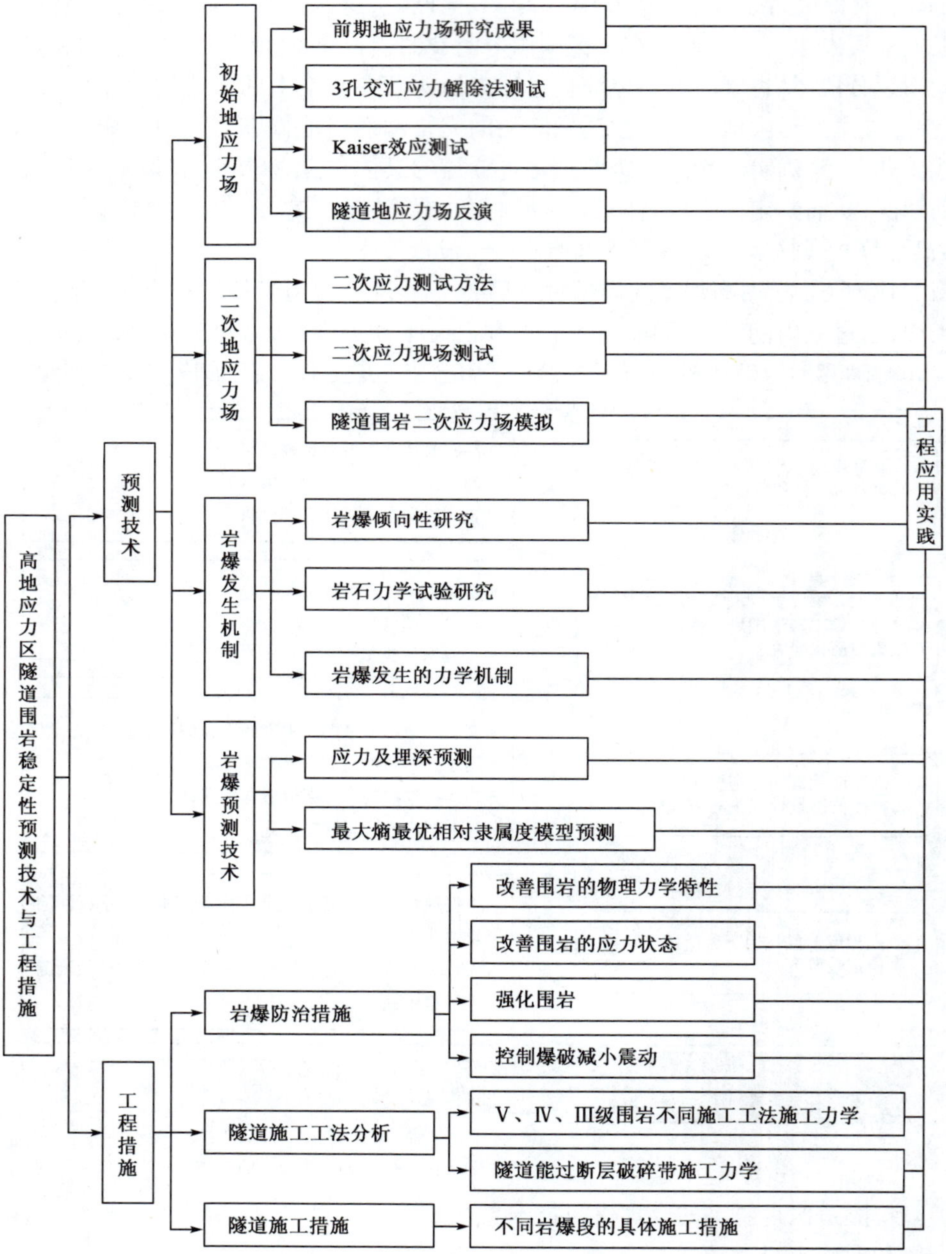

图1-13　高地应力区隧道围岩稳定性预测技术与工程措施

①隧址区地应力场与地质、地形条件的影响关系及高地应力场分布的准确量测与模拟。

②岩爆产生的机理以及提前预测和工程防护措施。

③不同的隧道工法和支护参数对二次应力和隧道围岩稳定性之间的联系，建立优化隧道工法和支护参数的模型。

1.3.2 西藏扎墨公路典型地质灾害防治

由于扎墨公路沿线地质灾害数量多、类型多样，本书对典型泥石流、滑坡发育分布规律及其防护治理进行了研究。通过对扎墨公路沿线大量典型的危险性泥石流、滑坡进行广泛深入的调查、勘测和分析，揭示该线路泥石流、滑坡的形成机制和发育分布规律；建立影响该公路泥石流、滑坡危害的主要因素及指标，并构建“扎墨公路泥石流、滑坡灾害及其防治编目库”；充分利用“3S”技术，融合地质学、地貌学、滑坡动力学、岩土力学、水文气象学、流体运动力学、极限分析、动力学理论、弹塑性理论、损伤力学和数值模拟等，提出扎墨公路泥石流、滑坡的减灾理论与防治对策技术，并通过对典型灾害点的依托工程的研究、实施以及效益观测，为扎墨公路新(改)建提供了灾害整治的技术支撑和科学依据。

1.3.3 西藏扎墨公路建设环境保护技术

为了了解扎墨公路沿线独特的自然环境条件以及解决建设中对环境的影响和破坏问题，扎墨公路建设环境保护技术包括以下两方面。

(1)扎墨公路沿线环境观测方法与公路建设对环境的影响度

掌握扎墨公路项目区域的环境现状与动态变化，掌握评价所需的各项环境因子的资料数据，提出适合扎墨公路项目区域特点的环境观测方法，建立评价方法，进而科学、客观地评价扎墨公路建设对环境的影响度，回应社会公众的咨询，并及时发现问题、指导设计与施工，减少或避免对环境的负面影响。

(2)公路建设新理念在扎墨公路建设环境保护工程中的应用

尽可能利用公路区域内现有的老扎墨公路走廊资源，体现“坚持可持续发展，树立节约资源”的公路建设新理念；选用合理的标准，利用公路自身线形的变化，结构物的形态使得工程建设与区域内独有的景观资源相协调；研究符合扎墨公路建设条件的山区低等级公路边坡、路基生态防护技术及与当地景观协调的构造物方案；对取、弃土及垃圾处理等提出合理化建议；提出绿化恢复植被对策；施工对策；结合当地特殊的气象条件及沿线优美的自然景观，在遮雨棚、观景台、墨脱风景的宣传方式上进行了重点研究，营造良好的景观氛围。

1.3.4 西藏交通既有科研成果在扎墨公路建设中的推广应用

经过我国，特别是西藏广大科技人员多年的研究，在公路建设领域积累了丰富的科研成果，为了发挥既有科研成果的作用，在扎墨公路建设中开展了如下推广应用：

(1)西藏既有公路病害科研成果在扎墨公路建设中的推广应用。

(2)“西藏干线公路修筑技术研究”在扎墨公路建设中的推广应用。

(3)“公路管理综合信息系统”在扎墨公路建设中的推广应用。

(4)“悬挑结构加宽山区公路技术研究”在扎墨公路建设中的推广应用。

(5)“西藏边防公路整治应急保通关键技术研究”在扎墨公路建设中的推广应用。

(6)“山区高等级公路修筑关键技术与示范工程”在扎墨公路建设中的推广应用。

(7)“公路隧道围岩稳定与支护衬砌设计技术研究”在扎墨公路建设中的推广应用。

第2章　恶劣环境下公路建设原则和设计思路与方法

2.1　建设条件

2.1.1　技术标准

依托工程扎墨公路由北向南，沿线地形条件基本相近，但气候条件、地质条件差异较大。根据地形、地质、水文及老路现状，技术标准的采用总体上可划分以下三段：

第一段：波密县扎木镇至嘎隆寺（K24）段（K0 +000 ~ K22 +959.785），路线长 22.898km，地形较为开阔，地质条件较好，路况相对较好。老路平、纵、横指标基本达到四级公路标准，考虑到墨脱段地质灾害的复杂性，为控制工程规模，综合全线考虑，此次改建波密段按设计车速 20km/h，路基宽度一般路段 6.5m，局部路段 4.5m 的四级公路标准改建。

第二段：嘎隆寺（K24）至冈戎勒（K52）段（嘎隆拉隧道部分，K22 +959.785 ~ K53 +820），路线长 6.819km，考虑嘎隆拉隧道为特长隧道，一次性投资大，为充分利用隧道走廊资源，按三级公路标准一次建成，设计速度 30km/h，路基宽度 7.5m。为控制此次建设投资，隧道前后接线路段采用 6.5m 及 4.5m 两种路基宽度。

第三段：冈戎勒（K52）至墨脱县城段（K53 +820 ~ K140 +094），路线全长 87.523km，采用四级公路技术标准，设计速度 20km/h，路基宽度 4.5 ~ 7.5m，路面宽度 3.5 ~ 7.0m。

特殊困难路段适当降低平、纵、横指标，在保证行车安全的前提下，按设计车速 15km/h，根据汽车动力性能确定相应的平、纵指标。全线单车道路段考虑适当设置错车道；穿越村镇路段路基宽度可适当加宽。

2.1.2　自然地理

墨脱县地处青藏高原——喜马拉雅山脉的东南坡、岗日嘎布山脉的南面，山势陡峻，属深切高山峡谷地貌，境内群山重叠，沟谷纵横；雅江自北向南贯穿全境，将全县分为东、西两大部分。境内最高海拔 7 782m，最低海拔 665m，山顶至河谷相对高差一般在 2 000m 以上。沿线地貌如图 2-1 所示，依次分布河谷堆积地貌、冰川地貌、高山峡谷地貌和中—高山峡谷地貌等四类地貌。

1）河谷堆积地貌

分布在帕隆藏布河谷，里程桩号 K0 +000 ~ K3 +600。帕隆藏布河谷宽约 1.0 ~ 1.5km，横向呈"U"形，地势较平坦，一般发育 1 ~ 3 级阶地，阶地与阶地高差一般为 1 ~ 3m，阶地的海拔高度为 2 710 ~ 2 750m，阶地发育宽度多在 0.5 ~ 1.0km 范围内。河流以底蚀作用为主，局部宽谷段侧蚀作用较强。

a)河谷堆积地貌

b)冰川地貌

c)高山峡谷地貌

c)中—高山峡谷地貌

图 2-1 四类地貌

2)冰川地貌

分布在岗日嘎布山脉、嘎隆拉隧道前后路段,桩号 K3 +600 ~ K59 +000。岗日嘎布山脉现代冰川地貌十分发育,冰川类型主要有海洋型山谷冰川,其次有冰斗冰川以及悬冰川。嘎隆拉隧道进口两侧冰舌末端的冰川终碛及其冰川两侧的侧碛清晰可见,冰川下部大量的冰雪融水形成泥石流堆积在沟谷或沟口。在岗日嘎布山脉的南北两侧,南坡因为气温偏高,冰雪消融快,冰川分布面积要少于北坡,仅在阴坡的山谷地带发育一些山谷冰川和冰斗冰川。

3)高山峡谷地貌

分布在 K52 ~ K113 路段,里程桩号为 K59 +000 ~ K114 +600,路面高程从 3 183m 降至 792m,高差达 2 391m;该路段山高坡陡,河谷狭窄,自然坡度一般为 30° ~60°;嘎弄曲、金珠藏布及雅鲁藏布江,横向均呈"V"形;纵向呈"之"字形,呈现出典型的构造强烈剥蚀、河谷强烈下切的高山地貌特征。两岸山峰耸立,山顶海拔 2 500 ~4 300m;该段地势总体为北高南低。地貌的垂直分带明显,山顶冰蚀地貌发育,角峰林立;山腰是针叶林原始森林,山脚是针阔叶混交林带,山脚下是湍急的河水。

4)中—高山峡谷地貌

分布在 K113 ~ 墨脱县城路段,雅江河谷狭窄,两岸陡峭,河谷宽度 150 ~ 300m,纵向呈"之"字形,横向呈"V"形;两岸山峰海拔 1 500 ~2 500m。路线最高点海拔 988m,最低点为西莫桥桥址,海拔约738m,相对高差约810m。局部地段发育有1~2级阶地;山坡自然坡度一般为20°~45°;地表多生长阔叶林。

2.1.3　工程地质分区

依据岩土的成因类型、强度特征、结构类型及其与地质灾害形成的密切程度,可将区内岩土体划分为坚硬、半坚硬及松散三大岩石类型,8个工程地质岩组。

根据沿线地质、地貌特征及区域新构造运动的活动情况,可将整个地区划分为2个工程地质区,即岗日嘎布晚古生代新构造运动强烈挤压抬升区和雅鲁藏布江大拐弯河谷追踪构造带急剧下切区。结合沿线微地貌特征及地质病害的发育程度,又可划分为5个工程地质亚区,各亚区及区内主要地质病害、地理位置见表2-1。

工程地质分区简表　　表2-1

代号	工程地质分区	代号	工程地质亚区	路线方案及地质灾害
Ⅰ	岗日嘎布晚古生代新构造运动强烈挤压抬升区	Ⅰ1-1	高山强烈剥蚀、河谷堆积的较稳定亚区	K0+000~K13+900,中型雪崩危害一般;小型水石流危害轻微
		Ⅰ1-2	高山强烈剥蚀、冻融的较稳定亚区	K13+900~K66+200,雪崩、积雪危害严重,水石流危害一般
Ⅱ	雅鲁藏布江大拐弯河谷追踪构造带急剧下切区	Ⅱ2-1	高山强烈剥蚀、河谷深切的较稳定亚区	K66+900~K86+500,崩塌危害较严重,水石流危害一般
		Ⅱ2-2	高山强烈剥蚀、河谷深切的不稳定亚区	K86+500~K119+700,水毁、水石流、滑坡及崩塌危害严重
		Ⅱ2-3	中—高山强烈剥蚀、河谷深切的较稳定亚区	K119+70~K140+094,水石流、滑坡及崩塌危害一般

2.1.4　水文地质条件

扎墨公路所在区域为雅鲁藏布江下游水系,两岸发育数十条支流,一级支流有帕隆藏布、金珠藏布、海热曲、西莫河等,二级支流主要有嘎弄曲、嘎弄等。河流补给主要来自大气降水和冰雪融水。由于项目区受印度洋暖湿气流的影响,降水充沛,是世界上降水量最大的地区之一。墨脱县年平均降水量约为2 260mm,K80处约4 000mm,波密县为885mm,林芝县为659mm,而南部的巴昔卡年最大降水量达4 494mm。特殊的地形和充沛的降水,导致墨脱境内的河流都具有涨跌迅猛、流速大的水文特征。

由于地表水补给充足,所以墨脱地区地下水分布广泛、较丰富。根据沿线地下水的赋存、埋藏条件及水动力特征,地下水可分为第四系孔隙潜水和基岩裂隙水两大类。

2.1.5　沿线地质病害及评价

老扎墨公路位于雅江流域,区内支沟众多,水系发育,降水及冰雪融水极为丰富。同时,路线处于6条区域大断裂的影响范围内，地质构造特别发育，新构造运动特别活跃，地震频繁，物理风化作用强且影响深度较大；地表岩石极为破碎，沿线第四系松散堆积物分布广泛，厚度巨大（最厚近200m）。这些特殊的自然条件造成沿线自然灾害种类繁多，且具有破坏力大、多次重复出现的特点，同时人为活动对环境的破坏又加剧了这种趋势。主要的自然灾害有冰雪害、水毁及地质病害，其中地质病害又有泥（水）石流、滑坡、崩塌及路基渗水翻浆等，见表2-2。几种灾害往往相辅相成，互为成因。

推荐线的不良地质分布 表2-2

地　段	地　形	不 良 地 质	工程地质评价
K0 +000 ~ K22 +960	相对高差大，地面横坡较缓	雪崩5处、泥石流11处，崩塌1处，多为间歇性爆发，少数危害较大	工程地质条件良好，适宜公路建设
K22 +960 ~ K53 +700	相对高差比较大	雪崩6处，小型泥石流1处，爆发频繁，除一处危害较大外，危害一般不大	工程地质条件一般，适宜公路建设
K53 +700 ~ K85 +000	相对高差大，地面横坡稍缓	雪崩1处、泥石流27处，崩塌42处，渗水翻浆59处，危害一般不大	工程地质条件一般，适宜公路建设
K85 +000 ~ K120 +000	相对高差大，地面横坡较陡	严重水毁5处、泥石流22处，崩塌88处、渗水翻浆51处，滑坡6处，爆发频繁，危害较大	工程地质条件较差，建设难度大
K120 +000 ~ 终点	相对高差大，地面横坡较陡	泥石流1处，崩塌14处、渗水翻浆21处，滑坡6处，危害一般不大	工程地质条件一般，适宜公路建设
合计	—	雪崩12处、泥石流62处，崩塌145处，严重水毁5处、渗水翻浆131处，滑坡12处	—

根据沿线灾害的分布密度来看，全线可分为扎木镇～老K80（K0 +000 ~ K86 +500）、老K80～黑日桥（K86 +500 ~ K119 +700）、黑日桥～墨脱县城（K119 +700 ~ K140 +094.086）三段。

1）扎木镇～老K80（K0 +000 ~ K85 +300）

调查发现本段路线的自然灾害，主要有：

（1）雪害

主要分布在岗日嘎布山及其附近山谷路段，里程桩号K13 +900 ~ K59 +000见图2-2～图2-6。其中海拔3 800～4 000m以上为冰川作用区；岗日嘎布山山峰海拔均在4 500m左右，终年积雪，各主峰均有放射性冰川发育；穿越山顶的老公路海拔在4 100～4 300m之间，每年仅在8～10月通行，其余时间均为大雪封山，无法通行，积雪厚度3～4m。该段路线海拔高，气温低，积雪难融化，采用机械铲雪不能保障车辆通行，需开凿隧道绕避该段山路。

a)

b)

图 2-2　K13 +900 ~ K14 +300 路段雪崩多热拉明线山顶冰湖及积雪

图 2-3　K13 +920 ~ K14 +900 路段雪崩形成区

图 2-4　K17 +830 ~ K20 +000 路段右侧冰碛台地

图 2-5　隧道 R 线方案出口段雪崩

图 2-6　老 K52 处自然积雪

海拔 3 500 ~ 3 800m 为冰崩、雪崩发育路段，多处于岗日嘎布山斜坡地带，自然坡约 35° ~ 55°，局部大于 60°。根据调查，岗日嘎布山南坡及北坡路段共发现有 42 处冰崩、雪崩，其中对路线有影响的有 29 处，冰川 6 条；冰崩、雪崩规模大小不一，以沟槽型为主，次为山坡型，少量为混合型，携带的物质主要为冰雪，极少量为碎砾石及泥砂质。其危害主要为掩埋路面，堆积厚度一般为 2 ~ 4m；其中危害较严重的雪崩有 21 处，进隧道前路段有 2 处，桩号分别为 K13 +920 ~ K14 +900 及 K17 +020 右 100m ~ K17 +205，每年 2 ~ 4 月份路面堆雪一般为 2 ~ 4m，最厚约 25m（K13 +920 ~ K14 +130）；出隧道后 3km 路线范围内有 19 处以上冰崩、雪崩，多属沟槽型；其中 RK 线出口后要穿过 16 处大中型雪崩区；VK 线出口处在两条小型雪崩沟之间，两侧距雪崩边界约 5 ~ 10m，路线 5 次回头要 12 次穿过 4 处中小型雪崩区，每年 2 ~4 月份雪崩携带下来的冰雪堆积在公路上的厚度大于 4m，交通中断；冰雪消融期又常暴发泥石流，冲毁路基。冰川多处于衰退期，大量的冰碛物为泥石流提供了丰富的物质来源，危及路线安全。

海拔 3 000 ~3 500m 主要为积雪，多为自然降雪，风吹雪较少；据民访调查，K24 及老里程 K52 ~ K53 每年 2 ~4 月积雪厚度达 1.5 ~2.0m，大雪时，每昼夜降雪厚 0.6 ~0.7m，车辆无法通行。

(2)崩塌

调查发现共有 53 处以上的中小型崩塌，其中主要分布在打尔曲左岸斜坡，桩号 K75 +850 ~K76 +850，见图 2-7，崩塌物质主要为打尔曲古冰川泥石流堆积的碎砾石块石及冰碛物。由于早期道路修筑时未对边坡进行支护，加之多次回头，后期受雨水冲刷及地震作用，在 1km 的路线上密集分布有 11 处中小型崩塌，主要有 7 处；根据钻探及物探结果，表明该段无滑坡、大的泥石流等不良地质现象，在工程控制深度(55.50m)内，未发现有明显的软弱结构面，多数崩塌体基本稳定，部分处于欠稳状态，但打尔曲河水侧浸对整个坡面稳定性的影响需长时间观察才能判断。

a)

b)

图 2-7　打尔曲左岸坡面中小型崩塌

(3)泥石流

调查发现共有 39 处以上，多属间歇性的处于衰退期的中小型泥石流，其中主要的泥石流发育于桑谷沟(K58 +100 ~ K58 +720)及 K72 +950 ~ K73 +000 地段。其中桑谷沟泥石流处于发展晚期，可设桥通过；K72 +950 ~ K73 +000 泥石流属常发性质，处于旺盛期，形成区发育多处大型岩石崩塌，物源较丰富，泥石流冲毁并掩埋路基，泄入嘎弄曲，堵塞河道，引起对岸斜坡产生崩塌，可设过水路面或从沟口流通区设桥通过。

该段路线工程总体地质条件较好，多属工程地质条件较稳定地段，仅局部属欠稳定路段(K75 +850 ~ K76 +850)，基本适宜公路建设。扎墨公路控制性工程嘎隆拉隧道处于岗日嘎布晚古生代褶皱区出露的花岗岩体上，属相对稳定的花岗岩体断块山，地震基本烈度为Ⅷ度(地震动峰值加速度 >0.4g)，围岩级别多属Ⅱ ~ Ⅲ级；隧道附近展布的两条区域性大断裂，一条为北西向通麦—嘎隆寺断裂，整体属晚更新世活动性断裂，隧道附近为全新世活动断裂，与隧道进口段轴线近于直交；另一条为北东向的马尼翁断裂，属全新世活动性断裂，为发震断裂，展布于隧道方案右侧 200 ~500m，距离较远，对隧道方案影响不大；洞身展布的 7 条小断层，宽度不大，影响范围小，均不影响隧道方案。因此，拟选的隧道方案是可行的。

2)老 K80 ~ 黑日桥(K85 +300 ~ K119 +700)

该段属构造强烈剥蚀、河谷强烈下切的高山峡谷地貌,地形具有谷深、坡陡、高差大、坡面形态复杂的特征。地表乔灌木、芭蕉等阔叶林茂密。路线沿嘎弄曲右岸前进到老桩号 K108 后,跨达国桥进入金珠藏布左岸,于老桩号 K113 进入雅江左岸。该段路线长 35.63km,为重灾路段,是制约老扎墨公路全线通车时间的关键路段。

第四系土层震探纵波波速 V_p =450 ~ 800m/s。下伏基岩为混合花岗岩、条带状混合片麻岩、片岩等,节理、裂隙及片理、片麻理较发育,多呈弱风化状,岩质较坚硬至坚硬状。震探纵波波速 V_p =2 600 ~4 500m/s。地基土承载力 >1 000kPa。

该段路线 3 条主干河流两岸树枝状支沟水系发育,多为长年流水冲沟,流量一般为 0.5 ~ 800L/s,大雨后可暴涨数倍。河谷、沟谷急流溯源侵蚀、侧蚀及底蚀作用强烈。同时受雨水、地形和地表剥蚀、侵蚀的影响,坡面松散体发育,厚度较大,且处于不稳定状态。成为全线地质灾害最多、危害最大的路段,泥石流、滑坡、崩塌及水毁等地质灾害频繁,并反复出现。

(1)滑坡

该段路线有 K89、冷多 1 号、冷多 2 号等 5 处活动性大中型滑坡,以及 3 处中小型死滑坡。多数是由于暴雨或洪水掏脚引起的牵引式滑坡。平面上呈长舌状、圈椅状,后缘滑壁呈陡坎或陡崖状;滑体物质主要为碎砾石夹块石土,泥砂质充填,多呈稍密至中密状,滑体厚度一般为 15 ~ 40m。其中尤以老桩号 K89(K92 +740 ~ K92 +960)和冷多 1 号(K116 +000 ~ K116 +070)滑坡最具破坏力,每年暴雨时节,滑体内产生的坡面泥石流、崩塌冲毁路基、掩埋路面,中断交通。

(2)泥石流

该段路线共发育有 21 条以上沟谷型、大中型冰川—暴雨型或暴雨型泥石流沟,及数条坡面型小型泥石流。多数属间歇性的,处于衰退期的泥石流,一般设桥或涵通过即可。其中对路线危害大的常发性的泥石流主要有芒给沟(K88 +725 ~ K88 +925),见图 2-8 ~ 图 2-10,及冷多 2 号(K115 +020 ~ K115 +900)等大型冰川—暴雨型或暴雨型水石流,均处于旺盛期;泥石流形成区一般发育 1 ~5 处大型岩石崩塌、滑坡体,固体物质丰富。

a)

b)

图 2-8　芒给沟口

(3)水毁

主要集中分布在 K88 +900 ~ K90 +400、嘎弄曲右岸临河路基,有 3 处以上,里程桩号分别为:K88 +925 ~ K89 +060、K89 + 140 ~ K89 +400 和 K89 +575 ~ K89 +640,沿路线长 65 ~ 260m 不等;原有公路每年均被嘎弄曲洪水强烈侧蚀、冲毁,并引起上边坡产生大中型土质崩

a)

b)

图 2-9　芒给沟口新桥被毁

a)

b)

图 2-10　芒给沟水石流物源区

塌，交通中断，见图 2-11。路线无法绕避，需进行大范围的护岸、护坡等综合治理。

综上所述，K80 ~ 黑日桥段地质灾害种类繁多、分布密集、规模大、活动频繁、危害性大，受马尼翁活动断裂、强震、强降雨及嘎弄曲洪水强烈侧蚀的影响，许多地质灾害难以根治，多数灾害路段也不易绕避，因此该段线路是本项目能否修通、保通的关键所在，整治效果能否持久保证路线畅通，仍待今后考验。因此，公路修通以后，公路维护、保通仍是必需的、重要的工作。

a)

b)

图 2-11　K87 + 195 ~ K87 + 280 段水毁

3）黑日桥 ~ 墨脱县城（K119 + 700 ~ K140 + 094.086）

该段属中—高山峡谷地貌区。路线沿雅江左岸展布，地表乔灌木、芭蕉等阔叶林茂密。除马迪古滑坡堆积台地外，其余地段自然坡面较为稳定，覆盖层较薄，多处基岩出露。

该段不良地质较其他地段不发育，崩塌多属小型；冰哥日等水石流均处于衰退期，单次物流量较少；主要不良地质为马迪0号、1号、2号及3号大型滑坡，其中马迪0号滑体距离路线较远，不会危害公路安全。根据勘察结果，马迪1号、2号、3号滑体总体处于稳定状态，但在地下水及重力作用下会产生蠕动，这将导致局部边坡崩塌、坡脚渗水、路面积水、沉陷翻浆等现象。

总体上该段产生破坏性灾害的可能性较小，但应加强滑体及路基排水，同时设置挡墙对边坡进行支护。

2.1.6 新构造运动及地震

据前人资料研究表明，项目区域新构造运动特征主要表现为强烈隆起与急剧下切、垂直抬升与水平位移共同作用。强烈隆起部位主要位于南迦巴瓦峰地区，急剧下切部位主要分布在雅鲁藏布江大拐弯追踪构造带。由于强烈的新构造运动，使项目区域成为地震高发区，根据《中国地震动参数区划图》(GB 18306—2001)，本地区地震动峰值加速度不小于0.40g，反应谱特征周期0.40s，相当于地震基本烈度≥Ⅸ度。根据专门的地震安全性评价结论如下：

1)嘎隆拉隧道

(1)地震活动性

①项目区域地震活动强烈，历史上记载有4.7级及以上破坏地震143次，其中6.0级及以上地震18次，最大地震为1950年察隅—墨脱8.6级地震。自1970年以来，记录到379次4.6级以下现代小震，其中2.0~4.6级地震338次。

②隧址区位于青藏高原南部强烈地震活动地区中地震活动相对弱些的地段，历史上仅发生5次4.7~6.0级地震，无6.0级以上地震。1970年以来还记录到2次2.0~3.9级现代小震。

③地震活动表现出时空分布的不均匀性。根据宏观地震资料，工程场地历史上遭受过Ⅸ度地震烈度的影响，来自近场区外1950年察隅—墨脱8.6级大地震。

(2)地震构造环境

①隧址区内最主要的嘎隆寺断裂在进洞口附近通过，马尼翁断裂北段位于隧道西侧300m以外，其规模比较大，对地貌的控制作用非常明显，分别为全新世和晚更新世活动断裂。

②隧道附近地块不甚完整、断裂比较发育，嘎隆寺断裂的近地表活动对工程结构存在突发性和持续性破坏。该断裂为全新世断层，位错位于洞口之外，百年平均平移量不大于0.5m，该断裂可发生7~7.5级地震，突发(水平)错动量为2~3m。在隧道建设和维护过程中按此考虑该断裂地震地表破裂的影响。

③马尼翁断裂北段为晚更新世活动断裂，距离隧道最近为300m，可不考虑其对隧道的近地表地震破裂作用。

(3)地震基本烈度

隧道位于基岩之上(中)，基于计算分析得到的工程场地设计地震动参数结果，结合《中国地震动参数区划图》(GB 18306—2001)的相关规定，工程场地的地震基本烈度为Ⅷ度。

2)达国桥及西莫桥

两桥地震基本烈度均按Ⅸ度处理,断裂与大桥有一定距离,可不考虑断裂发生近地表突发错动对大桥的直接影响。

3)地质灾害

墨脱境内崩塌、滑坡与地震密切相关,多数是地震不稳定或欠稳定造成的。

2.1.7 气候

项目所在区域主要受印度洋暖湿气流与西南季风影响,印度洋暖湿气流沿雅鲁藏布江及其支流逆流而上,进入青藏高原东南内陆地区,气流强度由下游往上游逐渐减弱。同时,由于岗日嘎布山脉的阻挡,沿嘎弄曲逆流而上的水汽不能越过山脉进入波密,导致波密与墨脱形成两个不同的气候区。

1)波密

属温带半湿润高原季风气候,据扎木镇气象资料统计,县城区多年平均气温为8.5℃,最冷月(1月)平均气温为-0.2℃,最热月(7月)平均气温为16.4℃;极端最高气温31℃,极端最低气温-20.3℃;无霜期176d,昼夜温差大;温度垂直变化明显,其规律大约为每升高100m,气温下降0.74℃;年日照1 563h。多年平均降水量为977.1mm,3~10月降水占全年约93.5%,以多雨温暖湿润天气为主;11~次年2月降水仅占全年的6.5%;年相对湿度71%;从波密到K24,随海拔高度的增加,估计年均降水量大于1 000mm。

2)墨脱

属亚热带湿润气候区,墨脱处于喜马拉雅山脉东南端斜坡地带,是印度洋暖湿气流进入高原的必经之路;同时受高原斜坡的阻隔,暖湿气流多滞留于此,使本区成为世界上降雨最为丰富的地区之一;雨季每天暴雨瓢泼,峡谷中云飘雾涌,气流升降对流十分猛烈。雨季长达7个月,全年雨日在200d以上,其中6月、8月降水为最强,5月、7月、9月次强,6~9月降雨量占全年降雨量的70%左右;10月、次年2~4月降水相对较少;11~次年1月为旱季,降水稀少,均以降雪为主。K80前后路段,年降雨量达4 000mm。勘测期间,在K80前后路段进行了简易的降雨量观测,2006年2月27日至5月4日,测得降雨量为965mm。丰富的降水是形成洪水灾害、诱发不良地质的重要外因之一。由于境内自北向南海拔高度变化大,气候又具有明显垂直分带性,小气候特征突出。大致可分为5个气候带(图2-12):

(1)海拔1 000m以下,热带北缘湿润气候带,包括雅鲁藏布江河谷及其支流谷地;植被以阔叶林、藤类植物及灌丛为主。

(2)海拔1 000~2 400m,山地亚热带湿润气候带,分布在雅鲁藏布江及其支流谷地和山地下部;植被以阔叶林、藤类植物、竹子及灌丛为主。

(3)海拔2 400~4 000m,亚高山温带湿润气候带,分布在两岸山体中部;植被以针叶林、藤类植物、竹子及灌丛为主。

(4)海拔4 000~4 500m,高山寒温带湿润气候带,分布在山地中部林缘以上;植被以草甸及低矮灌丛为主。

(5)海拔4 500m以上,高山寒带冰雪气候带,终年冰雪覆盖。

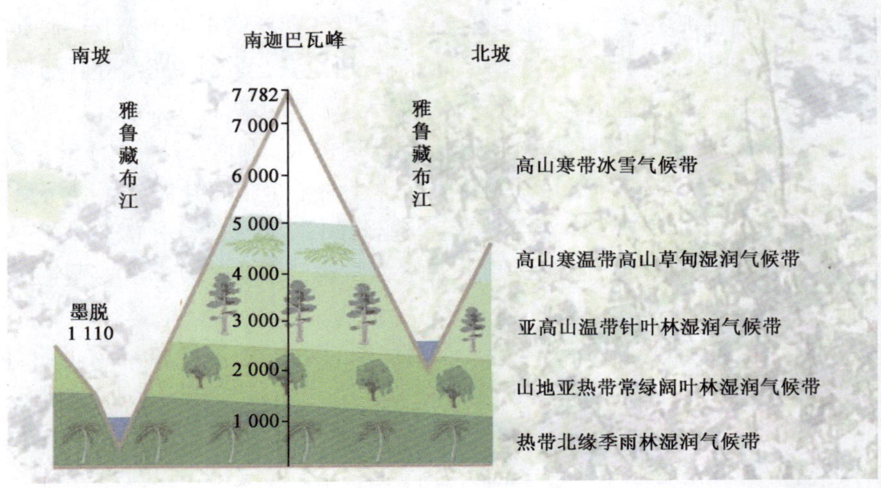

图 2-12　气候带分布图(单位:m)

2.2　建设原则与设计思路

2.2.1　建设原则

扎墨公路气候、水文、地震、地质、地形条件极其特殊,现阶段对其认识非常有限,老扎墨公路几十年的建设历程已充分说明项目建设具有相当大的难度,同时隐伏一定的风险。项目建设应科学决策、合理定位,制订合理、恰当的建设目标。对扎墨公路而言,当务之急是尽快解决墨脱人民出行难的问题。“打通扎墨路,在无重大自然灾害发生的前提下,加强养护、保通工作,力争全年8~9个月的通车时间”的建设目标是根据项目的功能,分析气象、水文、地质对工程的影响后提出的。

结合扎墨公路建设实际,建设过程中应遵循“先通后畅、先易后难、先点后面、逐步推进”的原则。具体建设原则如下:

(1)灵活运用技术指标。有条件路段按相应等级公路标准一次建成,地形、地质条件复杂路段降低技术指标。路基尽量减少开挖,不能因为工程方案不当诱发新的地质灾害。

(2)由于项目所在区域气象、水文、地质、地震等情况难以在短期内调查清楚,应树立“长期养护,逐步改善”的观念。在公路建设、养护过程中,注重对气象、地质等资料的收集,加强科研工作,为后期的管理、维护、设计提供强有力的技术支撑。

(3)先通后畅。通过本次建设,修建越岭隧道,打“通”扎墨公路,保证路基基本稳固,一般地质灾害得到有效治理,对地质灾害发育、规模较大的路段,工程重点放在稳定路基上。公路建成后,通过一段时间的管养,对地质灾害的逐步治理以及局部路段的进一步完善改造,使之成为一条满足标准、工程稳定可靠的等级公路,逐步提高公路服务水平,达到“畅”的目标。

(4)先易后难。地质灾害治理遵循“可知性、可治性、可靠性”的实施原则。对于一般路基防护及可治理的中小型地质灾害防治措施可考虑“先期一次治理到位”；对于地质灾害严重、目前工程措施无绝对把握路段，可考虑先期稳固路基，通过营运养护观察，待后期条件成熟时，再提高工程处理措施或选择适宜的建设方案。

(5)先点后面，逐步推进。墨脱是多雨地区，降雨量极大，雨季长达7个月，是各种地质灾害高发期，在此期间施工风险极大，也极其困难，墨脱境内全年全面开展施工是不可能的，重点病害路段治理只能安排在旱季进行。受限于客观建设条件，项目建设只能采取“先点后面，逐步推进”的方式，即先期施工隧道，同期展开重点病害路段的治理工作，待其基本完工之后，墨脱境内方可利用旱季全线展开施工。

(6)因地制宜。由于项目建设条件特殊，无论勘察、设计，还是项目建设，现行的标准、规范在有些方面严格执行有比较大的难度，因此，应针对项目特点因地制宜地制订相关工作指导原则，以此指导项目建设。

为节约投资，先期实施的施工便道工程宜与后期工程统筹安排，避免投资浪费。

2.2.2 设计思路

为了顺利实现“打通扎墨路，在无重大自然灾害发生的前提下，加强养护、保通工作，力争全年8~9个月的通车时间”的建设目标，结合项目的工程特点，在工程方案设计中贯彻了以下总体设计思路：

(1)认真吸取扎墨公路建设历史上的成功经验及失败教训，充分借鉴西藏其他地区尤其是川藏公路整治改建的成功经验。

(2)加强地勘工作，多渠道、全方位收集沿线地质、水文资料，利用航测遥感结合现场地质调绘、调查，最大可能地摸清沿线不良地质条件。

(3)紧密围绕以“通”为目标的建设目标，结合现场地形、地质条件提出合理的技术标准及工程方案，控制总造价。扎墨公路交通量不大，当务之急是解决墨脱县能通公路的问题，不恰当的技术标准，可能会引发不可预见的地质灾害并破坏环境，因此，技术标准的采用必须因地制宜，必须最大可能的适应地形、地质、水文等条件。

(4)除隧道段外，全线原则上按四级公路标准建设，根据地形地质条件合理改善全线的平纵面线形，困难地段降低技术指标。除严重影响行车安全且有条件改善路段采用新线位外，原则上尽可能利用老扎墨公路走廊，沿线尽量少挖多填，对地质条件未把握时，宁可降低标准，也不能诱发新的地质灾害。

(5)“确保路基稳固”是方案设计中的重中之重。重点要做好路基防护、排水工程方案，根据地质、地形及气候条件，因地制宜确定工程建设方案，提高路基抵抗自然灾害的能力，最大限度降低不良地质对工程建设及道路运营安全的影响。沿线不良地质分布广，规模大，为降低工程造价，采取“适当清理、增加支挡”的方案，通过养护，保证路基稳固、通畅，待日后条件成熟时，再提高工程处理措施。

(6)由于项目所在区域气候、气象、水文、地质、地震等情况难以在短期内摸索调查清楚，对重大地质灾害的处理要树立“谨慎设计、长期养护，动态设计、逐步改善”的观念，防止出现废置工程，合理分配投资，确保全线保通能力得到最大限度的提高。

2.3　基于卫星的地形图测量

由于项目里程较长，自然条件恶劣，出入墨脱交通十分不便，且项目所在地区基础资料极度缺乏。为确保工程方案的可靠，野外工作按详测（一次定测）的深度进行勘察，采用高等级公路勘察方法和低等级道路勘察方法相结合的手段进行测量。具体采用 GPS 平面控制测量，高分辨率 IKONOS 卫星影像测绘地形图，基于 15mLandsat-7ETM +、1mIKONOS 立体像对和 1：25 000航空立体影像的多级工程地质遥感勘察等多项高新技术，以提高勘察质量。

采用美国 1m 分辨率的 IKONOS 立体卫星图像进行三维数字测图工作。IKONOS 卫星于 1999 年 9 月 24 日发射升空，是世界上第一颗空间分辨率突破 1m 的商业卫星，并能提供同轨立体图像。在没有地面控制的情况下，基于 IKONOS 卫星立体图像自带的有理函数传感器模型（RPC）参数，测绘生产了路线走廊带的 1：5 000 及 1：10 000 比例尺三维数字线化地形图。

为满足设计阶段需求的 1：2 000 及更大比例尺地形资料，进行了工程区域的卫星图像 GPS 野外控制测量与调绘工作。利用野外实测的 GPS 影像控制点，在 Helava 数字摄影测量工作站上，基于 IKONOS 立体卫星图像进行 3D（DLG，DEM，DOM）产品的测绘生产。由于墨脱地区原始森林覆盖十分严重，在进行数字摄影测量时往往无法消除树高的影响，项目充分利用现有线路野外实测的 10 000 余个 GPS 放样点，对 IKONOS 卫星测量成果进行修正。结果表明，IKONOS 立体卫星图像生成的 3D 产品的精度达到了山岭区 1：2 000 比例尺成图精度的要求，填补了区域内大比例尺地形资料的空白，满足了墨脱公路测设的需要。

2.4　隧道大纵坡论证

前期对隧道纵坡取值 4.1% 进行了论证，影响隧道纵坡最大值的 3 个控制因素为：①施工出渣、排水和材料运输的作业效率；②运营通风的要求；③运营期车辆行驶的安全性和舒适性。在 4.1% 纵坡工况下，通过论证，以上 3 点可以得到保证。

隧道内纵坡取值 4.1% 虽然在一定程度上避免了反复跨越 3 条大型雪崩，但其洞口高程依然很高，为尽量减少穿越雪崩爆发区，造成两个方案出口引线纵坡较大。V 线方案出口纵坡达到 6%，紧接着的是一个半径为 35m 的回头弯，纵坡为 5%，由于路面横坡较陡，回头弯布置的也是桥，墩高有 15 ~ 25m，工程造价高而且行车危险系数高。R 线出口引线较为顺滑，基本沿老路布设，工程造价低，但其洞口位置较高，处于冰雪覆盖时间长。且第一组回头弯深入到冰川附近，还将穿越整个坡面的几乎所有雪崩爆发区，将严重影响通车时间，达不到建设目标。

设计阶段，经过对方案的反复讨论，认为影响公路营运安全和延长通车时间的主要因素不是隧道内纵坡的大小，而是出洞后引线的设置问题。如果隧道出口引线线位设置不顺滑，纵坡过大将留下严重的安全隐患；而如果洞口位置过高又将影响公路的有效通车时间。结合各个方面的考虑，认为将隧道内纵坡加大至 4.8% 将有效地解决洞口的设置和出口引线的安全性等问题。

我国《公路工程技术标准》（JTG B01—2003）中第 7.0.4 条文规定“隧道内纵坡应小于 3%，但短于 100m 的隧道不受此限”；《公路隧道设计规范》（JTG D70—2004）中第 4.3.3 条文规定“隧道内纵面线形应考虑行车安全性、营运通风规模、施工作业效率和排水要求，隧道纵坡不应小于0.3%，一般情况不应大于3%；受地形等条件限制时，高速公路、一级公路的中短隧道可适当加大，但不宜大于4%；短于100m的隧道纵坡可与该公路隧道外路线指标相同。当采用较大纵坡时，必须对行车安全性、通风设备和营运费用、施工效率的影响等做充分的技术经济综合论证。”从以上我国规范条文的规定中可以看出，规范对隧道纵坡的限制是基于行车安全、施工效率和运营成本3方面综合考虑得出的一个经验取值，而非严格限定要求，在特殊情况下，对于超过3%的隧道纵坡取值，只要通过技术论证可行，仍是可采用的。

国外发达国家的公路隧道建设历史悠久，在隧道设计理念、指标选取上有很多经验值得我们借鉴，国外公路隧道线形设计多是以公路设计规范为基准，在隧道规范中并无太多硬性规定，设计中根据地质条件、公路等级以及工程造价等因素综合考虑设计出最优、最省的路线方案。美国、加拿大的隧道设计手册认为“承载重型车辆交通的上坡隧道纵坡一般限制在3.5%以内，以减少通风的需要，对于双线双向行车隧道，为维持合理的行车速度纵坡最好控制在3%以内；对于下坡隧道，4%或更大的纵坡都是可行的；对于轻载交通的隧道纵坡已用到5%甚至6%”。德国隧道规范规定设计车速为80km/h时，隧道最大纵坡可为6%。国外已建成的公路隧道纵坡大于3%的工程实例较多，最大甚至达到10%，以北欧的挪威为例，自20世纪80年代起，挪威先后建设了20多座海底隧道，多数隧道为单洞双线大纵坡，具体见表2-3。

挪威大纵坡公路隧道情况一览表 表2-3

编 号	隧 道 名 称	日交通量(辆/d)	最大纵坡(%)	隧道长度(m)
1	Hvaler	1 300	10.0	3 751
2	Oslofjord	4 000	7.0	7 252
3	FlekkerΦy	1 060	10.0	2 327
4	Byfjord	2 800	8.0	5 875
5	Mastrafjord	3 000	8.0	4 424
6	Bjoroy	350	10.0	2 000
7	Bomlafjord	2 500	8.5	7 900
8	Fannefjord	1 150	8.5	2 743
9	Freifjord	1 850	9.0	5 086
10	EllingsΦy	2 700	8.5	3 520
11	ValderΦy	2 250	8.5	4 222
12	Godoy	725	10.0	3 844
13	Hitra	635	10.0	5 645
14	Froya	530	10.0	5 305
15	Nappstraum	600	8.0	1 780
16	Sloverfjord	100	8.0	3 200
17	Tromsoysund	6 730	8.0	3 376
18	Kvalsund	500	8.0	1 650
19	Maursund	600	10.0	2 122
20	Ibestad	400	10.0	3 398

穿越岗日嘎布山的嘎隆拉隧道方案受山体两侧地形条件限制，为避让雪害，V、R 和 T 线 3 个隧道方案纵坡均超过 4%，因此保证超坡隧道的安全性是关系到整个项目建设目标是否能够顺利实现的关键。以下从行车安全、通风需求、隧道施工等方面对扎墨公路隧道采用 4% ~ 5% 纵坡值的可行性进行技术论证。

2.4.1 隧道施工可行性论证

隧道纵坡对隧道施工的影响主要在出渣运输、材料运输、施工排水和施工通风 4 个方面。隧道纵坡过大会导致施工运输车辆行驶困难，效率下降，同时若施工机械是以内燃机为动力源，会导致发动机排污量增加，增加了施工通风需求；同时隧道倒坡施工，洞内渗水无法自然排出洞外，需逐级抽排，增加了施工成本。

根据相关研究资料，普通柴油动力机械设备海拔每上升 1 000m，其动力效率会下降 8% ~ 12%，嘎隆拉隧道海拔在 3 700m 左右，据此推算隧道机械设备效率会下降 30% ~40%，发动机燃烧严重恶化，污染物排放急剧增加。近年来，随着青藏铁路的成功建设，我国在高原施工机械研究方面已取得长足的发展，成功开发出一系列的高原专用型机械和设备，成功解决了高原隧道施工机械动力的问题，另外目前大多数载重汽车采用了涡轮增压技术，车辆在高原动力不足的问题可得到大幅缓解。因此，隧道出渣材料运输问题不论采用有轨还是无轨方式均可得到解决。

另外，在隧道排水和隧道施工通风方面，技术已相当成熟，大纵坡对隧道的影响可不考虑。

2.4.2 隧道行车安全性论证

1）隧道内车辆爬坡性能分析

汽车在道路上行驶时，必须有足够的驱动力来克服各种行驶阻力，在连续长大纵坡的情况下车辆是否能够提供足够的动力，是需要仔细论证的。首先选用在西藏地区较常见的东风 EQ-140货车作为代表车型进行分析，见表 2-4 和表 2-5。

东风 EQ-140 型车计算参数 表 2-4

项　目	符　号	参　数	单　位
最大扭矩	M_{max}	352.8	N · m
最大功率对应扭矩	M_p	316.0	N · m
最大功率对应转速	N_p	3 000	r/min
最大扭矩对应转速	N_M	1 300	r/min
车辆总重	G	91 135	N
空气阻力系数	K	0.9	—
汽车迎风面积	A	4.185	m^2
车轮工作半径	r	0.49	m
主传动器速比	i_0	6.33	—

东风 EQ-140 型爬坡理想最大纵坡值表　　表 2-5

车型	东风 EQ140,海拔 3 800m											
荷载率	115%				100%				75%			
车速(km/h)	Ⅰ挡	Ⅱ挡	Ⅲ挡	Ⅳ挡	Ⅰ挡	Ⅱ挡	Ⅲ挡	Ⅳ挡	Ⅰ挡	Ⅱ挡	Ⅲ挡	Ⅳ挡
10	12.2%	7.0%	—	—	14.2%	8.2%	—	—	19.2%	11.3%	—	—
15	—	6.8%	3.5%	—	—	8.0%	4.2%	—	—	11.0%	6.0%	—
20	—	6.2%	3.5%	—	—	7.3%	4.2%	—	—	10.1%	6.0%	—
25	—	—	3.4%	1.8%	—	—	4.1%	2.3%	—	—	5.8%	3.4%
30	—	—	3.3%	1.8%	—	—	4.0%	2.3%	—	—	5.6%	3.4%
35	—	—	3.1%	1.8%	—	—	3.7%	2.2%	—	—	5.3%	3.3%
40	—	—	—	1.8%	—	—	—	2.2%	—	—	—	3.3%
45	—	—	—	1.7%	—	—	—	2.1%	—	—	—	3.2%
50	—	—	—	1.7%	—	—	—	2.1%	—	—	—	3.1%
55	—	—	—	1.58%	—	—	—	1.98%	—	—	—	2.98%

理想最大纵坡是在车辆油门全开的情况下，持续以某一速度等速行驶所能克服的最大坡度值。当道路的坡度 i 大于理想最大纵坡时称为陡坡，车辆将减速行驶，因此凡大于理想纵坡的坡度及其车辆的爬坡长度是受限制的，即陡坡的最大长度。

汽车的加、减速度是行车速度的函数，可推导出汽车在坡道上减速行驶的距离，从而求出坡长的限制值，减速距离（坡长）与行驶速度关系见表 2-6。

不同坡度、荷载率和车速条件下的最大坡长限制　　表 2-6

车型	东风 EQ140,海拔 3 800m								
荷载率	115%			100%			75%		
坡度	Ⅰ挡	Ⅱ挡	Ⅲ挡	Ⅰ挡	Ⅱ挡	Ⅲ挡	Ⅰ挡	Ⅱ挡	Ⅲ挡
4.00%	不限	不限	809	不限	不限	不限	不限	不限	不限
4.10%	不限	不限	700	不限	不限	不限	不限	不限	不限
4.75%	不限	不限	372	不限	不限	703	不限	不限	不限
4.80%	不限	不限	360	不限	不限	658	不限	不限	不限
5.00%	不限	不限	316	不限	不限	525	不限	不限	不限

通过对嘎隆拉隧道通过的典型载重车辆的动力特性、最大纵坡坡长计算，结合车辆行驶安全性分析得出以下几点结论：

①V 线隧道方案纵坡为 4.1%，载重车辆在不超载的情况下，可用Ⅲ挡顺利爬坡通过隧道，车速可保持在 20～35km/h 之间，满足车辆爬坡性能和保证隧道通行能力的要求。

②R 线、T 线隧道方案纵坡均≥4.7%，载重车辆在各种荷载的情况下，均可用Ⅱ挡顺利爬坡通过隧道，车速可保持在 10～20km/h 之间，满足车辆爬坡性能，但降低了隧道的通行能力。

③R 线、T 线隧道方案纵坡在货车轻载的情况下，可用Ⅲ挡爬坡通过隧道，车速可达到设计速度 30km/h 的要求；在货车满载或超载 15% 的情况下，车辆在隧道内以Ⅲ挡冲坡行驶约 300～700m 后，车速下降，必须降为Ⅱ挡爬坡行驶，行车速度也降为 10～20km/h。

④高海拔地区由于空气密度小、车辆散热能力下降，车辆长期持久使用低挡爬坡易使发动机过热，并使汽车水箱开锅而破坏冷冻系统，使得汽车爬坡无力，甚至熄火。R 线、T 线隧道方案车辆爬坡主要是使用Ⅱ挡爬坡，在车况较差的情况下可能会出现发动机过热情况，因此隧道内有必要考虑临时停车降温休息的紧急停车带。

2）隧道内车辆下坡安全性分析

国内外的事故资料都表明，下坡路段的事故发生频率明显高于上坡路段，特别是长大下坡路段。对下坡路段的事故原因进行分析，肇事车辆多为大中型货车，一般多发生在下坡方向的坡底路段，且越靠近坡底段，因制动失效而引起的事故越集中。车辆在下坡路段由于连续的刹车制动，造成刹车片发热，磨损严重，导致刹车失灵。

由汽车行驶理论分析，大型车辆在长下坡段应使用低挡位，并采用发动机辅助制动，才能平衡车辆自重带来的下坡力。但实际中出于对车辆的最小磨损和最短运行时间的考虑，除了刹车失灵外，大部分货车驾驶员下坡时都尽可能采用较大排挡和较高的车速。

随着车辆制造技术的提高，近年来车辆的制动性能有了大幅提高。特别是柴油载重汽车采用排气制动后，对于平均纵坡在 6% 以下的各种连续下坡路段，制动器温度均控制在 200℃以内，而且随着行驶距离加长，制动器温度也趋于稳定。淋水制动也是一种在车辆运行中广泛采用的非正常的制动措施，此原理就是在车辆上加挂水箱，在车辆长下坡过程中向车辆的制动装置（如制动鼓、刹车片）淋水，以达到降低制动装置温度，保持制动效能的目的。但淋水制动的缺点也显而易见，即车辆不断地向路面淋水会导致路面摩阻力下降，影响其他车辆在下坡过程中的安全行驶，而且在冬季易造成路面结冰，导致交通事故。

大量综合研究表明对于平均纵坡 4.8% 的长下坡，制动器温度升高接近 300℃的路程长度约在 5km 左右，此时克服高差 240m；而对于平均纵坡 4% 的长下坡，制动器温度升高接近 300℃的路程长度约在 7～8km，此时克服高差 320m。嘎隆拉隧道 V 线方案纵坡 4.1%，克服高差 133m；R 线方案纵坡 4.8%，克服高差 120m；T 线方案纵坡 4.75%，克服高差 154m，均可满足要求，且有比较大的安全储备，因此车辆在隧道内长下坡的刹车性能是能够得到保障的。

3）驾驶员视觉

受当地供电条件的限制，嘎隆拉隧道无法采用正常的隧道照明措施，因此在隧道内驾驶车辆的驾驶员的视觉反应必须考虑，见表 2-7。

下坡段货车停车视距（m）　表 2-7

行车速度（km/h）		80	60	40	30	20
纵坡坡度（%）	3	130	89	50	35	20
	4	132	91	50	35	20
	5	136	93	50	35	20

在无照明条件的隧道内，行车视距是由车辆的车灯照射距离决定的。

前照灯是汽车照明前方道路的主要工具，我国相关的技术规范规定前照灯应保证汽车前方 100m 以内的路面上有明亮而均匀的照明，使驾驶员能清楚辨明路面上的任何障碍物。随着现代汽车技术的不断提高，现代有些汽车的照明距离已达 150～270m。为了表示夜间或视线不良时停着或行驶的汽车轮廓，一般在汽车前后各装两只示廓灯。示廓灯的灯光在夜间距离 100m 以外应能看清楚。尾灯的光色为红色。其亮度标准为在夜间距车 300m 以外应能看清。

综上所述，从目前的车灯技术水平看，可满足隧道内行车的视觉要求。

2.5 路线方案比选论证

2.5.1 K14 雪崩路段方案比选

1）提出方案比选的理由

该段地质灾害主要集中为雪害，本段最大的雪崩位于 K14＋000 处，最高掩埋路面厚度达到 20～30m，对行人车辆构成威胁，道路维护工作量极大。

2）各方案布设情况

考虑设置两种方案来改善老路目前的状况，论证情况如图 2-13 所示。

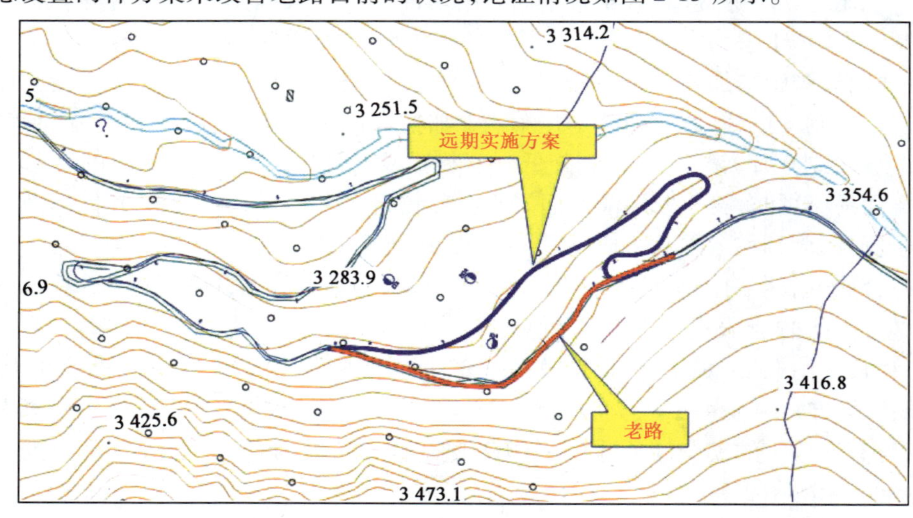

图 2-13 K14 雪崩段路线方案论证图

老路方案：线位稍稍偏离老路，向山体一侧靠近，雪崩发生时考虑机械保通；

Z 线方案：新线，线位从雪崩能量最弱的末端经过，雪崩段新线高程相比老路降低约 25m，然后再展回头弯接上老路，线形指标满足四级公路的标准。

3）各方案优缺点

（1）老路方案优点与缺点

线形顺直，里程较短，工程较省。但巨型雪崩一旦爆发，保通难度较大。

（2）Z 线方案优点与缺点

路线从雪崩能量最弱的末端通过，最大程度降低了雪崩对公路的危害；但该方案里程较老路方案长380m，造价较高，遭遇巨型雪崩时仍要考虑机械保通。

4）路线方案比选结果

综合上述情况，Z线离两岸的雪崩区域有足够的安全距离，将雪崩对公路造成的危害降低到了最低程度；由于填挖较小，不会诱发新的地质病害，对环境影响极小；造价相对便宜，可在适当时期择机实施。

此次建设该处雪崩路段仍然考虑利用老路，雪崩发生时考虑采取保通措施。

2.5.2　隧道方案（V线、T线、R线）

1）提出方案比选的理由

嘎隆拉隧道是关系到整个项目能否完成建设目标的关键所在，为此对V线、T线、R线方案进行比选，如图2-14所示。

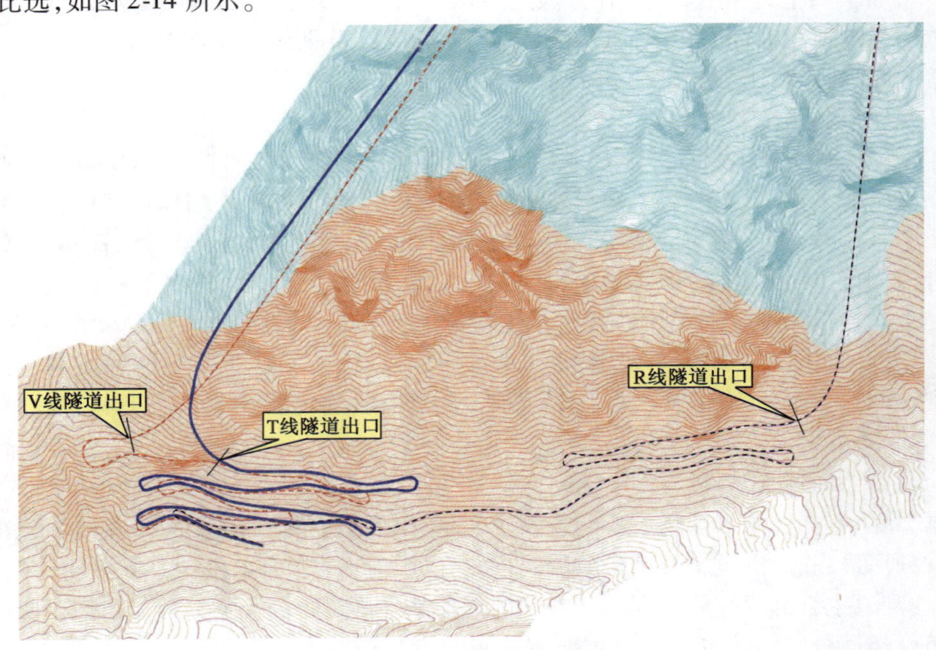

图2-14　V线、T线、R线方案比选

2）各方案布设情况

V线方案：隧道洞内纵坡4.1%，将洞内缓和坡段取消，对出口平面线形及纵坡进行优化，平均纵坡5.8%，隧道长3 330m，半山洞100m。

T线方案：隧道洞内纵坡4.75%，出口线形较顺滑，纵坡也较缓。

R线方案：隧道洞内纵坡4.8%，出口线形较顺滑，增加55m半山洞一座。

3）工程比选

（1）V线方案优点与缺点

V线方案隧道内纵坡较缓，为4.1%，但隧道出口直接接半径为35m的回头弯，引线平均纵坡偏大为6%，易诱发安全事故。V线方案回头弯填挖达到近20m，均布设桥梁，桥上纵坡为5%，且跨越几处雪崩爆发区，安全系数低，不利于保通。该方案工程造价高，桥梁的设置极易造成投资浪费。

(2)T线方案优点与缺点

T线方案考虑将隧道洞内的纵坡加大到4.75%,从而将反向回头弯桥取消,同时取消了长105m的半山洞。将洞口出来后的200m范围内的路线纵坡设置为2%的缓坡,出口也更加顺滑,这样在行车安全上能更好地减少隐患。由于雪崩等不可预见的因素可能对桥梁造成破坏,T线没有设置桥梁,回头弯采用半填半挖,最大填挖高度控制在10m之内,以便在发生雪崩破坏路基后能以最快的速度保通,确保道路通车时间。

(3)R线方案优点与缺点

同样,为避免R线方案因冰川及多处雪崩影响长期中断交通,将隧道内纵坡调整为4.8%,隧道出口设置2%缓和坡,出口也比较顺滑,虽然增加一组回头弯,但避免了冰川的常年影响。增加了一座55m长的半山洞,但隧道出口引线少穿越4处雪崩爆发区,在冰雪季节可以争取更多的通车时间。R线连接线也没有设置桥梁,除两组回头弯是新建之外,其余路线基本沿着老路布设,圬工数量小。

4)雪崩季节行人安全性比选

近年来,随着经济的发展,进出墨脱的人员较以往呈逐年增加的趋势,仅2005~2007年度因雪崩而丧生的人员多达20名。项目建成后,受气象因素的制约,隧道前后路段每年均要中断交通2个月左右,在此期间进出墨脱的人员仍需步行通过嘎隆拉隧道。尽管隧道修建后山上大部分雪崩可以得到避免,但隧道出口(墨脱侧)仍要通过雪崩区,因此,交通中断期间行人安全也是此次建设需要特别关注的事项。行人来往于K52~墨脱侧洞口区间时,对R线方案而言需要连续通过12处雪崩区;对R线、T线方案而言,行人可借助原有翻山小路避开雪崩区域直接到达洞口。由于雪崩爆发在时间、规模上均具有不确定性,R线方案行人危险系数远远大于V线、T线方案。

5)全年通行时间比选

根据2007年再次深入现场后的调查结果,嘎隆拉隧道前后区域每年1~4月为积雪最深、雪崩爆发频率最高、冰雪危害程度最大的时段。在此期间要求养护机构不间断清雪是极不现实的,当地交通主管部门需要根据每年具体的气象条件确定中断交通时段。可以判断,影响嘎隆拉隧道全年通行时间的主要因素主要有3点:一是隧道前后降雪量大小;二是雪崩爆发概率;三是雪崩对路基的损毁程度。其中第一点对3个隧道方案的影响程度应该是相同的,由于R线方案经过雪崩区域较多且规模均大于T线、V线方案,在全年通车时间上,T线、V线会略优于R线方案。

6)路线方案比选结果

综合上述情况,在综合考虑行车安全性、造价高低、保通难度、行人安全及通车时间长短等各方面因素的前提下,本阶段推荐T线。

2.5.3 K73泥石流

1)提出方案比选的理由

该段不良地质主要为冰川—暴雨型泥石流及崩塌。泥石流主要发育于K72+950~K73+000地段,属中晚期。该段老路从泥石流堆积区经过,路面采用过水路面,平时堆积物厚度达

3～5m，需靠机械与人工清理才能保证老路畅通，为避免路基每年遭受泥石流摧毁，考虑布设新线方案，架桥从泥石流流通区通过。

2）各方案布设情况（图2-15）

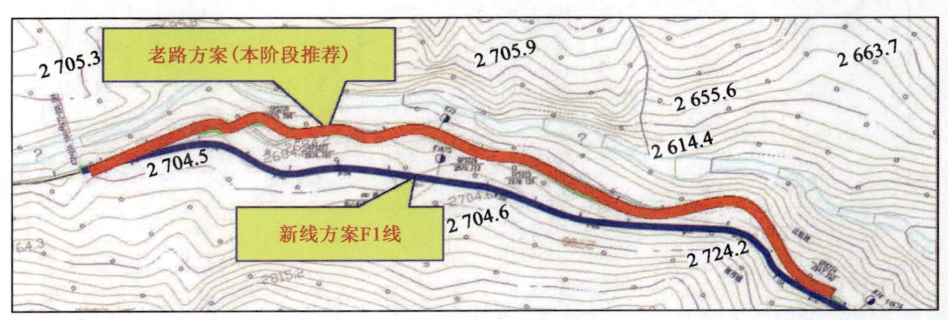

图2-15　各方案比选

老路方案：基本沿原有老路布线，采用过水路面通过。

F1新线方案：考虑从沟口上游架桥通过。

3）方案比选

（1）F1线优点与缺点

优点：线形顺直，利用地形，消除反坡，纵面上优于老路；行车几乎不受泥石流的影响，路面畅通，提高行车效果。

缺点：造价较高，对环境会造成一定的影响。

（2）老路优点与缺点

优点：老路利用率高，对植被、环境破坏小。

缺点：泥石流堆积厚度大，清理难度大，降低了通行效率。

4）路线方案比选结果

为最大程度发挥投资效益，本次建设考虑采用老路方案。F1方案待以后条件成熟时再行实施。

2.5.4　B线（米日）

1）提出方案比选的理由及布设情况

该段位于米日村西侧，老路有一处900m长，坡度为9%的纵坡，坡长超限，车辆爬坡能力降低，考虑本段整体地形较缓，有条件改善老路纵坡状况，因此在野外勘测阶段，选线组另设了一条新线（B线），线位如图2-16所示。

2）方案比选

（1）B线优点与缺点

纵坡相比老路得到很大的改善，提高了车辆爬坡能力；但里程较老线增长了355m，占用了部分农田。

（2）老路优点与缺点

平面线形顺畅，沿线未对山体产生破坏；但坡长超限，车辆爬坡较为困难。

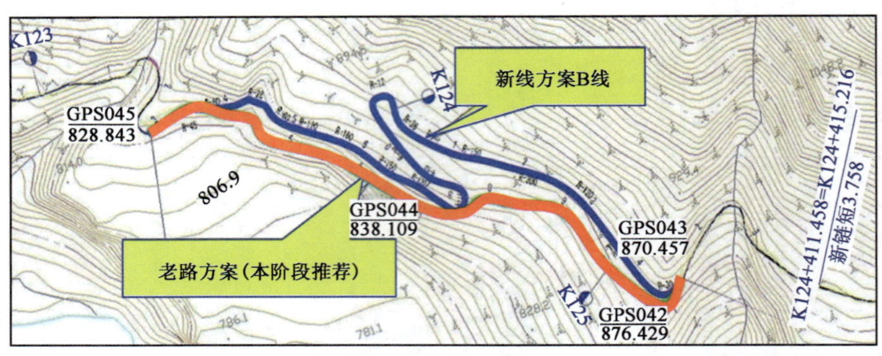

图 2-16　线路图

3)路线方案比选结果

为最大程度发挥投资效益,本次建设考虑采用老路方案。新线 B 方案待以后条件成熟时再行实施。

2.5.5　F 线(芒给沟)

芒给沟泥石流规模较大,每年均会爆发,交通中断时间长,老路方案土石方数量小,对山体破坏较少,施工场地好,造价较省。新线方案虽可避免今后每年因泥石流中断交通,但桥头靠波密侧山体破碎,路基开挖可能诱引发新的地质灾害,局部挡墙过高,工程实施难度较大。且该泥石流处于发展期,最高泥位短期内很难预测,两侧桥台存在被冲毁的可能,结合全线工程造价的考虑,故芒给沟段推荐老路方案,待泥石流处于衰退期时再实施新线方案,如图 2-17 所示。

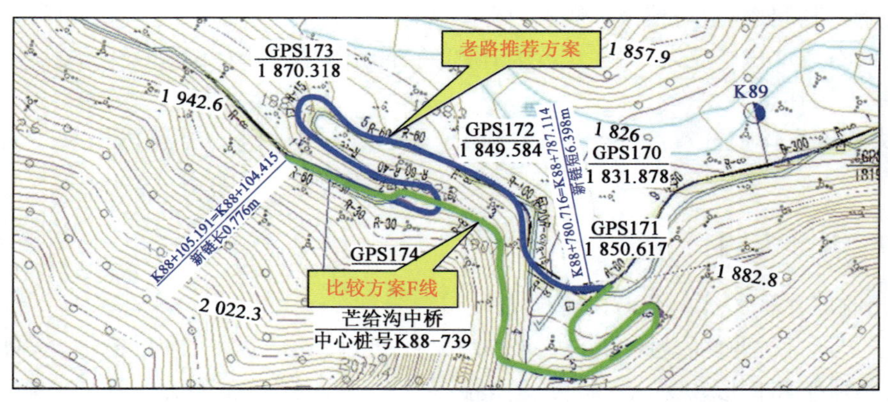

图 2-17　方案 F 线

2.5.6　F2 线(老路 K101、K102 滑坡)

老路存在 K101 和 K102 两处大型崩滑体,线位从崩滑体靠前缘位置经过,距后缘约 1km。暴雨季节都会产生坡面泥石流,不可能从根本上根治。新线方案通过两次跨越嘎弄曲进行绕避,但桥位处未见基岩外露,且沿线土体较厚,下部开挖施工时可能诱发新的地质灾害。新增桥梁 2 座长 515m,一次性投资较大,故采用老路方案,如图 2-18 所示。

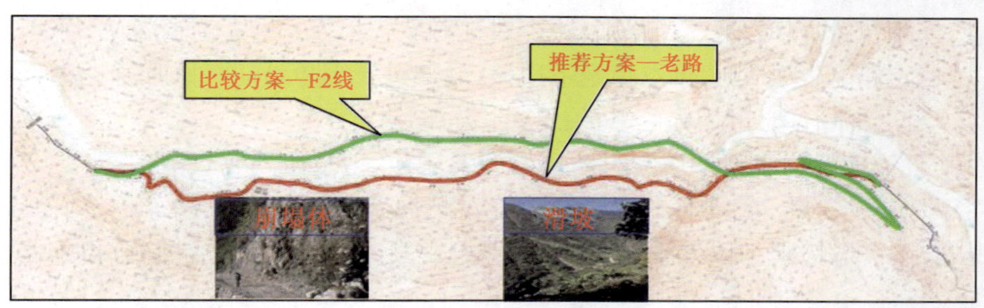

图 2-18　F2 线路比选

2.5.7　X、Y 线(达国桥至林多桥)

原有老路纵坡过大,最大达到 20%。本路线方案通过将现有达国桥抬高,将桥台设置在 K108 右侧平台上,有利于对岸回头弯的布置,降低平均纵坡。在 K113 段,通过 K113 新线降低纵坡,但平均仍有 9%。X、Y 线虽然纵面指标可以得到改善,但路线经过的都是悬崖峭壁,施工难度大。X 线需新增隧道 640m,半山洞 1 350m,桥梁 213.8m。Y 线新增隧道 326m,半山洞 2 470m,桥梁 214.8m。由于墨脱地区地震烈度高,隧道及半山洞存在安全风险,所以还是采用老路局部改善方案,如图 2-19 所示。

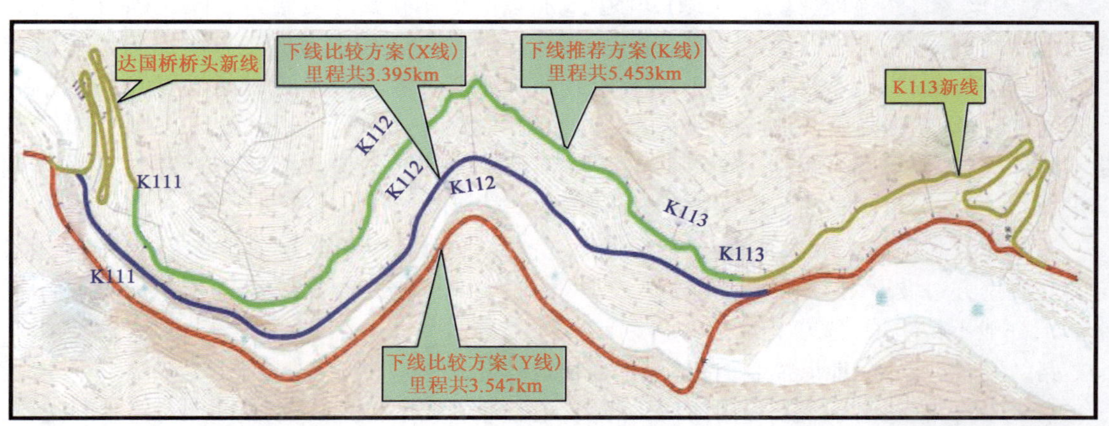

图 2-19　X、Y 线路比选

2.6　路基及排水设计方法

2.6.1　路基设计原则

该项目的路基设计多在原有便道的基础上进行适当的加宽,改善路线平面和纵面,是本公路路基设计的一大特点。项目区地质、地形、气候、气象条件异常复杂,路基工程对工程建设的成败起着关键作用,“确保路基稳固”、“宁填少挖”是方案设计中的重中之重。路基设计原则如下:

(1)以“宁填少挖”为主要设计原则,减少对欠稳定边坡及环境的破坏。

(2)以“稳定路基”为原则,重点稳定下边坡,局部进行上边坡防护。加强路基防护本身就是对地质灾害的一种治理,可增强路基的抗灾能力。

(3)对于可治理的中小型地质灾害防治措施要到位,力求得到有效治理。

(4)对于地质灾害严重、目前工程措施无绝对把握路段,树立“长期养护,动态设计、逐步改善”的观念,按保通措施加以处理,通过营运养护观察,待后期条件成熟时,再加强并提高工程处理措施。

(5)高度重视沿线雨水充沛的特点,结合路面设计因地制宜地采取各种排水措施。

(6)项目区域地震烈度高,除冲刷严重地段外,宜尽量采用柔性防护措施。

(7)路基材料尽量考虑就地取材,降低造价。

路基设计遵循因地制宜、就地取材、以防为主、防治结合、安全经济、造型美观、顺应自然以及与环境景观相协调的原则,采取有效措施防治路基病害,保证路基稳定,积极采用新技术、新材料、新工艺,重视环境保护及水土保持工作。

2.6.2 路基防护方案

该地区为国家自然保护区,大部分路段降水量比较大,植物生长比较迅速。边坡绿化坚持“合理利用该区自然地理环境”为原则,就地取材,以与周围自然环境融为一体,原则上不进行任何植物防护,边坡防护以稳定路基为前提,做到安全、经济、实用,且施工方便,由于极其特殊的气象、地质、地震、地形及水文条件,项目沿线地质灾害众多,加之老路缺乏必要的防护措施,路基强度极低,在强降雨及地震等因素的共同作用下,路基经常失稳遭致毁坏,因此该项目的路基防护应以“确保路基稳定”为原则,重点稳定下边坡,下边坡应以刚性防护为主,上边坡则以柔性防护为主,对于一些三维网植草、锚杆框架防护等在此地区都不太适用。

考虑充分利用当地雨水充沛、植被恢复快这一有利因素,对于填方路堤边坡及坡体较为稳定的土质挖方边坡原则上不做工程防护。对区内强—弱风化混合花岗岩石质路堑(含半山洞路堑),一般不做防护,各方案如图2-20所示。

路线经过地段,受地形控制(主要是地面横坡较陡),多应设置支挡工程。

对于沿河路段:由于墨脱境内河床比降大,雨季冲刷严重,为防止水流冲刷对路基的破坏,保证路基稳定,常水位以下挡墙基础考虑采用台阶式片石混凝土基础或桩基础,另加设顺坝、丁坝等调治构造物。

对于挖方地段:在崩坡积块石土层的路堑边坡地段,或可能产生塌方、滑坡的不良地质路段,或陡坡地段,为避免大量挖方及降低边坡高度或防止边坡坍塌,在边坡坡脚设置重力式路堑挡土墙或抗滑挡土墙。针对墨脱境内雨量充沛这一特点,考虑采用透水性能好的钢筋笼(铅丝笼)、干砌条石挡墙等形式。局部挖方较高的边坡坡面采用浆砌片石骨架护坡。

对于填方地段:为确保下边坡的稳固,考虑采用整体受力性能好的浆砌片石重力式路肩挡土墙或浆砌片石重力式路堤挡土墙。

2.6.3 路基挡土墙

由于全线地质条件比较差,地面横坡比较陡,保证路基稳定必须多设置支挡工程。

方案一：浆砌片石或片石混凝土

（适用于易发生坡面坍塌路段）

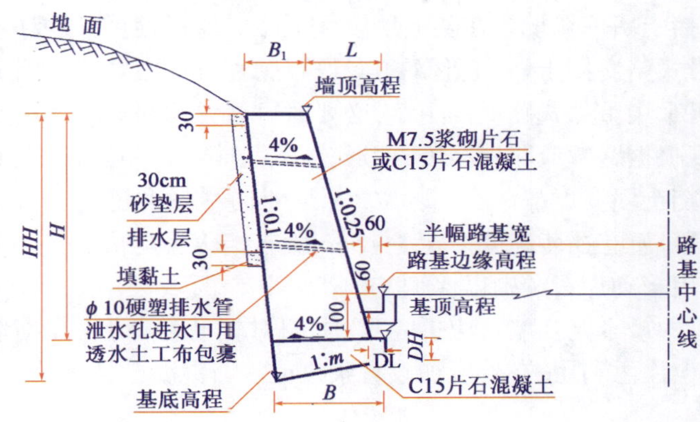

方案二：石笼挡土墙

（适用于稳定路堑边坡且渗水严重路段）

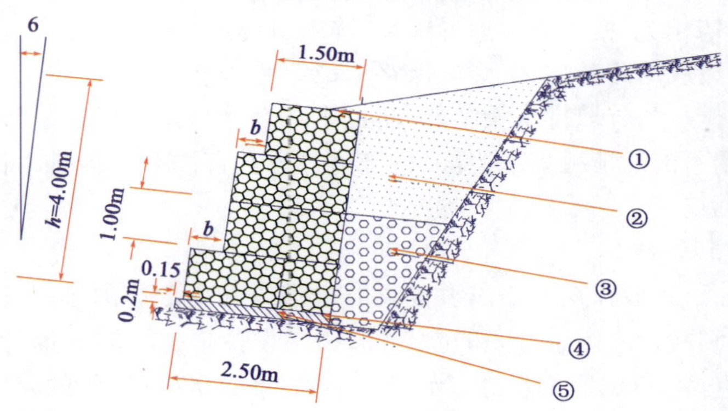

方案三：石笼+浆砌片石挡土墙

（适用于稳定路堑边坡路段）

方案四：条石挡土墙

（适用于回头弯路堑边坡路段）

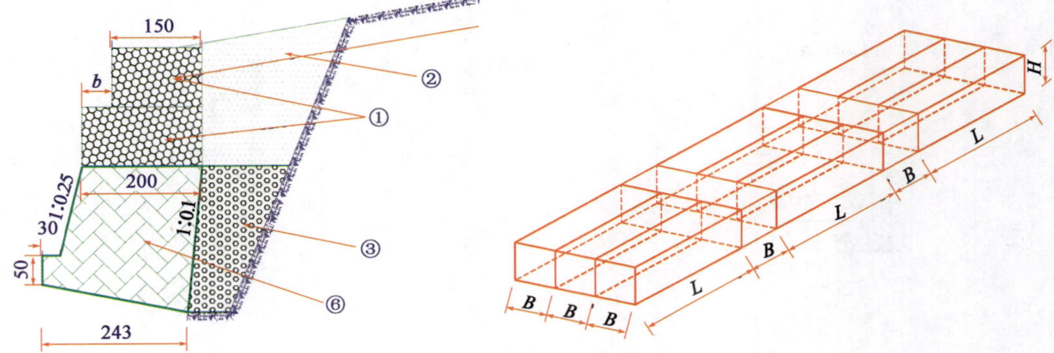

图 2-20 路堑挡墙方案图

挖方地段：在路堑边坡地段可能产生塌方、滑坡的不良地质路段，或陡坡地段，为避免大量挖方及降低边坡高度，在边坡坡脚设置铅丝笼挡墙、钢筋笼挡墙或浆砌片石挡墙。

填方地段：挡土墙一般设置在陡坡地段保证路堤稳定，避免边坡垮塌。陡坡地段挡土墙采用浆砌片石重力式路肩挡土墙，地形平坦时设浆砌片石重力式路堤挡土墙，当受地形限制无法设置路肩墙时可采用重力式路堤挡土墙，必要时可设置钢筋混凝土扶壁式挡墙。

挡土墙高度根据路堑或路堤高度、地形、地质、土石方平衡等条件确定。一般浆砌片石路肩挡土墙、路堤挡土墙高度控制在12m以内，困难时尽量不超过15m，路堤挡土墙高度一般不超过15m。本项目所有挡墙高度多在3～5m，所有挡土墙均应按工点逐个设计。挡墙的基础均应夯实，或采用浆砌片石铺砌以保护基础。

对老路设置的矮木笼挡墙均应拆除重建，相对较高（4～8m高挡墙）的木笼挡墙，为避免影响路基稳定，应注意利用，在外增加设置浆砌或片石混凝土挡土墙。

2.6.4 路基排水设计

该项目区丰富的日常降雨及积雪消融为各种地质灾害的发育提供了充足的地下水及坡面水，由于地形陡峻、水利坡度大，使得水流的冲刷、侧浸作用异常强烈。墨脱公路路基上的绝大多数病害均与水密切相关，根据沿线地形地貌、降雨量及地质情况，选择合理的路基排水方案，减少因排水不畅而造成的路基损坏，对确保路基稳定尤为重要。

全线考虑集中排水与分散排水相结合，而且排水设计与路面设计统筹考虑。排水设计一般依地形特点，根据不同的情况采用边沟、急流槽、渗沟、盲沟等多种排水措施，将水排出路基外，以保证路基稳定。

（1）一般路段路基排水

根据本项目特点，一般在挖方路段设置矩形边沟或三角形边沟排水，采用如图2-21所示的断面形式。考虑到沿线降雨量分布的差异性，边沟设计根据不同的设计径流量采用不同的断面：一般采用50cm×60cm断面尺寸，局部降雨量大于3 000mm/年的路段采用60cm×60cm断面尺寸。结合沿线上边坡的防护形式，局部设挡墙防护路段采用L形边沟（图2-22），其断面尺寸由降雨量大小确定。

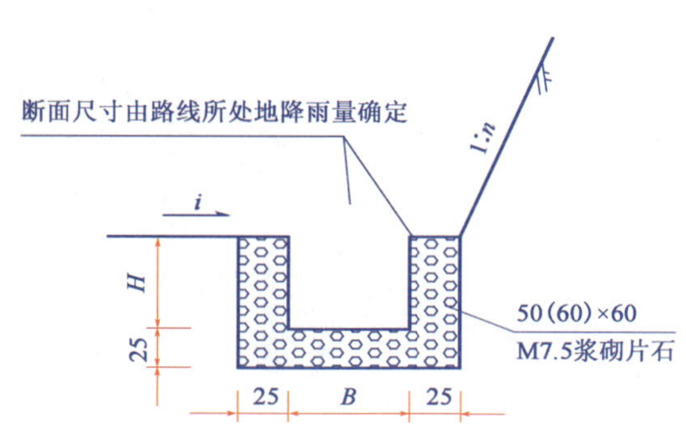

图2-21 矩形边沟（尺寸单位：cm）

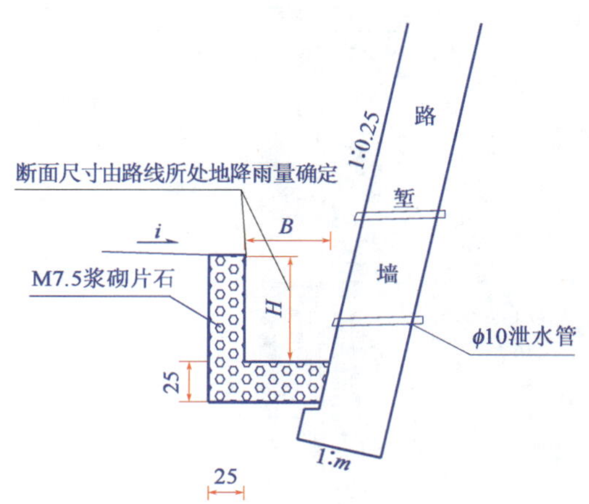

图2-22 L形边沟（尺寸单位：cm）

在城镇路段，考虑到当地人畜穿越公路的安全并结合当地村镇规划建设，路基排水考虑采用盖板边沟（图2-23、图2-24）。

图2-23 无盖板边沟

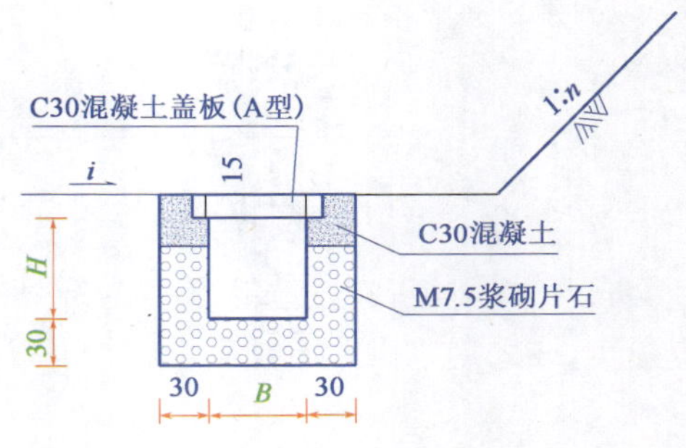

图2-24 盖板边沟（尺寸单位：cm）

（2）特殊路段的路基排水

①路基渗（涌）水

对于边坡坡面局部渗水、涌水地段，采用拱形边坡渗沟拦截、疏导坡面土层滞水。该结构形式通过将坡面土层滞水引流、疏导至挖方坡脚边沟，不仅降低了因土体饱和而产生的坡体失稳的危险，同时对坡脚进行了有效的加固。该排水形式对于因暴雨引起的坡面坍塌具有较好的治理效果。

对路基边坡坡脚渗水路段，采用碎石渗沟排除路基下部渗水，渗沟设置在路基下部迎水一侧，经软式透水管汇集后沿横向出口排除，见图2-25。

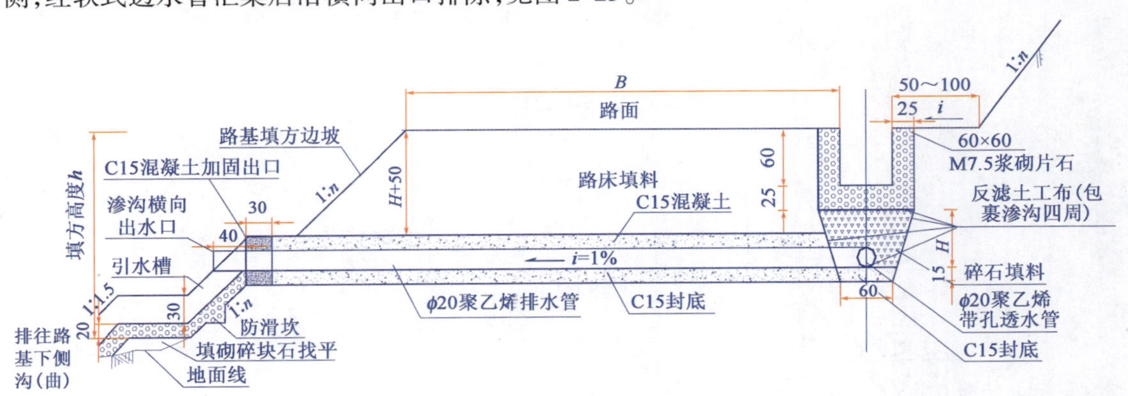

图2-25 渗沟（尺寸单位：mm）

对填方路段，一般采用底部填筑40cm的透水性碎石等材料排水即可。

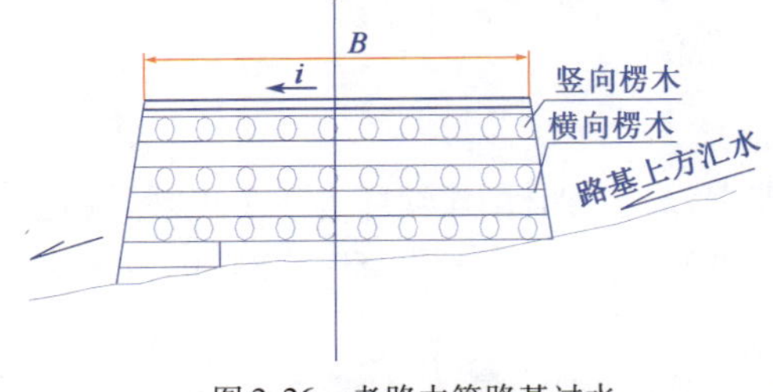

图2-26 老路木笼路基过水

②过水路基与过水路面

铅丝笼过水路基：原有的木笼过水路基由于使用年代较长，楞木大多朽烂，而且木质重度较轻，易被冲毁，调查表明沿线大多数木笼路基已经受到不同程度的毁坏，局部路段危及行车安全，如图2-26所示。根据沿线过水路基的具体情况，设计中拟采用铅丝笼＋填石的过水路基，并采用消能坎和C20片石混凝土基础加强路基抗水毁能力，如图 2-27 所示。

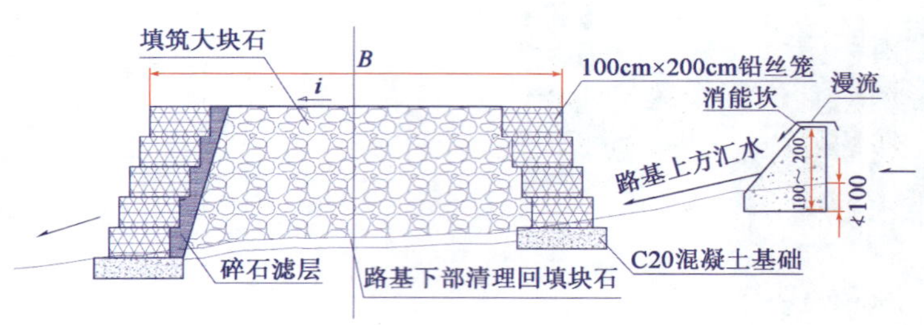

图 2-27　新建过水路基

过水路面：对难以防治的雪崩、泥石流等地质灾害路段以及岩质挖方路段，多采用过水路面，如图 2-28 所示。另外，对于降雨量过大的路段，由于边沟排水仅能分担一部分水量，而且集中排水会造成水流集中冲刷路基下边坡，所以一般不设置边沟，也考虑采用过水路面（或条石路面）分散排水，如图 2-29 所示。

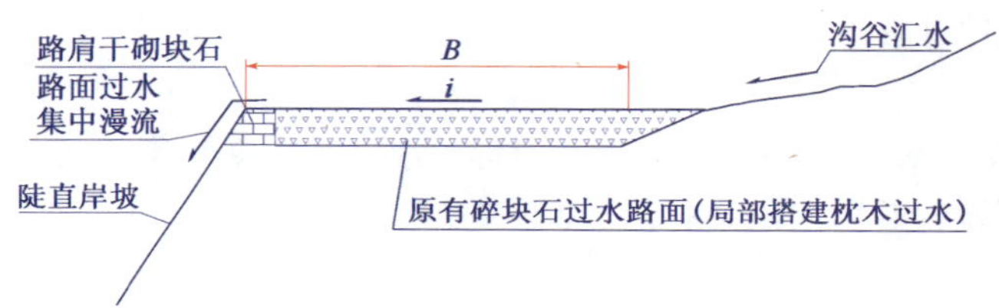

图 2-28　碎块石过水路面

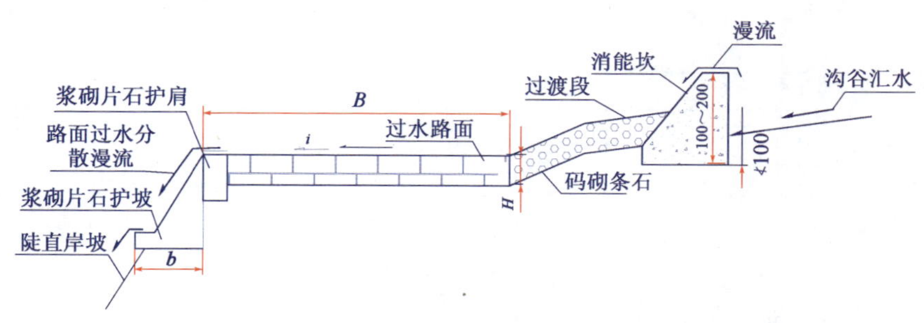

图 2-29　条石或水泥混凝土过水路面

（3）路基横向排水

区内降水丰富且汇水面积大，一般应多设置横向排水设施（如涵洞与盲沟等），以尽快把路基边沟水引出路基外；路基横向盲沟设置间距应根据计算确定，一般以 150 ~ 200m 一处为宜，如图 2-30 所示。

填方路段除有特殊排水要求外，均不设置排水沟。该项目全线均不设置截水沟。

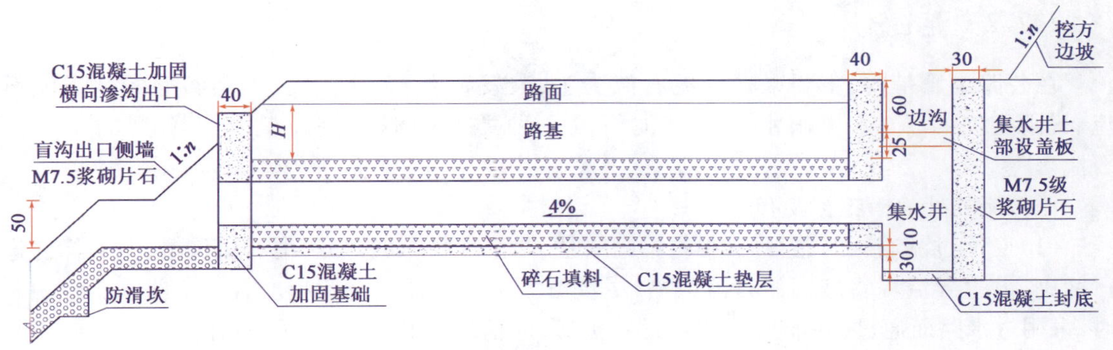

图2-30　路基横向盲沟(尺寸单位:cm)

2.7　地质灾害设计

该项目区内特殊的自然环境与地质环境造成该区地质灾害众多,规模大,种类齐全。西藏其他地区公路出现的各种灾害,如地震、泥石流、滑坡、崩塌、路基水毁、冰雪灾害在扎墨公路均有出现。该区降雨量充沛,不良地质规模庞大、破坏性强,合理确定特殊路基设计原则是项目成败的关键所在。

勘察采用航测遥感、现场地质调绘、物探、钻探等方法和手段,基本摸清了沿线地质灾害的类型、规模及危害机理。该项目区域内降雨量之大(2 000 ~ 4 000mm),地震烈度之高(地震烈度在Ⅷ度以上,最高大于Ⅸ度),地质灾害之多在全国是仅有的,受马尼翁活动断裂影响,在强震、暴雨等外力作用下,K80前后路段的大型崩塌、滑坡无法根治,强行治理是极不现实的。运营过程中因暴雨引发的滑坡、崩塌、碎落以及难以治理的泥石流等,需加强养护与及时清理才能维持通车。

沿线滑坡、崩塌等地质灾害的不断发生,除强降雨、地震及本身地质构造等原因外,沿河路基受河水掏脚、侧浸影响,路基不稳,也是滑坡发生较为重要的原因。因此,稳固路基也是提高崩塌、滑坡稳定性的重要手段。考虑对地质灾害条件的认识、投资等因素,本次项目建设,地质灾害治理重点放在路基防护上,通过提高路基稳定性,提高崩、滑体的稳定性。对于泥石流主要采取防、流、排、清等工程措施。

治理原则:贯彻“可知性、可治性”的设计理念,对小规模的地质灾害,力求得到有效治理;对规模较大的地质病害,可考虑先期一般治理,通过养护保证通车,待后期条件成熟时,提高工程处理措施。

2.7.1　地震

有史料记载以来,墨脱及周边地区受地震的影响十分严重,几乎每年都有3 ~5级左右的地震发生,十分频繁。该区除直接震害外,地震还诱发山崩、古滑坡复活、塌方等灾害,对包括公路在内的地面设施威胁最大。对重点构造物,设计上应对构造物做好抗震设计;对一般性的构造物可以不考虑或采用简易抗震措施。

2.7.2 泥石流

在公路走廊带内，主要以稀性泥石流为主，共发育有62处，主要有沟谷型的冰川泥石流、暴雨型泥石流、冰川雨水混合型泥石流3种类型的泥石流及其他坡面型的小型泥石流。

泥石流的处治措施主要有：

(1)对通过流通区的泥石流，尽量抬高路基，加大沟底纵坡，疏通泥石流沟槽，并对沟底进行铺砌，设置导流堤将坡面泥石流归槽，尽量增大桥涵跨径进行跨越。若抬高路基比较困难时，采用过水路面通过，并加强后期日常养护，及时清理堆积物以保证公路的畅通，如图2-31所示。

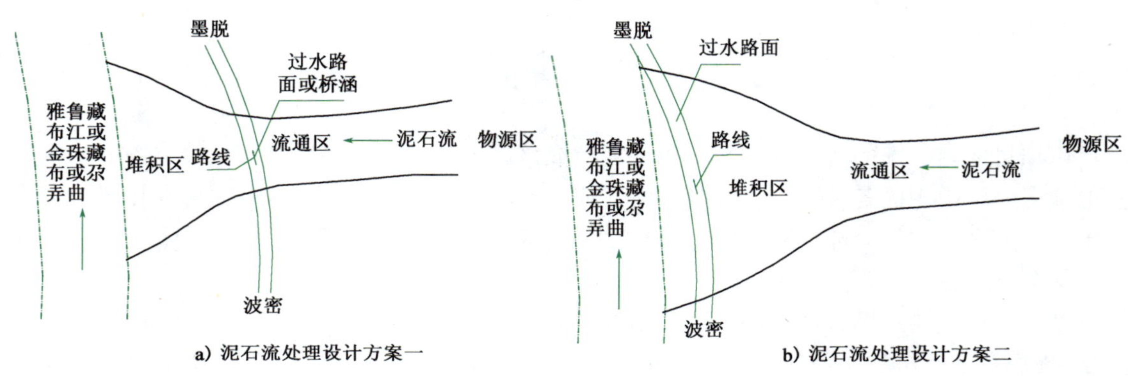

图2-31 泥石流处理方案图

(2)对通过堆积扇区的泥石流，一般采用过水路面及加强日常养护，及时清理泥石流堆积物处理。

冰川泥石流：分布于起点—隧道出口一带的泥石流属于此类，对公路选线有一定影响。经过调查共有30处。其中K58+100~K58+750段桑谷沟水石流规模最大，该水石流后缘雪山及两侧山体范围内，发育有约20~30条冰川雪石流沟，水石流水源主要以冰融雪及雨水为主。强度已经逐渐减弱，水石流沟已基本稳定，路线从堆积区通过，设计采用在主沟槽抬高线位设置桥梁及其他路段采用过水路面通过，局部设置沟渠排水并在上方设置拦石墙处理。

冰川雨水混合型泥石流：主要水动力来自中低山区的暴雨径流和高山区的冰雪消融水混合补给，区内主要发育于波弄贡至K62段，沿线共发育13处，其中尤以芒给沟泥石流及K72+950~K73+000段泥石流危害最大。

芒给沟泥石流上游物源丰富，正处于发展阶段，分别于2002年和2005年大规模爆发，造成嘎弄曲水位暴涨，冲毁下游沿线路基。设计考虑采用上、下线方案，上线方案路线从泥石流流通区通过，设置桥梁跨越，并在上下游均设置导流措施，基本能避开泥石流对路基的危害；下线方案路线基本从堆积区通过，在主沟段设置过水路面，做好必要的导流措施处理，并加强后期日常养护。由于该泥石流正处于发育期，最高洪水位很难界定，目前阶段宜按保通方式即下线方案实施，上线方案可作为远期方案，如图2-32、图2-33所示。

K72 +950 ~ K73 +000 段泥石流：属冰川暴雨型水石流，处于发展中期，曾于 1987 年及 2005 年两次暴发，规模较大，破坏性大且严重。水石流沟纵深约 1km，上游物源丰富，堆积物向下涌向嘎弄曲右岸河滩，堆积厚度约 4m，冲毁路基，掩埋路面。设计上考虑了上、下线两种方案。上线方案路线从泥石流流通区通过，设置桥梁跨越；下线方案路线从堆积区通过，采用“条石过水路面 + 及时清理路面和流通区中淤积的堆积物 + 在右侧流通区中设置谷坊坝”。最终推荐采用下线方案。

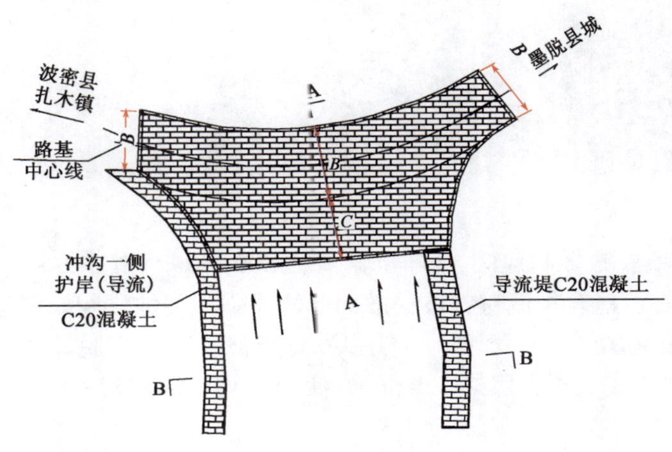

a）过水路面平面图

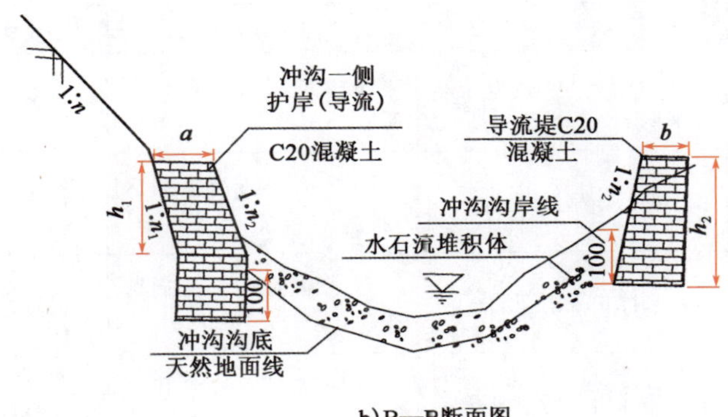

b）B—B断面图

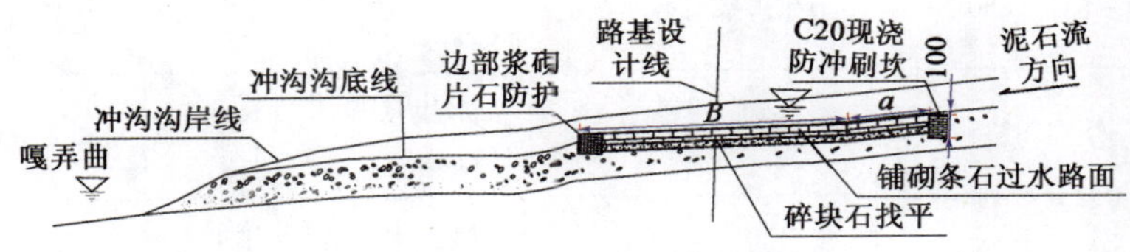

c）A—A断面图

图 2-32　芒给沟泥石流处治方案图

图2-33　芒给沟泥石流处治后的效果图

雨洪型泥石流：墨脱是多雨地区，全年降雨日在200d以上，其中6～9月降雨量约占全年降雨量的70%左右。地表径流对谷坡松散固体物质强烈侵蚀、搅和、搬运形成泥石流，墨脱境内绝大多数泥石流属于这种类型。全线多发育于波弄贡至墨脱县城路段，经过调查共有19处，多以中小型为主，设计上多采用桥梁、涵洞处理，辅以设置上、下挡墙的调治构造物处理。

对于其他小型泥石流，一般采用小桥、涵洞、过水路面处理。泥石流的处治措施见表2-8：

全线泥石流处治一览表　　表2-8

序号	分布路段	类　型	与路线的关系	处治措施
1	K3+020～K3+140	冰川型泥石流（处于发育晚期）	路线从泥石流堆积区通过	设置桥梁+调治构造物
2	K10+985～K11+010	小型暴雨型泥石流	路线从泥石流流通区通过	设置过水路面
3	K11+470～K11+490	小型冰川暴雨型泥石流	路线从泥石流流通区通过	设置过水路面
4	K11+800～K12+100	小型冰川暴雨型泥石流	路线从泥石流堆积区通过	设置过水路面
5	K12+560～K13+880	小型冰川暴雨型泥石流	路线从泥石流流通区通过	设置过水路面
6	K14+360～K14+535	小型冰川型泥石流	路线从泥石流流通区通过	设置涵洞
7	K15+405～K15+540	小型冰川暴雨型泥石流	路线从泥石流堆积区通过	设置过水路面
8	K18+165～K18+220	小型冰川型泥石流	路线从泥石流堆积区通过	设置过水路面

续上表

序号	分布路段	类　型	与路线的关系	处治措施
9	K18 +310 ~ K18 +360	小型冰川型泥石流	路线从泥石流堆积区通过	设置过水路面
10	K19 +700 ~ K19 +870	小型冰川型泥石流	路线从泥石流堆积区通过	设置过水路面
11	K20 +860 ~ K20 +940	小型冰川型泥石流	路线从泥石流流通区通过	设置桥梁 + 调治构造物
12	VK52 +300 ~ VK52 +310	小型冰川型泥石流	路线从泥石流流通区通过	设置涵洞
13	K55 +145 ~ K55 +165	小型冰川型泥石流	路线从泥石流堆积区通过	设置桥梁
14	K55 +290 ~ K55 +300	小型冰川型泥石流	路线从泥石流流通区通过	设置桥梁
15	K55 +320 ~ K55 +325	小型冰川型泥石流	路线从泥石流流通区通过	设置涵洞
16	K55 +460 ~ K55 +470	小型冰川型泥石流	路线从泥石流流通区通过	设置涵洞
17	K55 +665 ~ K55 +670	小型冰川型泥石流	路线从泥石流流通区通过	设置涵洞
18	K56 +045 ~ K56 +055	小型冰川型泥石流	路线从泥石流流通区通过	设置涵洞
19	K56 +185 ~ K56 +205	小型冰川型泥石流	路线从泥石流流通区通过	设置桥梁
20	K56 +395 ~ K56 +420	小型冰川暴雨型泥石流	路线从泥石流流通区通过	设置涵洞
21	K57 +030 ~ K57 +045	小型冰川暴雨型泥石流	路线从泥石流流通区下缘通过	设置涵洞 + 挡墙
22	K57 +185 ~ K57 +200	小型冰川暴雨型泥石流	路线从泥石流流通区下缘通过	设置过水路面
23	K57 +350 ~ K57 +360	小型冰川暴雨型泥石流	路线从泥石流流通区下缘通过	设置过水路面 + 挡墙
24	K58 +100 ~ K58 +720	巨型冰川暴雨型泥石流	路线从泥石流堆积区通过	设置局部桥梁 + 过水路面
25	K60 +365 ~ K60 +385	中型冰川暴雨型泥石流	路线从泥石流流通区通过	设置桥梁

续上表

序号	分布路段	类型	与路线的关系	处治措施
26	K61+658～K61+680	中型冰川暴雨型泥石流	路线从泥石流堆积区上缘通过	设置桥梁
27	K62+860～K62+870	中型冰川暴雨型泥石流	路线从泥石流流通区通过	设置涵洞
28	K63+405～K63+415	中型冰川暴雨型泥石流	路线从泥石流流通区通过	设置桥梁
29	K63+705～K63+715	小型冰川暴雨型泥石流	路线从泥石流流通区通过	设置涵洞
30	K64+345～K64+350	小型冰川暴雨型泥石流	路线从泥石流流通区通过	设置过水路面
31	K66+615～K66+645	中型冰川暴雨型泥石流	路线从泥石流流通区通过	设置桥梁
32	K66+765～K66+780	中型冰川暴雨型泥石流	路线从泥石流流通区通过	设置桥梁
33	K66+880～K66+890	中型冰川暴雨型泥石流	路线从泥石流流通区通过	设置桥梁
34	K68+810～K68+820	小型冰川暴雨型泥石流	路线从泥石流流通区通过	设置桥梁
35	K70+175～K70+190	中型冰川暴雨型泥石流	路线从泥石流流通区通过	设置桥梁
36	K72+690～K72+700	小型冰川暴雨型泥石流	路线从泥石流流通区通过	设置桥梁
37	K72+950～K73+000	大型冰川暴雨型泥石流	路线从泥石流流通区通过	设置过水路面
38	K80+955～K80+965	小型冰川暴雨型水石流	路线从泥石流流通区通过	设置涵洞
39	K83+380～K83+400	小型冰川暴雨型水石流	路线从泥石流流通区通过	设置桥梁
40	K85+140～K85+145	小型冰川暴雨型泥石流	路线从泥石流流通区通过	设置涵洞
41	K85+730～K85+760	小型冰川暴雨型泥石流	路线从泥石流流通区通过	设置涵洞
42	K87+180～K87+190	小型冰川暴雨型泥石流	路线从泥石流流通区通过	设置涵洞

续上表

序号	分布路段	类　　型	与路线的关系	处治措施
43	K87 +860 ~ K87 +900	小型冰川暴雨型泥石流	路线从泥石流流通区通过	设置过水路面 + 上挡墙
44	K88 +710 ~ K88 +810	巨型冰川暴雨型泥石流	路线从泥石流堆积区通过	设置过水路面 + 调治构造物
45	K90 +130 ~ K90 +150	中型冰川暴雨型泥石流	路线从泥石流流通区通过	设置过水路面
46	K90 +780 ~ K90 +828	大型冰川暴雨型泥石流	路线从泥石流流通区通过	设置桥梁 + 调治构造物
47	K91 +305 ~ K91 +310	暴雨型泥石流	路线从泥石流流通区通过	设置涵洞
48	K91 +825 ~ K91 +835	暴雨型泥石流	路线从泥石流流通区通过	设置过水路面
49	K96 +895 ~ K96 +920	暴雨型泥石流	路线从泥石流流通区通过	设置过水路面
50	K96 +940 ~ K96 +960	中型暴雨型泥石流	路线从泥石流流通区通过	设置过水路面
51	K97 +350 ~ K97 +355	中型暴雨型泥石流	路线从泥石流流通区通过	设置过水路面
52	K97 +550 ~ K97 +555	暴雨型泥石流	路线从泥石流流通区通过	设置过水路面
53	K98 +385 ~ K98 +395	暴雨型泥石流	路线从泥石流流通区通过	设置桥梁
54	K98 +420 ~ K98 +440	暴雨型泥石流	路线从泥石流流通区通过	设置过水路面
55	K98 +970 ~ K98 +975	暴雨型泥石流	路线从泥石流流通区通过	设置过水路面
56	K100 +390 ~ K100 +445	暴雨型泥石流	路线从泥石流流通区通过	设置过水路面
57	K104 +005 ~ K104 +015	暴雨型泥石流	路线从泥石流流通区通过	设置过水路面
58	K104 +190 ~ K104 +235	暴雨型泥石流	路线从泥石流流通区通过	设置过水路面
59	K104 +345 ~ K104 +370	暴雨型泥石流	路线从泥石流流通区通过	设置过水路面

续上表

序号	分布路段	类型	与路线的关系	处治措施
60	K104 +660 ~ K104 +760	暴雨型坡面泥石流	路线从泥石流流通区通过	设置过水路面
61	K105 +180 ~ K105 +190	暴雨型泥石流	路线从泥石流流通区通过	设置涵洞
62	K114 +565 ~ K114 +615	大型暴雨型泥石流	路线从泥石流流通区通过	设置桥梁(林多桥)
63	K115 +020 ~ K115 +900	大型暴雨型泥石流	路线从泥石流流通区通过	设置过水路面
64	K138 +740 ~ K138 +900	大型暴雨型泥石流	路线从泥石流流通区通过	设置桥梁 + 调治构造物
整治情况		过水路面(加强路基处理)处治泥石流 29 处,设置桥涵处治泥石流 33 处		

2.7.3 滑坡

滑坡灾害主要分布于边坡高陡、岩石破碎松散的峡谷地段。路线主要沿河沟展线,地面横坡较陡,基岩出露少,沿线主要为厚 10 ~ 50m 的崩坡积碎块石土层边坡,雨水侵蚀极强,易形成滑坡。这些段落沟谷狭窄,河床纵坡较大,水流湍急,山坡坡脚侧蚀严重,且受地震、构造断裂活动影响,极易造成山崩、滑坡,很难稳定,表征特征主要为坡面崩塌与泥石流,且发育地点具有不确定性,上部的松散物质受雨水、重力作用逐年垮塌,呈现出发展和扩大的趋势。但基本上不会产生滑移,一般为表层崩塌。勘察发现有规模不等的滑坡 12 处。“K 89”滑坡如图 2-34所示。

图 2-34 “K89”滑坡

滑坡的处治:对于整体稳定、不会发生大规模滑移、仅存在局部坡面垮塌等破坏性小的滑坡,如马迪 1 号、2 号、3 号滑坡等,设计上考虑一次性治理到位,首先从路线平、纵面考虑,然后采取必要的工程处治措施,设置上、下挡墙,放缓边坡并辅以及时清理崩塌物等措施,保证车辆通行。对于影响范围大,治理难度大,坡面已经出现严重的崩塌等破坏的滑坡,贯彻“保通为主,分步实施,逐步治理”的原则,先按保通方案进行简单治理,然后进行长期的观测,获得详细的认识后,再提高工程处理措施。

1) K89 +575 ~ K89 +640 右侧滑坡

从滑坡体前缘经过。通过地表地质调查发现,滑坡体主要发生在陡坡地带,该陡坡是在修建老路时开挖形成的,高为 10.0 ~30.0m,并且在施工过程中大量破坏斜坡上的植被,对形成的人工边坡未及时进行支护,斜坡地层以中粗砂夹块碎石为主(厚度大于 20m),对坡体上的地表水未进行合理疏排。因此在大量降雨时,地表水形成径流对人工边坡产生冲刷和掏蚀作用,把坡体上的中粗砂胶结物随水带走,并且有部分地表水渗入地下,增大坡体物质的重度,降低块石土的抗剪强度,并且伴随嘎弄曲的冲刷和掏蚀坡脚,因此在重力作用下形成滑坡。滑坡的发生受降雨及左侧河流的掏蚀影响比较大,其滑动面比较浅,一般的表征特征为崩塌,掩埋路基,对路基的稳定性有影响,斜坡现状整体处于稳定。处治措施为:左侧加设支挡工程,右侧设置透水性的路堑挡墙。

2) K92 +355 ~ K92 +690 右侧滑坡

位于嘎弄曲右岸斜坡,线路从滑坡中部通过,右侧距后缘 150.0 ~ 180.0m,主要分布在公路 K92 +355 ~ K92 +690 段,沿线长约 335.0m,宽约 300.0m,平面上呈不规则的“舌状”,滑动方向为 168°,后缘最高地面高程为 1 720.0m,前缘地面高程为 1 525.0m,相对高差约195.0m,平均滑体厚度 40.0m,滑坡体积约有 2 040 000m^3,为大型滑坡。

滑坡特征及成因分析:通过地表地质调查发现,滑坡前缘位于嘎弄曲右岸的陡坎上,下部有基岩出露;后缘呈圆弧形,在地貌上,有小陡坎;两侧边界为小水沟,滑坡体上植被发育,无明显的变形现象,滑坡的物质成分主要为崩坡积的块碎石土,为一老滑坡。

原地形坡度较大,在滑坡后缘为墨脱组花岗岩,由于在强烈的构造运动作用下,岩体较破碎,在风化和降雨共同作用下,岩体易产生崩塌,大量的崩塌物堆积在斜坡上。前缘处的嘎弄曲对斜坡前缘土体的掏蚀和下切作用,使得前缘形成临空面,并且在降雨时,大量的地表水从滑坡后缘渗入滑坡体内,增大土体的重度,降低其抗剪强度,因此很容易形成滑坡。另外在地震等因素影响下,也容易诱发滑坡。

滑坡稳定性评价:通过地表地质调查发现,该滑坡未出现变形迹象,现状整体处于稳定状态。由于老扎墨公路的修建,开挖形成的人工边坡,未进行支护,在雨季时,出现小规模的崩塌现象。

处治措施:左右侧加设支挡工程。

3) K92 +740 ~ K92 +960 段滑坡

位于嘎弄曲右岸、觉库沟右侧斜坡,线路从滑坡前缘通过,右侧距后缘约 300.0m,左侧距前缘约 60.0m,主要分布在公路 K92 +740 ~ K92 +960 段,沿线长约 220.0m,宽约 370.0m,平面上呈不规则的“舌状”,滑动方向为 87°,后缘最高地面高程为 1 767.0m,前缘地面高程为 1 510.0 ~ 1595.0m,相对高差约 172.0m,平均滑体厚度约 35.0m,滑坡体积约有1 960 000m^3,为大型滑坡。

滑坡特征及成因分析:通过地表地质调查发现,滑坡前缘位于嘎弄曲右岸、觉库沟右侧斜坡,后缘呈圆弧形,在地貌上,有小陡坎;两侧边界为沟槽,前缘植被不发育,在中后部植被发育,无明显的变形现象,滑坡的物质成分为崩坡积碎块石土。

原地形坡度较大,在滑坡后缘为墨脱组花岗岩,由于在强烈的构造运动作用下,岩体较破碎,在风化和降雨共同作用下,岩体易产生崩塌,大量的崩塌物堆积在斜坡上。前缘处的觉库沟,为泥石流沟,对斜坡前缘土体有强烈的侵蚀作用,使得前缘形成临空面,并且在降雨时,大量的地表水渗入坡体内,增大土体的重度,降低其抗剪强度。因此前缘失稳后,在重力作用下牵引后部土体拉张变形,逐步向后发展。老扎墨公路右侧,修建公路时,形成的边坡,未及时支挡,地形坡度大,坡体为块石土夹中粗砂,在雨水冲刷下,细粒物质随地表水流失,块石形成空架,在重力作用下,易崩滑。另外,在地震等因素影响下,也容易诱发滑坡。

滑坡稳定性评价：通过地表地质调查发现，该滑坡在后缘形成陡坎，在滑体中下部有变形陡坎。在晴天时，滑坡整体处于基本稳定状态。在雨天时，前缘受觉库沟的泥石流的侧蚀作用，易出现滑移失稳，滑坡处于欠稳定状态，并且在 K92 + 775 ~ K92 + 845、K92 + 850 ~ K92 + 900 段出现崩塌；在 K92 + 730 ~ K92 + 745、K92 + 755 ~ K92 + 770、K92 + 930 ~ K92 + 960 有暴雨型坡面水石流，崩塌堆积物掩埋路基，水石流冲毁路基。该滑坡体地表由于土质松软，部分树木歪斜，呈醉林状，但从勘察结果看，未发现整体滑动迹向，只是局部表层崩塌、滑动。由于该滑坡松散土层厚度比较大，滑动面不详，滑坡表征特征主要以表面的崩塌、泥石流为主。

该段线路走向主要是沿老路，新建公路设计高程比老公路有所提高，局部地段有少量的开挖，对现状地形破坏不大，不会影响滑坡的整体稳定性。但是，在雨季时，前缘受觉库沟的泥石流侧蚀作用，极易出现滑移失稳，滑坡体上的崩塌和泥石流将会破坏路基、掩埋路面，甚至中断交通。

该滑坡堆积物厚度巨大，而且受活动断层的影响，基本不可治，在目前投资情况下，路线无避让的可能。该项目考虑采用保通方案，如图 2-35 所示，设计处治措施为：①右侧设上挡墙支挡，左侧设浆砌片石下挡墙；②清除右侧坡面松散物质，及时清理路面堆积物；③K92 + 730 ~ K92 + 770 做过水路面；④整治滑体前缘冲沟，沟右侧设浆砌片石挡墙，沟床分级设 15 ~ 20m 高的木笼拦挡墙，每两级木笼拦挡墙间填充透水性较好的块石或卵砾石，防止沟继续下切。

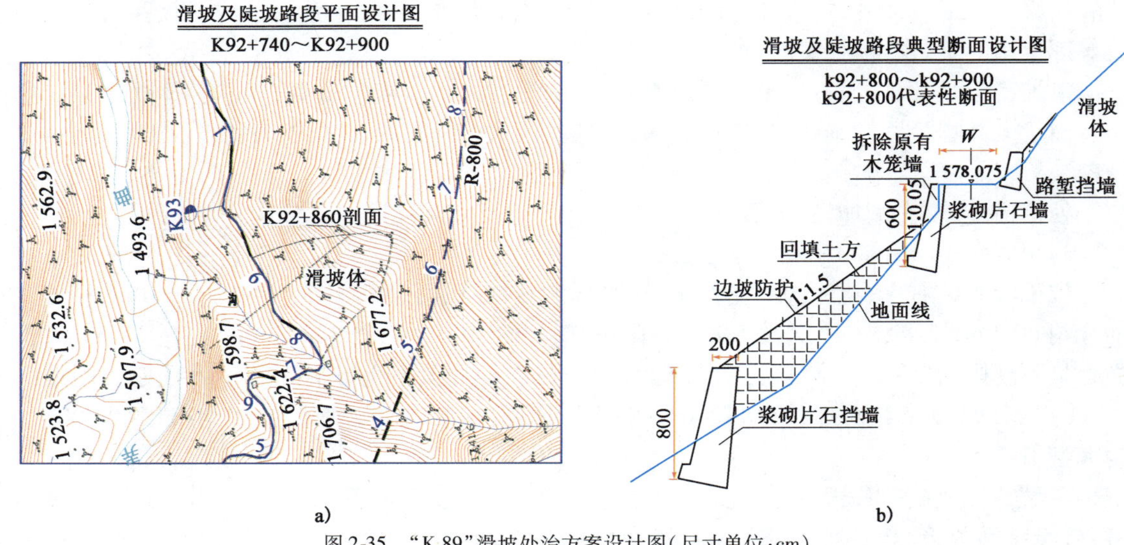

图 2-35 “K 89”滑坡处治方案设计图(尺寸单位：cm)

4) K98 + 620 ~ K98 + 950 滑坡

通过地表地质调查发现，崩塌体主要发生在陡坡地带，该陡坡是在修建老路时开挖形成的，对形成的人工边坡未及时进行支护，斜坡地层以块石夹粗砂为主，物质较松散。由于地形坡度较陡，在大量降雨时，地表水形成径流对人工边坡产生冲刷作用，并且有部分地表水渗入地下，增大坡体物质的重度，降低块石土的抗剪强度，因此形成崩塌、滑坡，垮塌的物质掩埋路基，危及道路安全。该滑坡以碎块石土层为主，右侧坡体可见部分坍塌，从现场地形及坍塌面上分析，滑坡滑动面比较浅，约 2 ~ 3m，后缘在右侧坡体上，高 25m 左右，现场可见塌陷后缘，现状处于整体基本稳定状态，但在雨季或强地震时，可能会失稳，具体表征为坍塌。

处治措施：左右侧加设支挡工程，并适当进行坡面铺砌，右侧完善排水工程，减少雨水对路基及边坡的破坏。

5）K116 +000 ~ K116 +100 滑坡

位于雅鲁藏布江左岸斜坡，线路从滑坡中部通过，沿线长约70.0m，宽约200.0m，后缘滑坡壁呈锯齿状陡坎，两侧边界为陡坎，平面上呈上窄下宽不规则扇形，滑动方向为15°，后缘地面高程最高为926.0m，前缘地面高程为740.0m，相对高差约186.0m，平均滑体厚度35.0m，体积约有140 000m^3，滑体主要以块石土为主，植被不发育，为中型滑坡。

据地质调查，该段位于构造强烈剥蚀、河谷强烈下切的高—中山峡谷地貌区，地形自然坡度为35°~60°，局部近于直立，地形起伏较大，植被不发育。地表为第四系土层所覆盖，主要为滑坡堆积层（Q_{del}）块石土，有中粗砂和角砾充填，块石分选性差，表层为松散状。该段不良地质现象主要为滑坡和水石流。滑坡现状整体处于基本稳定状态，在雨天时，滑体上部松散土体易出现水石流，冲毁和掩埋路基。通过地表地质调查，滑坡前缘位于雅鲁藏布江岸左侧。原地形坡度较大，滑体主要以块石土为主，在修建老扎墨公路时，形成了高陡人工边坡。由于在2000年6月，长时间的强降雨，使得雅鲁藏布江形成百年一遇的特大洪水，高于常年洪水位约30.0m，对该段斜坡有强烈的掏蚀和下切作用，使得原斜坡坡脚被掏空，并且在降雨时，大量的地表水从后缘渗入斜坡体内，增大土体的重度，降低其抗剪强度，在重力作用下，使得临空面后部的土体，失稳下滑，导致原有道路被毁和掩埋，使原公路改道，从滑体中部通过。

滑坡稳定性评价：通过地表地质调查发现，前缘无新的临空面，现状无变形迹象，滑坡现状整体处于基本稳定状态。雨天时，滑体上部松散土体，在地表水径流作用下，多次出现坡面水石流，坡体物质从坡顶向下运移至雅鲁藏布江岸边，导致原有道路被毁和掩埋，因此对新建公路危害大。

该滑坡目前采用保通方案处治，在滑坡上、下设置上挡墙处理，同时对觉库沟进行治理。

其他滑坡处治方案见表2-9。

全线滑坡处治一览表　　表2-9

序号	分布路段	类型及稳定状态	与路线的关系	处治措施
1	K89 +575 ~ K89 +640	小型牵引式滑坡，整体稳定	路线从滑坡体前缘通过	设置挡墙
2	K92 +355 ~ K92 +690	大型牵引式滑坡，整体稳定	路线从滑坡体中部通过	设置上、下挡墙
3	K92 +740 ~ K92 +960	大型牵引式滑坡，整体稳定	路线从滑坡体中部靠前缘通过	简单的上、下挡墙处理，并处理泥石流沟
4	K98 +620 ~ K98 +950	中型古滑坡体（牵引式），整体稳定	路线从滑坡体靠前缘通过	上、下挡墙处理
5	K116 +000 ~ K116 +100	中型牵引式崩塌—滑坡体	路线从滑坡体靠前缘通过	设置上挡墙
6	K118 +460 ~ K118 +710	中型古滑坡体	路线从滑坡体中部通过	设置挡墙

续上表

序号	分布路段	类型及稳定状态	与路线的关系	处治措施
7	K120 +485 ~ K120 +550	小型浅层土质滑坡	路线从滑坡体靠前缘通过	设置上挡墙
8	K128 +265 ~ K128 +510	大型古滑坡体(整体稳定)	路线从滑坡体中、后部通过	设置上、下挡墙,加强排水处理
9	K128 +580 ~ K128 +910	大型古滑坡体(整体稳定)	路线从滑坡体中、后部通过	设置上、下挡墙,加强排水处理
10	K130 +080 ~ K130 +450	大型古滑坡体(整体稳定)	路线从滑坡体中、后部通过	设置上、下挡墙,加强排水处理
11	K134 +215 ~ K134 +270	小型浅层岩石崩塌—滑坡(稳定)	路线从滑坡体靠前缘通过	设置上、下挡墙,清除危岩
12	K137 +035 ~ K137 +135	小型浅层滑坡(山扒皮)	路线从滑坡体中、后部通过	设置上挡墙防护
整治情况		能够基本处理的滑坡 10 处,保通处理的滑坡 2 处		

2.7.4 崩塌

受降雨及崩坡积松散层厚的影响,该区崩塌体异常发育,区内分布着规模不等的崩塌共有145 处。受地震、构造断裂活动影响,极易造成山崩。而且很难稳定,且发育地点具有不确定性,上部的松散物质受雨水、重力作用逐年垮塌,呈现出发展和扩大的趋势。

崩塌的处治措施:对于中小型崩塌,设计上尽量根治。首先从路线平、纵面考虑,以避让为主,然后采用必要的工程处治措施,如设置路堑挡墙、拦石挡墙、放缓边坡并辅以及时清理崩塌物等措施,保证车辆通行,见图 2-36。

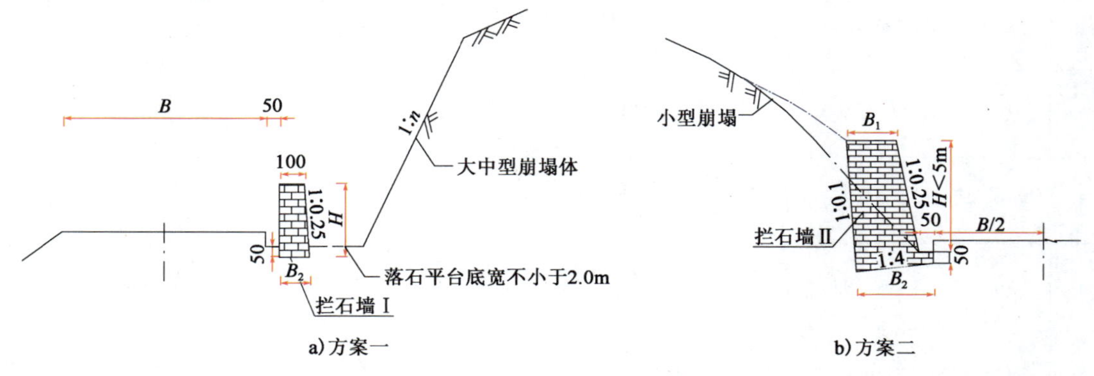

a)方案一　　b)方案二

图 2-36　中小型崩塌处治方案(尺寸单位:cm)

对于大型崩塌,由于治理难度大,而且根治的不确定因素比较多,设计上先采用保通的方案处治,待下一步条件成熟后再根治。

区内大型崩塌发育于K75+600~900段右侧边坡，该段属构造强烈剥蚀、河谷强烈下切的高山峡谷地貌区，山高坡陡。路线处于嘎弄曲右侧、打尔曲左岸斜坡上，自然坡度35°~60°。微地貌单元属打尔曲与嘎弄曲交汇部位内侧、打尔曲泥石流沟形成的早期堆积体。该崩塌位于回头弯路段，而且崩塌体高度达33~42m，坡度55°左右。整体稳定，但由于该崩塌一旦发生，破坏性极大，属整个公路的“咽喉”工程，为防止进一步的坍塌，应对该边坡进行治理。设计上对“桩板墙+坡面锚杆防护、预应力锚索防护、挡墙+主动防护网”方案进行比选，推荐采用“挡墙+主动防护网”防护(图2-37、图2-38)。

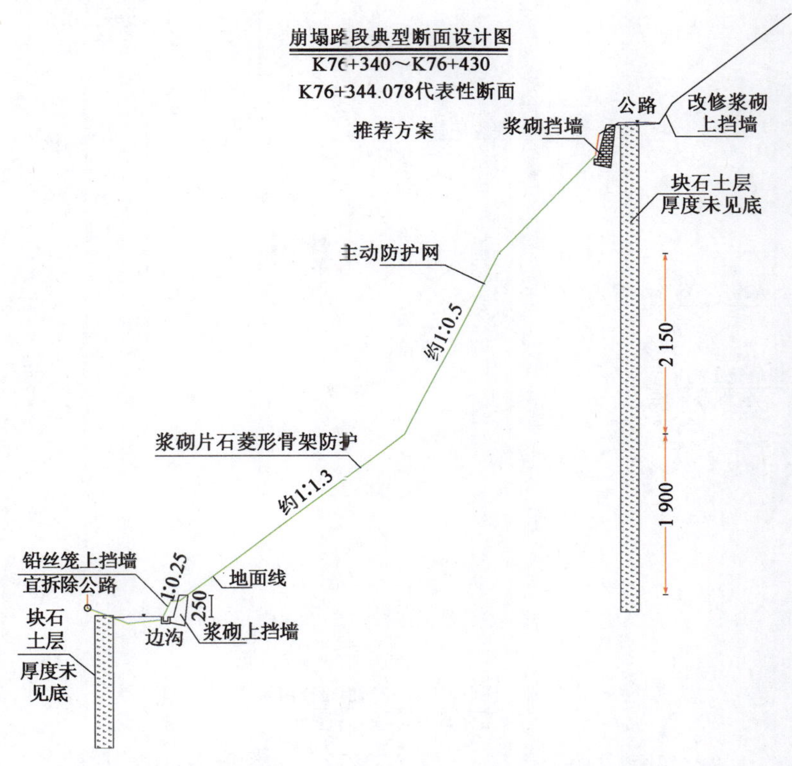

图2-37　挡墙+主动防护网(坡面防护)(尺寸单位:cm)

K103+570~K104+590的“K101崩塌”及K104+590~K105+700的“K102崩塌”为特大型崩塌，规模巨大，纵、横向范围均比较大，自然坡度45°左右，为厚度较大的松散碎、块石土层，局部路段坡面泥石流发育，目前坡面植被发育较好，整体稳定，主要表现为局部牵引式的崩塌破坏。考虑采用抬高路基高度，于崩塌体前缘设置挡墙并辅以及时清理，如图2-39所示。

2.7.5　水毁

路线多沿嘎弄曲展线，局部路段距离河道比较近，由于水流的强烈侧蚀，致使岸线崩塌，道路失去根基而毁，长期中断交通，危害比较严重，主要发育于K87+170~K87+230、K88+940~K89+050、K89+200~K89+420、K89+575~K89+710、K90+160~K90+320，路线基本紧靠嘎弄曲，临河一侧水毁严重，经常冲毁路基，如图2-40和图2-41所示，设计上适当抬高

路线纵坡，采用台阶式片石混凝土基础，并在左侧设置适当的顺坝、丁坝等调治构造物基本能够处治，如图 2-42 所示。

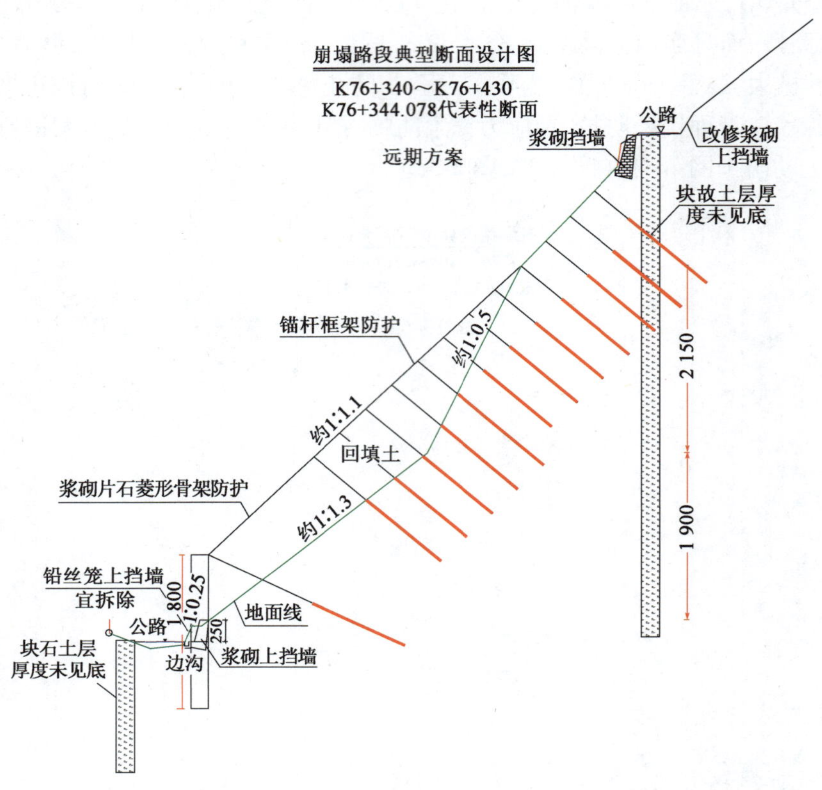

图 2-38　桩板墙 + 坡面锚杆防护（尺寸单位：cm）

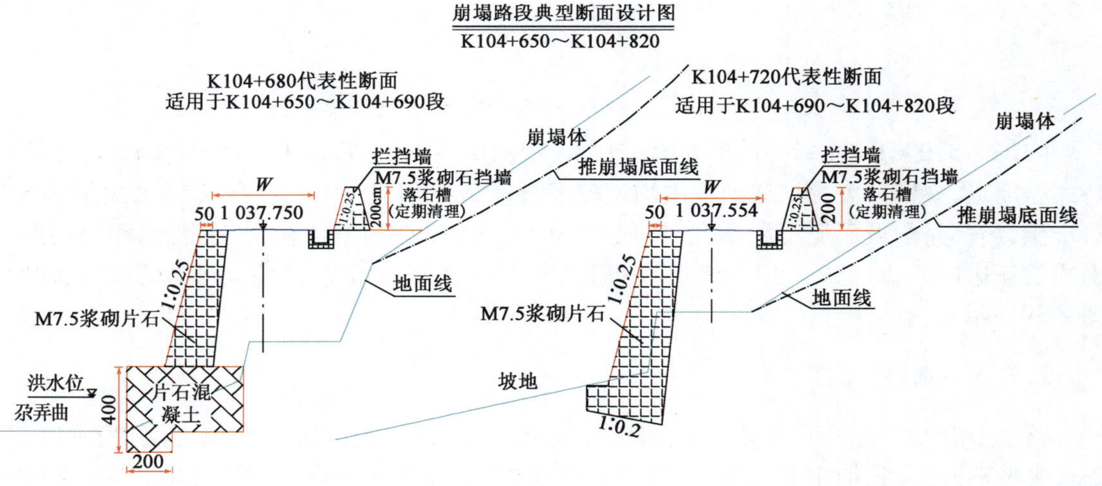

图 2-39　“102K”崩塌处治方案（尺寸单位：cm）

图 2-40　K89 + 200 ~ + 420 段水毁

图 2-41　K89 + 575 ~ + 620 段水毁

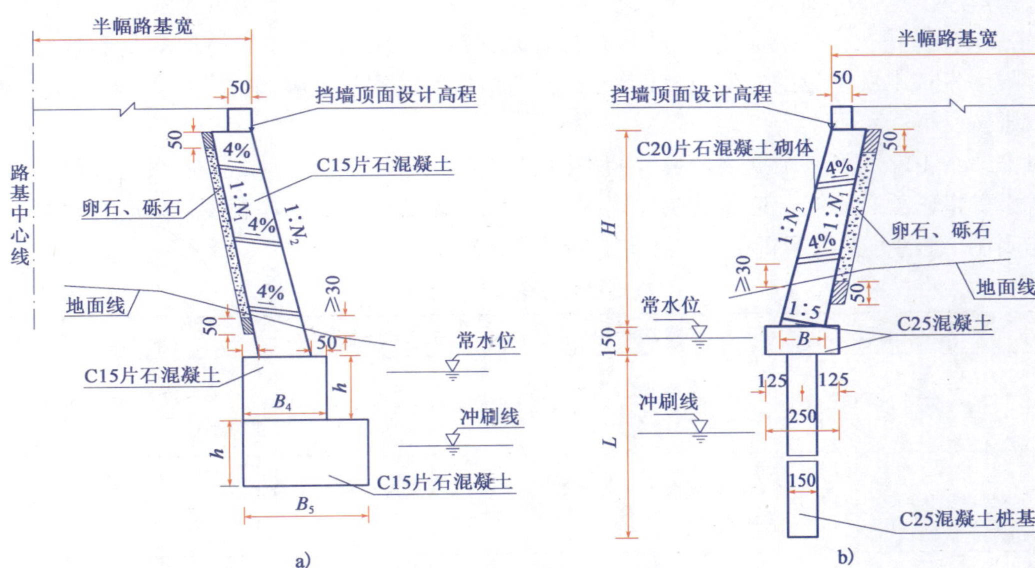

图 2-42　水毁路段挡土墙示意（尺寸单位：cm）

全线水毁处治情况见表 2-10。

全线严重水毁处治一览表　　表 2-10

序号	分布路段	类型	与路线的关系	处治措施
1	K87 + 170 ~ K87 + 230	嘎弄曲侧蚀	路线从嘎弄曲右边缘通过	设置挡墙 + 调治构造物
2	K88 + 925 ~ K89 + 000	嘎弄曲侧蚀	路线从嘎弄曲右边缘通过	设置台阶式基础挡墙 + 调治构造物
3	K89 + 160 ~ K89 + 400	嘎弄曲侧蚀	路线从嘎弄曲右边缘通过	设置台阶式基础挡墙 + 调治构造物
4	K89 + 575 ~ K89 + 710	嘎弄曲侧蚀	路线从嘎弄曲右边缘通过	设置挡墙 + 调治构造物

续上表

序号	分布路段	类型	与路线的关系	处治措施
5	K90 +160 ~ K90 +320	嘎弄曲侧蚀	路线从嘎弄曲右边缘通过	设置挡墙处理
整治情况		5 处严重水毁段基本能够治理		

2.7.6 雪害

扎墨公路设隧道穿越岗日嘎布山，由于隧道南端处在印度洋暖湿气流的迎风坡上，强对流天气导致冬季的强降雪，隧道两端的冰雪灾害十分严重。区内冰雪灾害发育于 K9 +000 ~ K58 +000 段，雪崩主要发生在隧道进出口。通过当地走访了解到，隧道附近 24h 降雪量可达0.7m，2 ~4月积雪厚度达 2 ~4m。在每年 4 ~5 月的冰雪消融期，山体上方常爆发雪崩，直接危害公路设施，影响交通安全。在目前交通量不大的前提下，要求不间断清雪维持通车是不现实的，为最大限度发挥本次建设的投资效益，考虑在隧道前后路段配备足够的清雪设备，不定期清理积雪以维持交通。

对推荐线 12 处雪崩，根据雪崩发育的规模，目前分别采用绕避、过水路面、设置消能平台、机械铲雪等措施处理。当交通量达到一定程度，对雪崩发生的规律掌握程度较好时，远期可考虑修建明洞（远期方案见图 2-43）。具体措施见表 2-11。

全线雪害处治一览表 表 2-11

序号	分布路段	类型及规模	与路线的关系	处治措施
1	K8 +930 ~ K8 +990	大型沟槽型雪崩（一般厚 3 ~9m）	路线从雪崩堆积区通过	过水路面 + 消能平台 + 机械铲雪
2	K13 +920 ~ K14 +900	巨型雪崩（一般厚 5 ~25m）	路线从雪崩堆积区下缘通过	机械铲雪
3	K16 +850 ~ K17 +205	中、小型雪崩、积雪（一般厚 3 ~5m）	路线从雪崩堆积区下缘通过	机械铲雪
4	K18 +890 ~ K19 +040	中、小型雪崩、积雪（一般厚 3 ~5m）	路线从雪崩堆积区下缘通过	机械铲雪
5	K19 +400 ~ K19 +440	中、小型雪崩、积雪（一般厚 3 ~5m）	路线从雪崩堆积区下缘通过	机械铲雪
6	VK48 +240 右 70m ~ VK48 +340 右 100m	中型雪崩、积雪	路线从雪崩堆积区左侧通过	明洞接长
7	VK48 +255 左 25m ~ VK48 +378 左 25m	中型雪崩、积雪	路线从雪崩堆积区右侧通过	明洞接长

续上表

序号	分布路段	类型及规模	与路线的关系	处治措施
8	VK48 +285 左 165m ~ VK48 +445 左 210m	大、中型雪崩、积雪	路线从雪崩堆积区右侧通过	明洞接长
9	TK51 +605 ~ TK51 +625	小型雪崩	路线从雪崩崩塌区中部通过	机械铲雪
10	TK52 +500 ~ TK52 +515	小型雪崩	路线从雪崩崩塌区中部通过	机械铲雪
11	TK52 +915 ~ TK52 +925	小型雪崩	路线从雪崩崩塌区中部通过	机械铲雪
12	TK53 +680 ~ TK53 +690	小型雪崩	路线从雪崩崩塌区中部通过	机械铲雪
13	TK51 +735 ~ TK51 +790	大型雪崩	路线从雪崩崩塌区中部或下部通过	机械铲雪
14	TK52 +305 ~ TK52 +360	大型雪崩	路线从雪崩崩塌区中部或下部通过	机械铲雪
15	TK53 +090 ~ TK53 +145	大型雪崩	路线从雪崩崩塌区中部或下部通过	机械铲雪
16	TK53 +405 ~ TK53 +460	大型雪崩	路线从雪崩崩塌区中部或下部通过	机械铲雪
17	TK51 +920 ~ TK51 +950 TK52 +140 ~ TK52 +170	大型雪崩	从雪崩流通区通过	机械铲雪
18	K55 +730 ~ K55 +840	中型雪崩	路线从雪崩堆积区下缘通过	机械铲雪
整治情况		对积雪路段需进行长期养护，所有的雪害采用保通治理		

2.7.7　渗水、翻浆

通过勘察已建扎墨公路，路基渗水、翻浆主要有两种表现形式：①路基上方地表径流汇集，对路基形成切割、冲刷导致路基破坏；②水流携带固体物质在路基范围淤塞、堆积，使排水系统失去功用，直至被冲毁。全线共有渗水、翻浆 131 处，一般不影响路基的整体稳定，危害较小，一般通过设置涵洞、边沟、盲沟及加强路基填料基本能够处治。

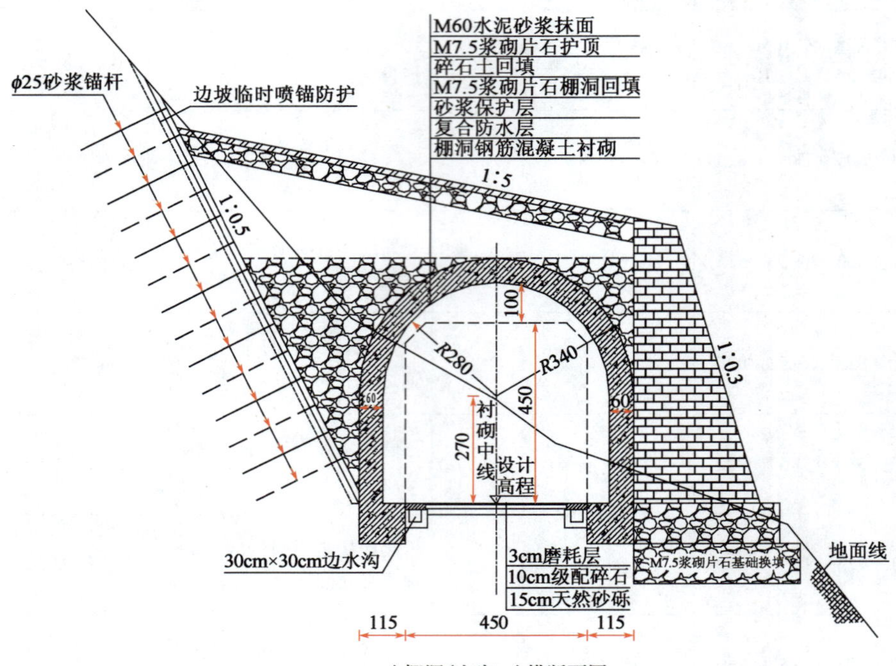

a)棚洞(方案一)横断面图

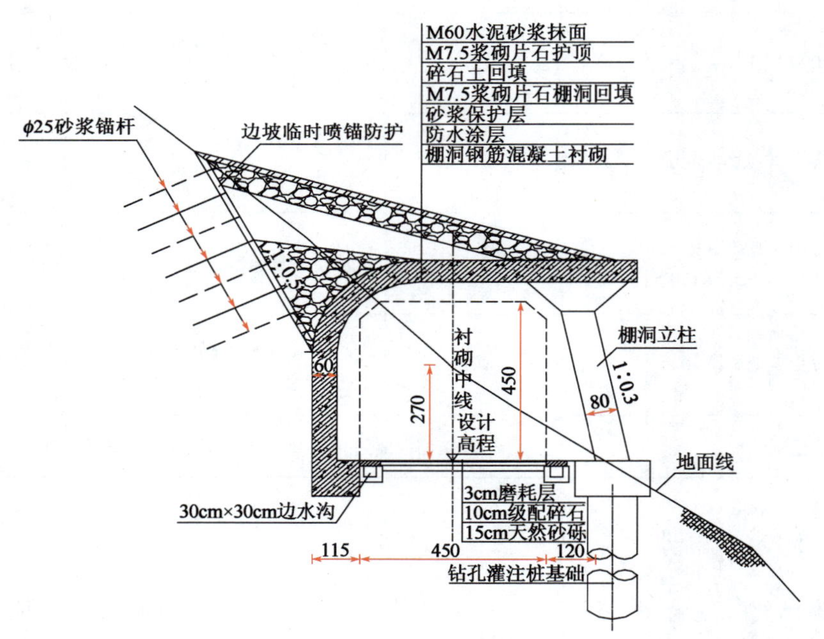

b)棚洞(方案二)横断面图

图 2-43　远期明洞处治雪害方案(尺寸单位:cm)

第3章　活动大断裂带对隧道工程建设的影响

3.1　区域地质构造与地震构造环境

本章在收集前人资料基础上，结合野外地质调查结果，分析区域地质构造及演化、新构造运动、地球物理场和地壳结构的主要特点，以及主要断裂带基本特征和活动性，阐述区域地震构造环境和强震发生的构造条件。研究区域为南迦巴瓦构造结地区：93.06°～97.00°E、27.85°～31.10°N。

3.1.1　区域地貌和新构造运动特征

区域地处青藏高原强烈隆起区的东南部，是构造运动、地震活动、地热活动和新生代岩浆作用强烈的地区。45MaB.P.左右，沿雅鲁藏布江一线发生印度板块与欧亚板块碰撞，开始了青藏高原的形成与演化，可以划分为α、β、γ和δ4个构造期（马宗晋等，1998）。α期（45～35MaB.P.期间）以南北向挤压、缩短和向北推移为主；β期（35～5.3MaB.P.期间）为缓慢隆升阶段，所达高度不超过1 500m；γ期（5.3～3.0MaB.P.期间）是快速隆升时期；δ期（3.0MaB.P.以后）以东西向伸展变形为主，表现为近东西向断裂的走滑位移、南北向断裂的拉张断陷、北东和北西向共轭剪切带的位移转换以及北东向断裂的挤压或拉张剪切等。δ期在喜马拉雅地区可能开始较早，但3.0MaB.P.以后才遍及整个青藏高原，2.48MaB.P.以后（第四纪）逐渐达到高峰，成为占主导地位的变形运动形式。

近年来的GPS观测结果清楚可见（图3-1、图3-2），印度大陆向北运动在青藏高原内部引起各个地块向北运动，速率逐渐减小，运动方向也逐渐转向东北方向。其中，南部高喜马拉雅地块水平运动速率最大，一般为35～42mm/a，方向为北略偏东；拉萨地块向N30°～47°E方向运动，平均速率为27～30mm/a；羌塘地块运动速率为（28±5）mm/a，优势方向为N60°E。结果表明，喜马拉雅弧还是主要的受力边界。

GPS观测结果表明高原内向北的挤压力是逐步减小的，力在传递过程中不断被吸收。吸收的原因一是由于高原组成的各条形地块的南部边界或是偏向西南，或是偏向西北，印度大陆向北作用力沿各条形地块边界都出现切向分量，使地块间出现相对右行或左行的走滑运动，而垂直于条块边界的挤压力，则向北逐渐减小；天然地震资料的快波方向表明深部和浅层物质运动具有一定的相关性。

水准测量结果表明，近几十年的区域地壳垂直运动呈大面积整体抬升，各地起伏变化较大，西部和南部上升最为强烈，速率达7～8mm/a；中部为高值区内的相对低速平缓上升，速率在7mm/a左右；向北尤其是往东，形变速率不断减小，东部的八宿附近甚至为零值（图3-3）。

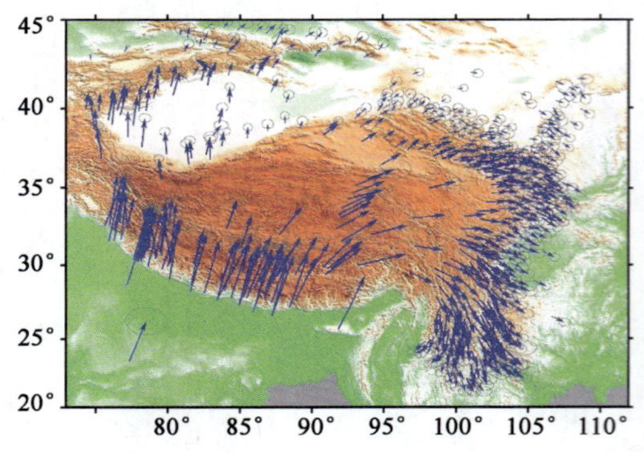
图 3-1　青藏高原及周边地区的 GPS 运动方向

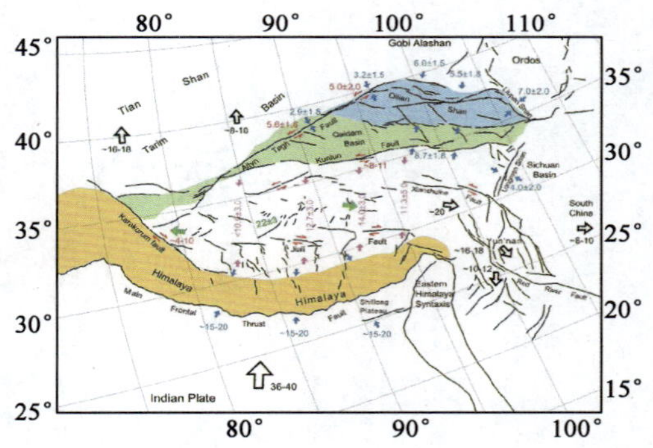
图 3-2　GPS 获得的青藏高原及周边地区块体与断裂带的运动方向和速率

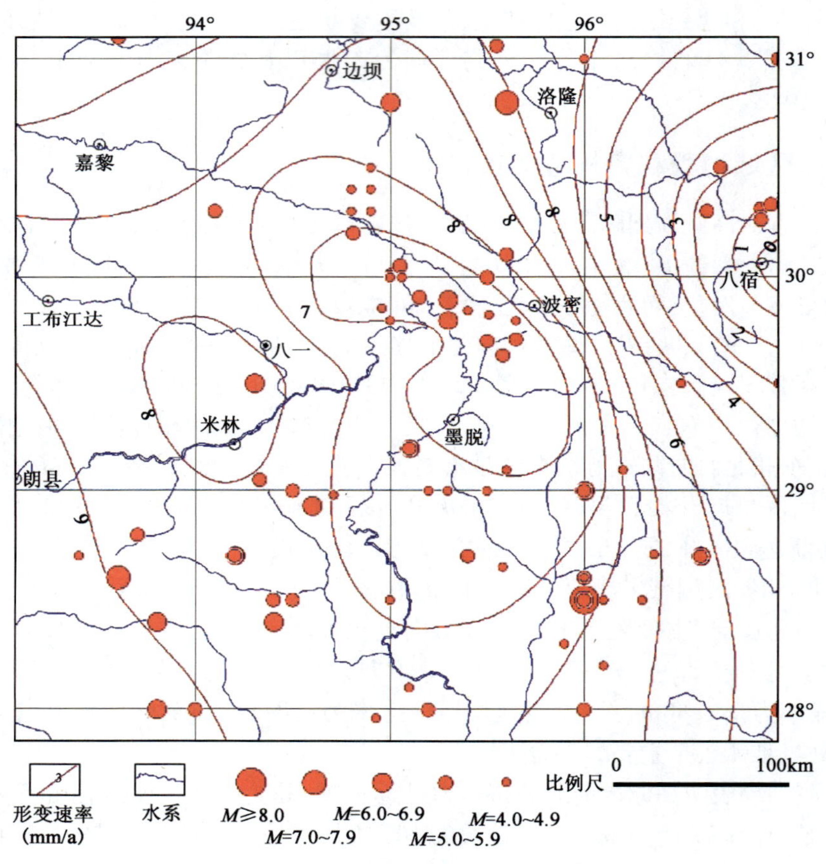

图 3-3　近几十年区域地壳垂直形变速率图

3.1.2　区域主要断裂构造及其活动性

区域为新构造运动强烈地区，各种断裂相当发育（图 3-4）。区内主要断裂为近东西向和近南北向，其次为北北东—北东向和北西西向，它们的构造属性、规模、活动时代、活动强度等具有明显的差异。近东西向断裂规模较大，有些具有深大断裂性质，多为逆冲、逆走滑断层，最新活动时代除主体断裂外多在第四纪早、中期。近南北向、北北东—北东向和北西向断裂单条规模一般不大，其中近南北向、北北东—北东向断裂常集中分布，构成近南北向或北北东向的剪切拉张断裂构造带，形成于第四纪初期，晚第四纪以来活动十分明显，多次发生7级以上地震。

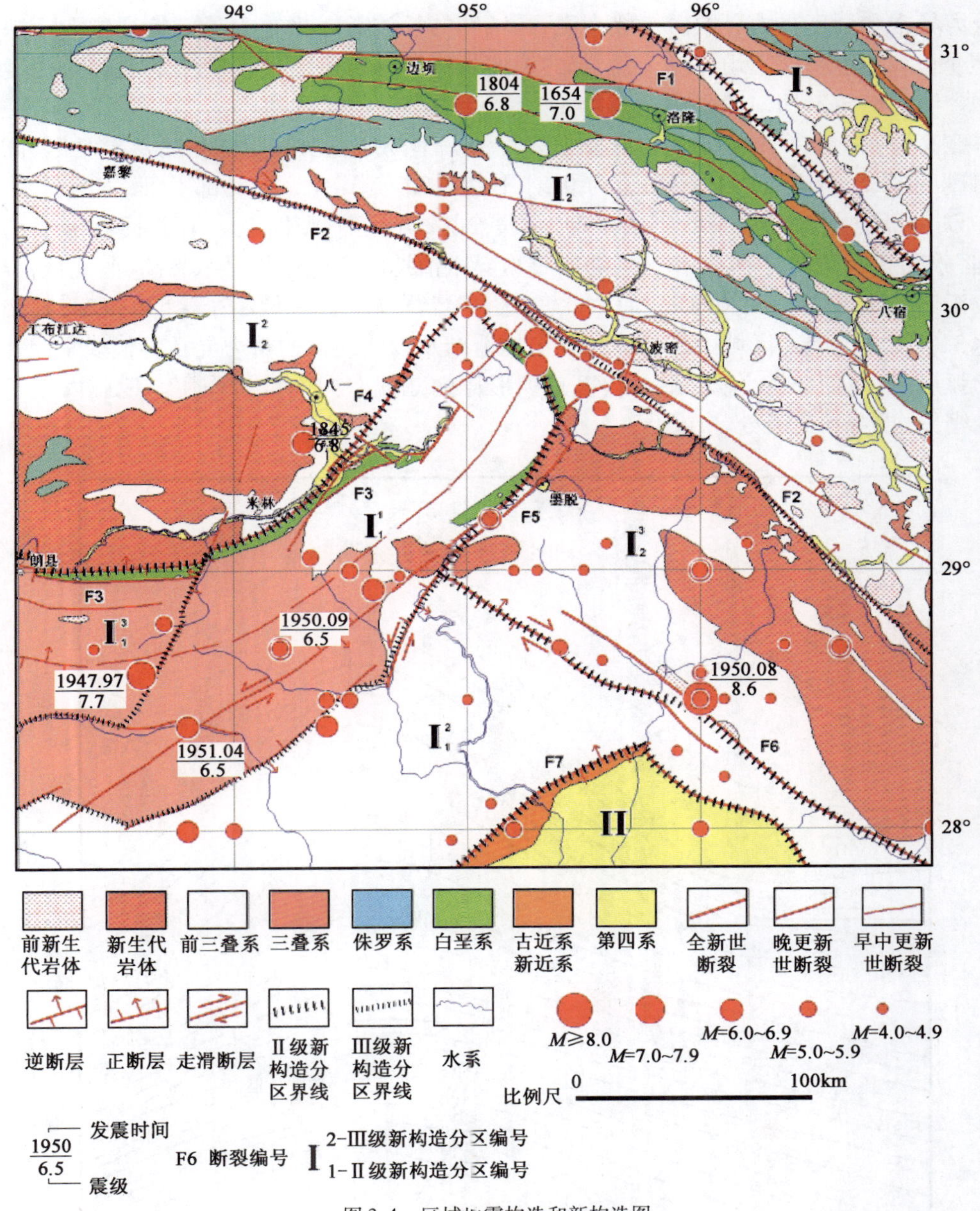

图3-4　区域地震构造和新构造图

F1-班公错—怒江断裂；F2-嘉黎断裂；F3-雅鲁藏布江断裂；F4-米林断裂；F5-墨脱断裂；F6-阿帕龙断裂；F7-喜马拉雅南麓主边界断裂；I_1-喜马拉雅强烈掀斜隆起区；I_1^1-南迦巴瓦断隆；I_1^2-低喜马拉雅断隆；I_1^3-高喜马拉雅断隆；I_2-冈底斯—念青唐古拉山面状隆起区；I_2^1-念青唐古拉山断隆；I_2^2-拉萨断隆；I_2^3-察隅断隆；I_3-羌塘—昌都面状隆起区；Ⅱ-阿萨姆—西瓦克里拗陷带

3.1.3 区域地球物理场与深部构造

1)重力异常特征

布格重力异常是地壳、岩石圈内不同密度界面起伏变化及地质构造的综合反映,可被分成区域重力异常和局部重力异常。一般来说,区域性的长波长布格重力异常特征主要反映了地壳厚度变化和地幔密度不均匀性,而局部的短波长重力异常则主要反映了地壳内部密度界面起伏和密度的横向不均匀性变化。

青藏高原在1°×1°布格重力异常图上表现为一个外形呈纺锤状的封闭负异常区,高原周边为明显的重力梯度带,高原内部为相对平缓的高负异常区,大部分地区的异常值在-500mGal以下。异常呈条带状东西延伸,纵贯全区,并呈有规律高低相间排列,形成南北分带、东西分块的格局。其中,工作区域布格重力异常值总的变化趋势是东南高、西北低;异常最高值位于区域南部,为-220mGal,而西北角重力异常值较低,最低小于-530mGal,其相对变化量达310mGal以上。区域中部喜马拉雅东构造结及以北地区的重力异常等值线呈向北北东突出的弧形展布(图3-5),显示出南迦巴瓦楔形体向北北东向的推挤作用。地震发生于异常等值线密集、拐弯和交汇处。

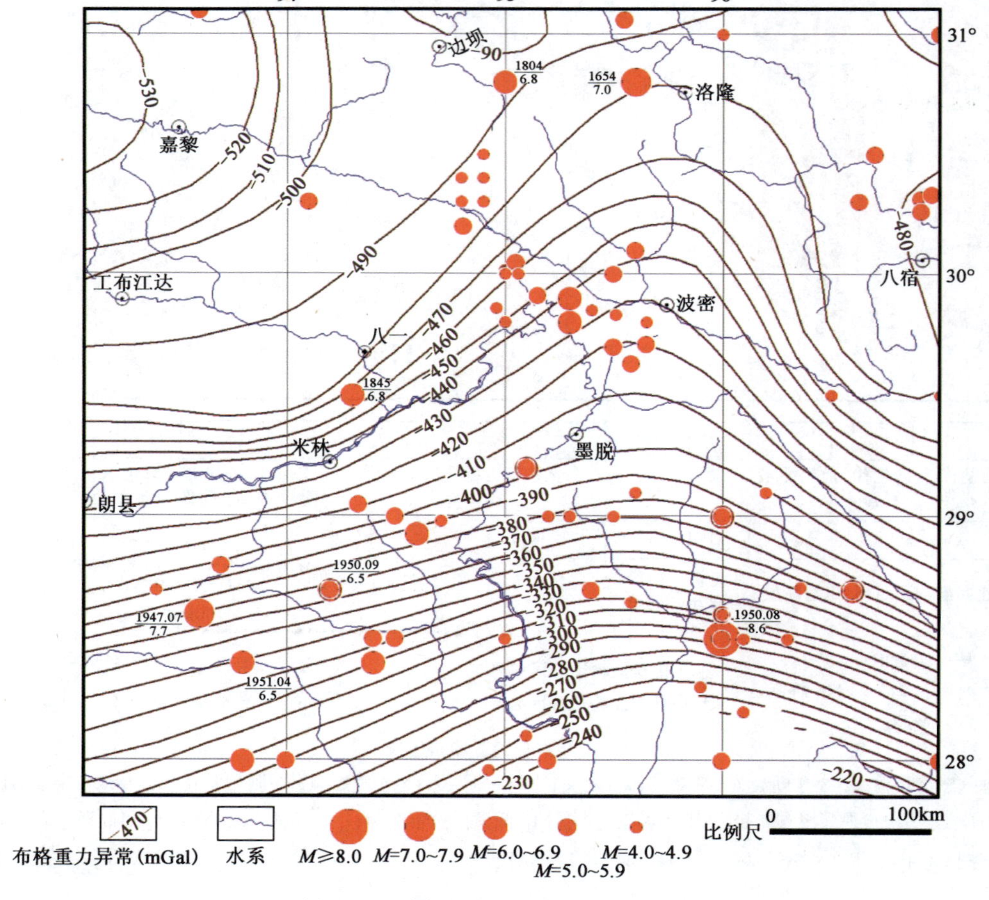

图3-5 区域布格重力异常图(赵文津等,1997)

2)航磁异常特征

区域磁异常平面等值线如图3-6所示,青藏高原磁异常空间分布特征是在西藏腹地存在一个零线包围的南北向短、东西向长的块体。在该块体周围,沱沱河以北是一条近东西向的负异常梯度带;雅鲁藏布江以南为一正、负相间的异常带,等值线走向北西西,开口向南;在向东88°~89°存在一个磁场突变台阶,向西以正异常梯度带为标志,向东则以负异常条带为特征;昌都地区南北两侧磁场有增强的趋势。这表明青藏高原的岩石圈结构、构造为一独立完整的构造区。区域磁异常反演研究表明,青藏高原中、上地壳磁异常场源较为稳定,磁化强度垂向分布较为均匀。这意味着区域磁场的差异反映的是大型构造单元的磁性特征,引起区域磁场差异的场源是在中地壳以下。工作区域的背景磁场强度表现为东南高、东北低的特征,其中墨脱、米林以北地区显示为呈北东东向展布的负值凹槽,西南高、东北低;以南地区显示为向北西倾斜的正值单斜。

地震主要发生于磁性分区、剧烈变化的地带。

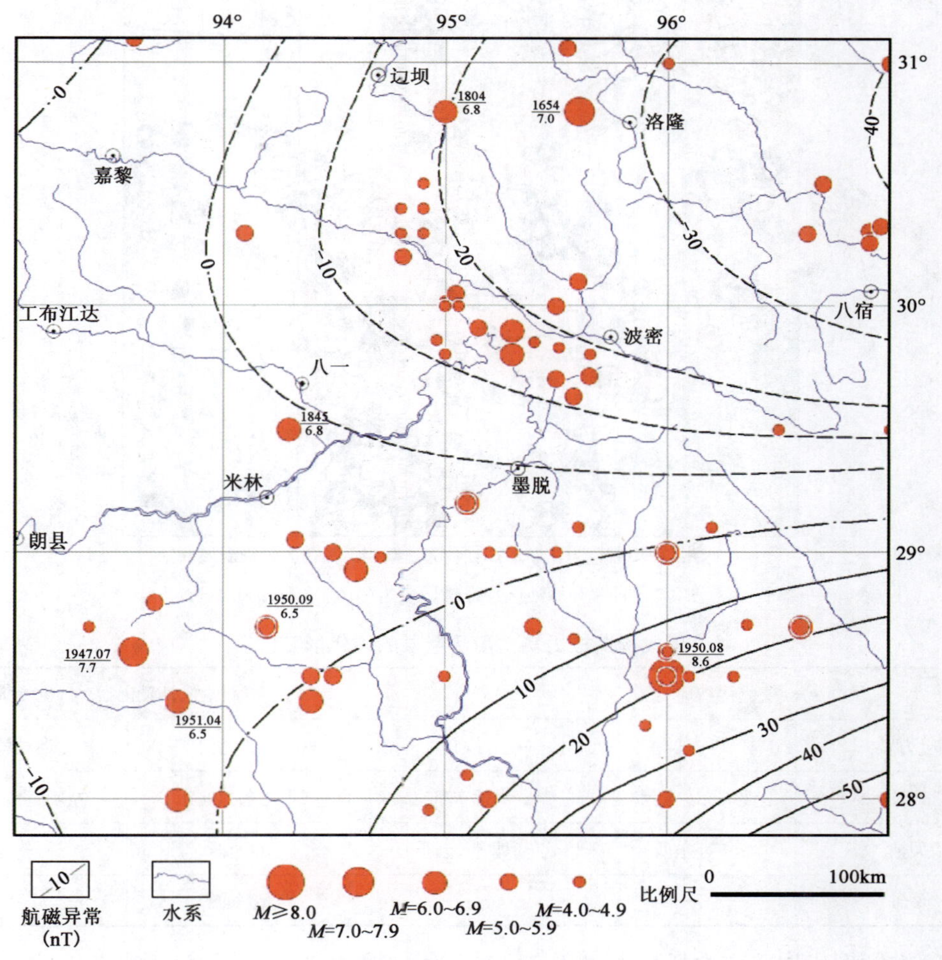

图3-6　区域磁异常图(潘裕生等,1998)

3.1.4 区域构造应力场特征

现代构造应力场是构造活动和地震活动的基本原因。不同的现代构造应力场会引起不同类型的断层变形特征，不同的断层变形性质所引发的地震的震源特性也不相同。根据地震的震源机制解反推地震发生地区的现代构造应力场，是目前常用的有效方法。

1)地质资料反映的构造应力场特征

雅鲁藏布大峡谷地区发育北西—北北西向、北东—北北东向和近东西向等3组断裂构造，前者为右旋走滑逆断层，后者基本为逆断层，而北东—北北东向断裂具有左旋走滑正断性质。这一总的构造格局和属性表明研究区的构造应力场以北东—北北东向近水平挤压为主。

2)震源机制解

根据震源机制解结果，可以认识本区现代构造应力场，并据此分析区域现代构造变形场具有如下特征(图3-7、表3-1)。

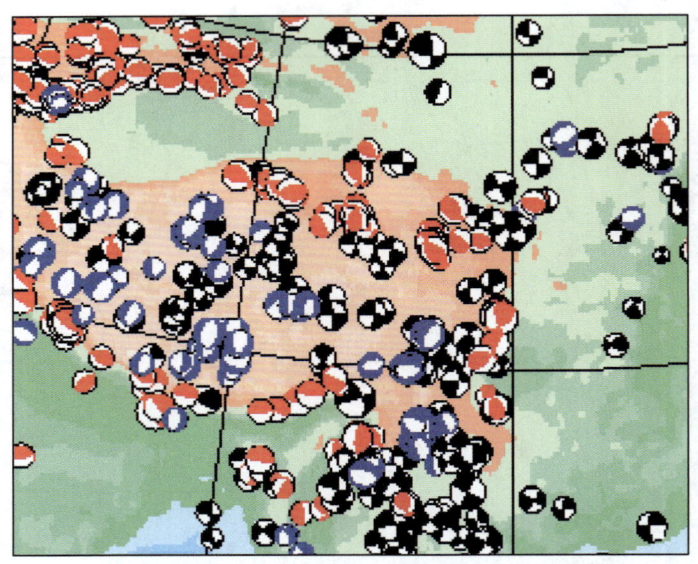

注：图中蓝色为正断层；红色为逆断层；黑色为走滑断层。

图3-7 青藏高原地区现今构造应力图(许忠淮,2001)

现代构造应力场作用活断层的现代形变性质 表3-1

现代构造应力场特征			不同走向活动断层的变形性质	
应力轴	方位	倾角	断层走向	运动性质
P 轴	北北东—近南北	近水平	北北东和北东	左旋走滑—正断
T 轴	(近东西)	近水平、近垂直	北西西	右旋走滑
N 轴	—	—	近东西	逆冲

(1)本区现代构造应力场最大主压应力轴(*P* 轴)是水平的，方位为近南北—北北东；最小主压应力轴(*T* 轴)多是近垂直的。

(2)全区构造应力场具有较好的一致性和协调性,因此,它可以代表该区所处的构造应力环境。

(3)这种 P 轴水平、T 轴变化的现代构造应力场特征,决定了发生地震的断层性质的多样性,包括逆冲、正断和走滑等不同性质。

(4)震源机制解在区域不同位置上均具有两组优势节面。北部为北北东和北西西向,与这两组优势节面走向一致的断裂易发生走滑兼正断型地震;南部是近东西和近南北向,易发生逆冲型和正断兼走滑型地震。

(5)根据构造应力场推导,北北东和北东向断层具有左旋走滑—正断的运动性质,北西西向断层具有右旋走滑的运动性质,近南北向断层具有逆冲的运动性质。这种运动特征与本区地质调查的结果完全一致。因此,震源机制分析结果是确定发震断层现代应力状态和活动性质的重要依据之一。

3.1.5　区域地震构造环境评价

区域位于青藏高原南部,区内北东向和北西向断裂构造带活动强烈,其中的北西西向断裂和北北东向断裂晚更新世以来发生强烈的走滑活动,是发生大震的断裂构造,如阿帕龙断裂、里龙断裂等。

1)强震发生的地质构造环境

(1)区域总体地震活动水平与新构造运动强度、分区关系密切。强震主要发生在喜马拉雅山强烈掀斜隆起区和冈底斯山隆起区差异运动强烈地带或地段;而差异运动较弱的部位,几乎很少发生6.0级以上地震。

(2)强震主要发生在块体周边的深断裂带及其附近,其中拉萨地块与羌塘地块、喜马拉雅地块之间和喜马拉雅地块内部次级块体之间的边界带曾发生过多次7级以上强烈地震。

(3)7级及以上地震主要与北西西向、北北东向或近南北向断裂构造带有关,尤其是与断裂构造带中规模较大、全新世强烈活动段密切相关。其中,7.5级以上特别是8级地震发生在断裂构造带中走滑分量较大的北东向断裂带上和多组断裂交汇的构造部位;而以倾滑为主、单条规模不大的断裂,最大震级为7级左右。

(4)受断裂控制的第四纪断陷盆地或断陷盆地带,其陡深一侧亦是强震的主要发生处所,如1951年和1993年班戈东6.5级和6.3级地震。

(5)强震发生在断裂几何构造复杂部位或多组方向断裂交汇区。

2)强震发生的深部构造和地球物理场环境

对比区域重磁场特征和强震震中分布,可以得出以下3点认识:

(1)7级以上强震多发生在地壳厚度陡变带、布格重力异常梯级带上,如区外当雄、崩错两次8级地震,当雄北7.5级地震和多次6级地震就发生在布格重力异常梯级带或异常区内。

(2)6级以上强震大多发生在重力异常等值线同形扭曲、不同活动块体之间的不同重磁异常区的分区界线上。

(3)地球物理探测显示的深大断裂带及与其他断裂交汇区,往往是强震发生的有利地带或地段。

3.2 活动断裂特性

嘎隆拉隧道位于喜马拉雅东构造结东北侧,大地构造上属于拉萨地块,新构造单元为冈底斯—念青唐古拉面状隆起区。附近地区构造(抬升)变形强烈,发育北西向的走滑逆冲断裂和北东向的走滑断裂,主要断裂分别归属于嘉黎断裂带东南段和墨脱断裂带东北段。本节在收集、分析已有资料的基础上,通过地质地貌调查,依据调查取得的结果,对嘉黎断裂带和墨脱(扎木—马尼翁)断裂带的基本特征和活动性进行必要的论述,评价其对工程建设的影响。

3.2.1 嘉黎断裂带

嘉黎断裂带位于青藏高原的东南部(图3-8),由多条近于平行的断裂组成,在结构上可分为3部分:一是东构造结以西那曲—嘉黎段的北西向断裂;二是东构造结顶端沿易贡藏布分布的北西西向断裂;三是东构造结东南部波密—察隅段的北西向断裂(图3-9)。断裂带总体走向北西—北西西,宽达20~30km,是青藏高原整体向东挤出的南部构造边界,具有强烈的右旋走滑运动特征,全长500km以上,第四纪早、中期活动强烈,右旋走滑断错各种地质、地貌体的现象十分普遍,全新世整体活动减弱,但局部地段仍有较强的活动(沈军等,2001)。

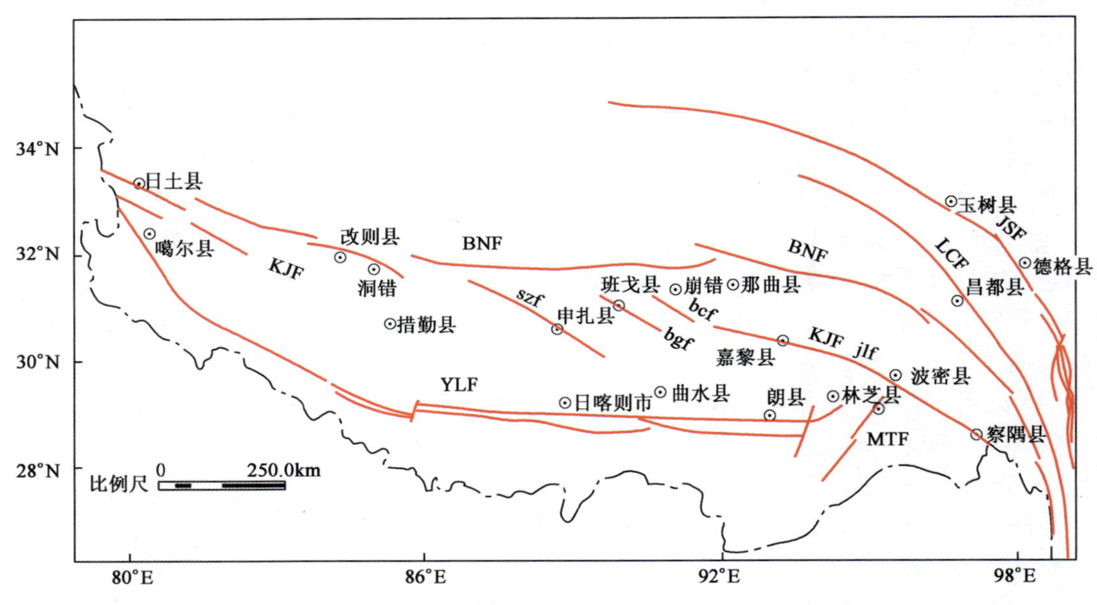

图3-8 嘉黎断裂及附近主要断裂分布简图

JSF-金沙江断裂;LCF-澜沧江断裂;BNF-班公错—怒江断裂;KJF-喀喇昆仑—嘉黎断裂;YLF-雅鲁藏布江断裂;MTF-墨脱断裂;jlf-嘉黎断裂;szf-申扎断裂;bgf-班戈断裂;bcf-崩错断裂

野外实地调查和GPS观测资料表明,嘉黎断裂带晚第四纪活动性质在不同构造位置明显不同,西北段具有较强的右旋走滑活动,中段尤其是东南段晚第四纪期间的右旋走滑运动不明显。嘎隆拉隧道附近地震构造见图3-10。

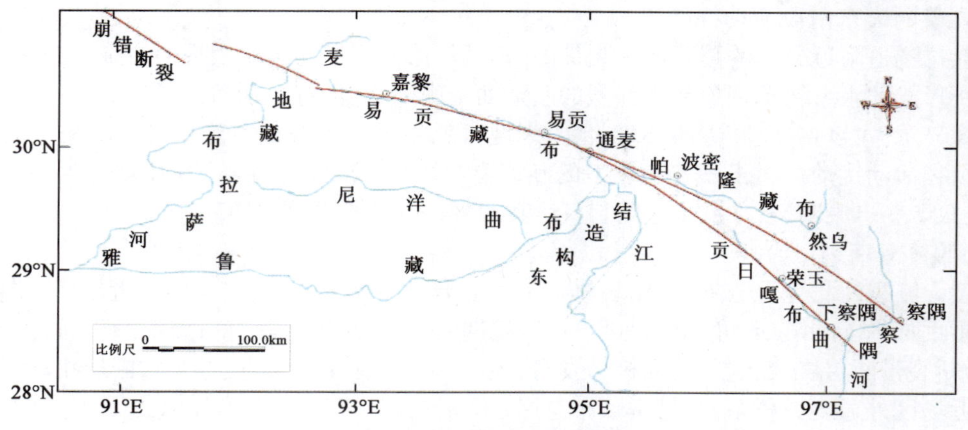

图 3-9　嘉黎断裂带展布简图

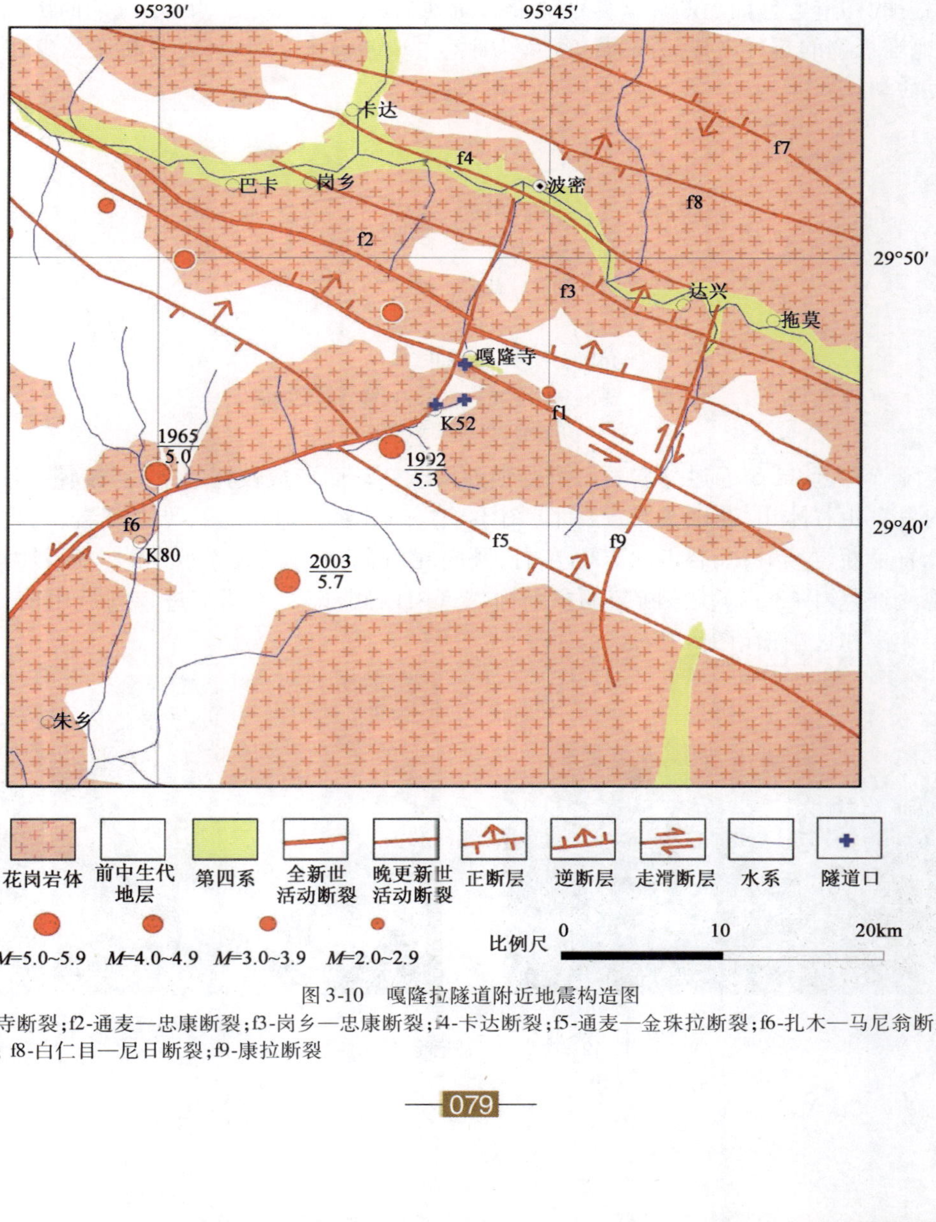

图 3-10　嘎隆拉隧道附近地震构造图

f1-嘎隆寺断裂；f2-通麦—忠康断裂；f3-岗乡—忠康断裂；f4-卡达断裂；f5-通麦—金珠拉断裂；f6-扎木—马尼翁断裂；f7-扎龙断裂；f8-白仁目—尼日断裂；f9-康拉断裂

1)嘉黎断裂东南段活动特征

嘎隆拉隧道附近分布的是嘉黎断裂带的东南段,第四纪期间主要表现为右旋正断活动,断裂活动所形成的水系错动现象受到强烈的改造而不很明显,仅有个别河流可见右旋错动现象。卫星影像显示,古乡南、嘎隆寺西、K80北的区域可见一系列山脊被右旋位移。部分区段见第四系受断裂活动扰动。属于嘉黎断裂带的断裂有(图3-10):嘎隆寺断裂(f1)、通麦—忠康断裂(f2)、八卡—忠康断裂(f3)、卡达断裂(f4)和通麦—金珠拉断裂(f5)。

(1)嘎隆寺断裂(f1)

嘎隆寺断裂西北起通麦,向东南经嘎隆寺附近,延至下察隅一带,贯穿整个近场区。断裂总体走向北西西,倾向北东,倾角70°~80°。第四纪期间,断裂总体上具有右旋走滑正断特征。地貌上,沿断裂带断层崖、断层三角面极为发育,卫星影像还显示出山脊、冲沟被断层扭动、位错。

在近场区外通麦大桥东侧、易贡藏布左岸,该断裂发育于下元古界片麻岩中,走向300°左右,倾向南西,倾角80°左右,破碎带宽40m左右(图3-11)。破碎带两侧的片麻岩中发育与断层产状相近的构造劈理面。断裂南侧河流Ⅱ级阶地的砂砾层明显受到断层扰动而出现反倾变动,该阶地堆积物的热释光样品测得的年龄为距今11.06ka±0.94ka,表明断裂至少在全新世初期仍有活动。

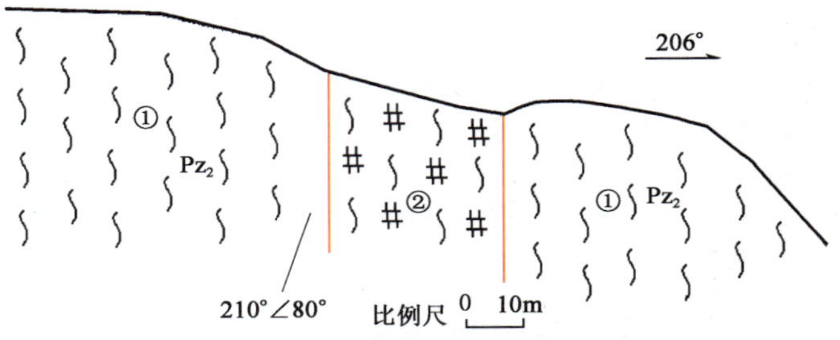

图3-11 通麦大桥易贡藏布左岸嘎隆寺断裂剖面

①-麻岩;②-断层破碎带

在嘎隆寺附近,断裂通过处岩石因遭受强烈构造变动而形成较宽的断层破碎带,并在断层破碎带内发育山谷冰川,冰碛垄厚近百米(图3-12)。在隧道入口以西,见大理岩、变质砂岩与花岗片麻岩呈断层接触,断裂走向300°左右,倾向北(图3-13)。破碎带中的大理岩因构造作用而呈现浅红色(图3-14)。该断裂的主断面靠近南西侧,即位于隧道进口附近山前,形成笔直的断层陡崖和坡中槽(图3-15)。

a)

b)

图3-12 嘎隆寺断裂地貌(镜向西北)

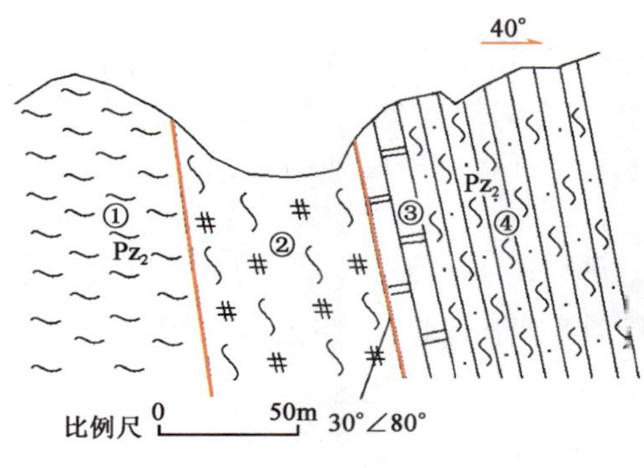

图 3-13　隧道进口西嘎隆寺断裂剖面

①-花岗片麻岩；②-断层破碎带；③-大理岩；

④-变质砂岩

图 3-14　嘎隆寺断裂坡中槽地貌（镜向西北）

在隧道进口东侧，断裂最新活动造成旦期冰川退缩形成的 6 条小型终碛垄发生左旋错动，最大错距约 2.5m（图 3-15、图 3-16）。此处的终碛垄距现今的冰舌前缘约 350m，而附近地区冰川的后退速率为 60cm/a（西藏自治区地质矿产局，1995），据此推测，该处断裂近 600 年来的平均水平滑动速率为 4.3mm/a。这一结果与前人得到的嘉黎断裂带东南段晚更新世以来平均滑动速率为 3～5mm/a（沈军等，2001）基本一致。

图 3-15　嘎隆寺断裂最新错断现象

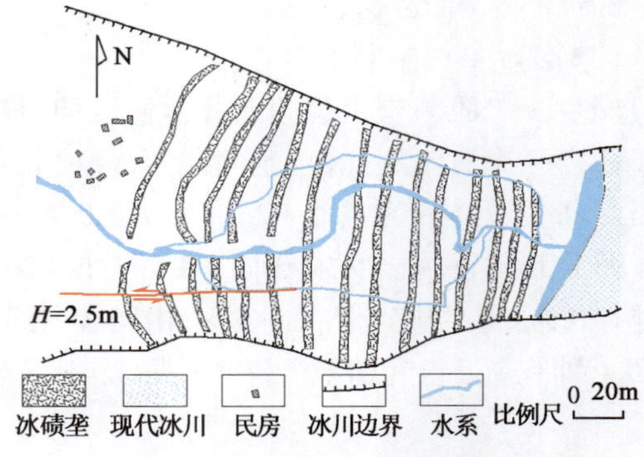

图 3-16　隧道进口东嘎隆寺断裂错断冰碛

综合断裂的上述表现，嘎隆寺断裂为走向北西、（近地表）高角度北倾正断的走滑断层，全新世仍在活动，其平均水平滑动速率为 3～5mm/a。沿断裂现今仍有中强地震发生，最大震级 4.9 级。

（2）通麦—忠康断裂（f2）

起自通麦北易贡藏布河流谷地，向东南经嘎隆寺北至忠康南，是嘉黎断裂带东南段内部一条规模较大的次级断裂，位于嘎隆寺断裂北侧，走向北西西，断层性质与嘉黎断裂带东南段主断裂相似。该断裂控制了燕山期花岗岩侵入的边界，构成花岗岩与古生界混合岩的界线，卫星影像上表现为沿断层带有斑状暗色带，两侧支沟不对称，呈破碎地貌特征。沿断裂带常见泥石流、滑坡、垮塌等地质灾害，如 102 大滑坡和古乡泥石流。

在近场区外通麦大桥北约 1km 的易贡藏布拐弯处，该断裂发育于下元古界片麻岩之中，走向 290°左右，倾向南，倾角 80°左右，断层破碎带被易贡藏布 I 级阶地覆盖，未见断层破坏阶地堆积物的明显迹象。

102 道班东 5km 附近，可见宽 25cm 左右的断层破碎带切割花岗片麻岩。断层走向 280°，倾向北，倾角 64°。断层破碎带由断层角砾岩组成，边缘为褐黑灰色断层泥，中间为褐黄色土胶结的断层角砾，断层泥年龄为距今 41.18ka ± 3.51ka（西藏自治区地震局地震工程研究所等，2002）。

比通村东，该断裂通过部位的帕隆藏布Ⅰ级阶地砂层中发育走向 60°左右、断面近直立的滑动构造面，构造面上可见垂直擦痕（图 3-17），表明该断裂全新世有一定的活动性。

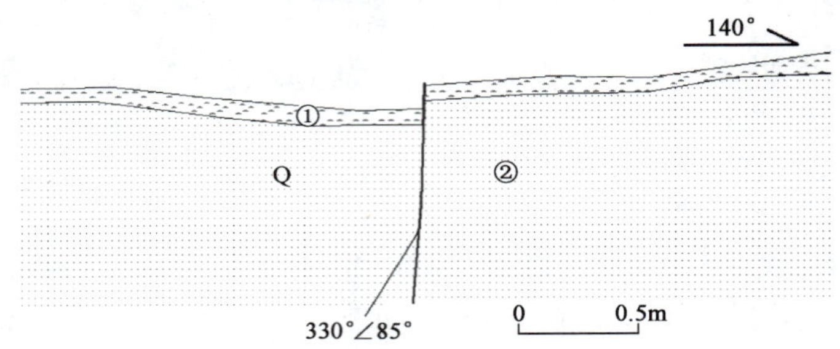

图 3-17　比通村东帕隆藏布Ⅰ级阶地砂层中的构造面

①-表土层；②-砂层

由于植被覆盖严重，没有发现典型的地质剖面。但是，通麦—忠康断裂对地质、地貌体有一定的控制作用，宏观表现是清楚的。综合判断该断裂为晚更新世末—全新世初活动断裂。

（3）岗乡—忠康断裂（f3）

岗乡—忠康断裂由忠康向北西西延伸至岗乡一带，是嘉黎断裂带东南段另一条次级断裂，位于通麦—忠康断裂北侧，走向北西，倾向北东，倾角较缓。沿断裂带发育糜棱岩及糜棱岩化岩石。断裂以逆冲为主兼右旋走滑，沿断裂卫星影像有线性表现。

96 道班附近，断裂发育于前寒武纪片麻岩中，产状为走向 330°，倾向北东，倾角 31°左右。断层面处有 0.5m 厚的破碎带向下尖灭，由糜棱岩组成，断面上有褐黄色断层泥，年龄为距今 9.84ka ± 0.87ka，即晚更新世晚期至全新世早期（图 3-18，西藏自治区地震局地震工程研究所等，2002）。

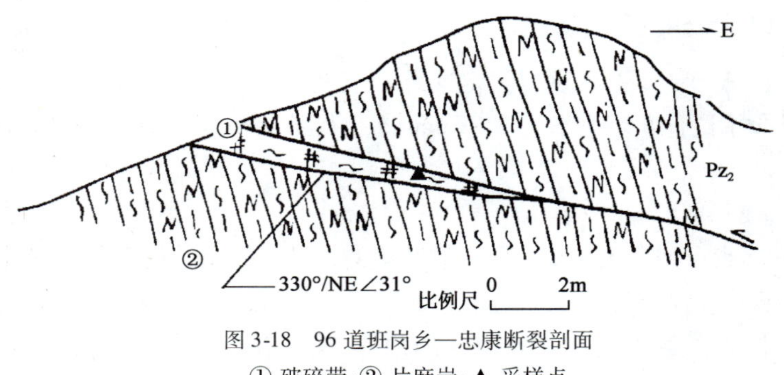

图 3-18　96 道班岗乡—忠康断裂剖面

①-破碎带；②-片麻岩；▲-采样点

卫星影像显示，断裂在岗乡与波密中间，造成帕隆藏布南侧的冲沟发生左旋位移，最大位移量近 300m。

总之，岗乡—忠康断裂的地质、地貌表现比较清楚，断层泥年龄表明该断裂在晚更新世晚期仍有活动。因此，判断该断裂为晚更新廿活动断裂。

(4)卡达断裂(f4)

卡达断裂由卡达向南东延伸至91道班一带，是嘉黎断裂带东南段内部另一条次级断裂，位于岗乡—忠康断裂北侧，走向北西西，倾向南东，倾角较缓，以逆冲为主兼右旋走滑活动。沿断裂带发育糜棱岩及糜棱岩化岩石。

卡达村以西，该断裂为下元古界片麻岩与古生界变质砂岩的分界。91道班以东，断裂通过部位的帕隆藏布Ⅱ级阶地上发育的走向近东西、倾向南、倾角37°左右的砂质泥层、砂层、砂砾层与近水平的砂层、砂质泥层直接接触，其上覆盖近水平的砾石层、砂质泥层(图3-19)。其中近水平的砂层、砂质泥层靠近倾斜砂质泥层时有向下弯曲的现象，表明该断裂晚更新世有一定的活动性。

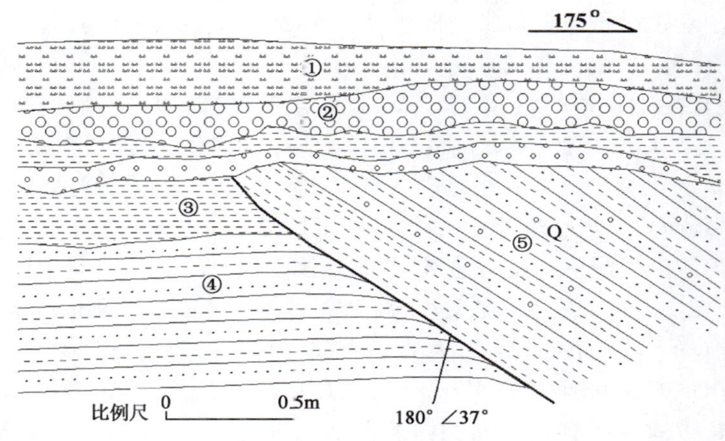

图3-19　91道班河流Ⅱ级阶地剖面

①-表土层；②-砾石层；③-砂质土层；④-砂层与砂质土层互层；⑤-砂砾层与砂质土层互层

总之，卡达断裂地质表现清楚，断层对晚更新世河流阶地有一定的影响。因此，该断裂为晚更新世活动断裂。

(5)通麦—金珠拉断裂(f5)

通麦—金珠拉断裂西北起自通麦南，向东南经金珠拉延伸出近场区。断裂总体走向北西西，倾向北东，倾角70°~75°。断层面及其两侧糜棱岩、断层角砾岩发育。地貌上，沿断裂带断层崖、断层三角面极为发育，一系列山脊、冲沟被断层左旋位移达200~300m。卫星影像显示，断裂活动在古乡西南造成岗日嘎布山脉的多个山脊发生右旋位移，最大位移量1.7km左右。

通麦大桥南1km处，该断裂发育于下元古界片麻岩之中，断面与变质岩的片理和片麻理相一致，走向290°，倾向北，倾角53°。宽3.2m的断层破碎带，由碎块岩、糜棱岩及断层角砾岩组成。主断层错断了北东向小断层，显示出正断层性质。近断层面处有褐黄色断层泥物质，从中取样测得的年龄为距今40.82ka±3.47ka，为晚更新世晚期(图3-20)。

K52东南，由于植被覆盖严重，交通不便，没有发现更好的断层剖面。尽管没有发现通麦—金珠拉断裂全新世活动的直接证据，但是，间接的各种地质、地貌特征明显，该断裂与嘎隆寺断裂的表现非常相似，因此，推测其为全新世活动断裂。

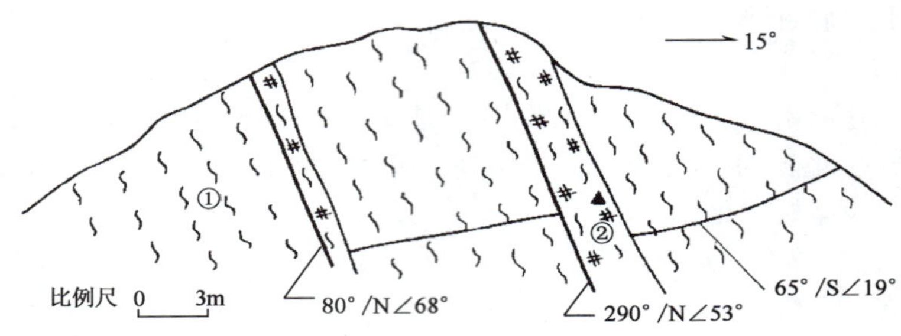

图 3-20 通麦大桥南 1km 通麦—金珠拉断裂剖面

①-片麻岩；②-破碎带；▲采样点

事实上，从下察隅镇沿贡日嘎布曲一直到荣玉，沿线植被茂盛，多为河流相的鹅卵石堆积和冲洪积物组成的台地，鹅卵石堆积的河流相砾石层拔河高 150 ~ 200m，可视厚度 3 ~ 5m，局部可见砾石层中夹 0.5 ~ 1m 厚的粗、细砂层，根据张永双等（2009）在细砂夹层中采取的样品年龄为 27.91kaBP ± 2.37kaBP，说明贡日嘎布曲晚更新世晚期以来强烈下切了 200m 左右，下切速率达 7.2mm/a，与丁林等（1995）根据磷灰石裂变径迹计算东构造结地区 1Ma 以来抬升速率 5 ~ 10mm/a 是一致的，由此推断，快速的抬升作用是贡日嘎布曲强烈下切的主要因素，再加上该区降雨量大，河流的侵蚀下切作用强烈，大部分地段很难见到河流阶地的存在，断层水平运动对现今河谷地貌的改造非常有限，这也是此处不容易观测到断层剖面的原因，但是从河流地貌上还是有所表现的。从河流地貌上看，在下察隅镇夏尼村附近贡日嘎布曲受到嘉黎左旋走滑运动的影响，出现明显的倒"Z"形拐弯（图 3-21 中 a 处）。在河流右岸的高阶台地上还出现了废弃的古河道，古河道受到嘉黎断裂左旋走滑运动影响，发生"S"形拐弯（图 3-21 中 b 处）。贡日嘎布曲右岸沿途多数支流在断裂通过部位都出现向西北方向转弯的现象（图 3-21 中 c 处）。沿线还可以观测到山脊上的几处垭口，走向北西向，山脚处还多处见到古地震崩塌。夏尼村村北河流右岸公路南侧，受断裂带影响在基岩中发育小型断裂，断面走向 330° ~ 335°/NE∠70° ~ 75°，断面上发育擦痕，擦痕显示为左旋逆冲运动。

图 3-21 下察隅镇嘉黎断裂地貌影像

综上所述,嘉黎断裂带第四纪活动较强,错断了晚更新世晚期以来的河流、冲沟等各种地质、地貌体和它们的堆积,断裂西北段的右旋走滑活动强烈,兼有挤压运动,走滑速率达到3.2~3.7mm/a;中段活动不明显,仅见Ⅱ级阶地的砂砾层受到断层扰动;东南段可分为南北两支,北支断裂活动不明显,南支断裂走滑活动减弱。全新世期间,断裂活动性呈现整体减弱趋势,区内的嘉黎断裂(主体为嘎隆寺断裂)的平均走滑速率为3~5mm/a。沿断裂现今仍有中强地震发生。

2)跨断层GPS速度剖面反映的运动特征

前人在用GPS观测数据研究断裂带的运动特征时,多是将GPS观测速度按距离投影到断裂带上,为了研究各断裂带的现今运动特征,本书将GPS测点的速度矢量分解成垂直断裂带与平行断裂带的速度分量,其中垂直断裂带的速度分量反映断裂带的倾滑运动特征,平行断裂带的速度分量则反映断裂带的走滑运动特征,断裂带两侧之间的差异运动代表了此断裂带的运动特征。所采用的GPS观测资料除了依托自然基金所建立的观测点外,还有"中国地壳运动观测网络"的部分GPS站点的最新观测数据,对各站点进行了3次观测(观测时间分别为2008年、2009年、2010年),观测所使用的仪器为3套Leica-GX120接收机,Leica Choke Ring天线,每次观测时间至少为48h,时间采样率为15″,数据处理结果见表3-2。

跨嘉黎断裂带ITRF2005框架下的GPS观测结果 表3-2

站点	经度(°E)	纬度(°N)	V_e 与误差(mm/a)	V_n 与误差(mm/a)	相关系数
BAGA *	94.70	30.00	42.2 ±2.5	7.2 ±1.5	0.015 5
BAIB *	93.91	29.79	44.4 ±1.3	7.3 ±1.4	0.064 9
BOLU *	97.40	28.99	42.7 ±2.4	-4.1 ±2.3	0.118 2
J011	95.60	29.94	46.4 ±1.3	-2.2 ±1.3	0.0062
J018	91.67	32.25	48.2 ±1.3	8.9 ±1.2	0.007 8
J020	92.07	31.51	48.7 ±1.4	9.9 ±1.3	0.006 4
J021	91.11	30.48	45.6 ±1.3	16.5 ±1.3	0.006 2
J025	91.11	32.01	48.0 ±1.3	10.5 ±1.2	0.008 1
J027	90.55	30.09	45.6 ±1.3	17.0 ±1.8	0.005 4
JB50	96.87	29.39	43.4 ±1.2	-9.0 ±1.2	0.007 4
LHAS	91.10	29.66	45.5 ±1.0	16.3 ±1.0	0.007 7
SHAM *	97.01	28.35	49.4 ±2.5	-6.2 ±2.3	0.132 3
XUMU *	95.52	30.10	39.8 ±1.7	3.9 ±2.3	0.112 3

注:表中带*的站点为自然基金观测站点,V_e 为东向速度,V_n 为北向速度。

在研究区内选择了3条不同构造部位横跨嘉黎断裂带的GPS剖面(图3-22,其中A剖面位于嘉黎断裂西北段,B剖面位于嘉黎断裂中段,C剖面位于嘉黎断裂东南段。

在A剖面一带,断层东北盘平行断裂带走向滑动速率为36.9 mm/a左右,垂直断裂带走向速率为32.6 mm/a左右;断层西南盘平行断裂带走向滑动速率为31.2 mm/a左右,垂直断裂带走向速率为37.2 mm/a左右。嘉黎断裂带在A剖面一带表现为右旋挤压运动，走滑速率为5.7mm/a左右，挤压速率为4.6mm/a左右（表3-3）。

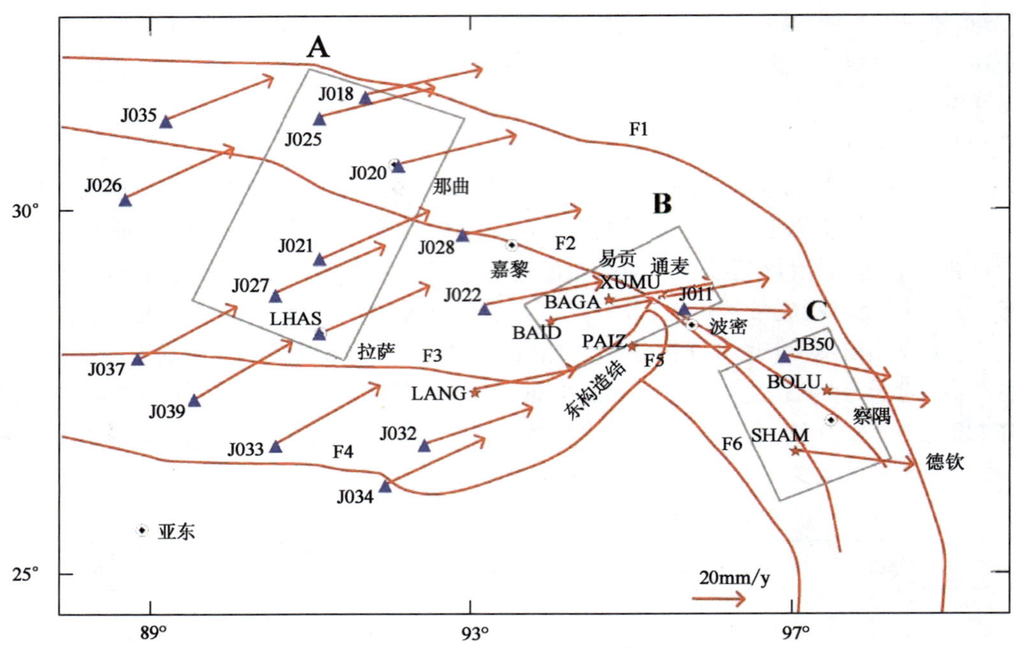

图3-22　嘉黎断裂带周边地区ITRF2005参考框架下的GPS速度场与剖面位置

F1-怒江断裂；F2-嘉黎断裂；F3-雅鲁藏布江断裂；F4-主中央断裂；F5-墨脱断裂；F6-阿帕龙断裂

嘉黎断裂带在不同构造部位的运动特征　　表3-3

断层名称	剖面	位置	站点	地块运动速率及误差（mm/a）				断层错动速率（mm/a）		断层性质
				走向	误差	倾向	误差	走向	倾向	
嘉黎断裂	A剖面	南西盘	LHAS	31.3	1.3	36.9	1.3	5.7	4.6	右旋挤压
			J027	31.0	1.8	37.5	1.8			
			J021	31.2	1.0	37.1	1.0			
		北东盘	J020	37.2	1.3	32.9	1.2			
			J025	36.3	1.3	33.1	1.2			
			J018	37.3	1.4	31.8	1.3			
	B剖面	南西盘	BAGA	26.8	2.5	36.9	1.5	1.3	2.9	弱右旋挤压
			BAIB	28.4	2.0	38.7	1.4			
		北东盘	J011	30.2	1.3	36.7	1.3			
			XUMU	27.6	2.3	33.1	2.5			
	C剖面	南西盘	SHAM	36.3	2.5	34.1	2.3	-3.7	5.1	左旋挤压
		北东盘	JB50	34.7	1.3	27.7	1.3			
			BOLU	30.5	2.4	30.3	2.3			

B 剖面一带,断层东北盘平行断裂带走向滑动速率为 28.9mm/a 左右,垂直断裂带走向速率为 33.2mm/a 左右;断层西南盘平行断裂带走向滑动速率为 27.6mm/a 左右,垂直断裂带走向速率为 35.8mm/a 左右。嘉黎断裂带在 B 剖面一带表现为弱右旋挤压运动,走滑速率为 1.3mm/a左右,挤压速率为 2.5mm/a 左右(表 3-3)。

C 剖面一带,断层东北盘平行断裂带走向滑动速率为 32.6mm/a 左右,垂直断裂带走向速率为 29.0mm/a 左右;断层西南盘平行断裂带走向滑动速率为 36.3mm/a 左右,垂直断裂带走向速率为 34.1mm/a 左右。嘉黎断裂在此段转变为左旋挤压运动,其走滑速率为 3.7mm/a 左右,挤压速率为 5.1mm/a 左右(表 3-3)。

地质学方法和跨断层 GPS 速度剖面一致表明,嘉黎断裂不是整体右旋走滑断层,在不同构造位置其晚第四纪活动特征不同。受东构造结的影响，其不同构造部位的运动特征大不相同，以东构造结为界大致可以分为三段:东构造结以西那曲—嘉黎段为嘉黎断裂西北段，主要表现为右旋走滑特征，走滑速率为 3.2 ~5.8 mm/a；东构造结顶端易贡—通麦段为嘉黎断裂中段，主要表现为弱的右旋挤压特征，走滑速率为 1.3 ~2.0 mm/a；东构造结东南部分波密—察隅段为嘉黎断裂的东南段，东南段运动性质发生了转变，由右旋挤压运动转变为左旋挤压运动，走滑速率为 3.7 ~4.0 mm/a。

综上所述,嘉黎断裂带为全新世活动断裂。

3.2.2　墨脱(扎木—马尼翁)断裂带

墨脱断裂带(主体为扎木—马尼翁断裂)形成较晚,自上新世—第四纪以来开始发育,它是南迦巴瓦楔形地块的东南边界断裂,大致沿都登至达木的雅鲁藏布江峡谷展布,向北止于波密一带,全长 180km,晚第四纪以来活动强烈,左旋走滑断错各种地质、地貌体的现象十分普遍。以下分别叙述这两条断裂的基本特征和活动性。

扎木—马尼翁断裂自扎木经 K52、K80、马尼翁,延伸至都登一带,由多段断层组成,总体走向北东,倾向北西或南东,倾角较陡,主要为走滑断层。K52 以北展布于燕山期花岗闪长岩之中,以南控制着花岗岩体与不同时代沉积地层的边界。沿断裂两侧岩层被错开,并发育韧性剪切变形及糜棱岩带,断裂带内普遍存在各种定向结构,显示出早期的右旋走滑活动特征。

马尼翁北 3 号桥南 500m 处,断层发育于花岗片麻岩之中,走向 50°,倾向南东,倾角 70°,表现为较宽的断层破碎带,破碎带由碎裂岩、碎块岩组成,宽度达 200m(图 3-23)。近断层处挤压片理、片麻理极为发育,其产状基本与断层产状相一致。破碎带中常见灰色带状断层泥,年龄为距今 22.16ka ±1.88ka,为晚更新世晚期。

地貌上,沿断裂形成线性沟槽、垭口和断坎等。在墨脱西北的德兴—五郎寺一带,横跨断裂的 4 条冲沟同步左旋扭错,最小扭错距离 200m,最大扭错距离 700 ~800m(图 3-24)。墨脱以北的博母村附近,可见冲沟左旋扭错约 400m。

墨脱县东北五郎寺附近,沿断层发育线性断层槽谷,宽达 100m。槽谷两侧冲沟不对称,这些横穿断层、长 4 ~6m 的全新世小冲沟被断层断错 100 ~300m,并形成了断头沟以及发生水流的袭夺现象。在德兴乡附近,断裂横穿洪积扇,形成高 2m 左右的陡坎,并左旋错断冲沟 10m 左右,如图 3-25 所示。

扎木—马尼翁断裂的北部段落转为北东—北东东走向,位于原始森林之中,沿线形成基岩陡崖，常见跌水和破碎带，附近多次发生破坏性地震。继续向北，断裂再次改变原来的走向，K52 以北为北北东—近南北向，发育于花岗岩与片麻岩之间，表现为较宽的断层破碎带，破碎带由碎裂岩、碎块岩组成，宽度达 150m（图 3-26）。断层走向 20°，倾向西，倾角 80°左右。近断层处挤压片理、片麻理极为发育，其产状基本与断层产状相一致。

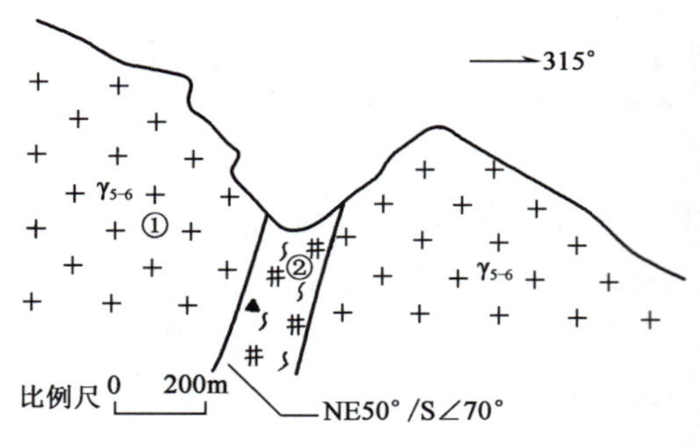

图 3-23　3 号桥南扎木—马尼翁断裂剖面
①-片麻岩；②-破碎带；▲-采样点

图 3-24　五郎寺扎木—马尼翁断裂位错地貌卫星影像图

图 3-25　德兴乡扎木—马尼翁断裂横切冲沟和洪积扇（镜向北西）

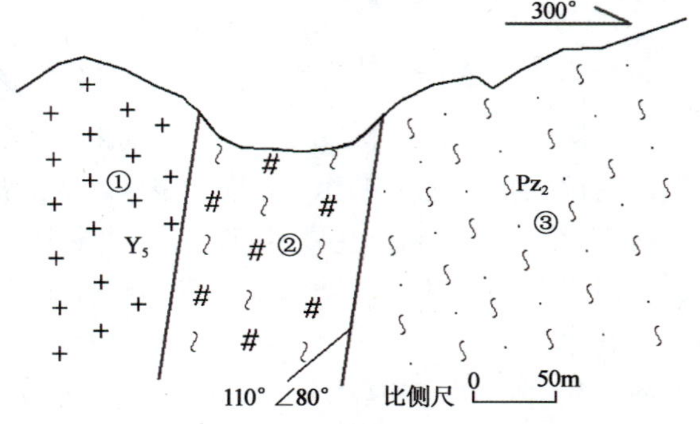

图 3-26　嘎隆寺西侧马尼翁断裂剖面
①-花岗岩；②-破碎带；③-片麻岩

扎木—马尼翁断裂北段的卫星影像显示非常清晰，切割山脊、冲沟及其他地貌体，图 3-27 清楚可见断裂位错了嘎隆拉山脊，位移量达 400m 左右。

图 3-27　嘎隆寺马尼翁断裂卫星影像图

总之，扎木—马尼翁断裂地质、地貌特征明显，断层泥测年数据表明断裂在晚更新世晚期有过活动。墨脱一带，断裂左旋位错了全新世洪积扇和冲沟，嘎隆寺附近断裂右旋位移山脊，并切割山坡。沿断裂近场区南段（K52 以南）多次发生 5 级地震，1950 年在察隅—墨脱发生的 8.6 级地震与该断裂带密切相关，沿断裂多处形成长达 100m 的线性坡中槽，这种地貌现象现在仍可辨认，如阿降村、得翁等地。因此，该断裂南段为全新世左旋走滑断裂。

3.2.3　隧道附近断裂活动性及地震构造环境评价

调查研究表明，嘎隆拉隧道附近发育有规模不等的多条断裂，主要为北西向嘉黎断裂带和北东向墨脱（扎木—马尼翁）断裂带的组成部分。其中，嘉黎断裂带的嘎隆寺断裂和墨脱断裂带的扎木—马尼翁断裂中、南段为全新世活动断裂，其他断裂均为晚更新世活动断裂。根据区域地震活动与断裂构造的关系，扎木—马尼翁断裂南段具备发生8级以上地震，嘎隆寺断裂等具备发生7～7.5级地震的构造条件。

隧道附近地块不甚完整、断裂（包括次级断层）比较发育，应考虑嘎隆寺断裂（f1）和扎木—马尼翁断裂（f6）北段的近地表活动（包括地震地表破裂）对工程结构的突发性和持续性破坏（图3-28）。

图3-28　嘎隆拉隧道及其附近断裂位置图

（1）嘎隆寺断裂为全新世断裂，发育较宽的断层破碎带，由多个断面组成，主断面位于隧道进口附近，走向300°左右，倾向北，倾角70°～80°，以水平走滑活动为主，平均滑动速率不超过5mm/a，百年平均位错量不大于0.5m，可按此考虑该断裂的持续性破坏。

（2）根据区域地震构造与断裂活动性研究结果，嘎隆寺断裂可发生7～7.5级地震，根据邓起东（1992）统计得到的青藏地区走滑断层的震级—位错关系（$M=7.13+0.68\lg D$）估计，嘎隆寺断裂潜在的地表突发错动量最大为3.5m，在隧道建设和维护过程中应按此考虑该断裂地震可能的地表破裂影响。

（3）嘎隆寺断裂还具有垂直活动分量，可按水平分量的1/2～2/3考虑设防。

（4）扎木—马尼翁断裂北段为晚更新世活动断裂，走向20°，近直立（倾角80°以上），以正断层活动为主，距离隧道最近为300m，可不考虑其对隧道直接的近地表地震破裂作用。

此外，还应考虑沿这两条断裂发生的地震作用对隧道口造成的边坡失稳危害，以及破碎地块（小断层）环境下的岩爆、崩塌、涌水等灾害。

3.3 地震活动监测和研究

本章介绍了东喜马拉雅南迦巴瓦构造结地区临时地震台阵监测、数据处理、定位精度、地震完整性等情况，根据获得的第一手地震资料，结合历史破坏性地震资料分析，着重对该构造结的地震震中分布和震源深度分布进行了分析和研究，说明了南迦巴瓦构造结地区的地震活动特征，总结了地震活动规律，阐述了其与构造结深浅构造的关系。

3.3.1 地震台阵建设

2007年至2009年，先后4次深入南迦巴瓦构造结地区进行站点选择、台站架设和维护、数据采集等工作，共架设流动观测台站11个；2010年对部分台站的位置进行调整，并增加了部分台站，总台站数为15个。每个临时地震台都采用挖坑放置地震计、保温埋设、太阳能供电的方式进行建设和运行。图3-29是台站架设情形，各个台站的地质地貌、人文环境和埋设状况列于表3-4。

a)太阳能电池板架设

b)地震计埋设

c)建设完毕的地震台

图3-29 台站架设

雅鲁藏布大峡谷地震流动台站一览表 表3-4

台站	简称	地质地貌	人文环境	地震计埋设	供电方式
通麦	Tom	阶地堆积	宾馆院内	地下保温埋设	太阳能
直白	Zhb	阶地堆积	民居院内	地下保温埋设	太阳能
派镇	Pai	阶地堆积	空房	空房保温埋设	太阳能
墨脱	墨脱	高阶地	县委院内	地下保温埋设	交流电
达木	Dam	高阶地	民居院内	空房保温埋设	太阳能
嘎隆寺	Gls	接近基岩	寺庙外空地	地下保温埋设	太阳能

续上表

台站	简称	地质地貌	人文环境	地震计埋设	供电方式
汗密	Ham	接近基岩	哨所内空地	地下保温埋设	太阳能
背崩	Beb	高阶地	乡政府院内	地下保温埋设	太阳能
亚让	Yar	阶地堆积	民居院内	地下保温埋设	太阳能
K80	K80	阶地堆积	山边（护栏内）	地下保温埋设	太阳能
南伊沟	Nyg	阶地堆积	山边（护栏内）	地下保温埋设	太阳能
巴康	Bak	阶地堆积	民居院内	地下保温埋设	太阳能
古玉	Guy	阶地堆积	民居院内	地下保温埋设	太阳能
拉多	Lad	阶地堆积	民居院内	地下保温埋设	太阳能
上察隅	Scy	阶地堆积	哨所内空地	地下保温埋设	太阳能
莎玛	Shm	阶地堆积	哨所内空地	地下保温埋设	太阳能
松宗	Szh	阶地堆积	镇政府院内	地下保温埋设	太阳能

这15个流动地震台和西藏自治区林芝、察隅、昌都3个固定地震台组成了一个小型台阵（刘启元，1986；于海英，1999），如图3-30所示。

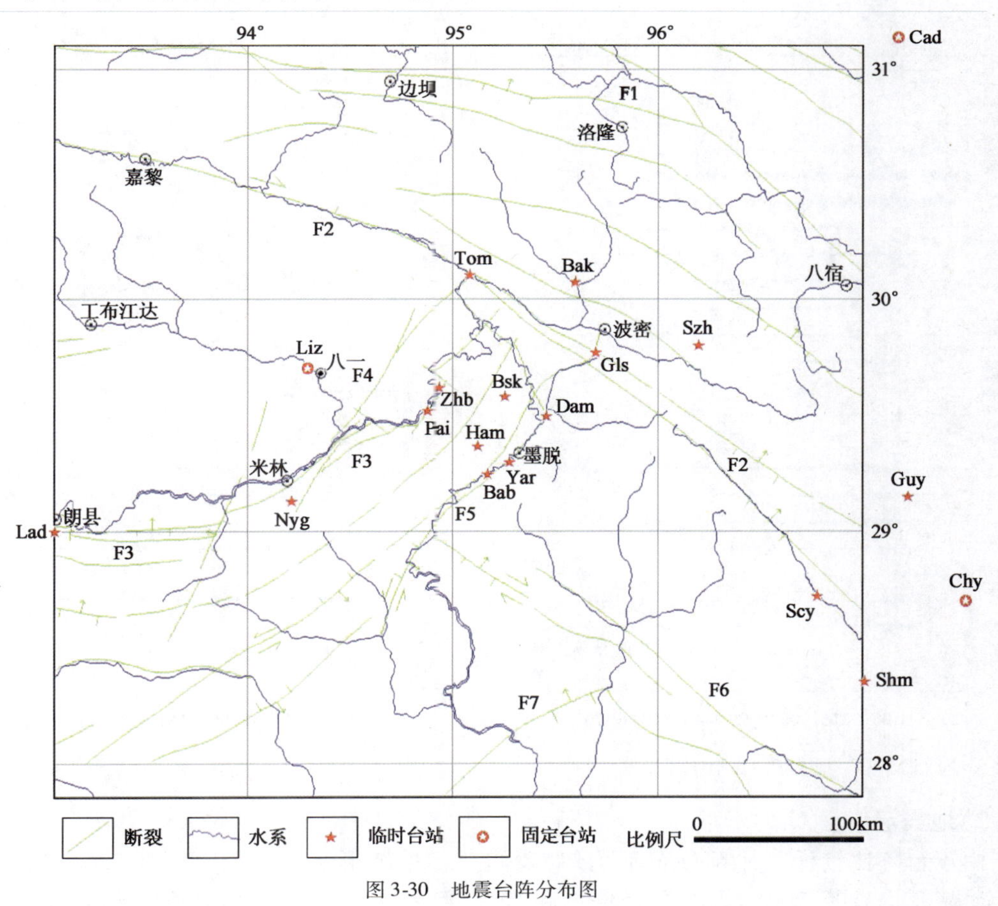

图3-30　地震台阵分布图

这些地震台站中，地震记录较为清楚的有 Gls、Tom、Beb、Dam、Yar、Zhb、Pai、Guy、Lad、Nyg、Scy、Shm、Szh、Cad、Liz 和 Chy，其中，Zhb 因仪器故障，多数时间只有两个方向的记录。考虑到临时台站较少，分布不甚均匀，记录时间不统一，加入西藏地震台网的昌都台(Cad)、林芝台(Liz)和察隅台(Chy)，这 3 个地震台干扰信号较多，但地震信号较清楚。图 3-31、图 3-32 是临时地震台阵的地震事件的典型记录波形。

3.3.2 地震数据处理与地震目录编制

1)数据质量

地震记录较为清楚的有 Gls、Tom、Beb、Dam、Yar、Zhb、Pai、Guy、Lad、Nyg、Scy、Shm、Szh、Cad、Liz 和 Chy，其中，Zhb 只有两个方向的记录。考虑到临时台站较少，分布不甚均匀，记录时间不统一，加入了西藏地震台网的昌都台(Cad)、林芝台(Liz)和察隅台(Chy)，分别截取了 2007 年 8 月 30 日至 2011 年 07 月 31 日的数据(郑秀芬等，2009)，这 3 个台干扰信号较多，但地震信号较清楚。图 3-31 和图 3-32 是典型的地震事件的记录波形，图 3-33 和图 3-34 是台站记录到的汶川地震的波形。

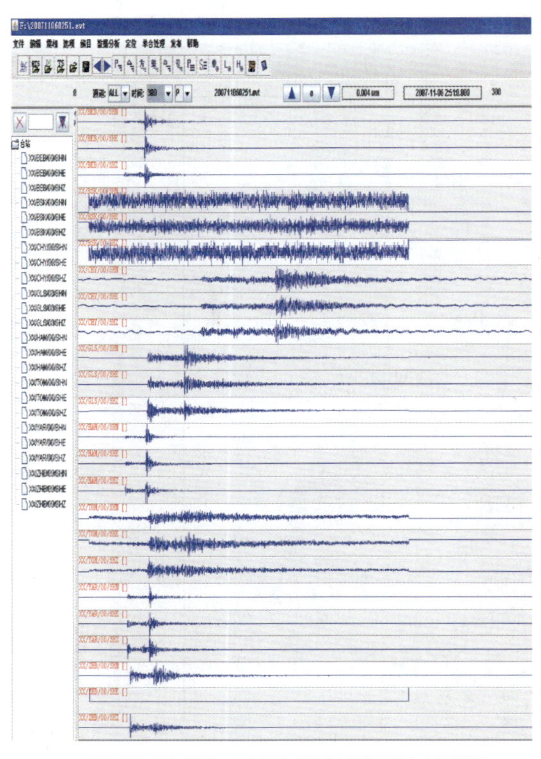

2007-11-06 02:51:06.10, 29.0440° N,94.6 170° E

图 3-31 地震记录波形 $M_L=2.9$

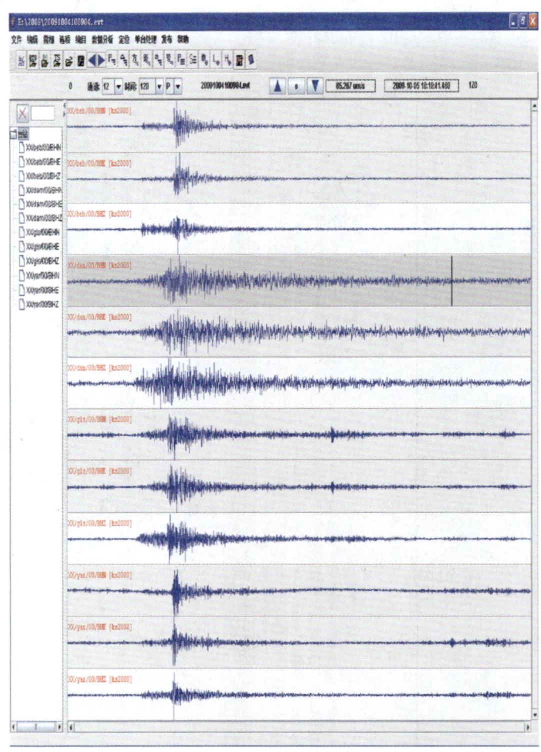

2009-11-05 10:37:55, 27.851° N, 96.301° E

图 3-32 地震记录波形 $M_L=3.4$

2)地震定位

由于台阵比较稀疏并且分布不均匀，我们选择单纯形定位法(田玥，陈晓非，2002；杨文东，金星，李山有等，2005)。结果表明，2007 年 8 月至 2011 年 6 月共记录到地震 642 次，其中研究区域内(27.8°~31.1°N、93.0°~97.0°E)记录到483次:4.0级以上地震9次,最大为4.5级;3.0~3.9级62次;2.0~2.9级240次;1.0~1.9级141次;小于1.0级地震31次,最小为0.4级。研究区域相同时段,中国地震台网(CSN)地震目录记录到26次地震,美国国家地震信息中心(NEIC)地震目录记录到37次地震,这些地震在我们的地震目录中均有记录。

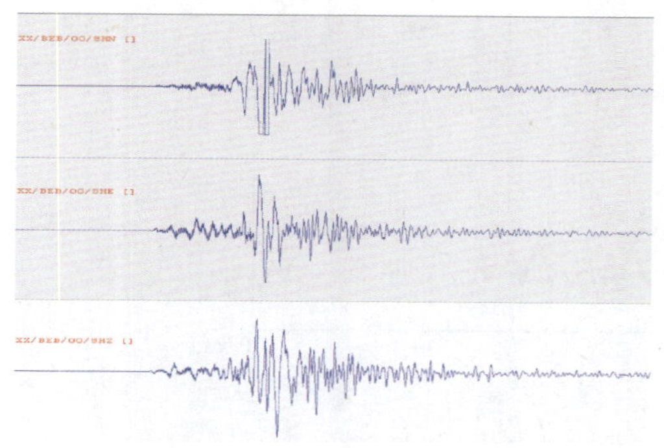

图3-33　背崩台汶川地震记录波形

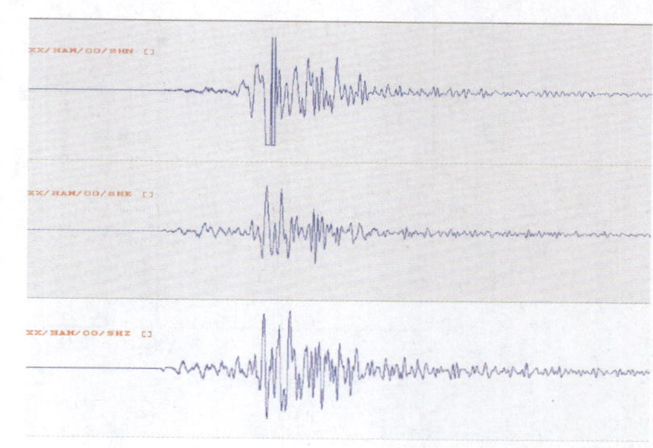

图3-34　汗密台汶川地震记录波形

3)震源机制解

根据台阵实际情况,我们选择P波和SV波振幅比方法求解震源机制。对至少4个台站同时记录到的清晰波形的地震进行计算,共求得震源机制解222个,其中研究区域内216个(图3-35)。计算过程中,地壳速度模型借鉴或根据王椿镛等(2008)通过接收函数反演得到的青藏高原东部地壳上地幔S波速度结构(图3-36)和波速比结果建立(图3-37)。

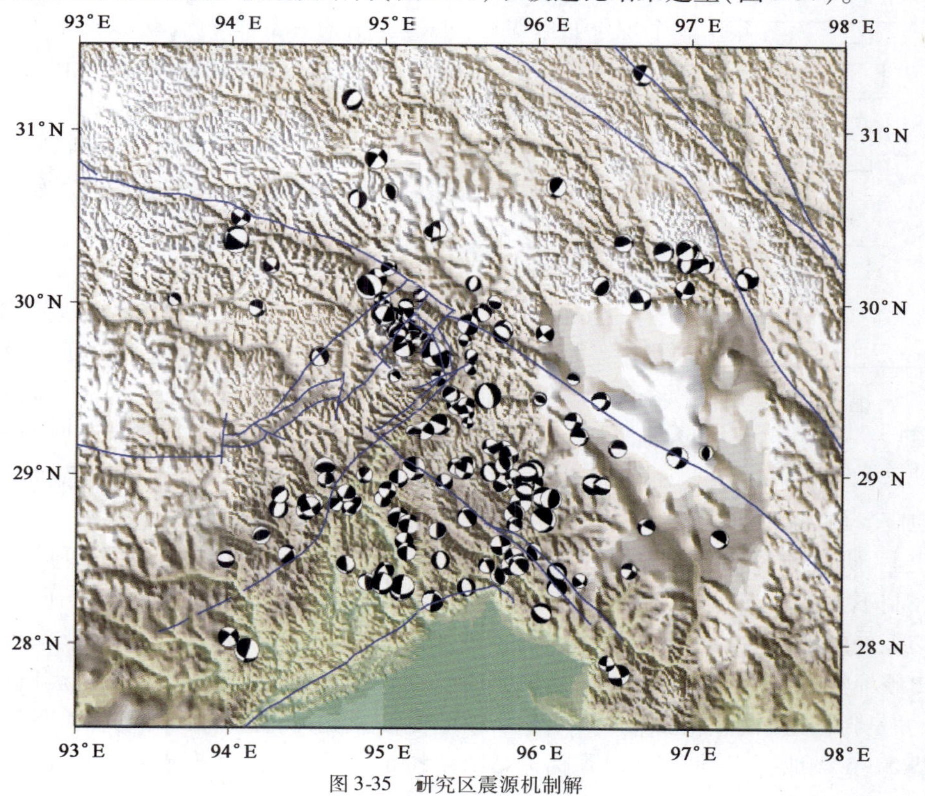

图3-35　研究区震源机制解

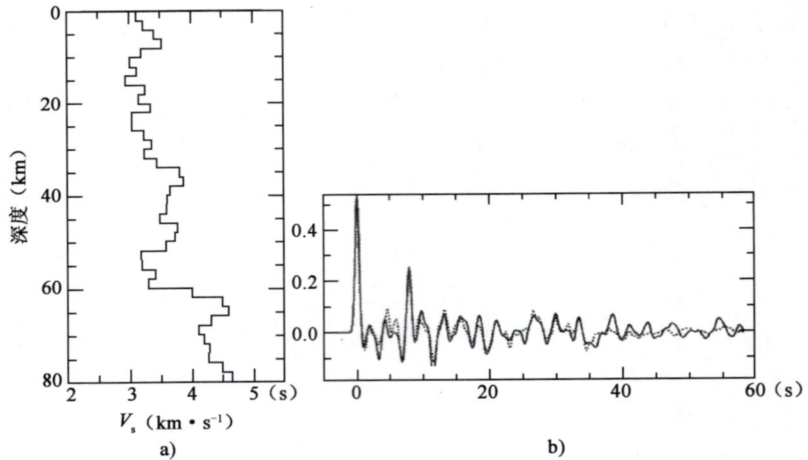

图 3-36　接收函数反演获得 BMI 台下方 S 波速度结构，以及由观测和理论计算的接收函数的拟合程度

3.3.3　地震的分布特征

1）地震的震中分布特征（图 3-38）

从图 3-38 上看，研究区内除南部阿萨姆—西瓦里克断陷和西南边缘喜马拉雅山区为地震空白区外，中南部和东部遍布大大小小的地震，与研究区断裂构造走向和展布密切相关，有几个现象非常明显：①构造结前锋的地震活动形成北西向的团块状条带，与旁辛断裂带位置重合；②沿墨脱断裂带和阿帕龙断裂带地震活动相对频繁，大致成带分布；③北西向的班公—怒江断裂带和嘉黎断裂带上地震震中大多严格地位于断裂上；④研究区南部主边界断裂以北、墨脱断裂带之南也是地震较多发生的地方，甚至以密集团块的形式出现。除此之外，几乎很难找到其他地震活动场所。

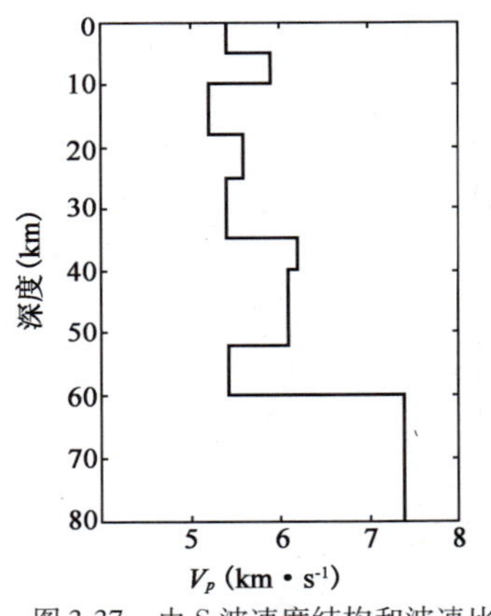

图 3-37　由 S 波速度结构和波速比构建的 P 波速度结构

上述地震震中分布特征反映了地壳块体的构造作用。地震集中发生在主边界断裂以北、南迦巴瓦构造结的顶部和东南边缘，说明其受到印度板块向北俯冲、南迦巴瓦构造结向北东楔入的控制。这种构造作用向北东方向传递遭遇到北西向嘉黎断裂带和班公—怒江断裂带的阻挡，产生应力应变调整而在断裂带上发生地震。研究区西部边缘似乎处于应力松弛作用影响区，很少有地震发生。

事实上，研究区 1970 年以来的小震活动也显示出相同的活动图像（图 3-39）。尽管研究区小震控制不住，但它的活动图像还是反映了一定的规律性，所不同的是南迦巴瓦犄角与嘉黎断裂带交汇处的地震活动更为频繁和强烈一些，研究区西部边缘也有一定的地震活动性。

历史破坏性地震活动图像或许更能说明问题。从图 3-40 可见：中强以上地震就在 4 个地方发生，一是阿帕龙断裂带上的 1950 年 8.6 级地震，二是东喜马拉雅内部的 1947 年 7.7 级地震及一些 5～6 级地震，三是南迦巴瓦构造结犄角的 5～6 级地震，还有班公—怒江断裂带上的

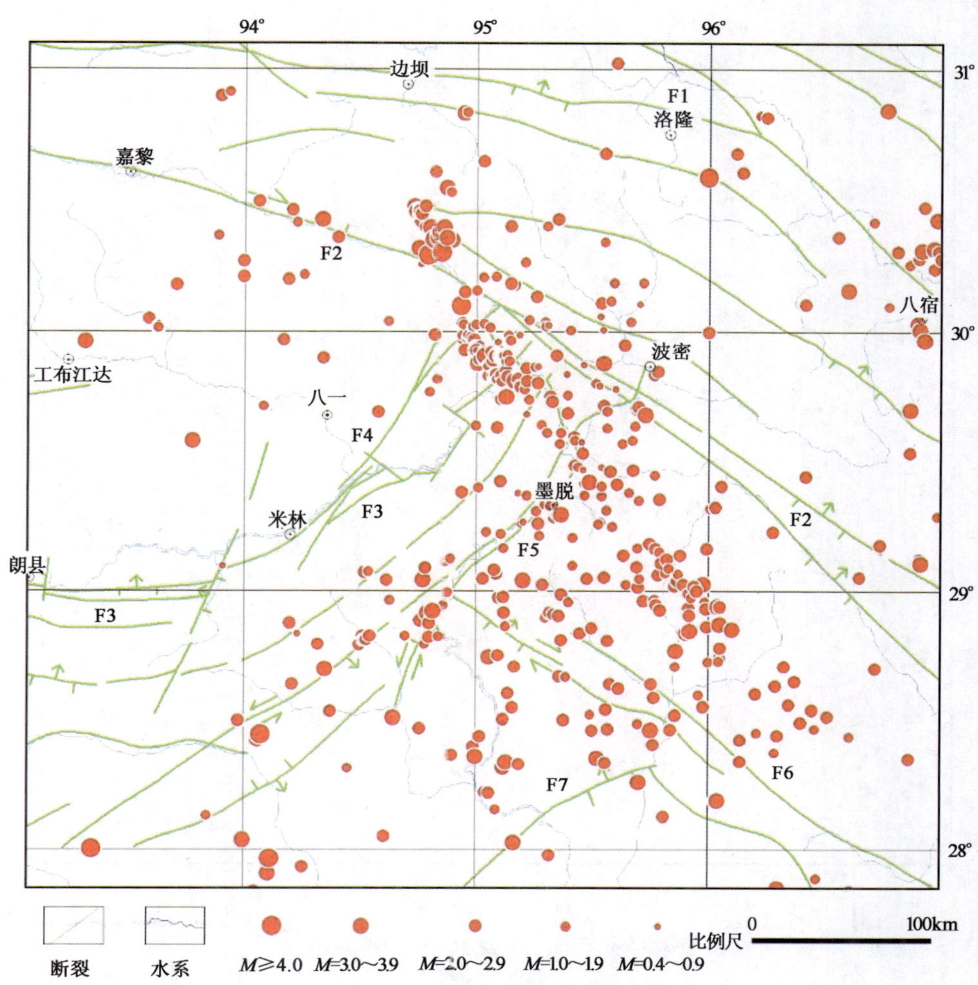

图 3-38　研究区台阵监测地震震中分布图(2007.8—2011.6)

6～7 级地震。还是反映了上述的板块、构造结和断裂带的控制作用。

2)隧道附近地震震中分布特征

嘎隆拉隧道附近共发生过 16 次 $M \geqslant 2.0$ 级的地震,其中破坏性地震达 10 次。在隧道周围 25km 范围内有 7 个地震,其中破坏性地震占 5 次。图 3-41 给出近场区地震震中分布图。从图中可以看出,地震主要分布在隧道场址的西部,距隧道场址的最近距离 4～7km,为 4 级、5 级左右的中强地震。

受监测地震有沿隧道附近两条断裂活动的迹象。

3)地震深度分布特征

历史地震记载没能给出震源深度,只有仪器记录才能测出此参数。由于可利用的有深度记载的地震较少,这里用研究区内记到的有深度的 $M \geqslant 2.0$ 级地震,统计结果列于表 3-5。从表中可以看出,区内地震的震源深度主要分布在 30km 以上,约占总数的 60%,其次,10～19km 的地震也占一定的比例。这些地震都属于浅源地震。

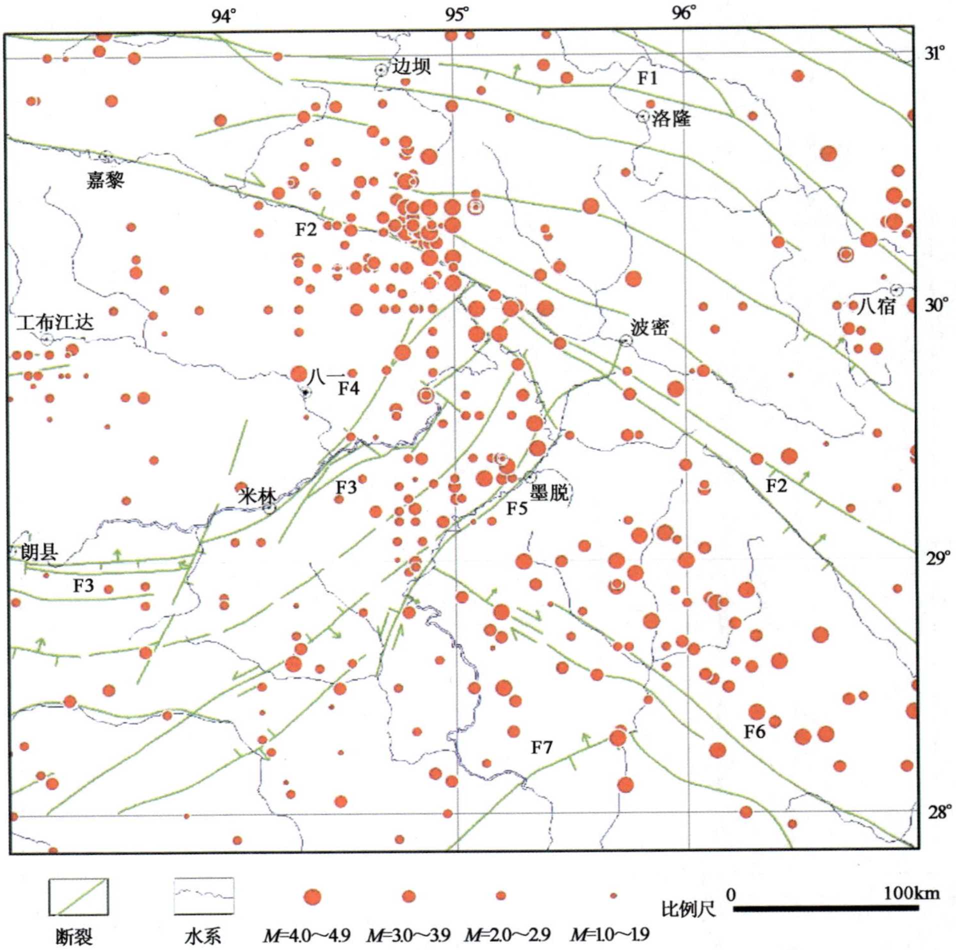

图 3-39　研究区近代小震震中分布图
（2.0≤M≤4.6,1970—2011.6）

研究区 M≥2.0 级地震随深度的分布　表 3-5

深度(km)	<10	10~19	20~29	30~39	≥40
地震个数	0	29	20	55	19
百分比(%)	0	24	16	45	15

研究区台阵监测地震的震源深度分布见图 3-42。从图中可以看出,区内地震的震源深度绝大多数分布在 15km 以内,主要为 5~11km,占总数 82%。由于定位的速度模型缘故,震源深度可能偏小,即便适当放大,这些地震也都是位于地壳的上部。

进一步研究这些地震的深度在空间分布上的变化规律发现(图 3-43),区内地震的最大震源深度具有随震中的经度和(或)纬度的增加而不断加大的规律,即地震的最大深度向北、向东(可能就是向北东或北北东)变大,这一现象是否反映板块(构造结)的俯冲和插入作用的影响？有待于今后继续探讨。

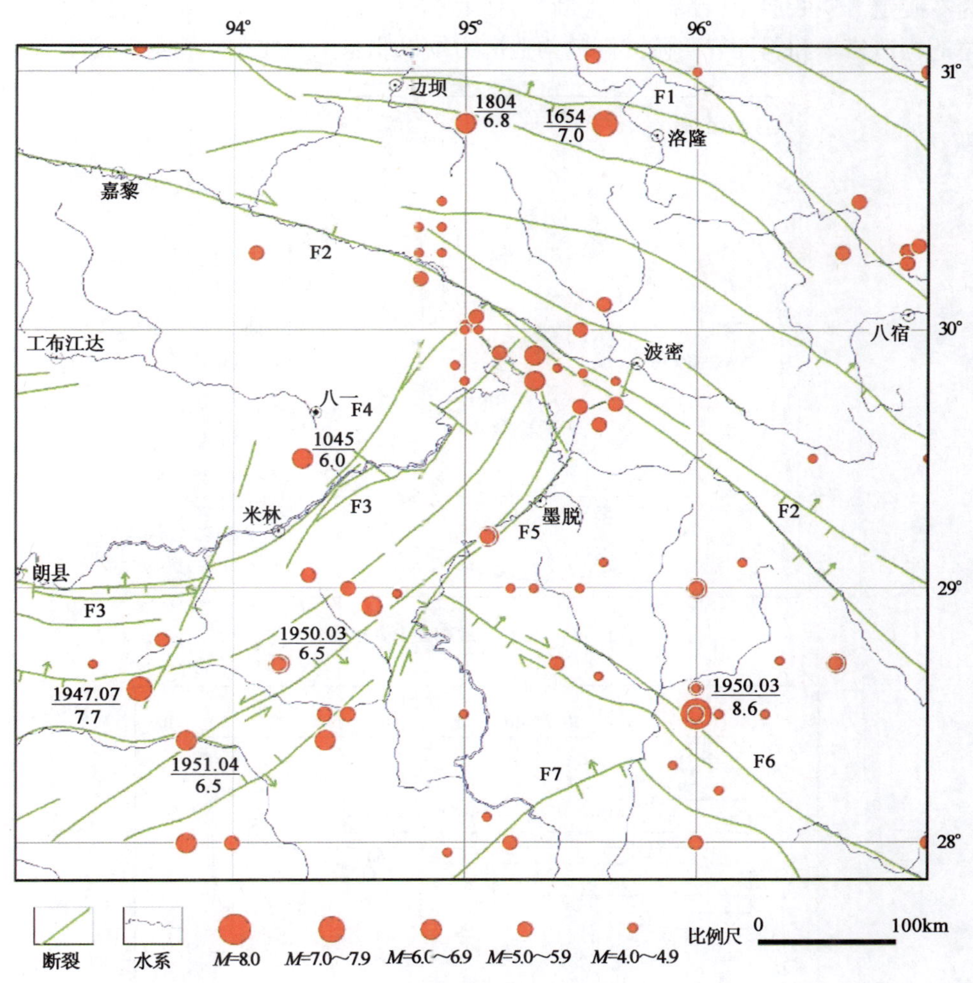

图 3-40　研究区历史破坏性地震震中分布图

（$M \geqslant 4.7$,1331—2011.6）

实际上，研究区历史破坏性地震的震源深度分布也有类似规律，甚至更为清楚（图 3-44）。除一个例外和许多无深度资料外，地震分布在一个 40～60（+）km 的界面之上。界面从南向北加深，从南迦巴瓦构造结向东西两侧变浅。根据界面的位置、深度及其变化，判断它可能就是莫霍面。反映的还是板块的向北俯冲和构造结的向北北东插入。

3.3.4　构造应力场特征

现代构造应力场是构造活动和地震活动的基本原因。不同的现代构造应力场会引起不同类型的断层变形特征，不同的断层变形性质所引发的地震的震源特性也不相同。根据地震的震源机制解反推地震发生地区的现代构造应力场，是目前常用的有效方法。

（1）地质资料反映的构造应力场特征

南迦巴瓦构造结地区发育北西—北北西向、北东—北北东向和近东西向等 3 组断裂构造，前者为右旋走滑逆断层，后者基本为逆断层，而北东—北北东向断裂具有左旋走滑正断性质。这一总的构造格局和属性表明研究区的构造应力场以北东—北北东向近水平挤压为主。

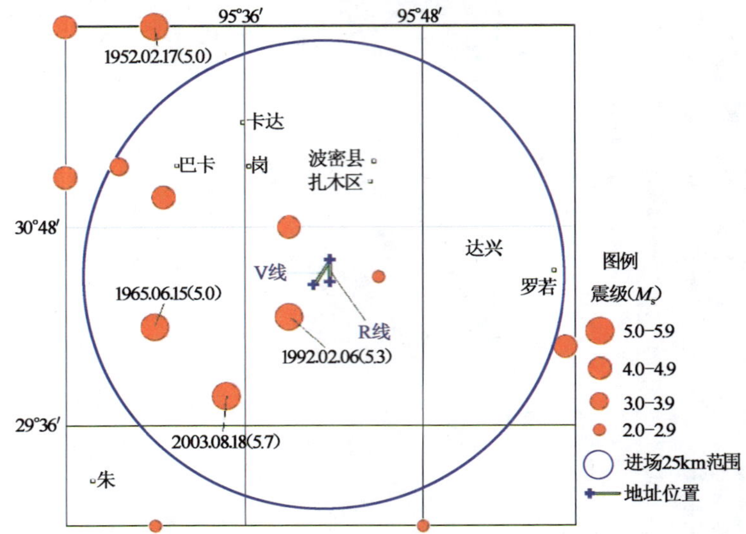

图 3-41　近场区地震震中分布图

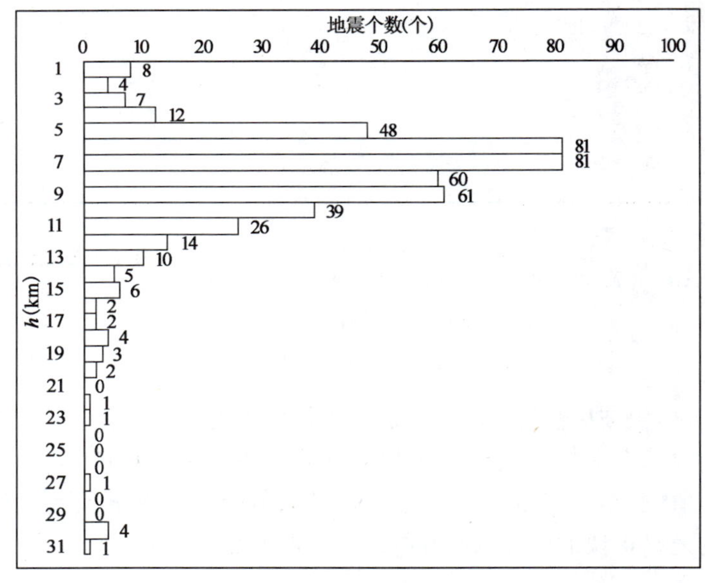

图 3-42　研究区台阵监测地震震源深度分布图(2007.8—2011.6)

(2)震源机制解

根据震源机制解结果，可以认识研究区现代构造应力场，并据此分析研究区现代构造变形场具有如下特征，有关结果已如第 2 章所述。

该地区监测地震资料得到的震源机制解见图 3-35。研究区基本处于以北北东—南南西向近水平主压应力与北西西—南东东向的主张应力为主的现代构造应力场中。在这样的应力场

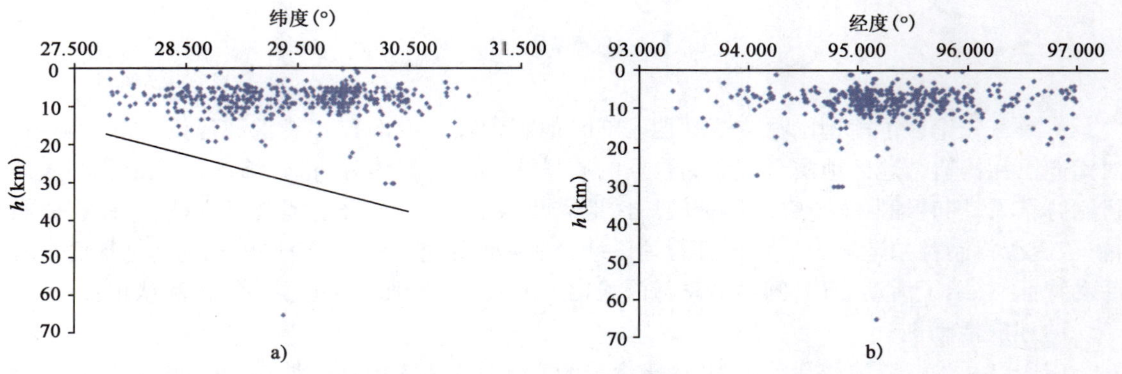

图 3-43　研究区台阵监测地震深度随纬度、经度分布(2007.8—2011.6)

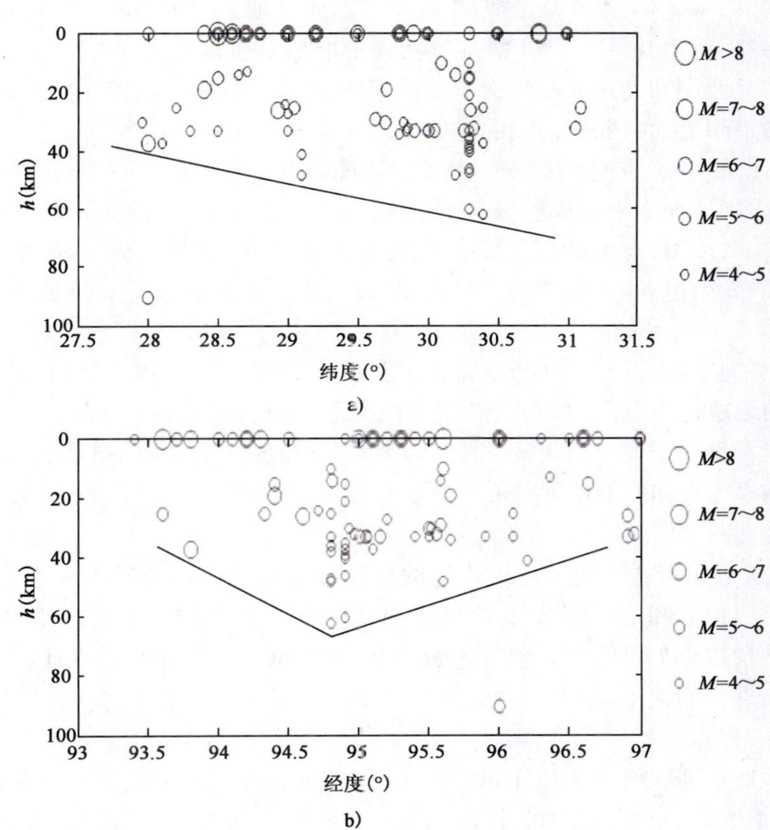

图 3-44　研究区历史破坏性地震深度随经度、纬度分布($M \geqslant 4.7$,1331—2011.06)

中,易于发生走滑、逆冲和走滑逆冲型的断层活动。

仔细分析震源机制解结果发现,这些小地震的震源机制解非常复杂,有多种类型,并具有明显的分区特征:在构造结犄角及附近,类型很多,方向变化,反映了构造复杂和深浅变化;在南部地区,有一些与区域构造应力场方向相反的结果,可能是挤压地壳地区顶部的反向拉张作用所致。

3.4 本章小结

本章首先论述了南迦巴瓦构造结地区临时地震台阵建设的技术要求和建设情况。随后，对南迦巴瓦构造结地区地震台阵监测数据的质量状况进行具体分析，并给出地震定位和震源机制解结果，同时编制了研究区历史破坏性地震目录。最后，围绕地震资料完整性、地震分布特征、震源机制及构造应力场特征进行理论结合实际的论述，说明了南迦巴瓦构造结地区地震活动特征，总结了活动规律，阐述了其与深浅构造的关系，得到了以下主要结论和认识：

1)地震活动性

南迦巴瓦构造结地震活动强烈，历史上记载有 $M \geqslant 4.7$ 级破坏性地震 159 次，其中 6.0 级及 6.0 级以上地震 21 次，最大地震为 1950 年察隅—墨脱 8.6 级地震。

临时地震台阵，于 2007 年 8 月至 2011 年 6 月在研究地区记录到 483 次地震，最小震级为 0.4 级，最大为 4.5 级，其中 $M_L \geqslant 2.2$ 级地震资料基本是完整的。

地震活动与北西向和北东向断裂构造关系密切，表现出明显的时空不均匀性和规律性，受监测地震有沿隧道附近两条断裂活动的迹象：

(1)在空间分布方面，南部阿萨姆—西瓦里克断陷为地震空白区；中南部和东部是地震的主要活动场所，大拐弯前锋小震成团、成带分布，5 ~ 6 级地震集中，沿墨脱断裂带和阿帕龙断裂带地震频繁、相对成带，发生过 8.6 级地震；北部的班公—怒江断裂带和嘉黎断裂带上地震与断裂较好对应，发生过 6 ~ 7 级地震；主边界断裂之北的南部和东喜马拉雅内部也是地震多发的地区。

(2)研究区内地震属于浅源地震，震源深度主要分布在 30km 以上，约占总数的 60%，其次，10 ~ 19km 的地震也占有一定的比例。台阵监测地震的震源深度绝大多数在 15km 以内。这些地震的最大深度在空间分布上随震中经度和(或)纬度的增加而不断加大，即向北和向东变大。强震分布在深度 40 ~ 60(+)km 的界面之上。该界面从南向北加深，从南迦巴瓦构造结向东西两侧变浅。

(3)上述地震分布特征反映了地壳块体的构造作用。地震集中发生在主边界断裂以北，南迦巴瓦构造结的顶部和东南边缘，说明其受到印度板块向北俯冲、南迦巴瓦构造结向北东楔入的控制。这种构造作用可能集中于莫霍面之上，向北东方向传递遭遇到北西向嘉黎断裂带和班公—怒江断裂带的阻挡，产生应力应变调整而在断裂带上发生地震。

2)地震构造环境

南迦巴瓦构造结地区经历了长期和复杂的构造演化，地貌上构成喜马拉雅山脉与横断山脉的交接，构造上为喜马拉雅构造带、冈底斯褶皱带和雅鲁藏布江缝合带的弧形转折，构造运动和新生代岩浆作用十分强烈，表现出强烈的垂直隆升和水平滑动，具有继承性、新生性和空间差异性特征。

研究区总体地震活动水平与其新构造运动的强度和分区关系密切。强烈地震主要发生在喜马拉雅山强烈掀斜隆起区和冈底斯山隆起区差异运动强烈地带或地段；而差异运动较弱的部位，几乎很少发生 6.0 级以上地震。

强烈地震主要发生在块体周边的深断裂带及其附近，其中，拉萨地块与羌塘地块、喜马拉雅地块之间的边界带内曾发生过多次 7 级以上强烈地震。

7 级及以上地震主要与北西向和北东向断裂构造带有关，尤其是与断裂构造带中规模较大、全新世强烈活动段密切相关。其中，8 级地震主要发生在断裂构造带中走滑分量较大的北西西向断裂带上，如 1950 年察隅—墨脱 8.6 级地震发生在阿帕龙断裂带上（可能与北北东向的墨脱断裂带也有关系）；而以倾滑为主、单条规模不大的断裂，最大震级为 7 级左右。

强烈地震还经常发生在断裂几何构造复杂部位或多组方向断裂交汇区。

3）构造应力场

南迦巴瓦构造结地区发育 3 组断裂构造，它们的构造格局和滑动性质表明本区的构造应力场以北东—北北东向近水平挤压为主。震源机制解反映的现代构造应力场具有较好的一致性，主压应力轴为近水平的北北东向。

由监测地震资料获得了研究区内 216 个震源机制解，它们显示本区处于以北北东—南南西向近水平主压应力为主的现代构造应力场中，易发生走滑、逆冲和走滑—逆冲型的断层活动。

小地震的震源机制解非常复杂，有多种类型，并具有明显的分区特征：在构造结犄角及附近，类型很多，方向变化，反映了构造复杂和深浅变化；在南部地区，有与区域构造应力场方向相反的结果，可能是浅部反向张拉所致。

第4章 活动断层区公路隧道抗错断结构设计

4.1 概 述

随着我国国民经济的快速发展，国土资源开发密度、强度和深度不断增加，许多工程尤其是隧道工程建设过程中不可避免地会遇到活动断裂的问题。本书依托项目西藏波密扎木至墨脱公路嘎隆拉隧道，隧道近场区内发育有北西向和北北东向断裂，其中最主要的北西向嘉黎断裂带嘎隆寺断裂在进洞口附近通过，北北东向的扎木—马尼翁断裂北段位于隧道西侧300m以外。嘎隆寺断裂为全新世断层，主断面滑动速率不超过5mm/a，百年平均位错量不大于0.5m，该断裂可能发生7.0~7.5级地震，其突发（水平）错动量最大为3.5m。扎木—马尼翁断裂北段为晚更新世活动断裂，距离隧道最近为300m，断裂南段具备发生8级以上地震的构造条件。隧道轴线穿越5条受上述两大主断裂控制的次级断层。

嘎隆拉隧道轴线工程地质特性如图4-1所示，四川都汶高速公路紫坪铺隧道地震破坏见图4-2。

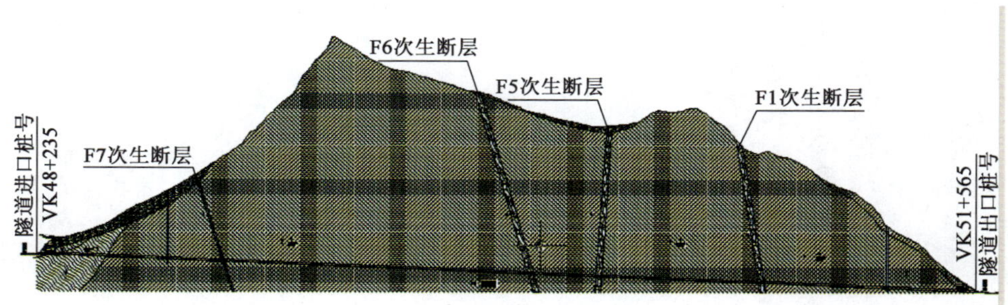

图4-1 嘎隆拉隧道轴线工程地质特性

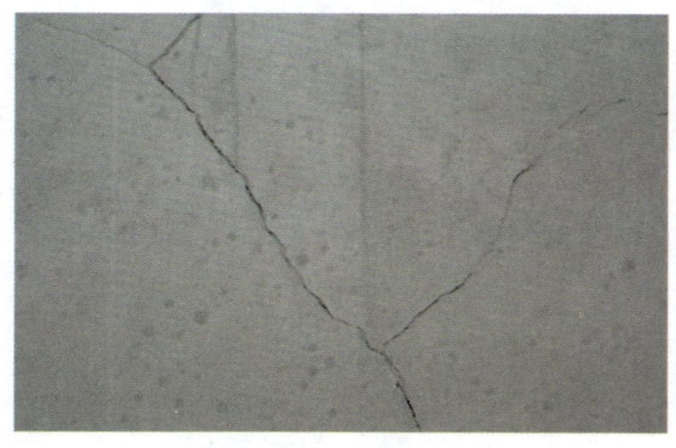

a）拱墙纵横向交错裂缝

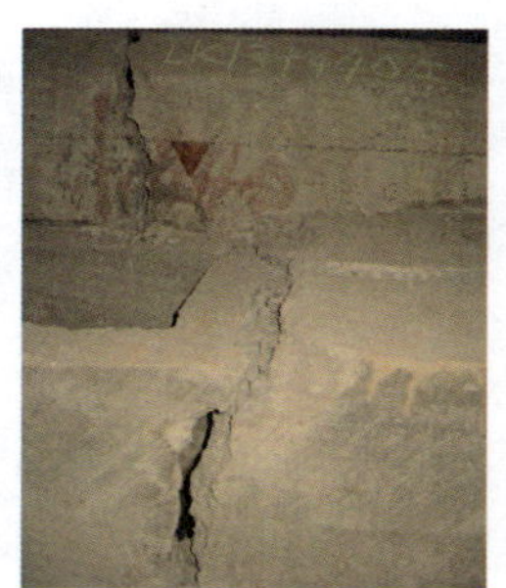

b）路面横向开裂、错台

图4-2 紫坪铺隧道地震破坏

全新活动断裂已经成为威胁西部地区公路隧道工程的安全建设与运营的重要地质病害，是西部交通建设中必须面对且又亟待解决的关键地质问题之一。对于建造在活动断裂带的隧道工程，开展以断层错动引发隧道工程灾害定量评价和工程对策为主题的科学研究，已成为攻坚阵地。

4.2　嘎隆拉隧址区活动断层错断分析

嘎隆拉隧址区位于活动断裂带的上盘。在这样近的距离范围内，如果沿嘎隆寺断裂带发生地震破裂，很难排除其上盘的次生断裂活动给隧址区带来的工程错断问题。

由于嘎隆寺断裂及马尼翁断裂既是现代活动断层又是发震断层，因此，嘎隆寺断裂及马尼翁断裂一旦发生错动（发震黏滑或缓慢蠕滑），势必将牵动穿过隧道轴线分支断层的错动，从而直接导致隧道结构被错断而遭到破坏，或隧道边仰坡因地震而失稳产生大面积垮塌、崩坡。因此，断层的错断效应成为隧址区的主要工程灾害问题之一。

表4-1 中地质条件类别Ⅰ，是指走滑型断裂发震，覆盖层较厚（ >100m），工程建筑避开震中区的断裂交汇地段及发震断裂附近的次生断裂、分枝断裂与局部陷落地段，位于相对稳定地块；地质条件类别Ⅱ，是指走滑型断裂发震，覆盖层较薄或基岩出露，断裂带附近岩体较完整，工程建筑避开震中区的断裂交汇地段及发震断裂附近的次生断裂、分枝断裂与局部陷落地段，位于相对稳定地块；地质条件类别Ⅲ，是指在覆盖层较薄或基岩出露区，由多条相距不远的走滑型断裂组合发震，断裂破碎带较宽，或由附近岩体较破碎的倾滑型断裂发震，工程建筑避开震中区的断裂交汇地段及发震断裂附近的次生断裂、分枝断裂与局部陷落地段，位于相对稳定地块。

全新世活动断裂安全距离参考数值（单位：m）　　表4-1

<table>
<tr><td rowspan="4" colspan="2">地质构造条件类别</td><td colspan="5">地 震 烈 度</td></tr>
<tr><td colspan="2">9</td><td colspan="2">8</td><td rowspan="3">7</td></tr>
<tr><td colspan="4">建 筑 类 别</td></tr>
<tr><td>乙</td><td>丙</td><td>乙</td><td>丙</td></tr>
<tr><td rowspan="3">断裂发震</td><td>Ⅰ</td><td>150 ~ 250</td><td>100 ~ 200</td><td>50 ~ 100</td><td>30 ~ 80</td><td rowspan="3">安全距离可按断裂蠕动栏选取</td></tr>
<tr><td>Ⅱ</td><td>300 ~ 1 000</td><td>200 ~ 600</td><td>100 ~ 300</td><td>50 ~ 100</td></tr>
<tr><td>Ⅲ</td><td>1000 ~ 2 000</td><td>800 ~ 1 500</td><td>500 ~ 1 000</td><td>200 ~ 500</td></tr>
<tr><td colspan="2">断裂蠕动引起地表显著位错及开裂</td><td colspan="5">乙类建筑:30 ~ 70；　丙类建筑:20 ~ 50</td></tr>
</table>

对隧道工程而言，不仅同样存在安全距离问题，而且由于隧道工程绝大多数属于甲类工程，因此，在同样构造类别、同样烈度条件下，安全避让距离显然应当大得多。如果仅把隧址处隧道建筑物作为避让活动断裂的主要对象，对地质构造条件类别为Ⅲ级断裂发震区内的，对应地震设防烈度为9 度的隧道建筑物而言，距离活动断层的安全避让距离至少要达到3 ~4km（极震区、短轴半径下限）。考虑到距离二类活动断层3km 的石冈坝，在“9・21”地震时所遭的厄运，因此，距活动断层的安全避让距离至少要大于3km。对于嘎隆拉隧址区而言，由于隧址

区所在地块完整性差、岩体破碎程度较高，并有数条分支断层通过隧道轴线及其附近，嘎隆拉及马尼翁断裂又是全新世以来的发震断层。因此，隧址区地质构造条件无疑是Ⅲ级断裂发震区。如果再按隧址区地震设防烈度9度考虑，其安全避让距离至少也要达3km。而现有的隧道入口距主活动断层嘎隆寺断裂还不足1.0km，显然处于嘎隆寺破裂影响带之内，大大低于其所应该具有的安全距离。因此，一旦发震，隧址地段很可能有严重的错断、破裂效应产生。

从Slemmons、Bonilla以及松田时彦的研究成果可以看到，由活动断层作用引起地震时，不仅会出现主破裂带，而且在距离主破裂一定范围内还会产生分支破裂乃至次生破裂。显然，对嘎隆拉隧道隧址区而言，与嘎隆寺主断裂密切相关的横交隧道轴线的分支断层F7、F5、F1同样存在这种可能。

4.3 活动断层区隧道结构抗断对策

活动断层对深埋隧道工程的影响主要表现在两个方面，即活动断层对地应力场的影响和活动断层运动模式对隧道围岩稳定性的影响。其中活动断层的运动模式是影响工程稳定性及安全性的重要因素。运动模式可分为黏滑和蠕滑两种，地震时断层快速破裂就是一种黏滑错动，蠕滑是不伴随地震的断裂缓慢错动，是弹性应变积累和地震形成的抑制因素。对于地下工程的影响主要表现为：岩体震动引起的破坏（即抗震问题），断层活动造成的破坏（即抗断问题）。针对活动断层蠕滑引起的深埋隧道工程抗断问题的研究，国内外还不多见，相应的抗断防护设计实例也很少。

纵观国内外穿越活动断层隧道工程设计经验，隧道工程抗断防护设计可以归纳为超挖设计、铰接设计及隔离效能设计3大类。

4.3.1 超挖设计

“超挖设计”理念（图4-3），即根据活动断层可能的错动量，扩大隧道断面尺寸。在断层错动时，扩大的隧道断面尺寸可以保证隧道断面的净空面积；尽可能减小错动导致的隧道结构破坏。超挖量主要依据活动断层的错动方式及错动量确定。

4.3.2 铰接设计

“铰接设计”理念（图4-4），即尽量减小隧道节段长度，使断层带及其两侧一定范围内的节段保持相对独立，各刚性隧道节段间采用刚度相对较小的柔性连接。在断层错动时，破坏集中在连接部位或结构的局部，而不会导致结构整体性破坏。

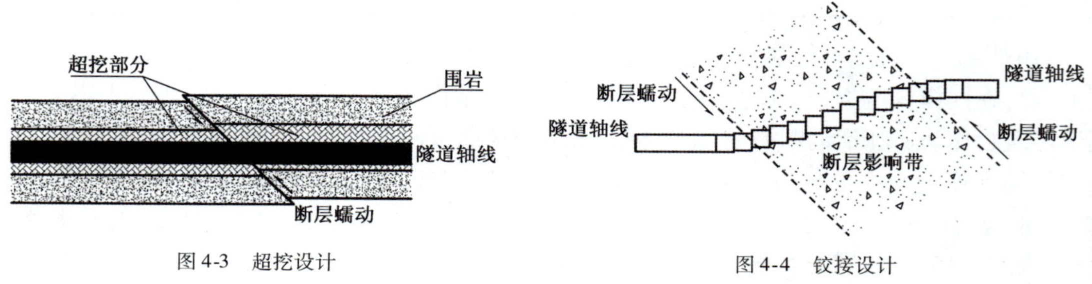

图4-3　超挖设计

图4-4　铰接设计

4.3.3 隔离消能设计

“隔离消能设计”理念(图4-5),即采用钢筋混凝土复合衬砌,由初期支护、二次衬砌和中间回填柔性材料组成;其设计思路是外柔内刚,尽可能将地层蠕变和地震引起突变的位移吸收消化在初期支护和中间的缓冲层上,从而不影响二次衬砌正常的使用功能。

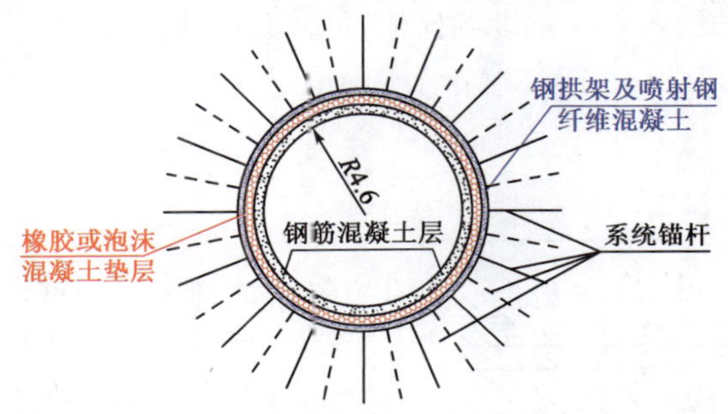

图4-5 隔离消能设计(尺寸单位:m)

4.4 超挖设计方法

嘎隆拉隧道超挖设计见图4-6。由于西藏地震局的地质构造分析资料中仅提供了嘎隆拉隧址区主断裂预计的年位错量,没有分析次级断裂的位错量,而据日本学者松田时彦的研究报道,北美一地震断层的例子,在那里即使离主断层5~6km远以上的次级断层,在地震时的位移量也常达主断层位移量的20%以上。鉴于本书的重点在于研究既定断层错动量条件下隧道的抗错断设计,次级断层位错量的研究不属于本书研究内容。因此,本书在进行相关研究时,隧道轴线穿越的次级断层的年位错量偏于保守地确定为主断层年位错量的60%,即次级断层的年位错量为3mm/a,百年位错量为30cm,断层影响带宽度为100m。

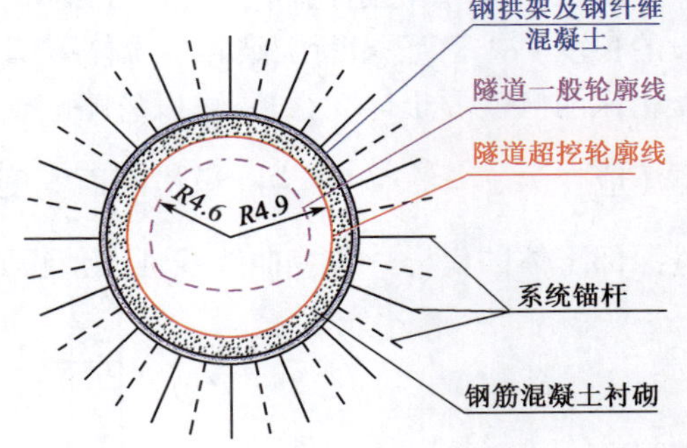

图4-6 嘎隆拉隧道超挖设计(尺寸单位:m)

4.5 荷载—结构法“铰接设计”

4.5.1 基本理论分析

荷载—结构模式认为围岩对支护结构的作用只是产生作用在结构上的荷载(包括主动的围岩压力和被动的弹性抗力),以此来计算支护结构在荷载作用下产生的内力和变形。荷载—结构模式是仿效地面结构的计算模式,即将荷载作用在结构上,用一般结构力学的方法来进行计算。

1)断层错动时隧道轴线变形特征

一般认为,若隧道处于活动断层区段,一般很难幸免于震灾,因此工程选线时尽量避免与断层相交。若因线形限制必须穿越活动断层区时,尽量保持与断层正交,以尽量减小隧道受影响的范围。在此,可以假定活动断层走向与隧道轴线正交。当走滑断层错动时,认为错动位移主要发生在水平向,竖向位移不予考虑。断层破碎带土体剪切应变 γ 可以合理地假定为预计的错动量与断层在隧道轴线水平向宽度的比值,见公式(4-1)。

$$\gamma = \frac{\Delta u}{l} \tag{4-1}$$

式中:γ——断层错动时断层带土体发生的剪应变;

Δu——断层错动量;

l——断层在隧道轴线水平向宽度。

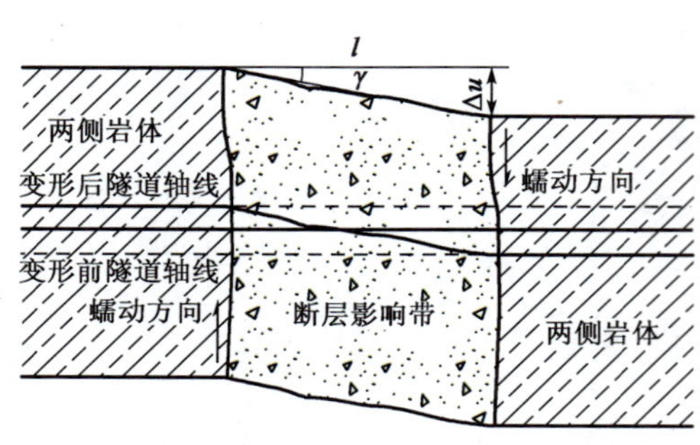

图 4-7 连接破坏后隧道轴线变形

断层错动时,在侧向变形土体的作用下,隧道轴向薄弱环节——连接处破坏之前,隧道将如一个弯曲的梁承受变形土体的剪切、弯曲作用。一旦连接处剪应力达到抗剪强度而破坏,各隧道节段将相对独立地在侧向土体作用下运动(图 4-7)。

2)隧道节段长度及节段间连接抗剪刚度的确定方法

(1)断层错动时隧道两侧土压力分析

断层错动时,隧道两侧土压力与土体的变形密切相关,而土体压缩变形主要由每个隧道节段的长度 l 决定,已知断层破碎带土体剪切应变为 γ[图 4-8a)],因为隧道衬砌节段的剪切刚度相比两侧变形土体大很多,可以忽略隧道节段发生的剪切应变,而假设此时隧道两侧变形土体压应变为 $\varepsilon_0 = \frac{\gamma \cdot l}{d}$($d$ 为隧道横断面宽度)。则隧道两侧土压力可以根据已知的应变 ε_0,通过深部土体的应力—应变曲线线性插值得到 σ_0[图 4-8b)]。

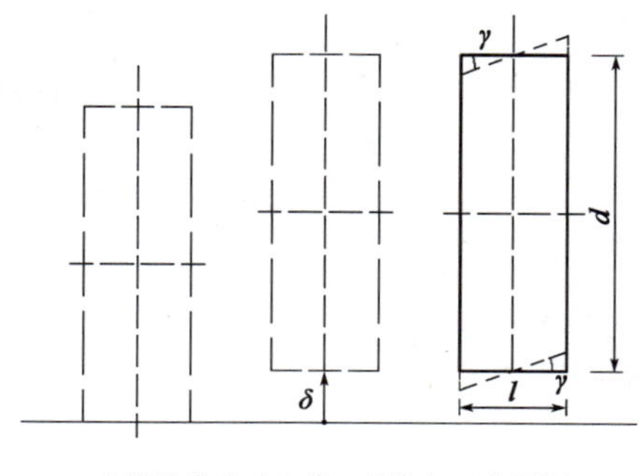

a)断层错动时土体—结构相互作用图

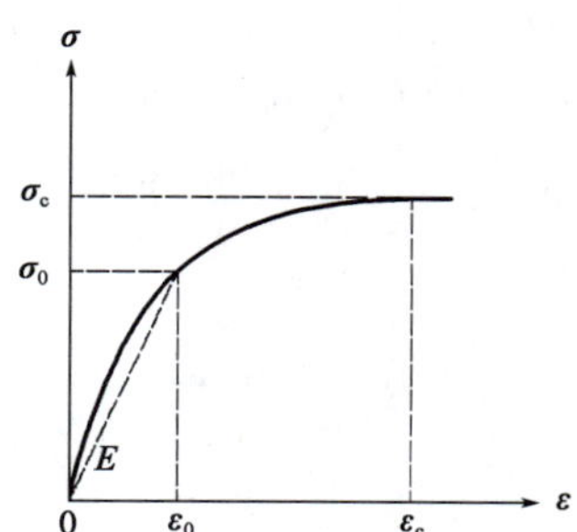

b)断层错动时隧道两侧土压力σ_0

图 4-8 断层错动时衬砌两侧土压力

(2)隧道节段长度的确定

在确定断层错动时隧道两侧土压力 σ_0 基础上,断层错动时隧道断面附加内力可以通过一个等效模型来计算。等效模型如图 4-9 所示。显然,断层错动时隧道断面的内力为正常使用状态时的内力与断层错动时产生的附加内力之和，设计的隧道节段长度必须保证断层错动时衬砌结构内力在容许范围内，并保证一定的安全系数。

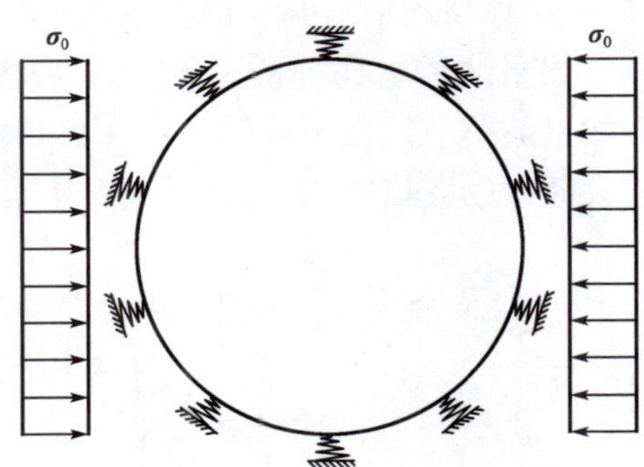

图4-9　隧道断面附加内力的计算模型

(3)隧道节段间连接处剪切刚度的确定方法

连接处设计抗剪刚度可以通过一个等效的三维弹性模型来确定(图4-10)。

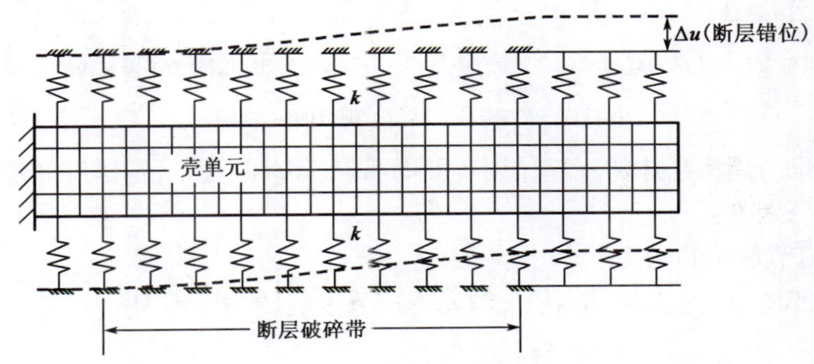

图4-10　确定连接处剪切刚度的计算模型

在等效模型中，隧道结构用弹性壳单元模拟，土体用压缩弹簧模拟，土弹簧刚度参考围岩抗力系数确定，断层错动位移逐步施加于梁的两端。隧道节段间连接处剪切刚度的设计原则是使隧道衬砌结构发生横向过载破坏，或隧道轴线两端弯曲失效之前发生剪切失效。

连接处的剪切刚度计算公式：

$$K_\gamma = G_\gamma \cdot A \tag{4-2}$$

式中：G_γ——混凝土的剪切模量，按《公路隧道设计规范》(JTG D70—2004)可得 $G_\gamma = 0.4E_c$，其中 E_c 为混凝土的受压弹性模量；

A——截面剪切面积。

可以看出，连接处的剪切刚度在混凝土材料弹性模量一定的情况下，仅与衬砌的厚度有关，连接处的衬砌厚度越大，其剪切刚度越大，确定连接处的剪切刚度，则只需要确定连接处的衬砌厚度。

3)连接处剪切失效后隧道节段的运动特征

前文已经阐述，断层错动时，一旦连接处剪应力达到抗剪强度而破坏，变形土体会剪切和旋转隧道节段。如果各隧道节段发生旋转，会导致隧道结构在轴向不连续，这与“铰接设计”

的初衷不相符。因此连接处剪切失效后，隧道节段在周围变形土体作用下是否发生旋转很重要。

自由场地，在假设断层破碎带土体剪切应变为γ前提下，断层蠕动时单元土体位移为侧向位移δ和剪切变形γ（图4-11）。如果隧道结构抵抗土体剪切应变γ，则土体与结构相互作用会剪切和旋转隧道衬砌节段。如果隧道节段发生旋转，在轴向和横向相对土体滑移，则必须克服土体与结构间的摩擦力。在大断面的隧道结构中，这种情况不可能发生，这一点在下面的分析中可以得到论证。

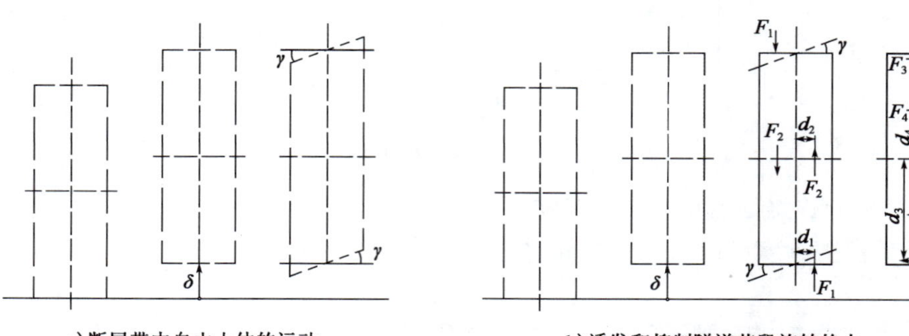

图4-11　连接破坏后隧道衬砌节的运动特征

假设隧道衬砌与周围土体的相互作用遵循Mohr-Coulomb法则，则诱发隧道节段旋转的力和抑制旋转的力分别为：

（1）诱发隧道节段旋转的力

在隧道节段四周变形土体的作用下，诱发隧道节段旋转的弯矩M_a为：

$$M_a = 2 \cdot (F_1 \cdot d_1 + F_2 \cdot d_2) \tag{4-3}$$

$$d_1 = d_2 = \frac{l}{4}$$

式中：F_1——隧道节段两侧变形土体压力；

F_2——隧道节段上、下土体与隧道结构间的摩擦力沿隧道横向的分量；

l——隧道节段长度。

（2）抑制隧道节段旋转的力

在隧道节段与周围变形土体间摩擦力作用下，抑制隧道节段旋转的弯矩M_p为：

$$M_p = 2 \cdot (F_3 \cdot d_3 + F_4 \cdot d_4) \tag{4-4}$$

$$d_3 = \frac{w}{2};d_4 = \frac{w}{4}$$

式中：F_3——隧道节段两侧变形土体与隧道结构间的摩擦力，$F_3 = F_1 \cdot \mu$，μ为土与结构间的摩擦系数；

F_4——隧道节段上、下土体与隧道结构间摩擦力沿隧道轴向的分量；

w——隧道断面宽度，参考国外设计经验，一般$w = (2 \sim 3)l$。

通过计算可知，在断层错动时，诱发隧道节段旋转的弯矩M_a小于理论上抑制旋转的弯矩

M_p,即 $M_a < M_p$。

因此,隧道节段间的连接剪切失效后,隧道节段相对独立地在周围土体的作用下发生剪切变形,不会发生旋转,从而不会影响隧道结构轴向的连续性。

4.5.2 计算方法在依托工程中的应用

1)衬砌节段长度的计算

在计算衬砌节段长度时,由于隧道衬砌采用复合式衬砌,假定二次衬砌不承受围岩压力,仅作为安全储备。

(1)计算模型及编制程序

计算采用有限元软件 ANSYS 进行。在计算时,隧道衬砌结构选取梁单元(beam3),围岩弹性抗力用杆单元(link10)模拟。

在用 ANSYS 进行编程计算时,有两大难点:一是 ANSYS 默认施加的压力垂直于受力体;二是围岩压力与荷载位置相关。为解决这两个难题,同时增加程序的通用性,采用 ANSYS 的参数化高级设计语言,同时利用静力等效原则,把压力转化为相应的节点荷载(图 4-12)。

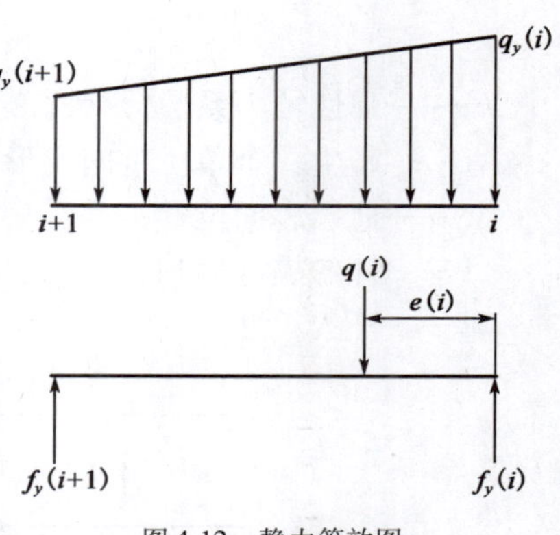

图 4-12　静力等效图

隧道衬砌受到的通常是左右对称的围岩压力,因此在拱圈划分网格时分成偶数个单元。杆单元的长度不影响计算结果,为此,简单起见,把它的长度取为 1.0m。

把拱顶的圆心作为整体坐标系的原点,X 轴水平,Y 轴竖直。拱圈的 3 个圆心位置设为局部坐标系的原点,则拱顶的局部坐标系与整体坐标系重合。找到局部坐标系的原点在整体坐标系下的坐标,输入参数则整个模型自动生成。梁单元和杆单元的节点和单元编号都是按顺序进行的,拱顶的起拱点为第 1 号节点,然后逆时针形成整个拱圈(梁单元编号也按这个顺序),杆单元的节点和单元对应按此顺序编号。

$$e(i) = \frac{[2q_y(i+1) + q_y(i)] \cdot \text{abs} \cdot [nx(i+1) - nx(i)]}{3[q_y(i) + q_y(i+1)]} \tag{4-5}$$

式中:$nx(i)$——提取 i 节点的 x 坐标值;

$e(i)$——偏心距;

$q_y(i)$——施加在 i 节点上的竖向力。

$$q(i) = \frac{[q_y(i) + q_y(i+1)] \cdot \text{abs} \cdot [nx(i+1) - nx(i)]}{2} \tag{4-6}$$

式中:$q(i)$——该段直梁竖向的合力。

$$f_y(i) = \frac{\{\text{abs} \cdot [nx(i+1) - nx(i)] - e(i)\} \cdot q(i)}{\text{abs} \cdot [nx(i+1) - nx(i)]} \tag{4-7}$$

式中:$f_y(i)$——施加在 i 节点上的竖向等效节点力。

$$f_y(i+1)=\frac{e(i)\cdot q(i)}{\text{abs}[nx(i+1)-nx(i)]} \tag{4-8}$$

式中：$f_y(i+1)$——施加在 $i+1$ 节点上的竖向等效节点力。

支护结构除受到围岩的主动压力外，还受到围岩的抗力作用。这是地下结构区别于地面结构的重要特征之一。因此，如何在支护结构设计计算中科学合理而又简单实用地考虑围岩抗力，是地下结构与围岩相互作用的重要研究内容之一。下面首先将弹性杆单元与围岩的等效原理介绍如下：

如图 4-13 所示，均布荷载下单位面积地层的弹性抗力 q 和杆（杆单元）集中受力 F 分别为：

$$q=k_0\cdot\Delta l \tag{4-9}$$

$$F=\frac{E\cdot A\cdot\Delta l}{l} \tag{4-10}$$

式中：k_0——弹性抗力系数，是表征地层抵抗物体向地层方向变形能力的指标，定义为使地层产生一个单位垂向变形所需要的力；

Δl——地层表面位移；

A——杆的横截面积；

l——杆的长度。

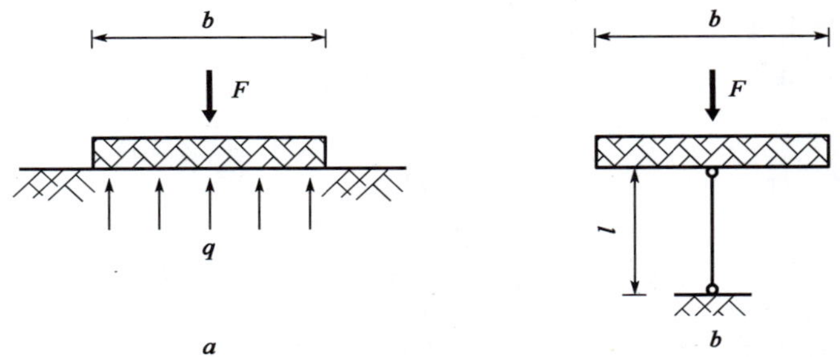

a）地层弹性抗力示意图　　b）集中力（杆单元）表征均布的弹性抗力示意图

图 4-13　弹性抗力示意图

依据图 4-13，单位宽度（宽度为 1）条件下地层弹性抗力等效成集中力时有：

$$k_0\cdot\Delta l\cdot b=\frac{E\cdot A\cdot\Delta l}{l} \tag{4-11}$$

因此，杆单元的弹性模量与地层抗力系数的关系为：

$$E=\frac{k_0\cdot b\cdot l}{A} \tag{4-12}$$

假设断层影响带宽度为 100m，百年断层错动量为 0.30m（即主断裂百年蠕动量的 60%），则剪应变 $\gamma=0.003$；断层破碎带围岩为Ⅴ级，岩体变形模量为 500kPa，围岩弹性抗力系数 $K=100\text{MPa/m}$。计算参数见表 4-2，计算模型见图 4-14、图 4-15。

嘎隆拉隧道的断面设计参数　　表 4-2

r_1/φ_1	r_2/φ_2	r_3/φ_3	r_4/φ_4	H_1(m)	H_2(m)	W(m)	净空面积(m^2)
4.6/90°	8.0/11.4°	1.0/48.96°	8.0/29.64°	1.70	1.60	9.20	45.85

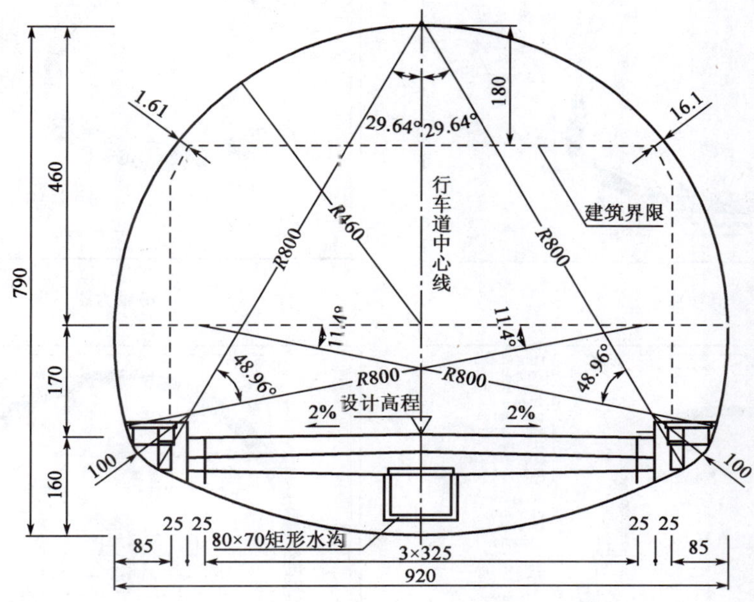

图 4-14　嘎隆拉隧道衬砌净空断面图(尺寸单位:cm)

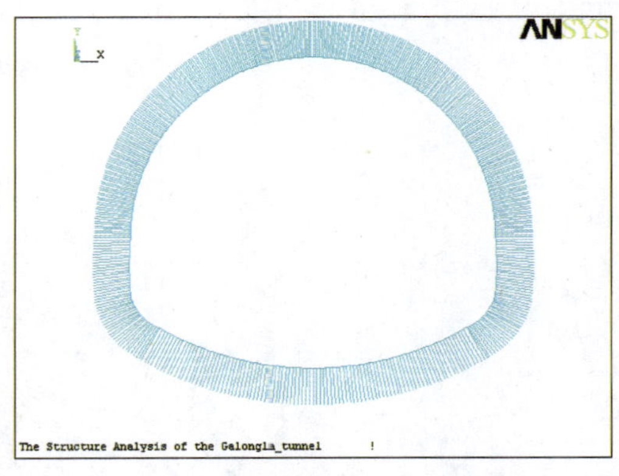

图 4-15　嘎隆拉隧道衬砌有限元计算模型图

(2)四心圆隧道衬砌节段长度的确定

衬砌节段长度为 6.0m 时的计算成果如图 4-16、图 4-17 和表 4-3 所示。

四心圆隧道衬砌节段长度的确定如图 4-18 所示。

(3)单心圆隧道衬砌节段长度的确定

衬砌节段长度为 7.0m 时的计算结果如图 4-19、图 4-20 和表 4-4 所示。

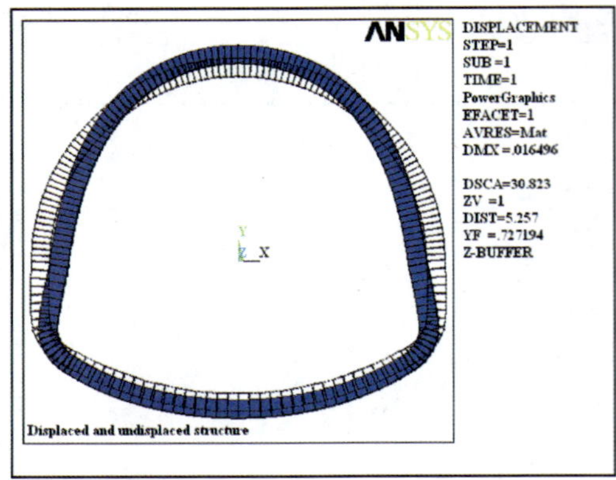

a) 变形图

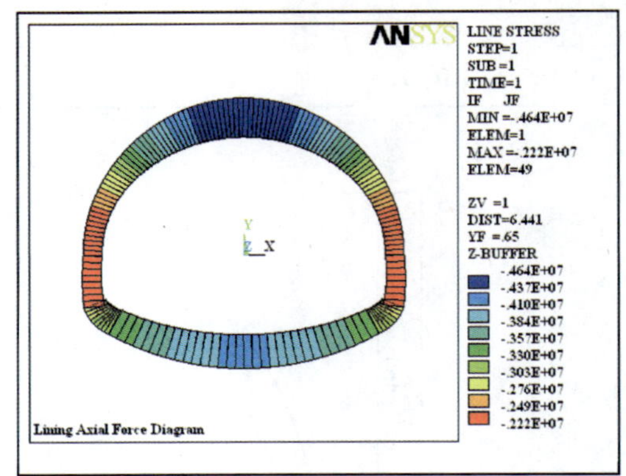

b) 轴力图

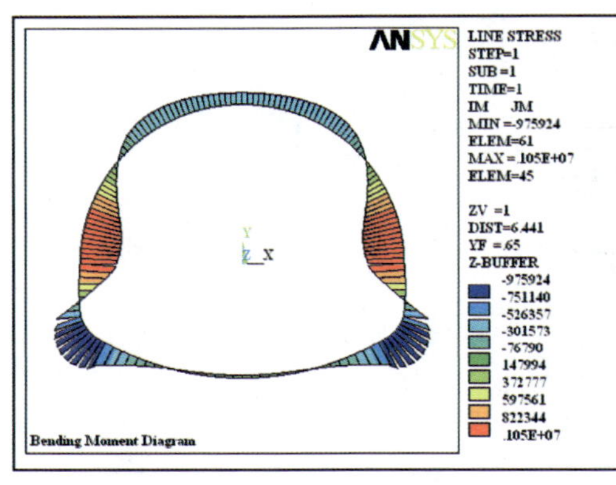

c) 弯矩图

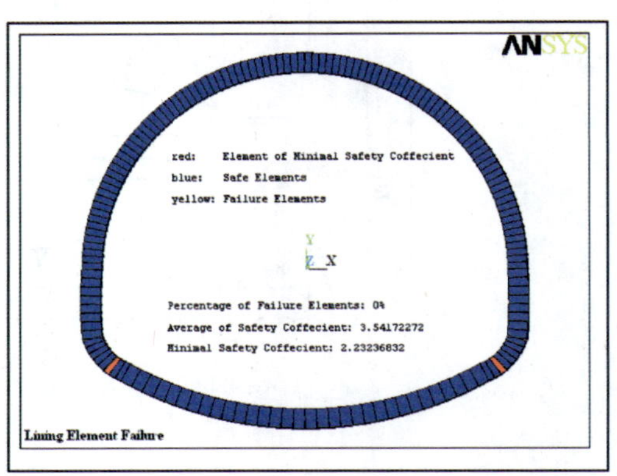

d) 破坏程度图

图 4-16　衬砌节段长度为 6.0m 时的计算结果

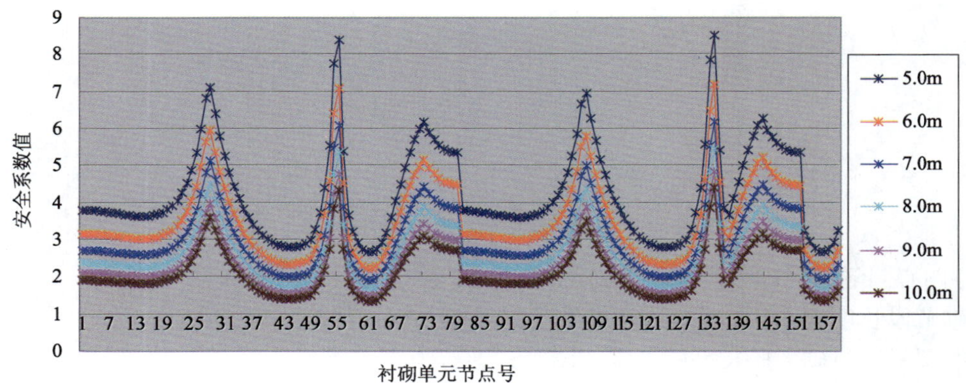

图 4-17　四心圆隧道不同衬砌节段长度时的安全系数值

四心圆隧道不同衬砌节段长度时的衬砌安全系数比较　　表4-3

节段长度 L(m)	衬砌厚度 h(m)	剪应变 γ	侧向土体变形 Δu (m)	侧向土体应变 γ (m/m)	土体侧向应力 σ (MPa)	衬砌最大弯矩 M_{max} (kN·m)	衬砌最大轴力 F_{max} (kN)	单元破坏比 (%)	单元平均安全系数 K	最小安全系数 K_{min}
3.0	0.45	0.003	0.009	0.000 9	0.45	524	1 120	0	7.044	4.406
4.0	0.45	0.003	0.012	0.001 2	0.60	698	1 490	0	5.298	3.326
5.0	0.45	0.003	0.015	0.001 5	0.75	872	1 850	0	4.245	2.671
6.0	0.45	0.003	0.018	0.001 8	0.90	1 050	2 220	0	3.542	2.232
7.0	0.45	0.003	0.021	0.002 1	1.05	1 220	2 590	6.25	3.038	1.917
8.0	0.45	0.003	0.024	0.002 4	1.20	1 400	2 960	23.75	2.660	1.680
9.0	0.45	0.003	0.027	0.002 7	1.35	1 570	3 330	31.25	2.366	1.495
10.0	0.45	0.003	0.03	0.003 0	1.50	1 740	3 700	61.25	2.220	1.346

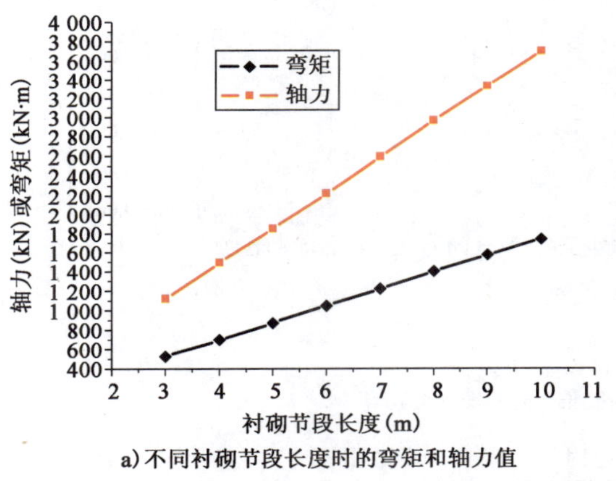

a)不同衬砌节段长度时的弯矩和轴力值

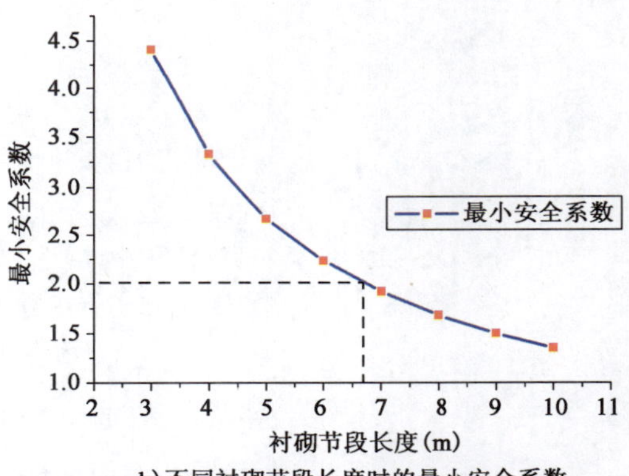

b)不同衬砌节段长度时的最小安全系数

图4-18　四心圆公路隧道衬砌节段长度的确定

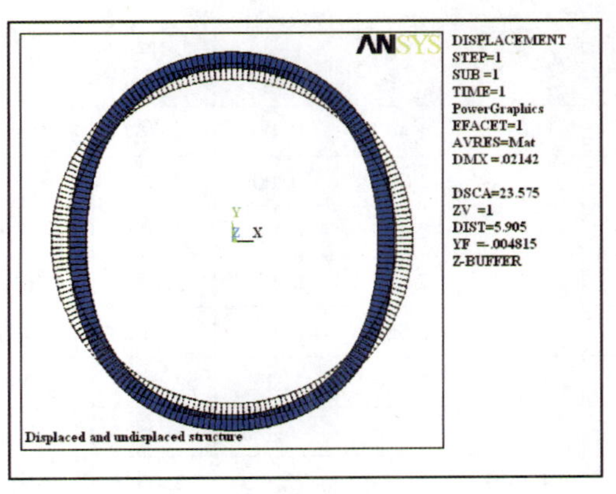

a)变形图

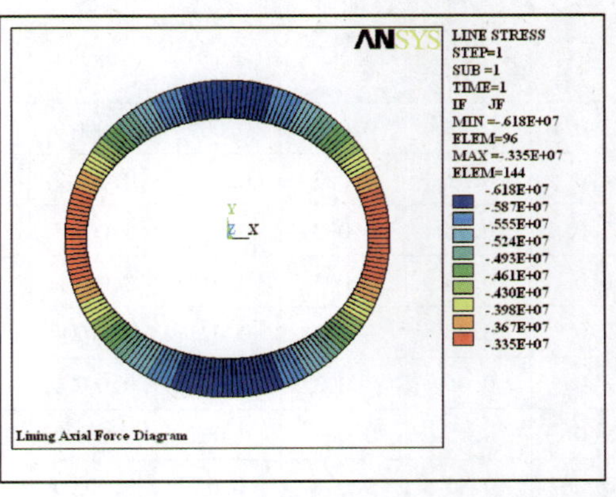

b)轴力图

图　4-19

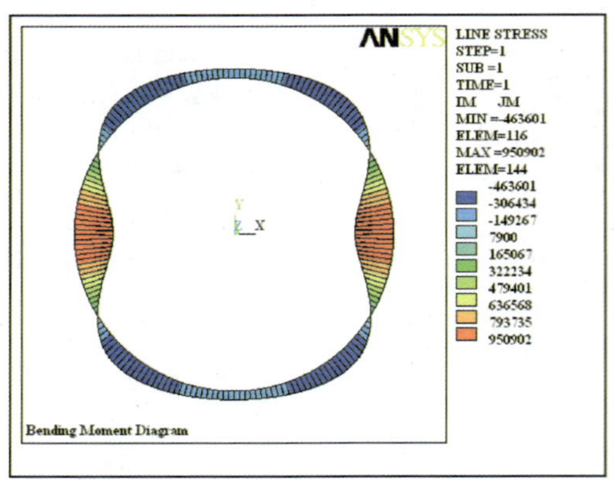

c) 弯矩图

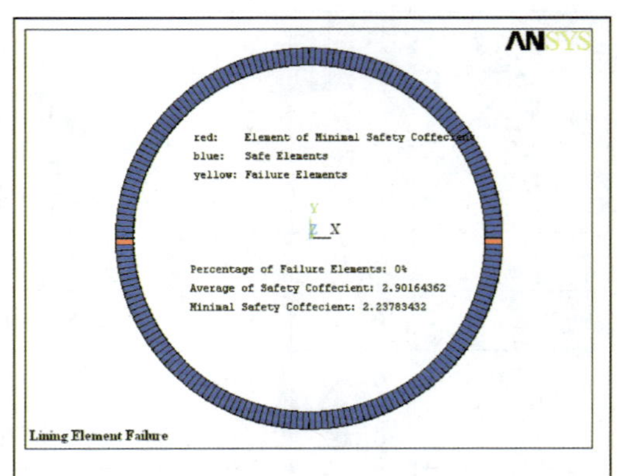

d) 破坏程度图

图 4-19 衬砌节段长度为 7.0m 时的计算结果

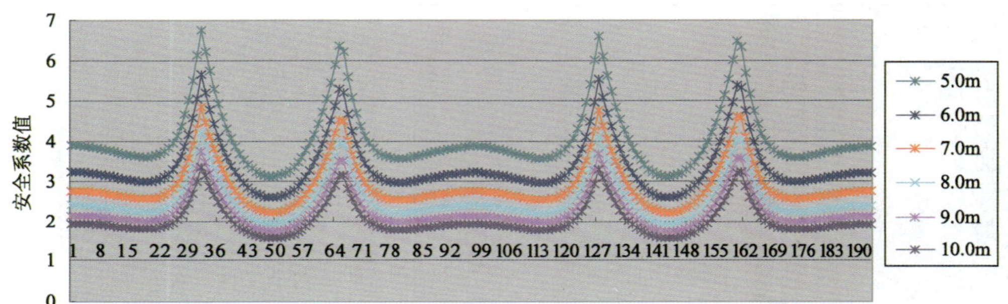

图 4-20 单心圆隧道不同衬砌长度时的安全系数值

单心圆隧道不同衬砌节段长度时的衬砌安全系数比较 表 4-4

节段长度 L(m)	衬砌厚度 h(m)	剪应变 γ	侧向土体变形 Δu (m)	侧向土体应变 γ (m/m)	土体侧向应力 σ (MPa)	衬砌最大弯矩 M_{max} (kN·m)	衬砌最大轴力 F_{max} (kN)	单元破坏比 (%)	单元平均安全系数 K	最小安全系数 K_{min}
3.0	0.45	0.003	0.009	0.000 9	0.45	407	1 440	0.00	6.767	5.222
4.0	0.45	0.003	0.012	0.001 2	0.60	543	1 920	0.00	5.076	3.917
5.0	0.45	0.003	0.015	0.001 5	0.75	679	2 400	0.00	4.061	3.133
6.0	0.45	0.003	0.018	0.001 8	0.90	815	2 870	0.00	3.385	2.611
7.0	0.45	0.003	0.021	0.002 1	1.05	951	3 350	0.00	2.902	2.238
8.0	0.45	0.003	0.024	0.002 4	1.20	1 090	3 830	7.29	2.539	1.958
9.0	0.45	0.003	0.027	0.002 7	1.35	1 220	4 310	26.04	2.257	1.740
10.0	0.45	0.003	0.03	0.003 0	1.50	1 360	4 790	72.92	2.031	1.566

单心圆隧道衬砌节段长度的确定如图 4-21 所示。

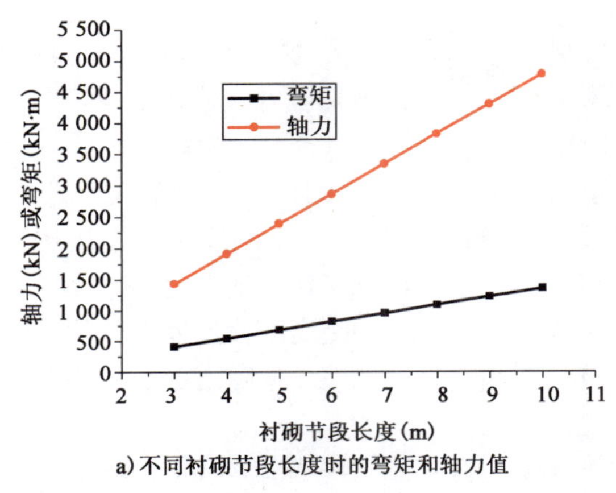

a)不同衬砌节段长度时的弯矩和轴力值

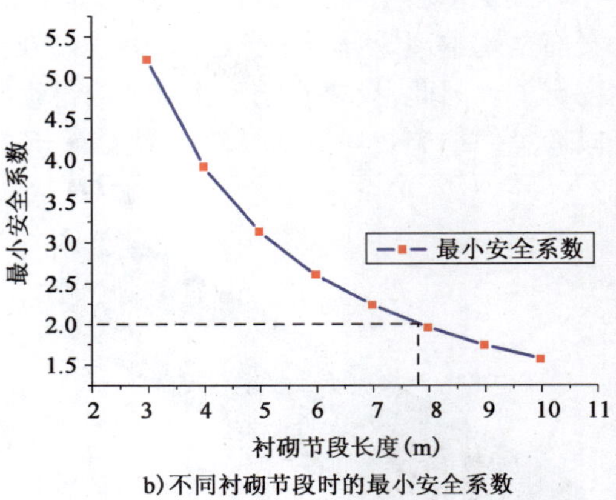

b)不同衬砌节段时的最小安全系数

图4-21　单心圆公路隧道衬砌节段长度的确定

(4)计算结论

通过对以上计算结果进行分析,可以得出如下结论:

①对应于规范要求的钢筋混凝土安全系数2.0,如采用四心圆衬砌结构形式,随着衬砌节段长度的增大,结构内力值随之增加;当衬砌节段长度分别为3.0m、4.0m、5.0m和6.0m时,对应的衬砌单元最小安全系数分别为4.406、3.326、2.671和2.232,均大于规范要求的2.0,这说明衬砌结构不会发生任何破坏,处于安全状态;当衬砌节段长度逐渐增大,分别为7.0m、8.0m、9.0m和10.0m时,对应的衬砌单元最小安全系数分别为1.917、1.680、1.495和1.346,衬砌结构部分发生破坏,破坏程度分别为6.25%、23.75%、31.25%和61.25%,这说明当衬砌节段长度为10.0m时,61.25%的衬砌结构都会发生破坏,其中最先破坏是两侧拱脚部位,接着是拱腰和拱顶部位。

②对应于规范要求的钢筋混凝土安全系数2.0,如采用单心圆衬砌结构形式,随着衬砌节段长度的增大,结构内力值随之增加;当衬砌节段长度分别为3.0m、4.0m、5.0m、6.0m和7.0m时,对应的衬砌单元最小安全系数分别为5.222、3.917、3.133、2.611和2.238,均大于规范要求的2.0,这说明衬砌结构不会发生任何破坏,处于安全状态;当衬砌节段长度逐渐增大,分别为8.0m、9.0m和10.0m时,对应的衬砌单元最小安全系数分别为1.957、1.740和1.566,衬砌结构部分发生破坏,破坏程度分别为7.29%、26.04%和72.92%,这说明当衬砌节段长度为10.0m时,72.92%的衬砌结构都会发生破坏,其中最先破坏是两侧部位,然后是拱顶部位。

③从图4-18b)可以得到,采用四心圆衬砌结构形式时,在规范要求的2.0的安全系数条件下,对应的隧道衬砌节段长度约为6.60m;从图4-21b)可以得到,采用单心圆衬砌结构形式时,在规范要求的2.0的安全系数条件下,对应的隧道衬砌节段长度约为7.80m。

④由于没有考虑正常使用状态下的衬砌受力,因此计算出的衬砌节段长度要大于经验值(3.333~5.00m);经验值$l=\left(\frac{1}{3}\sim\frac{1}{2}\right)\cdot w$,其中$w$为隧道横断面宽度。

⑤从对比分析来看,单心圆衬砌结构形式抗错断效果较四心圆形式要好,但断面净空面积较四心圆大。

2）隧道节段间连接处剪切刚度的确定

前文基本理论分析中已经阐述，连接处剪切刚度在隧道断面形状、材料确定时，仅与衬砌厚度有关。因此，只要确定了连接处的衬砌厚度，就可以推导出其剪切刚度。连接处剪切刚度可以通过一个等效的三维弹性模型来确定（图 4-10）。

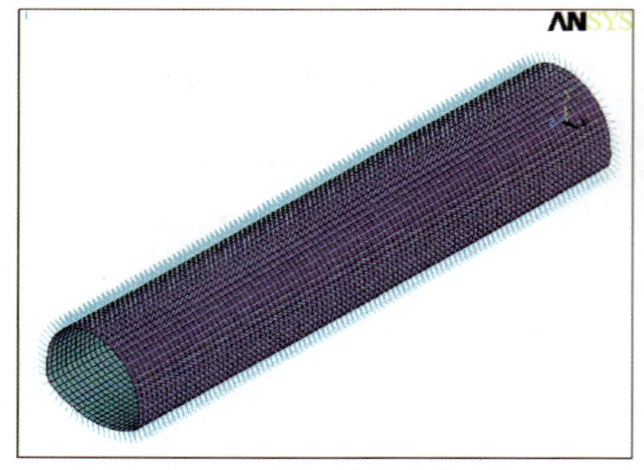

图 4-22　四心圆衬砌结构有限元模型

在等效模型中，隧道结构用弹性壳单元模拟，土体用压缩弹簧模拟，土弹簧刚度参考围岩抗力系数确定，断层错动位移逐步施加于梁的两端。隧道节段间连接处剪切刚度的设计原则是使连接处在隧道横向发生过载破坏或隧道轴线两端弯曲失效之前发生剪切失效。

本文采用有限元软件 ANSYS 进行模拟计算。在计算中，隧道衬砌结构选取壳单元（shell63），围岩弹性抗力用弹簧单元（combin14）模拟。衬砌结构有限元计算模型如图 4-22 所示。

（1）计算方案（表 4-5、表 4-6、图 4-23）

计 算 方 案　　表 4-5

计 算 方 案	F1	F2	F3	F4
节段间连接	0.5m 剪切缝	0.5m 连接衬砌厚度 k_1（$k_1<1$）	0.5m 连接衬砌厚度 k_2（$k_1<k_2<1$）	无剪切缝

隧道设计断面力学特性　　表 4-6

隧道设计断面		抗拉刚度 AE（kN）	最大抗拉力 N_p（kN）	抗弯刚度 EI（kN·m^2）	最大弯矩 M_p（kN·m）	混凝土的极限弯曲抗压强度（MPa）	混凝土的弯曲抗压设计强度（MPa）
C30 钢筋混凝土	纵向钢筋间距 20cm；混凝土保护层厚度 40mm	7.750×10^6	10 180	5.739×10^7	5.740×10^4	28.1	16.5

图 4-23　确定连接处剪切刚度的计算方案示意图

(2)计算结果(表4-7、表4-8、图4-24和图4-25)

断层错动5mm时不同柔性连接厚度条件下衬砌节段及节段连接处内力值 表4-7

节段连接	错动位移(mm)	柔性连接厚度(cm)	衬砌节段厚度(cm)	第一主应力最大值(MPa)		弯矩最大值(kN·m)
				衬砌节段	柔性连接	衬砌节段
0.5m柔性连接	5	5	70	5.18	15.0	404.472
	5	10	70	6.09	10.7	414.212
	5	15	70	6.81	8.53	414.754
	5	20	70	7.07	6.87	413.399
	5	25	70	7.28	6.42	413.788

节段连接厚度5mm时不同错动立移条件下衬砌节段及节段连接处内力值 表4-8

节段-连接	柔性连接厚度(cm)	错动位移(mm)	衬砌节段厚度(cm)	第一主应力最大值(MPa)		弯矩最大值(kN·m)
				衬砌节段	柔性连接	衬砌节段
0.5m柔性连接	5	2.5	70	3.18	7.48	202.236
	5	5.0	70	6.36	15.00	404.472
	5	10.0	70	16.20	29.90	808.944
	5	15.0	70	24.20	44.90	1 210.000
	5	20.0	70	32.30	59.90	1 620.000

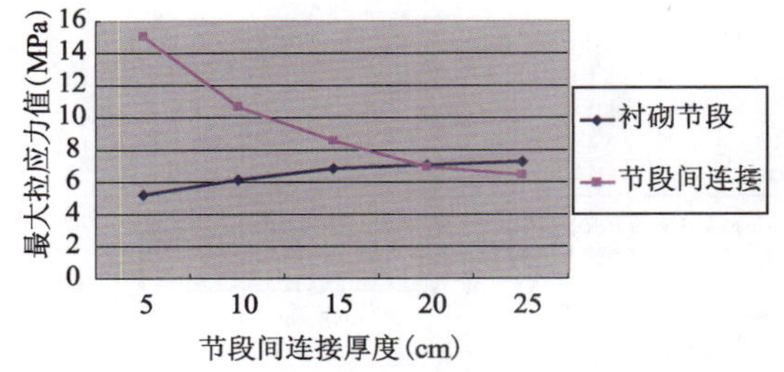

图4-24 5mm错动位移量时不同连接厚度条件下衬砌节段及节段间连接内力值

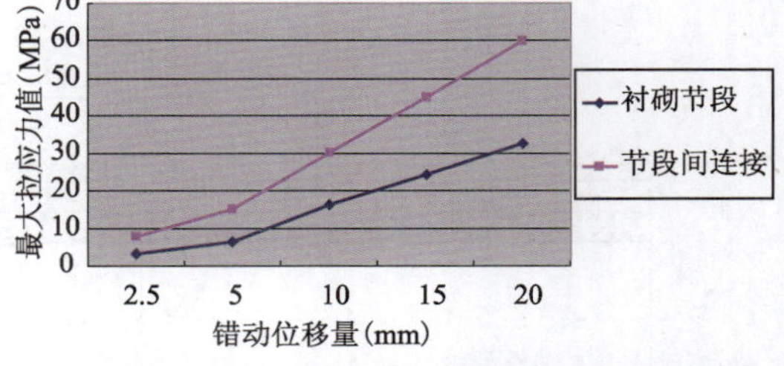

图4-25 5cm连接厚度时不同错动位移量条件下衬砌节段及节段间连接内力值

(3)计算结论

通过以上计算结果可以得出以下结论:

①断层错动时,隧道衬砌弯矩值出现在邻近断层交界面一侧4.5m衬砌节段内,且F4方案(无剪切缝)时最大,F1方案(0.50m剪切缝即连接剪切刚度$K_\gamma=0$)时最小。

②断层错动时,如果采用"铰接设计",即断层影响带衬砌结构按每节段4.5m进行分节,且节段间采用相对柔性的连接(长度为0.5m),结构破坏只发生在邻近断层交界面的局部范围内,但是如果不采用"铰接设计",则断层影响带大部分衬砌结构都会发生不同程度的破坏。

③如果按混凝土的抗拉强度($f_t=2.50$MPa)来控制,若连接处衬砌厚度小于20cm,则在断

层错动时，衬砌节段最大拉应力值小于节段间连接最大拉应力值，此时，衬砌节段间连接在衬砌节段破坏之前发生破坏，这符合“铰接设计”抗错断措施的设计理念，即连接处的剪切刚度的设计要能够使得连接处在衬砌节段破坏之前发生剪切失效；若连接处衬砌厚度大于20cm，则在断层错动时，衬砌节段最大拉应力值大于节段间连接最大拉应力值，此时，衬砌节段在节段间连接发生破坏之前破坏，这不符合连接处剪切刚度的设计要求。因此，如节段衬砌厚度采用初步设计的70cm时，0.5m节段间连接的衬砌厚度最大为20cm，此时连接处的剪切刚度符合设计的要求。

④通过对比分析计算结果可以看出，隧道衬砌壳单元的弯矩小于根据梁单元计算出的弯矩值，但部分壳单元应力值要大于材料的屈服应力，表明部分壳单元发生了屈曲破坏；这说明在研究隧道轴线力学特性时，采用梁—弹簧模型有一定的局限性，而采用壳—弹簧模型较为合理。

4.5.3 嘎隆拉隧道“荷载—结构法”铰接设计图

通过上述荷载—结构法计算分析，嘎隆拉隧道穿越断层带抗错断结构设计时，考虑到断面形式的一致性，拟定的断层影响带区段隧道断面形式与完整围岩段相同，见图4-14。在断层影响带采用“铰接设计”，即对衬砌进行分节段，每节段长度在计算结果的基础上偏安全地取为5.0m，节段间连接长度为0.5m，节段间连接长度的确定主要考虑到断层平移错动时，在隧道轴线方向会产生一定的位移量，隧道衬砌在水平轴向会发生压缩或拉伸。连接处的衬砌厚度按计算结果分析，最好是采用剪切缝的形式(即连接处衬砌厚度为0)，但考虑到隧道开挖后围岩稳定性要求，在连接处必须施作初期支护。因此，连接处衬砌厚度按计算所得的上限值20cm确定。隧道衬砌支护参数参考国内外类似工程经验进行设计，初步设计图如图4-26所示。

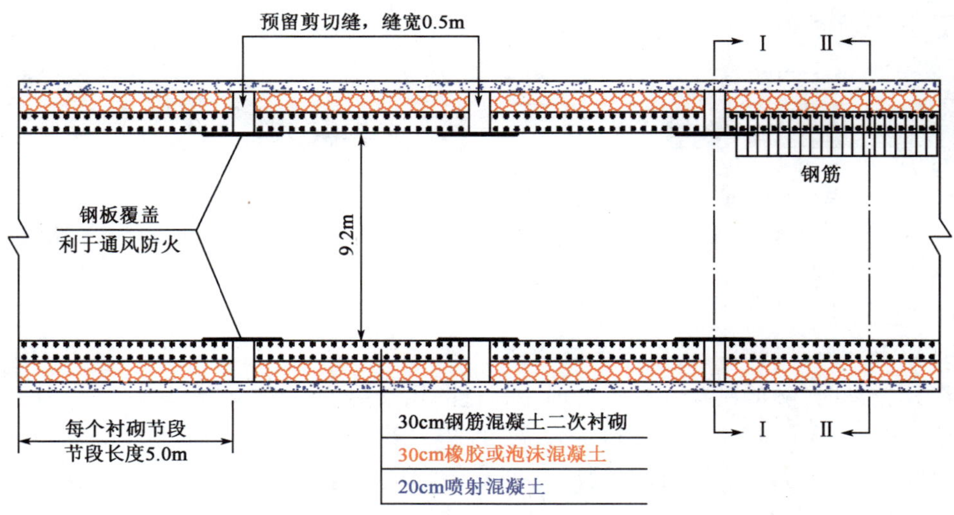

a) 钢筋混凝土复合衬砌抗断设计图

图 4-26

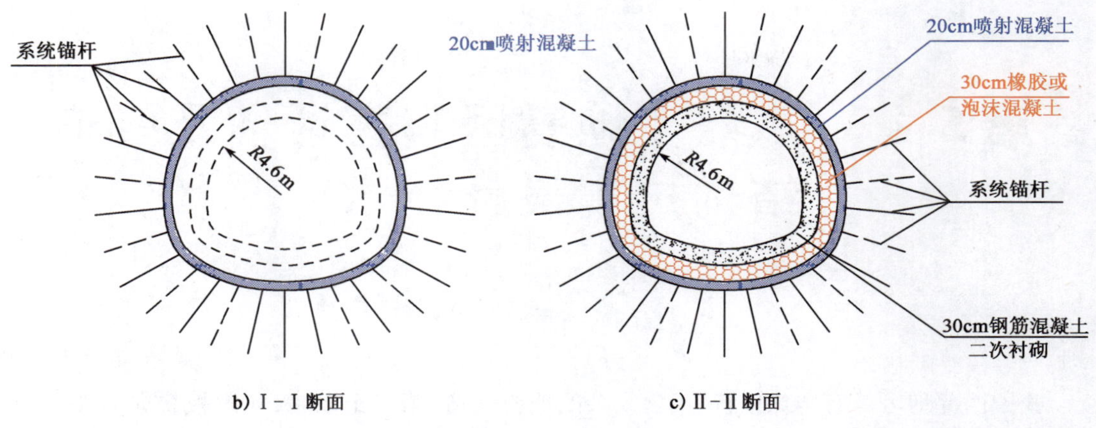

图4-26　嘎隆拉隧道荷载—结构法铰接设计图

4.6　本 章 小 结

本章应用材料力学和结构力学强度理论，提出了穿越活动断层区公路隧道的抗错断设计理念，及其相应的计算理论和方法，并结合嘎隆拉隧道的初步设计，对嘎隆拉隧道的抗错断结构设计进行了介绍。主要结论有：

(1)结合嘎隆拉隧道隧址区的工程地质条件及地震构造环境，对嘎隆拉隧道工程错断效应进行了初步分析，分析了嘎隆拉隧道进行抗错断设计的必要性。

(2)在参考国内外活动断层区隧道工程经验的基础上，提出了穿越活动断层区公路隧道的三种抗错断设计理念，即“超挖设计”、“铰接设计”和“隔离消能设计”。

(3)简要分析了“超挖设计”的设计理念，提出了嘎隆拉隧道“超挖设计”的抗错断设计图。

(4)重点分析了“铰接设计”理念的设计理论，依据隧道结构设计中的荷载—结构法，提出了“铰接设计”中衬砌节段长度的计算模型、方法和节段间柔性连接剪切刚度的计算模型及方法。

(5)根据嘎隆拉隧道初步设计文件，有针对性地提出了嘎隆拉隧道采用“铰接设计”理念时的抗错断设计图。

第5章　高烈度地震区震害评估及隧道结构抗震设计技术

5.1　概　　述

我国西部地区具有全球独特、最为复杂的地质构造，第四纪以来，印度板块向欧亚板块俯冲与挤压，青藏高原在第四纪的快速隆升，使得这一地区的内动力条件复杂，新构造运动、地震活动频繁，由此派生出最强烈的现代地壳活动和高应力场，从而形成高原与高山峡谷架构特殊的气候，使得内外动力耦合作用强烈，活动断裂发育。在青藏高原如此复杂的地质条件下，西部地区基础建设过程中不可避免地会遇到在活断层附近和高烈度地震区修建隧道工程的问题，尤其是当隧道穿越断层带或者节理裂隙发育带时，地震荷载作用将引起隧道错动、局部岩体滑移和塌落。

嘎隆拉隧道位于西藏林芝地区波密县和墨脱县交界处，是扎墨公路新建工程的控制性工程，隧道横穿岗日嘎布山山脉，全长约3 300m，最大埋深约833m。工程近场区处于印度洋板块与欧亚板块之间的缝合带附近，处在6条区域性活动断裂带影响范围内，其中最主要的NW嘉黎断裂带嘎隆寺断裂在进洞口附近通过，NNE向的扎木—马尼翁断裂北段位于隧道西侧300m以外，近场区具备发生7.0～7.5级地震的构造条件。其中嘎隆寺断裂为发震断裂，该断裂可发生7～7.5级地震，它的突发（水平）错动量最大为3.5m，在隧道建设和维护过程中应按此考虑该断裂地震地表破裂的影响。工程场地的地震基本烈度为Ⅷ度。隧道距活动断裂带如此之近，这在国内隧道建设史上是罕见的，活动断裂的错动及由此引起的地震动对隧道安全的影响成为这座隧道建设的最大技术难题。

5.2　泡沫混凝土隔震材料的研制

通过开展一种新型隔震材料——泡沫混凝土的研制工作，本章确定了泡沫混凝土的合理制作工艺，在此基础上采用正交试验进行配合比方案比选，设计了“九因素四水平”的正交试验，进行了方案比选，最终研制得到轻质、低强度和较好延性的泡沫混凝土，保证其较好的隔震和缓冲性，然后进行了岩石和泡沫混凝土的动力特性研究，分析了材料在地震应变率范围内的变形和强度特征，同时进行了岩石在动力作用下的力学参数研究，从而为隧道地震响应分析和抗震研究打下了良好的基础。

由图5-1可以直观地看到，泡沫混凝土压坏后，有一定的弹性变形，而且综合研究图5-1和图5-2可以发现，泡沫混凝土破坏后，并不是如一般混凝土那样的整体性的脆性破坏，而是依然保持一定的完整性，试验表明泡沫混凝土具有相当的延性，可以做抗震垫层吸收地震能量。

图5-1　压坏后的泡沫混凝土试样(单轴压缩)

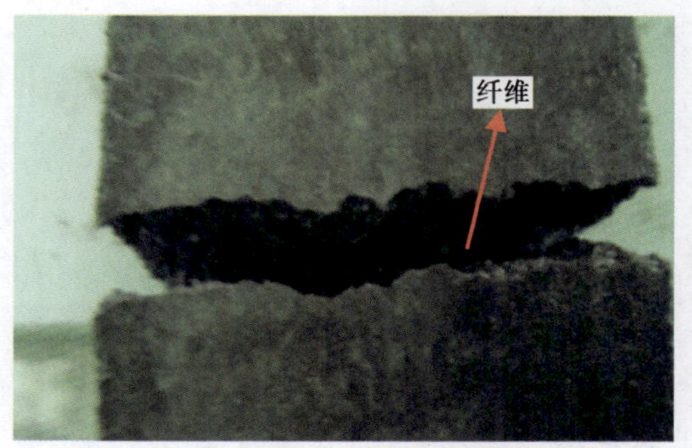

图5-2　泡沫混凝土破坏断面(劈拉试验)

证明该材料具有较好延性的另一个证据是力学试验曲线,图5-3是优选方案施加静水压力试验的过程曲线,由图中可以看出材料接近理想弹塑性,并不是如常规混凝土那样强度到达峰值后陡然下降而呈现出脆性,单轴试验曲线也呈现类似的规律。由图5-3、图5-4明显可以发现,材料破坏后侧向具有明显的变形,但整个试样仍保持相当的完整性,"裂而不坏",这一点证明了泡沫混凝土具有良好的延性特性。静水压力试验中测得的泡沫混凝土三向均匀压缩初始屈服应力为6.2MPa。

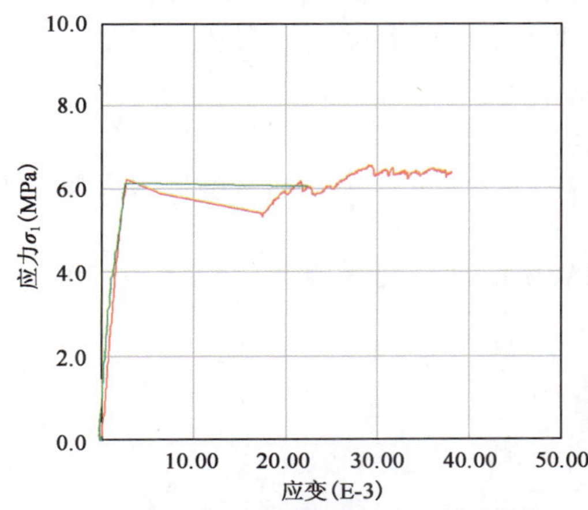

注:应力为轴向应力,应变为轴向应变,图中显示的是同一配合比方案两个试样的曲线。

图5-3　静水压力作用下泡沫混凝土的轴向应力—应变曲线

a)试验前

b)试验后

图5-4　静水压力试验前后的泡沫混凝土对比

最终确定了一组最优方案分析其静、动力特性,其配合比见表5-1,材料参数见表5-2。

泡沫混凝原材料配合比　　表5-1

水泥(kg/m³)	粉煤灰(kg/m³)	珍珠岩(kg/m³)	水(kg/m³)	防水剂(kg/m³)	防冻剂(kg/m³)	减水剂(kg/m³)	促凝剂(kg/m³)	纤维(kg/m³)	泡沫(m³/m³)
600	0	108	250	5	13	6.5	30	1	0.8

泡沫混凝土力学参数　　表5-2

弹性模量(GPa)	泊松比	干态密度(kg/m³)	单轴抗压强度(MPa)	三向均匀压缩初始屈服应力(MPa)
0.76	0.22	730	2.54	6.2

5.3 岩石和泡沫混凝土动力特性

5.3.1 试验原理与方法

试验所采用的试样均取自嘎隆拉隧道进洞口区域，为黑云母花岗岩，试样尺寸为 ϕ30mm ×60mm。岩石和泡沫混凝土试验在 RDT-10000 型动载机上进行，RDT-10000 型岩石高压动三轴试验系统是由中科院武汉岩土力学研究所自行研制的，目前国内唯一的一套岩石高压动三轴试验系统，有围压高、荷载大、加载速率高(可调)的特点，同时采用内部直接测量提高了精度，主要用于研究岩石、岩石类脆性材料(如混凝土)以及其他非金属材料和软金属材料等在动荷载作用下的强度和变形特性。试验过程中，量测试样的轴向应力、纵向和横向应变。其中，试样的纵向和横向应变采用粘贴在试样中部的应变片量测，围压值通过安置在三轴室外的油压表量测。

研究岩石和泡沫混凝土在地震应变率(10^{-3} ~ 10^{-2}/s)范围内的变形和强度特性，得到岩石的动参数，从而为后述的隧道地震响应分析和抗震研究打下良好的基础。其中岩样取自嘎隆拉隧道进洞口抗震设防区域，为黑云母花岗岩，平均密度为 2 783kg/m^3；泡沫混凝土采用表 5-1 中的配合比，平均密度为 730kg/m^3。

试验方案如下：

(1)岩石动单轴试验的应变率为 10^{-3}/s、10^{-2}/s，岩石 5MPa 围压动三轴试验应变率为 10^{-3}/s、10^{-4}/s。

(2)泡沫混凝土包括动单轴试验和围压为 1MPa 的动三轴试验，应变率均为 10^{-3}/s、10^{-5}/s。

5.3.2 试验结果与分析

1)试件破坏形态

试件各类破坏形态如图 5-5 ~ 图 5-8 所示；相关参数见表 5-3 ~ 表 5-5。

图 5-5 岩石单轴破坏

图 5-6 岩石三轴破坏

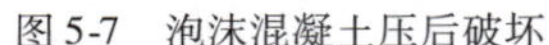
图 5-7　泡沫混凝土压后破坏

图 5-8　破坏样和未压样对比

岩石的动参数　　表 5-3

围压(MPa)	应变率	应力差强度(MPa)			弹性模量(GPa)			泊松比		
0	10^{-3}	195.21	168.85	258.76	54.92	45.61	55.85	0.16	0.18	0.17
	10^{-2}	390.10	301.89	—	53.56	65.12	—	0.24	0.22	—
5	10^{-4}	223.13	197.28	—	46.63	38.46	—	0.22	0.21	—
	10^{-3}	254.77	254.28	284.33	51.91	69.60	53.75	0.24	0.21	0.20

岩石的动参数平均值　　表 5-4

围压(MPa)	应变率	应力差强度平均值(MPa)	弹性模量平均值(GPa)	泊松比平均值
0	10^{-3}	207.61	52.13	0.17
	10^{-2}	346.00	59.34	0.23
5	10^{-4}	210.21	42.50	0.22
	10^{-3}	264.11	58.42	0.22

泡沫混凝土的动参数　　表 5-5

围压(MPa)	应变率		应力差强度(MPa)		平均值(MPa)
0	10^{-5}	2.40	1.41	3.81	2.54
	10^{-3}	2.16	3.65	—	2.91
1	10^{-5}	3.22	3.41	—	3.32
	10^{-3}	4.41	5.90	5.76	5.36

注：10^{-5}频率量级相当于拟静态，可以作为泡沫混凝土的静力参数。

2)结果分析

岩石和混凝土的抗压强度均随应变速率的增加而增加，对岩石单轴情况，应变从10^{-3}增加到10^{-2}时，平均强度增加了67%，对岩石5MPa围压的情况，应变率从10^{-4}增加到10^{-3}时，平均强度增加了26%；对泡沫混凝土情况，应变率从10^{-5}增加到10^{-3}时，单轴试验平均强度增加了10%，三轴试验平均强度增加了63%。对岩石来说，弹性模量随应变率的提高而提高，泊松比与应变速率没有明确的关系，结果离散性比较大。

另外,岩石三轴试验中,低应变率时岩石剪胀现象明显,高应变率时剪胀现象明显程度减小,而对泡沫混凝土三轴试验,由试验曲线可见无论低应变率还是高应变率,均无剪胀现象,原因是泡沫混凝土中有很多微小孔隙,为变形预留了大量空间,导致环向应变偏小,因此泡沫混凝土并没有出现岩石材料常见的剪胀现象。

5.3.3 实际计算中参数的选用

上述试验表明,单独的岩块强度不低,但在实际工程中岩体结构破碎,因此,实际计算中围岩参数的选取应考虑工程岩体破碎程度,另外,因地震频率比较低,较低的应变速率对破碎岩体材料的强度、弹性模量和泊松比的影响有限,因此为保守计,围岩材料计算中仍取静态参数(表5-6)。

对泡沫混凝土本构模型,主要涉及的材料参数包括弹性模量 E,三向均匀压缩初始屈服应力 p_c^0、三向均匀拉伸屈服应力 p_t,单轴压缩初始屈服应力 σ_c^0,其中弹性模量 E 可取上述动单轴试验地震应变率 10^{-3}下的动弹性模量,三向均匀压缩初始屈服应力 p_c^0 通过三轴各向等压试验确定,三向均匀拉伸屈服应力 p_t 可由上述试验数据得到的 p-q 子午面上的屈服包络线间接确定,单轴压缩初始屈服应力由上述动单轴试验给出,与应变率相关(表5-7)。

泡沫混凝土材料参数　　表5-6

弹性模量(GPa)	泊松比	干态密度(kg/m^3)	屈服压应力系数 $K=\sigma_c^0/p_c^0$	屈服静水压力系数 $K_t=p_t/p_c^0$
0.76	0.22	730	0.41	0.23

注:$p_c^0=6.20\text{MPa}$,$p_t=1.45\text{MPa}$。

泡沫混凝土材料屈服应力—应变率数据　　表5-7

单轴抗压强度 σ_c^0(MPa)	应变率
2.54	10^{-5}
2.91	10^{-3}

5.4 合理的地震动输入方法研究

5.4.1 无限元边界

在岩土工程中,把有限元与无限元结合起来处理这类近场与远场同时存在的问题。与边界元、半解析法等方法比较,无限元方法的突出优点是无需涉及解析解表达式,使无限元成为有限元的一部分,即能合理地反映真实边界条件,也可以给出统一的求解格式。实际问题的边界条件往往比较复杂,难以给出解析解或基本解,所以无限元与有限元的结合成为岩土工程计算中最有效的方法之一。

通过引入无限元作为人工边界,来等效体现无限地层辐射阻尼,具有清晰的物理意义。与黏性边界相比,无限元除了能模拟远场吸收地震波能量这一实际情况以外,还能够正确地模拟无穷远处位移为零的边界条件。此外,采用无限元能够大量削减单元的数量,节省计算时间。

综合来说,无限元最突出的优点表现为两点:

(1)从局部坐标系中的有限域到整体坐标系中的无限域,即当单元局部坐标 $\xi\to1$ 时,对应的整体坐标趋向无穷大,从而实现计算区域半无限大的特点;对无限域上位移衰减的描述,即当单元局部坐标 $\xi\to1$ 时,位移趋向为零,从而实现了无穷远处位移为零的边界条件。

(2)一种较好的吸收边界,动力计算中能较好地吸收各种形式的反射波。

5.4.2 波场分离的方法

针对不同人工边界上的波场特点,将侧边界区总波场分为自由波场和散射波场,底边界区总波场分为入射波场和散射波场。其中自白波场是指当广义结构不存在时入射波在无限域中产生的波场,包含了入射波和反射波两者的贡献;散射波场是指在总波场中扣除已知的入射波场或自由波场后的部分。入射场或自由波场直接通过转换为应力边界条件施加在边界上,散射场在人工边界结点上引起的应力由无限元边界自动提供,无需在边界结点上附加额外的荷载。入射场或自由波场在简单地层条件下可由解析解给出,在复杂地层条件下需先对原始地层进行试算,给出数值解。

5.4.3 无限元人工边界运动方程

一旦用无限元与有限元的方案建立了结构与外部无限域的力学模型,近场波动问题就归纳为偏微分方程的初始值问题,为运用有限元法求解创造了条件。

无限元应力边界条件公式为:

$$f^{\mathrm{d\varepsilon mp}} = dV \tag{5-1}$$

式中:d——无限元阻尼系数;

V——介质粒子的震动速度。

由上式可以看到,无限元人工边界的应力仅与该无限元内结点在该时刻的震动速度反应值相关,物理上相当于在边界结点每个方向上施加一个一端固定的单向阻尼元件。

进一步,将无限元人工边界引入计算模型,这样整个“无限元—有限元”耦合封闭体系可以用统一的运动方程形式表示,即

$$\boldsymbol{M}\ddot{\boldsymbol{u}} + \boldsymbol{C}\dot{\boldsymbol{u}} + \boldsymbol{K}\boldsymbol{u} = \boldsymbol{F} + (f + f^{\mathrm{damp}})A \tag{5-2}$$

式中:$\ddot{\boldsymbol{u}}$、$\dot{\boldsymbol{u}}$、$\boldsymbol{u}$——分别为加速度、速度和位移向量;

$\boldsymbol{M}$、$\boldsymbol{C}$、$\boldsymbol{K}$——分别为体系的质量矩阵、材料阻尼矩阵、刚度矩阵;

$\boldsymbol{F}$——其他外力向量;

f——自由地震波场(入射地震波场)在人工边界处引起的应力;

f^{damp}——无限元人工边界的应力;

A——节点的影响面积。

5.4.4 无限元人工边界上的波动输入

从总体上看,由于地壳介质的密度由地表往下随地层深度而增大,按物理学中波在不同介质中传播的折射和反射定律,由地壳深部往地表传播的地震波,其入射方向将逐渐接近垂直水平地表的竖向,因此,在无限元人工边界上(盒形截断区域)纵波和横波均可以考虑为垂直入射情况。

1) P 波(纵波)波动输入

P 波在地层微元体中引起的应力主要是法向的正应力。对于底边的波动输入,由广义胡克定律,P 波在底边界产生的法向应力为:

$$f_{n-bot} = \rho C_p V_p \tag{5-3}$$

无限元人工边界相应的法向应力为:

$$f_{n-bot}^{damp} = d_n V_p \tag{5-4}$$

式中:ρ——传播介质密度;

C_p——纵波波速;

V_p——纵波到达底边时引起的介质粒子竖向震动速度;

d_n——法向阻尼系数,且 $d_n = d_p = \rho\nu_p$;

ν_p——压缩波波速。

对于侧边的波动输入,根据广义胡克定律,微元体中 P 波产生的水平正应力为竖向正应力的$\frac{\lambda}{2G+\lambda}$倍,同时考虑到入射波场和反射波场的叠加,则 P 波在侧边界产生的法向应力为:

$$f_{n-side} = \frac{\lambda}{2G+\lambda}\rho C_p (V_{p-m} - V_{p-out}) \tag{5-5}$$

又

$$2G+\lambda = \frac{E(1-\nu)}{(1+\nu)(1-2\nu)} \tag{5-6}$$

$$G_p = \sqrt{\frac{E(1-\nu)}{\rho(1+\nu)(1-2\nu)}} \tag{5-7}$$

从而得到:

$$2G+\lambda = \rho C_p^2 \tag{5-8}$$

将上式代入式(5-5)得到:

$$f_{n-side} = \frac{\lambda}{C_p}(V_{p-in} - V_{p-out}) \tag{5-9}$$

而 P 波在侧边界产生的切向应力为 0,即:

$$f_{\tau-side} = 0 \tag{5-10}$$

对侧边,无限元人工边界相应的法向内力为 0,即:

$$f_{n-side}^{damp} = 0 \tag{5-11}$$

竖向内力包含入射波和反射波的合效应,即:

$$f_{\tau-side}^{damp} = d_\tau (V_{p-in} + V_{p-out}) \tag{5-12}$$

式中:λ——拉梅常数;

G——剪切模量;

E——弹模;

ν——泊松比;

V_{p-in}——纵波入射波到达侧边时引起的介质粒子竖向震动速度;

V_{p-out}——纵波自由面反射波到达侧边时引起的介质粒子竖向震动速度;

d_τ——切向阻尼系数,且 $d_\tau = d_s = \rho\nu_s$;

ν_s——剪切波波速;

其他各符号的意义同前。

2)S 波(横波)波动输入

S 波在地层微元体中引起的应力主要是切向的剪应力。对 S 波,与 P 波类同,得到:

底边:
$$f_{\tau-\mathrm{bot}}=\rho C_{\mathrm{s}}V_{\mathrm{s}},f_{\tau-\mathrm{bot}}^{\mathrm{damp}}=d_{\tau}V_{\mathrm{s}} \tag{5-13}$$

左右侧边:

$$f_{\mathrm{n-side}}=0,f_{\tau-\mathrm{side}}=\rho C_{\mathrm{s}}(V_{\mathrm{s-in}}-V_{\mathrm{s-out}}) \tag{5-14}$$

$$f_{\mathrm{n-side}}^{\mathrm{damp}}=d_{\mathrm{n}}(V_{\mathrm{s-in}}+V_{\mathrm{s-out}}),f_{\tau-\mathrm{side}}^{\mathrm{damp}}=0 \tag{5-15}$$

前后侧边:

$$f_{\mathrm{n-side}}=0,f_{\tau-\mathrm{side}}=0 \tag{5-16}$$

$$f_{\mathrm{n-side}}^{\mathrm{damp}}=0,f_{\mathrm{n-side}}^{\mathrm{damp}}=d_{\tau}(V_{\mathrm{s-in}}+V_{\mathrm{s-out}}) \tag{5-17}$$

式中:C_{s}——横波波速;

V_{s}——横波到达底边时引起的介质粒子竖向震动速度;

$V_{\mathrm{s-in}}$——横波入射波到达侧边时引起的介质粒子竖向震动速度;

$V_{\mathrm{s-out}}$——横波自由面反射波到达侧边时引起的介质粒子竖向震动速度;

其他各符号的意义同前。

(1)P 波入射情况

底边界面:

$$F_{BZ}^{-Z}=(f_{\mathrm{n-bot}}+f_{\mathrm{n-bot}}^{\mathrm{damp}})A=(\rho C_{\mathrm{p}}V_{\mathrm{p}}+d_{\mathrm{n}}V_{\mathrm{p}})A \tag{5-18}$$

左侧边界面:

$$\begin{cases}F_{BX}^{-X}=(f_{\mathrm{n-side}}^{-X}+f_{\mathrm{n-side}}^{\mathrm{damp}-X})A=\dfrac{\lambda}{C_{\mathrm{p}}}[V_{\mathrm{p-in}}(t-\Delta t_1)-V_{\mathrm{p-out}}(t-\Delta t_2)]A\\F_{BZ}^{-X}=(f_{\tau-\mathrm{side}}^{-X}+f_{\tau-\mathrm{side}}^{\mathrm{damp}-X})A=d_{\tau}[V_{\mathrm{p-in}}(t-\Delta t_1)+V_{\mathrm{p-out}}(t-\Delta t_2)]A\end{cases} \tag{5-19}$$

右侧边界面:
$$\begin{cases}F_{BX}^{+X}=-F_{BX}^{-X}\\F_{BZ}^{+X}=F_{BZ}^{-X}\end{cases} \tag{5-20}$$

前边界面:
$$\begin{cases}F_{BY}^{-Y}=F_{BX}^{-X}\\F_{BZ}^{-Y}=F_{BZ}^{-X}\end{cases} \tag{5-21}$$

后边界面:
$$\begin{cases}F_{BY}^{+Y}=-F_{BX}^{-X}\\F_{BZ}^{+Y}=F_{BZ}^{-X}\end{cases} \tag{5-22}$$

(2)S 波入射情况

底边界面:

$$F_{BX}^{-Z}=(f_{\mathrm{n-bot}}+f_{\mathrm{n-bot}}^{\mathrm{damp}})A=(\rho C_{\mathrm{s}}V_{\mathrm{s}}+d_{\tau}V_{\mathrm{s}})A \tag{5-23}$$

左侧边界面:

$$\begin{cases}F_{BX}^{-X}=(f_{\mathrm{n-side}}^{-X}+f_{\mathrm{n-side}}^{\mathrm{damp}-X})A=d_{\mathrm{n}}[V_{\mathrm{s-in}}(t-\Delta t_3)+V_{\mathrm{s-out}}(t-\Delta t_4)]A\\F_{BZ}^{-X}=(f_{\tau-\mathrm{side}}^{-X}+f_{\tau-\mathrm{side}}^{\mathrm{damp}-X})A=\rho C_{\mathrm{s}}[V_{\mathrm{s-in}}(t-\Delta t_3)-V_{\mathrm{s-out}}(t-\Delta t_4)]A\end{cases} \tag{5-24}$$

右侧边界面:
$$\begin{cases}F_{EX}^{-X}=F_{BX}^{-X}\\F_{EZ}^{-X}=-F_{BZ}^{-X}\end{cases} \tag{5-25}$$

前边界面：

$$F_{BX}^{-Y}=(f_{\tau-\mathrm{side}}^{-Y}+f_{\tau-\mathrm{side}}^{\mathrm{damp}-Y})A=d_{\tau}[V_{\mathrm{s-in}}(t-\Delta t_3)+V_{\mathrm{s-out}}(t-\Delta t_4)]A \tag{5-26}$$

后边界面：

$$F_{BX}^{+Y}=F_{BX}^{-Y} \tag{5-27}$$

其中：$\Delta t_1=d/C_{\mathrm{p}}$，$\Delta t_2=(2D-d)/C_{\mathrm{p}}$，$\Delta t_3=d/C_{\mathrm{s}}$，$\Delta t_4=(2D-d)/C_{\mathrm{s}}$

式中：D——底面到地表的竖直距离；

d——节点到底面的竖直距离；

Δt_1、Δt_2——分别表示 P 波入射波和反射波到达侧边结点时的时间延迟；

Δt_3、Δt_4——分别表示 S 波入射波和反射波到达侧边结点时的时间延迟；

X、Y、Z——三个坐标轴方向，其中 X、Y 表示两个水平向，Z 表示竖向；等效地震力上标代表人工边界外法线方向，下标代表力分量方向，与坐标轴一致为正，相反为负；

其他各符号的意义同前。

5.4.5 算例验证

现验证基于无限元人工边界的地震动输入方法的可靠性。如图 5-9 所示三维弹性半空间模型，从底部垂直入射平面 P 波和 S 波，入射波位移时程曲线如图 5-10 所示，求三维弹性半空间内各点的位移反应。外源地震动输入采用两种思路，一种是本书提出的基于无限元人工边界同时考虑波场分离的地震动输入方式，另一种思路是基于固定边界的地震动输入方式，仅从计算模型底部输入地震波。

介质弹性模量 $E=1.323\mathrm{e}^{10}\mathrm{Pa}$，泊松比 $\nu=0.25$，质量密度 $\rho=2\ 700\mathrm{kg/m^3}$，截取 762m（长）×762m（宽）×381m（高）的长方形有限区域进行计算，用六面体单元剖分，单元尺寸为 $\Delta x=\Delta y=19.05\mathrm{m}$，采用 abaqus 显式积分算法，自动时间增量步。

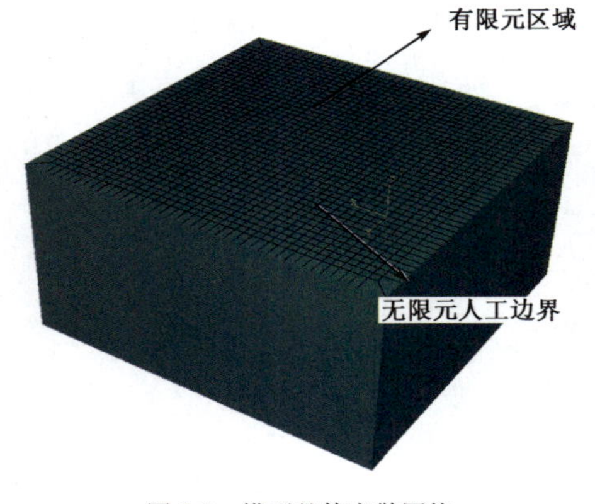

图 5-9 模型整体离散网格

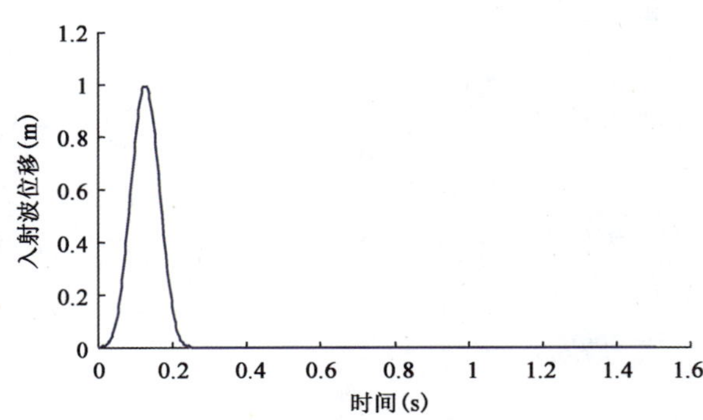

图 5-10 入射波位移时程曲线

根据半空间弹性动力学理论，该问题的自由地表位移解析解为考虑行波延迟后放大 2 倍的入射位移时程。图 5-11 和图 5-12 分别给出 S 波入射下地表水平位移时程和 P 波入射下地表竖向位移时程。由图中可以看出，根据本书提出的方法所得到的结果和理论解吻合得比较好，具有较好的计算精度；而基于固定边界的地震动输入方式与理论解相差比较大，其中，采用固定边界求得的地表水平位移峰值大概只有理论解的一半，且位移波动并没有随时间增长出现衰弱的趋势，而是出现了反复振荡，求得的地表竖向位移峰值与理论解接近，但是结果也出现了不真实的振荡。

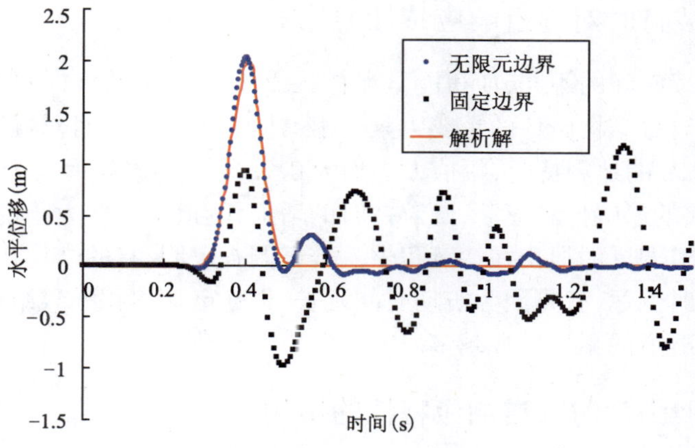

图 5-11　S 波入射下地表水平位移时程曲线

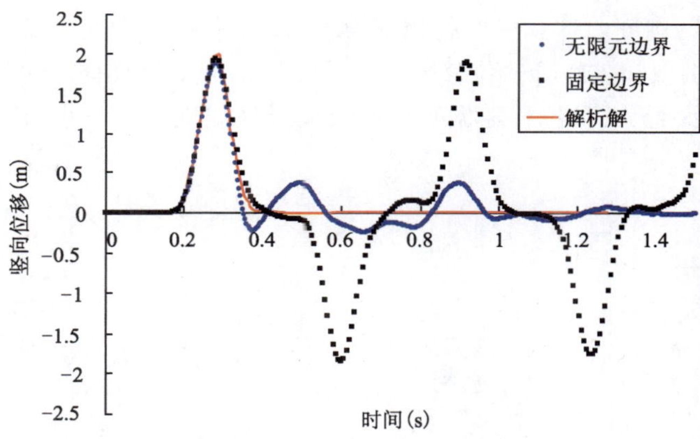

图 5-12　P 波入射下地表竖向位移时程曲线

位移结果出现振荡的原因是采用固定边界后，向外传播的地震波在边界处又反射回模型，引起失真的扰动。实际上地震波向远场传播时能量是逐渐逸散的，因此固定边界给出的结果是不合理的，无限元人工边界能够很好地体现这种能量逸散的效果，体现了地层辐射阻尼效应，从而能给出合理的结果。

地下工程抗震分析中一个关键的环节是地震动的合理输入，但是目前不少人沿用地面建筑物的地震动输入方式，这对地下工程是不合适的。为此，本书提出一种新的基于无限元人工边界的合理地震动输入方法，该方法考虑到了地层的辐射阻尼和地震波在地层中的反射和散射，采用波场分离的方法给出了地震波从底面垂直入射时底边界和侧边界面各自不同的等效地震荷载的计算公式。同时进行了算例考证，结果表明，采用固定边界计算结果会出现失真的扰动，而采用本书提出的方法其结果与解析解吻合得比较好。

5.5 隧道地震响应特性研究

5.5.1 地震波持时对隧道响应特性的影响

地震时，由于持续时间的不同，使得能量损耗积累不同，从而影响了地震反应。持时是地震动的重要参数，是导致结构破坏的重要因素。本书研究了地震持时对隧道响应的影响，分别取 1s、2s、5s、10s 和 15s 的地震持时，幅值大小均为 0.25m/s，地震频率均为 1Hz（图 5-13）。

地震持时对位移的影响比较显著，随着持时的增加，隧道位移增大。说明随着输入地震动能量的持续增加，隧道洞周的损伤在持续积累。震害调查表明，有的结构在主震时已经破坏但没有倒塌，但在余震时倒塌，就是因为震动时间延长，损伤破坏累积导致结构破坏。总之，地震动的持续时间越长，隧道的累计破坏越多。

5.5.2 地震波强度对隧道响应特性的影响

当震源、震中距、场地岩土等因素均相同，地震动强度高时，建筑物遭受的破坏程度大。计算取地震波速度峰值分别为 0.031m/s，0.062m/s，0.130m/s 和 0.250m/s，对应的地震烈度分别为Ⅴ度，Ⅵ度，Ⅶ度，Ⅷ度。计算中地震频率为 1Hz，持时为 5s，从底部垂直入射。

图 5-14 为隧道拱顶和拱底峰值位移随地震荷载振幅的变化规律。可以看出，随振幅的加大，隧道位移呈现增大趋势，且位移随振幅的增长大致呈线性变化，拱顶的响应略大于拱底的响应。

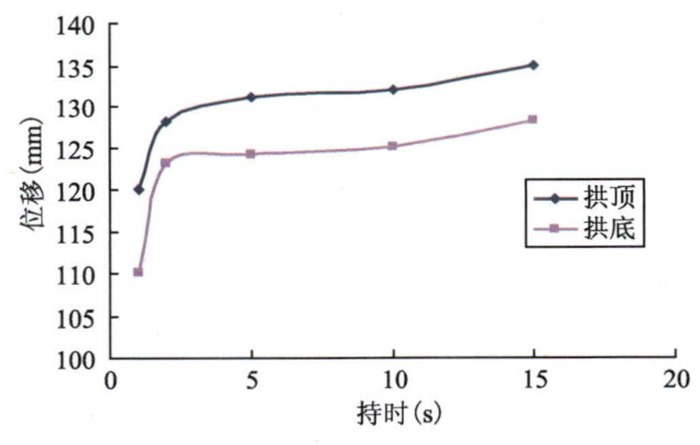

图 5-13 测点位移随地震持时的变化曲线

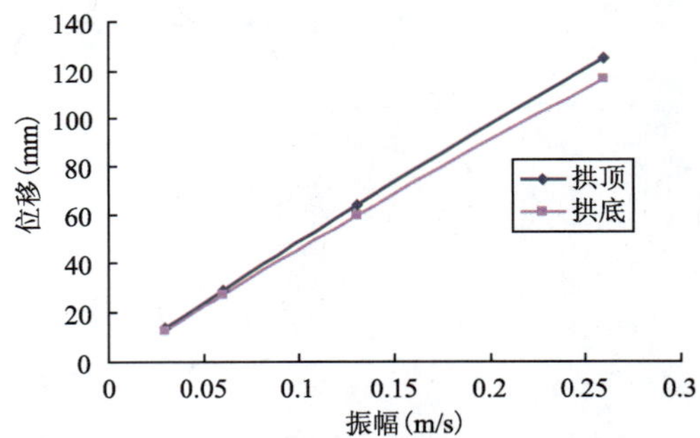

图 5-14 测点位移随地震幅值的变化曲线

5.5.3 地震波频率对隧道响应特性的影响

地震动频谱组成对结构体系的响应有重要影响，但是目前在地下工程抗震中还没有引起足够的重视。为了探讨动力输入的频率对隧道响应的影响，分别取频率 0.5Hz、1Hz、2Hz、10Hz，20Hz，而幅值大小为 0.25m/s、持续时间为 5s 不变来研究剪切地震波下频率的影响。

图 5-15 为隧道拱顶和拱底峰值位移在不同频率地震波作用下的值，从图中可以看出，大体上，随着输入地震波频率的增加，隧道位移幅值呈下降的趋势，且当地震波频率小于 10Hz 时，隧道位移幅值下降比较明显，当地震波频率超过 10Hz 时，隧道位移随地震波频率增加而

变化的幅度不大。由此可以看出以岩土介质作为其结构体系的隧道在低频的地震波作用下响应更为巨大,震害调查也表明这一点。

5.5.4　地震波入射方向对隧道地震响应特性的影响

由于地震传播方向的不确定性,地震入射波方向不同,隧道的响应也不同。下面研究地下隧道在不同入射角度(0°,30°,45°,60°,90°)地震作用下的响应规律,计算中幅值大小为0.25m/s(Ⅷ度烈度),地震频率为1Hz,持时为1.5s,通过分析上述5种工况下的位移响应,寻找出最危险的地震作用方向。

图5-16为隧道拱顶和拱底位移峰值随地震波入射角度的变化。由图中可以看出,水平入射时位移响应幅值最小,垂直入射时位移响应幅值最大,可见垂直入射的隧道地震反应大于斜入射下的反应。其中,随剪切波入射角的增大,隧道位移先增大,临近45°时稍稍减小,此后又逐步增大。

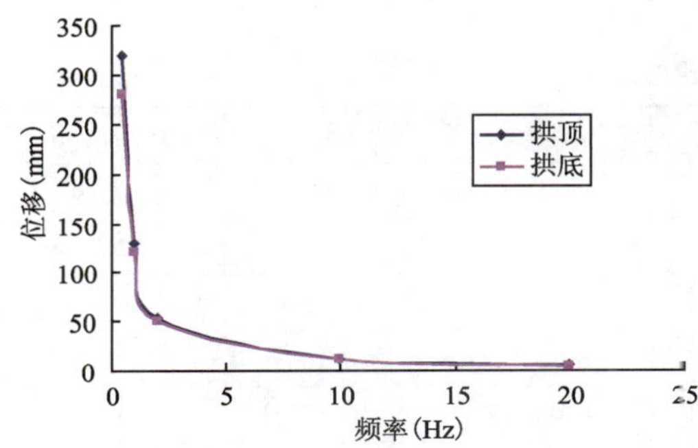

图5-15　测点位移随地震频率的变化曲线

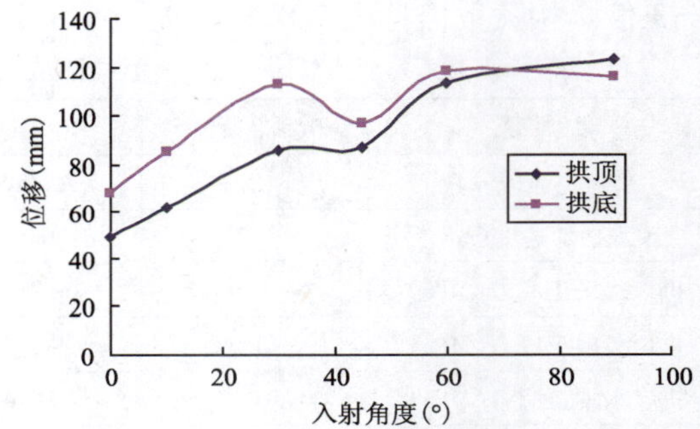

图5-16　测点位移随入射角度的变化曲线

因此,对隧道地震响应而言,垂直入射方向是最危险的地震作用方向,这从另一个方面也表明一般计算中地震波垂直入射的假设是合理的,这样处理的隧道地震响应计算结果偏于保守。

5.5.5　隧道埋深对隧道地震响应特性的影响

震害调查表明,隧道所受震害与隧道埋深有关。下面研究隧道在不同埋深(2*D*,5*D*,9*D*,15*D*,22*D*,28*D*,*D*为隧道平均直径,且*D*=10m)情况下的地震动力响应,计算中剪切波幅值大小为0.130m/s(Ⅶ度烈度),地震频率为1Hz,持时为1s,从底部垂直入射。

图5-17为隧道拱顶和拱底位移峰值随隧道埋深的变化。由图中可以看出,随着埋深的增加,隧道拱顶和拱底位移峰值有明显减小的趋势,且隧道埋深超过约20倍洞径后,各监测点的位移响应趋于平稳。可见,在隧道埋深较浅时,隧道受周围岩土介质的约束较小,且由于在接近地表时岩土介质的地震响应存在放大效应,因此浅埋隧道

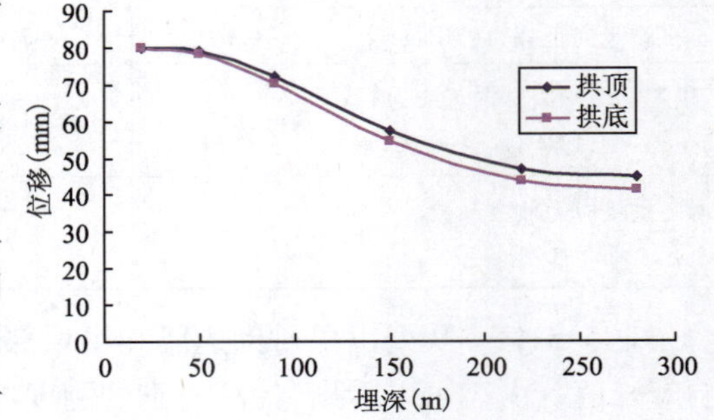

图5-17　测点位移随埋深的变化曲线

地震动力响应更明显，受到的震害更大。

需要指出的是，数值试验给出的只是隧道在一般围岩条件下的结论，因为在一般情况下，隧道的震动变形受周围岩土体的约束作用显著，破坏程度一般随覆盖层厚度的增加而减小，但是在围岩质量、地应力和断层的交叉影响下，埋深较大时也会出现震害。汶川地震震害调查表明，在软质岩隧道中，由于受断层、地应力以及围岩质量的交叉影响，埋深与震害关系的规律性不是十分明显，如：紫坪铺软岩隧道 50m 埋深以内震害严重，300m 埋深以上震害轻微；龙溪隧道 500m 埋深段还有二次衬砌坍落等严重震害。

5.5.6 衬砌刚度对隧道地震响应特性的影响

通过数值试验研究比较不同衬砌刚度下隧道地震动力响应的差异。计算中隧道埋深设为 45m，地震波没有采用抗震设计中常用的 EI 波，考虑垂直向入射的横波和纵波的联合作用，其中纵波的幅值设为横波的 2/3。计算时衬砌刚度分别设为初始刚度的 0.5 倍，0.8 倍，1 倍，2 倍，3 倍。相关数值见表 5-8、表 5-9。

不同部位衬砌的响应峰值　　表 5-8

项　目	0.5 倍刚度	0.8 倍刚度	1 倍刚度	2 倍刚度	3 倍刚度
拱顶位移(mm)	-8.3	-8.7	-8.0	-7.1	-6.9
拱顶水平加速度(m/s^2)	1.2	1.3	1.2	2.1	2.2
拱顶水平正应力(MPa)	-1.98	-2.50	-2.87	-3.75	-4.40
拱顶竖向正应力(MPa)	-0.09	-0.12	-0.13	-0.16	-0.21
拱腰水平正应力(MPa)	-0.33	-0.41	-0.45	-0.58	-0.62
拱腰竖向正应力(MPa)	-6.07	-7.40	-8.03	-9.21	-10.33

注：位移和应力值均为地震响应中峰值。

不同部位衬砌及相邻围岩的应力峰值和放大系数　　表 5-9

项　目	0.5 倍刚度	0.8 倍刚度	1 倍刚度	2 倍刚度	3 倍刚度
拱顶水平正应力(MPa)	-1.98	-2.50	-2.87	-3.75	-4.40
拱顶部位围岩水平正应力(MPa)	-0.54	-0.52	-0.50	-0.42	-0.41
拱顶应力放大系数(衬砌应力/围岩应力)	3.67	4.81	5.74	8.93	10.73
拱腰竖向正应力(MPa)	-6.07	-7.40	-8.03	-9.21	-10.33
拱腰部位围岩竖向正应力(MPa)	-2.21	-1.90	-1.86	-1.65	-1.43
拱腰应力放大系数(衬砌应力/围岩应力)	2.75	3.89	4.32	5.58	7.22

表 5-8、表 5-9 列出了衬砌边墙和拱顶部位在不同刚度衬砌工况下的位移、加速度和应力响应峰值。由表可以看出，提高衬砌的刚度后，衬砌地震位移值稍有下降，降低衬砌刚度位移值略有增长；衬砌刚度提高为原来的 2 倍和 3 倍以后，拱顶加速度峰值分别为原设计的 2.1 倍

和2.2倍，而降低衬砌刚度对加速度值影响不大。

考察衬砌应力放大系数（衬砌应力/围岩应力），在围岩应力水平相差不大的情况下，提高衬砌刚度后，震后衬砌应力相对围岩应力的放大系数大幅提高，2倍刚度放大系数大概提高为原设计的1.4倍，3倍刚度放大系数大概提高为原设计的1.7倍，而降低衬砌刚度可有效降低衬砌的应力，从而降低应力放大系数，0.5倍和0.8倍刚度方案大致分别仅为原设计的0.64倍和0.85倍。衬砌与周边围岩的应力差距加大，衬砌内应力放大系数不断增大的现象出现势必造成衬砌所承担的地震荷载加大，而围岩所承担的地震荷载减小。

总体来说，对软弱围岩情况，提高衬砌刚度后，变形虽略有下降，但加速度大幅增大，地震应力也提高很多。

5.6　高烈度地震对隧道结构安全性的影响

5.6.1　近断层地震动的模拟

大量的观测资料表明，近断层地区的地震地面运动明显不同于远离震源地区的地震地面运动。与远场地震相比，近断层地震发生在断层距比较小的区域内，因此不但跟震级、断层距等因素有关，还跟断裂机制和断层特性等因素紧密联系，近断层地震动的这些特点导致其研究的复杂性。

近断层错动激发地震的物理模型的建立比较复杂，目前，描述震源模型特征的方法大体可以分为两类：运动学震源模型和动力学震源模型。运动学震源模型给出滑动时间和空间函数，并不考虑应力条件。而动力学模型更接近震源破裂的真实物理过程。运动学震源模型和动力学震源模型两者是有根本区别的，即前者要求给出离散断层所有离散节点在每一离散时刻的节点运动（如位移、速度及加速度）作为输入地震荷载，称为运动学地震荷载；后者则要求给出离散断层所有离散节点在每一离散时刻的节点力作为输入地震荷载，称为动力学地震荷载。在运动学地震荷载作用下，可以无需考虑上下盘断层面之间的摩擦本构关系，即可直接实现近断层强地震动的数值模拟；而在动力学地震荷载作用下，则必须考虑上下盘断层面之间的非线性摩擦本构关系，才可以实现近断层强地震动的数值模拟。

运动学模型不需要考虑断层破裂面上的非线性摩擦本构关系，可以直接在离散的断层节点上输入荷载（位移、速度以及加速度），因此本书对近断层地震动的模拟采用运动学震源模型。

地震波是从断裂错动处激发出来的，而近断层地震波的特征一定程度上能反映地震源场断层的运动规律。基于这种考虑，采用运动学震源模型，对近场活断层激发地震的情况采用如下方法模拟，即选用合成的近断层地震波，在断层节点上输入相应的位移时程曲线以模拟断层的错动，同时参照地震安全性评价报告中的断裂最大错动量，将位移时程曲线做等比例放大。

5.6.2　近断层地震与一般地震作用下隧道响应对比分析

对同样的加速度峰值，隧道结构分别在近断层地震与远场一般地震作用下的响应有何区别？近断层地震作用下隧道的破坏有何特别之处？为了解答上述疑问，首先开展了这方面的研究。

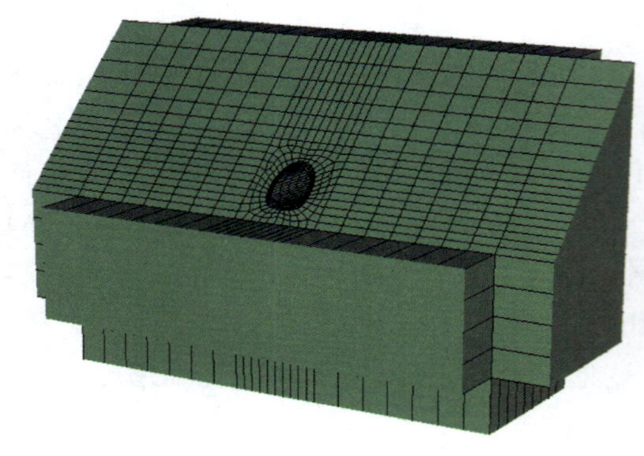

图 5-18　计算模型

1）计算模型及参数

计算模型为消除边界的不利影响，计算范围横向上均取 10 倍洞径，隧道纵向范围取 42m，竖向取从洞口处地表往下 30m 范围。计算模型中围岩采用三维减缩实体单元模拟，支护仅考虑单层衬砌，截面尺寸与 5.5 节相同。在底边、4 个侧边设置无限元动力边界，有限元计算网格见图 5-18。计算参数同 5.5 节的相关参数。

采用的地震波为台湾集集地震远场地震 CHY002-E 记录与近断层地震 TCU063-N 记录，地震动输入仅考虑垂直入射的隧道横向剪切波的影响。因近断层地震 TCU063-N 记录峰值加速度稍偏大，为消除峰值不同的影响，计算中将近断层地震记录等比例缩小至与远场地震记录峰值一致。因三维计算耗时太长，实际计算分析中采用的是包含峰值加速度持时 28s 的加速度记录，保留了原有的频谱特性和峰值特性。

计算过程是先做隧道开挖的静力计算，在此基础上再做地震动力计算。

2）计算结果及分析

衬砌变形、应力和塑性区云图见图 5-19 ~ 图 5-28，各断面重点位置隧道地震位移和应力峰值见表 5-10。

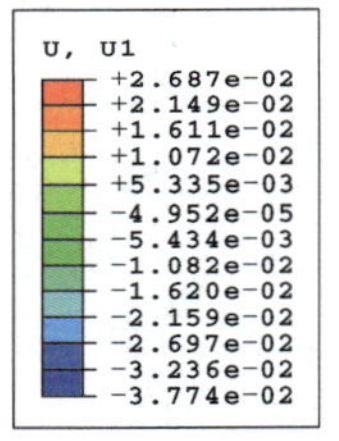

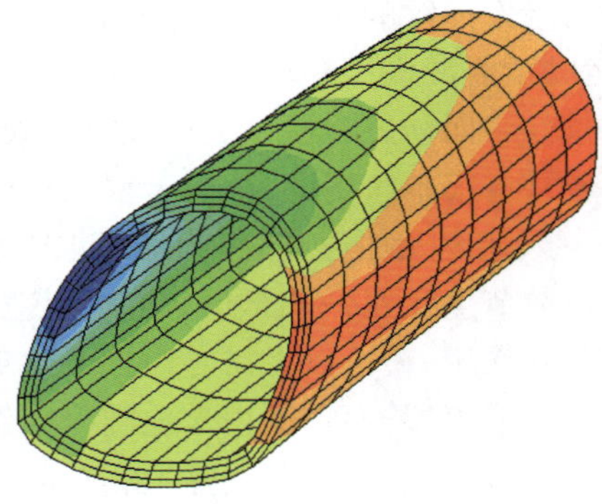

图 5-19　远场地震工况衬砌震后横向位移分布云图

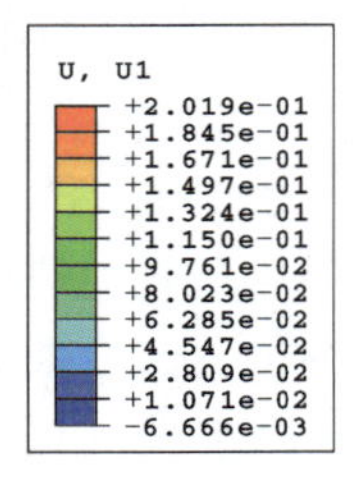

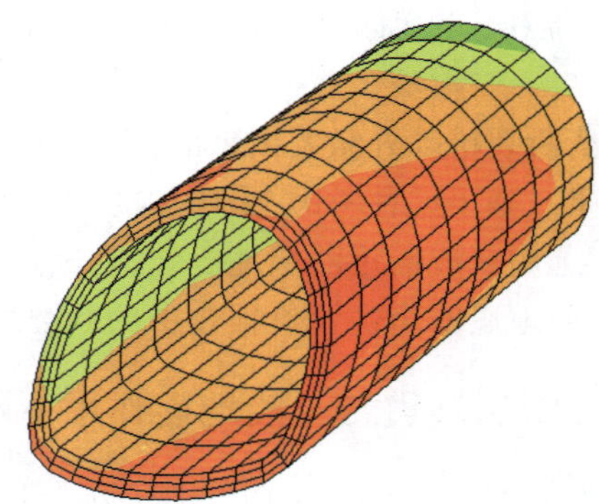

图 5-20　近断层地震工况衬砌震后横向位移分布云图

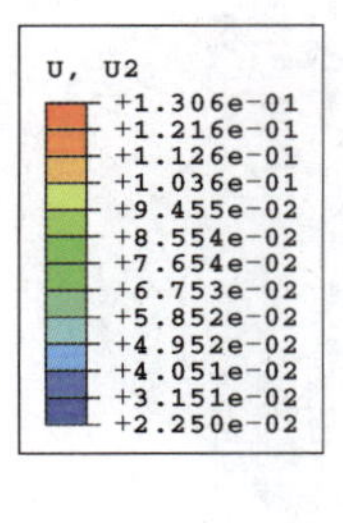

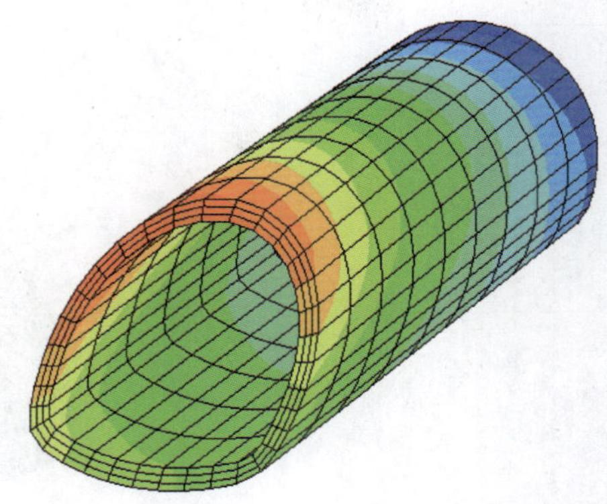

图 5-21　远场地震工况衬砌震后纵向位移分布云图

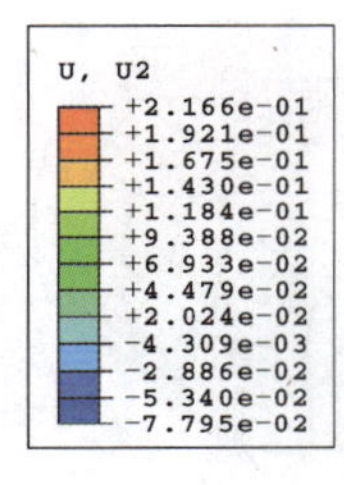

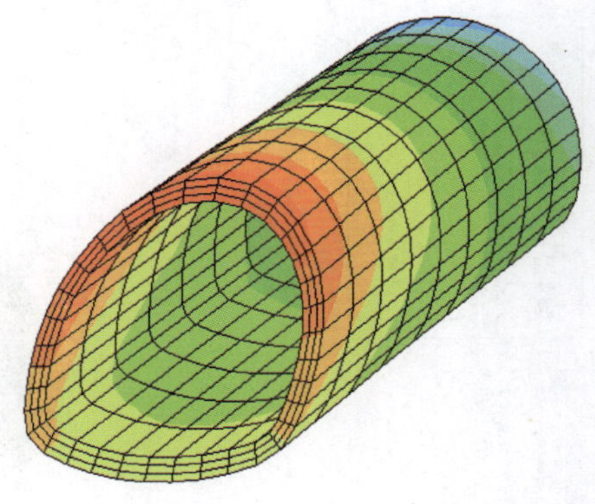

图 5-22　近断层地震工况衬砌震后纵向位移分布云图

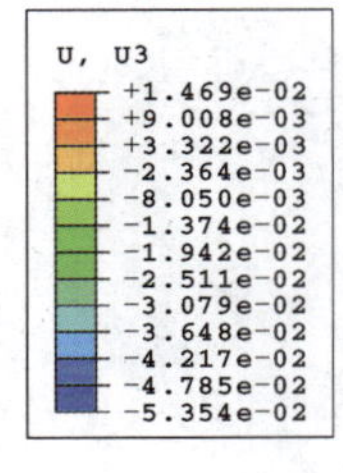

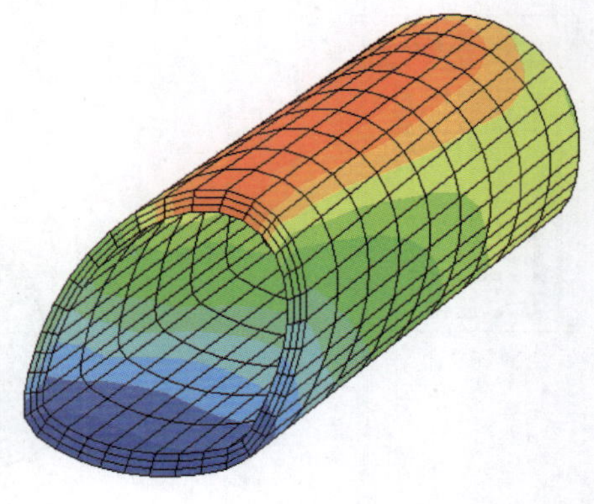

图 5-23　远场地震工况衬砌震后竖向位移分布云图

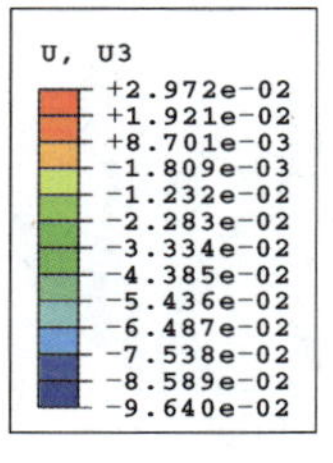

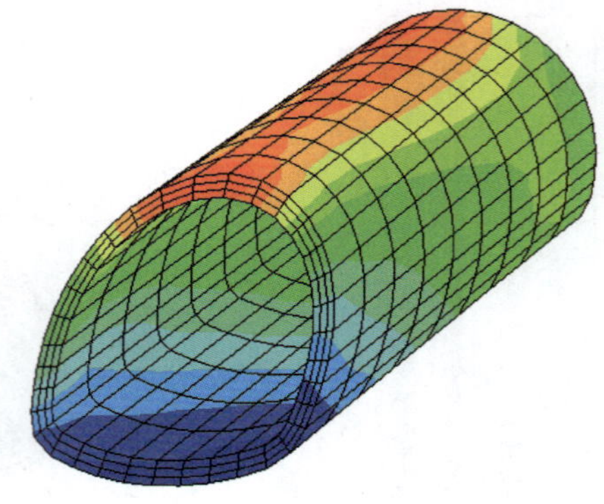

图 5-24　近断层地震工况衬砌震后竖向位移分布云图

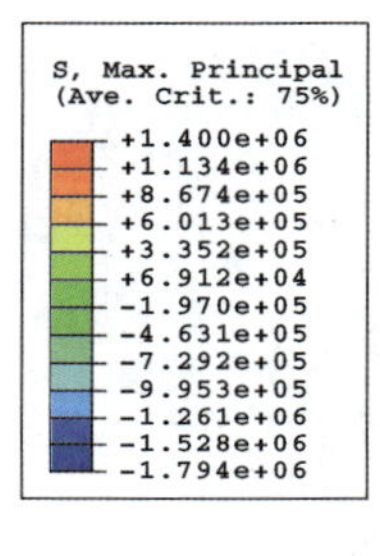

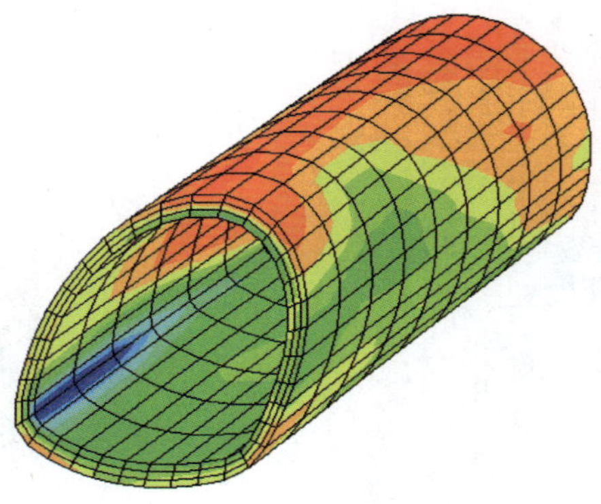

图 5-25　远场地震工况衬砌震后最大主应力分布云图

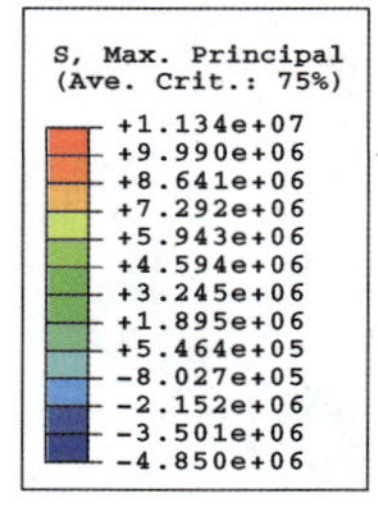

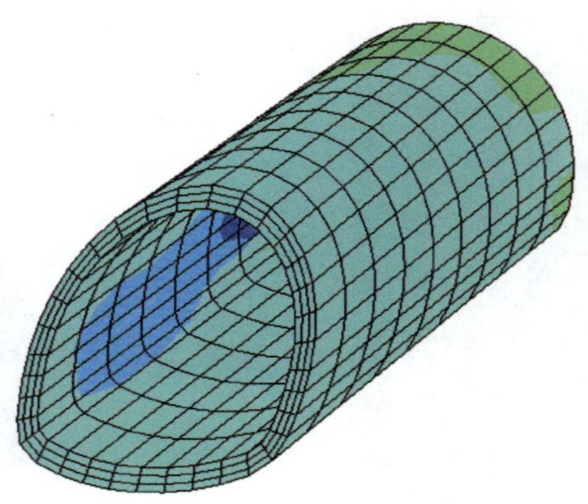

图 5-26　近断层地震工况衬砌震后最大主应力分布云图

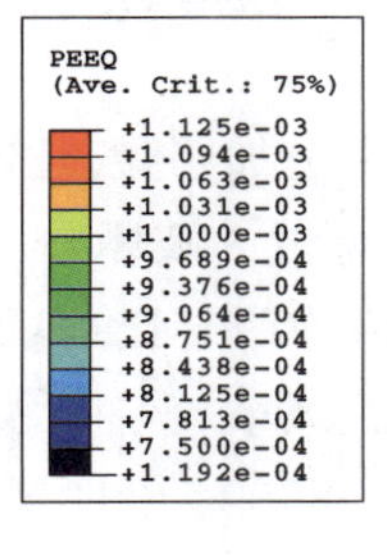

图 5-27 远场地震工况衬砌震后塑性区分布云图

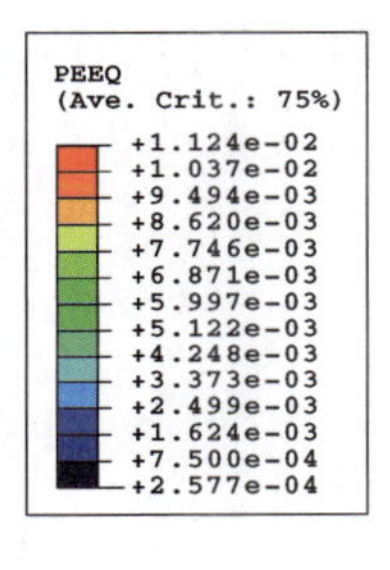

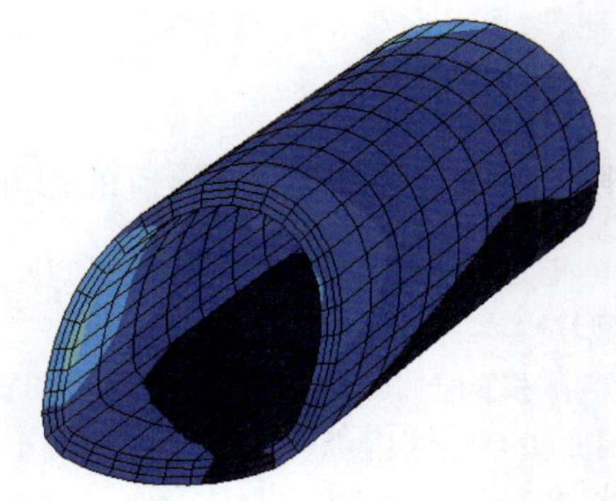

图 5-28 近断层地震工况衬砌震后塑性区分布云图

各断面重点位置隧道地震位移和应力峰值 表 5-10

断面位置	地震波类型	拱顶横向位移峰值(cm)	拱顶纵向位移峰值(cm)	拱顶竖向位移峰值(cm)	边墙底最大主应力峰值(MPa)
洞口处	远场地震	28.1	12.2	1.9	1.23
	近断层地震	31.9	20.6	3.2	1.49
进洞20m处	远场地震	26.2	6.3	1.5	1.21
	近断层地震	28.3	9.1	1.6	1.27

分析以上图、表的结果，得到：

(1)比较两类工况下的位移云图(图 5-19 ~ 图 5-24)，近断层地震工况下衬砌位移值明显要比远场地震工况位移值大。近断层地震作用下，衬砌最大横向位移为 20.0cm，最大纵向位移为 21.7cm，最大竖向位移为 9.6cm，而远场地震作用下，衬砌最大横向位移为 2.7cm，最大纵向位移为 13.1cm，最大竖向位移为 5.4cm。尤其是横向位移，近断层地震工况最大值为远场地震工况的 7.5 倍。

(2)比较两类工况下最大主拉应力云图(图 5-25、图 5-26)，近断层地震工况中衬砌最大主拉应力达到11.3MPa,远场地震作用下最大主拉应力仅为1.4MPa,近断层地震工况最大值大致为远场地震工况的8倍。

(3)比较震后塑性区分布(图5-27、图5-28),两类情况的差别更加明显,近断层地震工况中衬砌几乎发生了贯穿性破坏,而远场地震工况仅在洞口位置有部分的破坏。

(4)分析表5-10的数据,近断层地震作用下隧道地震响应值均明显比远场地震工况大。进洞20m处两类地震工况下隧道响应之间的差别相对于洞口位置减小。

在相同峰值加速度的远场地震和近断层地震的作用下,隧道的响应出现了明显的差异,近断层地震作用下隧道响应值明显比远场地震工况大,由此可见对隧道近场区存在发震断层的情况,隧道结构地震响应分析不能简单采用一般的远场地震记录,需采用专门的近场区发震断层的地震记录进行抗震设计,若无相关记录,需根据相关的地震参数合成人工波。另外,比较表中两类地震工况下的隧道响应值,可以看到随进洞距离的加深,远场地震下的隧道响应越接近近断层地震,可见两类工况隧道地震响应的差别主要体现在洞口位置,洞身位置差别较小。

5.6.3 隧道进洞口活断层对隧道的影响评价

本节注重隧道近场活断层错动激震对隧道稳定性的影响。

1)计算模型及参数

计算模型范围横向上取10倍洞径,隧道纵向范围取100m,假设隧道进洞口前300m处为一走滑断裂,因此模型同时沿纵向考虑了从洞口至断层中心面为止约300m的区域,同时模型只考虑了该走滑断层的下盘,竖向取从洞口处地表往下30m范围,动力边界设置方面,除去该单盘面,其他边界仍设置为无限元动力边界,有限元计算网格见图5-29。计算模型中围岩采用三维减缩实体单元模拟,弹塑性本构,为保守计,支护仅考虑了衬砌,初衬采用实体单元,厚度为24cm,二次衬砌采用shell单元,厚度为50cm,弹塑性本构。

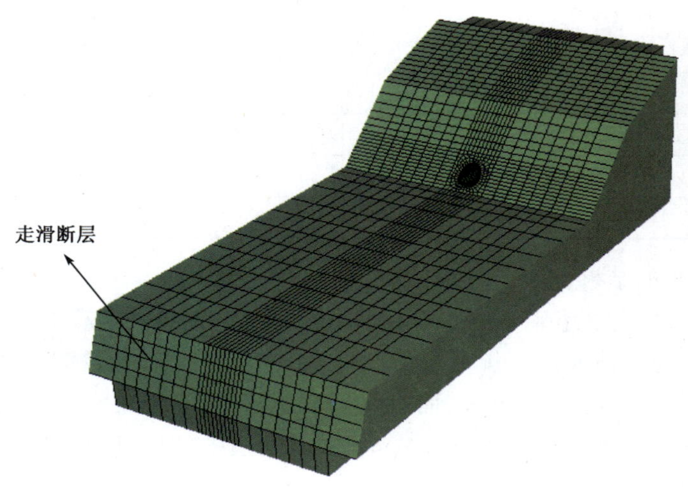

图5-29 有限元网格

计算模型范围内围岩级别为V类,参照《公路隧道设计细则》(JTG/T D70—2010),计算模型全断面开挖后,围岩和初次衬砌分担30%的释放荷载,二次衬砌分担70%的释放荷载,其他有关的计算方法和计算过程同5.6.2节,材料参数见表5-11。

围岩及衬砌混凝土力学参数 表5-11

材 料	密度(kg/m³)	弹性模量(GPa)	泊松比	黏聚力(MPa)	内摩擦角(°)
围岩	2 300	2	0.3	0.3	35
初次衬砌混凝土	2 500	25.5	0.2	1.3	58
二次衬砌混凝土	2 500	28.0	0.2	1.6	60

对洞口走滑断层激震的模拟采用5.6.1节中所述的思路,在断层下盘输入近断层地震记录,输入地震波采用前述的近断层人工合成地震记录。

2)计算结果及分析

衬砌变形、应力和塑性区云图见图5-30~图5-35。

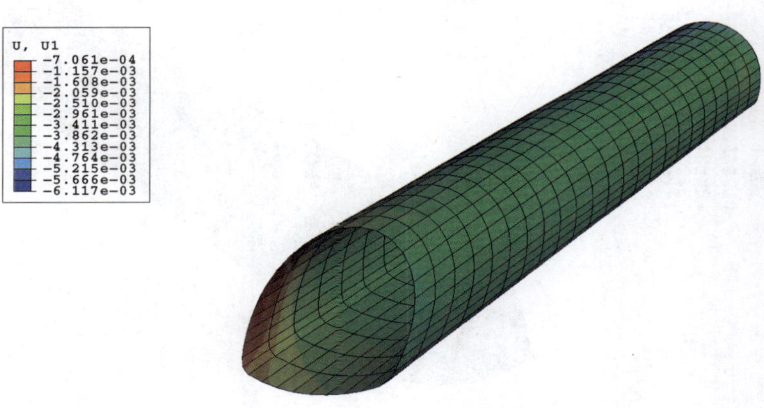

图5-30 衬砌震后横向位移分布云图

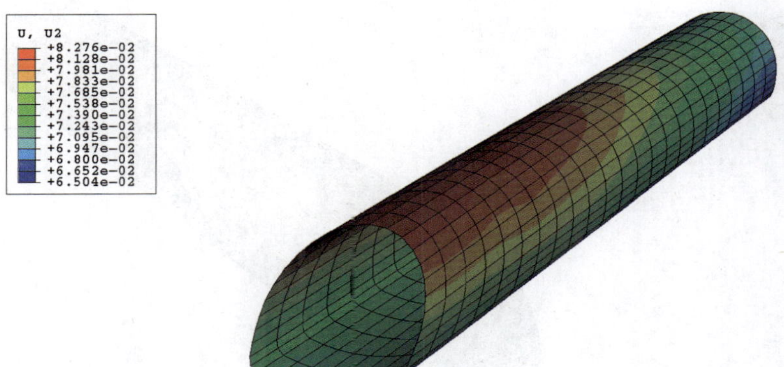

图5-31 衬砌震后纵向位移分布云图

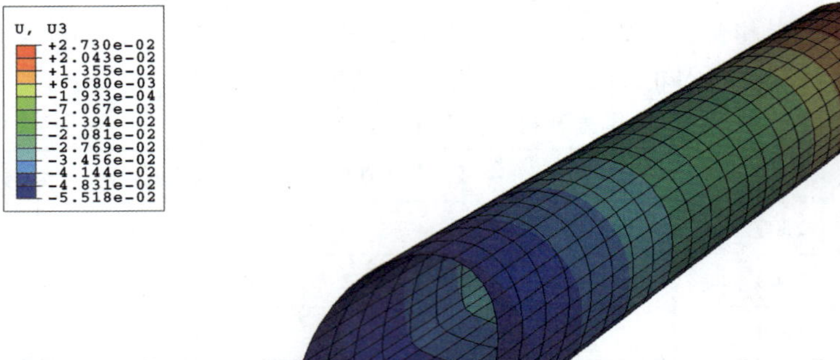

图 5-32　衬砌震后竖向位移分布云图

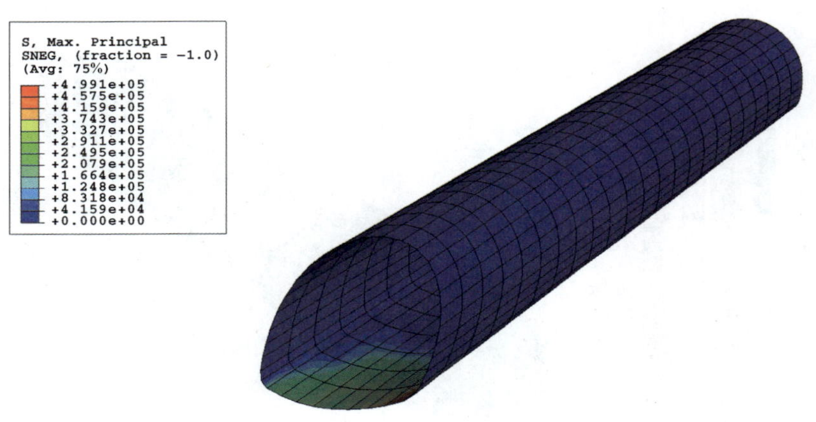

图 5-33　衬砌震后最大主拉应力分布云图

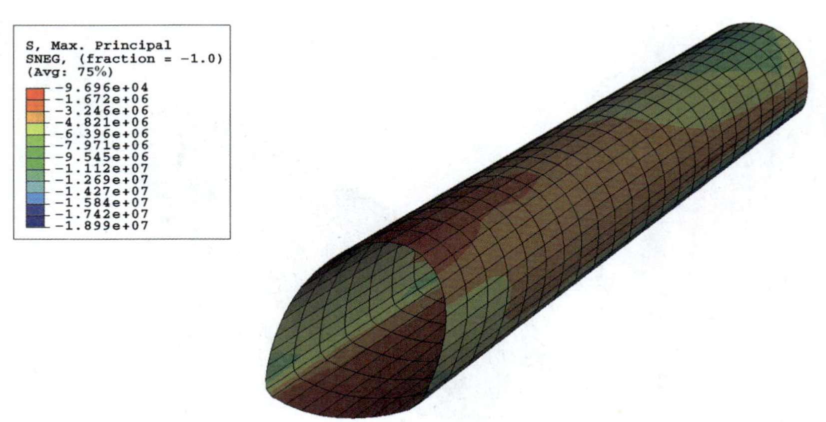

图 5-34　衬砌震后最小主拉应力分布云图

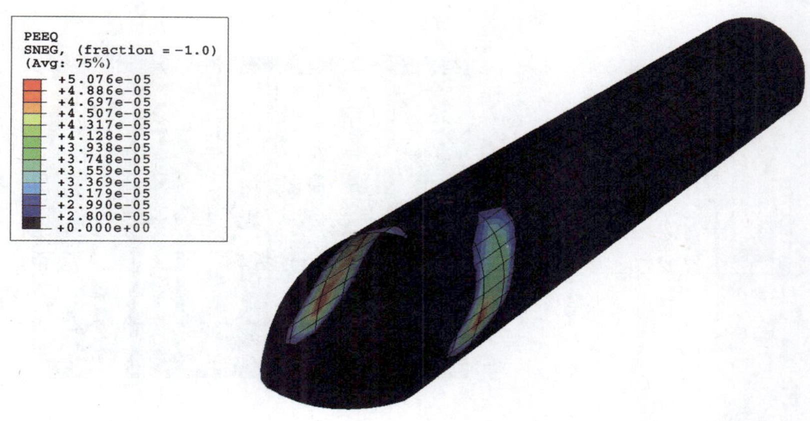

图 5-35　衬砌震后塑性区分布云图

隧道近场区整体应力和塑性区云图见图 5-36 ~ 图 5-41，各断面重点位置隧道地震位移和应力峰值见表 5-12。

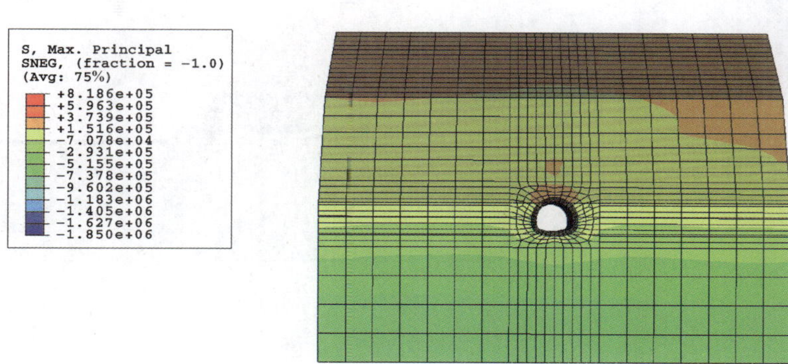

图 5-36　震后隧道各横断面最大主应力云图（洞口处）

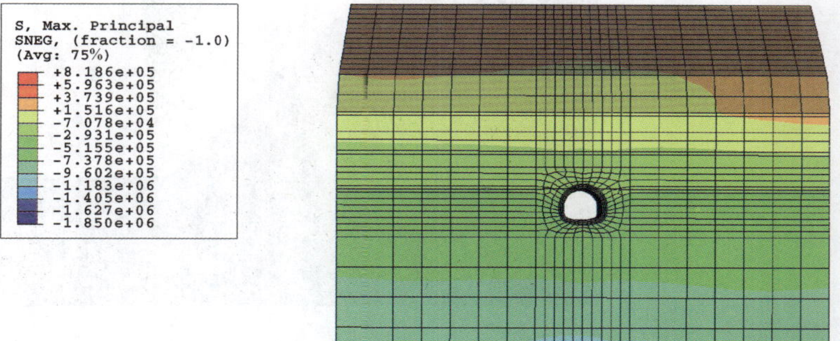

图 5-37　震后隧道各横断面最大主应力云图（进洞 20m）

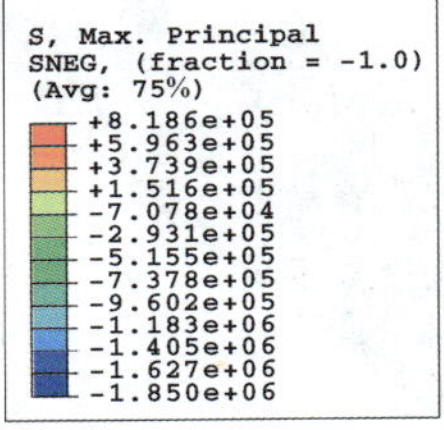

图 5-38　震后隧道各横断面最大主应力云图(进洞 71m)

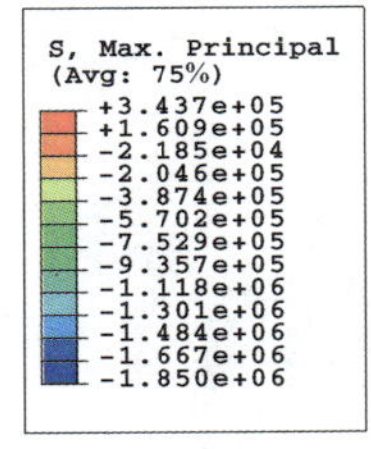

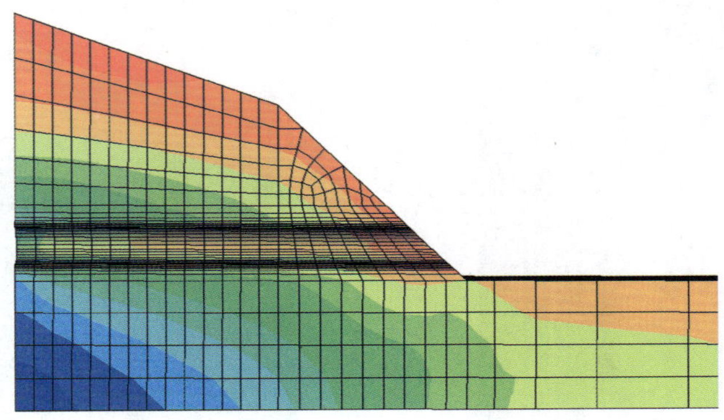

图 5-39　隧道洞口纵断面最大主应力云图

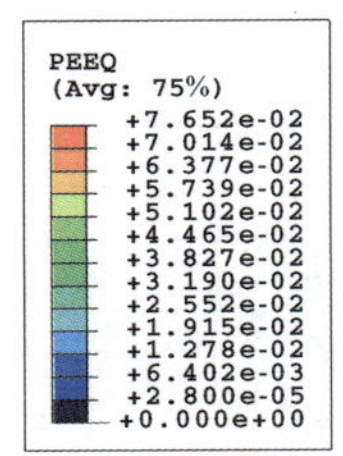

图 5-40　隧道洞口纵断面塑性区云图 a

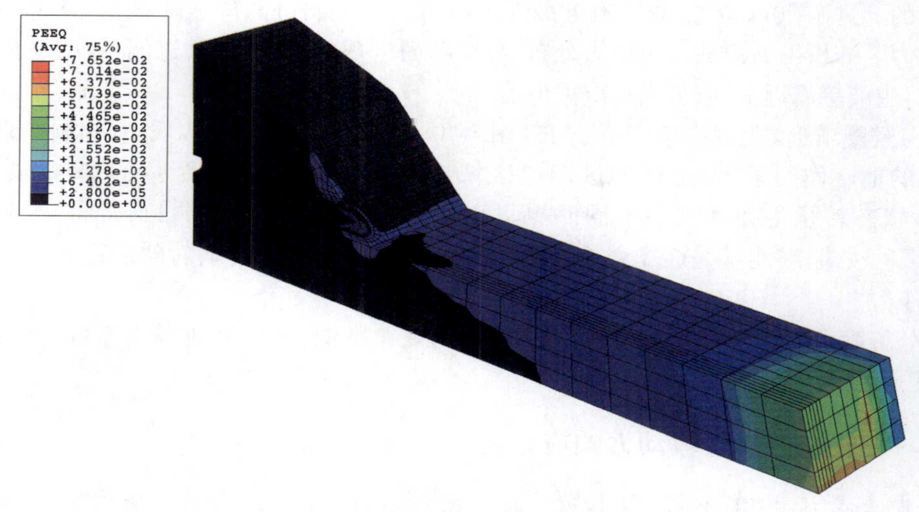

图 5-41 隧道洞口纵断面塑性区云图 b

各断面重点位置隧道地震位移和应力峰值

表 5-12

断面位置	拱顶横向位移峰值（cm）	拱顶纵向位移峰值（cm）	拱顶竖向位移峰值（cm）	边墙底横向弯矩峰值（kN·m）	边墙底纵向弯矩峰值（kN·m）
洞口处	0.78	6.90	5.50	80.2	30.8
进洞 12m	0.76	6.70	4.30	52.1	5.4
进洞 24m	0.72	6.50	3.50	57.3	7.6
进洞 36m	0.66	6.40	1.50	60.6	14.5

分析以上图、表的结果，得到：

（1）考察衬砌震后位移云图（图 5-30 ~ 图 5-32），近断层地震后衬砌纵向位移最大，竖向位移次之，横向位移最小，这是因为对隧道洞口段，纵向和竖向都面临临空面，约束较弱，相应位移要更大些。纵向位移最大可达 8.3cm，且最大位移发生在近洞口区域的拱顶部位，拱腰和边墙底次之，仰拱部位位移最小。竖向位移最大值为 -5.5cm，出现在近洞口区域，且随近洞口加深，位移逐渐减小，最深处位移出现增大的趋势，这是因为边界效应所致，可不予考虑。横向位移最大值为 -0.6cm，出现在洞口的拱腰及偏上的部位。

（2）考察衬砌震后主应力云图（图 5-33、图 5-34），分析最小主应力分布，最小主应力峰值主要出现在近洞口区域的拱腰部位，考察最大主应力分布，最大主应力主要分布在洞口处，出现在仰拱部位。

（3）考察衬砌塑性区分布（图 5-35），震后塑性区主要出现在洞口区域的拱腰和接近拱顶部位，随进口深度的加大，衬砌由洞口部位的塑性状态转为弹性状态。

（4）考察隧道各横断面及纵断面最大主应力云图（图 5-36 ~ 图 5-39），综合比较，进洞越深，隧道及附近围岩最大主应力越小，隧道受力情况越好。考察洞口处横断面最大主应力分布，最大主应力峰值主要集中在隧道拱顶附近、洞口边坡坡脚及上部位置，这与震害调查的结果是一致的。进洞 20m 位置，隧道附近最大主应力已经较洞口部位下降很多，且主要为较有利的压应力。分析纵断面最大主应力分布，与横断面展现的规律相似，进洞越深，最大主应力越小，洞口边坡越靠近上部，最大拉应力值越大。

(5)考察隧道近场区整体塑性区分布(图5-40、图5-41)。由图可以看出，在洞口附近走滑断层诱发的地震作用下，隧道近场区洞口区域出现塑性区，随进洞距离的加深，隧道及围岩由塑性状态转化为弹性状态。同时也可以看到，从震源位置至洞口，等效塑性应变值逐步减小，可见地震能量是逐步衰减的，数值计算给出了地震波传播对隧道近场区影响的很直观的模拟。

(6)分析表中地震响应值，与上述图中揭示的规律类似，洞口处地震响应值最大，随进洞距离加深，地震响应值降低。

5.6.4 隧道洞口边坡动力响应分析

震害调查表明：隧道洞口边坡也易在震中遭受破坏，往往会造成对隧道洞门的间接破坏。嘎隆拉隧道进口段坡面岩体破碎，震后边坡易出现崩塌与滑塌，可能造成洞门被砸坏、洞口被掩埋，因此地震荷载作用下洞口边坡稳定问题也应成为隧道地震稳定性评价的一个部分。

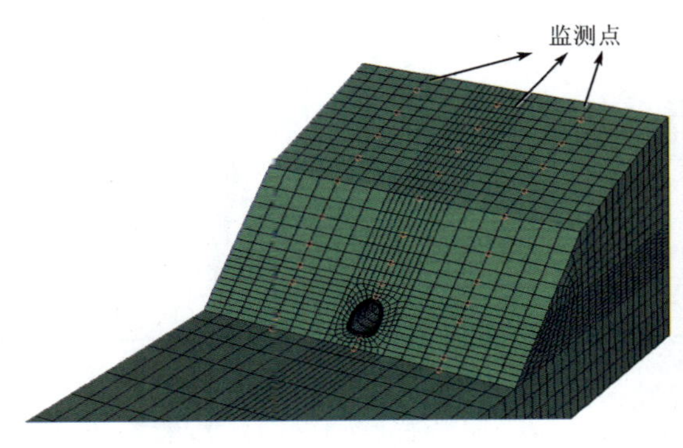

图 5-42 隧道洞口边坡监测点布置图

计算模型、材料参数和地震激励均同5.6.3节一致，本节对地震作用下隧道进洞口边坡的动力响应特性和变化规律进行了深入研究，为进一步了解地震作用下边坡失稳机理、边坡稳定性分析和隧道边坡抗震设防提供了科学的依据。计算中监测点包括坡面和坡内监测点，见图5-42。其中，水平方向的监测点位于隧道正上方165m高程处，沿隧道轴向分布，未在图中标出。另外，因为隧道纵向地震响应最大，因此下面计算分析值均取纵向动力响应值，计算结果见表5-13、表5-14及图5-43～图5-49。

坡面监测点纵向位移和加速度响应峰值　　表 5-13

高程(m)	左线纵向位移(cm)	中线纵向位移(cm)	右线纵向位移(cm)	左线纵向加速度(m/s^2)	中线纵向加速度(m/s^2)	右线纵向加速度(m/s^2)
191.7	10.7	10.9	10.8	3.1	4.0	3.1
187.2	10.6	10.9	10.8	2.9	3.9	2.8
182.7	10.5	10.8	10.7	2.9	3.8	2.8
178.3	10.4	10.7	10.6	2.8	4.3	2.7
173.8	10.1	10.4	10.4	3.6	16.2	4.7

续上表

高程 (m)	左线 纵向位移 (cm)	中线 纵向位移 (cm)	右线 纵向位移 (cm)	左线 纵向加速度 (m/s^2)	中线 纵向加速度 (m/s^2)	右线 纵向加速度 (m/s^2)
156.4	8.9	9.3	9.3	3.9	14.2	4.4
150.7	8.4	8.8	8.8	3.3	30.3	1.7
145.9	7.8	8.4	8.3	1.8	31.1	1.7
136.4	6.3	7	7.1	1.7	30.6	1.7
133.2	5.5	6.1	6.4	1.1	3.3	1.6

注:表中数据均取峰值绝对值。

坡内监测点纵向位移和加速度响应峰值 表5-14

纵向水平距离 (m)	纵向位移 (cm)	纵向加速度 (m/s^2)
0.0	9.8	16.2
10.3	9.7	20.1
18.6	9.7	8.1
26.9	9.4	7.2
35.2	9.4	6.1
43.4	9.3	5.0
51.7	9.3	2.5

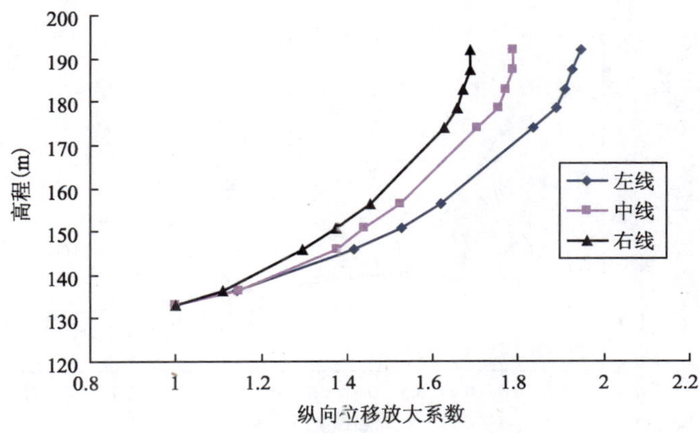

图5-43 坡面监测点纵向位移放大系数随高程的变化曲线

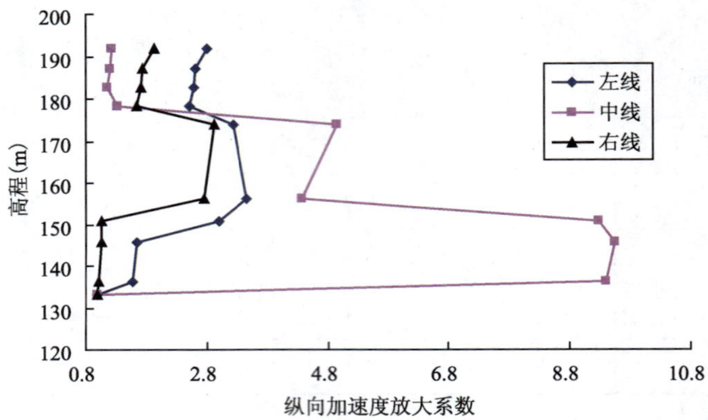

图 5-44　坡面监测点纵向加速度放大系数随高程的变化曲线

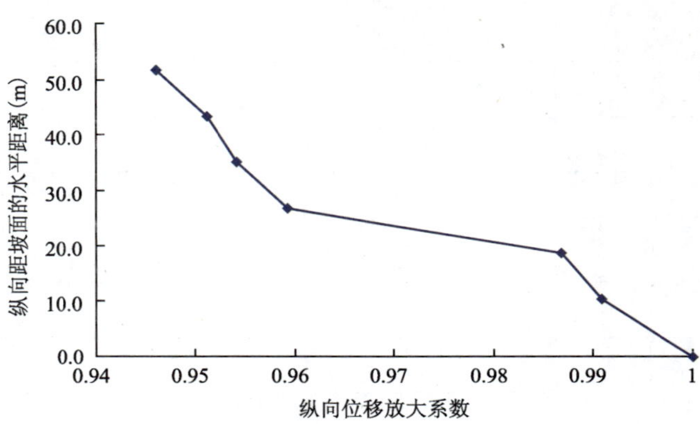

图 5-45　坡内监测点纵向位移放大系数沿轴向的变化曲线

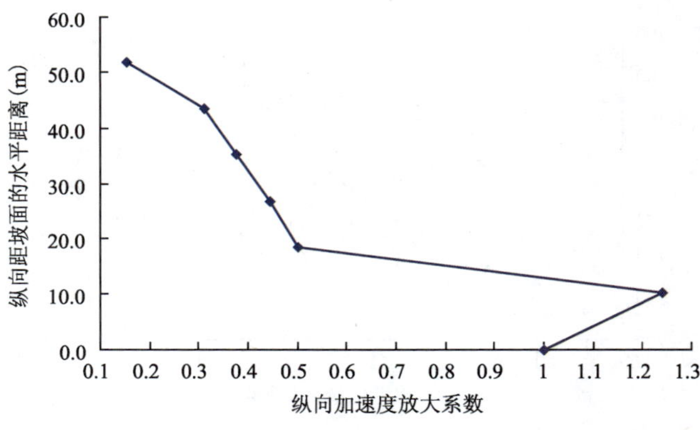

图 4-46　坡内监测点纵向加速度放大系数沿轴向的变化曲线

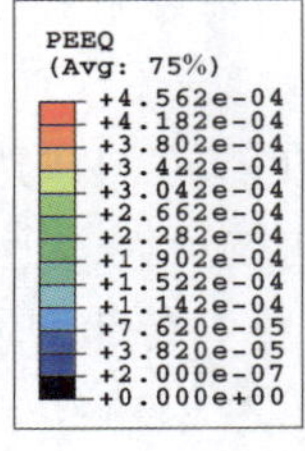

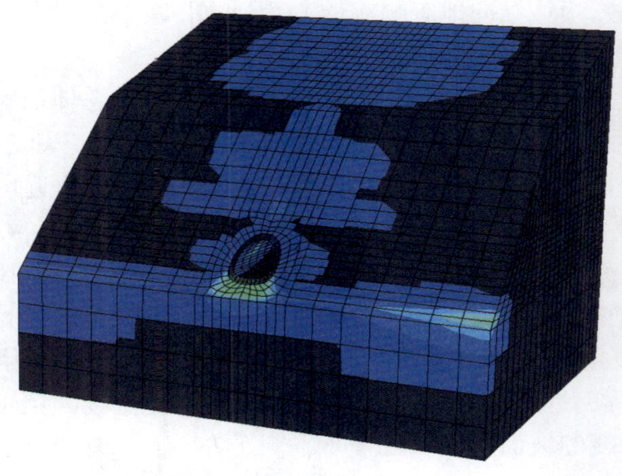

图 5-47　隧道进口边坡塑性区分布云图

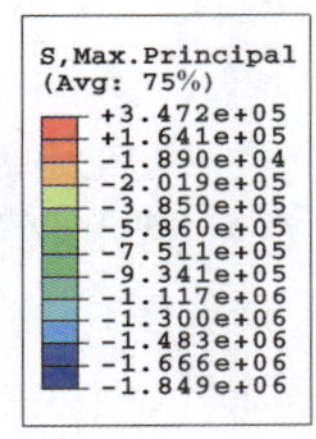

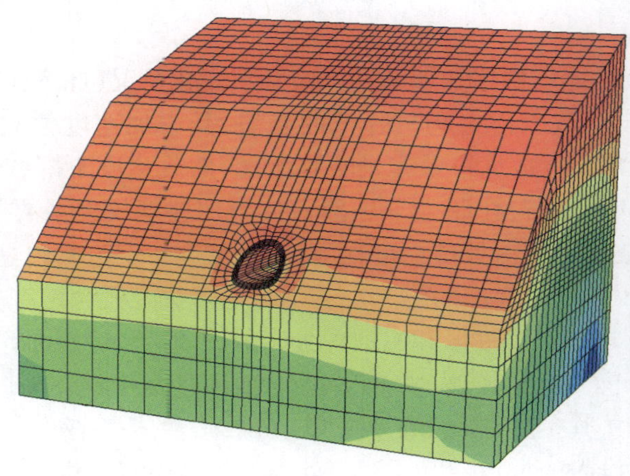

图 5-48　隧道进口边坡最大主应力分布云图

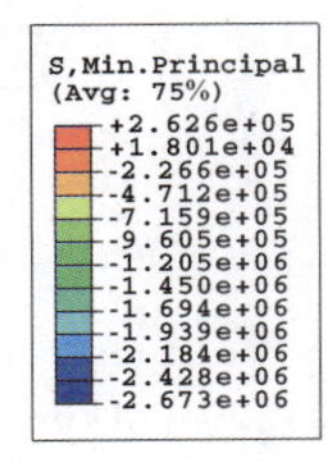

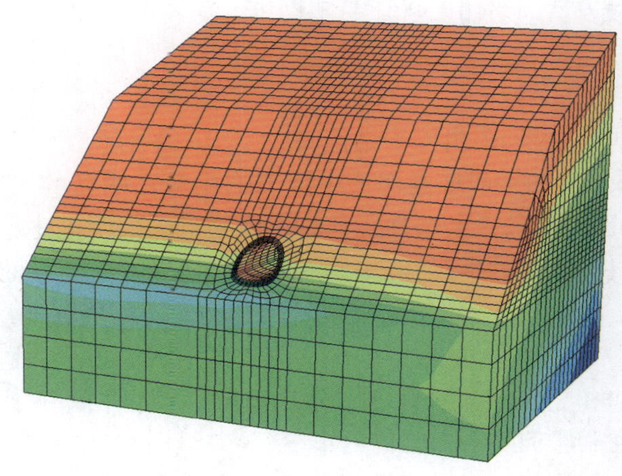

图 5-49　隧道进口边坡最小主应力分布云图

经计算比较，边坡纵向地震响应最大，因此图、表中只列出了纵向地震响应值，另两方向地震响应值规律与纵向类似，下面做专门的分析：

（1）考察地震位移和加速度值（表5-13、表5-14）。总体而言，在隧道洞口边坡地表，地震放大效应非常明显，边坡位移值和加速度值从坡内向坡面、从坡底向坡顶大体上均呈现逐步放大的趋势。另外，加速度响应值在地形陡变处和隧道洞口附近均出现了局部增大。

（2）考察坡面纵向位移放大系数随高程的变化情况（图5-43），左线、中线、右线规律基本类似，位移放大系数均呈随高度增加而增加的趋势，其中中线的位移放大系数值居于左线和右线之间；考察坡面纵向加速度放大系数随高程的变化（图5-44），左线、右线的规律基本类似，加速度放大系数大体上均随高度升高而提高，均在165m高程附近出现放大系数的突增，这是因为在这个高程附近边坡坡角出现了变化，坡角由陡变缓，地形的变化导致地震波在这里发生局部放大，沿中线的坡面放大系数分布不同于左、右线，中线加速度放大系数不但在165m高程有所放大，而且在145m高程处提高很多，最大值达到9.5，大致为左、右线平均放大系数的4倍，这是因为145m高程左右的监测点位于隧道洞口附近，临空面的存在导致地震波的局部放大。

（3）考察坡内地震位移和加速度放大系数变化情况（图5-45、图5-46），从坡面到坡内，位移和加速度放大系数大体上均呈降低的趋势，其中加速度值放大系数沿水平纵向从坡面到18.6m深度处，加速度放大系数先是略有增加，然后急剧下降，20m深范围内加速度放大系数从1急剧降到0.5左右，在深18.6~51.7m段加速度放大系数持续降低，但幅度不大，这样的规律说明地震波往边坡深处传播过程中，在距坡面一定范围内是存在明显强度衰减的，这从另一方面也表明了工程中提出的隧道抗震设防长度这个概念是符合地震响应分布规律的。

（4）考察洞口边坡塑性区和主应力分布云图（图5-47~图5-49）。由图可见，塑性区分布云图直观地给出了隧道洞口边坡震后破坏的情形，震后隧道洞口边坡破坏主要出现在坡脚处和隧道口附近，尤其是隧道洞口附近边坡，等效塑性应变值较大，说明发生破坏的可能性也更大，因此是抗震设防的重点，此外，洞口外边坡较高位置处也出现了大面积的塑性区，这也应在边坡抗震设防中做重点考虑，否则边坡较高位置处震后破坏会造成山体崩解，石块滑落砸损、掩埋洞口。主应力云图给出的规律与塑性区云图类似。

5.6.5 小结

根据本节研究结果，得出以下结论：

（1）近断层地震和一般地震作用下隧道响应存在明显的区别。数值计算结果表明，在相同峰值加速度的前提下，近断层地震作用下隧道响应值明显比远场地震工况大，由此可见对隧道近场区存在发震断层的情况，需采用专门的近场区发震断层的地震记录进行抗震设计。

（2）在隧道进洞口附近走滑断层诱发的脉冲地震作用下，隧道易在洞口段发生破坏，发生破坏的部位集中在拱顶和拱腰，因此洞口段的拱顶和拱腰部位是抗震设防的重点。整体来看，隧道洞口段纵向和竖向的变形要远比横向变形大，量值相差一个数量级，可见洞口段边坡临空面的存在使纵向和竖向变形面临的约束少，导致纵向和竖向变形较大。随着进洞距离逐渐加深，埋深越来越大，位移响应峰值显著下降，可见进洞越深，隧道受到围岩的约束越强，地震带来破坏越小。

(3)隧道洞口边坡动力分析表明隧道洞口边坡地表地震放大效应非常明显,边坡地震响应值从坡内向坡面、从坡底向坡顶大体上均呈现逐步放大的趋势,可见边坡对地震波的垂直放大作用和临空面放大作用十分明显。加速度响应值在地形陡变处和隧道洞口附近均会出现局部增大,因此这些地方发生震害的可能性更大,需在边坡抗震中给予充分考虑。加速度放大系数从坡面到坡内的变化规律表明,地震波往边坡深处传播过程中,在距坡面一定范围内存在着明显的强度衰减,这从另一方面也表明了工程中提出的隧道洞口抗震设防长度这个概念是符合地震响应分布规律的。

(4)数值模拟同时也表明隧道洞口边坡震后破坏主要出现在坡脚处,隧道口附近和边坡较高位置处,其中隧道洞口附近边坡是抗震设防的重点,另外,边坡较高位置处由于地震放大效应,破坏也较严重,也应充分考虑抗震设防,以免对隧道造成间接破坏。

5.7　次级断层走滑错动对隧道安全性影响

5.7.1　活动断层引发的次级断层错动对隧道的影响

活动断层对地下工程破坏作用包括震动和错动两种基本形式,即岩体震动引起的破坏(即抗震问题)和断层活动造成的破坏(即抗断问题),其中震动仍是由地震断裂错动激发的地震波传到远场所致。地面震动造成的震害一般波及范围很广,很多人都开展了相应的研究,而断层错动引起的直接灾害比较少,对断层错动的分析和研究并不多,但是应该看到,断层错动对建筑物尤其是地下结构危害性更大,甚至造成工程的彻底破坏,因此研究断层错动时隧道的破坏特点并根据不同情况提出相应的工程对策是十分重要的。

活动断层的运动模式是影响工程稳定性和安全性的重要因素,其运动形式可分为黏滑和蠕滑两种。地震的发生导致断层快速破裂错动是一种黏滑错动,蠕滑是不伴随地震的断裂缓慢错动,是弹性应变积累和地震形成的抑制因素。嘎隆拉隧道进口处的嘎隆寺断裂既是现代活动断层又是发震断层,嘎隆寺断裂一旦发生错动(发震黏滑或缓慢蠕滑),势必将牵动穿过隧道轴线次级分支断层的错动,从而直接导致隧道结构被错断而遭到破坏。

本节开展地震次级断层错动对隧道安全性影响的初步研究,分析断层错动导致隧道破坏的特点,以便提出有针对性的抗震处理措施。

5.7.2　次级断层走滑错动对嘎隆拉隧道的影响研究

1)断层模拟的考虑

准确预估活动断裂的运动及变形模式,是分析和评估隧道工程稳定性的基础,然而由于活动断裂的运动十分复杂,受很多因素的影响,因此要清楚地阐明断裂运动的模式和机理,是一项艰巨的工作。

关于断层震中位错量的预计,西藏地震局的地质构造分析资料中仅提供了嘎隆拉隧址区主断裂预计的年位错量,没有分析次级断裂的位错量。日本学者松田时彦报道提到北美一地震断层,在该处即使离主断层5~6km远以上的次级断层,在地震时的位移量也常达主断层位移量的20%以上。李鹏、蒋树屏等开展了嘎隆拉隧道抗错断结构设计研究,将活动断层隧道轴线穿越的次级断层的年位错量偏于保守的确定为主断层年位错量的60%，即次级断层的年位错量为3mm/a，百年位错量为30cm，断层影响带宽度为100m。

由于次级断层位错量的研究比较复杂，本书综合资料文献中的相关数据，将次级断层位错量假定为30cm，断层走向大致与洞口处的嘎隆寺发震活断裂平行，倾角90°，走滑错动。

2)计算模型及参数

计算范围纵向上在断层前后各取60m，横向上均取9倍的洞径，竖向截取46m，隧道埋深309m。计算模型中围岩采用三维实体单元模拟，初次衬砌采用实体单元，二次衬砌采用shell单元，因计算较难收敛，且研究的目的主要是为了得到一些普遍的规律，因此材料参数均取弹性本构。有限元计算网格见图5-50。计算过程是先做地应力平衡，然后做隧道开挖支护的计算，最后固定北盘，在南盘施加沿断层走向的位移模拟断层的走滑错动，施加位移量为30cm，断层宽度为30m。材料参数见表5-15。

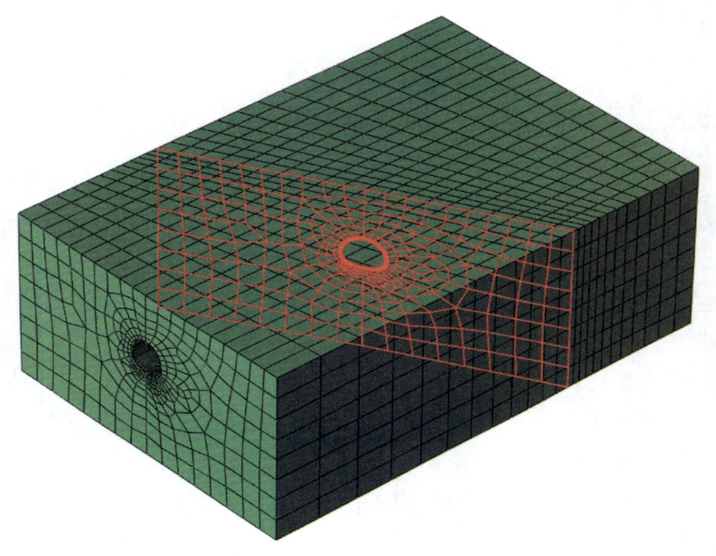

图5-50 计算模型(红亮显示处为断层位置)

围岩及衬砌混凝土力学参数 表5-15

材　料	密度(kg/m^3)	弹性模量(GPa)	泊松比
微风化花岗岩	2 500	20	0.25
断层带破碎围岩	2 300	1	0.30
衬砌混凝土	2 500	25.5	0.20
二次衬砌混凝土	2 500	28	0.20

断层错动面采用cohsive黏结单元模拟，cohsive黏结单元是一种接触单元，可以用来模拟接触面的张拉和滑移，该单元赋予的材料见表5-16，材料考虑了损伤破坏。接触单元材料的取值需要做专门的剪切试验，由于种种条件限制，目前还无法试验，计算所取参数参照了相关文献资料的结果，因此本节研究落脚点在于给出具有普遍规律性的结论。

断层接触面力学参数　　表 5-16

材　　料	法向刚度(Mn/m)	切向刚度(Mn/m)	指数型损伤系数
F7 弱断层中心面	20	15	2

3)计算结果及分析

计算结果见图 5-51 ~ 5-62。为显示断层错动后效果,图 5-51 ~ 图 5-60 中变形乘上了 70 倍的放大系数。

(1)考察计算区域场地整体变形图和断层面附近应力分布(图 5-51 ~ 图 5-55),由图可见,断层错动后,断层面附近主拉应力很大,最大值达到 341MPa,出现在滑动面起始部位,从滑动起始部位往后,主应力值逐渐降低,其中最大主应力从启滑端的 341MPa 降至尾端的 10MPa。数值模拟给了我们一个很直观的结果,断层错动对隧道的破坏几乎是毁灭性的,因此在高烈度地震区进行隧道抗震设计时,能避开就应尽量避开断层,否则在地震诱发下断层错动对未采取特别抗震措施的隧道破坏是极大的。

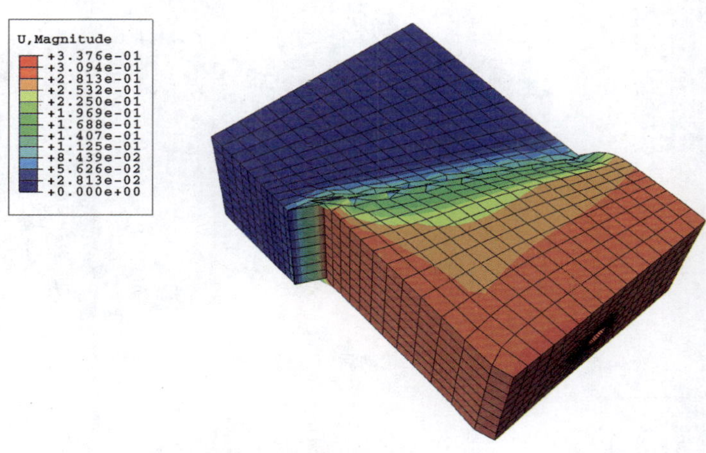

图 5-51　区域断层错动后整体位移分布云图

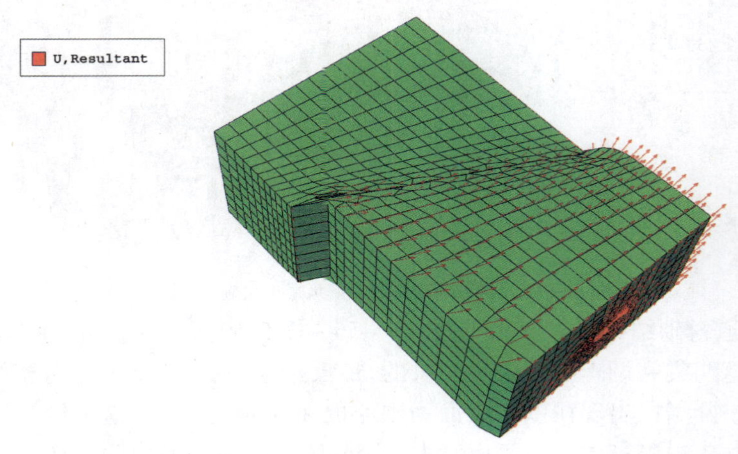

图 5-52　区域断层错动后整体位移矢量分布图

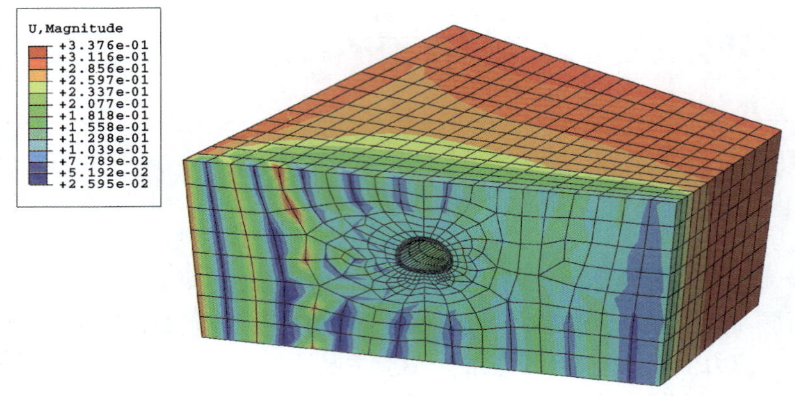

图 5-53　区域断层错动后南盘位移分布云图

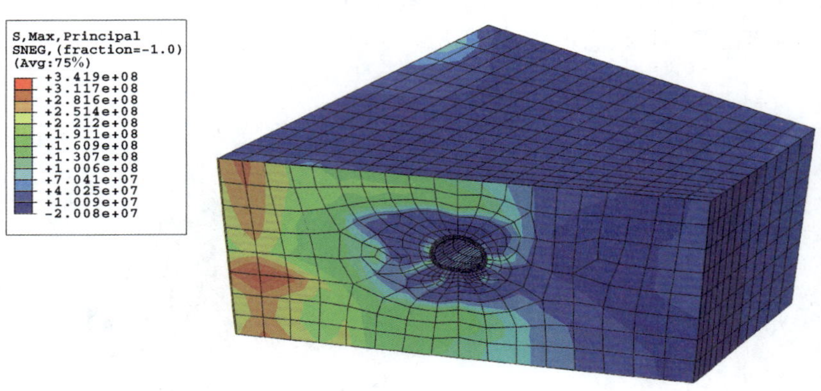

图 5-54　区域断层错动后南盘最大主应力云图

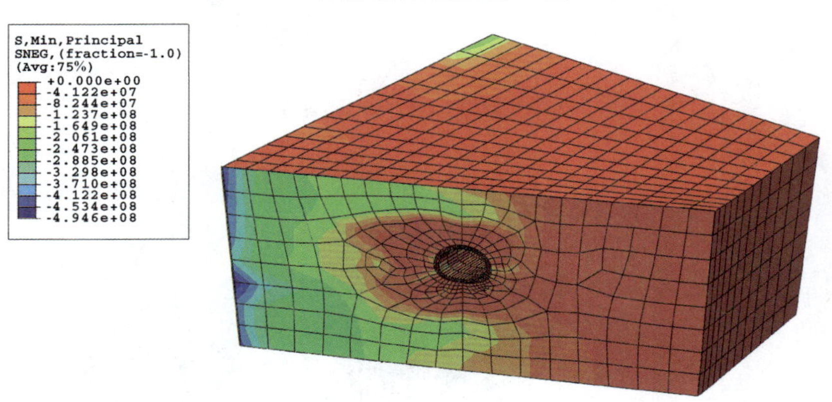

图 5-55　区域断层错动后南盘最小主应力云图

(2)分析隧道衬砌结构的变形和受力(图 5-56 ~ 图 5-60),总体上看,在走滑断层作用下隧道变形呈 S 形,这与震害调查的结果是相符的,最大错动量为 31.3cm。考察沿轴线变形和内力分布,内力集中陡增段出现在以破裂面为中心的 40m 区域内,在这个区域以外相对变形和内力值均很低,其中衬砌最大横向弯矩值为 1 254kN · m,最大剪力为 1 169kN,最大主应力值为 82MPa,均出现在破裂面位置附近。

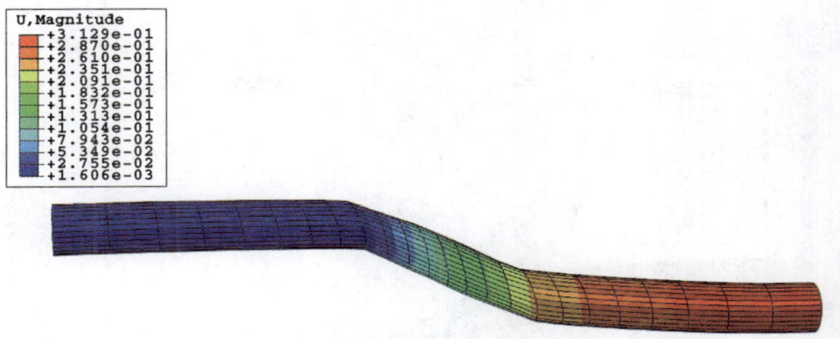

图 5-56 区域断层错动后二次衬砌位移分布云图

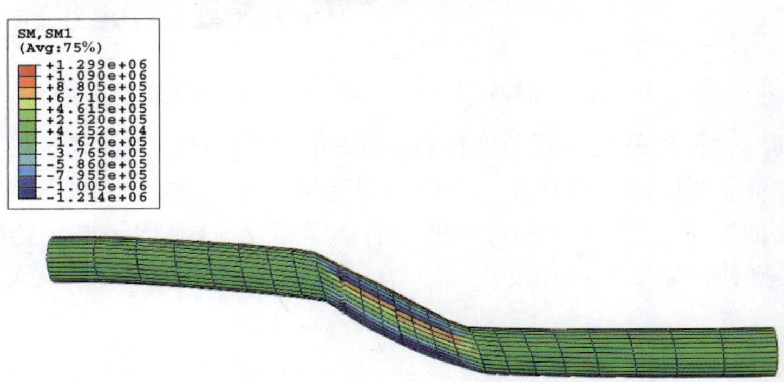

图 5-57 区域断层错动后二次衬砌横向弯矩云图

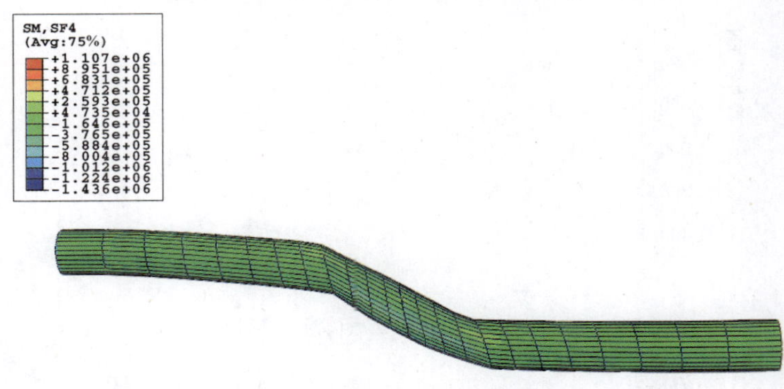

图 5-58 区域断层错动后二次衬砌横向剪力云图

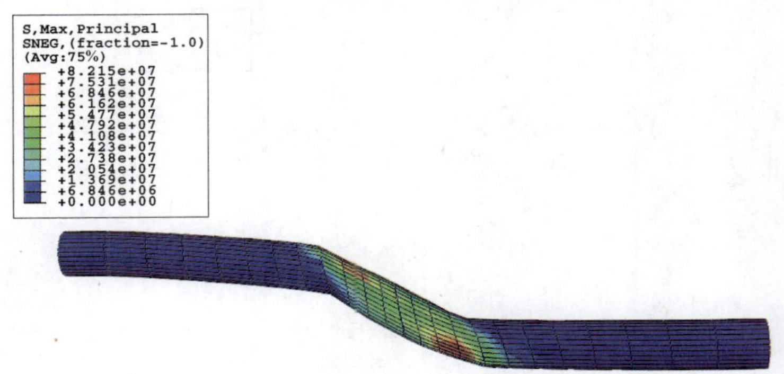

图 5-59 区域断层错动后二次衬砌最大主应力云图

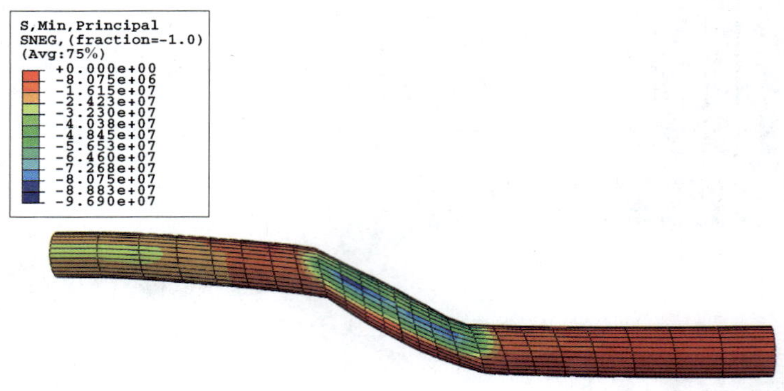

图 5-60　区域断层错动后二次衬砌最小主应力云图

(3)分析衬砌内力值沿隧道轴线分布曲线(图 5-61、图 5-62),同衬砌变形和受力云图给出的规律类似,曲线显示断层错动后存在一个内力值陡增的区域,这个区域出现在轴线长度大致为 40m 处,以破裂面为中心,左拱腰的弯矩值与右拱腰相反,这是因为断层错断导致隧道变形为 S 形,左右两拱腰处弯矩值恰好相反。

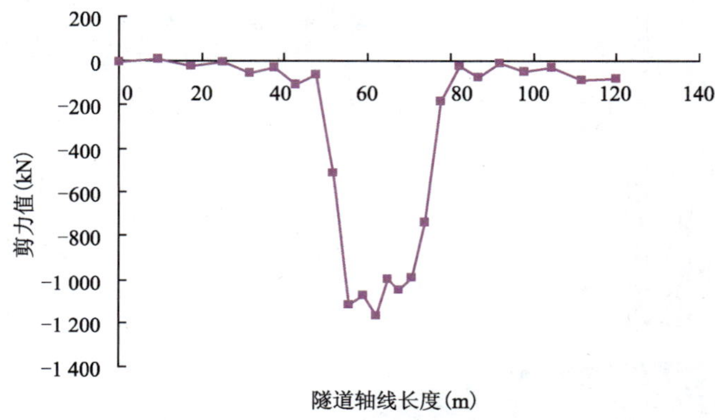

图 5-61　断层错动后衬砌剪力最大值沿隧道轴线分布曲线

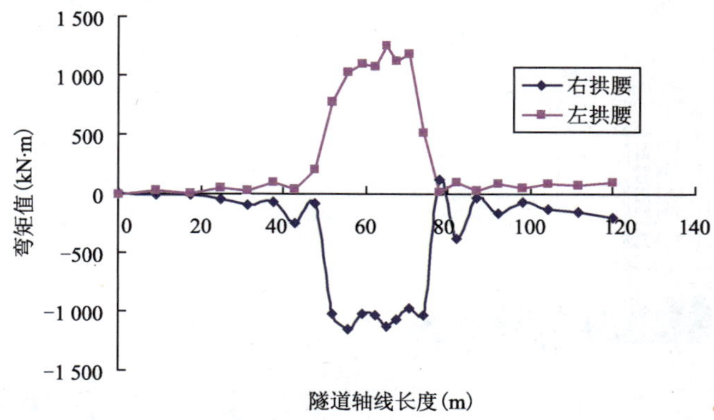

图 5-62　断层错动后衬砌弯矩最大值沿隧道轴线分布曲线

5.7.3 小结

总体来说,断层滑动对未设防隧道的破坏是不可逆转的,因此在高烈度地震区进行隧道抗震设计时,应考虑尽量避开断层。另外计算也揭示出破坏集中区域仅集中在以断层破裂面为中心的一定区域内,因此可有针对性地采取一定的抗震措施,对于隧道衬砌呈S形变形,可适当考虑给隧道预留一定的净空,以降低震害;破裂面附近衬砌内力集中,且隧道破坏区域仅集中在以断层破裂面为中心的一定区域内,可考虑在断层位置附近缩小隧道节段的长度,节段间采用柔性连接,这样可有效降低应力集中,隧道破坏时破坏位置会主要集中在连接部位,从而降低对隧道主体的影响。

5.8 高烈度地震下隧道抗震方法

5.8.1 隧道抗减震措施

开展了隧道抗震措施的一系列研究,包括隧道断面形式优化研究、减震层减震效果研究、加固围岩减震效果研究、抗震设防长度研究,并提出了活动断层区隧道抗震的工程处理措施,另外还专门比较了采用隔震层抗震和传统的提高刚度抗震两类思路的优劣。

1)隧道断面形式优化研究

(1)备选断面形式

鉴于隧道多采用单心圆或三心圆拱形断面的现状,选择了单心圆、常规设计、扁三心圆和尖三心圆4类方案进行比较分析,如图5-63所示。

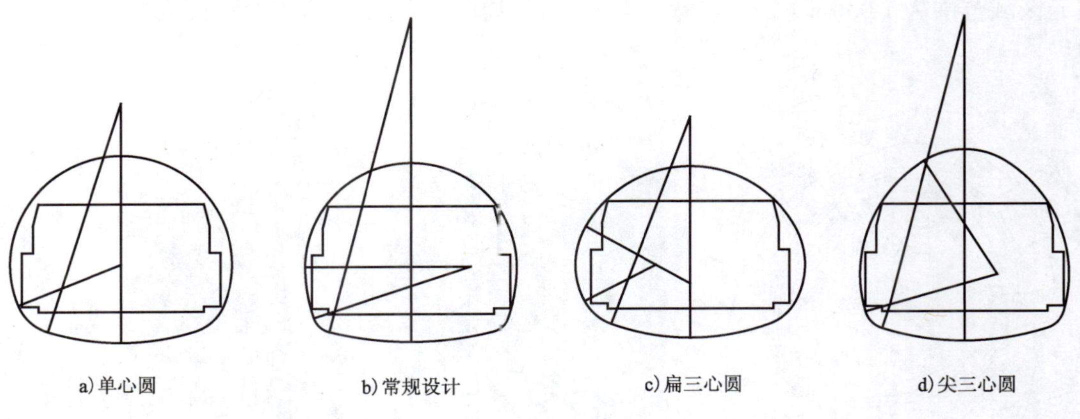

图5-63 4种断面类型

(2)计算结果

计算结果表明:

①各方案位移值相差不大。

②比较各方案断面各位置弯矩值,单心圆方案最小;分析主拉应力值和剪力值,单心圆和扁三心圆方案较小;轴力各方案相差不大。

综合比较,推荐单心圆方案。

由以上分析结果可见,各方案位移响应并无多大区别,原因在于地震时隧道随地层一起运动,隧道断面的微调不可能从根本上改变隧道的动力响应,但采用不同方案,可以改善隧道的受力,单心圆断面受力情况要好于其他断面形式,可见隧道断面越圆滑平顺,震中隧道受力越能得到改善。

2)减震层的减震效果

(1)横向减震层

传统的抗震设计是利用材料的强度和结构构件的塑性变形来抵抗外来的地震力,使建筑物不倒塌。隔震技术是近年来发展起来的用于地面建筑的一种减震技术,它采用一种特殊的措施来隔离地震对上部结构的影响,地面运动的地震能量直接由基础的隔震支座和耗能装置吸收,使建筑物在地震时只产生很小的震动,从而达到抗震的目的。

基于这一隔震思路,在隧道工程中,考虑在隧道二次衬砌和初次衬砌之间设置减震层(某种吸能材料),目的是通过减震层将具有使用功能的二次衬砌与围岩介质隔开,使地层变形难以传递到衬砌上,同时减震层还吸收了部分地震波的能量,从而减小和改变地震对结构的作用强度和方式,以此达到减小结构震动的目的。示意图见图5-64。

(2)减震材料

抗震分析和设计中,大家关心的是施加减震层的效果以及采用不同材料的抗震层在减震性能方面的差别。为此,本节开展了相关的研究。

①计算模型及参数

因NW向嘉黎断裂带嘎隆寺断裂在隧道进洞口附近,洞口处更易受地震破坏,所以选取沿洞轴向距进洞口305m位置,截取横断面进行分析,如图5-65所示。隧道埋深152m。有限元区域范围为1 030m×357m(宽×高,高为平均值)。在底边和两个侧边采用无限元人工边界。

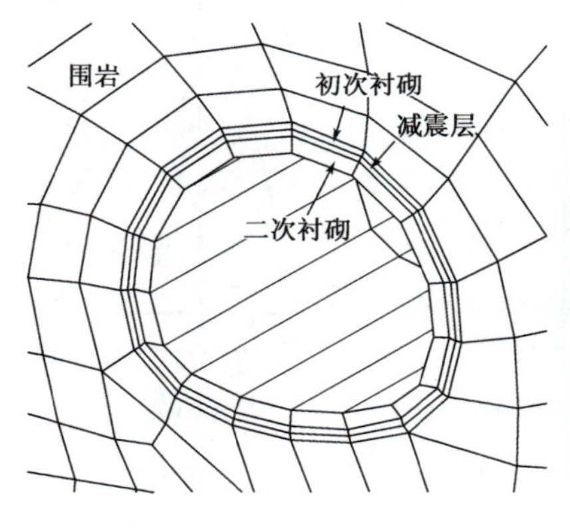

图5-64 抗震层隔震示意图

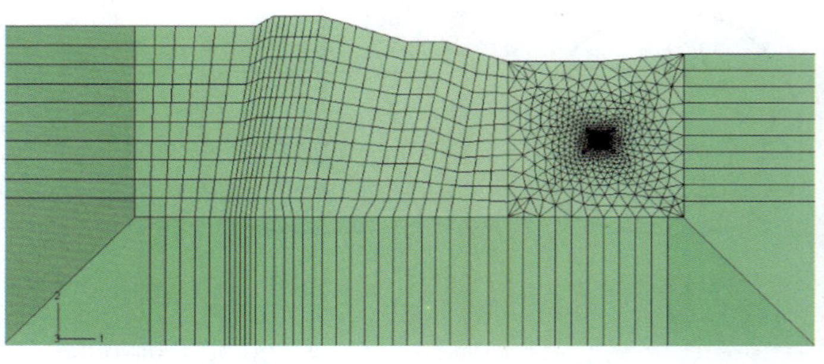

图5-65 整体离散网格

围岩和衬砌采用Mohr-Coulomb塑性模型,初次衬砌厚度为24cm,二次衬砌厚度为50cm。在初次衬砌和围岩之间设置一层抗震层,厚度为20cm,选用橡胶材料和泡沫混凝土两类抗震材料做方案对比,橡胶材料采用hyperelastic模型,泡沫混凝土采用cruable foam率相关模型,其参数采用材料动力试验给出的动参数,单轴抗压强度参数是率相关的参数,随应变率的提高强度会有所提高。地应力采用在工程场地靠近隧道洞口开展的水压致裂试验成果，其侧压力系数为1.3，如表5-17、表5-18所示。

围岩及衬砌混凝土力学参数表　　表5-17

材料	密度(kg/m^3)	弹性模量(GPa)	泊松比	黏聚力(MPa)	摩擦角(°)
围岩	2 300	2	0.30	0.30	35.0
衬砌混凝土	2 500	25.5	0.20	1.30	58.0

橡胶参数　　表5-18

密度(kg/m^3)	C_{10}	C_{01}	D_1
1 068	0.68×10^6	0.17×10^6	0.1176×10^{-7}

注：C_{10}，C_{01}和D_1均为abaqus中hyperelastic超弹性材料模型参数，且均为温度敏感性参数。由此3个参数可得：$\mu_0=2(C_{10}+C_{01})$，$K_0=2/D_1$，(μ_0为初始剪切模量，K_0为初始体积模量)，进而得到材料的泊松比$v=\dfrac{3K_0/\mu_0-2}{6K_0/\mu_0+2}$。本书取$v=0.495$，以模拟橡胶类超弹性材料的不可压缩性。

②计算方案

抗震分析和设计中，我们关心的是施加抗震层的效果以及采用不同材料的抗震层在抗震性能方面的差别。为此，进行了有、无抗震层材料的比较分析，包括以下几种方案：

方案1，无抗震层；方案2，采用橡胶抗震层；方案3，采用泡沫混凝土抗震层。

③计算结论

由以上计算和分析可以得到如下结论：

a.设置抗震层后隧道衬砌结构的衬砌应力状况有明显的改善，但是对位移值影响不大。另外，从塑性区来看，不设抗震层的隧道衬砌出现大面积贯穿性的塑性区域，这意味着衬砌可能大面积破坏；设置抗震层后，只是在底部仰拱回填部位出现塑性区。由此可见抗震层的设置虽无法从根本上改变衬砌结构的动力响应，但通过抗震层的隔震缓冲，能较显著的改善衬砌的受力状况，保护隧道洞周在震中不致破坏。

b.进一步比较两类不同的抗震层可以发现，综合来说，橡胶抗震层效果更好，但是橡胶抗震层有它自身的问题，橡胶易老化，会逐渐失去原有的抗震性能，再加上橡胶是温度敏感性材料，在恶劣的气候下是否保持固有性能也不得而知；相比较来说，泡沫混凝土抗震层也可以明显降低衬砌的地震应力，性质稳定，是一种较好的轻质吸能材料，且造价上较经济，综合权衡，建议采用泡沫混凝土抗震层。

c.以上3种方案中，有一个细节不容忽视，即设置抗震层的隧道仰拱回填部位无论在震前还是震中均出现较大的拉应力，因此仰拱位置也是震后隧道破坏的主要区域，需引起重视并采取措施。

计算结果表明：在高烈度地震区设置泡沫混凝土减震层，通过隔断周围地层对隧道的约束力，减小和改变了地震对结构作用的强度和方式，而其多孔介质的良好的吸能性能，保证了它能够较好地吸收隧道结构与地层之间反复循环的应变和相对位移，从而有效地降低震害，保护衬砌。

(3)围岩条件对减震层减震效果的影响

考虑了软质、硬质两类围岩，围岩参数见表5-19。计算模型、其他材料参数和地震激励均同上。

两类围岩力学参数表　　表5-19

材料	密度(kg/m³)	弹性模量(GPa)	泊松比	黏聚力(MPa)	摩擦角(°)
软质围岩	2 300	1	0.3	0.3	35
硬质围岩	2 300	6	0.3	0.7	39

分析表中各类工况下的地震响应值(表5-20)，由计算结果可以看出，对于软质围岩，设置减震层的减震效果不是太明显；对于硬质围岩，设置减震层后有很明显的减震效果。综合来说，减震层的弹性模量与围岩弹性模量相差越大，减震效果越好，但在实际地下结构中，要考虑结构在静力作用下的受力和变形状态，减震层的刚度有下限要求。

各类方案下地震反应值　　表5-20

围岩类别	隔震层方案	拱顶水平位移(mm)	拱顶竖向位移(mm)	各位置处最大主应力峰值(MPa)		
				拱顶	拱腰	边墙底
软质围岩	无	81.4	38.1	0.32	1.27	1.31
	泡沫混凝土隔震层	84.9	36.8	1.19	1.25	1.29
硬质围岩	无	-20.94	16.69	1.19	1.32	1.34
	泡沫混凝土隔震层	-21.70	14.80	0.59	0.53	0.61

(4)减震层厚度

开展泡沫混凝土减震层厚度优化的研究，目的是确定合理经济的减震层厚度。

①计算工况

减震层材料采用泡沫混凝土，计算比较厚度不同减震层的效果，以便确定合理经济的减震层厚度。计算考虑了无减震层和减震层厚分别为12cm、24cm、36cm共4种工况。

②结果分析

a.数值计算结果表明，加设减震层可使衬砌的应力值明显减小，但是位移值稍稍增大。这是因为，加设减震层改变了震动特性，使原有的衬砌围岩体系变为衬砌减震层围岩体系，体系的刚度减小，从而使围岩和结构位移均稍稍增大，但是相应地减小了围岩对结构或结构对围岩的作用力。

b.加设减震层，一方面使体系的等效弹模值减小，柔性增大，改变了围岩与结构的作用，隔断了围岩对衬砌的约束力；另一方面减震层吸收了部分地震波的能量。减小了地震波对衬砌的作用，从而达到了减震的目的。

c.36cm、24cm厚的减震层和12cm厚的减震层效果相差不大，出于经济考虑，建议实际工程中采用12cm厚的减震材料。

(5)纵向减震层

比较设置抗震缝与未设置抗震缝两种情况下隧道衬砌的破坏区、位移和应力情况。取嘎隆拉隧道进口段作为计算模型，为消除边界的不利影响，计算范围横向上均取10倍的洞径，隧道纵向取60m。抗震缝间距设置为10m、20m两类，抗震缝采用实体单元模拟，弹性模型，变形模量E为6.0MPa，泊松比为0.38，重度为0.41MN/m^3，缝宽为20cm。

计算采用5.6节提到的人工波，分别从纵向、横向和竖向输入地震荷载后进行计算，比较地震响应幅值，结果表明纵向激震隧道响应最大，因此考虑到纵向地震对洞口稳定威胁最大，地震输入即采用纵向激震来研究隔震缝的设置对隧道动力响应的影响。

计算结果：

①无抗震缝工况衬砌主拉应力最大值范围为1.026～1.206MPa，20m抗震缝工况衬砌主拉应力最大值范围为1.027～1.208MPa，10m抗震缝工况衬砌主拉应力最大值范围为1.020～1.199MPa，上述数据表明，随着抗震缝间距的不断减小，衬砌拉应力在不断减小。

②分析表中的地震峰值响应值，设置抗震缝可以明显改善隧道的受力，尤其是降低边墙底应力集中部位的地震应力值，但是地震位移值设置抗震缝后并无多大改变。在洞口处隧道边墙底部位，无抗震缝时主拉应力为1.3MPa，设置抗震缝后应力峰值陡降为0.69MPa、0.71MPa，可见设置抗震缝效果明显。另外，10m抗震层方案比20m效果更好，可见设置的间距越小，效果越明显。

尽管从抗震的角度来分析，10m的设置距离最好，但是抗震缝的防水处理比较困难，计算也表明，10m、20m间距的抗震缝条件下，支护结构均未发生破坏，因此，在满足抗震要求的情况下，本书建议选择20m的距离设置抗震缝。

3)两类抗震思路的比较

传统的观念认为：刚度越大，抗震效果越好，而研究告诉我们采用减震层也能起到很好的减震效果。对通过F7断层的隧道分别采取提高刚度和设置减震层两种抗震思路，减震层采用12cm厚的泡沫混凝土，刚度提高方案中相较于原设计将刚度提高一倍。

研究结果表明，提高刚度基本没有起到抗震的效果，而采用减震层的抗震效果明显。具体来看，相对于无抗震措施方案，提高刚度方案隧道各部位最大主应力值均增大，位移略有降低，衬砌塑性区震后依然贯通，提高刚度后塑性区范围不但没有减小，反而在左拱腰部位新增了贯穿性的塑性区；减震层方案各部位最大主应力值均明显降低，应力值平均下降40%，位移值虽稍有增加，但增加的量值很小，减震层方案震后衬砌塑性区仅出现在左拱脚部位。

计算中提高刚度并没有起到抗震效果，并不能说提高刚度就没有抗震效果，而是说通过提高衬砌刚度抗震要考虑到具体的围岩条件，提高刚度仅对较好的围岩能起到一定的抗震效果，对软弱的围岩提高刚度并没有多大效果，本计算正是反映了这样一种现实。

因为对软弱围岩，导致隧道破坏的主要原因是地基变形，若衬砌结构刚度较小，它能够随围岩一起有一定的变形而减小破坏，若衬砌刚度很大，就必须承担很大的围岩变形挤压力，因此，本书对处于F7软弱断层的隧道采用提高刚度来抗震，就没有多大效果，反倒加大了震害，多次地震经验也表明，在软弱土体和围岩中，刚性的管道和衬砌等地下设施所受的震害在数量上和程度上一般大于更为柔性的结构。既然“硬”的不行，就来“软”的，但是柔性支护也有自身的问题，柔性结构产生的位移较大，往往满足不了基本的工程使用要求，这就限制了柔性支护的使用，而折中的思路就是设置抗震层，即不损失结构强度，又起到了很好的抗震性，因此两相比较，设置减震层和加固围岩联合抗震是一种较理想的抗震方法。

4）加固围岩的减震效果

除了设置减震层和减震缝抗震外，也可以通过加固围岩来抗震，即通过注浆加固隧道衬砌一定范围内的围岩，从而改变围岩材料的指标。采用隧道埋深45m，考虑2种围岩材料（软质围岩，硬质围岩），3种加固层，3类厚度方案（1m，2m和3m），其中围岩取强风化黑云母石英片岩计算参数，为嘎隆拉隧道现场进洞口处实际地质情况。地震波采用EI-CENTRO波，考虑横向和竖向地震联合作用的情况，从底部垂直入射。

分析结果表明，围岩加固层越厚，减震效果越好；加固层厚度一定的情况下，加固层刚度越大，减震效果越好；相较于硬质围岩，软质围岩施加加固层后减震效果更好。

5）洞口抗震设防长度的研究

研究涉及了抗震设计的几个大的方面，包括断面形式优化、衬砌刚度、减震层和加固围岩，本书注重研究隧道抗震设计中的一个工程概念——抗震设防长度。

分析上述结果，得到如下结论：

（1）抗震设防长度与围岩性质有很大关系。松软、破碎的围岩越长，设防长度越长。

（2）洞口围岩情况为由软向硬过渡时，应力最大值并不必然出现在洞口处，而是出现在距洞口一定距离处。

（3）洞口段临空面的存在使隧道洞口处衬砌位移最大，但对衬砌应力影响并不是那么明显，因为应力分布还要考虑围岩分布、地形和埋深等因素。

（4）硬质围岩隧道洞口段地震应力值、地震变形值均远比软弱围岩要低，由此可见提高围岩强度，注浆加固洞口段围岩对软弱围岩来说是有效的抗震措施。

总之，影响隧道洞口抗震设防的因素很多，比如地形、衬砌材料、围岩类别等，要确定抗震设防长度，需综合考虑这些因素。

5.8.2 隧道抗震设计的适用性建议

根据以上研究的成果以及隧道的震害分析，为提高地下结构抗震能力可采取以下措施：

（1）采用最有利的断面形状与尺寸，提高断面的可靠度。断面越圆滑平顺，震中隧道受力越能得到改善。

（2）现行隧道抗震设计重点是针对软弱的洞口地段，在这种地质背景下，传统的提高衬砌刚度抗震是不利于隧道减震的，因为对软弱围岩，决定隧道破坏的主要因素是地基变形，若衬砌结构刚度较小，它能够随围岩一起有一定的变形而减小破坏，若衬砌刚度很大，就必须承担很大的围岩变形挤压力。因此对软弱围岩，合理的抗震措施应是施加减震层和加固围岩两类抗震方法的联合应用。

（3）尽管洞口段是抗震设防重点，然而震害调查发现洞身段震后也会发生一定程度的破坏，其原因主要是由于地下结构与地层之间出现了较大的空隙而削弱了地层的约束作用，因而实际上相当于提高了衬砌结构的相对质量密度，造成其分担的地震惯性力超过了极限。因此，试验和实测都表明回填密实有利于结构抗震。

(4)采用抗震缝或增加隧道管段间的柔性接头,通过降低隧道的整体区间长度来抗震。

(5)根据震害调查和上述数值试验的结论,在隧道洞口段,衬砌的地震响应从洞口向洞身逐渐减小,最后趋于平缓,所以应综合地形、衬砌材料、围岩类别等因素提出隧道进、出口段合理的抗震设防长度。

(6)隧道结构的纵向是一种长线形结构物,地震波的相位衍生应力和变形在隧道轴线方向上会发生很大变化,尤其是在土层中,这实际上构成了隧道结构破坏的重要方面,而且表现为埋深越浅,破坏作用越显著。以往的研究表明,隧道结构抵抗这种相位衍生应力和变形的能力,并不因结构体的加强而有很大改变。所以,隧道结构的抗震设计原则应当考虑这种破坏作用,使设计的结构有足够的韧性以吸收地震所产生的相位衍生应力和相对变位,同时又不损害其承受静载的能力。

(7)在施工方面,隧道洞口应该采取控制路堑边坡和仰坡开挖高度,在洞门端墙与衬砌环枢墙、端墙与洞口挡土墙或翼墙间的施工接缝处加设短钢筋或设置榫头等抗震连接措施。

(8)强震区的隧道应将洞口边坡防护、洞口明洞和洞门结构作为一个系统进行综合设计,在条件允许的情况下尽可能采用削竹式洞门结构。

5.9　嘎隆拉隧道抗震分析

5.9.1　隧道近场区地震构造环境

嘎隆拉隧道位于西藏林芝地区波密县和墨脱县交界处,是扎墨公路新建工程的控制性工程,隧道横穿岗日嘎布山山脉,全长约3 300m,最大埋深约833m。隧道近场区内发育有北西向和北北东向断裂,其中最主要的北西向嘉黎断裂带嘎隆寺断裂在进洞口附近通过,北北东向的扎木—马尼翁断裂北段位于隧道西侧300m以外,它们的规模比较大,对地貌的控制作用非常明显,分别为全新世和晚更新世活动断裂。因此,近场区具备发生7.0~7.5级地震的构造条件(扎木—马尼翁断裂南段具备发生8级以上地震的构造条件)。

隧道附近地块不甚完整、断裂比较发育,应考虑嘎隆寺断裂的近地表活动(包括地震地表破裂)对工程结构的突发性和持续性破坏,该断裂为全新世断层,主断面滑动速率不超过5mm/a,百年平均位错量不大于0.5m,可按此考虑该断裂的持续性破坏;该断裂可发生7~7.5级地震,突发(水平)错动量最大为3.5m,在隧道建设和维护过程中应按此考虑该断裂地震地表破裂的影响。扎木—马尼翁断裂北段为晚更新世活动断裂,距离隧道最近为300m,可不考虑其对隧道的近地表地震破裂作用。

5.9.2　嘎隆拉隧道动力响应及抗震研究

动力计算的目的是为了评估地震对包含F7弱断层的嘎隆拉进洞口区域的影响,并将上述研究成果运用到嘎隆拉抗震设计中。

1)计算模型及参数

计算模型采用“有限元+无限元”的耦合计算模型,有限元区域采用三维8结点六面体单元和6结点退化单元进行离散,边界采用三维无限元单元,共划分97 065个单元,104 354个结点,如图5-66所示。单元尺寸取主要地震波波长的1/8,平均尺寸为15m。有限截断模型边界均采用三维无限元动力人工边界。采用通用有限元软件ABAQUS进行计算,初衬厚度为20cm,二次衬砌厚度为50cm。

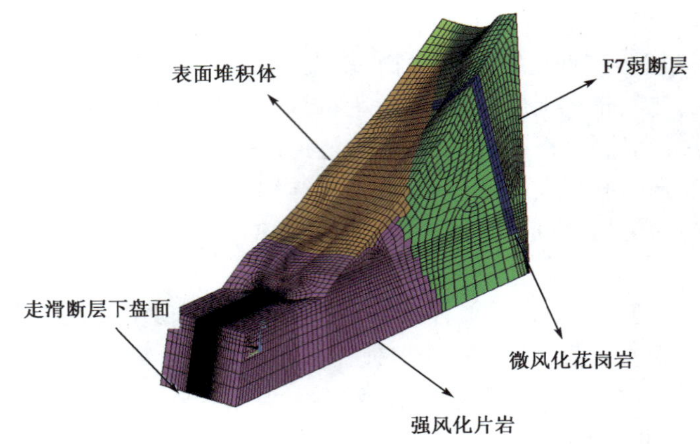

图5-66 隧道洞口段有限元模型

地应力采用在工程场地靠近隧道洞口开展的水压致裂试验成果,其侧压力系数为1.3。

计算方法为“前期隐式静力分析+后期显式动力时程分析”(Abaqus Standard+Explicit)。采用Abaqus Standard隐式算法处理开挖支护静力计算,接着接力静力计算,将静力计算的结果导入Abaqus Explicit显式计算模块中,采用显式积分算法处理地震问题。围岩及衬砌混凝土力学参数见表5-21。

围岩及衬砌混凝土力学参数　　表5-21

材　料	密度(kg/m^3)	弹性模量(GPa)	泊松比	C(MPa)	F_i(°)	纵波波速(m/s)	横波波速(m/s)
强风化黑云母石英片岩	2 300	2	0.30	0.3	35	1 082	578
微风化黑云母花岗岩	2 500	20	0.25	1.5	50	3 098	1 789
F7弱断层	2 300	1	0.30	0.2	30	765	409
堆积体	2 000	0.3	0.30	0.1	26	449	240
初次衬砌混凝土	2 500	25.5	0.20	1.3	58	—	—
二次衬砌混凝土	2 500	28	0.20	1.6	60	—	—

2)地震荷载

地震荷载输入方面,考虑了远场地震和近场走滑活断层错动激震两类工况。

(1)远场地震

远场地震采用西藏地震局提供并推荐的人工合成地震波。该地震波的合成采用嘎隆拉隧道工程近场区域的地震参数,充分考虑了工程场地的场地条件和场地类别。进洞口按50年10%超越概率考虑,地震动输入分3个方向,水平横向和纵向设计地震动峰值加速度为0.325g,竖向设计地震动峰值加速度取为水平向的2/3(图5-67)。

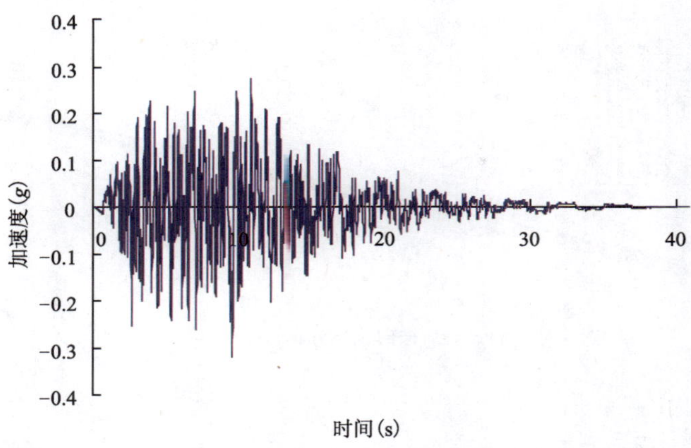

图5-67　进洞口人工合成加速度时程曲线(50年10%超越概率)

(2)近场走滑活断层错动激震

由于隧道轴线位于垂直嘎隆寺断层走向的方向上,且该断层倾角较大,因此发震断裂传到隧道的速度脉冲波主要为双向速度脉冲波,由于缺乏实际地震监测记录,需根据工程场地的具体地震参数人工合成地震波。

基于5.9.2节的研究结论,对近场走滑活断层错动激震模拟步骤为:计算中先人工合成近断层脉冲地震波,然后在嘎隆寺走滑断裂的下盘面上输入合成的地震时程曲线以模拟断层的错动。地震安评报告中的断裂最大错动量为3.5m,由于只计算单盘,断错面位移值减半,参考该错动量,将地震时程曲线等比例缩小,使其位移时程曲线峰值为1.75m,最终计算中人工地震波加速度峰值为0.286g(图5-68)。

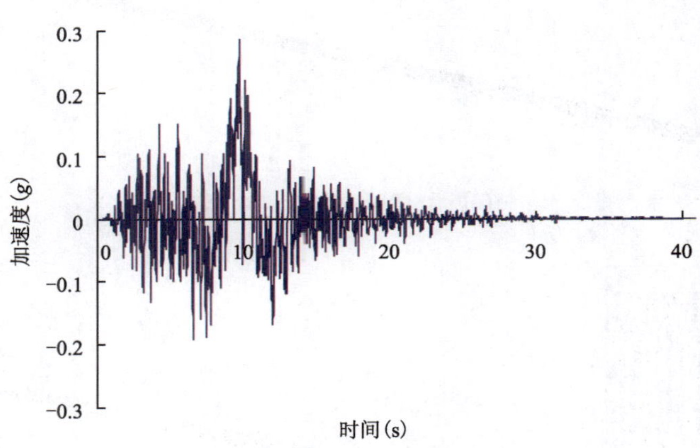

图5-68　人工合成近断层地震加速度时程曲线

3)嘎隆拉隧道动力响应分析

嘎隆拉隧道动力响应分析结果如图5-69~图5-84、表5-22及表5-23所示。

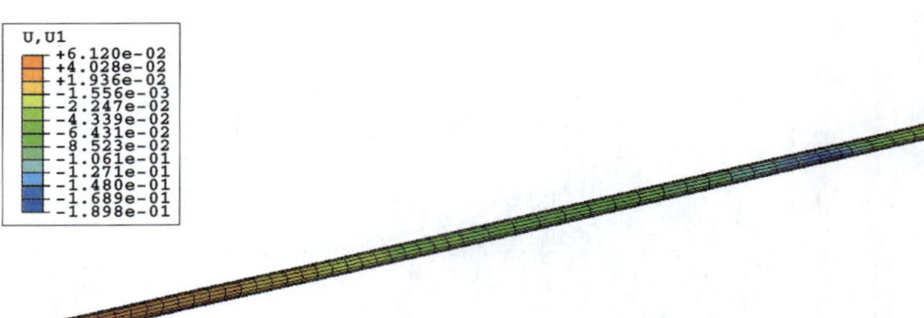

图 5-69　衬砌震后横向位移分布云图(近断层地震)

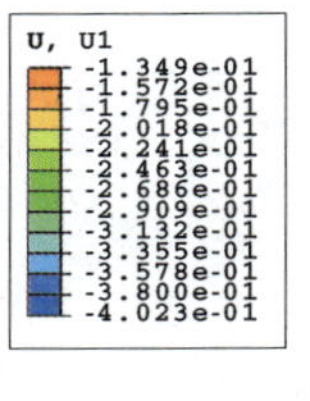

图 5-70　衬砌震后横向位移分布云图(远场地震)

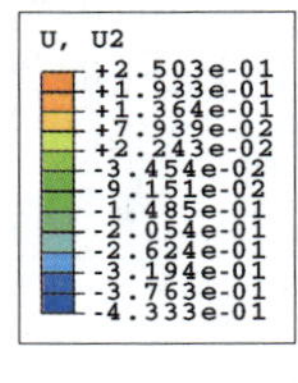

图 5-71　衬砌震后纵向位移分布云图(近断层地震)

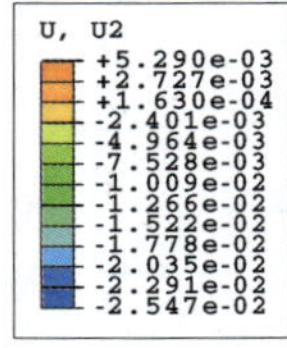

图 5-72　衬砌震后纵向位移分布云图(远场地震)

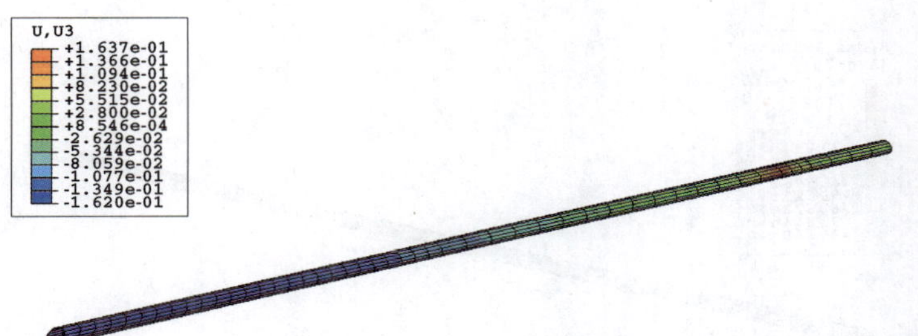

图 5-73　衬砌震后竖向位移分布云图(近断层地震)

图 5-74　衬砌震后竖向位移分布云图(远场地震)

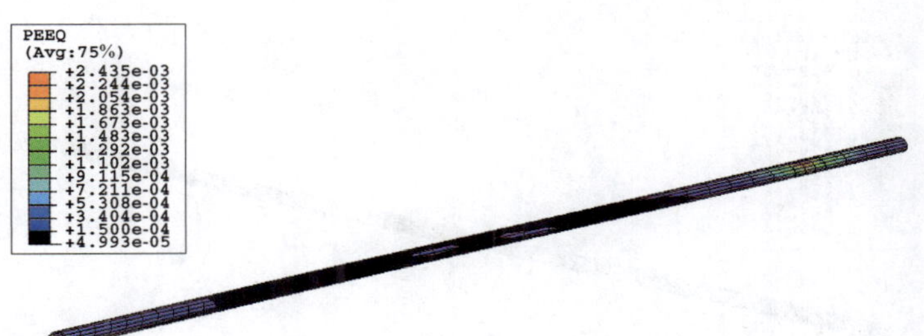

图 5-75　衬砌震后塑性区分布云图(近断层地震)

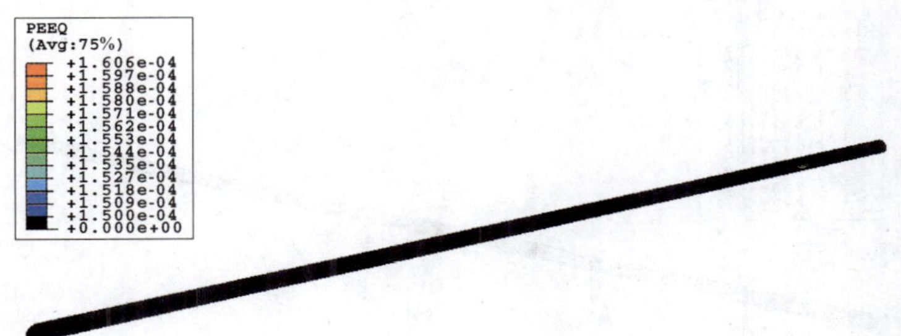

图 5-76　衬砌震后塑性区分布云图(远场地震)

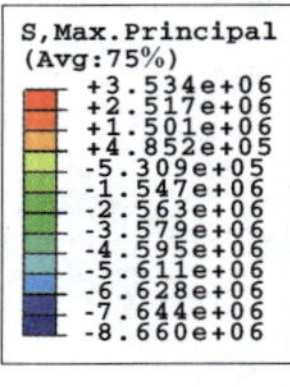

图 5-77　衬砌震后最大主应力分布云图(近断层地震)

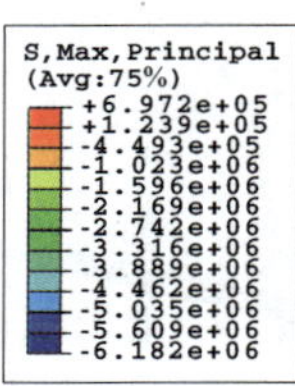

图 5-78　衬砌震后最大主应力分布云图(远场地震)

图 5-79　衬砌震后最小主应力分布云图(近断层地震)

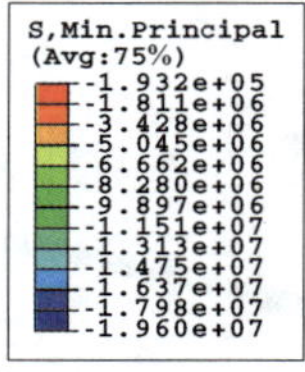

图 5-80　衬砌震后最小主应力分布云图(远场地震)

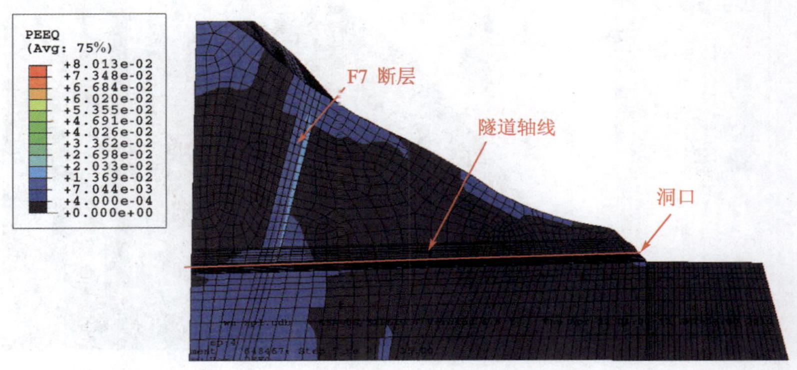

图 5-81 隧道纵断面塑性区云图(近断层地震)

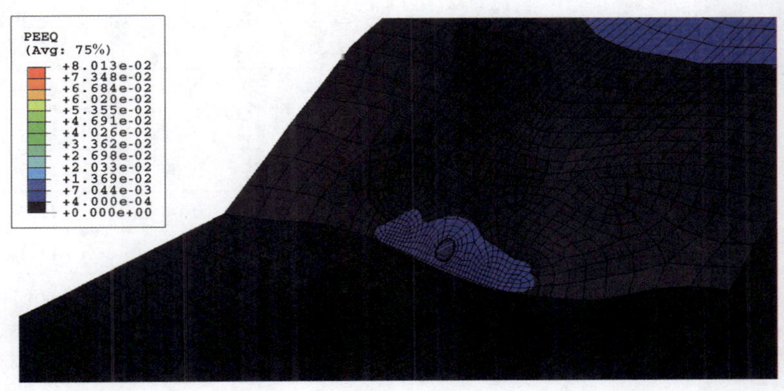

图 5-82 隧道洞口处塑性区云图(近断层地震)

图 5-83 隧道纵断面塑性区云图(远场地震)

图 5-84　隧道洞口处塑性区云图(远场地震)

各断面重点位置隧道地震位移峰值　　表 5-22

断面位置	计算工况	横向位移最大值(cm)		纵向位移最大值(cm)		竖向位移最大值(cm)	
		位移	相对位移	位移	相对位移	位移	相对位移
洞口处	近断层	10.13	0.47	21.70	1.40	-15.01	0.83
	远场	15.97	0.17	-4.46	0.70	-9.19	0.15
进洞 103m	近断层	11.73	0.32	21.19	0.52	-14.51	0.29
	远场	-15.53	0.35	-4.06	0.09	-10.79	0.08
进洞 207m	近断层	12.53	0.38	22.62	0.46	-12.36	0.41
	远场	-16.71	0.31	-3.15	0.01	-13.14	0.03
软硬岩层交界处	近断层	-8.02	0.37	23.67	0.52	-5.63	0.62
	远场	-22.90	0.13	-2.01	0.10	-18.77	0.007
F7 断层	近断层	-79.67	0.75	-14.19	1.86	9.58	2.85
	远场	-37.52	0.11	-0.32	0.15	-19.41	0.39

注:1. 隧道地震响应中一般拱顶位移最大,因此上述位移值取衬砌拱顶部位;

2. 相对位移为衬砌拱顶部位位移与对应时刻仰拱底部位移差值绝对值的最大值。

各断面重点位置隧道地震应力峰值　　表 5-23

断面位置	计算工况	最大主应力峰值(MPa)			
		拱顶	拱腰	边墙底	仰拱中心
洞口处	近断层	1.21	1.19	2.92	2.43
	远场	0.73	1.12	1.03	0.64
进洞 103m	近断层	0.96	2.51	0.87	1.52
	远场	0.63	1.09	1.32	0.51
进洞 207m	近断层	1.07	1.18	1.97	0.82
	远场	0.77	0.98	1.29	0.85
软硬岩层交界处	近断层	2.01	1.43	2.03	1.84
	远场	1.03	1.07	1.29	0.72

续上表

断面位置	计算工况	最大主应力峰值(MPa)			
		拱顶	拱腰	边墙底	仰拱中心
F7 断层	近断层	4.92	2.53	8.68	3.54
	远场	1.20	2.20	1.62	1.43

分析图 5-69 ~ 图 5-84、表 5-22 及 5-23 的结果,得到:

(1)分析震后衬砌位移分布云图,大体上两类工况下位移较大值分布区域相同,即位移较大值均出现在洞口区域和 F7 断层区域;然而两类工况位移响应大小存在差异,总体上看,近断层地震工况位移值要比远场地震工况位移值大。

(2)分析两类工况下衬砌拱顶震中位移峰值,首先分析各断面位置绝对位移值,大体上最大位移出现在 F7 断层区域,而洞口处与进洞较深处绝对位移值相差不大。进一步分析相对位移值,相对位移较大值出现在洞口部位和 F7 断层位置,另外,对近断层地震工况,软弱围岩交接处相对位移值也比较大,实际上,震中隧道各部位的相对位移更直接反应隧道的变形破坏,更具实际意义。综合两类位移统计给出的规律,隧道变形较大的位置出现在洞口、软弱岩层交接处和 F7 弱断层处。

(3)分析震后衬砌塑性区、应力云图,对塑性区分布,近断层地震工况下震后塑性区出现在洞口区域,软硬围岩交界处和 F7 断层位置,由此说明以上 3 个部位是震中破坏的重点区域,远场地震工况中隧道仅在 F7 断层位置出现了少些塑性区,说明远场地震对隧道的影响要大大弱于近断层地震。分析震后最大主应力分布,近断层地震工况下最大主应力较大值出现在 F7 断层附近,其极值为 3.5MPa,远场地震工况下沿隧道整个轴向都有不大的主拉应力,其极值为 0.69MPa,其地震应力值要远小于近断层地震工况。

(4)分析震后隧道近场区域塑性区云图,对近断层地震工况,沿隧道轴向,塑性区大体分布在洞口部位和 F7 弱断层部位,这是与上述变形和应力分析的结果相符的,另外,隧道洞口以上的边坡也出现了大片的塑性区,因此震后洞口处的边坡破坏必须引起关注,边坡的破坏可能引起隧道洞口的间接破坏。对远场地震工况,沿隧道轴向基本未出现塑性区,只是在洞口外边坡出现一定范围的塑性区。

(5)分析各断面位置隧道各部位地震应力峰值,整体上看,对近断层地震工况,应力较大值出现在洞口(进洞 100m 左右范围内)、软硬岩层交界处和 F7 弱断层位置,对远场地震工况,应力较大值仅出现在 F7 弱断层位置。横向比较,远场地震工况下应力值普遍要比近断层地震工况小,因此近断层地震工况是抗震计算的控制工况。分析具体数值,对近断层地震工况,F7 弱断层位置应力值最大,最大值达到了 8.07MPa,出现在边墙底的位置,可见弱断层部位应是抗震设防的重点部位,洞口处、进洞 103m 处应力值次之,各断面最大值依次为 2.92MPa、2.51MPa,分别出现在边墙底和拱腰部位,应力水平相对较高,因此也应考虑抗震设防,软硬岩层交界处应力最大值为 2.03MPa,出现在边墙底部位。对远场地震工况,只是在 F7 弱断层部位应力值比较高,最大值为 2.20MPa,出现在拱腰部位。

4)嘎隆拉隧道合理的抗震措施研究

由上述两类工况下的计算分析,结果表明近断层地震作用下隧道的地震破坏要远大于远场地震工况，因此下述抗震设计以近断层地震工况作为控制工况展开。

通过上述分析我们得到的结论是震后破坏的重点区域位于隧道洞口部位（进洞100m左右范围）、软弱围岩交界处和F7弱断层位置，因此根据上述分析结论，并结合前面各章的研究成果，抗震思路如下：

（1）对洞口段采用加固围岩和设置泡沫混凝土减震层联合抗震，在软弱围岩中单纯设置减震层效果并不理想，因此对洞口段V类软弱围岩情况，设置减震层的同时也加固一定范围内的围岩，减震层可采用泡沫混凝土，厚度初步设为12cm，加固围岩初步取洞周1m厚度，设防长度初步取进洞120m。

（2）对软弱围岩交界处，因为应力水平并不高，可采用强化配筋实现抗震。

（3）对F7弱断层位置，采取与洞口段同样的抗震措施，但是对加固层厚度，经综合考虑设为2m。

另外，断面形式的优化、抗错断设计等思路都未能在模型中加以体现，未提及断面形式优化是由于建立三维模型工作量太大，且三维计算耗时也很长；未提及抗错断设计是由于其在大型数值计算中的实现还有较多难处，实际上，前面章节中断面形式优化采用平面模型研究和对抗错断设计的初步研究就已经能够给出普遍适用意义的规律，并不一定都要借助很复杂的模型研究。因此，抗震研究是结合前述章节的研究成果来综合提出合理、经济的抗震措施。

综合以上分析，采用的抗震措施简述如下：

（1）隧道洞口部位：加固洞周1m范围内围岩+12cm泡沫混凝土减震层（进洞120m范围内）。

（2）软弱围岩交界处：加强配筋。

（3）F7弱断层位置：加固洞周2m范围内围岩+12cm泡沫混凝土减震层。

加固层材料参数见表5-24。有无减震措施应力比较见表5-25和图5-85～图5-87。

加固层材料参数表　　表5-24

材料	密度（kg/m^3）	弹性模量（GPa）	泊松比	黏聚力（MPa）	摩擦角（°）
加固层	2 300	7	0.30	1.9	47

有无减震层最大主应力峰值比较　　表5-25

断面位置	计算工况	最大主应力峰值（MPa）			
		拱顶	拱腰	边墙底	仰拱中心
洞口处	无抗震措施	1.21	1.19	2.92	2.43
	有抗震措施	0.73	1.12	1.03	0.64
进洞103m	无抗震措施	0.96	2.51	0.87	1.52
	有抗震措施	0.85	0.88	0.77	0.25
F7断层	无抗震措施	4.92	2.53	8.68	3.54
	有抗震措施	4.52	3.49	4.03	2.61

分析采用抗震措施前后衬砌各部位的应力情况，由图5-85～图5-87和表5-25可知，采用抗震措施的效果还是比较明显的，各部位应力水平均有显著降低。对洞口处和进洞103m部位，应力最大值均降低至原来的35%左右，可见采用加固围岩联合设置减震层起到了比较明显的效果，因此针对洞口段的上述抗震措施是合适的。

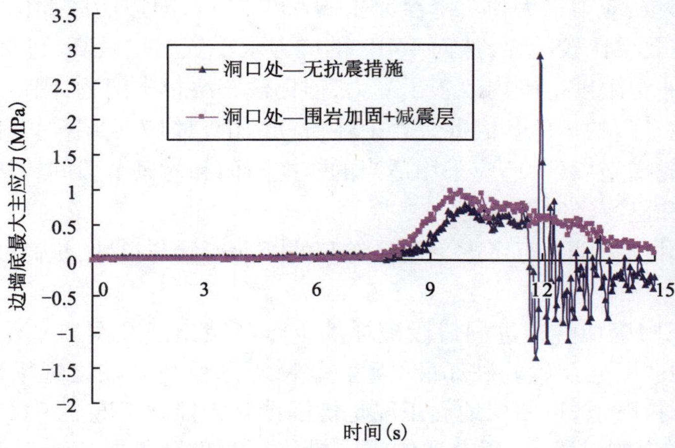

图 5-85　有无抗震措施两类工况下洞口边墙底最大主应力时程曲线

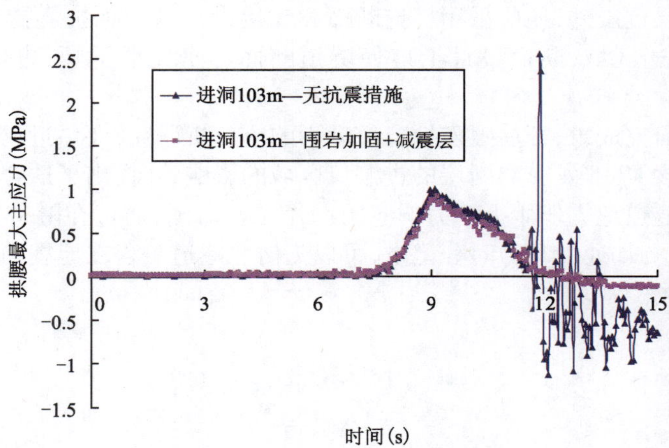

图 5-86　有无抗震措施两类工况下进洞 103m 处拱腰最大主应力时程曲线

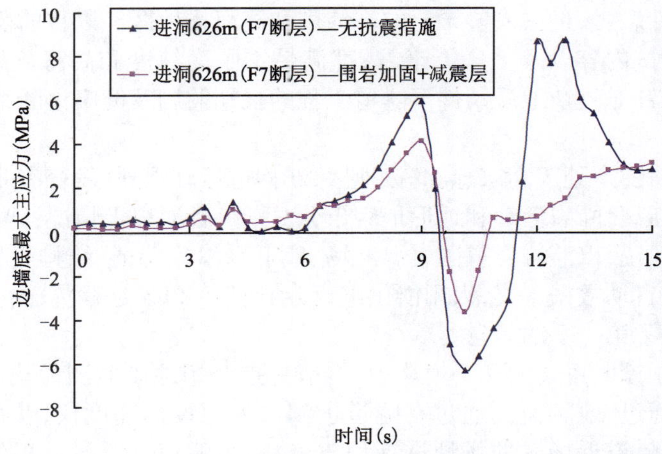

图 5-87　有无抗震措施两类工况下进洞 F7 断层处边墙底最大主应力时程曲线

对 F7 弱断层部位,应力最大值可降至原来的46%左右,即边墙底部位应力值从 8.68MPa 降至4.03MPa,抗震效果比较明显,然而4MPa 的应力水平依然比较高,可见对弱断层部位,上述抗震措施只是在一定限度范围内改善了受力,但仍没解决根本问题,因此对弱断层位置处的抗震,还需辅以其他专门的措施。因此综合上述研究结论,对 F7 断层位置,除了采取加固围岩和设置减震层的抗震措施以外,还应采用适当的扩挖断面和衬砌节段间铰接设计的思路,具体设计参数综合计算和已有经验取值。

另外,除了上述抗震举措,可考虑采用最有利的断面形状与尺寸,提高断面的可靠度,使断面尽量圆滑平顺。

(1)地震作用下嘎隆拉隧道进洞口段破坏的重点区域出现在洞口部位、软硬岩层交接处和弱断层附近,其中弱断层位置处破坏最严重,另外,近断层地震较之远场地震对隧道的破坏更强烈,因此对嘎隆拉隧道,近断层地震工况是抗震计算的控制工况。

(2)对嘎隆拉隧道洞口段,采用合适的抗震措施可有效降低震害。对洞口段可采用加固围岩和设置减震层联合抗震,对软硬岩层交接处可通过加强配筋抗震,对弱断层位置,除了加固围岩和设置减震层抗震外,还应采用扩挖断面和铰接设计这两项抗震措施来综合抵消地震的危害,另外,对上述区域,断面设计上应使隧道断面尽量光滑平顺,也可一定程度上降低震害。

综合运用上述研究成果,开展嘎隆拉隧道动力响应分析研究,评估近场断层错动激震和高烈度远场地震对包含 F7 非发震弱断层的进洞口区域的影响,并提出了适合嘎隆拉隧道的抗震措施。同时进行了隧道地震作用下动力响应的远程无线监测,通过在隧道进洞口处埋设加速度仪,获得 3 个方向的加速度动力时程记录,可以为研究隧道工程在地震动时的真实动力响应特性提供第一手现场资料。

5.10 现场地震监测

随着西部大开发政策的进一步落实,对于交通基础设施建设的需求在不断增加,而铁路、公路等陆路交通路网的完善更是首当其冲,从而出现了隧道修建的新“高”特点——交通基础设施延伸至自然条件恶劣、过去人迹罕至的高纬度和高海拔地区。以目前监测的现状,无论是从测试对象,还是测试内容以及手段上来看,都满足不了高纬度和高海拔地区隧道建设的需求。因此,建立一套针对复杂地质条件下隧道工程的长期监测及健康诊断系统,已经成为一个紧迫的课题。

西藏嘎隆拉公路隧道处于高寒、高海拔地区,新构造运动强烈,发育有北西西向、北北东—北东向和近东西向断裂,断裂活动和地形地貌十分复杂。针对以上情况,建立了隧道工程的长期监测及健康诊断系统,以监测隧道围岩温度场、地下水渗流特征、结构受力状况和地震震动反应,监测实现了全自动数据采集,太阳能供电,移动通信 GPRS 远程传输,为嘎隆拉隧道的施工、维护和运营提供了第一手的信息。

长期监测及健康诊断系统的几个模块中,本节重点介绍地震监测模块。发震断裂嘎隆寺断裂在进洞口附近通过,地震监测通过在隧道进洞口处埋设加速度仪,获得的加速度时程记录,可为地震作用下隧道近场区的场地选择积累资料,为隧道抗震设计提供可靠的原始地震波,也为研究隧道在地震中的真实响应特性提供第一手资料。

5.10.1　加速度监测仪元件

本次现场测试加速度仪采用 GeoSIG 公司的 AC-2X-DH 型的加速度传感器（图 5-88），它能测出 3 个方向的强震加速度记录，加速度传感器中安装了一个伺服加速度表，这是一个标准的地震检波电子反馈系统，这种设计框架简单可靠，能够适应气温的骤变，耐老化，设备一经埋设，无需维护，具有很好的耐久性。

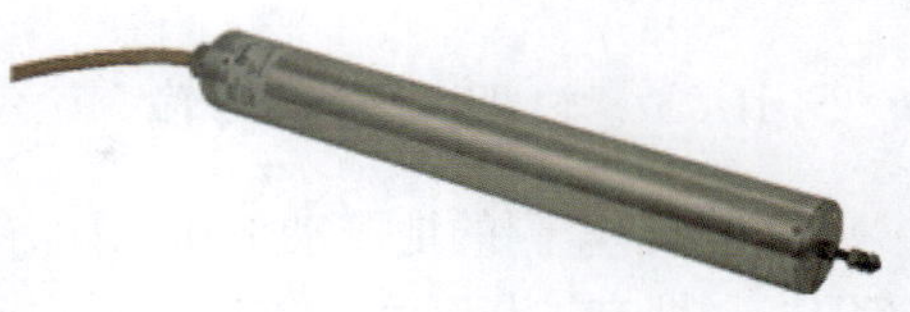

图 5-88　AC-2X-DH 型加速度传感器

5.10.2　测试断面及测点布置

嘎隆拉隧道进洞口附近通过北西向嘉黎断裂带嘎隆寺断裂，地震安评报告指出，该断裂可以发生 7～7.5 级地震，进洞口位置发生地震的概率很高，因此地震加速度仪的测点选择在了隧道进洞口附近。本次监测共布设了两个位置，一个布设在隧道进洞口右拱角处，仪器埋入仰拱之中，另一个布设在进洞 220m 左拱腰处。

加速度仪整套系统由加速度传感器、定位导轮和测斜套管组成，如图 5-89 所示，另外又添加了一个定位铅垂，挂于定位导轮下方，用于辅助定位。正式安装时（图 5-90）首先在测斜套管上事先预留两个导槽，以保证加速度仪下部安装的导轮可以卡紧不发生转动，导槽分别与隧道轴向和正交横向方向重合；紧接着往测斜套管内撒入一些黄沙，黄沙约 3cm 厚度，防止仪器与底面硬接触，然后在导轮上加挂铅垂，举起加速度仪，使铅垂悬于孔口，目光由上而下观察加速度传感器与铅垂是否保持同一竖直直线.保持仪器铅直的同时调整仪器转向，使加速度传感器上红色标志部位朝向洞内，该部位法向应与隧道轴线方向水平垂直；定位完成后，将仪器保持竖向缓慢装入测斜套管，装入过程中导轮沿着导槽滑动，直到整个加速度仪进入孔口，注意要预留 5cm 左右的深度，防止铅垂提前碰到底面而失去导向作用；最后进行仪器固定工作，将

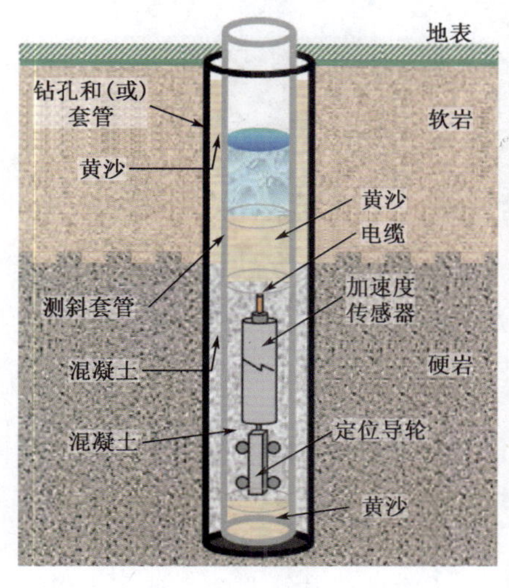

图 5-89　加速度传感器埋设示意图

图 5-90　现场安装

仪器输出电缆线引出挂于孔口上方后,一人扶住仪器,另一人向里面灌水泥沙浆直到漫过仪器顶部,当水泥硬化完毕以后仪器安装完毕。这样安装完毕后,加速度仪 3 个加速度方向便分别对应隧道的轴向、横向和竖向。

5.10.3 数据采集与传输

本次用于监测的地震动加速度计、衬砌及围岩温度监测的温度计、孔隙水压力监测的渗压计、围岩初期支护与二次支护接触压力监测的压力传感器、二次衬砌中混凝土和钢筋压力监测混凝土应变计和钢筋计均采用振弦式传感器,这些传感器的采集设备统一选用澳大利亚 DataTake 公司的智能数据采集器——DT 轻巧型数据采集仪,该设备不需要转换模块,可直接接入振弦式传感器,并且拥有强大的硬、软件记录宽范围测量和事件的功能,可以实时、独立地获得记录数据而不需要计算机和人为的控制,特别适用于在长期野外无人看管环境下的监测项目。本隧道监测使用了 1 台 DT80 用于隧道地震监测数据采集,1 台 DT80 和 5 个扩展板用于其他项目的数据采集(图 5-91)。

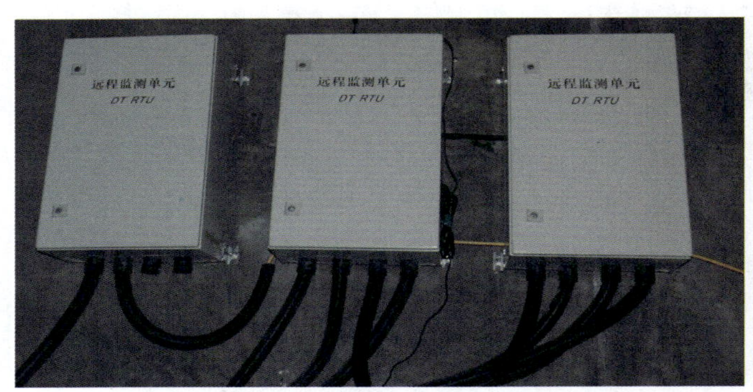

a)数据采集与传输模块外观现场图

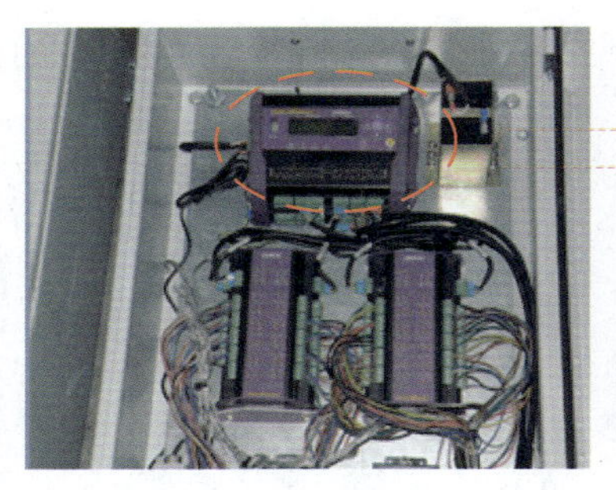

b)数据采集与传输模块内部结构及采集仪放大图

图 5-91 无线远程监测数据采集与发送模块现场图

由于嘎隆拉隧道地处西藏边陲,现场条件艰苦,每年 10 月以后大雪封山,次年 4 月才能下山,生活物资补给相当困难,而长期监测需要花费大量的人力、物力,这就使得我们采用常规方法——有人值守、人工读数,进行现场监测不再适宜。近年来我国移动通信事业得到了飞速发展,GPRS 技术日趋成熟,因此,我们将 GPRS 技术引入到此次监测中,建立了基于 GPRS 无线传输技术的传输系统。通过 GPRS 网络实现数据的传输可以节省建网初期的巨额投资，且运营期间无需维护网络，运营费用低廉。本系统通过对 DT 数据采集仪设置相应的程序，然后将中国移动的 SM 卡置入其中，这样通过 GPRS，就能轻松实现无线传输。

5.10.4 数据接收及分析

监测仪器现场埋设工作从2009 年 7 月 3 日开始，8 月 12 日远程监控系统正式开始采集数据，系统传回大量的震动数据，但是由于现场有爆破施工，爆破震动数据和地震数据叠加在一起，甄别工作量巨大，同时又由于地震在时间和空间上的偶然性和随机性，这更增加了从海量数据中遴选出典型地震响应波的难度。因此，地震监测要得到有价值的数据，是一个长期的过程。

加速度监测仪得到的爆破震动波记录，见图 5-92，峰值约为 0.063m/s^2，持时 2s。分析其傅立叶谱曲线(图 5-93)，其主要频率在 60 ~ 120Hz 之间，而自然地震波频率一般在 10Hz 以内，爆破震动波频率在 0 ~ 200Hz 范围内，因此判断此条记录为爆破震动记录。

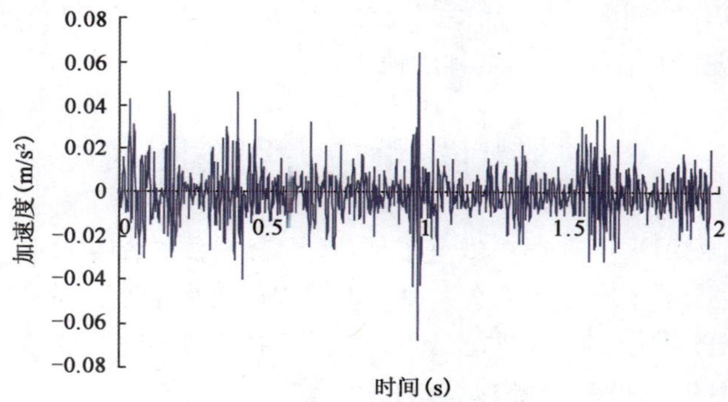

图 5-92 隧道洞口横向加速度时程曲线

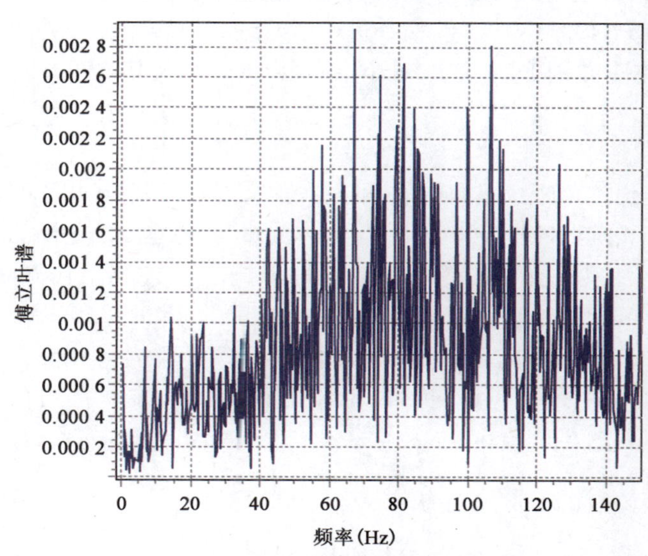

图 5-93 横向加速度波的傅立叶谱曲线

第6章　高地应力区隧道围岩稳定性预测技术与工程措施

6.1　概　　述

在青藏高原如此复杂的地质条件下，由于高地应力的存在给隧道工程建设带来一些新的问题，需要采取适当的工程措施来解决，如果没有对此形成足够的认识，可能给隧道建设带来一系列极为严重的灾害（岩爆、隧道大变形等）。因此，开展隧道初始地应力场、隧道围岩二次应力场、岩爆产生的机理等问题的研究，对岩爆预测、工程防护措施的制订以及隧道工法和支护参数的优化具有重要的理论意义和工程价值。

6.2　隧址区地应力现场测试

在勘察设计阶段，采用水压致裂法进行了地应力测试，测试结果表明，隧道区岩体应力属于中等应力水平，最大水平主应力一般为7.0～9.0MPa，最小水平主应力为6.0～7.0MPa，最大铅直应力为14.25MPa，预测在隧道埋深区可能会发生岩爆等地质现象。水压致裂法测试成果为平面应力，对隧道的三维空间应力状态尚不了解。

在隧道施工阶段，采用国际岩石力学测试专业委员会建议的地应力测试方法——3孔交汇应力解除法，在隧道K49+150、K49+250进行了两组空间岩体应力测试，获得了隧道测试部位空间全应力（最大主应力、中间主应力、最小主应力）的大小及其空间方向等6个测试参数。

6.2.1　现场测试

测点布置根据隧道施工现场具体的实际条件布置，通过3个互相不平行的钻孔取得完整资料。第一组S_1位于隧道K49+150m附近，岩体为微风化黑云母花岗岩，裂隙稍发育，岩质坚硬，岩体完整。S_{1-1}主孔钻孔方向NW296°，倾角5°，S_{1-2}主左孔钻孔方向SW266°，倾角5°，S_{1-3}主右孔钻孔方向NW326°，倾角5°；第二组S_2位于隧道K49+250m附近，岩体及其特性与S_1组一致，为微风化黑云母花岗岩，裂隙稍发育，岩质坚硬，岩体完整。S_{2-1}主孔钻孔方向NW290°，倾角5°，S_{2-2}主左孔钻孔方向SW270°，倾角5°，S_{2-3}主右孔钻孔方向NW325°，倾角5°。钻孔布置示意图见图6-1、图6-2。

6.2.2　岩体应力测试成果分析

1）岩体应力大小特点

测试结果表明，嘎隆拉隧道S_1测点岩体最大主应力25.3MPa，中间主应力7.89MPa，最小主应力 3.98MPa；S_2 测点岩体最大主应力 23.5MPa，中间主应力 26.6MPa，最小主应力 5.4MPa。

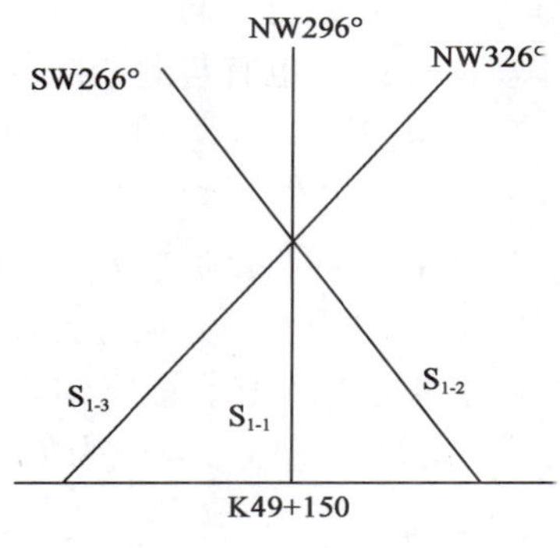

图 6-1 S_1 钻孔位置示意图

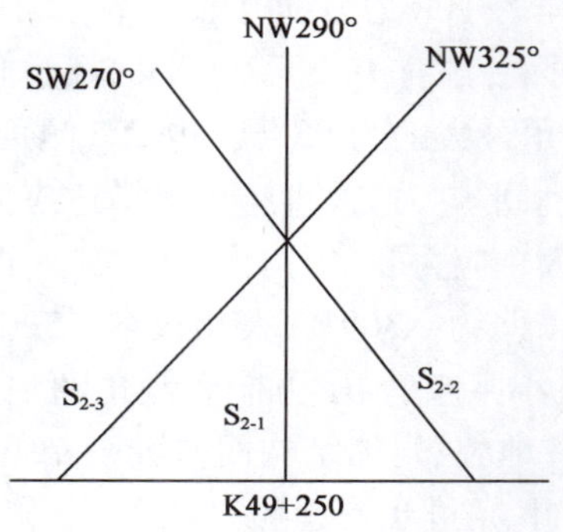

图 6-2 S_2 钻孔位置示意图

区域和近场区位于青藏高原东南部的喜马拉雅山脉与横断山脉的交接处，构造上属喜马拉雅东西向构造带、冈底斯褶皱带和雅鲁藏布江缝合带的弧形转折部位，新构造运动强烈，发育有北西西向、北北东—北东向和近东西向断裂，断裂活动和地形地貌十分复杂。

隧道区构造运动发展史较复杂，存在两条规模较大的活动性断裂，隧道区经前期地质勘察有 5 条断层通过，河谷深切，山高谷深坡陡，为典型的高原山地地貌。整个隧道中，Ⅲ级围岩占绝大多数，约占 77%，Ⅳ级次之，占约 17%，Ⅴ级很少，约占 6%，反映了隧道区岩体强度较高，裂隙稍发育，完整性好，空间地应力实测最大主应力也反映隧道区为高地应力区，高强度、高地应力地质条件决定了高地应力对隧道工程带来不利影响。S_1 测点上覆岩体铅直向厚度约 700m，以此计算的铅直向自重应力为 18.2MPa（微风化花岗岩的重度按 26kN/m^3 计）；S_2 测点上覆岩体铅直向厚度约 800m，以此计算的铅直向自重应力为 20.8MPa。

可以看出，自重应力不等于实测垂直应力，自重应力不能代替实测应力。用自重代替垂直应力虽然也是一种假设，也长期用于中小型工程设计中，但这毕竟与实际情况不尽相符。20 多年来，我们在数十个各类工程中所取得的数以百计的实测全应力数据都能证明，一般情况下自重不等于垂直应力，这也为本次测试所证实。

国内外多个国家和相关部门在勘察、设计阶段采用岩石单轴抗压强度和最大主应力的比值来划分地应力级别高低（表 6-1），我国亦采用类似的标准划分地应力的高低。

围岩应力强度比分级标准 表 6-1

R_c/σ_1	一般地应力	高 地 应 力	极高地应力
法国隧道协会	>4	2~4	<2
日本新奥法指南	>6	4~6	<2
我国岩体分级	>7	4~7	<4

根据地勘报告和试验测试结果，黑云母石英片岩、黑云母变粒岩、花岗岩的天然单轴抗压强度分别为 95MPa、71MPa 和 96MPa。按两个测点的最大主应力平均值 26.9MPa 计算，它们的 R_c/σ_1 比值分别为 3.53、2.64 和 3.57，处于高地应力状态。在工程上，一般认为最大主应力大于 20MPa 的地应力状态属于高地应力状态。

2）岩体主应力方向特点

（1）岩体的主应力方向并非水平方向和铅直方向，数百组实测三向应力资料表明，3 个主应力与水平面一般都有夹角，主平面都是倾斜的。本次测试结果也有与此相同的规律，两组测试结果中倾角最大的为 85.2°、49.2°，倾角最小的为 2.2°、4.3°，其余为 34.1°、19.6°。可见不能用简单的水平应力、垂直应力来描述应力状态。

（2）最大主应力 σ_1 方向为 NW 方向，两组最大主应力 σ_1 方向分别是 N65.7°W、N43.9°W，与隧道轴线（大约 N36°E）大角度相交；中间主应力 σ_2 方向为 NE 方向，分别为 N51.6°E、N32.2°E，最小主应力 σ_3 方向和倾角随中间主应力倾角的变化而做了相应调整，这种调整和变化是地形、地貌、岩体结构面差异及由此产生的应力局部调整所致，表现为方向为 NE 向和 NW 向各一组，角度也有差异。

（3）从岩体应力的大小和方向都可以看出，本区的岩体应力场是构造应力、重力应力共同作用的应力场，并非单一的重力应力场或构造应力场。两个主应力的方向，这次的两个测点测试结果基本一致，但仍存在微小差异，这种差异主要是各自位置的差异造成的。在隧道平面图上可见位于隧道最大埋深处，上覆岩体厚度最大，约 800m；S_1 测点位于 S_2 测点靠波密侧，上覆岩体厚度较 S_2 测点浅，其垂直埋深约 700m，两测点基本都位于隧道埋深最大处及其附近，两测点重力影响程度不尽相同，重力应力和残余构造应力在叠加、调整过程中，在浅表生作用过程中，造成局部应力轨迹线有所偏转、有所变化、有所差异是自然的。

3）岩体应力对隧道工程的影响

岩体受到三向不等的压应力作用，不同的隧道轴线方向边墙受力情况不同。在设计阶段，可调整轴向，以调整边墙受力，优化设计；施工阶段可采取相应工程措施，促使工程稳定。

高地应力在隧洞施工中容易发生岩爆现象，但又与隧洞轴线与地应力的方向有很大的关系。一般而言，最大主应力方向与隧洞轴线夹角越小，地应力对隧洞的影响也就越小，反之影响就越大。隧道施工过程中有岩爆现象发生，在应力测试过程中也出现爆裂现象，均说明本隧道深埋地段地应力影响明显，也与隧道轴线与最大主应力垂直密切相关。

高地应力及其对岩体稳定性的影响已越来越引起岩石力学和工程地质学界的广泛关注，但岩体的复杂性、地质条件的多样性以及地应力的不确定性使地应力的研究难以深入，高地应力的概念至今都不统一，国内外学者都有用强度应力比来衡量应力高低的趋势，不过，不同的国家、不同的学者采用不同的强度应力比标准，而且差别较大。

岩爆是岩体具有高应力的重要地质标志，但迄今为止，学术界对岩爆没有统一的认识。大体有两种观点：一种认为只要岩体破坏时有声响，产生片帮、爆裂剥落，甚至弹射等现象，有新鲜爆裂面即可称岩爆（以挪威 Russenes. B. F 为代表）。另一种则认为只有产生弹射、抛掷破坏时才称岩爆。

实际上，岩爆是完整岩体弹性应变能突然释放，造成岩体破裂、张开剥落、层层剥离、弹射、抛掷等多种破坏形式的地质现象，其本质是岩体的平衡状态在开挖等卸荷作用下遭到破坏，以脆性破坏为主的形式迅速释放应变能，以调整应力达到新的平衡。岩体强度、岩性特征、应力大小不同，岩爆的强弱也不相同。

嘎隆拉隧道施工发现的岩体破坏现象，具有相对高应力，干燥坚硬完整岩体中发生的岩体破坏现象，属典型的岩爆现象。

嘎隆拉隧道区岩体处于三向不等的压应力场中，NW 向的最大主应力是控制应力，三个主应力是重力应力、构造应力等应力成分叠加的结果。主应力平面是倾斜的，不是水平和垂直的。两组空间应力测试结果表明，最大主应力方向为 NW 向，中间主应力方向为 NE 向，最小主应力则方向各异，S_1 测试点为 NE 向、S_2 测试点为 NW 向。

测试结果表明，嘎隆拉隧道深埋地段为高地应力区，加之围岩为较新鲜完整的花岗岩，隧道岩体易产生岩爆现象，隧道施工过程中需加强对岩爆的防治。

嘎隆拉隧道轴线方向与最大主应力呈大角度相交，这对围岩受力不利，不利于隧道边墙的稳定，更进一步说明隧道边墙易发生岩爆，对此问题需引以重视，加强监测和防治。

本次应力测试组数偏少，加之隧道已局部施作钢筋混凝土衬砌，对试验数据有一定影响。但本次两组试验取得的数据吻合性较好，资料完整，可代表测试部位隧道区的空间应力状态。

6.3　隧道地应力 Kaiser 效应测试研究

6.3.1　测试过程

1）岩样采集

利用现场初始地应力测试取出的岩芯和在现场取回的岩石试样加工制作岩样。由于一般钻取的是圆柱形岩芯，这样就存在一个换能器与岩样耦合的问题，常见的处理方法是在圆柱形岩芯侧面切一个平面或者采用形状匹配的固体介质耦合，但是前者改变了岩样的结构，因此以后者为佳。具体的采样位置如表 6-2 所示。

岩石 Kaiser 效应测试采样位置　　表 6-2

编　号	采样位置	岩性描述
K_1	K49 +150	灰白色花岗岩
K_2	K49 +150 左	灰白色花岗岩
K_3	K49 +150 右	灰白色花岗岩
K_4	K49 +250	灰白色花岗岩
K_5	K49 +250 左	灰白色花岗岩
K_6	K49 +250 右	灰白色花岗岩
K_7	K49 +240	灰白色花岗岩
K_8	K48 +900	深灰色花岗岩

2）试件制备

对于岩芯试样，在平行于岩芯、垂直岩芯方向制备试件。对于岩块试件，先对岩样进行取样定向，按要求沿各个方向钻取试样（图 6-3）。

3）加载及声发射监测系统

岩石声发射 Kaiser 效应测试系统框图和岩石加载及声发射监测系统如图 6-4、图 6-5 所示，试验采用国产 AE-400B21C 声发射测试与定位仪和传感器（频率为 120kHz）检测系统，它在数字化程度、实时性、精确性、综合性、适用性方面均有很大进展，目前在国内被广泛采用。荷载系统使用美国 MTS815Testsar 程控伺服控制加载，严控加载速率，保持试验条件的一致性。

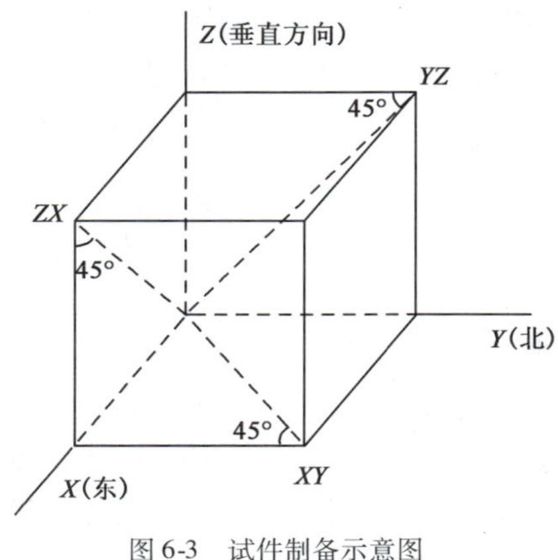

图 6-3 试件制备示意图

测试前首先设定测试系统参数，即声发射仪抑制噪声的手动门槛电平、主放电路电压放大倍数以及试验系统数据采集速度，待仪器调试完成后进行正式测试，将待测岩石试件装在压力机上，同时在岩石试件上安装声发射探头，在对岩石试件施加荷载过程中所产生的声发射(AE)信号被探头接收后，进行放大、滤波，同时对AE事件进行鉴别后输入定位区并输入计算机，同步记录AE振铃计数率和荷载值，获得AE振铃计数率和荷载。根据Kaiser效应原理，AE信号对原地应力有记忆性，当试件荷载值未达到原地应力值前，AE信号很少，当荷载值超过原地应力值时，AE信号出现突然增加的阶跃点，该点称之为Kaiser效应点，它所对应的荷载值除以试件截面积就得到需要测试的原地应力值。

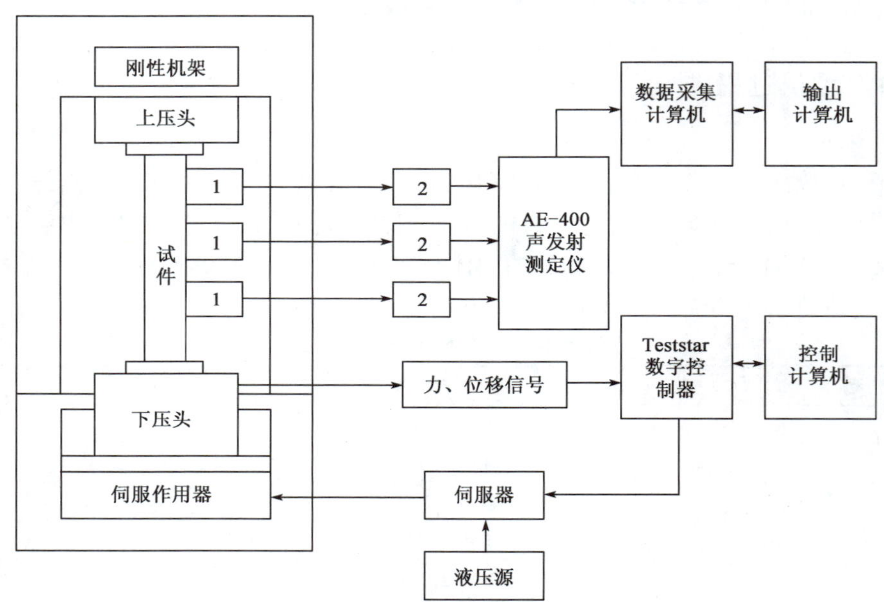

图 6-4 岩石声发射 Kaiser 效应测试系统框图

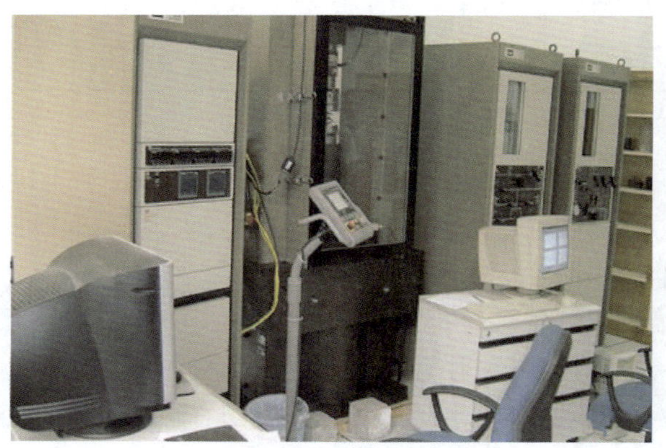
图 6-5 岩石加载及声发射监测系统

6.3.2　试验测试结果分析

根据 Kaiser 效应地应力测试结果，经过分析计算得到各测点的主应力，如表 6-3 所示。

隧道地应力 Kaiser 效应测试结果　　表 6-3

编号及里程	主应力	量值(MPa)	与隧道轴向夹角
K_1 K49 +150	σ_1	28.8	N62°W,5.2°
	σ_2	9.5	N53°E,83°
	σ_3	5.0	N28°E,5°
K_2 K49 +150 左	σ_1	30.2	N60°W,7°
	σ_2	10	N55°E,79°
	σ_3	6.7	N30°E,15°
K_3 K49 +150 右	σ_1	27.6	N65°W,6°
	σ_2	8.2	N40°E,75°
	σ_3	6.2	N33°E, -3.5°
K_4 K49 +250	σ_1	32.3	N47°W, -30°
	σ_2	27.5	N36°E,26°
	σ_3	6.1	N75°W,44°
K_5 K49 +250 左	σ_1	30.21	N51°W, -26°
	σ_2	28.5	N40°E,28°
	σ_3	7.2	N77°W,40°
K_6 K49 +250 右	σ_1	31.63	N41°W, -19°
	σ_2	29.5	N34°E,32°
	σ_3	8.11	N70°W,40°
K_7 K49 +240	σ_1	31.07	N49.3°W, -25°
	σ_2	28.32	N34°E,22°
	σ_3	6.5	N70°W,41°
K_8 K48 +900	σ_1	29.49	N45.3°W, -20°
	σ_2	25.2	N38°E,28°
	σ_3	6.6	N70°W,41°

注：主应力方向是主应力的投影方向，以象限角表示，倾角“-”表示俯角；正角为仰角。

由地应力 Kaiser 效应测试结果可知：

(1)在 K49 +150 断面及其附近，岩体的空间应力总体状态为 NWW 方向，最大主应力 σ_1 与水平面的夹角为 6°左右，量级最大值为 30.2MPa；中间主应力 σ_2 为 NEE 方向，与水平面的夹角为 80°左右，量级最大值为 10.0MPa；最小主应力 σ_3 为 NE 方向，与水平面的夹角为 10°左右，量级最大值为 6.7MPa。

(2)在 K49 +250 断面及其附近，岩体的空间应力总体状态为 NW 方向，最大主应力 σ_1 与水平面的夹角为 -25°左右，量级最大值为 32.3MPa；中间主应力 σ_2 为 NE 方向，与水平面的夹角为30°左右,量级最大值为29.5MPa;最小主应力 σ_3 为 NWW 方向,与水平面的夹角为41°左右,量级最大值为8.11MPa。

(3)在 K48+900 断面及其附近,岩体的空间应力总体状态为 NW 方向,最大主应力 σ_1 与水平面的夹角为 -20°左右,量级最大值为29.49MPa;中间主应力 σ_2 为 NE 方向,与水平面的夹角为28°左右,量级最大值为25.2MPa;最小主应力 σ_3 为 NWW 方向,与水平面的夹角为40°左右,量级最大值为6.6MPa。

在 K49+150 断面及其附近,围岩体的最大主应力 σ_1 为30.2MPa,呈 NWW 方向,与隧道轴线的夹角较大。在 K49+250 断面及其附近,围岩体的最大主应力 σ_1 为32.3MPa,呈 NW 方向,与隧道轴线的夹角较大。在 K48+900 断面及其附近,围岩体的最大主应力 σ_1 为29.49MPa,呈 NW 方向,与隧道轴线的夹角较大。对隧道围岩的稳定性有较大的影响。

6.4 隧道地应力场反演分析

6.4.1 地应力场回归模型的建立

隧道初始地应力场与诸多因素有关,但根据数百个工程实例的经验分析,其主要受自重应力和构造应力的影响,温度、地下水等因素虽然对地应力有一定的影响,但是相对比较微小,而且量化工作较难,可忽略不计。结合工程实际,把自重应力和5种构造运动共6种因素作为基本因素(整体坐标系以上为 z 轴正向,沿隧道轴线方向为 y 正向,水平面内垂直于 y 向为 x 正向):

(1)自重应力状态;

(2)沿隧道轴线 y 向水平挤压构造应力;

(3)垂直于隧道轴线 x 向水平挤压构造应力;

(4)平面内水平方向四周剪切构造应力;

(5)x-z 平面内垂直剪切构造应力;

(6)y-z 平面内垂直剪切构造应力。

对于确定的6种工况(自重和5种构造运动)的计算结果,建立多元回归模型进行分析计算。由多元回归原理,把各工况计算所得对应于实测点的计算值 σ_k^i 作为自变量,把地应力回归计算值 $\hat{\sigma}_k$ 作为因变量,得到回归方程的表达式(6-1)。

$$\hat{\sigma}_k = \sum_{i=1}^{n} L_i \sigma_k^i \tag{6-1}$$

式中:$\hat{\sigma}_k$——第 k 观测点的回归计算值;

k——测点的序号;

n——工况数;

σ_k^i——相应6个应力分量的计算值的单列矩阵;

L_i——相应于自变量的多元回归系数。

每一个应力状态 σ_k^i 即可确定一个对应的回归计算值 $\hat{\sigma}_k$,用实测值 σ_k^* 与回归计算值 $\hat{\sigma}_k$

之差表示实测值与回归值的偏离程度,即该实测值的残差 $S_k=\sigma_k^*-\hat{\sigma}_k$。假设有 m 个实测点,则全部实测值与回归值的偏离程度,用全部实测值 $\sum_{k=1}^{m}\sum_{j=1}^{6}\sigma_{jk}^*$ 与回归计算值 $\sum_{k=1}^{m}\sum_{j=1}^{6}\sigma_{jk}^i$ 的残差平方和表示,即:

$$S_{残}=\sum_{k=1}^{m}\sum_{j=1}^{6}S_{jk}^2=\sum_{k=1}^{m}\sum_{j=1}^{6}(\sigma_{jk}^*-\sum_{i=1}^{n}L_i\sigma_{jk}^i)^2 \tag{6-2}$$

式中:σ_{jk}^*——k 测点 j 应力分量的实测值;

σ_{jk}^i——i 工况下 k 实测点 j 应力分量的有限元计算值。

根据统计学原理最小二乘法,使残差平方和 $S_{残}$ 最小的计算方程式如下:

$$\begin{vmatrix} \sum_{k=1}^{m}\sum_{j=1}^{6}(\sigma_{jk}^1)^2 & \sum_{k=1}^{m}\sum_{j=1}^{6}\sigma_{jk}^1\sigma_{jk}^2\cdots & \sum_{k=1}^{m}\sum_{j=1}^{6}\sigma_{jk}^1\sigma_{jk}^n \\ 对 & \sum_{k=1}^{m}\sum_{j=1}^{6}(\sigma_{jk}^2)^2\cdots & \sum_{k=1}^{m}\sum_{j=1}^{6}\sigma_{jk}^2\sigma_{jk}^n \\ & \vdots & \vdots \\ & 称 & \sum_{k=1}^{m}\sum_{j=1}^{6}(\sigma_{jk}^n)^2 \end{vmatrix}\begin{vmatrix} L_1 \\ L_2 \\ \vdots \\ L_n \end{vmatrix}=\begin{vmatrix} \sum_{k=1}^{m}\sum_{j=1}^{6}\sigma_{jk}^*\sigma_{jk}^1 \\ \sum_{k=1}^{m}\sum_{j=1}^{6}\sigma_{jk}^*\sigma_{jk}^2 \\ \vdots \\ \sum_{k=1}^{m}\sum_{j=1}^{6}\sigma_{jk}^*\sigma_{jk}^n \end{vmatrix} \tag{6-3}$$

求解方程式(6-3),便可得到 n 个待定回归系数 $L=(L_1,L_2,\cdots,L_n)^T$,然后就可以计算出域内任一点 P 的回归初始应力值,可由该点各工况有限元计算结果线性叠加得到,见式(6-4)。

$$\sigma_{jp}=\sum_{i=1}^{n}L_i\sigma_{jp}^i \tag{6-4}$$

式中 $j=1,2,\cdots,6$,对应 6 个应力分量。

6.4.2　模型的建立

三维初始地应力场计算模型的坐标原点选在嘎隆拉隧道进口处,里程桩号 K48 +235,z 轴原点在海拔 3 300m 的水平面上。沿 x 轴、y 轴的计算范围分别为 960m、3 240m,垂直从山顶到海拔 3 300m。y 轴的正方向从隧道进口沿着隧道方向,x 轴的正方向在水平面内沿西北向垂直于 y 轴,z 轴的方向为垂直向上。

为了较好地模拟嘎隆拉隧道区初始地应力场,地质模型应尽量准确。基于前文对边界条件的分析,模型边界尽量取在山谷或山脊的对称面处。由于模型的范围大,模型的建立可能对反演结果产生巨大影响,因此本书根据地质勘测部门提供的嘎隆拉隧道施工图,在尽量与原地形相吻合的情况下简化模型,将断层加入到模型当中,取得了较好的效果。地质剖面图如图 6-6所示。

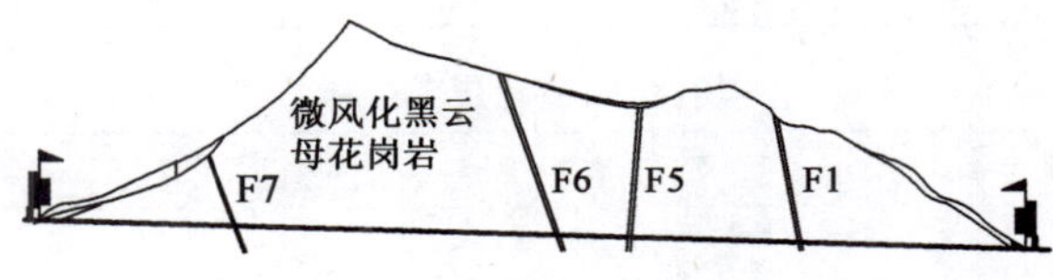

图 6-6　地质剖面图

计算模型共剖分了 165 947 个单元、32 608 个节点。三维初始地应力场计算模型及其网格剖分见图 6-7。

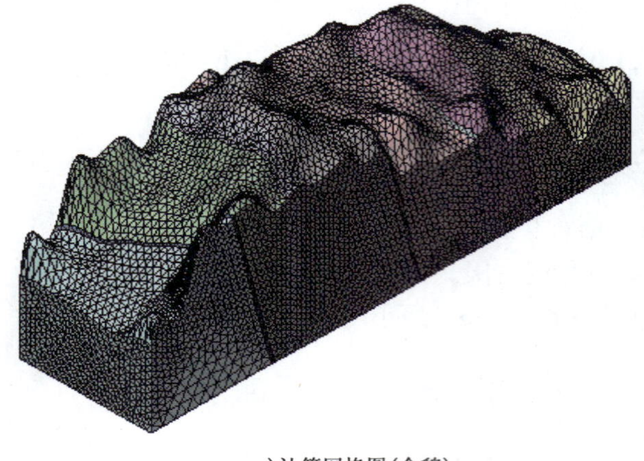

a)计算网格图(全貌)　　b)计算网格图(y正向)

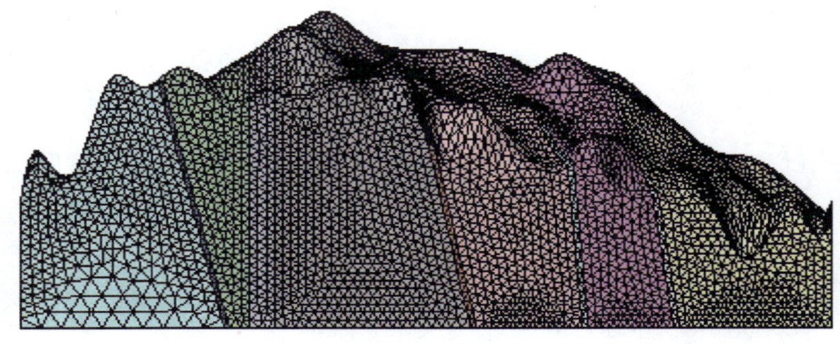

c)计算网格图(x负向)

图 6-7　三维初始地应力场

6.4.3　参数选取

根据地质资料,隧址区的岩性主要是微风化黑云母花岗岩及填充断层的泥质灰岩,各岩体力学参数见表 6-4,共模拟了 4 条断层,断层参数见表 6-5。

岩体力学参数表　　表 6-4

岩　　性	弹性模量(GPa)	泊松比	重度(kN/m^3)
弱风化黑云母花岗岩	24.0	0.26	26.0
F6	3.2	0.35	19.3
F1、F5、F7	2.8	0.40	18.0

嘎隆拉隧道断层参数表　　表 6-5

名　　称	产　　状	影响宽度(m)
F1	N69°W/81°SW	10
F5	N73°W/86°NE	8
F6	N88°E/77°SE	20
F7	N84°W/75°SW	6

6.4.4 反演回归结果分析

反演过程中对分析模型做了一些简化,测量过程中难免存在一些误差,表6-6中的实测值与回归值也存在一定的误差,但是已经能够满足工程应用的要求。另外回归值和由合成模型计算所得到的反演值十分相似,说明了线性回归方法和本次反演工作的正确性,因此本次反演得到的应力场是可信并且可以指导施工的。

计算坐标系下测点地应力实测值与回归值对比 表6-6

测点标号	应力分量	实测值(MPa)	回归值(MPa)	反演值(MPa)	实测值与回归值之差(MPa)	实测值与反演值之差(MPa)
S_1	σ_x	-22.177	-23.319	-23.160	1.142	0.983
	σ_y	-6.517	-9.868	-11.730	3.351	5.213
	σ_z	-9.896	-7.658	-7.373	-2.238	-2.523
	σ_{xy}	-1.870	-0.749	-1.165	-1.121	-0.705
	σ_{yz}	0.193	0.329	-1.107	-0.136	1.3
	σ_{xz}	-0.725	0.561	0.346	-1.286	-1.071
S_2	σ_x	-24.804	-23.480	-23.310	-1.324	-1.494
	σ_y	-13.201	-9.549	-11.310	-3.652	-1.891
	σ_z	-5.920	-7.931	-7.444	2.011	1.524
	σ_{xy}	0.756	-0.728	-0.911	1.484	1.667
	σ_{yz}	1.094	0.415	0.874	0.679	0.22
	σ_{xz}	1.531	0.431	0.424	1.100	1.107

为了充分了解三维回归数值计算的隧址区初始地应力场的分布规律,将重点考察主应力分布以及σ_x、σ_y、σ_z分布。图6-8~图6-10为最大、中间、最小主应力云图,图6-11~图6-13为σ_x、σ_y、σ_z云图。

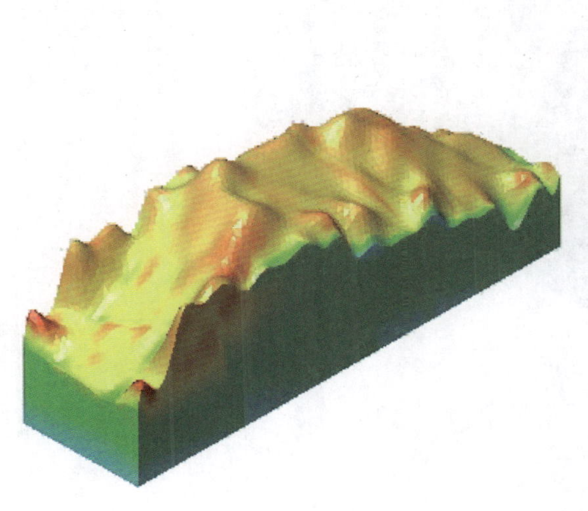

图6-8 嘎隆拉隧道隧址区最小主应力云图

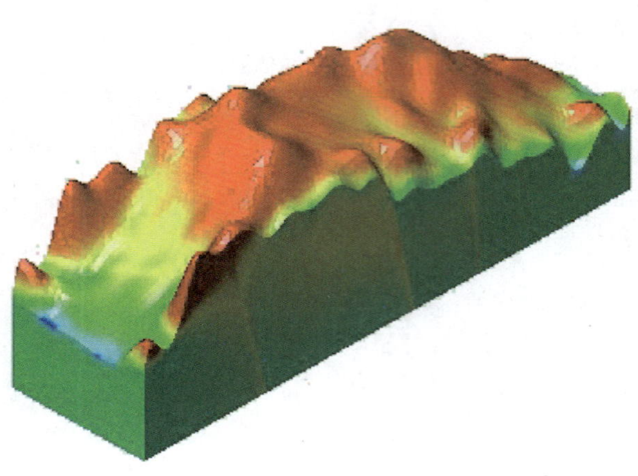

图 6-9　嘎隆拉隧道隧址区中间主应力云图

图 6-10　嘎隆拉隧道隧址区最大主应力云图

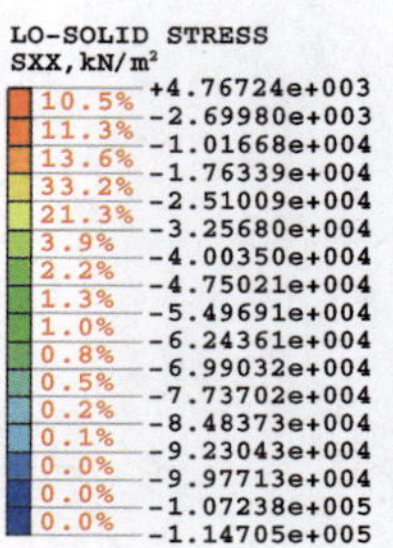

图6-11　嘎隆拉隧道隧址区 σ_x 应力云图

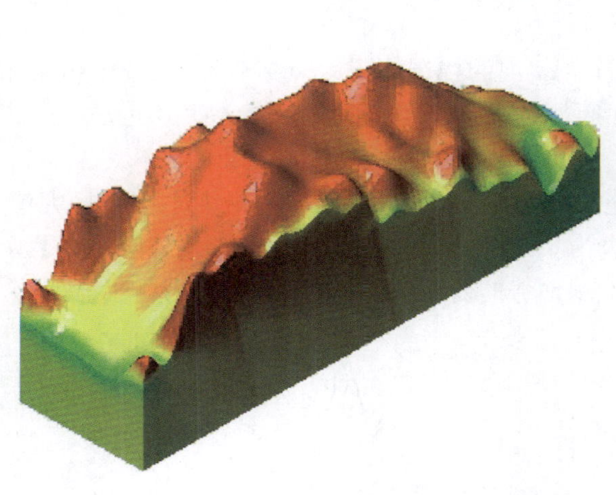

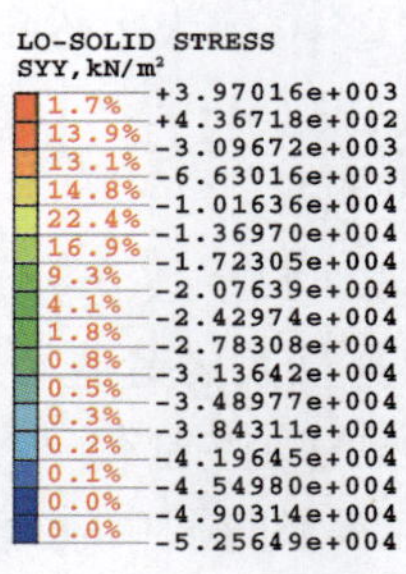

图6-12　嘎隆拉隧道隧址区 σ_y 应力云图

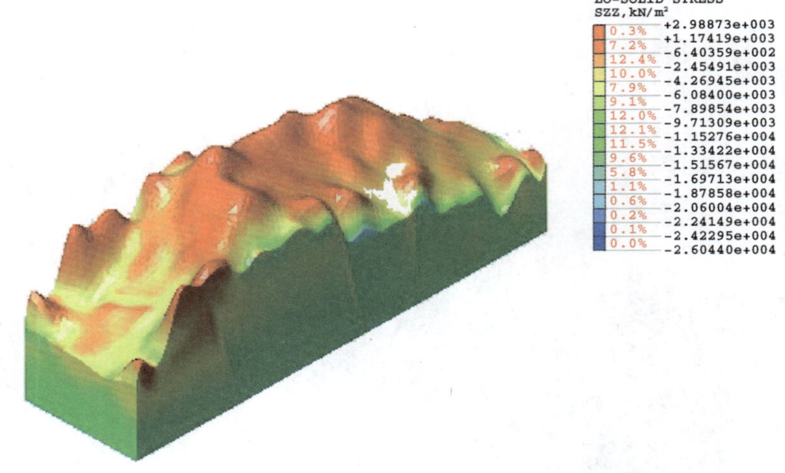

图 6-13　嘎隆拉隧道隧址区 σ_z 应力云图

(1)由图 6-8 ~ 图 6-13 可以看出,地应力值基本上从上到下逐渐增大,应力的大小受山体地形变化影响较大,山体上部受构造运动影响较小,自重应力也较小,因此总体来看应力较小。

(2)由图 6-8 ~ 图 6-13 可以看出,断层对地应力也产生了很大的影响,断层处地应力发生扩散和偏移,尤其是由最大主应力云图可以看出,断层处的地应力较周围要小,地应力扩散到周围岩体之中,加大了周围岩体的应力,在施工过程中要十分注意。

(3)由图 6-11 ~ 图 6-13 可以看出,构造运动对 σ_x、σ_y 产生了较大影响,σ_z 随深度增加的规律比较明显。

(4)从回归系数分析可以看出,y 向的构造挤压运动要略大于 x 向的构造挤压运动,而 y-z 平面内的垂直向构造剪切运动要大于 x-z 平面内的垂直向构造剪切运动。

(5)图中某些部位产生了一定的应力集中,但对总体效果影响不大。

图 6-14 是隧洞中轴线主应力随洞深变化图,可以看出最大主应力最大值为 26.0MPa,最小为 12.0MPa;最小主应力最大为 8.6MPa,最小接近于零。最大主应力在隧道进口处比较大,在隧道出口附近有所起伏,可能跟地势的变化有关系。最小主应力呈抛物线状,进口和出口处

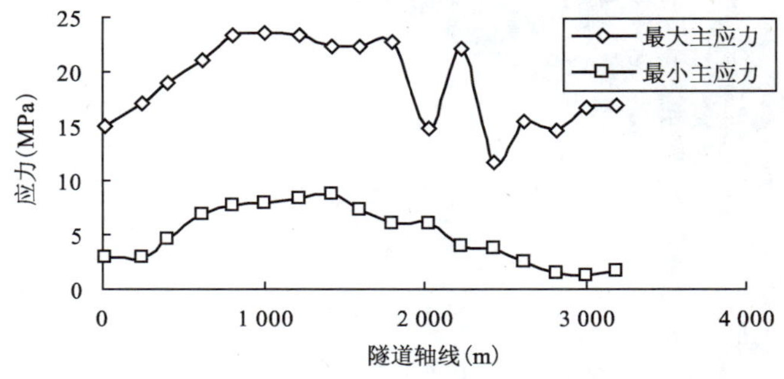

图 6-14　隧洞中轴线主应力随洞深变化图(受压为正)

较小，中间较大。由测试结果可知，最小主应力方向接近垂直，和自重应力相似，因此，抛物线状和地质剖面图的形状相吻合。

本节确定了6种地应力反演影响因素，明确了模型边界条件的施加方法，描述了如何确定空间中任意一点的应力插值，介绍了多元线性回归方法和逐步回归原理，给出了地应力场回归结果的统计检验方法。为隧道初始地应力场反演计算提供了理论依据和铺垫。

根据嘎隆拉隧道地质特征建立了初始地应力反演分析模型，通过转轴公式，将钻孔应力解除法测得的应力值转换为计算坐标系下的应力分量，以此为样本采用多元线性回归法反演得到了各工况下的回归系数，合成出隧道初始地应力场。应用统计学原理证明了结果的正确性，并总结了隧道初始地应力场的分布规律。

6.5 隧道围岩二次应力测试与模拟

6.5.1 围岩二次应力测试方法研究

采用改进应力恢复法进行围岩二次应力现场测试。改进应力恢复法的基本原理：在洞壁测试点安装应变花，利用应变仪测量 x 方向（即洞壁沿洞轴线的水平方向）、z 方向（即洞壁铅直方向）及其间45°方向上的初应变值 $\varepsilon_0,\varepsilon_{45},\varepsilon_{90}$。用内径为50mm的DZ-2A型手持式工程钻解除应力，取长度为50mm的岩芯，再测其3个方向的应变值 $\varepsilon_0',\varepsilon_{45}',\varepsilon_{90}'$，得到应变差值。利用点荷载仪配备特制的加载装置，完成应力的恢复，求得二次应力 σ_x,σ_z，其计算公式为：

$$\sigma_x \text{ 或 } \sigma_z = \frac{\alpha F S_p}{A} \tag{6-5}$$

式中：α——应力等效系数；

F——应力恢复时点荷载仪压力表读数（MPa）；

S_p——点荷载仪千斤顶活塞面积（cm^2）；

A——岩芯断面面积（cm^2）。

改进应力恢复法的优点在于，无需测定岩石的弹性模量便可计算岩体的应力，单孔可以测定平面内多方向应力。该方法简单、易行、经济，适于现场操作。改进应力恢复法的关键是等效应力系数 α 的确定。因此，我们做了室内试验及数值模拟，来求解应力等效系数并验证其正确性，同时进行了影响因素的敏感性分析。

1）室内试验

取长度、直径分别为50mm的完整岩芯，顺轴向粘贴应变片，连接应变仪，在压力机上加载 P_v。改变 P_v 的大小，记录一系列微应变值（$\varepsilon\mu$），据 $\sigma_v=P_v/A_v$（A_v 为截面面积）求得 σ_v。将岩芯平放，平行截面粘贴应变片，上、下各放一块刚性垫片，加载 P_h，也使其发生 $\varepsilon\mu$ 应变，记下一系列对应的 P_h 值，据 $\sigma_h=P_h/A_h$（$A_h=16.5cm^2$）求得 σ_h。在试验过程中，为了克服垫片与岩芯摩擦产生的切向应力，确保应力垂向传递，我们在岩芯上下分别垫上3层长为50mm的照相用胶片。试验结果证明，效果良好。试验得出的 σ_v-σ_h 呈线性关系（图6-15），回归方程为 $\sigma_v=1.0613\sigma_h+7.5986$，相关系数 $R=0.99885$，具有很好的规律性。据此求得平均应力等效系数 $\alpha(\sigma_v/\sigma_h)=1.30$。

2)数值试验

(1)计算模型的建立

为了进一步检验 σ_v-σ_h 关系的正确性和适用性,进行了三维数值试验分析。假定所用材料(岩芯及刚性垫片)为弹塑性材料,材料物理、力学参数通过对比选取(表 6-7),结合试验情况,建立如图 6-16 所示的三维有限元计算模型。其中,模型 a 剖分六面体单元 2 200 个,节点 10 505 个;模型 b 剖分六面体单元 3 000 个,节点 14 201 个。

材料的物理力学参数 表 6-7

材 料	弹性模量(MPa)	泊松比	重度(kN/m^3)	黏聚力(MPa)	内摩擦角(°)
岩芯	65 000	0.26	30.0	8.0	49
垫片	210 000	0.30	78.0	16.0	55

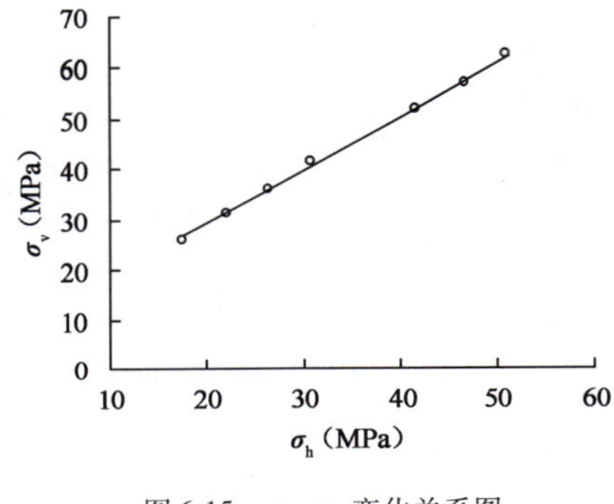

图 6-15 σ_v-σ_h 变化关系图

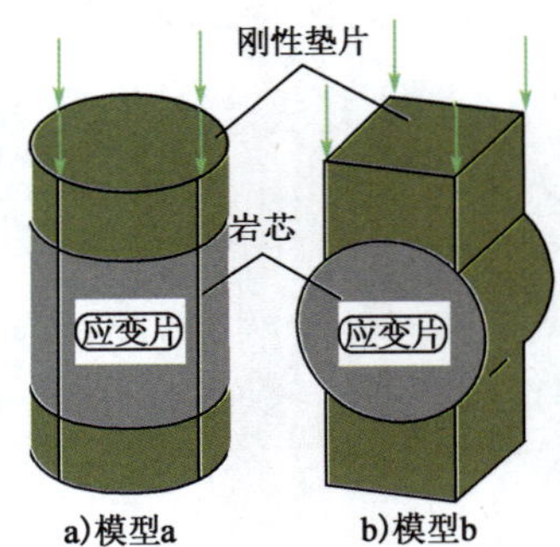

图 6-16 有限元计算模型

(2)数值试验结果

首先应用任一计算模型,结合试验荷载取不同的应力值,来研究岩芯内部位移的变化情况;然后应用另一模型通过调整岩芯内部位移来反求应力值,直到拟合较佳为止。图 6-17为 σ_v 取不同值时模型垂直中心断面位移 S_y 的变化情况以及由此反算的 σ_h 对应位移变化图。

由图 6-17 可以看出,模型中心部位(应变花位置)拟合效果非常好;在模型的上部、下部拟合效果也很好。因此,可得到应力等效系数 α 的平均值 $\alpha_{ave}=1.20$,与试验值的相对误差为 7.7%,可用于隧道及地下工程围岩二次应力场的计算。

3)岩芯尺寸效应

为了研究改进应力恢复法,对不同直径的岩芯进行了二维有限元数值模拟分析。模拟结果表明,应力等效系数值略大于三维数值模拟值,应力等效系数随岩芯直径的增大略有增大,呈线性关系,其变化关系如图 6-18 所示。

$$\alpha=0.0012D+1.1766, R^2=0.9988 \tag{6-6}$$

4)应力等效系数与力学参数的敏感性

应力等效系数与岩石力学参数的敏感性分析表明,应力等效系数与弹性模量及泊松比最为敏感,其关系如图 6-19、图 6-20 所示。由图中可以看出,应力等效系数随弹性模量、泊松比的增大而增大，呈对数正相关关系。

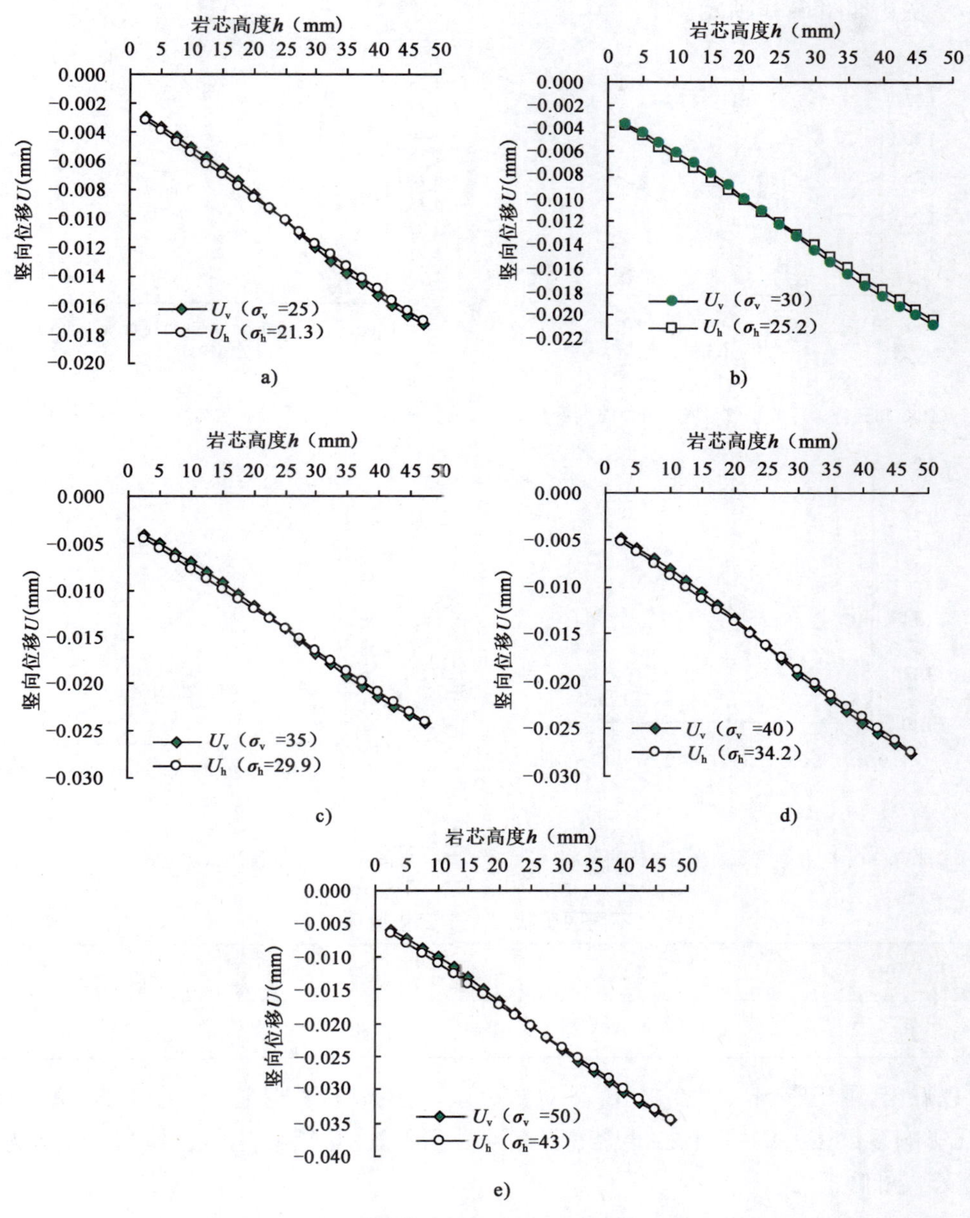

图 6-17　计算模型垂直中心断面位移 S_y 变化图

5）围压对应力等效系数的影响

在实际的应力恢复测试中，没有考虑围压的影响，但其影响是真实存在的。为了分析围岩对应力等效系数的影响程度，进行了数值模拟。其基本原理是：设定 5cm×5cm 的方形材料，在围压作用下施加荷载 σ_v，材料沿不同方向（如 x,z,xz 对应应变花的方向）产生应变。解除围压，根据产生的应变确定在无围压状态下施加的荷载 σ'_v。我们分析了沿 z 方向，不同围压状

态下 σ_v/σ'_v 的变化情况。在不同围压状态下的围压平均影响系数 $\beta(\sigma_v/\sigma'_v)$ 如表 6-8 所示，对应 β-σ_v 变化如图 6-21 所示。

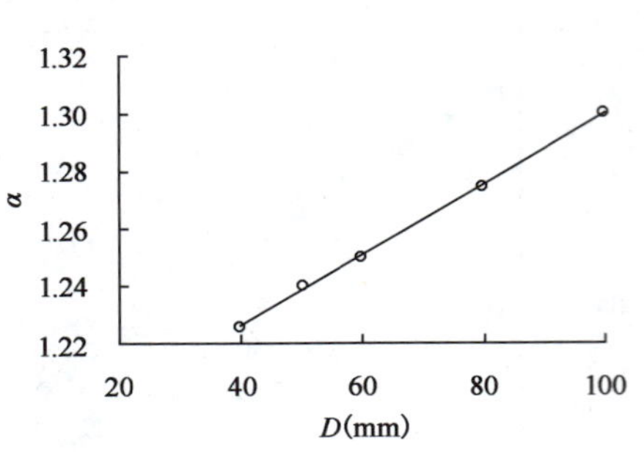

图 6-18　应力等效系数与岩芯直径的关系

图 6-19　应力等效系数与弹性模量的关系

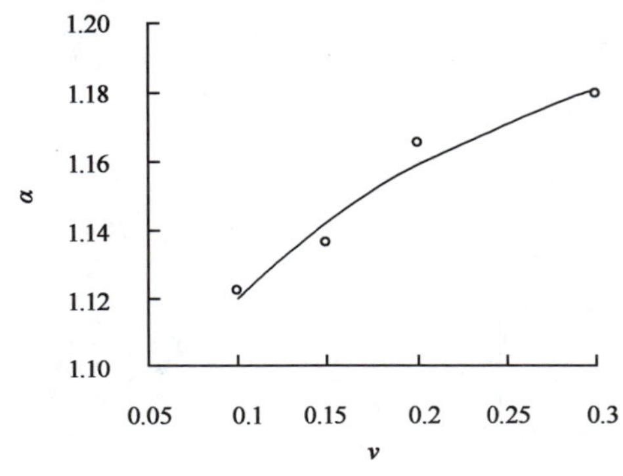

图 6-20　应力等效系数与泊松比的关系

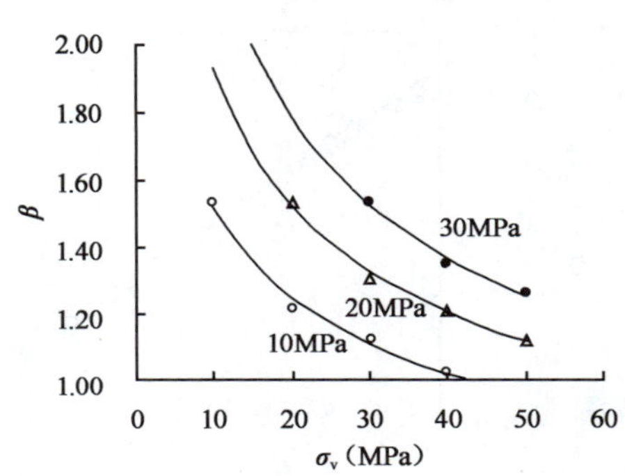

图 6-21　不同围压状态下 β-α 变化关系

不同围压状态下 β 变化情况　　表 6-8

围压(MPa)	10	20	30
β	1.2106	1.3043	1.3870

可以看出，围压影响系数 β 与 σ_v 呈对数关系。在围压(构造应力)小于 30 MPa 的情况下，围压影响系数在 1.0～1.4 之间，若围压较小，可不考虑其影响。因此，围岩二次应力 σ_x 或 σ_z 计算公式可修正为：

$$\sigma_x \text{ 或 } \sigma_z = \frac{\alpha\beta F S_p}{A} \tag{6-7}$$

式中：α——应力等效系数；

β——围压影响系数；

F——应力恢复时点荷载仪压力表读数(MPa)；

S_p——点荷载仪千斤顶活塞面积(cm^2)；

A——岩芯断面面积(cm^2)。

6.5.2　隧道围岩二次应力现场测试

1）测点布置

测点布置根据现场勘察和测试目的，考虑到施工和测试方便以及测试条件，测试点布设在隧道进口端左侧壁（出口无法到达）。具体里程为：K48+850、K48+900、K49+020、K49+082、K49+115、K49+300。

2）测试结果及分析

现场调查表明，隧道围岩节理、裂隙不发育，岩体完整，围岩强度高。由广义虎克定律和应力坐标变换相关理论，已知任一3个方向的应变值，可以求出测试平面范围内主应力及其方位。为了对比分析，根据应力解除前后岩体应变特征进行了弹性力学计算。计算时弹性模量均取20GPa，泊松比取0.2。现场测试及计算的结果如表6-9所示。主应力及主应变大小与最大主应力方向的计算公式如下：

$$\begin{matrix}\varepsilon_1\\ \varepsilon_2\end{matrix} = \frac{\varepsilon_0+\varepsilon_{90}}{2} \pm \frac{1}{2}\sqrt{(\varepsilon_0-\varepsilon_{90})^2+(\varepsilon_0+\varepsilon_{90}-2\varepsilon_{45})^2} \tag{6-8}$$

$$\begin{matrix}\sigma_1\\ \sigma_2\end{matrix} = \frac{E}{2}\left[\frac{\varepsilon_0+\varepsilon_{90}}{1-\upsilon} \pm \frac{1}{1+\upsilon}\sqrt{(\varepsilon_0-\varepsilon_{90})^2+(\varepsilon_0+\varepsilon_{90}-2\varepsilon_{45})^2}\right] \tag{6-9}$$

$$\tan 2\alpha = \frac{2\varepsilon_{45}-\varepsilon_0-\varepsilon_{90}}{\varepsilon_0-\varepsilon_{90}} \tag{6-10}$$

式中：ε_1、ε_2——主应变；

σ_1、σ_2——主应力；

E——弹性模量；

υ——泊松比；

α——最大主应力与水平方向的夹角；

ε_0、ε_{45}和ε_{90}——分别为3个测试方向的应变（应力解除后的应变增量）。

围岩表壁二次地应力测试结果　　表6-9

编　号	里　程	埋深(m)	应力恢复法			弹性力学计算法	
			σ_x(MPa)	$\sigma_{45°}$(MPa)	σ_z(MPa)	σ_1(MPa)	σ_2(MPa)
SS1	K48+850	280	10.65	12.34	15.33	18.22	14.81
SS2	K48+900	330	11.35	13.22	17.51	20.76	18.82
SS3	K49+020	428	18.55	19.35	23.72	28.63	18.90
SS4	K49+082	488	19.37	21.12	26.41	31.33	22.52
SS5	K49+115	520	22.28	25.65	28.25	32.50	25.28
SS6	K49+300	735	24.21	26.53	—	90°方向损坏	—

通过应力恢复法测得围岩表壁二次应力最大值一般出现在垂直于洞室轴线且与开挖面近似平行的z方向，其次为45°方向，最小为水平方向。测试范围内σ_x=10.65~24.21MPa，σ_z=

15.33～28.25MPa，$\sigma_{45°}$=12.34～26.53MPa。弹性力学理论计算结果最大主应力 σ_1 与应力恢复法测试 σ_z 的分布规律基本一致，但 σ_1 的量值较 σ_z 大 3～5MPa。

图 6-22 为隧道围岩二次应力沿隧道轴线的变化曲线。可以看出，3 个方向的二次应力随隧道埋深呈增大的趋势。围岩表面的二次应力与自然应力（K49+150，σ_1=25.3MPa；K49+300，σ_1=28.5MPa）相差不大，这可能与围岩较完整、岩体强度较高有关。

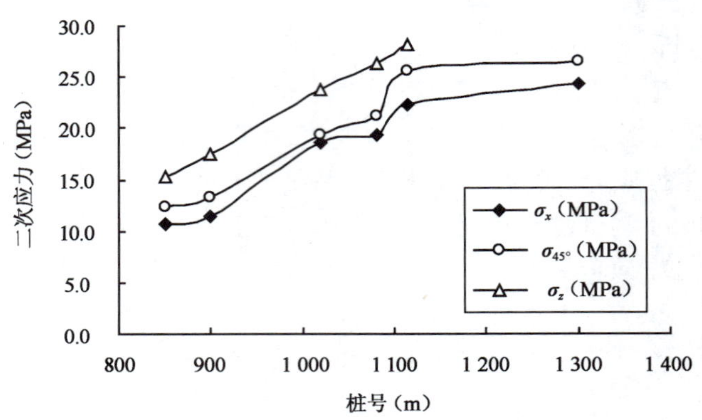

图 6-22　围岩二次应力沿隧道轴线的变化曲线

6.5.3　隧道开挖过程中的围岩二次应力模拟

初始地应力场的建立可以为隧道围岩二次应力场的研究提供依据。经过初始地应力的测试与反演，得到了较为合理的初始地应力场，可以在初始地应力场中提取任意点、断面的地应力值，包括 σ_x、σ_y、σ_z、σ_{xy}、σ_{yz}、σ_{xz}。因此可以利用侧压力系数法通过数值模拟研究围岩二次应力场的分布规律。

围岩二次应力现场测试共取得了 6 个测点的二次应力值，其中 1 个测点结果不完整，其他 5 个结果完整测点分别是 SS1～SS5。围岩二次应力场数值模拟共建立 3 个模型，隧道轴线方向为 y 向，水平垂直隧道轴线方向为 x 向，垂直水平面向上为 z 向。第一个模型内有 SS1 和 SS2 两个测点，里程桩号为 K48+825～K48+925，原点在 K48+825 处，SS1 测点 y=25m，SS2 测点 y=75m；第二个模型内有 3 个测点，里程桩号为 K49+010～K49+130，原点在 K49+010 处，SS3 测点 y=10m，SS4 测点 y=72m，SS5 测点 y=105m；第三个模型内没有实测点，里程桩号为 K49+515～K49+565，研究目的是得到未进行围岩二次应力测试处的二次应力场，指导施工。隧址区除了断层及其填充物泥质灰岩外，岩性主要为微风化黑云母花岗岩，因此模型参数一致取微风化黑云母花岗岩的力学参数，见表 6-10。

岩体力学参数表　　表 6-10

岩　性	弹性模量(GPa)	泊松比	重度(kN/m^3)	黏聚力(kN/m^2)	内摩擦角(°)
弱风化黑云母花岗岩	24.0	0.26	26.0	2 000	36

6.5.4　隧道围岩二次应力场特征

1)应力大小与隧道埋深的关系

为了研究围岩二次应力场特征,在3个模型中分别提取特征点,将应力(σ_y、σ_z)与埋深的关系绘成曲线,见图6-23所示。由曲线图看以看出,围岩二次应力的大小与隧道埋深成正比关系,埋深越大,二次应力值越大,σ_z 随埋深的增大速度要大于 σ_y,可能与不同区段侧压力系数的变化有关。

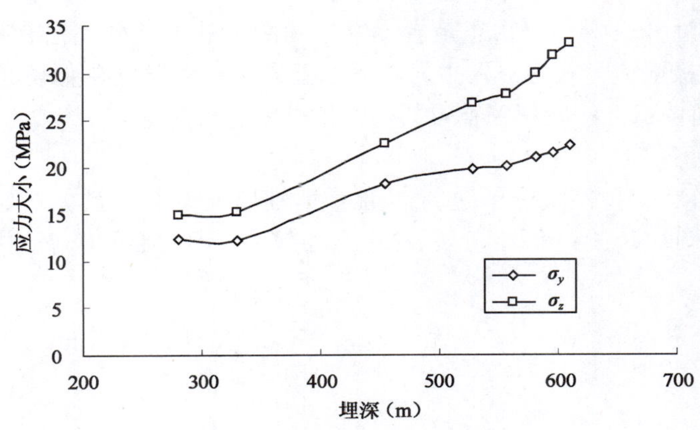

图6-23　围岩二次应力随埋深变化图

2)断面分布特征

以K49+010~K49+130处为例研究隧道二次应力断面分布特征,隧道中心 $x=0$,$z=0$,洞径9.4m。经分析表明,隧道某断面经最后一步开挖后,围岩水平方向二次应力 σ_x、垂直方向二次应力 σ_z 随深度的变化见图6-24和图6-25。由图6-24可以看出,σ_x 在隧道两侧呈对称分布,隧道 x 方向影响范围在 $-27\sim27$m,左右侧各约3倍洞径。影响范围以外,σ_x 接近初始地应力,在24MPa左右。随着接近隧道,σ_z 逐渐减小,直到拱腰处 σ_x 减小到5MPa左右,在仰拱处又突然变大为36MPa左右。由图6-25可以看出,拱顶处 σ_z 为25MPa左右,随着在 z 方向远离隧道,逐渐趋于初始地应力,隧道 z 方向的影响范围为 $-20\sim20$m,约两侧各2倍洞径。

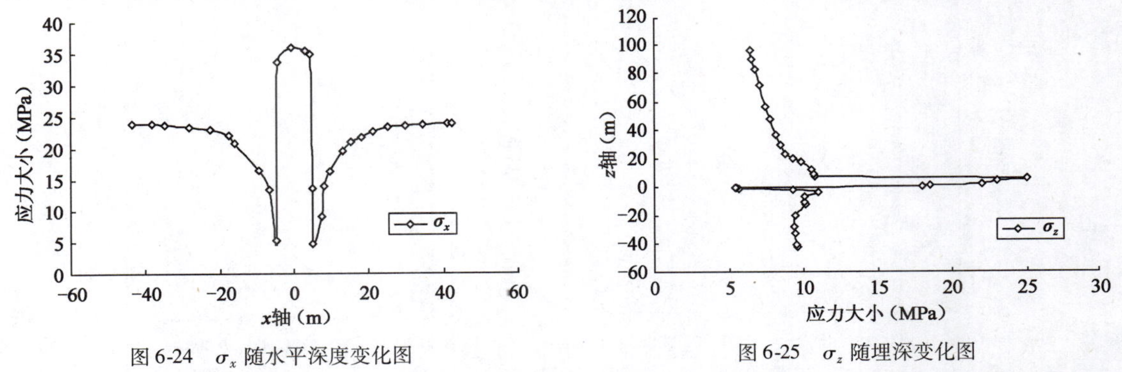

图6-24　σ_x 随水平深度变化图

图6-25　σ_z 随埋深变化图

本节采用改进型应力恢复法测得了6个测点的围岩二次应力,结合初始地应力场的反演结果,应用侧压力系数法进行了隧道开挖过程的数值模拟,得到了围岩二次应力场特征,分析了二次应力与隧道埋深的关系和二次应力断面分布特征,得到了隧道开挖的影响范围。

6.6 岩爆预测与防治措施研究

6.6.1 隧道岩爆倾向性研究

1)隧道岩爆倾向性指标

所谓岩爆倾向性是指岩石在所受的应力达到极限应力状态时发生岩爆的可能性,岩石(岩体)的岩爆倾向性和极限应力状态是岩爆发生的两个基本条件。只有具有岩爆倾向性的岩石(岩体)才会在极限应力状态下发生岩爆。由于岩爆一般发生在坚硬的、完整性较好的岩体中,所以岩爆倾向性指标一般用完整岩石的力学试验进行测定。

(1)冲击能指标

在嘎隆拉隧道钻取了岩芯试样,进行了岩石单轴压缩试验。具体试验结果如图 6-26 ~ 图 6-31所示。根据图 6-26 ~ 图 6-31 分析,冲击能指数 W_{CF} 皆大于 3.0,该地段隧道围岩具有强岩爆倾向。

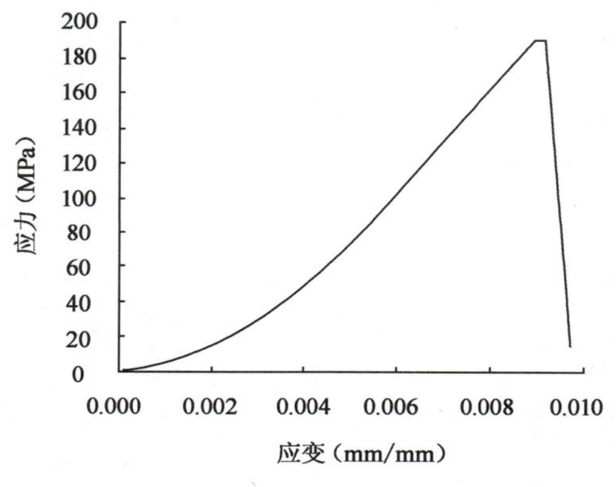

图 6-26 D1 应力—应变曲线

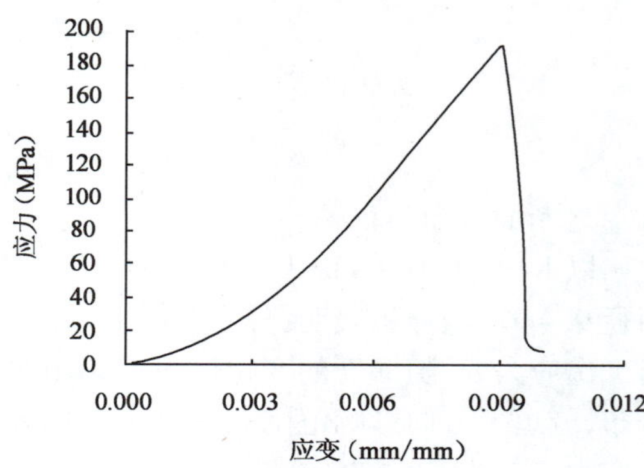

图 6-27 D2 应力—应变曲线

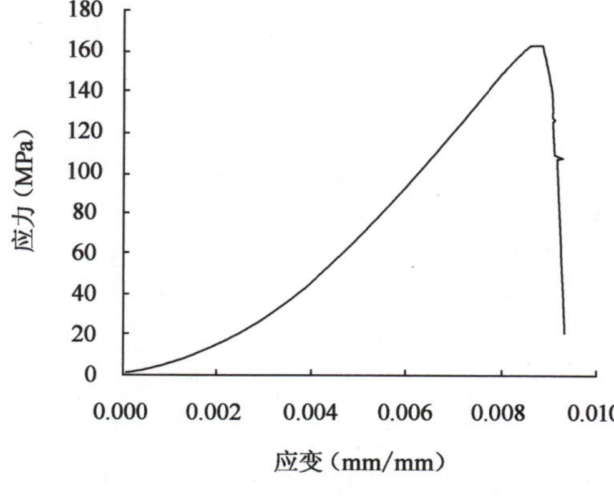

图 6-28 D3 应力—应变曲线

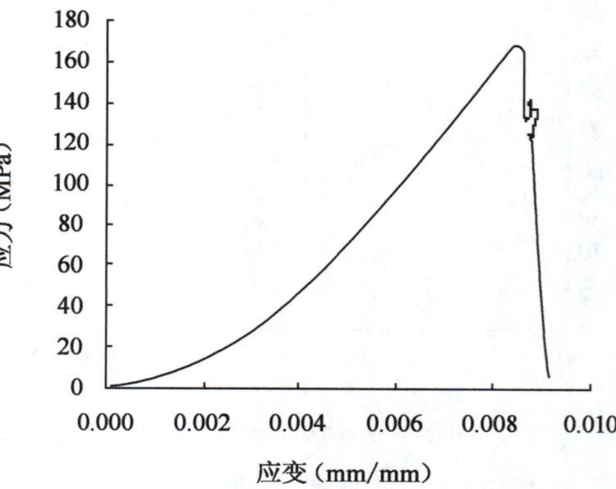

图 6-29 D4 应力—应变曲线

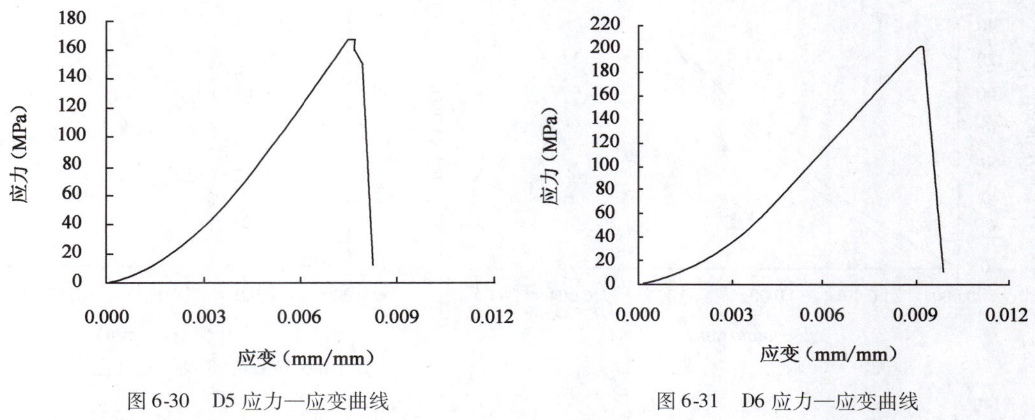

图6-30　D5应力—应变曲线　　图6-31　D6应力—应变曲线

(2)弹性变形能指数

S. P. Singh(1988)提出一种岩爆倾向性指标,即岩爆倾向指数(Burst-proneness index)。该指标定义为全应力—应变曲线峰值前区卸载曲线下面的面积与加卸载曲线之间的面积之比,即弹性变形能指数。

$$W_{ET}=\frac{E_e}{E_p}=\frac{\int_{\varepsilon_p}^{\varepsilon_e}f_1(\varepsilon)\mathrm{d}\varepsilon}{\int_0^{\varepsilon_t}f(\varepsilon)\mathrm{d}\varepsilon-\int_{\varepsilon_p}^{\varepsilon_e}f_1(\varepsilon)\mathrm{d}\varepsilon} \tag{6-11}$$

式中:E_e——弹性变形能;

E_p——塑性变形能;

ε_e——弹性应变;

ε_p——塑性应变;

ε_t——总应变;

$f(\varepsilon)$——加载时应力—应变曲线;

$f_1(\varepsilon)$——卸载时应力—应变曲线。

弹性变形能指数通过对岩石试件进行单轴压缩加载和卸载试验确定。在试验室对岩样进行单轴压缩试验,取应力为岩石强度80%~90%时记录的应力—应变曲线,用图形积分法求出弹性变形能量储存与塑性变形能之比,即为弹性变形能量指数W_{ET}。

波兰规定,按下列弹性变形能指数范围划分岩爆倾向性:

$W_{ET}\geqslant 2.5$,强岩爆倾向;

$2.0\leqslant W_{ET}<2.5$,中等岩爆倾向;

$W_{ET}<2.0$,无岩爆倾向。

Singh根据加拿大萨德伯里地区硬岩试样试验结果,建议岩爆倾向性分类标准是:

$W_{ET}\geqslant 15$,强岩爆倾向;

$10\leqslant W_{ET}<15$,中等岩爆倾向;

$W_{ET}<10$,弱岩爆倾向。

在嘎隆拉隧道钻取了岩芯试样,进行了岩石单轴压缩加载和卸载试验,试验分析结果如图6-32~图6-37所示。

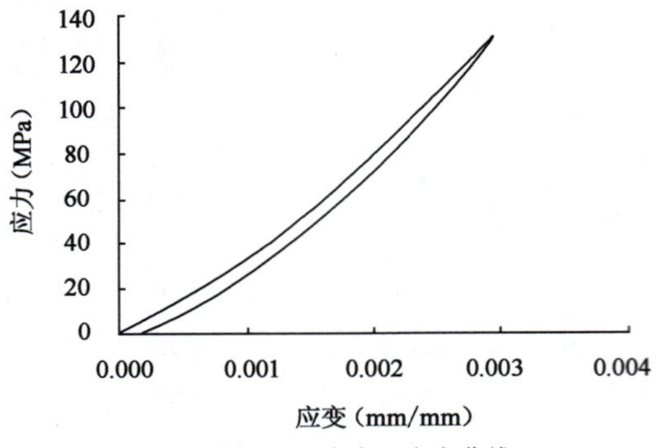

图 6-32　W1 应力—应变曲线

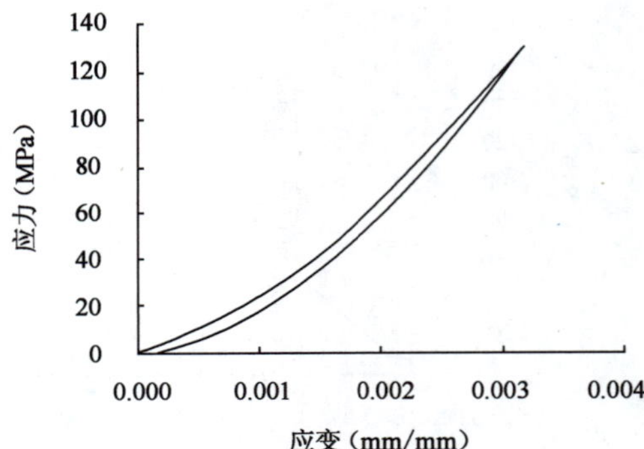

图 6-33　W2 应力—应变曲线

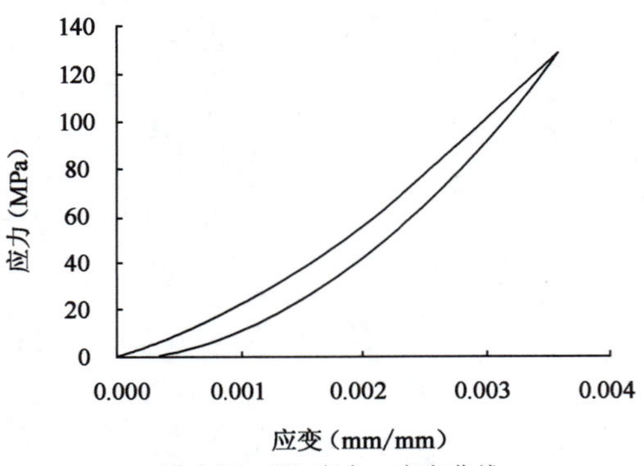

图 6-34　W3 应力—应变曲线

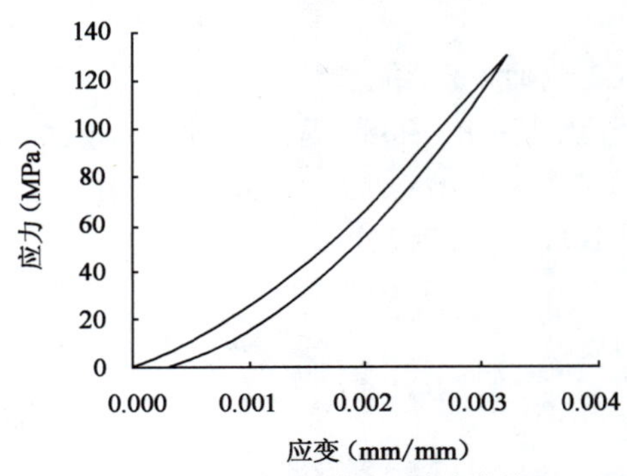

图 6-35　W4 应力—应变曲线

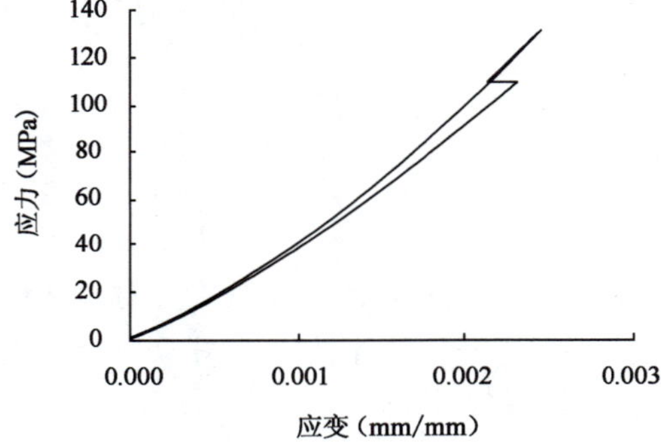

图 6-36　W5 应力—应变曲线

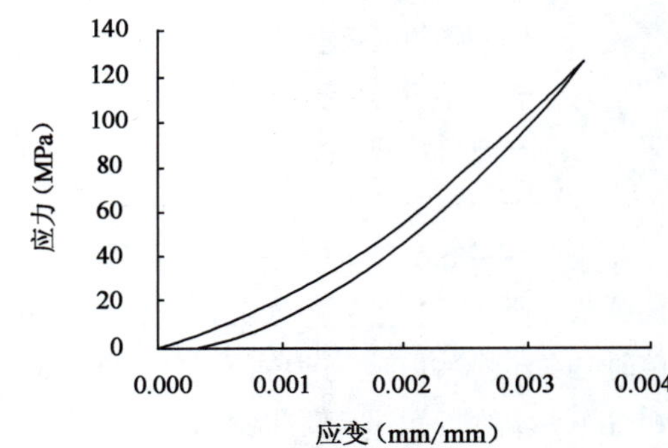

图 6-37　W6 应力—应变曲线

根据 W_{ET} 计算公式，得到 W1 ~ W6 的弹性变形能指数如表 6-11 所示。

岩石弹性变形能指数试验计算结果　　表 6-11

编　号	采样位置	弹性变形能指数 W_{ET}
W1	K49 + 150	2.59
W2	K49 + 150 左	13.45
W3	K49 + 150 右	1.59
W4	K49 + 250	10.00
W5	K49 + 250 左	5.29
W6	K49 + 250 右	1.40

可以看出，根据波兰的规定，除 W3、W6 弹性变形能指数 W_{ET} 小于 2.0 外，其他 W_{ET} 值均大于 2.5，具有强岩爆倾向，与 W_{CF} 分析推测结果比较一致。

2）岩爆倾向性的声发射特征

从岩石整个破坏过程中的声发射累计事件数曲线可以看出，测试岩石的声发射累计事件数曲线表现出不同的特点。结合它们的声发射事件率—时间序列曲线与全应力应变曲线，可以把岩石的声发射时间序列归纳为 3 种类型，如图 6-38 所示。

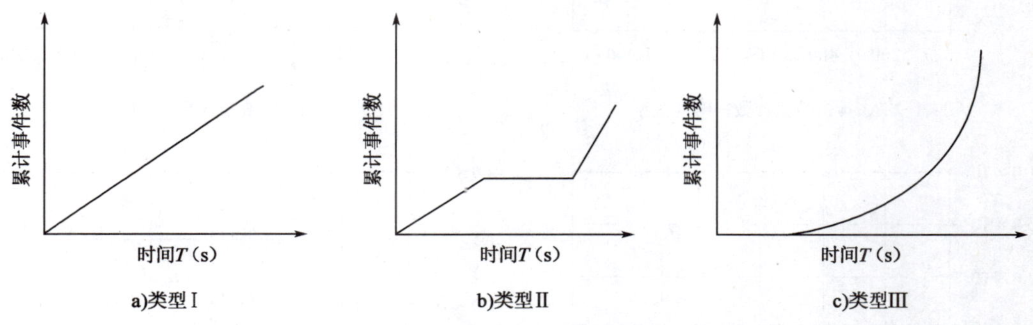

图 6-38　声发射类型（声发射数累计）

第Ⅰ类：岩石在受载过程中不断有声发射发生，声发射事件逐渐增多，没有突然增强的现象，而且在峰值后区仍然保持较高的声发射。由于这类岩石在峰值后区仍然没有完全解体，宏观破裂面产生相对滑移，因而峰值后区声发射可以理解为由岩石宏观破裂面产生相对滑移产生的。由于能量的持续释放，岩石发生突然断裂的可能性小，因而无岩爆倾向性。

第Ⅱ类：在加载初期，就有声发射发生，在峰值后的一定范围内，声发射出现沉寂现象，而在峰值过后一定时间后声发射又明显增强。由于峰值后岩石并未解体，其承载能力的丧失是渐进的过程，不会发生突然而猛烈的破坏，其岩爆倾向性弱。

第Ⅲ类：在荷载较小时声发射很少甚至无声发射现象，当应力接近峰值时声发射突然迅速增大，岩石很快发生突然而猛烈的破坏，其岩爆倾向性强。

从测试的声发射类型结果（图 6-39）来看，大多数试样具有较强的岩爆倾向性。

3）岩爆形成的力学机理

隧道围岩处在一个复杂的应力应变环境中，按照其岩石（体）的实际受力状态来研究它们的变形破裂特性，以探讨岩爆形成的力学机理。

（1）卸荷岩石力学试验

试验所用的两种岩石为嘎隆拉隧道岩爆区新鲜、完整的岩层中的岩石，岩性分别为灰白色花岗岩和深灰色花岗岩。主要试验结果如图 6-40、图 6-41 所示。

可以看出，与常规三轴加载试验相比，岩石在位移控制方式下卸荷，其三轴试验中破坏时的应力差（$\sigma_1-\sigma_3$）和弹性模量值有所减小。

（2）岩爆形成的力学机理

结合前人研究成果试验，对岩爆形成力学机理有如下认识：

①地下洞室的开挖是洞室围岩的一个卸荷过程，然而洞壁附近的岩体将引起径向应力（σ_r）的降低和切向应力（σ_θ）的增高，出现应力分异现象，使围岩的应力差愈接近开挖临空面

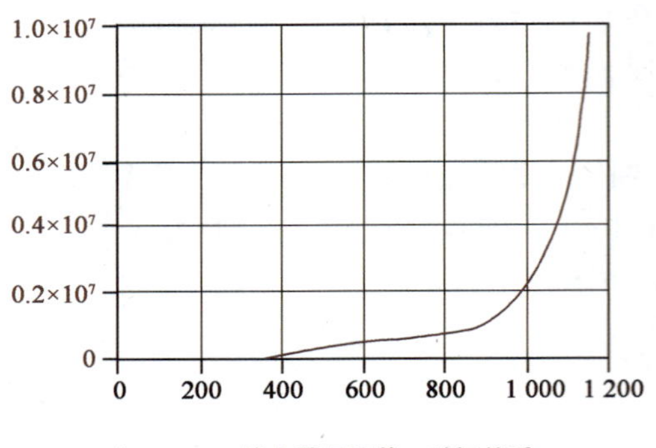

a)K1-2 AE撞击数累计数—时间关系

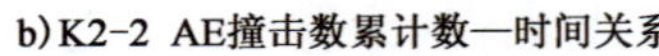

b)K2-2 AE撞击数累计数—时间关系

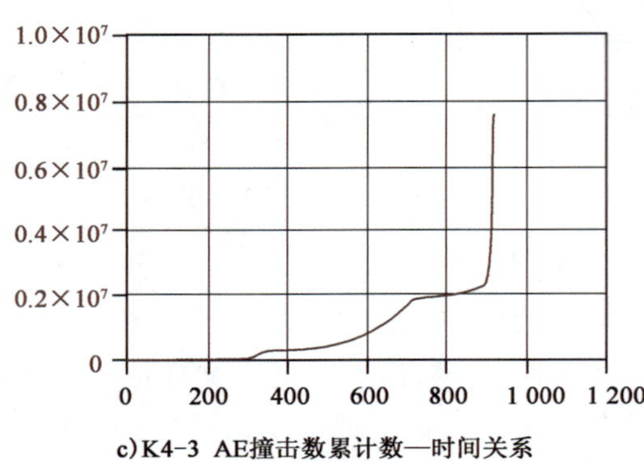

c)K4-3 AE撞击数累计数—时间关系

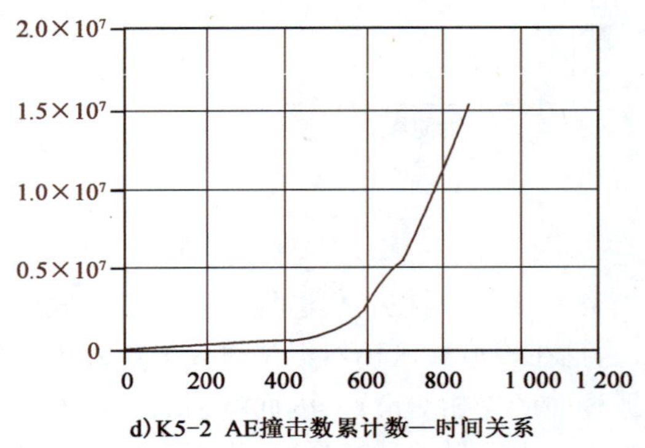

d)K5-2 AE撞击数累计数—时间关系

图 6-39　AE 撞击数累计数—时间关系

愈大,至洞壁附近达到最大值。因而临空面附近围岩的应力状态与低围压条件下轴向应力增高这一过程的应力状态大体相当,实际上是一个加载过程。

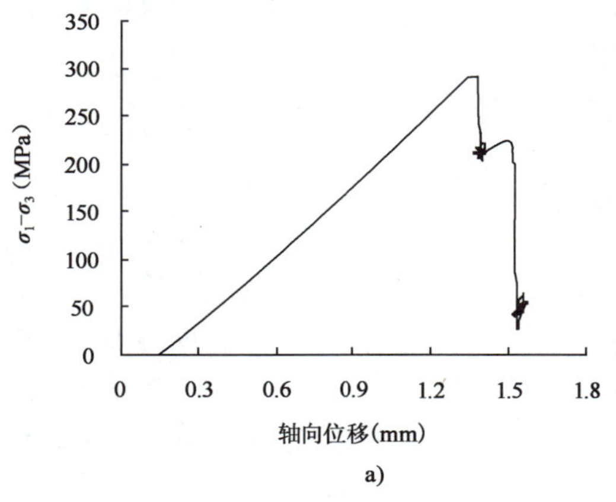

a)

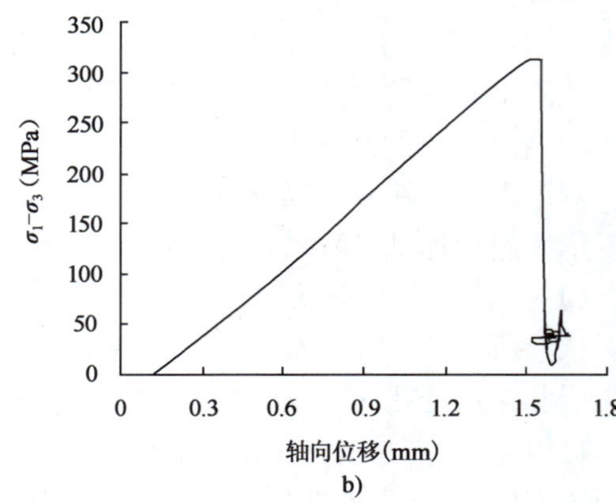

b)

图 6-40　灰白色花岗岩力学试验结果

②卸荷过程下岩石的三轴变形破裂试验显示,在围岩应力接近于 0($\sigma_3 \approx 0$)时,与单轴加载的破裂近似,表现为大体平行轴线方向的张性劈裂。随着围压的增高,破裂面中出现剪切面,大多追踪张性破裂生成;围压的进一步增高,破裂面发展为共轭剪裂面与张裂面构成的网

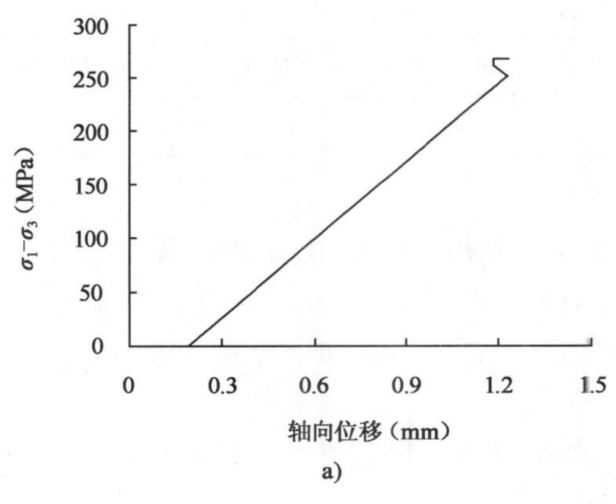

a)

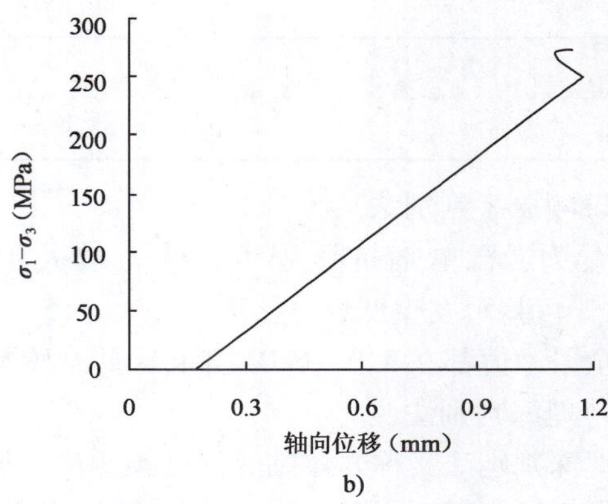

b)

图 6-41　深灰色花岗岩力学试验结果

状破裂。就破裂机理而言,可与断裂力学中的典型破裂迹象(Lajtai,1974)对照;按格里菲斯准则,属压致拉裂和由压致拉裂衍生的压致剪裂。

③岩石在三轴应力条件下变形破坏过程表现出阶段性特征。宾尼瓦斯基等(Lane, Biemiwaski,1970)对此做了详细划分,分为压密、弹性变形、稳定破裂、不稳定破裂(累进性破坏)和强度丧失完全破坏阶段。由弹性变形阶段进入稳定破裂阶段,临界强度称为屈服强度(σ_y),它相当于极限强度(R_b)的0.3~0.35倍,超过此强度后则可出现局部破裂,且随应力差的增大而发展,当应力保持不变时,破裂也停止发展。由稳定破裂阶段进入不稳定破裂阶段,临界强度称为长期强度(σ_c),相当于R_b的0.7~0.8倍,破裂出现质的变化,过程中所造成的应力集中效应显著,工作应力保持不变的情况下,破裂仍会不断累进发展。应力进一步提高,则进入强度完全丧失阶段。

④洞壁现场二次应力场测试,以实际的洞壁最大切向应力($\sigma_{\theta max}$)与钻取的岩芯的单轴抗压强度R_b(采用点荷载试验强度换算求得)的比值作为判据,岩爆发生在$\sigma_{\theta max}/R_b>0.3$的段落,$\sigma_{\theta max}/R_b=0.3\sim0.5$为中等岩爆,$\sigma_{\theta max}/R_b>0.7$发生强烈岩爆。

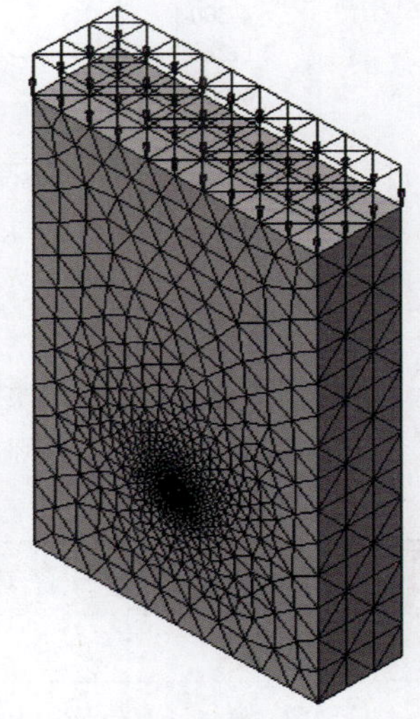

图 6-42　Ⅲ级围岩数值分析模型

6.6.2　隧道岩爆预测

1)$\sigma_{\theta max}/R_b$判别法

令$t=\sigma_{\theta max}/R_b$($t<0.2$,无岩爆;$0.2\leqslant t<0.3$,弱岩爆;$0.3\leqslant t<0.55$,中等岩爆;$0.55\leqslant t$,强烈岩爆),$\sigma_{\theta max}$根据Ⅲ级围岩典型断面的数值模拟结果(图6-42,表6-12)求出。分析范围$xzy=100m\times30m\times140m$,隧道埋深295m,模型左、右边界水平位移约束,下边界竖向位移约束,上边界施加200m的单元压力荷载(5 320kN)。采用的屈服准则为D-P准则。隧道开挖20.0m,预留10.0m未开挖,以反映三维分析掌子面的约束作用。

可以看出,该计算断面$t=\sigma_{\theta max}/R_b=0.25$(取$R_b=100MPa$),属于弱岩爆范畴,Ⅲ级围岩段易发生岩爆现象。

隧道围岩应力特征　表 6-12

开挖方法	P_1(kPa)	P_3(kPa)	S_{xz}(kPa)
全断面法	-9 015 ~ -163.3	-25 550 ~ -8 085	-8 270 ~ 7 606

2)陶振宇判别法

R_b 为岩石单轴抗压强度,σ_1 为最大主应力,$\gamma = R_b/\sigma_1$,则:$14.5 \leqslant \gamma$,无岩爆发生;$5.5 \leqslant \gamma < 14.5$,发生低岩爆活动;$2.5 \leqslant \gamma < 5.5$,发生中等岩爆活动;$\gamma < 2.5$,发生高岩爆活动。

全段 γ 值都在 3.0 ~ 6.0 之间,因此全段都有可能发生低等岩爆和中等岩爆活动。

3)埋深判别法

埋深判别法又称岩爆临界深度预测法。侯发亮教授导出了仅考虑上覆岩体自重情况下的岩爆发生最小埋深 H_{cr}(即岩爆临界深度)的计算公式,即

$$H_{cr} = \frac{0.318R_c(1-\upsilon)}{(3-4\upsilon)\gamma} \tag{6-12}$$

式中:R_c——岩石单轴抗压强度,取 80MPa;

υ——岩石泊松比,取 0.26;

γ——重度,取 26.0kN/m^3。

由图 6-43 可计算得到其临界埋深为 369.4m。由图中可知,在洞深 700 ~ 2 800m 将会有岩爆发生。

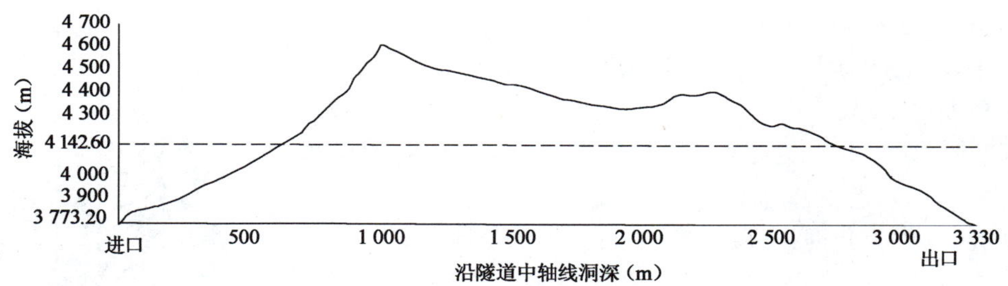

图 6-43　嘎隆拉隧道沿中轴线剖面埋深图

4)最大熵最优相对隶属度岩爆预测

根据国内外若干工程的岩爆分析资料,得到岩爆评价指标归一化模型(表 6-13)。

隧道典型地段岩爆评价指标归一化模型　表 6-13

岩爆级别	σ_θ/σ_c	σ_c/σ_t	W_{ET}	I_s
无岩爆	0	0	0	0
轻微岩爆	0.428 6	0.332 5	0.40	0.214 3
中等岩爆	0.714 3	0.637 5	0.70	0.50
严重岩爆	1	1	1	1

即岩爆分级的标准相对隶属度矩阵为:

$$\boldsymbol{S}=\begin{bmatrix}0 & 0.4286 & 0.7143 & 1\\ 0 & 0.3325 & 0.6375 & 1\\ 0 & 0.4000 & 0.7000 & 1\\ 0 & 0.2143 & 0.5000 & 1\end{bmatrix}$$

根据岩石力学试验和模拟计算结果得到嘎隆拉隧道典型断面的岩爆预测指标，通过计算可得到基于最大熵原理（POME）的岩爆相对隶属度模糊优化评价模型Ⅰ，即

$$\begin{array}{cc} & \text{无}\qquad\quad \text{弱}\qquad\quad \text{中}\qquad \text{强} \\ \underset{\sim}{\boldsymbol{U}}_1^{\mathrm{T}}= \begin{array}{c}1\\2\end{array} & \begin{bmatrix}0.2400 & 0.6120 & 0.1226 & 0\\ 0.0560 & 0.7056 & 0.0693 & 0\end{bmatrix}\end{array} \tag{6-13}$$

由式（6-13），可得基于 POME 的岩爆相对隶属度模糊优化评价模型Ⅱ，即

$$\begin{array}{cc} & \text{无}\qquad\quad \text{弱}\qquad\quad \text{中}\qquad \text{强} \\ \underset{\sim}{\boldsymbol{U}}_2^{\mathrm{T}}= \begin{array}{c}1\\2\end{array} & \begin{bmatrix}0.2400 & 0.7131 & 0.0501 & 0\\ 0 & 0.9368 & 0.0715 & 0\end{bmatrix}\end{array} \tag{6-14}$$

可以看出，嘎隆拉隧道岩爆发生段为弱岩爆，岩爆分级属于Ⅱ级。

6.6.3　岩爆防治措施

岩爆发生主要与岩石物理力学性质和周围赋存的应力条件有关，防治岩爆的措施主要围绕这两个方面进行。首先，尽量避开易发生岩爆的高地应力集中地区，若难于避开，也应尽量使洞轴线与最大主应力方向平行布置，以减少应力集中系数，防治岩爆或尽可能降低岩爆烈度级别。其次，施工过程中主要从改善围岩物理力学性能、改善围岩应力条件和加固围岩几方面入手。

岩爆防治方法应立足于减轻或避免岩爆伤人毁机及导致围岩大面积失稳的目标。按照“安全第一、稳扎稳打、不盲目冒进”的指导思想，遵循“以防为主、防治结合、多种手段综合治理”的原则进行施工和防治。

1）改善围岩的物理力学特性

在对隧道岩爆进行预防和控制时，首先可以考虑改善围岩的物理力学特性。主导思想是降低围岩的强度，减弱围岩的脆性，增强围岩的塑性，使围岩内部储存的弹性应变能大量地消耗在围岩裂隙的启裂和扩展方面，从而减少围岩储存的弹性应变能，达到降低岩爆剧烈程度的目的。

改善围岩物理力学特性的主要措施是喷水和注水，这是因为进入到岩石孔隙中的水能与岩石矿物中的一些离子发生作用，进而达到软化围岩，降低围岩强度的目的。在岩爆可能发生的洞段，爆破后应立即向新出露的围岩表面进行喷水，以软化围岩。对于软化系数很高的脆性围岩，采用普通的喷水方式可能不能达到预期的效果，可以考虑采用高压喷水或超前钻孔高压注水的方法。在高压喷水或超前钻孔高压注水的情况下，水的劈裂作用可以在岩石内部产生新的裂缝并使岩石内原有的裂缝进一步扩展，这样可以降低围岩的强度和储存弹性应变能的能力。

2）改善围岩的应力状态

对于进入施工阶段的隧道而言，各洞段的围岩应力场是基本确定的。在既定的应力场环

境下,隧道围岩内部的应力并没有办法完全消除,只能通过调整使隧道表层围岩的应力向深部转移,以此达到削弱或控制岩爆的目的。改善围岩的应力状态可以通过释放围岩应力和柔性支护的方法实现。

(1)释放围岩应力的方法

释放围岩应力的方法包括未开挖围岩的超前钻孔减压法、已开挖围岩的表面切槽减压法。超前钻孔减压法通过直接向围岩或掌子面内部打一定深度的钻孔来释放围岩中的部分应力,也可以通过人工进行垂直于掌子面的钻孔施爆作业,在掌子面内形成一定规模的破碎带,来释放掌子面内部岩体的应力。

表面切槽减压法的主要目的是解除隧道开挖在轮廓面附近形成的高量级切向应力,具体做法是采用可压缩材料填满应力解除槽沟来释放围岩的应力。对于岩爆烈度大,危险程度高的岩爆地段,可以暂时停止掌子面施工,使表层围岩的应力以岩爆的形式自然释放,待岩爆现象自然缓解后再进行处理。

(2)柔性支护

采取表面切槽减压法的主隧道表面的围岩由于临空面的存在而处于两向受力状态,对于隧道的稳定性十分不利。而采用柔性支护能够吸收岩块向开挖面外运动的部分能量,并且使隧道表面围岩处于三向应力状态,因而可以大大改善围岩的应力环境。

柔性支护主要是通过系统锚杆施工和喷射混凝土实现的,系统锚杆施作以后可以迅速提高表层围岩的径向应力,提高围岩的自稳能力;喷射混凝土的主要作用是及时封闭围岩,防止围岩风化,同时提供一定的支护力,使围岩在约束状态下缓慢变形。可见,柔性支护在控制岩爆的规模方面作用显著。

3)强化围岩

强化围岩主要是指对围岩进行加固,具体的措施很多,如喷射混凝土(或喷射钢纤维混凝土)、锚杆加固、锚喷支护、锚喷网联合、钢支撑挂网喷联合、混凝土衬砌紧跟其后等。这些措施的出发点是给围岩一定的径向约束,使洞室周边围岩的应力状态较快地从平面应力转向三维空间应力状态,以达到抑制或延缓岩爆发生的目的。另外超前锚杆在岩爆防治方面也起到了很好的效果。如设置大角度(外插角36°左右)的超前锚杆,一方面可在钻进过程中释放一部分岩体初始应力;另一方面在开挖爆破后,超前锚杆与围岩产生共同作用。通过锚杆使围岩表面的高应力尽快扩散到围岩深层,以减小应力集中。支护手段除采用常规的随机锚杆、系统锚杆、锚索、钢纤维喷混凝土、钢拱架及混凝土衬砌外,还应考虑采用一定柔性的支护材料,以适应围岩的变形。

具体支护措施:

(1)喷射混凝土。每次钻爆、排烟后及时找顶、排除危石,拱顶进行第一次喷混凝土(初喷厚度约5cm);第二次开挖时,进行第二次喷混凝土(厚度5cm),并完成对两侧边墙围岩的加固;根据岩爆发生、发展演化情况可及时补喷混凝土2~5cm。

(2)系统锚杆。根据国内外的经验,系统锚杆一般控制在2~3.5m,梅花形布置,密度比普通锚杆大(即密锚),这样不仅有利于挂钢筋网,也可以防止大块岩石爆裂松脱、剥离掉块、弹射等现象的发生,同时与喷网形成系统组合,能达到充分加固围岩的作用。

(3)布设整体钢筋网。系统锚杆施作完成后应立即布设整体钢筋网,即用若干长钢筋在同一循环相互之间与锚杆纵横焊接构成基本骨架，并同时焊接预先准备好的片状挂网构成整体结构，紧贴周壁岩石布置。整体钢筋网可以使喷射混凝土、系统锚杆和钢筋网之间形成统一的整体，可以避免局部围岩再发生岩爆而跌落。

具体支护示例如下：

(1)径向锚杆+素喷混凝土

某隧道工程发生滞后型和重复型岩爆，设置了径向 ϕ22mm 锚杆，同时，为了防止锚杆间的劈裂型岩爆，补喷素混凝土(5~8 cm)，锚杆间距为1~1.2 m，长2~3 m，梅花形布置。在预测岩爆规模较小的洞段采用这种支护。实践证明，该方法对预防滞后型岩爆有较好效果。

(2)径向锚杆+钢筋网+喷混凝土

岩爆发生后围岩会产生厚度为1~2 m的松动圈。为防止地质环境继续恶化和发生坍塌，主要采用"径向锚杆+钢筋网+喷混凝土"的支护形式防治较大规模(二~三级)滞后型岩爆。这种支护形式维护围岩能力强，其弹性模量与天然岩体弹性模量接近，与围岩密贴，可有效地使应力向围岩深部转移，是一种经济有效的防治岩爆的支护措施。

(3)径向锚杆+钢纤维喷混凝土

该隧道工程引入钢纤维喷混凝土防治岩爆是对新材料、新工艺的尝试，实践证明很成功。钢纤维掺量为35~40 kg/m^3；喷混凝土采用湿喷法。钢纤维混凝土的抗拉强度和韧度系数明显比普通混凝土高，在防治岩爆支护中可取代钢筋网，减薄喷混凝土层的厚度，不但在技术上安全可行，而且在经济上总造价比挂钢筋网喷混凝土节约，再加上因取消挂网而节省的时间，其优越性比较明显。

(4)型钢支撑+模筑护壁混凝土

在隐裂隙较发育，特别是有不利结构面组合洞段，由于岩爆使围岩松弛，极易发生坍塌。在这种情况下应及时跟进有效的强支护措施。开挖后立即采用型钢支撑，加强型钢钢架的纵向连接，可以采用较小规格的型钢进行连接，并做成菱形支撑。及时跟进浇筑护壁混凝土支护。实践表明，在落底开挖时仍能听见山体内有闷雷声响，感觉到整个护壁混凝土在震动，但加强纵向连接后支护结构并未破坏，支护效果明显。

以上支护方案需根据地下工程开挖和岩爆的实际情况，组合使用。

另外，在施工中，应准备足够的临时钢木排架，在听到爆裂声时，立即进行支护，以防止事故发生。

对岩爆洞段进行初期安全支护后，在条件允许的情况下，应及时跟进二次永久衬砌，以免该洞段因暴露时间过长而重新出现二次岩爆现象，危及人员及设备的安全，并造成支护费用的增加。

4)控制爆破减小扰动

工程实践表明，采用"短进尺、弱爆破"可以有效地控制岩爆。

根据国内外岩爆防治经验，岩爆地段采用钻爆法施工时，应短进尺掘进；减小药量和减少爆破频率，控制光爆效果，以减少围岩表层应力集中现象。轻微岩爆(Ⅰ级)、中等岩爆(Ⅱ级)区：一般进尺控制在2~2.5m，尽可能全断面开挖，一次成形，以减少围岩应力平衡状态的破坏；强烈岩爆、剧烈岩爆(Ⅳ级)区：一般进尺控制在2m以内，必要时下部可以预留1/3分两部开挖，以降低岩爆破坏程度。

秦岭隧道Ⅱ线进口端施工初期，为加快工程进度，采用大循环、深炮眼的施工方案，炮眼深度达到5.0m，结果不仅掘进效率低，而且岩爆严重。后来，将炮眼深度调整为4.5m，并控制了最大单响药量，岩爆明显减弱。

在岩爆强烈的洞段可以考虑采用预裂爆破或分部开挖。预裂爆破从本质上讲也属于光面爆破，它首先起爆周边的炮眼，在其他炮眼未爆破前先沿着开挖轮廓爆出一条可以反射应力波的裂缝，从而达到降低爆破对围岩扰动的目的。分部开挖则不仅可以控制单次爆破的规模，减小对围岩的扰动，而且在初次爆破后可以释放围岩的部分应力，改善围岩的应力条件。

总之，控制爆破可以降低爆破对岩爆的诱发作用，减小岩爆发生的可能性。

5）隧道岩爆段施工措施

（1）轻微岩爆施工

轻微岩爆发出噼啪声、撕裂声，呈间歇性，爆块松脱、剥离或出现空鼓，无弹射，一般2～8h之内岩爆频繁，以后逐渐减弱。轻微岩爆危险性小，施工中应在发出岩爆响声处加强排险，排险主要以挖掘机为主，人工为辅，然后及时进行锚网喷支护。

（2）中等岩爆施工

中等岩爆一般也在放炮2h后开始，发出清脆的爆裂声，响声强烈，呈间歇性，爆块松脱、剥离现象严重，少量小块岩石弹射，弹射距离一般在5m内，个别达10m左右。岩爆主要沿岩层剥落，但如岩爆形成"V"形凹槽，由于应力集中，岩爆会更加强烈。一般1～2h之内较频繁，但是如不做支护，3～4d仍很频繁。岩爆发生在左右边墙及掌子面，岩爆后两边墙超挖1～3m。

中等岩爆对施工安全、进度影响很大，应主要采取如下3种措施：

①应用热胀冷缩的原理，加速应力重分布进程，缩短岩爆时间，加快施工进度。开挖后向岩面喷洒水，加大岩体表面与内部温差，激发岩爆。

②用挖掘机斗齿碰撞岩面形成局部高温，加大温差，激发岩爆。另一方面，挖掘机斗齿冲击岩面，外加的高应力加速岩面应力重分布，缩短岩爆。

③及时采用钢拱架及锚网喷联合支护，抑制岩爆及其危害。为防止岩爆使钢拱架变形，锚杆主要以锁脚锚杆为主，尾部与钢拱架焊接，支护后岩爆仍会发生，但比较安全。采取此种措施，中等岩爆段日可掘进1个循环。

（3）强烈、剧烈岩爆施工

强烈岩爆、剧烈岩爆危害大，较为少见。可采用超前应力解除法、松动爆破或震动爆破等方法，使岩体应力降低，能量在开挖前释放。

实践表明，在岩爆地段施工，采用"短进尺、多循环"的办法效果不理想。因为"短进尺"岩爆减弱程度并不大，反而因为循环次数增多，岩爆次数也增多，钻爆、出渣及支护时间也相应增加。

本节通过岩石力学的单轴压缩试验、三轴压缩试验、围压卸载试验及声发射特征等对隧道岩爆倾向性进行了深入的研究，揭示了隧道岩爆发生的力学机理。采用不同方法对岩爆进行了预测，提出了一种新的岩爆预测方法——岩爆最大熵最优相对隶属度预测方法，并在嘎隆拉隧道中成功地得到应用。

第7章　西藏扎墨公路典型地质灾害防治

7.1 概　　述

公路交通是西藏经济和社会发展的命脉。由于历史和自然地理环境的原因，墨脱县是中国唯一不通公路的县城，人民生活、经济往来全靠人背畜驮，社会发展极为缓慢。为了解决墨脱县通公路的难题，交通部2007年7月立项西部交通建设科技项目"西藏波密扎木至墨脱公路建设关键技术研究"，其中子课题"扎墨公路典型泥石流、滑坡发育分布规律及其工程防治对策与技术研究"，主要对扎墨公路典型的泥石流、滑坡发育规律、形成机理、危害程度、工程防治方案和对策关键技术进行研究。

墨脱县位于西藏东南边陲，地处岗日嘎布山脉南侧，属深切割高山峡谷地貌，地形十分险要，是我国唯一不通公路的县。由于地质、地貌、水文、气象等条件组合形成独特而又非常脆弱的自然环境，地形陡峻，高差极大，构造活动强烈，地震活动频繁，岩体十分破碎；气候的垂直分异和水平分异都很显著，还多有局地性暴雨和积雪。这种自然环境导致公路沿线地质灾害分布广泛，类型齐全，是西藏地质灾害危害最严重的地区之一，尤其是频频暴发的泥石流（K20＋800～K21＋000、K58＋120～K58＋750、K88＋730～K88＋930）、滑坡（K92＋355～K92＋670）、崩塌、水毁、冰雪害和大面积的路基渗水翻浆作用，导致公路屡建屡毁，直接影响到公路修筑和畅通，如何解决这些问题成为修筑墨脱公路十分迫切的关键技术问题。该公路修建后即刻毁坏，导致长期不通，90%以上是由泥石流（86条）、滑坡（14处）、崩（坍）塌（6处）、雪害（7处）和河岸坍塌（6处）作用造成的。因此，本章把减灾和典型泥石流、滑坡防治工程新技术应用作为扎木镇至墨脱县城公路新（改）建工程公路修筑中的两个重要关键技术予以介绍。

7.2 泥石流、滑坡（含崩塌）的分布规律与危险程度

通过对扎墨公路沿线泥石流、滑坡、崩塌等地质灾害调查和研究发现：扎墨公路沿线有泥石流80条（处），其中沟谷泥石流56条，占总量的70%，坡面泥石流24处，占总量的30%。在岗日嘎布山多热拉山口以北，波密县境内为10条（处），垭口以南墨脱县境内为70处。扎墨公路沿线目前发育滑坡崩塌66处，其中，滑坡40处，占总量的60%，崩塌26处，占总量的40%，集中分布在多热拉—嘎弄拉山南坡的嘎弄曲沿岸，在雅鲁藏布江沿岸有零星分布。

7.2.1 泥石流的分布规律、形成机理和主要特点

1）扎墨公路沿线泥石流垂直分布特点

扎墨公路自波密县扎木镇起，向南沿嘎隆沟溯流而上，在K24处经隧道穿越岗日嘎布山

的多热拉山垭口后，沿嘎弄曲右岸南行，直到嘎弄曲与金珠藏布汇合后，线路向南西方向下降，在冷多(K113 处)沿雅鲁藏布大峡谷左岸，经麦田、马迪至墨脱县驻地墨脱镇(见前文图 1-1)。

由于公路经过区域为雅鲁藏布大峡谷附近，河流切割强烈，山高坡陡，地势高差大。扎木镇海拔 2 721m，岗日嘎布山脉的多热拉山垭口海拔4 300m左右，而墨脱县城附近雅鲁藏布江水面海拔仅约 710m。扎墨公路沿线路面海拔也变化于 746 ~3 775m，高差达 3 000m。

扎墨公路沿线不同海拔路段，泥石流的密度、成因类型等都具有明显的差异。为了研究扎墨公路沿线泥石流垂直分布规律，根据泥石流分布状况，将扎墨公路沿线泥石流从北向南分为 6 段(Ⅰ ~ Ⅵ段)。

(1)泥石流密度的垂直分布

为了消除各路段距离不等的影响，便于比较分析，我们采用泥石流密度(处/km)进行比较分析。

扎墨公路泥石流密度平均为 0.69 处/km，随海拔高度的不同差异明显。从图 7-1 中可以看出Ⅳ段，即波弄贡南至嘎弄曲汇入金珠藏布(K85 ~ K106)段，长 21km，有泥石流 29 处，其中沟谷泥石流 16 处，坡面泥石流 13 处，其海拔 1 069 ~2 110m，泥石流密度最大，达 1.38 处/km。除Ⅱ段隧道内无泥石流外，其他各段泥石流密度均低于公路全线平均密度。Ⅳ段泥石流密度为Ⅰ段和Ⅵ段的 3 倍多，为Ⅲ段和 Ⅴ 段的 2 倍多。

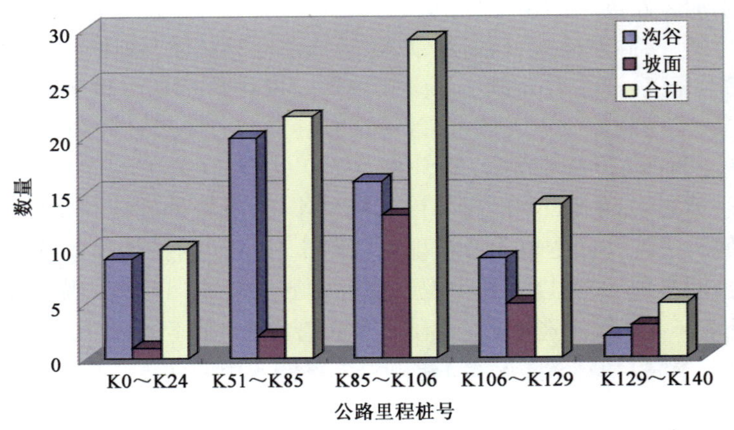

图 7-1 扎墨公路泥石流分布柱状图

究其原因，Ⅳ段泥石流密度大，与该海拔高度段降水量大、暴雨强度大和频率高密切相关。在波弄贡(K84 处)至觉弄(K93 处)及其附近一带，最大年降水量可达4 000mm，其暴雨强度之大、频率之高为扎墨公路全线之最，故该段多暴雨泥石流。如全线目前泥石流规模最大、暴发频率高，每年数次、危害最严重的泥石流沟——芒给沟(N37)即在Ⅳ段，同时暴雨激发的坡面泥石流也很发育，达 13 处，占全线坡面泥石流的一半以上。

其次是Ⅳ段，该段公路沿线地势比较陡峭，有利于泥石流发育，这反映在Ⅳ段公路上，其纵坡达 4.96%，是各路段中最大的。

(2)泥石流成因类型的垂直分布

扎墨公路位于藏东南岗日嘎布山脉南北两侧，区域地势高亢，山地海拔大多在 4 500m 以上，多热拉山口海拔就高达 4 300m 左右。这些山地上部冰川发育，夏季冰雪融化增强，冰雪融水和暴雨成为了海拔 2 000m 以上公路沿线泥石流的主要激发因素。同时在冰川及其附近往往分布有冰雪崩堵塞冰川形成的冰川湖和冰川终碛湖，当这些冰湖因某种原因溃决后，极易形成大流量的非常洪水，剧烈冲刷沿程松散堆积物，形成冰湖溃决泥石流。因此，在海拔 2 110m 以上的Ⅰ段和Ⅲ段，泥石流的主要成因是暴雨、冰雪融水泥石流和冰湖溃决泥石流。如Ⅰ段的申达贡日沟（N9）曾形成冰雪崩堵塞湖泥石流。

Ⅳ、Ⅴ、Ⅵ段公路位于海拔 2 110m 以下，公路两侧泥石流则主要是由暴雨激发形成，称为暴雨泥石流。扎墨公路Ⅳ、Ⅴ、Ⅵ段位于墨脱县境内，年降水量达 2 000 ~ 4 000mm，墨脱县多年平均降水量达 2 600mm，集中于 6 ~ 9 月。丰沛而集中的降雨，是激发暴雨泥石流的动力因素。

2）扎墨公路沿线泥石流坡向分布特点

扎墨公路位于岗日嘎布山多热拉山口南北两侧。北侧长 24km，起于波密县的扎木镇，海拔 2 721m，止于多热拉山口隧道进口，海拔 3 773m，有泥石流 10 处，平均密度 0.42 处/km。南侧长 89km，从多热拉山口隧道出口，海拔 3 775m，到墨脱县城海拔 746m，有泥石流 70 处，平均密度为 0.79 处/km。南侧划分的 4 个路段，泥石流平均密度 0.45 ~ 1.38 处/km，都大于北段的平均密度 0.42 处/km（表 7-1）。

扎墨公路沿线泥石流分布状况表　　表 7-1

类　别		路段编号					全　线
		Ⅰ	Ⅱ	Ⅲ	Ⅳ	Ⅴ	
路段起讫里程		K0 ~ K24	K51 ~ K85	K85 ~ K106	K106 ~ K129	K129 ~ K140	K0 ~ K140
路段起讫地点		扎木—隧道进口	隧道出口—波弄贡南	波弄贡南—嘎弄曲汇入金珠藏布处	嘎弄曲汇入金珠藏布处—马迪南	马迪南—墨脱县城	扎木镇—墨脱县城
路段内泥石流编号		N1 ~ N10	N11 ~ N32	N33 ~ N61	N62 ~ N75	N76 ~ N80	N1 ~ N80
段内公路高程（m）		2 721 ~ 3 773	3 775 ~ 2 110	2 110 ~ 1 069	1 069 ~ 833	833 ~ 746 ~ 1 086	1 086 ~ 2 721 ~ 746
泥石流数（处）	沟谷	9	20	16	9	2	56
	坡面	1	2	13	5	3	24
	合计	10	22	29	14	5	80
泥石流占全线总数比（%）		12.5	27.5	36.3	17.5	6.2	100
泥石流密度（处/km）		0.42	0.66	1.38	0.61	0.45	0.69
泥石流类型		冰川和冰川暴雨型泥石流		暴雨型泥石流			

注：1. K24 是习惯称呼，实际上隧道进口里程为 VK48 + 235，从原公路与进口段新建公路连接处的里程为 K22 + 842 ~ VK47 + 378，因此从扎木至隧道进口处里程为 23.699km。

2. 隧洞出口处里程为 VK51 + 565，隧道出口后的新线路与原线路连接处里程为 VK53 + 381 = K53 + 702，故从隧道出口至波弄贡南的实际路程为 33.564km。

3. 墨脱县城公路终点里程实际为 K140 + 094。

扎墨公路岗日嘎布山南侧路段泥石流密度明显大于北侧路段。南侧路段平均坡度3.4%，低于北侧路段平均坡度 4.38%，表示南侧总体地势较北侧平缓，故地势不是造成南侧路段泥石流密度大于北段的原因。

扎墨公路岗日嘎布山南北两侧泥石流分布的差异，主要是降水差异引起的。沿雅鲁藏布江北上的印度洋暖湿气流，受到近东西向岗日嘎布山的阻挡，在南坡形成大量降水，北坡降水则明显减少。据调查，位于岗日嘎布山南坡的波弄贡（海拔 2 120m）年降水量达 2 000 ~ 4 000mm，海拔 746m 的墨脱县城平均年降水量达 2 600mm；而位于北坡的波密县扎木镇，多年平均降水量仅约 830mm，最大年降水量也只有 1 200mm。

3）泥石流的分布规律和危害程度

鉴于公路沿线泥石流的分布密度与危害程度密切相关，通常泥石流分布密度大的路段也是泥石流危害严重的路段，因此两者结合一起进行阐述。根据泥石流的分布状况和危害程度，把扎墨公路泥石流从北向南可分成 5 段，每一段起止的里程、地点、高程和每段内的泥石流数量（分沟谷型和坡面型两类）、密度、占全线泥石流总数的比例详见表 7-1。根据表 7-1 和影响泥石流分布的主要条件，扎墨公路泥石流分布规律和危害程度简述如下。

（1）扎墨公路泥石流分布密度和危害程度最大的是中段（Ⅲ段），如图 7-2 所示，相对最小的是南（Ⅴ）北（Ⅰ）两段，即分布密度与危害程度从中段向公路的南端和北端减小。中段（Ⅲ段）从 K85（波弄贡南）至 K106（嘎弄曲汇入金珠藏布处），全长 21km，泥石流密度为 1. 38 处/km，为南（Ⅴ）、北（Ⅰ）两段的 2 倍多，Ⅱ、Ⅳ段的 1 倍以上，全线目前泥石流规模最大、危害最严重的泥石流沟——芒给沟（N40）即在Ⅲ段；在分布密度仅次于Ⅲ段的Ⅱ段，泥石流危害也仅次于Ⅲ段，全线泥石流规模第二大的桑谷沟就在此段；密度居第三位的Ⅳ段，泥石流危害也相当严重；Ⅴ段和Ⅰ段，泥石流危害相对较轻，但仍有一定程度危害。

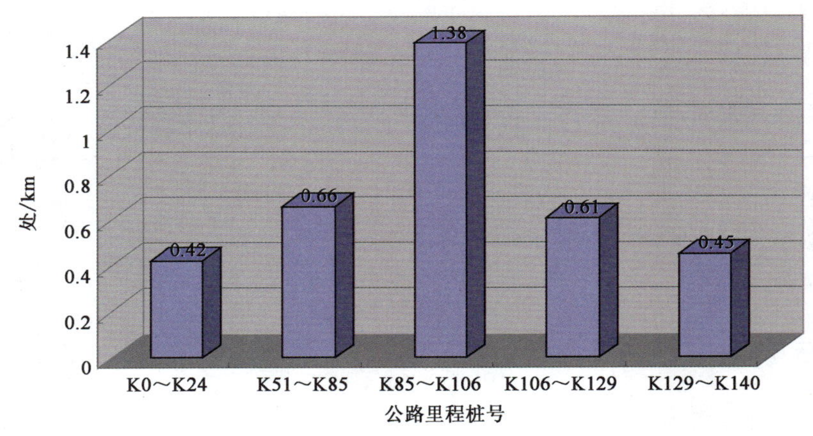

图 7-2　扎墨公路泥石流分布密度柱状图

（2）冰川和冰川暴雨型泥石流的分布，全部在Ⅰ、Ⅱ段，通常分布在公路路面高程大于 2 200m（Ⅱ段）至 3 000m（Ⅰ段）的路段。

（3）坡面型泥石流的分布与滑坡、崩塌，尤其滑坡的分布紧密相关，因为大部分坡面型泥石流都发育在滑坡段，一部分在崩塌段。因此滑坡、崩塌最发育路段也是坡面型泥石流分布最多的路段，如Ⅱ段；滑坡、崩塌最不发育的路段，坡面型泥石流亦最少，如Ⅰ段仅 1 处；在Ⅴ段虽然泥石流总数和密度小于Ⅱ段，但由于滑坡、崩塌比Ⅱ段发育，因此坡面型泥石流的总数大于Ⅱ段。

（4）暴雨型泥石流，尤其是沟谷型暴雨泥石流的分布与降水量、暴雨强度和频率密切相关，在波弄贡（K84）至觉弄（K93）及其附近一带，最大年降水量可达4 000mm，暴雨强度大、频率高，为公路全线之最，因此该段多强度大或频率高的暴雨型泥石流，如芒给沟（N40）、日崩沟（N41）、觉库沟（N45）等；同时暴雨激发的坡面型泥石流也很发育，如N34、N38号处等。实际上，Ⅲ段泥石流密度最大，危害最严重，主要也是由于降水量多，暴雨强度大和频率高所导致的。

4）泥石流形成机理

扎墨公路沿线泥石流分布广、类型多，不同类型的泥石流其形成条件和形成机理有所差异。

（1）沟谷型泥石流形成机理

扎墨公路沿线常见的沟谷型泥石流形成有如下形式：

①暴雨径流强烈冲刷沟道和沟床堆积物而形成。

扎墨公路沿线大部分山区植被比较茂密、覆盖度高，面蚀不很发育，通常是由各类小支沟带来的或沟岸局部崩塌的松散物质堆积在沟床或沟道两侧，一般降水难以起动这些物质，故越积越多，一旦发生大或特大暴雨，强劲的洪水剧烈冲刷沟床及其两岸平时积累的松散堆积物，形成水力类稀性泥石流，这类泥石流通常暴发频率低，重度以中等或低为主，在扎墨公路沿线大部分泥石流形成系此类。

②暴雨径流与冰雪融水相加强烈冲刷沿程的冰碛物、冰崩堆积物或这些物质经过平时水流搬运堆积在沟道或扇形地上而形成。

在Ⅰ段和Ⅱ段较高部位有大量的冰碛物或冰崩堆积物，当降雨径流和冰雪融水较小时，流水不足以大量起动这些堆积物，或经过短程搬运又堆积下来，一旦下暴雨，加之冰雪融水较多，即可形成强劲洪水，大量起动这些物质，形成水力类水石流，亦可视为稀性泥石流。在Ⅰ、Ⅱ两段高处有冰雪覆盖或雪崩分布的地段，多系这类泥石流。这类泥石流的形成，实际上暴雨洪水仍起主导作用，因为冰雪融水的量相对较少，仅这部分水不足以形成泥石流，不仅所谓的冰川暴雨型泥石流是这样，所谓典型的冰川型泥石流有时也这样。

③冰湖（含临时性冰雪崩堵塞湖）溃决洪水所形成。

扎墨公路沿线的冰湖包括终碛湖和冰雪崩堵塞冰川上的水道形成的临时性冰湖，冰湖因某种原因溃决后，极易形成大流量的非常洪水，剧烈冲刷沿程松散堆积物，形成所谓的冰湖溃决型泥石流。实际上这类泥石流才是由冰川作用形成的，算得上真正的冰川型泥石流。扎墨公路Ⅱ段分布有冰碛湖，如曲当弄巴（N25）、打尔曲（N29）等，但是否发生过冰湖溃决型泥石流目前无法确定。根据冰川区的冰川和积雪形态，位于Ⅰ段的申达贡日沟（N9）可能形成过临时性冰雪崩堵塞湖溃决泥石流，但目前还难以证实。

④暴雨时斜坡上的松散堆积物大量液化或溜滑进入沟道所形成。

在流域内滑坡、崩塌非常或相当发育，山坡上堆积有大量的松散崩坡积物，在暴雨的激发下，大量松散堆积物液化或抗剪应力迅速降低，并溜滑进入沟床，汇集形成土力类高重度泥石流。芒给沟部分高重度泥石流和N28号沟发生的高重度泥石流，就是这样形成的。

（2）坡面型泥石流形成机理

坡面型泥石流形成往往与滑坡（含部分崩塌）的活动紧密相关，但也有少量与滑坡无关，扎墨公路见到的坡面型泥石流形成有如下3类：

①发育在滑坡斜面上或一侧的切沟，大雨或暴雨时，雨水液化和水流冲刷松散的滑坡堆积物而形成泥石流，可称为切沟类坡面型泥石流，在扎墨公路沿线大部分坡面型泥石流属于此类，如 N34 号、N79 号处的泥石流。

②滑坡前缘的松散堆积物，在下雨时，尤其是暴雨或长期阴雨后的大雨时，堆积物饱水液化或抗剪应力显著减小后，向下溜滑形成泥石流，即所谓溜滑类坡面型泥石流，如 N44 号、N52 号泥石流。

③在由极为松散的冰碛物构成的较陡斜坡上，发育有切沟，当暴雨时，水流湿润并冲刷切沟底部和两侧的冰碛物而形成泥石流，实际上也属于切沟类坡面型泥石流，但与滑坡无关，如 N7 号泥石流。

5）泥石流主要特点

扎墨公路泥石流特点很多，其中分布和形成的特点在阐述泥石流分布规律和形成机理时已经做了分析，这里主要是介绍泥石流流体性质、冲淤和堆积物的特点。

（1）泥石流体的性质特点

通过野外采样分析表明，扎墨公路沿线泥石流体的黏粒含量很少。例如，芒给沟泥石流体，土体含量高，重度多在 20kN/m^3 左右，大者可超过 22kN/m^3；粒径变幅大，>1m 的石块含量较多，但黏粒含量很少，<0.002mm 的黏粒成分一般不足 0.5%；流体黏度低，一般浆体黏度仅 0.01～0.02MPa·s，为高重度低黏度泥石流。中、低重度的泥石流黏度就更小。即使重度 $>22.5\text{kN/m}^3$ 的坡面型泥石流，黏粒含量也只有 0.36%，亦属于高重度低黏度泥石流。只有个别泥石流为高重度中黏度泥石流，如 2008 年暴发的马迪南村前沟泥石流。当 $\gamma_c = 21\text{kN/m}^3$ 时，<0.002mm 的黏粒含量只有 0.49%。又如申达贡日沟，当 $\gamma_c = 17.2\text{kN/m}^3$ 时，<0.002mm的黏粒含量仅 0.140%。

因此，扎墨公路沿线基本上没有真正的黏性泥石流，都是稀性泥石流。所以，对于扎墨公路沿线泥石流性质的分类，我们采用重度与黏度相结合的命名法（表 7-2）。扎墨公路大部分沟谷型泥石流为低重度低黏度泥石流、中重度低黏度泥石流和高重度低黏度泥石流，只有极少部分沟谷型泥石流为高重度中黏度泥石流。扎墨公路沿线坡面泥石流大部分为高重度低黏度泥石流和高重度中黏度泥石流。

扎墨公路泥石流性质分类表 表 7-2

黏度*（MPa·s） 重度（kN/m^3）	低黏度 （0.002～0.02）	中黏度 （0.02～0.05）	高黏度 （0.05～1.00）
低重度（13.0～17.0）	√	—	—
中重度（17.0～19.0）	√	—	—
高重度（19.0～22.5）	√	√	—

注：* 为粒径小于 2mm 的泥石流浆体黏度。

扎墨公路沿线泥石流黏粒含量少、黏度低的原因是，参与泥石流形成的沟谷与坡面松散堆积物，主要为冰碛物、冰水堆积物寒冻风化等形成的松散堆积物，及崩塌、滑坡等形成的松散堆积物，它们都以物理风化为主，黏粒含量极少。例如，扎墨公路泥石流沟采得的松散堆积物，30 个样品中，黏粒含量仅在 0.05%～1.254% 范围内，如表 7-3 所示。

扎墨公路泥石流沟松散堆积物黏粒含量表　　表 7-3

泥石流沟编号	重度（kN/m^3）	黏　粒　（%）		备 注
		<0.005mm	<0.002mm	
7 号	22.5	0.477	0.412	高重度
9 号（申达贡日沟）	17.5	0.217	0.258	中重度
9 号（申达贡日沟）	17.2	0.218	0.140	中重度
11 号	17.0	0.09	0.05	中重度
19 号（桑谷沟）	19.0	0.818	0.613	中重度
28 号	22.1	0.513	0.113	高重度
37 号（芒给沟）	21.0	0.452	0.158	高重度
37 号（芒给沟）	20.0	0.347	0.243	高重度
77 号（马迪南村前沟）	21.0	0.570	0.490	高重度
24 号	17.0	0.577	0.412	中重度

泥石流体的性质与泥石流的冲淤特点关系密切。通常坡面型泥石流以淤积为主。沟谷型泥石流中，低重度低黏度泥石流一般以冲刷为主；高重度低黏度泥石流，规模大或较大时以冲刷为主，规模小或较小时以堆积为主；高重度中黏度泥石流一般以淤积为主。

（2）泥石流的冲淤特点

由于泥石流的性质、规模和公路通过处的沟床比降不同，泥石流的冲淤特点也不同。通常坡面型泥石流以淤积为主，如 N7 号坡面型泥石流和 N34 号泥石流均为淤积，在公路上的最大淤积厚度前者为 1.5m，后者为 0.9m。沟谷中、低重度的低黏度泥石流一般以冲刷为主，但当泥石流规模和比降小或较小时，可出现以堆积为主；高重度低黏度泥石流，规模大或较大时以冲刷为主，规模小或较小时以堆积为主，当然这与比降还有一定关系；高重度中黏度泥石流一般以淤积为主，如马迪南沟（N72）泥石流。此外泥石流的冲淤与比降变化和主河的冲淤也有明显的关系，如芒给沟发生大或较大规模的高重度低黏度泥石流时，在沟床比降较大情况下，以冲刷为主，沟床比降较小，尤其发生堵塞主河嘎弄曲时，以淤积为主，如 2006 年 7 月 16 日发生大规模的泥石流时，开始发生明显冲刷，并冲毁了公路钢架桥，后随着泥石流堆积体向主河推进，沟床比降逐渐变小，最后堵塞主河，出现强烈回淤，在钢架桥处发生淤高，两者的变幅约为 6m。由于泥石流对公路的危害主要是通过冲淤来实现的，因此冲淤的特点往往决定了泥石流对公路危害的特点。

（3）泥石流堆积物特点

扎墨公路泥石流堆积物特点主要有：

①粒径变幅大，最大粒径（长径）可大于 8m，最小粒径不足 0.001mm。

②黏粒含量少，与泥石流体一样，堆积物黏粒含量普遍很少，黏粒的含量一般中、低重度低黏度泥石流堆积物，少于 0.2%；高重度低黏度泥石流堆积物为 0.3% ~0.8%；高重度中黏度泥石流可达到 1.2% 左右。

③大部分固体颗粒的磨圆度差，呈棱角状或次棱角状，但如果泥石流形成物为冰水堆积物、冲积物和磨圆过冰碛物，则固体颗粒的磨圆度较好。

7.2.2 泥石流危险性分段

所谓灾害"危险性"是近年来新发展的一个概念,已有的研究均仅赋予其"区域"的属性。即由于灾害发生的强度在时空上存在着差异,加之受灾地域社会经济发展的不平衡,使得一次遭灾的不同区域所受灾害轻重程度也各不相同。为了便于灾情分析及防灾减灾工作,根据一定的方法对不同区域灾害程度进行评价,以相对刻画受灾地区受灾的相对轻重程度,从而用以确定一个地区是否应进行地质灾害防治以及进行何等程度的防治。其实灾害个体的发生过程及其结局对自然环境或人类社会的危害(如公路、房屋等)也具有相对轻重程度的差异,采用一定的理论和方法刻画这种差异,从而确定防治灾害的轻重缓急,为制订科学的防灾规划提供了依据,显然进行个体灾害度评价是有意义的。

本书首次将泥石流灾害的发生过程及其结局对公路的危害联系起来,除了泥石流自身的特征外,还选取了对公路的危害长度、危害方式和危害修复难度等几个因子,采用层次分析法(Analytical Hierarchy Process,简称 AHP)对泥石流进行了个体危险性评价。泥石流危险性是科学性和相对性的结合,是地质灾害自然属性和社会属性的综合表现,也反映了公路的易损性和综合抗灾能力。

1)评价原理

层次分析法是 20 世纪 70 年代由美国运筹学家 T. L. Saaty 提出的,经过多年的发展现已成为一种较为成熟的方法。其基本原理是将要评价系统的有关替代方案的各种要素分解成目标、准则、方案等层次,在此基础上进行定性和定量分析的决策方法。这种方法的特点是在对复杂的决策问题的本质、影响因素及其内在关系等进行深入分析的基础上,利用较少的定量信息把决策者的决策思维过程数学化,从而为多目标、多准则或无结构特性的复杂决策问题提供简便的决策方法。

2)层次分析法的基本步骤

(1)建立层次结构模型

在深入分析实际问题的基础上,分析问题所包含的因素及其相互关系,将有关的各个因素按照不同的属性自上而下地分解成若干层次。同一层次的诸因素从属于上一层的因素或对上层因素有影响,同时又支配下一层的因素或受下一层因素的作用。层次结构通常可分为目标层、准则层和方案层。

(2)构建成对比较矩阵

从层次结构模型的方案层开始,对于从属于(或影响及)上一层的每个因素的同一层诸因素进行两两比较,比较其对于准则的重要程度,并按事前规定的标度定量化,建立判断矩阵。如果某一层次元素 Ck 对其下一层次元素 A1,A2,…,An 有支配作用,则决策人员把 Ck 作为准则,对受其支配的任意两个元素 a_i、a_j 之间的相对重要性做出比较。

(3)计算权向量

判断矩阵的最大特征根及其对应的特征向量的计算并不需要追求太高的精度,本书采用的是较为常用的方根法。

经过扎墨公路典型泥石流的各种资料、信息的分析和处理后,提取了评价泥石流危险性的危害范围、规模、频率、流域面积和沟道比降 5 个因素作为准则层,其与方案层的泥石流形态、内部条件和诱发因素建立层次结构模型(图7-3)。

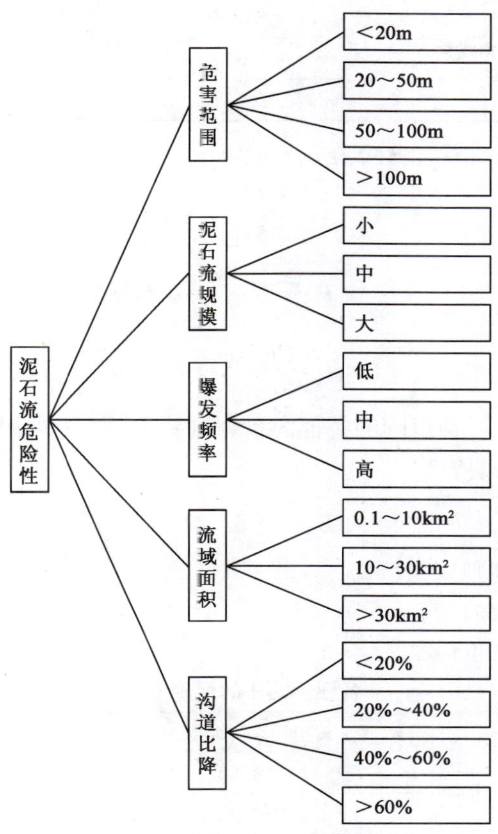

图7-3　典型泥石流危险度评价的层次结构模型

3)构建判别矩阵

根据西藏扎墨公路泥石流调查表,对各评价因素的任意两个评价因子进行比较,建立判别矩阵为:

$$\mathbf{A}=\begin{bmatrix} a_{11} & a_{12} & a_{13} & a_{14} & a_{15} \\ a_{21} & a_{22} & a_{23} & a_{24} & a_{25} \\ a_{31} & a_{32} & a_{33} & a_{34} & a_{35} \\ a_{41} & a_{42} & a_{43} & a_{44} & a_{45} \\ a_{51} & a_{52} & a_{53} & a_{54} & a_{55} \end{bmatrix}=\begin{bmatrix} 1 & 0.4 & 3.6 & 1.2 & 3.2 \\ 2.5 & 1 & 9 & 3 & 3.2 \\ 0.28 & 0.11 & 1 & 0.33 & 0.89 \\ 0.83 & 0.33 & 3 & 1 & 2.67 \\ 0.31 & 0.13 & 1.13 & 0.38 & 1 \end{bmatrix} \tag{7-1}$$

计算结果如表7-4所示。

各单项因子的判别矩阵赋值　　表7-4

评价因子	危害范围	泥石流规模	暴发频率	流域面积	沟床比降	W
危害范围	1.00	0.40	3.60	1.20	3.20	0.203
泥石流规模	2.50	1.00	9.00	3.00	8.00	0.508
暴发频率	0.28	0.11	1.00	0.33	0.89	0.056

续上表

评价因子	危害范围	泥石流规模	暴发频率	流域面积	沟床比降	W
流域面积	0.83	0.33	3.00	1.00	2.67	0.169
沟床比降	0.31	0.13	1.13	0.38	1.00	0.063

则 $\boldsymbol{W}=[0.203,0.508,0.056,0.169,0.063]$ 即为所求特征向量。计算最大特征根符合要求。

$$\lambda_{\max}=\sum_{i=1}^{5}\frac{AW_i}{5W_i}=5.01$$

$$CI=\frac{\lambda_{\max}-n}{n-1}=0.0027$$

$$CR=\frac{CI}{RI}=0.0023<0.01$$

对判别矩阵进行计算,得到矩阵的特征向量,将特征向量作为泥石流危险性评价的权重,建立泥石流危险性判别公式(7-2)。

$$D_{\mathrm{N}}=\sum_{i=1}^{n}\omega_i\cdot I_i \tag{7-2}$$

式中:D_{N}——泥石流危险性判别指数;

ω_i——判别因子的权向量;

I_i——判别因子的评价值,见表7-5。

各评价因子的评价值 表7-5

评 价 因 素	评 价 因 子	评价值(I_i)
危害范围	<20m	0.3
	20~50m	0.5
	50~100m	0.7
	>100m	0.9
泥石流规模	小	0.5
	中	0.7
	大	0.9
爆发频率	低	0.1
	中	0.2
	高	0.3
流域面积	<0.1km^2	0.2
	0.1~10km^2	0.4
	10~30km^2	0.6
	>30km^2	0.8
沟道比降	<20%	0.1
	20%~40%	0.3
	40%~60%	0.4
	>60%	0.5

危险性等级划分及判别指数见表 7-6。

泥石流危险性等级判别　　表 7-6

危害等级	判别指数	危害程度	特　征
Ⅰ	$D_N \geq 0.67$	极高危险	对公路危害极严重，常常冲毁公路或造成淤埋，造成长时间断道，每年需较多的人力物力保通
Ⅱ	$0.55 < D_N < 0.67$	高危险	对公路危害严重，造成公路局部被冲毁或淤埋，造成断道堵车时间较短，每年需一定的人力物力保通
Ⅲ	$0.40 < D_N < 0.55$	次高危险	对公路危害次高危险，不影响通行或只需简单清理即可快速保通
Ⅳ	$D_N \leq 0.40$	中危险	对公路危害轻微或灾害规模很小，不影响通行或只需简单清理即可快速保通

根据以上所建立的危险性判别公式，计算扎墨公路各泥石流的危险性，并根据有关资料和危险性指数，建立泥石流危险性判别表。通过计算，扎墨公路共有极高危险度的泥石流 19 处，占总数的 23.75 %，高危险度的泥石流 8 处，占总数的 10.0%，次高危险度的泥石流 43 处，占总数的 53.75%；中危险度的泥石流 10 处，占总数的 12.5%。各个泥石流危险性见表 7-7。将每个路段泥石流危险度累加，除以线路长度可以得出线路平均的危险度。按照平均危险度的大小将整个路段分为：极度危险段、高度危险段、中度危险段、低度危险段和暂无危险段（由于扎墨公路全线泥石流非常发育，暂无危险段未进行分段评价）5 个等级，如表 7-8 所示。

扎墨公路泥石流危险性一览表　　表 7-7

序号	危险性	危害等级	序号	危险性	危害等级	序号	危险性	危害等级
1	0.553 2	Ⅰ	18	0.418 9	Ⅲ	35	0.425 7	Ⅲ
2	0.447 6	Ⅲ	19	0.725	Ⅰ	36	0.459 5	Ⅲ
3	0.540 7	Ⅲ	20	0.453 9	Ⅲ	37	0.749 5	Ⅰ
4	0.494 5	Ⅲ	21	0.549 2	Ⅲ	38	0.682 5	Ⅲ
5	0.648 6	Ⅱ	22	0.418 9	Ⅲ	39	0.705 5	Ⅰ
6	0.648 6	Ⅱ	23	0.460 2	Ⅲ	40	0.385 1	Ⅳ
7	0.419 4	Ⅲ	24	0.506 4	Ⅲ	41	0.694 8	Ⅰ
8	0.540 7	Ⅲ	25	0.753 2	Ⅰ	42	0.407	Ⅲ
9	0.565 8	Ⅰ	26	0.425 2	Ⅲ	43	0.413 3	Ⅲ
10	0.547	Ⅲ	27	0.407	Ⅲ	44	0.419 4	Ⅲ
11	0.432	Ⅲ	28	0.608	Ⅱ	45	0.681 7	Ⅰ
12	0.447 6	Ⅲ	29	0.746 4	Ⅰ	46	0.749 2	Ⅰ
13	0.394 4	Ⅳ	30	0.453 9	Ⅲ	47	0.447 6	Ⅲ
14	0.540 7	Ⅲ	31	0.759	Ⅰ	48	0.412 6	Ⅲ
15	0.460 2	Ⅲ	32	0.453 9	Ⅲ	49	0.385 8	Ⅳ
16	0.460 2	Ⅲ	33	0.672 3	Ⅰ	50	0.715 5	Ⅰ
17	0.385 1	Ⅳ	34	0.478 2	Ⅲ	51	0.385 1	Ⅳ

续上表

序号	危险性	危害等级	序号	危险性	危害等级	序号	危险性	危害等级
52	0.425 7	Ⅲ	62	0.432	Ⅲ	72	0.701 7	Ⅰ
53	0.708 6	Ⅰ	63	0.555 5	Ⅱ	73	0.494 5	Ⅲ
54	0.46	Ⅲ	64	0.391 4	Ⅳ	74	0.419 6	Ⅲ
55	0.721 2	Ⅰ	65	0.777 7	Ⅰ	75	0.425 7	Ⅲ
56	0.385 1	Ⅳ	66	0.561 1	Ⅱ	76	0.506 9	Ⅲ
57	0.554 9	Ⅱ	67	0.390 7	Ⅳ	77	0.513 2	Ⅲ
58	0.714 9	Ⅰ	68	0.689	Ⅰ	78	0.419 6	Ⅲ
59	0.458 8	Ⅲ	69	0.391 4	Ⅳ	79	0.397	Ⅳ
60	0.425 7	Ⅲ	70	0.607 3	Ⅱ	80	0.630 4	Ⅱ
61	0.425 7	Ⅲ	71	0.413 3	Ⅲ	—	—	—

扎墨公路泥石流危险度分段指标 表 7-8

<table>
<tr><td rowspan="2">级别(度)</td><td>名称</td><td>极高危险段</td><td>高危险段</td><td colspan="2">次高危险段</td><td>中危险段</td></tr>
<tr><td>代号</td><td>Ⅰ</td><td>Ⅱ</td><td colspan="2">Ⅲ</td><td>Ⅳ</td></tr>
<tr><td colspan="2">危险度指标</td><td>>1.0</td><td>0.7～1.0</td><td colspan="2">0.3～0.7</td><td><0.3</td></tr>
<tr><td colspan="2">路段平均危险度</td><td>1.14</td><td>0.75</td><td>0.55</td><td>0.63</td><td>0.27</td></tr>
<tr><td colspan="2">路段编号</td><td>K85～K106</td><td>K106～K129</td><td>K0～K24</td><td>K129～K140</td><td>K51～K85</td></tr>
</table>

7.2.3 滑坡（崩塌）的分布特征及分布规律

1)滑坡(崩塌)的分布特征

扎墨公路自扎木镇出发,向南沿嘎隆沟溯流而上,经K24,翻越多热拉山后,沿嘎弄曲右岸行进,直到嘎弄曲与金珠藏布汇口处,线路向南西方向下降,在冷多(K113)至雅鲁藏布大峡谷左岸,经麦日、马迪至墨脱县驻地墨脱镇。

此次新(改)建工程中,大部分路段为原线改建,仅为避开多热拉冰雪灾害和寒冻风化路段,新建嘎隆拉隧道(长约6.5km),嘎隆拉隧道北口位于K24附近,南口位于K52附近。根据沿线自然地理分带及滑坡发育特征,将扎墨公路分为K0～K24(K24)段、隧道段、K52(K52)～K85(K80)段、K85～K122(麦日)段、K122～K140(墨脱镇)段。

沿线目前发育滑坡崩塌64处,其中,滑坡有40处,占总量的62.5%,崩塌24处,占总量的37.5%,集中分布在多热拉—嘎弄拉山南坡的嘎弄曲、金珠藏布沿岸,零星分布在雅鲁藏布江沿岸(表7-9、图7-4)。

扎墨公路滑坡(崩塌)数量统计表　　表7-9

类型＼路段		K0～K24	K52～K35	K85～K122	K122～K140	合计	
						数量	占总数(%)
滑坡		0	5	25	10	40	62.5
崩塌		5	6	19	4	24	37.5
合计	数量	5	11	34	14	64	
	占总数(%)	7.8	17.2	53.1	21.9		

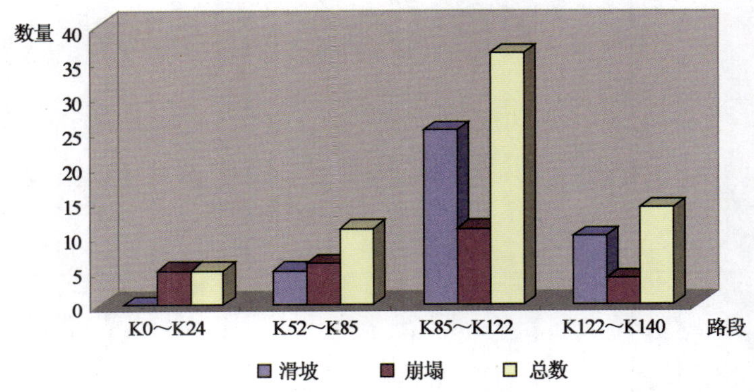

图7-4　扎墨公路滑坡崩塌分布柱状图

需要说明的是,在扎墨公路滑坡崩塌分布研究中,滑坡崩塌的数量与前期统计有一定差异,通过深入研究发现,原因在于,一些表现为崩塌的灾害点,其破坏或变形初期,仍发育有一定的滑动面,破坏后的坡体逐渐解体或演化为崩塌,这种灾害类型也称崩塌型滑坡,统计中,将其划入了滑坡一类(表7-10)。

K0～K24段,线路向南沿嘎隆沟溯流而上,展布在冰水堆积物、冰碛物之上,直至嘎隆寺附近。发育5处小型崩塌,线密度为2.1处/10km,多为公路切割冰川侧碛或终碛引起。

K52～K85段,线路主要沿嘎弄曲右岸展布。全长约33km的路段发育了5处滑坡,6处崩塌,线密度为3.3处/10km。这11处滑坡崩塌中,以小型—中型松散层滑坡或松散堆积层崩塌为主。

K85～K122段,全长约37km的路段发育了25处滑坡,9处崩塌,线密度为9.2处/10km,占全线滑坡崩塌总数的53.1%。滑坡崩塌中,以小型—中型松散层滑坡或松散堆积层崩塌为主。有少量大型岩质滑坡发育,常对公路造成较大的危害。

K122～K140段,线路主要沿雅鲁藏布江左岸展布。全长约18km的路段发育了10处滑坡,4处崩塌,线密度为7.7处/10km。滑坡崩塌中,以小型—中型松散层滑坡或松散堆积层崩塌为主。

2)滑坡崩塌的分布规律

扎墨公路滑坡崩塌的分布具有以下规律:

(1)扎墨公路沿线发育滑坡崩塌灾害64处。主要分布在多热拉以南。多热拉垭口以北

扎墨公路滑坡(崩塌)统计表

表 7-10

编号	路段里程	地理位置	类型	岸别	规模(10^4m^3)	滑动方向(°)	时代	稳定性
H-1	K138 +900 ~ K139 +000	N29°19′40″、E95°20′27″	滑坡	左	0.70	20	老	基本稳定
H-2	K138 +830 ~ K138 +890	N29°19′39″、E95°20′31″	滑坡	左	0.72	5	新	局部不稳定
H-3	K138 +340 ~ K138 +370	N29°20′08″、E95°20′22″	滑坡	左	0.26	190	新	局部不稳定
H-4	K137 +200 ~ K137 +250	N29°20′11″、E95°20′6″	滑坡	左	0.29	40	新	基本稳定
H-5	K137 +080 ~ K137 +130	N29°20′14″、E95°20′8″	滑坡	左	0.72	310	新	局部不稳定
H-6	K135 +050 ~ K135 +120	N29°20′50″、E95°20′27″	滑坡	左	0.45	325	新	局部不稳定
H-7	K133 +470 ~ K133 +510	N29°21′36″、E95°21′10″	滑坡	左	0.90	290	新	局部不稳定
H-8	K130 +680 ~ K130 +720	N29°22′38″、E95°21′36″	滑坡	左	0. 27	280	新	局部不稳定
H-9	K130 +080 ~ K130 +450	N29°21′45″、E95°21′36″	滑坡	左	数百立方米	300	老	局部不稳定
H-10	K128 +650 ~ K128 +670	N29°23′14″、E95°22′43″	滑坡	左	0.11	350	新	局部不稳定
H-11	K120 +680 ~ K120 +760	N29°25′45″、E95°24′7″	滑坡	左	7.9	220	新	不稳定
H-12	K120 +450 ~ K120 +500	N29°25′52″、E95°24′8″	滑坡	左	0.10	290	新	局部不稳定
H-13	K119 +380 ~ K119 +420	N29°26′22″、E95°24′26″	滑坡	左	0.10	320	新	局部不稳定
H-14	K118 +460 ~ K118 +710	N29°26′41″、E95°24′52″	滑坡	左	数十立方米	290	老	局部不稳定
H-15	K117 +100 ~ K117 +150	N29°27′16″、E95°25′28″	滑坡	左	1.3	330	老	局部不稳定
H-16	K116 +000 ~ K116 +110	N29°27′23″、E95°25′58″	滑坡	左	13.8	5	新	局部不稳定
H-17	K115 +500 ~ K115 +560	N29°27′25″、E95°26′40″	滑坡	左	1.40	330	新	局部不稳定
H-18	K115 +400 ~ K115 +490	N29°27′24″、E95°26′22″	滑坡	左	3.60	300	新	基本稳定
H-19	K113 +400 ~ K113 +450	N29°28′0″、E95°26′41″	滑坡	左	0.08	250	新	局部不稳定
H-20	K112 +600 ~ K112 +650	N29°28′14″、E95°26′39″	滑坡	左	0.04	300	新	局部不稳定
H-21	K111 +600 ~ K111 +650	N29°28′44″、E95°26′44″	滑坡	左	0.1	220	新	局部不稳定
H-22	K105 +410 ~ K105 +500	N29°31′14″、E95°27′24″	滑坡	右	0.75	105	新	局部不稳定

续上表

编号	路段里程	地理位置	类型	岸别	规模(10^4m^3)	滑动方向(°)	时代	稳定性
H-23	K104+950~K105+200	N29°31′18″、E95°27′22″	滑坡	右	数百立方米	98	老	局部不稳定
H-24	K104+000~K104+300	N29°31′31″、E95°27′24″	滑坡	右	36.0	70	老	局部不稳定
H-25	K103+450~K103+470	N29°31′41″、E95°27′20″	滑坡	右	0.36	90	新	局部不稳定
H-26	K100+000~K100+380	N29°31′50″、E95°27′20″	滑坡	右	数百立方米	100	老	局部不稳定
H-27	K99+580~K99+680	N29°33′48″、E95°27′53″	滑坡	右	数万立方米	110	老	基本稳定
H-28	K98+620~K98+950	N29°34′11″、E95°27′55″	滑坡	右	140	98	老	局部不稳定
H-29	K98+100~K98+150	N29°34′27″、E95°28′2″	滑坡	右	0.72	90	新	局部不稳定
H-30	K94+700~K94+800	N29°36′00″、E95°28′00″	滑坡	右	数十万立方米	110	老	局部不稳定
H-31	K93+700~K93+800	N29°36′18″、E95°28′38″	滑坡	右	数万立方米	148	老	局部不稳定
H-32	K92+740~K92+960	N29°36′16″、E95°28′45″	滑坡	右	1.5	55	新	局部不稳定
H-33	K92+355~K92+690	N29°36′48″、E95°28′40″	滑坡	右	数十立方米	230	老	局部不稳定
H-34	K89+575~K89+640	N29°38′9″、E95°29′12″	滑坡	右	4.8	115	新	局部不稳定
H-35	K85+300~K85+600	N29°39′12″、E95°29′17″	滑坡	右	5.20	196	新	局部不稳定
H-36	K78+000~K78+100	N29°41′52″、E95°31′16″	滑坡	右	0.2	110	新	局部不稳定
H-37	K64+450~K64+500	N29°42′44″、E95°35′54″	滑坡	右	0.04	90	新	局部不稳定
H-38	K59+450~K59+700	N29°43′15″、E95°38′28″	滑坡	右	0.22	160	新	局部不稳定
H-39	K56+390~K56+430	N29°43′41″、E95°40′6″	滑坡	右	0.26	140	新	局部不稳定
H-40	K53+180~K53+250	N29°44′39″、E95°41′39″	滑坡	右	0.84	200	新	局部不稳定
B-1	K138+580~K138+610	N29°20′3″、E95°20′22″	崩塌	左	0.013	260	新	基本稳定
B-2	K134+400~K134+500	N29°21′09″、E95°20′43″	崩塌	左	0.45	310	新	局部不稳定
B-3	K134+200~K134+280	N29°21′11″、E95°20′40″	崩塌	左	0.03	300	新	局部不稳定

续上表

编号	路段里程	地理位置	类型	岸别	规模($10^4 m^3$)	滑动方向(°)	时代	稳定性
B-4	K125+750~K125+800	N29°24′18″、E95°23′23″	崩塌	左	0.12	320	老	基本稳定
B-5	K120+100~K120+300	N29°25′56″、E95°24′9″	崩塌	左	数百立方米	300	新	局部不稳定
B-6	K116+200~K116+450	N29°27′20″、E95°25′51″	崩塌	左	0.60	347	老	基本稳定
B-7	K113+620~K113+680	N29°28′00″、E95°26′44″	崩塌	左	0.02	250	新	局部不稳定
B-8	K111+800~K111+900	N29°28′35″、E95°26′53″	崩塌	左	数百立方米	190	新	局部不稳定
B-9	K97+300~K97+340	N29°34′45″、E95°28′6″	崩塌	右	数百立方米	145	老	基本稳定
B-10	K97+100~K97+180	N29°34′47″、E95°28′6″	崩塌	右	数百立方米	100	老	基本稳定
B-11	K96+600~K96+650	N29°34′54″、E95°28′07″	崩塌	右	0.9	140	新	局部不稳定
B-12	K89+150~K89+350	N29°38′18″、E95°29′08″	崩塌	右	2.6	80	新	局部不稳定
B-13	K88+950~K89+050	N29°38′27″、E95°29′09″	崩塌	右	0.23	72	老	局部不稳定
B-14	K80+100~K80+130	N29°41′12″、E95°30′44″	崩塌	右	0.095	160	新	基本稳定
B-15	K76+300~K77+500	N29°41′56″、E95°31′22″	崩塌	左	数千立方米	240	新	不稳定
B-16	K65+900~K65+950	N29°42′41″、E95°35′40″	崩塌	右	0.18	220	老	局部不稳定
B-17	K60+070~K60+090	N29°43′05″、E95°38′11″	崩塌	右	0.015	130	新	局部不稳定
B-18	K56+850~K57+100	N29°43′35″、E95°39′46″	崩塌	右	0.06	190	新	局部不稳定
B-19	K53+800~K54+100	N29°44′17″、E95°40′56″	崩塌	右	数千立方米	210	新	局部不稳定
B-20	K18+900~K19+110	N29°47′59″、E95°41′56″	崩塌	左	6.6	100	老	局部不稳定
B-21	K10+900~K139+970	N29°50′6″、E95°43′15″	崩塌	左	1.8	85	新	局部不稳定
B-22	K10+550~K10+630	N29°50′10″、E95°43′18″	崩塌	左	0.048	90	新	局部不稳定
B-23	K8+480~K8+540	N29°50′48″、E95°43′29″	崩塌	左	0.24	25	新	局部不稳定
B-24	K3+470~K3+600	N29°52′9″、E95°44′8″	崩塌	右	0.26	70	新	局部不稳定

仅发育有少量的崩塌灾害。其中崩塌滑坡灾害密集分布路段以K85～K122路段为最，其次为K122～K140路段及K52～K85路段。

（2）扎墨公路滑坡崩塌分布高程最高点位于多热拉南坡，海拔3 900m附近。而大部分滑坡崩塌则分布于高程1 000～2 000m之间。

（3）滑坡灾害在扎墨公路沿线十分发育，这除与当地岩体较破碎、新构造运动强烈、冰水堆积物和冲—洪积物胶结程度差等因素有关之外，与当地的充沛降水和沟道强烈下切作用也密切相关。

（4）崩塌灾害多由公路开挖所诱发，尤以诱发冰水堆积物、冲—洪积物崩塌灾害居多，其次为诱发雅鲁藏布大峡谷基座阶地的基岩边坡崩塌灾害。扎墨公路沿线的崩塌灾害主要分布在内边坡，表现为坡面上的块石坠落、滚动、掩埋路面、砸毁车辆、伤害行人。崩塌灾害的规模较小，通常为数十立方米以下。

（5）水在扎墨公路沿线的滑坡灾害发育中起着十分关键的作用，表现为扎墨公路沿线滑坡主要分布在最大降水高度带，即海拔1 500～2 500m地带，此外在嘎弄曲沿岸，一些大型的古老滑坡在左、右两岸对称发育。二者相互影响，相互促进，表明河道流水的下切、侧蚀作用是当地诱发滑坡的重要因素。

3）滑坡崩塌的发育特征

（1）滑坡崩塌的类型

滑坡是斜坡上部分物质（岩体或土体）沿下伏的软弱面发生整体性滑移的现象。崩塌是陡坡上的岩土体在重力作用下倾倒、断裂、突然崩落、翻滚与跳跃，并伴随岩土体破裂、散裂的现象。滑坡、崩塌都是边坡变形中最常见的不良地质地貌现象。由于两者在性质、组成物质、发育区域及危害方式等方面有一定的共性，且常常共生或互相次生，通常将它们一并研究。实际上，严格意义上的滑坡与崩塌是存在着一定差异的。

结合扎墨公路滑坡崩塌分布的实际情况，可将滑坡（崩塌）按滑体物质组成、滑体规模、滑动时间和发生位置予以分类（表7-11）。根据公路沿线上崩塌体的物质组成、岩土体的破坏模式和规模对崩塌进行分类（表7-12）。

扎墨公路各类滑坡均有分布。其中，以古冰碛物、冲—洪积物、古泥石流堆积物构成新生代碎石土的推移式或推移—牵引式滑坡居多，规模以中、小型为主，厚度以中、浅层为主。而扎墨公路的崩塌则以中、小型第四系松散层崩塌为主。据统计，扎墨公路沿线规模小于10 000m^3的滑坡崩塌共43个，占总数的67%，超过10 000m^3的滑坡崩塌21个，占总数的33%；松散层滑坡崩塌共56个，占总数的88%，岩质滑坡为8个，占总数的12%。

（2）滑坡崩塌的发育条件分析

扎墨公路滑坡崩塌的发育是各种环境因素综合作用的产物。地质地貌条件是滑坡崩塌发育的控制条件，而丰沛的降雨是滑坡崩塌发育的主要触发因素。

①公路穿越的区域地形高差大，波密县城海拔约2 720m，多热拉山口海拔高达4 300m左右，墨脱县城附近雅鲁藏布江水面海拔仅约710m，山高坡陡，河流切割极其强烈，山体临空面陡峻，多数路段的山坡坡度都在35°以上，部分路段的山坡甚至近于直立，卸荷裂隙十分发育，地形条件有利于滑坡、崩塌的发育。

扎墨公路滑坡分类方案及特征 表 7-11

分类依据	类型	亚类或俗称	特 征 描 述
滑体物质	覆盖层滑坡	黏性土滑坡	常见冰水堆积、冰碛物的牵引—推移式滑坡，也有强风化层滑坡。表现为圆弧形滑动面，规模不一，危害严重
		碎石土滑坡	
		残积层滑坡	
	基岩滑坡	顺层滑坡	较少见，有硬岩切层滑坡或成楔体滑坡、软岩顺层滑坡，一般规模大，危害严重
		切层滑坡	
滑坡体积（10^4m^3）	—	小型滑坡	<1
		中型滑坡	1～10
		大型滑坡	10～1 000
		特大型滑坡	>1 000
发生时间	老滑坡	死亡滑坡	滑体风化破碎，滑坡周界模糊，无变形者为死亡滑坡，有近期变形者为复活滑坡
		复活滑坡	
	新滑坡	—	滑体破碎，周界清楚，滑坡平台、地表裂缝清晰
滑体厚度（m）	表层滑坡	—	<5
	浅层滑坡		5～10
	中层滑坡		10～30
	深层滑坡		30～50
	超深层滑坡		>50
发生位置	路基滑坡	路基滑移	公路从滑坡中部穿过，滑坡滑动破坏内、外边坡
	内侧滑坡	滑塌、坍塌	位于内边坡上的滑坡，内边坡破坏，掩埋路面
	外侧滑坡	路基沉陷	位于外边坡上的滑坡，造成路基破坏
		—	滑坡体在公路外侧边坡上，尚未破坏路面

扎墨公路崩塌分类及特征 表 7-12

分 类 依 据	类　型	特 征 描 述
物质组成	基岩崩塌	岩体受构造控制，呈块体失稳、倾倒、翻落
	第四系松散层崩塌	松散堆积层结构破坏，造成大颗粒碎屑物质解体、脱落，其分布往往受第四系堆积层的分布所限
破坏模式	岩体松动坠落	节理切割的岩体经风化张裂或土体结构破坏坠落
	倾倒崩塌	—
	倒“W”形崩塌	岩体风化强烈，发育规模小，节理将其切成一个倒“W”形的崩塌体
	“V”形崩塌	两组优势面切割组成楔体而崩塌
	溜砂	岩坡物质强烈风化剥落，形成以粗砂为主的碎屑沿坡面流动
规模（10^4m^3）	小型崩塌	<0.1
	中型崩塌	0.1～0.5
	大型崩塌	0.5～1
	特大型崩塌	>1

②公路沿线处于欧亚板块的缝合线及其附近，地质构造运动强烈而复杂，地球内力作用导致岩体内断裂发育，公路沿线主要受近东西向和北东向的两组区域性断裂构造控制，受其影响，岩体中多组构造裂隙发育，使岩体的完整性遭到强烈破坏，促进了滑坡、崩塌的形成。

③公路沿线为新构造运动极为强烈的地区，地形抬升幅度巨大，也为第四纪冰川强烈活动区，冰碛物及随地形抬升而升高的冰水堆积物与河流堆积物等松散物质丰富，加之沿河谷路段河流冲积物与残积、坡积物厚度较大，这些物质位置高、势能大，结构松散，构成的坡面稳定性极差，容易发生滑坡和崩塌。

④公路沿线为高地震烈度区，地震基本烈度为Ⅷ ~ Ⅺ度。1950 年 8 月墨脱—察隅一带发生震级达 8.6 级的强烈地震，对本区各种设施和自然环境造成极大破坏，同样对山坡的稳定性也造成了极大的破坏，除了在当时直接激发了大量崩塌、滚石等灾害现象发生，破坏山坡稳定性外，也为后续滑坡、崩塌等灾害的持续发生提供了条件。

⑤公路沿线的波密县和墨脱县降水丰富。据资料介绍，波密县城扎木镇多年平均年降水量 830mm 左右，最大年降水量达 1 200mm 左右；公路通过的墨脱县境内的波弄贡（K 80）年降水量达 2 000 ~ 4 000mm，墨脱县城年降水量达 2 600mm；降水时间主要集中在 6 ~ 9 月。丰沛而集中的降水，是激发滑坡、崩塌发生的有利条件。

7.2.4　滑坡发育程度分段

滑坡发育程度分段，是通过对已发生滑坡的发育程度分析及滑坡形成条件的分析，采用定量或半定量的方法来评价区域滑坡灾害的发育程度，划分出区域性滑坡发育的等级。

公路滑坡发育程度分段涉及范围广、类型复杂、影响因素多，并具有线状分布的特点。通常，根据公路所在区域滑坡的发育环境条件，结合公路滑坡线性分布的特点，对滑坡发育程度进行分段。

1）滑坡发育程度的评价因素

滑坡发育程度的评价因素见图 7-5。

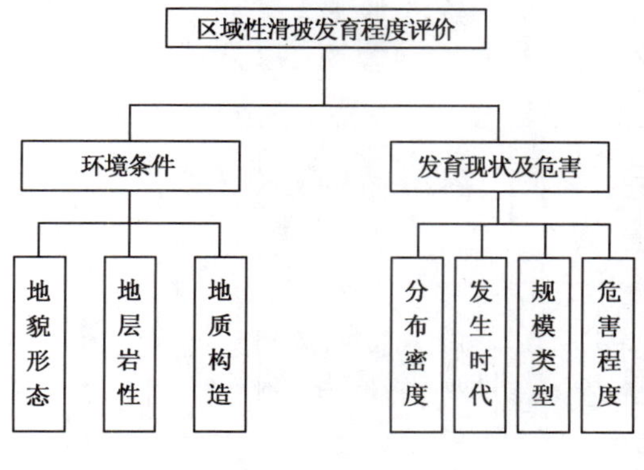

图 7-5　滑坡评价示意图

（1）环境条件

①地貌单元：地貌条件指有利于发生滑坡的相对空间，相对空间包括山体斜坡的相对高差（H）和斜坡坡角（α），是产生滑坡的必要条件。根据滑坡在不同地貌条件下发生程度的统计，划分滑坡发生不同程度的地貌单元。

②地层岩性：分为易发岩组与偶发岩组。易发岩组不但本身极易发生滑坡，其风化破碎物、堆积物都极易发生滑坡。偶发岩组往往只在特定的场合才发生滑坡，而且几乎都是一次性滑坡灾害（即它们的产物很少继续反复多次地发生）。

③地质构造：断裂构造带、断层破碎带、挤压褶皱带是地应力集中分布地带。在这些特殊部位，岩体结构条件复杂，岩层破碎，完整性差，斜坡稳定条件也会受到影响，是发生滑坡可能性较大的地区。因此，断裂带（特别是地震活动断裂）可能以断层破碎带和地震活动两种方式

为滑坡发生创造物质条件和触发条件,往往是滑坡密集分布的区域。

(2)发育现状及危害

①滑坡的分布密度:滑坡的分布密度代表了滑坡发生概率。分布的密度越大,说明区域内发生的概率越高。

②滑坡的发生时代:滑坡的发生时代根据其活动规律而定。统计规律表明,发生20年以上的滑坡已趋于稳定的概率在85%以上;发生50年以上的滑坡已基本稳定。所谓稳定的含义,是在自然状态下,无特殊外力作用,滑坡体基本保持不变,复活的可能性较小。统计滑坡发生时代的目的是分析区域内滑坡活动的规律。

③滑坡规模:一般而言,巨型、大型和较大型滑坡是危险度分区中主要考虑的对象。

④滑坡危害程度:由于滑坡发生的位置和运动方式不同,产生灾害的后果也不一样。如城镇滑坡的规模虽小,但由于人口、建筑稠密,可能造成严重的后果。因此,在滑坡分段时应适当考虑危害程度的因素。

2)滑坡发育程度评价方法与结果

(1)评价等级

采用多因素叠加法进行。区域内有利于滑坡形成因素数越多,滑坡发育程度越高。同时,可根据区域的大小和工作要求的精度确定分级,最低不能少于3级。根据扎墨公路的情况,滑坡发育程度等级可划分为5级(表7-13)。由于扎墨公路全线滑坡均较发育,缺失滑坡不发育段。

滑坡发育程度等级评价 表7-13

分级	分段	发育程度分段等级评价要素			
		环境条件	诱发条件	发育状况	灾害损失
Ⅰ	滑坡极密集发育段	具备了有利于发育滑坡的地貌、岩性组合、斜坡构造等必要条件	具备多项诱发条件,发生概率很高	高密度,>8处/10km,发生频率较高	危害县级以上城镇,或国家级重要基础设施,威胁人口>500人,损失>1 000万元
Ⅱ	滑坡次密集发育段	具备发育滑坡的地貌、岩性组合、斜坡构造等必要条件	具备诱发条件,诱发概率较高	较密,<5处/10km,常有滑坡发生	对城镇局部造成破坏或中断交通,损失100万~1 000万元,并威胁100~500人的生命安全
Ⅲ	滑坡中等密集发育段	基本具备了发育滑坡的地貌、岩性组合、斜坡构造等条件	部分具备诱发条件	密度较低,>3处/10km,时有滑坡发生	对交通、城镇有一定影响,对人员、财产的危害较小
Ⅳ	滑坡轻微发育段	部分具备了发育滑坡的地貌、岩性组合、斜坡构造等条件	在特定条件下,存在诱发条件	密度较低,<3处/10km,偶有滑坡发生	对交通、城镇有一定影响
Ⅴ	滑坡不发育段	基本不具备发育滑坡的地貌、岩性组合、斜坡构造等条件	基本不具备诱发条件	密度较低,基本没有滑坡发生	基本对交通、城镇无影响

(2)环境条件分析

根据扎墨公路地质地貌条件分析,可将扎墨公路分为4段不同的环境条件分段。

①嘎隆沟路段(K0～K24)

扎墨公路始于雅鲁藏布江大转弯左(北)岸的一级支流帕隆藏布右(北)岸,沿帕隆藏布的一级支流嘎隆沟溯流而上,依次行进在帕隆藏布的冲积物、嘎隆沟冰水堆积物、冰碛物之上,历经24km路程抵达岗日嘎布山脉多热拉(嘎隆拉垭口)山脚下的嘎隆寺一带。这里是嘎隆沟源头的东、西两条冰川汇合处,冰川融水蜿蜒于其间。

②嘎隆拉路段(K24～K52)

扎墨公路自嘎隆寺南岸向东翻越岗日嘎布山脉的多热拉山嘎隆拉垭口(海拔4 303m)后,即进入嘎弄曲流域,仍在嘎弄曲右岸谷坡冰碛物上展线。当地雪线高程较低,约在4 300m,山顶一带常年积雪。平均厚5～6m,最厚可达15m。积雪、雪崩、冰崩灾害极其发育,丰富的坡面径流顺坡漫流,甚至形成瀑布,直泄于公路。

③嘎弄曲与金珠藏布河口路段(K52～K80～K113)

扎墨公路自冈戎勒(K52)沿嘎弄曲右岸至打尔曲汇入嘎弄曲处的打尔曲桥(K70),线路又转向南南西,仍沿嘎弄曲右岸转向南西方向顺河展布,至波弄贡转运站(K80)。此段公路大体与墨脱断裂为伴。

④雅鲁藏布江左岸路段

线路从冷多(K113)再次转向南西,沿雅鲁藏布江左岸,经麦日、马迪、西姆龙桥(K134)至墨脱县城区墨脱镇(海拔1 100m)。

(3)滑坡发育程度分段

在环境条件分段的基础上,结合滑坡特征分析,即可完成扎墨公路滑坡发育程度分段,共划分出4段,分别是:

K0～K52段——滑坡轻微发育段;

K52～K85段——滑坡中等密集发育段;

K122～K140段——滑坡次密集发育段;

K85～K122段——滑坡极密集发育段。

7.2.5　地质灾害危险性评价与分段

1)危险性分级

根据上述分段方法对扎墨公路沿线的地质灾害危险性按大小进行5级划分,划分结果:共划分出4个不同等级的地质灾害段,即一级(极高危险)地质灾害段(Ⅰ),二级(高危险)地质灾害段(Ⅱ),三级(次高危险)地质灾害段(Ⅲ)和四级(中危险)地质灾害段(Ⅳ)。而五级(轻危险)地质灾害段(Ⅴ)因在公路沿线缺失,故没有。

2)危险性分段

在危险性分级的基础上完成扎墨公路沿线地质灾害危险性分段,共划分出4级5段,分别是:

Ⅰ级段——地质灾害极高危险段,1个;

Ⅱ级段——地质灾害高危险段,1个;

Ⅲ级段——地质灾害次高危险段,2个:$Ⅲ_1$和$Ⅲ_2$;

Ⅳ级段——地质灾害中危险段,1个。

具体详见扎墨公路地质灾害危险性分段图(图7-6)。

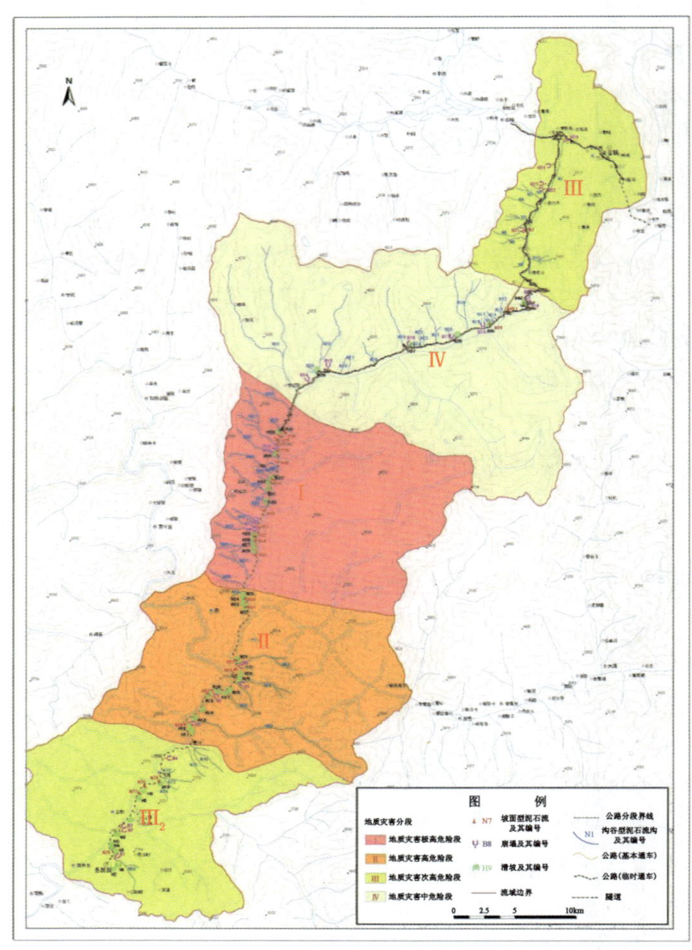

图7-6　扎木至墨脱公路典型地质灾害分布及危险性分段图

3)各危险性分段简述

下面按地质灾害危险性程度从高到低的顺序进行分段简述。

(1)Ⅰ级段——地质灾害极高危险段

该段位于墨脱县境内,处于雅鲁藏布江左侧支流嘎弄的中下游,分布在嘎弄支流细弄(N32)(K83+381)至无名沟43(N58)(K103+394)之间。段内公路沿嘎弄右岸穿行,线路长度19.995km,共分布有泥石流沟(坡)27条(处)(N32~N58),滑坡10处(H35~H26),崩塌5处(B13~B9),地质灾害点总计42处,分布密度达2.11处/km,为全线地质灾害密度最大的地段。其中,目前全线泥石流规模最大、危害最严重的泥石流沟——芒给沟(N40),即位于该段的K88~K89路段,危害严重的K85滑坡(H35)也位于该段内。该段处于高山峡谷之中,公路的位置低,K85滑坡以下路段几乎完全贴着嘎弄河边延伸,芒给沟泥石流和K85滑坡的活动,多次造成公路(桥梁)被毁、长时间断道,成为阻碍公路通行的"盲肠"段。尤其是芒给沟泥石流,暴发时不仅直接冲毁公路桥梁,还阻断嘎弄,并形成临时性堰塞湖,继而堰塞湖溃决形成超常规模的洪水，冲毁沟口以下嘎弄沿岸数十米公路和路基（图7-7，图7-8），沿河岸的洪水冲刷还导致山坡失稳、崩塌发育，形成灾害链。该段沿嘎弄两岸山势陡峻，山脊海拔2 900～4 500m，河谷底部海拔1 100～2 000m，相对高度多在2 000m以上，山坡坡度陡峭，不少山坡近乎直立，平均坡度多在35°以上，山体临空面发育，为山坡物质的重力释放提供了有利的地形条件；山体中部和上部第四纪冰期留下的冰碛物和冰水沉积物极为丰富，成为泥石流、滑坡、崩塌发育的物质基础。该段顺嘎弄溯流而上至河源分水岭地带的嘎弄拉山—多热拉山（垭口海拔4 300m左右，山顶海拔4 500～5 600m），处于雅鲁藏布江支流水汽输送通道上，从雅鲁藏布江河谷而来，沿嘎弄河谷向上输送的水汽随着地形抬升和气温逐渐降低，冷凝形成降雨，为多雨地带。由于水汽极为丰富，在该段内往往形成强降雨，激发泥石流、滑坡等地质灾害活动。可见，该段的地形、松散碎屑物质、水源等条件对形成地质灾害极为有利。

图7-7　芒给沟泥石流堵塞嘎弄

图7-8　芒给沟泥石流堵塞嘎弄及溃决洪水冲毁主河下游公路与路基

（2）Ⅱ级段——地质灾害高危险段

该段位于墨脱县境内，位置上处于地质灾害极高危险段——Ⅰ级段的下游，居雅鲁藏布江干流左岸和雅鲁藏布江支流金珠藏布下游左岸及嘎弄下游的右岸，分布在无名沟43（N58）（K103+394）至无名沟52（N71）（K125+161）之间。公路沿嘎弄右岸、金珠藏布左岸、雅鲁藏布江左岸前行，线路长度22.216km，共分布有泥石流沟（坡）13条（处）（N59～N71），滑坡16处（H25～H10），崩塌3处（B8～B6），地质灾害点总计32处，分布密度达1.44处/km。该段沿河两岸山脊海拔2 000～3 500m，河面海拔800～1 100m，相对高度多在1 000m以上，虽然相对高差较Ⅰ级段有所降低，但山势依然十分陡峻，山坡坡度陡峭，平均坡度多在35°以上，形成地质灾害的地形条件充分，加之在山体的上部和中部，第四纪冰期留下的冰碛物和冰水沉积物极为丰富，泥石流、滑坡、崩塌发育的松散物质基础雄厚，地质灾害活动频繁，对公路危害严重。

（3）Ⅲ级段——地质灾害次高危险段（$Ⅲ_1$）

该段位于波密县和墨脱县境内，起于扎墨公路起点——波密县扎木镇帕隆藏布大桥（K0），止于桑谷沟（N19）（K58+745），线路长度58.745km（翻越嘎隆拉山垭口的老线路）。公路先沿着帕隆藏布左岸行进，跨越帕隆藏布左侧支流嘎弄曲公路桥以后，沿嘎弄曲左岸上行至嘎隆拉山，翻过嘎隆拉山垭口进入墨脱县境内，然后下嘎隆拉山，沿雅鲁藏布江支流嘎弄右岸至嘎弄支流桑谷沟口。段内分布泥石流沟（坡）共19条（处），从嘎弄曲（N1）（K3+020）至桑谷沟（N19）；滑坡2处（H40～H39）；崩塌8处（B25～B18）；地质灾害点总计29处，分布密度0.49处/km。嘎隆拉山海拔高，最高峰达5 679m，海拔超过5 000m的山峰有多座，以这些山峰为中心，沿山谷发育了多条现代冰川，在冰川消融段以下则发育冰川泥石流。因此，该段线路近分水岭处冰川发育地带冰川泥石流发育，而离分水岭较远冰川不发育的地带则发育暴雨泥石流，即该段内既有冰川泥石流发育，又有暴雨泥石流发育。由于冰川泥石流的暴发规模一般都较大，因此冰川泥石流是该段对公路危害最大的地质灾害。无名沟3（N4）、无名沟4（N5）、无名沟5（N6）、无名沟7（N8）、申达贡日沟（N9）等沟都发育冰川泥石流，且活动频繁，每次泥石流活动几乎都造成公路断道，对公路畅通的危害极大。其中申达贡日沟可暴发特大规模的泥石流（图7-9）。该段发育的滑坡数量少，仅2个，为堆积层滑坡，规模小，单个滑坡的体积只有数千立方米；崩塌的规模不一，体积从数百到数万立方米，危害较大。因此，该段内虽然地质灾害的数量较少，密度低，分布密度（0.49处/km）仅约为地质灾害极高危险段（Ⅰ级段）（2.11处/km）的23%，单从密度讲，为全线地质灾害密度最小的地段。然而由于段内的冰川泥石流规模大、活动较频繁、危害性大，同样以桑谷沟泥石流为代表的暴雨泥石流对公路的危害也大（图7-10），加上部分崩塌的危害大，该段总体地质灾害的危险性较大。

图7-9　申达贡日沟冰川泥石流威胁公路桥梁安全

图7-10　桑谷沟暴雨泥石流威胁公路桥梁安全

(4)Ⅲ级段——地质灾害次高危险段($Ⅲ_2$)

$Ⅲ_2$级段位于墨脱县境内麦日至墨脱县城，公路沿着雅鲁藏布江左岸延伸，里程K125+161~K140+000，全长14.839km。段内分布泥石流沟(坡)共9条(处)，即无名沟53(N72)(K127+363)~冰哥日沟(N80)(K138+900)；滑坡9处(H9~H1)；崩塌5处(B5~B1)；地质灾害点总计23处，分布密度1.54处/km。该段处于雅鲁藏布大峡谷近末端地带，仍然是处于峡谷地貌区内，但谷地总体比公路沿线其他段的要相对开阔一些，河流左岸公路一侧的山峰高程多在1 200~2 800m之间，河面高程700~780m，地形高差500~2 200m，相对高差仍然较大，泥石流沟一般比较短小，仅个别沟(如N73、N80)流域面积较大，总体泥石流的规模较小，但活动频率较高；滑坡的规模不大，以堆积层滑坡为主，体积仅数百至数千立方米，最大的体积也仅9 000m^3(H7)；5处崩塌的规模也不大，最小的仅130m^3(B1)，最大的也就4 500m^3(B2)(图7-11)。因此，虽然该段地质灾害点的分布密度较大，活动频率也较高，常常造成断道的危害，但总体以中、小规模的为主，危害能力有限。

图7-11　位于墨脱县城边的N1和N2崩塌

(5)Ⅳ级段——地质灾害中危险段

在地质灾害强烈发育的扎墨公路沿线，Ⅳ级段相对来说是受地质灾害危害最轻的。该段位于墨脱县境内，公路沿着雅鲁藏布江支流嘎弄右岸行进，公路里程K58+745~K83+381，全长24.636km。段内分布泥石流沟(坡)共12条(处)，即无名沟16(N20)~桑作曲(墨弄)(N31)；滑坡3处(H38~H36)；崩塌4处(B17~B14)；地质灾害点总计19处，分布密度0.77处/km。该段处于嘎弄上游接近分水岭地带，山坡陡峭，谷底海拔2 500~3 300m，两侧山峰高程4 500~5 000m，相对高差一般都在2 000m以上；受第四纪冰川作用，谷地较为开阔，谷底堆积有丰富的冰碛物和冰水沉积物。该段分布的泥石流沟多数流域面积比较大，但泥石流的活动频率相对较低，加上谷底开阔也有利于公路选线时绕避泥石流危害，故泥石流对公路的危害相对较小；发育的3处滑坡全为堆积层滑坡，规模不大，体积为200~2 200m^3；4处崩塌的规模也不大，仅数百至数千立方米。因此，该段地质灾害对公路的危险性相对较轻。

7.3　扎墨公路泥石流灾害防治技术

扎墨公路是我国最后修建的一条通往县城的公路，因此引起从中央到地方各级政府和多方人士的高度关注。实际上早在20世纪50年代就对该公路的建设开始调查研究，70年代着手修建，但是经过几代公路人辛勤努力，付出了巨大的代价，皆因种种原因，公路工程项目几经上马又接着下马，始终没有正式建成通车，使墨脱成为我国唯一不通公路的县城。在种种原因中泥石流的肆虐是最主要的原因之一，一到雨季，多沟频频发生的泥石流，不但使线路很难修筑，而且使刚修好的桥涵和路基遭到严重毁坏。因此要使该公路建成后能正常通车，在公路设计和修筑时，必须十分重视泥石流的危害，采取有效的防治(处治)技术。

本节从泥石流对公路的危害特点着手，分析公路泥石流防治的关键技术，并结合扎墨公路沿线泥石流危害的状况，阐述具体的工程防治技术，并对每一处泥石流灾害点的防治工程形式和结构提出初步建议。

7.3.1 扎墨公路泥石流灾害防治的基本思路

鉴于公路泥石流危害(即泥石流对公路的危害)特点与城镇泥石流、农田泥石流的危害特点明显不同，因此泥石流防治的基本思路和具体技术也应该有所不同，只有这样才能比较有效、经济地保持泥石流活动地区的公路基本畅通。根据7.2节阐述的扎墨公路泥石流危害的主要特点，提出扎墨公路泥石流防治的基本思路，由于扎墨公路泥石流危害主要特点实际上与一般公路泥石流危害主要特点基本一致，因此扎墨公路泥石流防治的基本思路与一般公路泥石流防治基本思路大致相同，但是过去对这方面的探讨很少，通常在介绍公路泥石流防治时，介绍许多有关泥石流的防治工程，如拦沙坝、谷坊、导流堤、排导槽、停淤场、渡槽和调洪水库等，还有植树造林、封山育草等生物工程，然而在实际的公路泥石流防治中，除导流堤(包括八字翼墙、一字墙等)外运用得很少，如在西藏公路泥石流治理中，只有泽(当)错(那)公路(S202线)的夏果沟泥石流防治中同时采用了拦沙坝、导流堤和停淤场等3项防治工程；江(孜)康(马)公路(S204线)的夹中5号沟采用了拦沙坝和排导槽共2项防治工程；其他泥石流沟往往只采用拦沙坝、排导槽或渡槽等1项工程。其主要原因并不是这些防治工程作用不大或效果不好，而是因为工程造价太高，尤其治理泥石流，要起到控制泥石流，削减泥石流规模或频率的作用，要采用多项治理工程，这样所需投资更多，故只有在很特殊、十分必要的情况下才采用这些防治工程，一般除导流堤外，都很少采用。对于扎墨公路，除隧道部分外，均采用四级公路标准，并且总投资有限，基本上难以采用拦沙坝、排导槽等造价较高的泥石流防治工程，在《西藏波密扎木至墨脱县城公路新改建工程可行性研究报告》(简称《扎墨公路工可报告》)中也没有考虑这些泥石流防治工程和相应的投资。但在觉库沟公路滑坡治理中为稳定坡脚，防止沟床冲刷，采用了固床坝即拦挡坝，并在公路新改建中还要增建拦挡坝，但泥石流治理中没有拦沙坝。基于上述情况，对扎墨公路泥石流灾害防治提出下列基本思路：

(1)把公路通过泥石流沟(坡)的工程作为泥石流防治中的处治工程；

(2)在公路泥石流防治中把通过工程(处治工程)作为主体工程，防护工程作为辅助工程；

(3)公路泥石流危害防治关键是要提高通过工程畅排和抗御泥石流的能力；

(4)加强泥石流防治工作者与公路工程设计者的合作，使公路泥石流防治有章可循。

7.3.2 扎墨公路泥石流灾害点的防治工程及其结构方案

扎墨公路全线共有泥石流灾害点80处，其中沟谷型泥石流灾害点54处，坡面型泥石流灾害点26处。本节根据7.3.1节阐述的“扎墨公路泥石流灾害防治技术”，按基本原则，对每一个灾害点均提出了泥石流灾害防治工程及其结构方案。

1)提出泥石流灾害点防治工程方案的基本原则

根据扎墨公路泥石流活动和危害的情况,以及公路新改建的目的和目标,泥石流灾害点防治工程选择并提出基本原则如下:

(1)适合泥石流特点,防治工程尽量安全可靠

鉴于泥石流的组成、结构、静力、动力、运动和冲淤等方面的特点与一般洪水有很大的差异,因此选择的每一灾害点的泥石流防治工程应适合该处泥石流的这些特点,这样才能使工程安全运行,颇为可靠。

(2)考虑公路新改建的投资条件,防治工程尽可能经济可行

扎墨公路除隧道外新改建工程为四级公路,投资有限,用于滑坡、泥石流等公路病害防治工程方面经费显然不多,而沿线的滑坡与泥石流灾害又特别多,都需要防治,因此如果都采用强度高,抗灾能力强的永久性工程,必然造价很高,所需经费很多,这样作为四级公路的投资难以一次性满足,为此尽量采用一些能基本满足四级公路要求,经济可行的防治工程,包括像铅丝石笼、钢筋石笼这样的临时工程,先把公路全线修通,以后根据经济条件,逐渐改进完善,把临时性工程再调整为永久性工程。

(3)按照当地综合情况,防治工程尽量能施工方便,就地取材

扎墨公路沿线,高山区气候寒冷,冰东时间长,雪崩发育;在温度较低的地区,尤其岗日嘎布山南坡,一到降水充沛,暴雨强盛的雨季,滑坡、泥石流频频暴发,因此适宜施工的时间短,要求防治工程的施工比较简便,难度小、工期短。基于上述同样的原因,以便道为主的老扎墨公路,通车率与运力均很低,要运输大量的工程材料,难度大,因此最好是就地取材,如当地片石(含圆石)很多,可采用以片石为材料的工程,如铅丝或钢筋石笼、片石混凝土等。

2)泥石流灾害点的防治工程优化选择与主要依据

前文具体阐述了扎墨公路泥石流灾害防治工程技术,包括桥梁、涵洞和过水路面等3项通过工程;导流堤(含八字翼墙和束水墙或堤)、护岸(含护坡等)、防冲护墙、抗冲击墩(或墙)等4项泥石流灾害防护工程;以及1项为避免重复,将在第8章(扎墨公路滑坡灾害防治技术)要重点阐述的防治技术,即挡土墙或拦挡墙。所谓灾害点的泥石流防治工程优化选择是指根据灾害点的泥石流特点,按照上述4项基本原则,选择合理可行的通过工程,配以有效经济的防护工程,达到二者优化组合,致使公路能安全地通过泥石流灾害点。具体选择办法如下:

(1)通过工程的优化选择及其依据

①通过工程形式的选择

扎墨公路采用的通过工程形式有桥梁、涵洞和过水路面3类,主要依据灾害点的泥石流规模、平时过水量和泥石流的重度等选择通过工程的形式。通常泥石流规模系中或中以上采用桥梁;规模小又有常流水,重度为中或低,采用涵洞;规模小、重度高、基本上无常流水,采用过水路面;若规模小、有常流水、泥石流重度高,宜采用混合式过水路面(即涵洞+过水路面)。但也有不少例外,如芒给沟泥石流规模系特大型,照理应采用中桥,但由于投资因素,推荐采用过水路面,但过水路面不能保证公路常年畅通,会经常断道,5年一遇以上的泥石流会使其遭到不同程度地冲毁或淤埋,因此投资允许时,应改成中桥。

②通过工程的结构选择

a. 桥梁

在扎墨公路通过工程方面桥梁的结构有 3 种：装配式钢桁架、钢筋混凝土（即混凝土，下同）π 形梁和钢筋混凝土 T 形梁。其中钢筋混凝土 T 形梁只有一座，即嘎弄中桥，系原有的老桥，继续使用；当泥石流规模为中等，频率低，冲淤变幅相对较小，可采用钢筋混凝土 π 形梁。

b. 涵洞

涵洞结构在扎墨公路只有一种，均为钢筋混凝土盖板涵。

c. 过水路面

过水路面结构在扎墨公路有 3 类：双层过水路面、条石过水路面和混凝土过水路面。当泥石流规模大，泥石流的砸击和磨蚀作用强时采用双层过水路面，实际上建议采用双层过水路面的，扎墨公路只有芒给沟一处；当泥石流规模很小，但磨蚀作用较强，平时经常有水，宜采用条石过水路面；当泥石流规模很小、重度高，尤其坡面泥石流均采用混凝土过水路面，但也有例外，如在泥石流堆积扇分成多汊的沟谷型泥石流，按其规模、重度和有常流水应采用涵洞，但由于其汊道摆动不定，粗粒块石较多，涵洞很容易被废弃或堵塞，故推荐采用过水路面，过水路面万一被泥石流堆埋，用推土机很容易进行清理，而且投资低、施工方便。若泥石流改道不流过时，仍是很好的行车路面；泥石流又摆过来时，又可恢复过水路面的作用。故在这种泥石流大小和流路多变的情况下，采用过水路面要比采用涵洞合适得多。

（2）防护工程优化选择，与通过工程的合理组合及其依据

①防护工程形式的选择

扎墨公路的泥石流防护工程形式主要有 4 类：导流堤（含八字翼墙及束水墙）、护岸（含护坡）、防冲护墙和防冲击墩（墙）。防护工程选择按其功能有下列几种情况。

a. 导流堤、八字翼墙、束水墙堤等

通常依据泥石流的规模，通过工程所在处的沟道宽度变化状况，导流堤、八字翼墙等与通过工程组合使用。这些防护工程的功能是当通过工程的宽度比其上游的沟道窄或不正交时，将泥石流引到通过工程，使其顺利下泄。通常导流堤与桥梁，八字翼墙与涵洞，束流墙（堤）与过水路面相组合在一起。

b. 护岸、护坡

一般遭泥石流冲刷，尤其是顶冲的沿沟的公路路基均需采用护岸工程，此外作为通过工程的桥梁上下侧，为了保护与桥相接的岸坡稳定也需建筑护岸工程。

护坡与护岸工程一样，旨在保护边坡的稳定，只是它不建在沟床的岸坡上，而是用于因其他某种原因可能会出现失稳的公路边坡。

c. 抗冲护墙

当泥石流通过涵洞或过水路面后，由于跌坎或陡坡的存在会发生冲刷，甚至将涵洞或过水路面下游侧的基础淘空，直接危及涵洞或过水路面的安全，为此需修筑防冲护墙，因此它往往与涵洞或过水路面组合在一起采用。

d. 抗冲击墩

当规模大，流速快，含石块多的泥石流冲向过水路面时，往往会冲击或撞击过水路面上缘，使其遭到不同程度破坏，为保护过水路面的安全需修建抗冲击墩，因此抗冲击墩往往与通过规模大或颗粒粗的泥石流的过水路面组合在一起。

②防护工程的结构选择

4 种形式泥石流防护工程的结构基本相同，均采用混凝土（含片石混凝土）、浆砌片石、钢筋石笼、铅丝石笼 4 种，前两种系永久（固定）性工程，抗御泥石流的强度大，防护性能好，但造价高，施工难度相对较大，必须有足够的基础埋深或防冲设施（如护坦、扣墙等）；后两种为临时性工程，抗御泥石流的能力小，防护性能相对较差，但造价低，施工方便，因结构有一定柔性，随泥石流的冲刷可通过一定的变形相适应，故不一定要有足够的基础埋深，但如果泥石流冲刷快、深度大，来不及通过变形相适应，仍要遭到破坏，要使其不破坏，仍需要有足够的基础埋深或采用护坦等设施。钢筋石笼的强度和防护性能总体上比铅丝石笼好，但其造价较高，变形适应性比铅丝石笼差。故从工程的结构性能和使用年限来讲，最好采用混凝土或浆砌块石；但从造价考虑，在投资不能满足的情况下，只好采用钢筋石笼和铅丝石笼。

由于 4 种形式的泥石流防治工程都可采用 4 种结构，具体采用何种结构，关键在于工程投资能否满足，如果投资能满足，最好采用混凝土或浆砌块石结构，但考虑扎墨公路除隧道外，均为四级公路，投资有限，因此在选择防护工程结构时大部分都选用了造价低的铅丝石笼结构，部分采用了强度相对高一些的钢筋石笼结构，只有少数采用了浆砌块石结构。

此外，在前面已指出纳入滑坡治理的挡土墙或拦挡墙（包括中间有缺口的），在坡面泥石流防治时，为了稳定滑坡，减少形成坡面泥石流的土体物质，选择采用挡土墙；为了拦挡坡面水流或泥石流直接冲击过水路面或直接进入涵洞，选择了中间有缺口的拦挡墙。挡土墙和拦挡墙的结构与泥石流防护工程的结构完全一样，也采用混凝土、浆砌片石、钢筋石笼和铅丝石笼 4 种，其性能与造价情况上面已做了介绍，鉴于与防护工程同样原因，为了节省投资，均建议采用钢筋石笼和铅丝石笼结构，但设计时投资允许，能调整为浆砌片石或混凝土结构，当然更好。

（3）扎墨公路 80 个泥石流灾害点防治工程的形式和结构方案

根据上述泥石流灾害点防治工程提出的基本原则和优化选择的依据，粗略地提出了扎墨公路 80 个泥石流灾害点泥石流防治工程的形式和结构方案，为了节省篇幅，对每个灾害点的泥石流的基本类型、主要特征、危害程度，以及提出的泥石流防治工程及其结构方案简要地列入表 7-14。有关每个泥石流灾害点的更多情况，包括所在处经纬度和行政位置；流域的自然环境和主要特征；泥石流的形成条件和机理；重点泥石流沟近期一次泥石流特征值［含重度（kN/m^3）、流量（m^3/t）、中值粒径（mm）和堆积厚度（m）］；公路状况和通过工程形式；已有泥石流防护工程和运行情况、防护效果等均列入编目库中，本节不再具体介绍。本节仅对泥石流防治工程的总体情况做一简单的介绍，由于每一灾害点的通过工程并不是只有一项，有的泥石流沟到堆积扇分成多汊，如 N_6 沟除主汊外，还有 3 条支汊，则共有 4 个通过工程，均为混凝土过水路面；N_{19}桑谷沟除主汊外，还有 5 处支汊，则有 6 个通过工程，包括 1 座装配式钢桁架中桥、3 个钢筋混凝土盖板涵、2 处条石过水路面；有的公路在一条泥石流沟内盘旋下坡可经过同一主支沟几次，如 N_{33}沟，线路经主沟 2 次、支沟 2 次、坡面泥石流 1 次，这样一个灾害点（即一条泥石流沟）内就有 5 处通过工程：装配钢桁架小桥一座、钢筋混凝土盖板涵 3 个、混凝土过水路面 1 处。泥石流防护工程也这样，一个灾害点（一条泥石流内）可能有几项。因此无论是通过工程或防护工程的项数均多于灾害点数。扎墨公路全线泥石流防治工程的总体情况如下：

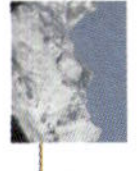

扎墨公路泥石流基本情况和公路新改建时泥石流防治方案　　表 7-14

泥石流沟(坡)代号和名称	泥石流危害段公路里程		泥石流类型		泥石流主要特征			泥石流危害程度	泥石流防治工程及其结构方案	
	起	讫	地形类型	水源类型	重度	规模	频率		通过工程	防护工程
N_1:嘎弄曲	K3 +020	K3 +153	沟谷型	混合型	低	大	低	严重	中桥、钢筋混凝土 T 形梁	桥上游设左右两条混凝土导流堤; 桥下游设左右两条铅丝石笼导流堤
N_2	K11 +420	K11 +441	沟谷型	混合型	低	小	低	中等	钢筋混凝土盖板涵	上游设浆砌片石八字翼墙
N_3	K11 +860	K12 +003	沟谷型	冰川型	低	小	中	严重	主汊钢筋混凝土盖板涵	上游设铅丝石笼八字翼墙
N_4	K14 +520	K14 +575	沟谷型	冰川型	中	小	低	轻	钢筋混凝土盖板涵	上游设浆砌片石八字翼墙
N_5	K15 +402	K17 +230	沟谷型	冰川型	中	中	中	严重	主汊混凝土过水路面	上游设铅丝石笼束水墙
N_6	K18 +165	K18 +850	沟谷型	冰川型	中	中	中	严重	主汊:混凝土过水路 不稳定支汊:混凝土过水路面	—
N_7	K18 +890	K18 +912	坡面型(有切沟)	冰川型	高	小	中	严重	混凝土过水路面	—
N_8	K19 +700	K20 +155	沟谷型	冰川型	中	小	中	中等	主汊:混凝土过水路面 支汊:混凝土过水路面	上游设铅丝石笼八字翼墙
N_9:申达贡日沟	K20 +750	K20 +940	沟谷型	冰川型	中	大	低	严重	中桥:装配式钢桁架	上游设铅丝石笼导流堤; 桥两侧,上下游设 4 处铅丝石笼护岸
N_{10}	K22 +420	K22 +530	沟谷型	冰川型	中	小	中	严重	无通过工程,因沟在公路对岸	设浆砌片石护岸(墙)
N_{11}	K52 +305	K52 +325	坡面型(有切沟)	混合型	中	小	中	中等	混凝土过水路面	—
N_{12}	K55 +145	K55 +165	沟谷型	混合型	低	小	低	中等	小桥:装配式钢桁架	上游设铅丝石笼护岸
N_{13}	K55 +302	K55 +320	坡面型(有切沟)	混合型	低	小	低	轻	小桥:装配式钢桁架	—
N_{14}	K55 +785	K55 +905	坡面型(有切沟)	混合型	低	小	中	中等	三汊:条石过水路面	—

续上表

泥石流沟(坡)代号和名称	泥石流危害段公路里程		泥石流类型		泥石流主要特征			泥石流危害程度	泥石流防治工程及其结构方案	
	起	讫	地形类型	水源类型	重度	规模	频率		通过工程	防护工程
N_{15}	K56 +200	K56 +222	坡面型(有切沟)	混合型	低	小	低	轻	小桥:装配式钢桁梁	—
N_{16}	K56 +395	K56 +420	坡面型(有切沟)	混合型	中	小	低	中等	钢筋混凝土盖板涵	上游设浆砌片石八字翼墙
N_{17}	K57 +030	K57 +045	坡面型(有切沟)	混合型	中	小	中	严重	条石过水路面	设铅丝石笼防冲护墙
N_{18}	K57 +350	K57 +366	坡面型(有切沟)	混合型	中	小	中	中等	条石过水路面	上游两侧设铅丝石笼拦挡墙; 下游两侧设铅丝石笼防冲护墙
N_{19}:桑谷沟	K58 +100	K58 +745	沟谷型	混合型	中	大	中	很严重	主汊为中桥:装配式钢桁架; 3 条支汊为钢筋混凝土盖板涵; 2 条支汊为条石过水路面	上游两侧设浆砌片石导流堤; 2 条支汊上游设铅丝石笼八字翼墙; 1 条支汊下游两侧设铅丝石笼防冲护墙
N_{20}	K60 +60	K60 +393	沟谷型	暴雨型	低	小	低	中等	小桥:装配式钢桁架	—
N_{21}:秋恰卡沟	K61 +655	K61 +685	沟谷型	暴雨型	低	中	低	中等	小桥:装配式钢桁架	上游左右两侧设铅丝石笼护岸
N_{22}	K62 +860	K62 +870	沟谷型	暴雨型	低	小	中	中等	钢筋混凝土盖板涵	—
N_{23}:通通沟	K63 +402	K63 +428	沟谷型	暴雨型	低	小	低	中等	小桥:装配式钢桁架	注意桥基安全
N_{24}	K64 +010	K64 +027	坡面型(有切沟)	暴雨型	低	小	中	严重	条石过水路面	下游两侧设铅丝石笼防冲护墙
N_{25}:达日沟	K66 +615	K66 +915	沟谷型	混合型	中	大	低	严重	1 号汊(主汊):中桥,装配式钢桁架 2 号汊:钢筋混凝土盖板涵 3 号汊:小桥,装配式钢桁架 4 号汊:小桥,装配式钢桁架	上下游两侧设钢筋石笼导流堤; 上游设铅丝石笼八字翼墙; 上游两侧设铅丝石笼导流堤; 上游两侧设铅丝石笼导流堤

续上表

泥石流沟(坡)代号和名称	泥石流危害段公路里程		泥石流类型		泥石流主要特征			泥石流危害程度	泥石流防治工程及其结构方案	
	起	讫	地形类型	水源类型	重度	规模	频率		通过工程	防护工程
N_{26}	K70 +175	K70 +190	沟谷型	暴雨型	中	小	中	严重	混合过水路面(混凝土); 过水路面+钢筋混凝土盖板涵	上游两侧设铅丝石笼束流堤
N_{27}	K72 +680	K76 +698	坡面型(有切沟)	暴雨型	低	小	低	中等	小桥:装配式钢桁架	—
N_{28}	K72 +935	K73 +000	沟谷型	暴雨型	高	中	中	很严重	混凝土过水路面	上游两侧设钢筋石笼束流堤
N_{29}:打尔曲	K77 +925	K78 +010	沟谷型	混合型	中	大	低	严重	中桥:装配式钢桁架	—
N_{30}:色日岗	K78 +636	K78 +660	沟谷型	暴雨型	低	小	低	轻	中桥:装配式钢桁架	—
N_{31}:桑作曲	K80 +855	K80 +935	沟谷型	混合型	中	大	低	严重	中桥:装配式钢桁架	上下游两侧设浆砌片石护岸
N_{32}:细弄	K83 +381	K83 +403	沟谷型	暴雨型	低	小	低	中等	小桥:钢筋混凝土π形梁	—
N_{33}	K85 +030	K87 +200	沟谷型	暴雨型	低	中	中	严重	沟口主流:小桥,装配式钢桁架; 中上游主支流3处钢筋混凝土盖板涵; 中游1处坡面泥石流设混凝土过水路面	设钢筋石笼导流堤; 设铅丝石笼挡土墙
N_{34}	K87 +455	K87 +525	坡面型(有切沟)	暴雨型	高	小	高	很严重	混凝土过水路面	上游两侧设浆砌片石束流墙; 下游设浆砌片石防冲护墙
N_{35}	K87 +761	K87 +783	坡面型(有切沟)	暴雨型	高	小	中	严重	混凝土过水路面	上游两侧设铅丝石笼束流墙; 下游设铅丝石笼防冲护墙
N_{36}	K88 +310	K88 +315	坡面型(有切沟)	暴雨型	高	小	中	中等	混凝土过水路面	保留浆砌片石(上方)和铅丝石笼
N_{37}:芒给沟	K88 +685	K88 +977	沟谷型	暴雨型	高	大	高	很严重	双层过水路面(上层条石+下层混凝土)	上游两侧设导流堤(墙); 下游右侧设挡流、导流堤; 过水路面上方设防冲击墩(墙); 过水路面下方设防冲护墙; 下游左侧设浆砌片石护岸

续上表

泥石流沟(坡)代号和名称	泥石流危害段公路里程		泥石流类型		泥石流主要特征			泥石流危害程度	泥石流防治工程及其结构方案	
	起	讫	地形类型	水源类型	重度	规模	频率		通过工程	防护工程
N_{38}	K89 +150	K89 +450	坡面型（有切沟）	暴雨型	高	小	高	严重	混凝土过水路面	上侧(内缘)按滑坡防治修有缺口的钢筋石笼挡土墙； 下侧(外缘)设浆砌片石防冲护墙
N_{39}	K90 +122	K90 +158	沟谷型	暴雨型	低	中	低	严重	小桥:装配式钢桁架	改造原有的钢筋石笼防冲护墙 上游两侧设钢筋石笼束流墙
N_{40}	K90 +278	K90 +290	坡面型（有切沟）	暴雨型	高	小	中	中等	混凝土过水路面	—
N_{41}:日崩沟	K90 +755	K90 +785	沟谷型	暴雨型	中	中	中	严重	中桥:装配式钢桁架	上下两侧设浆砌片石护岸
N_{42}	K91 +305	K91 +315	坡面型（有切沟）	暴雨型	低	小	低	轻	钢筋混凝土盖板涵	上游设铅丝石笼八字翼墙
N_{43}	K91 +830	K91 +840	沟谷型	暴雨型	低	小	低	中等	钢筋混凝土盖板涵	上游设浆砌片石八字翼墙
N_{44}	K92 +370	K92 +390	坡面型（无切沟）	混合水	高	小	中	严重	混凝土过水路面	内边坡设钢筋石笼挡土墙
N_{45}:觉库沟	K92 +735	K92 +830	沟谷型	暴雨型	中	中	中	严重	主沟口:混合过水路面(钢筋混凝土过水面+混凝土涵洞)； 支沟2处:坡面泥石流均设混凝土过水路面	下游设有多种滑坡治理工程； 过水路面内、外侧均有治理滑坡的片石混凝土挡土墙
N_{46}:觉弄沟	K93 +850	K93 +880	沟谷型	暴雨型	中	中	低	严重	小桥:钢筋混凝土 π 形梁	上下游两侧设浆砌片石护岸
K_{47}	K94 +815	K94 +845	坡面型（有切沟）	暴雨型	低	小	低	中等	钢筋混凝土盖板涵	上游两侧设钢筋石笼八字翼墙； 下游设钢筋石笼防冲护墙
K_{48}	K95 +365	K95 +381	坡面型（有切沟）	暴雨型	中	小	中	严重	钢筋混凝土盖板涵	上游两侧设钢筋石笼八字翼墙 下方设钢筋石笼防冲护墙
N_{49}	K95 +780	K95 +790	坡面型（有切沟）	暴雨型	高	小	低	中等	混凝土过水路面	上游两侧设铅丝石笼束流墙 下方设铅丝石笼防冲护墙
N_{50}	K96 +892	K96 +920	沟谷型	暴雨型	低	中	低	严重	小桥:装配式钢桁架	上游两侧设钢筋石笼导流堤

续上表

泥石流沟(坡)代号和名称	泥石流危害段公路里程		泥石流类型		泥石流主要特征			泥石流危害程度	泥石流防治工程及其结构方案	
	起	讫	地形类型	水源类型	重度	规模	频率		通过工程	防护工程
N_{51}	K97 +350	K97 +358	坡面型(有切沟)	暴雨型	高	小	中	中等	混凝土过水路面	下方设浆砌片石防冲护墙
N_{52}	K98 +081	K98 +110	坡面型(有切沟)	暴雨型	高	小	中	中等	混凝土过水路面	上游两侧设铅丝石笼挡土墙
N_{53}	K98 +381	K98 +399	沟谷型	暴雨型	中	中	低	中等	小桥:装配式钢桁架	上游两侧设钢筋石笼导流堤
N_{54}	K98 +730	K98 +780	坡面型(有切沟)	暴雨型(地下水)	高	小	中	严重	无(正常路面路基)	设钢筋石笼挡土墙
N_{55}:各姆热沟	K98 +958	K98 +973	沟谷型	暴雨型	中	中	低	中等	小桥:装配式钢桁架	—
N_{56}	K100 +390	K100 +405	坡面型(有切沟)	暴雨型	高	小	中	中等	混凝土过水路面	上游两侧设铅丝石笼束流堤
N_{57}	K102 +492	K102 +508	沟谷型	暴雨型	低	中	低	轻	小桥:装配式钢桁架	上下游设浆砌片石护岸
N_{58}	K103 +376	K103 +394	沟谷型	暴雨型	低	中	低	轻	小桥:钢筋混凝土 π 形梁	设浆砌片石导流堤
N_{59}	K103 +993	K104 +028	坡面型(有切沟)	暴雨型	高	小	高	严重	小桥:装配式钢桁架	上游两侧设钢筋石笼导流堤
N_{60}	K104 +680	K104 +720	坡面型(有切沟)	暴雨型	高	小	中	严重	混凝土过水路面	上方设钢筋石笼挡土墙
N_{61}	K105 +167	K105 +187	坡面型(有切沟)	暴雨型	高	小	中	中等	混凝土过水路面	上方设铅丝石笼挡土墙
N_{62}	K111 +990	K112 +015	坡面型(有切沟)	暴雨型	高	小型	中	中等	混凝土过水路面	外侧设铅丝石笼防冲护墙
N_{63}:嘎尔沟	K112 +277	K112 +297	沟谷型	暴雨型	中	中	低	严重	小桥:钢筋混凝土 π 形梁	上下游两侧设浆砌块石护岸
N_{64}	K113 +033	K113 +051	坡面型(有切沟)	暴雨型	高	小	中	中等	混凝土过水路面	内侧陡坡设铅丝石笼挡土墙
N_{65}:冷多沟	K114 +000	K114 +800	沟谷型	暴雨型	中	大	中	高	中桥:装配式钢桁架	桥上游两侧设浆砌块石护坡

续上表

泥石流沟(坡)代号和名称	泥石流危害段公路里程		泥石流类型		泥石流主要特征			泥石流危害程度	泥石流防治工程及其结构方案	
	起	讫	地形类型	水源类型	重度	规模	频率		通过工程	防护工程
N_{66}	K115 +656	K115 +694	沟谷型	暴雨型	中	中	中	高	小桥:装配式钢桁架	—
N_{67}:地下水	K116 +900	K116 +918	坡面型(有切沟)	暴雨型(地下水)	高	小	中	中	条石过水路面	下游侧设铅丝石笼防冲护墙
N_{68}:海热曲	K119 +349	K119 +387	沟谷型	暴雨型	高	特大	高	很严重	中桥:装配式钢桁架	爆破切掉桥上游部岩咀,扩大过流断面
N_{69}	K120 +519	K120 +537	坡面型	混合型	高	很小	中	中等	—	设钢筋石笼挡土墙
N_{70}:蚌哥沟	K122 +733	K122 +775	沟谷型	暴雨型	高	中	高	很严重	中桥:装配式钢桁架	桥上下游两侧设钢筋石笼护岸
N_{71}	K123 +145	K123 +161	沟谷型	暴雨型	低	小	低	很轻	钢筋混凝土盖板涵	上游设钢筋石笼八字翼墙 下游设钢筋石笼防冲护墙
N_{72}	K127 +363	K127 +417	沟谷型	暴雨型	高	中	中	严重	混合过水路面(混凝土过水路+钢筋混凝土盖板涵)	上游设铅丝石笼束流堤
N_{73}	K127 +803	K127 +860	沟谷型	暴雨型	中	小	低	中等	南、北两汊均为钢筋混凝土盖板涵	上游两侧均设浆砌片石八字翼墙,南支下游侧设浆砌片石排水沟
N_{74}	K128 +512	K128 +527	沟谷型	暴雨型	低	小	低	轻度	钢筋混凝土盖板涵	设钢筋石笼抗冲护墙
N_{75}	N128 +668	K128 +692	坡面型(有切沟)	混合型	高	小	中	中等	混凝土过水面	下游侧设浆砌片石抗冲护墙
N_{76}	K130 +119	K130 +136	坡面型(有切沟)	混合型	高	小	中	中等	条石过水路面	外侧设钢筋石笼抗冲护墙
N_{77}	K131 +389	K131 +407	坡面型(有切沟)	混合型	高	很小	中	中等	混凝土过水路面	内侧设滑坡前钢筋石笼挡土墙
N_{78}	K132 +828	K132 +838	坡面型(有切沟)	暴雨型	低	很小	低	很轻	钢筋混凝土盖板涵	上游侧设钢筋石笼八字翼墙
N_{79}	K37 +745	K37 +761	坡面型(有切沟)	暴雨型	高	很小	高	严重	混凝土过水路面+清淤	—
N_{80}:冰哥日沟	K138 +720	K138 +900	沟谷型	暴雨型	中	中	低	严重	小桥:钢筋混凝土π形梁	上游两侧设浆砌片石导流堤

①通过工程共有100项，包括：

桥梁32座，其中中桥11座、小桥21座。中桥中装配式钢桁架桥10座、钢筋混凝土T形梁桥1座；小桥中装配式钢桁架桥16座、钢筋混凝土π形梁桥5座。

涵洞20处，均系钢筋混凝土盖板涵。

过水路面48处，其中有15处在支汊或支流上，其结构系双层过水路面的1处、混凝土路面的34处、条石过水路面的10处、混合过水路面（混凝土过水路面+钢筋混凝土盖板涵）的3处。

②泥石流防护工程共50项，包括：

a. 导流工程28项，其中导流堤9项，其结构为铅丝石笼的2项、钢筋石笼的3项、浆砌片石的3项、混凝土的1项；八字翼墙10项，其结构为铅丝石笼的4项、钢筋石笼的2项、浆砌片石的4项；束流堤（墙）9项，其结构为铅丝石笼的6项、钢筋石笼的2项、浆砌块石的1项。

b. 护岸、护坡工程10项，其中护岸9项，其结构为铅丝石笼的3项、钢筋石笼的1项、浆砌块石的5项；护坡1项，为铅丝石笼结构。

c. 防冲护墙17处，其结构为铅丝石笼的9处，钢筋石笼的3处，浆砌片石的5处。

d. 抗冲击墩（墙）1处，为浆砌片石结构。

③与滑坡防治有联系的工程16项，其中挡土墙12项，其结构为铅丝石笼的3项、钢筋石笼的8项、混凝土的1项；拦挡墙4项，其结构为铅丝石笼3项、浆砌块石1项。

④其他工程2项，包括N_{68}海热曲（黑日沟）需爆破切除中桥上游的岩咀，扩大过流断面1项；N_{73}号沟南支的涵洞下游需建一条浆砌片石排水沟。

7.4 扎墨公路滑坡防治关键技术

7.4.1 老扎墨公路滑坡防治工程

1）滑坡防治工程

几上几下的扎墨公路，因沿线地质环境复杂，地形高差大，滑坡崩塌等地质灾害频繁发生。加之原建设资金投入不足，老线路每年能维持勉强通行的时段极短。老扎墨公路除起点～K24及K52～K68两段技术指标略好外，其余路段技术指标非常低，滑坡、边坡防治工程极少，除极少处修筑了浆砌片石挡墙外，对一些小型的崩塌滑坡主要采用木笼、干砌片石挡墙或钢筋石笼等简单的办法进行处理，对于一些较大规模的滑坡崩塌则基本未采取针对性的工程措施。受各种客观条件的限制，木笼结构的支挡工程，大多腐朽松散，钢筋石笼锈蚀严重，部分干砌或码砌工程也有很多已经失效。

总体而言，由于老路沿线气象、地形地质条件差异性较大，老扎墨公路滑坡防治工程也存在着较大的差异，大致可分K0～24、K24～K80、K80～黑日桥、黑日桥～墨脱段4个段落。

（1）K0～K24

沿线地形大多为河谷地貌单元，地形相对开阔平缓，该段为全线地形、地质条件最好路段，路基边坡大部分基本稳定。其中，K17～K19约2km路段公路以多级回头弯的方式展布在现代冰川终碛上，边坡物质极为松散，地表流水作用旺盛，小型崩塌较发育。该段局部已修筑浆砌片石挡墙，对减小崩塌的危害取得了一些效果，但未根治。

(2)K24～K80

K24～K52 段为多热拉雪山段，沿线地处冰川或冰缘地貌作用区，地形陡峭，山顶常年积雪，公路病害以雪害和冰雪融水引起的水害为主，偶发小型崩塌或滚石灾害。边坡除路基宽度不够路段采用木笼挡墙支护外，其他路段没有任何边坡防护措施。

K52～K80 段大部分地处冰川冰缘地貌单元向高山峡谷地貌单元过渡区，工程地质条件相对一般，灾害以路面水毁以及冰川融水引发的泥石流为主，总体上滑坡崩塌发育不多。其中在“K69”打尔曲回头弯段(K76～K78)，受地形影响，为了克服高差，设置回头弯共 20 个，回头弯半径普遍为 5～6m，最大纵坡达到 20%，小型崩塌较发育，上下边坡设置有木笼挡墙或浆砌片石挡墙，木笼路肩墙一般高 2～8m，已经腐朽，强度明显降低，局部失效，浆砌片石挡墙，一般高 2～3m，除局部破坏外，大部分状况较好，如图 7-12、图 7-13 所示。

图 7-12 K18+900 处小型崩塌将挡墙破坏

图 7-13 “K69”打尔曲段木笼挡墙已破坏

(3)K80～黑日桥(K120)

该段老路地处高山峡谷地貌单元，路线大多沿嘎弄曲、金珠藏布和雅鲁藏布江沿岸布设，地形陡峭，沿线降雨量极大，局部路段年降雨量达 4 000mm，公路滑坡崩塌等地质灾害十分发育，是制约老扎墨公路通车时间的“卡脖子”路段。

该段路基以半填半挖为主，大多修筑在斜坡的中下部，临近沟道距离很近，雨季时，路基经常被毁。该段公路边坡木笼挡墙防护比较普遍，老路受河谷汇水和冰川融水的双重危害，是路基、路面病害较为集中路段。该区域降雨量大，地质灾害异常发育，因崩塌、滑坡、水毁、泥石流引起的路基病害较为普遍，木笼路肩挡墙一般高 2～6m，多数木笼抗灾能力极差。局部崩塌、滑坡路段采用少许浆砌片石上挡墙，如 K85 滑坡段修筑挡墙高 2m 左右，在 K115～K116 冷多滑坡段，修筑有三级钢筋石笼挡墙，对防止灾害的进一步扩大，有一定的效果，如图 7-14 所示。

(4)黑日桥～墨脱段

该路段地处高山峡谷地貌单元向中高山峡谷地貌单元过渡区，降雨量较前段有所下降，灾害发生的规模、频次也较前段低，公路病害相对较少，路基较为稳定。对少数的崩塌、滑坡路段当地政府采取了填石、楞木跨越等保通措施，局部路段边坡下部设有 2～6m 高的木笼路肩挡墙，如图 7-15 所示。

图 7-14 K115 +400 冷多滑坡段修筑的钢筋石笼挡墙

图 7-15 黑日桥 ~ 墨脱段的木笼路肩挡墙

2)老扎墨公路滑坡防治存在的主要问题

(1)滑坡防治投入严重不足

受地理条件以及经济条件等各方面因素制约,老扎墨公路并无系统或成体系的滑坡防治工程,大多数滑坡崩塌均未进行有效的防治。

(2)滑坡治理方式单一

局部地段对公路滑坡崩塌进行了简单的防治或公路保通处理,但处置方式十分单一。多采用木笼、干砌片石挡墙或钢筋石笼等简单的办法进行处理,极少处修筑了少量浆砌片石挡墙。

(3)防治措施针对性差

受客观条件的制约,已有少量防治措施仅从公路保通的角度出发设置,未较多考虑滑坡崩塌自身特征及发育规律,造成防治措施针对性差,防治效果也不理想。

(4)防治标准偏低

对滑坡崩塌基本没有进行正规的勘察设计工作,已有的滑坡防治工程普遍存在设计标准低、治理不彻底的问题。

(5)边坡排水工程严重不足

水在老扎墨公路滑坡崩塌的发育中起着十分关键的作用,在已有的工程措施中很少采用排水或减轻流水侵蚀作用的措施,在今后的滑坡治理工程中必须引起高度重视。

7.4.2 扎墨公路滑坡防治措施建议

为保证扎墨公路的长期畅通,最大限度地避免或减轻滑坡对公路的危害,对扎墨公路滑坡实施全面整治是根本的解决办法。但限于扎墨公路的实际情况和我国国情,这需要相当长的一个过程。现阶段,应结合扎墨公路滑坡防治的关键技术,本着经济、适用、有效的原则,对扎墨公路重点滑坡(崩塌)提出防治措施建议。

1)K69 崩塌(B15)

该崩塌位于打尔曲左岸,新公路里程 K76 +300 ~ K76 +510,如图 7-16 所示,岩石呈强风化状,稳定性较差,崩塌堆积物在路内侧堆积,雨季有掉块、崩落现象,边坡极不稳定。

根据调查,提出防治建议如下:

（1）公路上边坡设置铅丝笼挡墙；

（2）路基下边坡坡脚处设置钢筋混凝土堤坝或丁坝防止打尔曲的冲刷；

（3）在崩塌后壁上方稳定处设置截水沟，阻止地表水进一步侵蚀崩塌体，崩塌体坡面也应加强排水。

2）K73 滑坡（H36）

该滑坡位于打尔曲与嘎弄曲汇口附近，新公路里程 K78+300～K79+100，为一浅层堆积物滑坡，体积为 2 000m^3。受打尔曲冲蚀坡脚的影响，滑坡不稳定，雨季时滑体上掉块、崩塌及溜动现象频繁。

根据调查，该滑坡已修筑上、下挡墙，但高度不够，局部破坏，如图 7-17 所示。建议适当提高上、下挡墙的高度并修复或补强受损部分。

图 7-16　K69 崩塌

图 7-17　K73 滑坡上下挡墙

3）K85 滑坡（H35）

K85 滑坡位于扎墨公路 K85+500～K85+750 段，雅鲁藏布江左岸Ⅱ级支流嘎弄曲右岸沟坡上。公路以回头弯方式展线两度穿越该滑坡。公路部门对该滑坡实施了简易保通措施，具体工程措施为：在靠近滑坡后缘的上部公路内侧修建了浆砌石挡墙，在滑坡中部公路内侧（也是上部公路的外侧）建有铅丝笼挡墙，在滑坡下部建有木笼与铅丝笼结合的挡墙。

据考察，实施的工程措施对稳定滑坡起到了一定作用，其中上部的浆砌石挡墙和下部的木笼与铅丝笼结合的挡墙起到的效果较好。但滑坡中部已发现明显的位移，多处挡墙或铅丝笼已被破坏，路面发育多组纵向裂缝，严重危及该段公路正常通行。

K85 滑坡剪出口位于公路下方，滑坡体纵长约 95m，沿公路宽约 110m，推测滑坡厚度 3～8m，平均厚度约为 5m，滑坡体积约 52 000m^3，如图 7-18 所示。

目前已实施的滑坡治理工程，仅仅是公路应急保通的临时措施，并不能从根本上解决问题。因此，对该滑坡开展专项勘察与治理十分必要。由于滑坡区边坡结构松散，坡度较大。可考虑采用支挡与排水相结合的工程措施。

经野外调查分析，提出两种方案建议，供比选。

（1）采用以抗滑桩或桩板墙为主体的抗滑工程，局部采用挡土墙工程，辅以滑坡体外侧截水沟与滑坡体内排水沟。

（2）采用以框架预应力锚索为主体的抗滑工程，排水措施同上一方案。

通过方案比选，结合扎墨公路新改建工程的实际情况，推荐单排抗滑桩或桩板墙方案作为滑坡的防治方案。

4）K89 崩塌群（B12、B13）

该段边坡位于扎墨公路新（改）建工程 K89＋170～360 处，雅鲁藏布江Ⅱ级支流嘎弄曲右岸，北距芒给沟 400 余米，地理位置为东经 95°29′15″，北纬 29°38′22″。该处公路上边坡多处发生崩塌、滚石灾害，将已建上挡墙毁坏，并掩埋路面，公路下边坡也受到沟谷洪水的危害与威胁。危害路段总长 190m，严重危及公路的改建及今后的正常运营。2009 年 7～8 月，该处又多次发生崩塌灾害，长时间阻断交通，与邻近的芒给沟泥石流一起成为扎墨公路线上卡脖子地段之一。随着坡体变形的发展，边坡还存在整体较大规模滑动的可能性。

K89 边坡地质灾害可分为南北两块（B13、B13），其中，北块边坡斜长 77m，循公路长 98m，上段近乎直立，坡度达 75°，下段坡度 40°。发育 2 处较大的崩塌，体积各约 1 000m^3，如图 7-19 所示。崩塌掩埋公路，目前公路最窄处不到 4m，经常阻路。南块边坡斜长 43m，循公路长 40m，平均坡度 45°。发育 3 处小型崩塌，体积数百方。崩塌将该处上挡基本破坏。边坡断断续续一直在掉石头，严重危及过路的车辆和人员安全。目前此段已新修高 7m 的下挡墙。两块之间为一条宽 5～10m 的小冲沟。边坡组成物质主要以冰水沉积为主，未见基岩出露。

图 7-18　K85 滑坡灾害

图 7-19　K89 路段崩塌灾害

初步踏勘表明，该段公路存在几种安全隐患：一是落石，由于边坡坡度较陡，且散布着大量的松动石块，一遇降雨即可导致石块滚落。第二种是危崖，构成危崖的块体结构松散，随时有崩塌的危险。此外，更严重的是，随着坡体变形的发展，边坡还存在整体较大规模滑动的可能性。

根据调查，提出以下建议：

（1）完善沿河挡水墙工程，增设钢筋混凝土丁坝避免水流直接冲毁路基；

（2）采取对坡面孤石、危石的清理措施；

（3）进行坡面整理，修筑铅丝笼上挡墙、柔性防护网等工程。

5）K86 滑坡（H34）

滑坡位于扎墨公路 K89＋575～640 段，该滑坡紧邻嘎弄曲，坡体结构松散，遇水易坍塌。在洪水季节受河水冲刷影响，导致路基冲毁，坡体产生滑动。

K86 滑坡纵长约 121m，沿公路宽约 80m，推测滑坡厚度 5m，滑坡体积约 48 000m^3，如图7-20。

a)

b)

图7-20　K86滑坡灾害

根据调查，建议该路段首先沿河修筑挡墙或丁坝，路基内侧修筑铅丝笼挡墙。

6）K89滑坡（H32）

滑坡位于扎墨公路K92+740~960段，前缘紧邻嘎弄曲支沟觉库沟，公路从滑体中部通过。滑坡表面坡度较大，坡体结构松散，因坂脚河流冲刷淘蚀，前缘临空从而产生滑动。

该滑坡属大型基岩老滑坡，平面上呈不规则的“舌状”，后缘呈圆弧状，有小陡坎。滑坡纵长约370m，宽220m，体积近100万m^3，主滑方向87°。现阶段该滑坡总体稳定，前缘受觉库沟切割，掏蚀坡脚，滑坡前部局部复活，每年雨季时均产生小规模的滑动，现复活部分体积近2万m^3，并呈现出发展和扩大的趋势。

目前滑坡前部已修筑多层木笼支护，左侧沟谷已混凝土化，避免了河流对边坡的进一步淘蚀。

根据调查，建议该路段首先需要局部加高滑坡左侧混凝土挡墙，在滑坡右部从坡脚向上修筑2~3级铅丝笼挡墙，同时加强坡面排水。

由于该滑坡规模较大、发生频率高，且地形陡峻，根治难度大，如果条件合适，可以考虑设置短隧道的方式，直接避过该路段，达到根治的目的。

7）K92滑坡（H30）

滑坡位于扎墨公路K94+700~800段，与K89滑坡类似，如图7-21所示，为一大型基岩老滑坡，坡脚河流对边坡淘蚀造成边坡失稳。现状边坡由多层木笼支护。

根据调查，该滑坡规模大、根治难度大，如果条件合适，可以考虑设置短隧道的方式，直接避过该路段，若没有设置隧道的条件，建议设置上、下挡墙等保通工程。

8）K98滑坡（H26）

滑坡位于扎墨公路K100+000~380段，如图7-22所示其前缘紧邻嘎弄曲，为嘎弄曲淘蚀坡脚所致。滑坡规模大。

根据调研，建议：若条件允许，该滑坡可以采用预应力锚索进行综合防治，可先期布置坡面排水措施，观察效果后再考虑其他措施。

9）K120滑坡（H11）

K120滑坡位于扎墨公路K120+680~760段。扎墨公路以半挖半填方式通过该处，以挖方为主。开挖的内边坡近直立。公路的外边坡约50°。滑坡区位于雅鲁藏布大峡谷左岸及一条一级支流河口左岸，两面临空，属岩质滑坡。

图7-21　K92滑坡灾害

图7-22　K98滑坡灾害

K120滑坡斜长约100m，均宽66m，均厚12m，体积约8万m^3。主滑方向220°，如图7-23所示。公路内边坡的坡脚处见有明显的滑坡剪出口，略高于公路路面。

图7-23　K120滑坡灾害

滑坡体稳定性较差，根治难度大，如果条件合适，可以考虑绕避方案，若没有绕避的条件，根据野外调查，提出如下防治工程措施建议：

(1)在滑坡体范围之外布设坡面截水工程，防止渗入滑坡体。

(2)沿内边坡的坡脚布设抗滑桩工程，阻止滑坡体下滑。如有可能，采用锚索抗滑桩，可起到事半功倍的效果。

(3)在外边坡采用桩板墙加固路基，发挥其支挡与护坡效能。

7.5　扎木至墨脱公路典型地质灾害数据编目库查询系统说明

7.5.1　系统简介

为了更加方便、直观的查询与检索"扎墨公路典型地质灾害"数据，系统实现按点位查询和按目录查询两种查询方式，开发了扎木至墨脱公路典型地质灾害数据编目库查询系统，该系统界面简洁，操作方便。

7.5.2　开发平台与工具

开发平台：Microsoft Visual Studio 2008；

数据库：Access2003。

7.5.3　系统主要功能

1)系统主界面

如图7-24所示，系统主界面主要包括3个部分。其中，界面左侧栏为灾害点编目，分别包括泥石流、滑坡和崩塌3类，共计144个灾害点；界面右侧栏为灾害点属性信息；界面中间区域为扎墨公路典型地质灾害分布图，通过鼠标滑轮实现放大和缩小。

2)按位置查询

鼠标置于分布图中灾害点上方，会出现信息提示(图标变大和灾害点名称)，点击放大后的图标，可在主界面右侧栏查询对应灾害点的属性信息；另外，界面中间区域会显示相应灾害点的图片信息，通过键盘的“←、→”方向按钮控制(图7-25)。

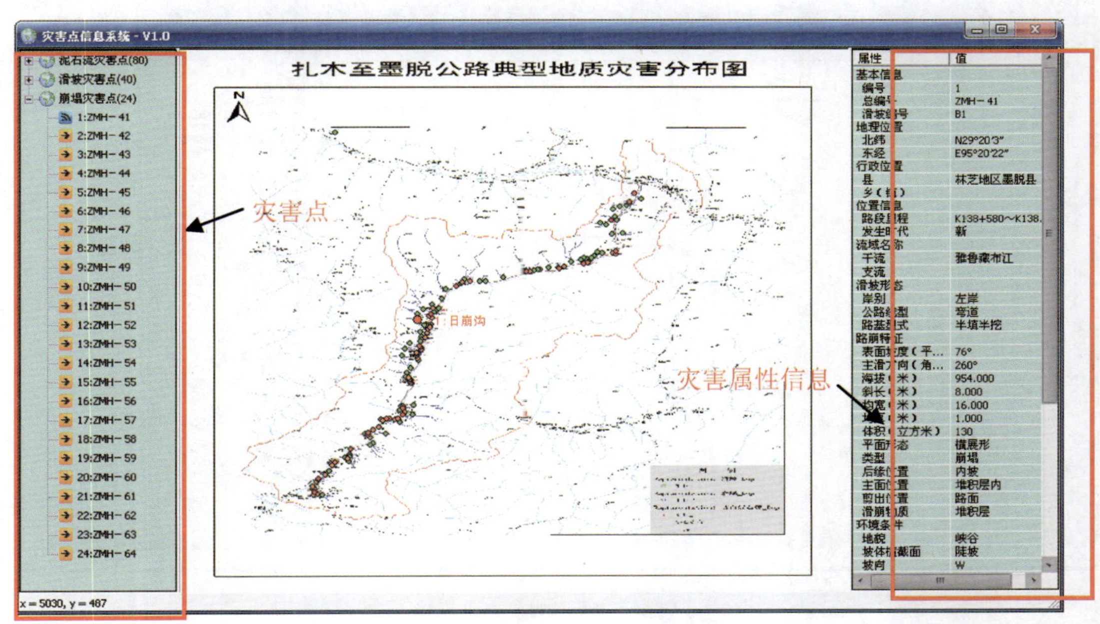

图7-24　系统主界面

3)按目录查询

打开系统主界面左侧栏的灾害点编目列表(图7-26)，点击查询灾害点的名称时，系统主界面右侧栏会出现相应灾害点的属性信息，灾害点图标会在扎墨公路典型地质灾害分布图中(即界面中间区域)放大显示，同时可以通过点击图标查看相应灾害点的图片信息。

图 7-25　按点位查询

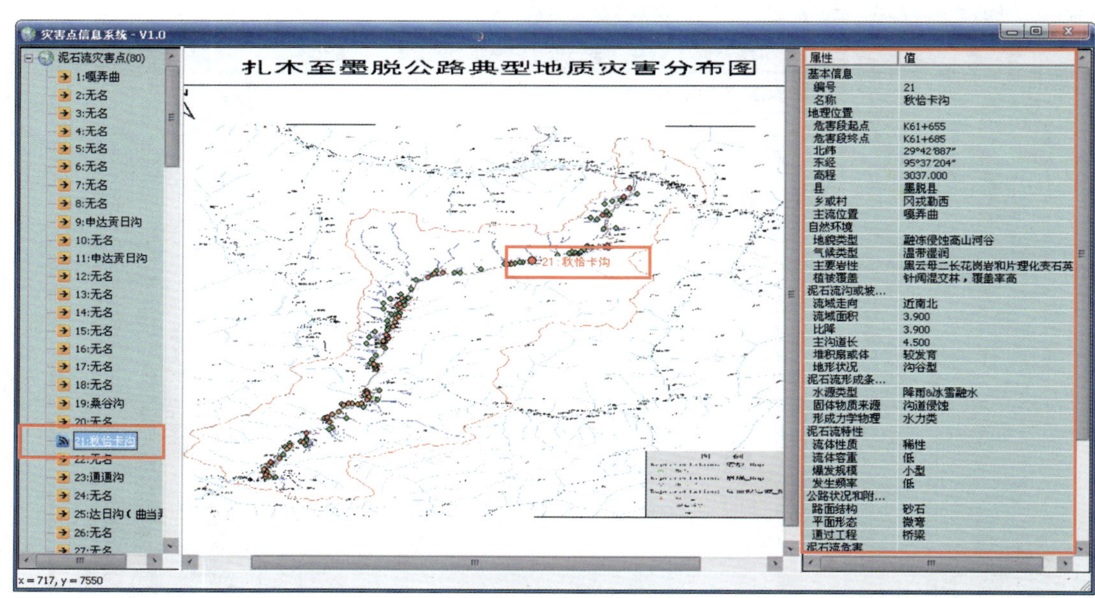

图 7-26　按目录查询

第8章　西藏扎墨公路建设环境保护技术

8.1　概　　述

西藏扎木至墨脱公路沿线自然环境非常敏感，设计里程约117km，其中约92km位于雅鲁藏布大峡谷自然保护区实验区内。大峡谷地区发育着我国仅有的以热带为基带，经山地亚热带、山地温带一直到高山寒带的完整的立体气候类型，是世界上生物多样性最丰富的山地之一，被世人誉为“植被类型的天然博物馆”、“生物资源的基因宝库”，在世界生物多样性保护方面具有重要的地位。

公路建设不可避免地会引起环境污染和生态破坏，鉴于区域环境的敏感性，扎墨公路建设必然会引起广泛关注。因此，公路建设会对环境造成何种程度的影响，就成为在公路建设过程中需要回答的重要问题，应把公路设计新理念贯彻到扎墨公路建设环境保护中去，通过合理的工程对策，将工程建设所造成的不良影响减小到可以接受的范围，让墨脱独特的生态、人文以及社会环境得到最大限度的保护，充分体现“对环境最大的保护就是对工程造价最大的节省”，从而实现环境保护与工程建设协调发展的目标。

8.2　扎墨公路区域环境概述

8.2.1　自然环境概况

扎墨公路新改建工程项目位于西藏自治区林芝地区，项目所在区域自北向南海拔高度变化大，气候具有明显垂直分带性，小气候特征突出，具有“一山有四季，十里不同天”的特殊景观。受印度洋暖湿气流影响明显，气候温暖潮湿、雨量充沛。

扎墨公路所在区域地处青藏高原的东南隅，位于雅鲁藏布江下游、喜马拉雅山东端南坡，属雅江下游构造剥蚀高—中山峡谷地貌，总体地势北高南低。西、北、东三面受喜马拉雅、冈底斯—念青唐古拉以及横断山等隆升山脉控制，雪峰挺立，高山环绕，地形切割强烈，山势陡峭，相对高差达2 000～3 000m，最高峰南迦巴瓦峰位于其西北部，海拔7 782m。向南渐过渡为中、高山，呈现强烈剥蚀、剥蚀—堆积，高、中山峡谷、河谷地貌特征，相对高差500～1 000m，最低处在接近雅江出境口的巴昔卡，海拔仅155m。

扎墨公路沿线分布高山河谷堆积地貌、冰川地貌、高山峡谷地貌和中—高山峡谷地貌等4类地貌。

1）河谷堆积地貌

河谷堆积地貌分布在帕隆藏布河谷。帕隆藏布河谷宽约1.0～1.5km，横向呈“U”形，地势较平坦，一般发育1～3级阶地，阶地与阶地高差一般为1～3m，阶地的海拔高度为2 710～2 750m，阶地发育宽度多在0.5～1.0km范围内。

2）冰川地貌

冰川地貌主要分布在岗日嘎布山脉、嘎隆拉隧道前后路段。岗日嘎布山脉现代冰川地貌十分发育，冰川类型主要有海洋型山谷冰川，其次有冰斗冰川以及悬冰川。

冰川周围常年白雪皑皑，冰蚀地貌举目可见，与角峰相连的刃脊下展布着数个冰斗，"U"形槽谷内的冰舌伸向河谷。嘎隆拉隧道进口两侧冰舌末端的冰川终碛及其冰川两侧的侧碛清晰可见，冰川下部大量的冰雪融水形成泥石流堆积在沟谷或沟口。在岗日嘎布山脉的南北两侧，南坡因为气温偏高，冰雪消融快，冰川分布面积要少于北坡，仅在阴坡的山谷地带发育一些山谷冰川和冰斗冰川。

3）高山峡谷地貌

分布在K52～K113路段，高程从3 183m降至792m，高差达2 391m。该段路线山高坡陡，河谷狭窄，自然坡度一般30°～60°；嘎弄曲、金珠藏布及雅鲁藏布江，横向均呈"V"形；纵向呈"之"字形，呈现出典型的构造强烈剥蚀、河谷强烈下切的高山地貌特征。两岸山峰耸立，山顶海拔2 500～4 300m；该段地势总体为北高南低。地貌的垂直分带明显，山顶冰蚀地貌发育，角峰林立；山腰是针叶林原始森林，山脚是针阔叶混交林带，山脚下是湍急的河水。

4）中—高山峡谷地貌

分布在K113～墨脱县城路段，雅江河谷狭窄，两岸陡峭，河谷宽度150～300m，纵向呈"之"形，横向呈"V"形；两岸山峰海拔1 500～2 500m。路线最高点海拔988m，最低点为西莫桥桥址，海拔约738m，相对高差约810m。局部地段发育有1～2级阶地；山坡自然坡度一般20°～45°；地表多生长阔叶林。

8.2.2 雅鲁藏布大峡谷国家级自然保护区

1）地理位置

雅鲁藏布大峡谷国家级自然保护区地处西藏自治区东南隅，大致位于北纬29°05′～30°20′，东经94°39′～96°6′之间，其南以高尤拉与丹巴江北部分水岭为界，北抵纳雍嘎簸雪山、帕隆藏布江与岗日嘎布山脉主脊；西自东喜马拉雅山脉主脊线至白努弄巴和则巴弄巴西侧分水岭，东达岗日嘎布主峰。全区面积9 168km^2，行政隶属于西藏自治区林芝行署的墨脱县和米林县的派乡，林芝县的东久乡、帕隆乡，波密县的易贡乡、古乡和扎木镇。

雅江峡谷保护区始建于1984年，2000年经国务院批准，由"墨脱国家级自然保护区"扩建更名为"雅鲁藏布大峡谷国家级自然保护区"，主要保护对象为山地森林垂直景观及珍稀动植物。

2）生物多样性

大峡谷地区特殊的水汽通道位置，以及青藏高原局地环境与复杂的高山峡谷地表形态综合作用下形成的多样的气候，直接导致了该地区生物群落栖息地生态环境的多样性，其山地生态系统的垂直与水平分异非常明显。该保护区是我国生物多样性最为丰富的地区之一。

该地区共有维管束植物3 768种，苔藓植物512种，大型真菌686种，锈菌209种；哺乳类动物63种，鸟类232种，爬行动物25种，两栖动物19种，昆虫2 000余种。

3）功能区划分与管理

保护区划分为核心区、缓冲区和实验区。其中核心区共有6个，即：①南迦巴瓦—加拉白垒核心区，②德阳沟核心区，③布琼湖核心区，④格当核心区，⑤岗乡核心区，⑥加玉核心区，总面积为3 200km^2，占大峡谷保护区总面积的33%。这些核心区是保护区生物多样性资源的储源地，是拯救和保护珍稀濒危物种、探索生物多样性资源利用方式的保护与研究基地，同时也是大峡谷及毗邻地区，甚至我国与世界生态质量判别的“本底”地区，是全球环境变化监测的自然参照地区。

缓冲区包括：①南迦巴瓦缓冲区，位于南迦巴瓦—加拉白垒核心区南侧，其北部为核心区的南部边界，西南为多雄河与白母西日分水岭，东南为满玛拉，面积243km^2。②格当缓冲区，位于格当核心区的西南与南侧，面积115km^2。格当核心区主要为保护孟加拉虎而设置。③加玉缓冲区，位于加玉核心区南侧，面积约12km^2。

实验区总面积5 598km^2，占保护区总面积的63%。其主要目的是力图通过产业结构的调整，充分利用当地的资源优势，尽量减少对当地与周边自然资源的消耗，有效地保护区内各主要保护对象。与此同时，使保护区内人民生活水平得到较快提高，地方经济实现可持续发展。

8.2.3　扎墨公路与保护区的关系

出嘎隆拉隧道后开始进入大峡谷自然保护区，直至项目终点墨脱县城。约有91km的路段位于实验区内。其中，K60～K106路段隔嘎弄曲与格当缓冲区相望，在K115处隔雅鲁藏布与南迦巴瓦核心区相望。由于嘎弄曲和雅鲁藏布等天然屏障的存在，路线未进入保护区的核心区。

8.2.4　生态环境

1）土壤

形成土壤的生物气候条件复杂，其土壤类型多样，土壤资源丰富，在地理分布上土壤的水平与垂直分异明显。该地区的土壤主要由砖红壤性黄壤、山地黄壤、山地黄棕壤、山地棕壤、山地灰化土、亚高山灌丛草甸土、高山草甸土和高山漠土等8种类型组成。

2）植被分布及基本种类

植物具有丰富的多样性，共有种子植物180科，726属，1 679种及变种。其中裸子植物6科，9属，10种。被子植物中双子叶植物149科，533属，1 232种，单子叶植物22科，184属，437种。

项目区的自然植被共记录有6个植被型、8个植被亚型和13个群系。与气候垂直分带相对应，植被表现出在垂直分布上热带到高山寒带比较完整的山地垂直带谱，详见表8-1和图8-1。

扎墨公路项目区植被类型　　表8-1

植被型	植被亚型	群　系
硬叶常绿阔叶林	亚热带硬叶常绿阔叶林	川滇高山栎＋高山松
温性针叶林	亚高山温带常绿针叶林	林芝云杉＋华山松、苍山冷杉 箭竹—墨脱冷杉、云南铁杉

续上表

植被型	植被亚型	群　系
灌丛	常绿阔叶灌丛	匙叶矮柳 + 杜鹃
草甸	嵩草杂草草甸	圆穗蓼、珠牙蓼高寒草甸
常绿阔叶林	亚热带山地常绿阔叶林	通麦栎
	亚热带河谷半常绿阔叶林	藏合欢
	亚热带常绿、半常绿阔叶林	芭蕉林
季雨林	热带北缘半常绿季风雨林	尼泊尔桤木、 小果紫薇、 尼泊尔桤木林 + 芭蕉 + 白桫椤

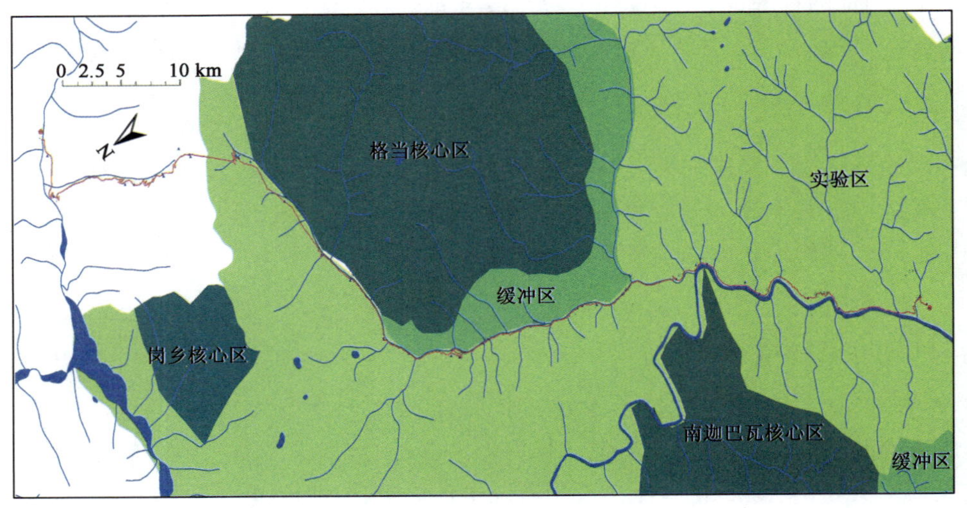

图 8-1　扎墨公路与雅鲁藏布大峡谷国家级自然保护区的位置关系示意图

在项目区重点保护植物分布方面，通过实地调查和查阅资料，扎墨公路 K90 至终点沿线发现桫椤 100 余株及少量千果榄仁、厚朴和楠木等国家二级重点保护野生植物，见表 8-2。

项目区内重点保护野生植物　　表 8-2

名　称	生 长 状 况	分 布 位 置	保 护 级 别
桫椤	零星分布	K90 至墨脱县城	国家二级
白桫椤	零星分布	K90 至墨脱县城	国家二级
千果榄仁	群落分布	冷多(K113)至墨脱县城	国家二级
长喙厚朴	零星分布	K80 至墨脱县城	国家二级
楠木	零星分布	K120 至墨脱县城	国家二级

3）野生动物分布及基本类群

在动物地理区划中，扎墨公路项目区属于东洋界、中印亚界、西南区、喜马拉雅亚区、墨脱吉隆小区，其动物属于亚热带山地森林动物群。

从动物种类上来说，影响区野生动物种类繁多，根据文献叙述，结合实地调查，并走访了波密县、墨脱县林业和环保部门以及沿线部分居民，得出扎墨公路所在区域重点保护动物名录见表8-3。

项目区重点保护野生动物名录 表8-3

种　　名	目　　名	科　　名	保护级别
（一）兽类			
野牛	偶蹄目	牛科	国家一级
鬣羚		牛科	国家二级
林麝		鹿科	国家二级
马麝		鹿科	国家二级
黑麝		鹿科	自治区二级
赤麂		鹿科	自治区二级
喜马拉雅麝		鹿科	国家二级
毛冠鹿		鹿科	自治区二级
斑羚		牛科	国家二级
扭角羚		牛科	国家一级
岩羊		牛科	国家二级
小熊猫	食肉目	浣熊科	国家二级
小爪水獭		鼬科	国家二级
金猫		猫科	国家二级
豹猫		猫科	自治区二级
水獭		鼬科	国家二级
云豹		猫科	国家一级
虎		猫科	国家一级
金钱豹		猫科	国家一级
黑熊		熊科	国家二级
大灵猫		灵猫科	国家二级
小灵猫		灵猫科	国家二级
豺		犬科	国家二级
黄喉貂		鼬科	国家二级
斑林狸		灵猫科	国家二级
丛林猫		猫科	国家二级
熊猴	灵长目	猴科	国家一级
猕猴		猴科	国家二级
长尾叶猴		猴科	国家一级

续上表

种　名	目　名	科　名	保护级别
（二）鸟类			
棕颈犀鸟	佛法僧目	犀鸟科	国家二级
双角犀鸟		犀鸟科	国家二级
血雉	鸡形目	雉科	国家一级
灰腹角雉		雉科	国家一级
红胸角雉		雉科	国家一级
红腹角雉		雉科	国家二级
棕尾虹雉		雉科	国家一级
白尾梢虹雉		雉科	国家一级
孔雀雉		雉科	国家一级
黑鹇		雉科	国家二级
黑颈鹤	鹤形目	鹤科	国家一级
白鹳		鹳科	国家一级
棕背田鸡		秧鸡科	国家二级
大腓胸鹦鹉	鹦形目	鹦鹉科	国家二级
斑头雁	雁形目	鸭科	自治区二级
斑头鸺鹠	鸮形目	鸱鸮科	国家二级
（三）爬行类			
蟒	蛇目	蟒科	国家一级
细脆蛇蜥	蜥蜴目	蛇蜥科	自治区二级
（四）昆虫类			
中华缺翅虫	缺翅目	缺翅虫科	国家二级
墨脱缺翅虫	缺翅目	缺翅虫科	国家二级

8.2.5　环境质量

1）水环境质量

扎墨公路沿线除起点处帕隆藏布流经波密县城边缘，其余路段交通不便，各项现代生产活动几乎没有，嘎弄曲、金珠藏布、西莫日和雅鲁藏布江两侧除极少量居民生活污水外，再无其他污水排放，水环境质量基本处于本底状态。

2）环境空气质量

扎墨公路沿线环境空气污染源除数量极为稀少的农村居民生活用燃料之外，没有大型的环境空气污染源，人为污染轻微，环境空气质量良好，基本保持自然本底状态。

3）声环境质量

扎墨公路沿线除起点波密县城扎木镇以外，均为山野、树林，村庄、农田，居民点非常稀少。

环境噪声质量监测结果表明，项目沿线声环境质量良好，除起点处由于位于扎木镇边缘，受交通、生活噪声影响略有超标外，其余村庄的昼夜噪声均满足1类标准。

8.2.6　景观环境现状

扎墨公路所在地区森林覆盖率高，保存了许多古老的生物物种和丰富的动植物资源，有"植被类型天然博物馆"和"生物基因宝库"的美誉。由于地理位置偏僻，交通不便，雅鲁藏布大峡谷地区长期处于封闭状态，区内门巴、珞巴族同胞长期生活在这里，形成了基于自然崇拜的原始而独特的珞渝文化，从独特的角度诠释着人与自然的关系。顶级的自然景观和独特的民俗文化使项目沿线成为发展生态旅游的理想地区。

1）自然旅游资源

幽深险峻的峡谷，挺拔傲人的雪峰，带状渐变的林海，曲折湍急的河流，奔涌飞泻的瀑布，蒸腾变幻的云海，蓝湛脱俗的湖泊等组成沿线独一无二的自然景观，按其属性可以分为地文景观、水文景观、生物景观和气象景观4种类型。

（1）地文景观

地文景观是指由于地壳运动和地质构造直接或间接造成的具有观赏和研究价值的地表形态的自然综合体。包括峡谷景观、冰川景观和雪山景观。

（2）水域景观

水域景观是指由液态和固态水所形成或造就的具有观赏和研究价值的地貌景观。在大峡谷地区由于降水丰沛，不仅雅鲁藏布江干流水量巨大，而且形成了众多支流、湖泊、瀑布、冰川、温泉等水域景观。

（3）生物景观

生物景观是大峡谷地区最具特色的旅游资源之一，包括完整的植被垂直分布带、丰富的野生动植物资源等。

（4）天象景观

墨脱云海是项目区内的重要天象景观，可开展观光、摄影等活动。

2）人文旅游资源

大峡谷保护区因为地理闭塞，珞巴族、门巴族创造的独特的珞渝文化一直保存至今，较少受到外部现代文化的干扰，存有不少丰富的历史文化遗迹。

（1）宗教和历史文化遗迹景观

雅鲁藏布大峡谷地区的原住民是珞巴族，他们信仰的是万物有灵的原始宗教。后藏传佛教传入，两种宗教融合并存，并开始建造寺庙，到20世纪50年代初这里已有寺庙和经堂40多座。著名的寺庙有仁钦崩寺、罗邦寺、德尔贡寺、嘎隆寺等。这些寺庙大多属于藏传佛教宁玛教派（红教）。

（2）民族文化

大峡谷地区有丰富的民族文化，包括民族建筑和民族手工艺品。主要有吊桥、溜索、木楼、竹楼等和木碗、土布、石锅、竹器等。

8.3　扎墨公路建设对环境的影响研究

根据扎墨公路区域环境现状，和公路建设可能造成的环境影响特点，选取相应环境指标对扎墨公路建设所造成的环境影响进行评价分析，详见表8-4，其中以生态环境影响评价为重点。

环境影响识别矩阵

表 8-4

环境资源 \ 施工行为		前期		施工期						营运期		
		占地	拆迁安置	土石方	路基路面	桥隧工程	材料运输	机械作业	施工营地	绿化工程	运输行驶	养护
生态环境	土地利用	▲	○	▲	▲				▲		○	
	水土保持			▲	▲					○		○
	植被	△		▲	▲					○		○
	动物	△		▲	▲			▲		○		○
社会环境	就业劳务	△		○	○	○	○	○		○	○	○
	社会经济										○	
	旅游开发										○	
	农业、副业	△	○	▲						○	○	
	水利设施			○		▲				○		
	交通运输			▲	▲	▲	▲			○	○	○
环境质量	声学环境				▲		▲	▲		○	△	
	空气质量			▲	▲		▲	▲	▲	○	△	
	地面水质				▲	▲			▲	○	△	
	居住		○	▲	▲							
	美学			▲	▲	▲			▲	○		○

注：○/●——长期/短期有利影响；△/▲——长期/短期不利影响；空白——相互作用不明显或不确定。

8.3.1 生态环境（自然保护区）影响

1）公路与雅鲁藏布大峡谷国家级自然保护区的关系

扎墨公路约92.238km路段位于保护区之内，其中嘎隆拉隧道穿过其实验区；VK51 +565 ~ K60 +000之间8.919km（断链长484m）路段隔嘎弄曲与格当核心区相望，路线位于保护区的实验区之内；K60 +000 ~ K106 +100之间45.746km（断链段354m）路段隔嘎弄曲与格当缓冲区相望，路线位于保护区的实验区之内；K106 + 100 ~ K140.094 之间 35.304km（断链长1.404km）的路段位于实验区内，其中路线在K113处隔雅鲁藏布江与南迦巴瓦核心区相望。

根据保护区规划，扎墨公路涉及保护区的92.238km路段均处于实验区内，属于旅游发展亚区，且位于“波墨公路生态旅游区”范围之内，与相邻的核心区、缓冲区之间有嘎弄曲、雅鲁藏布江的纵深峡谷形成天然屏障，公路布线不会进入保护区的核心区和缓冲区，施工过程中取土、弃土等环节也不会涉及核心区和缓冲区，基本不会对其造成影响。

2）公路建设对植被的影响分析

在扎墨公路的勘测和设计中，为了减轻和降低线路对大峡谷保护区的影响，项目贯彻了

“预防为主、保护优先”的原则，高度重视对公路沿线自然植被的保护，尽可能地避免诱发新的地质灾害，把公路对环境的影响降到最低程度。

扎墨公路在设计中坚持公路建设新理念，力求通过合理的工程对策，将工程建设所造成的不良影响减小到可以接受的范围，让墨脱独特的生态、人文以及社会环境得到最大限度的保护，充分体现“对环境最大的保护就是对工程造价最大的节省”理念，实现了环境保护与工程建设协调发展的目标。

设计首先明确了扎墨公路新改建的性质，新建路段主要是嘎隆拉路段由现有盘山路改为隧道穿越。其余绝大部分路段均充分利用老路，公路完全在老路走廊带内布设，能有效地减轻工程对沿线植被的破坏，减少工程对沿线生态的扰动。

在具体线形指标设计中，尽可能少破坏公路周围的地貌、地形、天然林木和建筑物等，在一般情况下避免高填深挖。同时合理采用公路纵坡，尽量减少填挖方工程量，力求填挖平衡，减少取土、弃土用地，减少对地表植被和原有地貌破坏。鉴于公路沿线珍稀动植物分布状况，当公路通过珍稀植物、野生动物栖息地时，对路线方案及工程措施进行了必要的论证。如在K101 +700 附近，为保护两株桫椤，路线适当降低了平面指标，进行了绕避。又如在 K52 ~ K80 段有雪鸡等野生动物出没，沿线设置了保护珍稀动物的警示牌。

通过以上措施，扎墨公路从源头上尽力减少了公路建设对环境可能造成的影响。

另一方面，从扎墨公路工程对生态环境的不利影响来看，工程永久占地完全损毁了原有的植被类型。取弃土场、施工营地等临时占地的植物也将受到很大破坏。施工区邻近区域的植被也受到了一定程度的损毁。

由于沿线植被人工化程度较高，且植被长势良好，虽然公路施工对施工区邻近区域的植被造成一定的破坏，但其破坏的面积较小且是暂时性的，随着施工期结束及人为的恢复，公路建设对其造成的影响将逐步减弱。同时，由于该区域自然条件较好，植被生长速度快，自然恢复能力较强，被破坏地段的植物能够迅速恢复。随着公路的建成，路域植被得到有效的恢复，公路营运期对植物的影响大大减轻。

从现状调查和植被影响分析可以看出，扎墨公路工程项目主要影响林地植被，农田植被在项目中受影响极小，公路建设不会导致该区域传统的农业种植结构的改变。因此，农业物种不会受公路建设项目的影响。

此外，由于扎墨公路基本上都是利用既有道路进行改建的，且两侧植被多年来在人类活动的影响下，已经受到一定的破坏，扎墨公路工程项目共占用林地 1 037. 79 亩（1 亩 = 666. 6m^2），相对于评价区而言，只是极小的一部分，仅占波密、墨脱两县林地面积的0. 002 3%，经过工程恢复和自然恢复，项目的建设基本不会对沿线植物群落产生影响。

（1）施工期对植物资源的影响

①对植被破坏和生产力的影响

公路建设永久占地会使沿线的植被受到破坏。工程建设将使植被生境被破坏，生物个体失去生长环境，影响的程度是不可逆的。通过遥感卫片和典型样方调查，参考《中国森林生态系统的生物量和生产力》及《中国主要森林类型生物生产力格局及其数学模型》，进行生物量损失估算，在施工区内，损失的植被生物量见表 8-5。

扎墨公路永久占地生物量损失估算表　　表 8-5

类　型	平均生物量(t/ha)	占地面积(亩)	损失生物量(t)
圆穗蓼、珠牙蓼高寒草甸	12.36	44.835	36.94
匙叶矮柳、杜鹃灌丛	36.21	7.37	17.79
苍山冷杉	318.79	64.85	1 378.24
箭竹—墨脱冷杉	318.79	17.89	380.21
云南铁杉	318.79	261.29	5 553.11
通麦栎	233.39	254.36	3 957.67
藏合欢	233.39	89.19	1 387.74
小果紫薇	233.39	16.2	252.06
尼泊尔桤木林 + 芭蕉 + 桫椤	233.39	376.32	5 855.29
合计		1 132.305	18 819.05

从植被分布现状调查的结果看，项目直接影响的植被类型主要包括针叶林、阔叶林等，生物量损失为 18 819.05t。

受公路建设项目影响的主要树种有云南铁杉、苍山冷杉、通麦栎、尼泊尔桤木林 + 芭蕉 + 桫椤及灌木和草本植物。除桫椤和小果紫薇外，其余都是项目沿线分布较广、面积较大的植被类型，是项目区主要树种，公路建设不会造成这些物种的消亡，对这些植物的分布、数量不会产生影响。

②对国家重点保护植物及珍稀濒危植物的影响

沿线分布着桫椤、白桫椤、千果榄仁、厚朴、楠木等国家二级保护植物和小果紫薇濒危植物，桫椤、白桫椤在 K90 开始陆续出现，K101 + 700、K108、K105、K138 都有分布，K120 + 500 ~ K122 + 500 桫椤集中连续分布，大概有 70 余株。千果榄仁从 K113 至终点、厚朴从 K80 至终点、楠木从 K120 至终点均有分布，数量分别为 30 株、40 株和 30 株左右，工程建设可能会占用一部分这些植物的生境。

但是这些物种不属于墨脱特有物种，在其他省份也有分布（如桫椤分布在云南、贵州、四川、广西、广东等地；千果榄仁主要分布于云南南部，广西也有少量分布；厚朴分布于浙江、广西、江西、湖南、湖北、四川、贵州、云南、陕西、甘肃等地；楠木分布于贵州、湖南、福建武夷山等地），而且除了在路线两侧分布之外，在影响区内分布较广，路线施工行为影响较小，加之在施工之前要进行普查和重点移植，项目建设造成的影响轻微。

（2）营运期对植物资源的影响

①居民收入方式的改变对当地植被的保护

扎墨公路的运营将不仅推动当地经济的快速发展，而且逐渐提高门巴和珞巴族居民的生活质量。公路的建设和投入使用，将使沿线交通条件得到很大的改善，近于全年通车，加快城乡贸易流通，有利于依靠外来产品解决粮食和燃料的不足问题；同时使少量林产品进入城市转化为商品，提高农民的经济收入。由于交通条件的改善，促进了沿线第三产业的兴起和资源的利用开发，使企业的经济效益不断提高，同时也为社会提供了大量的就业机会，提高沿线人民收入水平。对刀耕火种的农业模式的改变，可以减少居民烧荒开田的行为，避免乱伐森林，滥垦土地,实现对当地植被的保护。

②边缘效应和外来物种对当地生态系统的影响

公路运营后随着交通车辆的增加,物资运输的频繁,人们将会有意无意地将外来物种带进该区域,由于某些外来物种可能比当地物种更好地适应被干扰的环境,如在沿线形成的裸地有可能形成外来物种的入侵近道,并且逐步成为局部的优势群落,从而导致当地生存的原物种数量的减少和衰退。在森林砍伐迹地,某些植物最先侵入并形成单优种群落,影响植物群落的自然演替,降低了区域的生物多样性。

公路建成后,永久占地内的植被将完全被破坏,取而代之的是路面及其辅助设施。由于扎墨公路是老路改建项目,老路边缘已经形成稳定的生态环境,项目的改建将使森林群落产生很小林缘效应,从森林边缘向林内,光辐射、温度、湿度、风等因素都不会发生大的改变,边缘效应对沿线植物群落演替的影响很小。

3)项目建设对陆生动物的影响分析

(1)公路建设对保护区动物栖息地的侵占和分隔影响

建设项目的路基、桥梁、隧道和施工便道等主要工程对保护区产生一定的影响,尤其是公路路基的修建,在保护区内老路的基础上再次增加对保护区的面积侵占和线形分隔。就扎墨公路工程整体占用的面积分析,工程在保护区内的土地面积,永久占地1 484.935亩,只占保护区总面积9 168km^2的0.010 8%,而且处于保护区的既有道路交通走廊带范围内,不会对保护区造成面积侵占产生新影响。

另一方面,新建公路等级较低,非封闭道路,且为砂石路面,与既有道路相似,加之交通量极小,分隔效应不明显,公路对沿线动物的迁徙不会产生新的不利影响。同时,既有道路形成的线形隔离带已经形成,老路两侧的动植物生境也已经稳定,加上沿线居民狩猎活动的影响,两侧不存在动物的栖息地,所以在老路的基础上修建和运营的扎墨公路不会对大峡谷保护区的动物栖息地产生线形分隔影响。

(2)对陆生动物的影响

①施工期

施工期间,由于路基的敷设、临时公路的修建、辅助建筑物的搭建、原材料的堆放等和人为干扰活动的增加等方面的影响,植被的破坏将使有些动物的栖息地和活动范围被破坏和缩小。由于公路是老路改建,公路沿线范围内的动物已经习惯了交通带来的影响,因此对动物不会造成大的影响。

临时征地区域的鸟类和兽类将被迫离开原来的领域,邻近领域的鸟类和大型兽类,由于受到施工噪声的惊吓,也将远离原来的栖息地,当临时占地的植被恢复后,它们仍可回到原来的领域。鸟类一般栖息在高大乔木树冠或灌丛中,林地占用可能会影响部分鸟类的栖息地。但因其分布较广,施工对其影响不大。大型兽类动物主要分布在山林深处,扎墨公路在原有老路基础上进行改建,对大型动物的影响不大。

施工期间对两栖动物和爬行动物的活动有一定的影响,但它们会迁移到非施工区,对其生存不会造成威胁。在低海拔分布的蜥蜴类及蛇类等爬行动物,由于原分布区被部分破坏,导致这些动物远离施工区。

啮齿目、食虫目小型兽类,这类动物在施工期其种群密度将有所上升,特别是那些作为自然疫源性疾病传播源的小型兽类如鼠类，随着人类活动增加，产生的固体垃圾将给此类动物提供食物来源，可能增加种群数量。

②营运期

a. 对动物活动阻隔影响

由于扎墨公路采用四级公路标准进行改建，设计速度为20km/h，在地质灾害严重地段将降低技术标准，按设计速度15km/h来控制平纵面指标，同时设置了大桥435m/4座、中桥675.9m/10座、小桥429m/22座，涵洞228道，平均每公里1.95道涵洞，更重要的是老路改建，道路两侧的动物已经习惯了老路存在既有的生境，项目的建设对野生动物的阻隔的影响将很小。

b. 环境污染对动物的影响

公路在营运期对野生动物的影响，还表现为交通噪声污染和光污染。由于交通噪声对沿线的野生动物带来一定的不利影响，可能会导致一些动物远离或向他处迁徙，特别是鸟类容易受到强频震动和噪声的影响，交通噪声可能影响鸟类的繁殖率，噪声级大小是影响鸟类繁殖密度的重要因素。随着老路改建后交通条件的完善，夜间行驶也成为可能，汽车夜间灯光往往对动物产生光污染。大部分野生动物是昼伏夜出的，适应了晚间的黑暗，而夜间突来的强光照射会影响它们的视线，而许多以月光为导向的昆虫，在路侧其种类和数量明显增加。但动物有其适应性，且车流量不大，所以影响不大。

4）项目建设对自然保护区的生态保护作用

项目建设虽然占用了一定数量的实验区，从建设期和营运近期来看可能会对保护区的植被产生短暂、轻微的不利影响，但是公路建设也可以从以下3个方面促进保护区的生态环境保护：

（1）有利于水土保持

由于原扎墨公路防护工程欠缺，水土保持设施薄弱。新建工程建设了大量的防护工程和桥涵，特别是重点地质灾害路段全面优化线形、增加防护设施，采用隧道穿过嘎隆拉山，大大优化了沿线水土保持设施能力。

（2）有利于植被保护

由于扎墨公路沿线地形限制，加上可耕土地数量有限，沿线居民以落后的刀耕火种生产方式为主，在这种生产方式下势必会不断破坏森林，产生水土流失，公路建设完毕之后，便利的交通条件可以提供给沿线农民更多的就业机会，使人们对土地的依赖性大大降低，这样就会减少对森林植被的破坏。

（3）有利于动物保护

目前沿线居民狩猎现象较多。根据相关调查，在墨脱县5个乡27个村庄176户家庭（其中门巴族家庭46户，珞巴族家庭15户和藏族家庭112户）及当地干部和其他人员共203人中有86位猎人，2001年有过483次狩猎行为。据当地干部介绍门巴族和珞巴族家庭均有狩猎现象，并且大部分家庭现在依然狩猎；藏族家庭狩猎现象较少。

调查发现贫穷是当地百姓进行狩猎的主要原因，公路修建和运营过程中，可以提供一些岗位给沿线居民，公路修建完毕之后，居民可以利用便利的出行条件，外出务工，增加收入，这样就可以减少沿线居民狩猎的概率，有利于野生动物的保护。

8.3.2 社会环境影响评价

1)对地方经济社会的影响分析

扎墨公路建设符合加快中西部地区经济的方针政策,是实施加快中西部地区经济发展战略的具体行动。该公路建设彻底改写了"墨脱是我国唯一不通公路的县城"的历史,极大地改变了墨脱交通闭塞的现状,结束了人背马驮的运输方式,同时进一步缩短了当地人民与外界联系的时间,提高了当地需求物资运输能力,成为墨脱县城与外界联系的一条便捷通道。

墨脱地区是国家扶贫工作的重点,地方经济发展比较落后,原始的生产方式和封闭型的经济模式在很大程度上限制了社会经济的发展,落后的交通运输条件影响了客货流通和周转,形成交通制约经济,经济又影响交通的不良循环。扎墨公路新改建工程的实施是该地区的开发之路,将加强墨脱县城与周边城市的经济联系,利用其丰富的自然资源,促进旅游资源的开发和利用,增加当地人民的经济收入。鉴于公路的辐射作用,能加快区域内城镇化建设,有利于缩小城乡差别。

2)征地、拆迁影响分析

(1)征地影响

项目所在两县基本为山地,林业资源较丰富,耕地面积较少。特别是项目沿线,人烟稀少,耕地很少,基本没有农田,只在接近两县城的地方有比较集中的农田。由于是新改建项目,老路利用率为75%,节约占地328.01亩,征地总量不大。沿线由于降雨量丰富,植被茂密,公路在新改建设计过程中因地形限制和技术标准的要求,在墨脱县境内占用林地981.89亩,仅占墨脱林业用地$256.85\times10^4\text{hm}^2$的0.002 5%,对林业影响甚微。

从社会、生态等方面考虑,在现有道路基础上改扩建,相对新建道路,节约占地,减少农田和野生植被破坏以及水土流失。

(2)房屋拆迁影响

新建公路拆迁房屋约2 700m^2,绝大多数为木房。拆迁户拆迁以就地安置为原则,即拆迁户在被拆迁的附近区域重新建房安置。由建设单位配合当地政府行政主管部门对拆迁还建工作加强管理,其建筑材料如沙、石料不得随意乱挖乱掘,以防止造成水土流失,木材取材不得乱砍乱伐以防止造成植被减少。

3)项目对公路设施的影响

扎墨公路的修建扩展了川藏公路的功能范围,是联系墨脱县城的必经之路,是保证西藏东南边陲经济繁荣、边防物资运输畅通的"生命线"。

4)项目对居民生活质量的影响

项目建设不仅推动当地经济的快速发展,而且逐渐提高沿线人民的生活质量。随着项目的建成和投入使用,沿线交通条件得到大大的改善,由季节性通车变为基本可全年通车,加快贸易流通,使农副产品进入城市转化为商品,提高农民的经济收入,改善居民的医疗条件。由于交通条件的改善,促进了沿线第三产业的兴起和资源的开发利用,同时也为社会提供了大量的就业机会,提高沿线人民收入水平。随着人民物质生活水平的提高,对卫生、教育、通信、文化娱乐等精神生活的要求日益强烈,公路的建成将有力促进社会医疗、卫生、文化教育事业的发展。

5)对雅江水利开发的影响分析

西藏中部地区水力资源主要集中在雅鲁藏布江干流中游河段,大力开发雅江干流中游河段的水力资源,以满足西藏中部地区经济社会跨越式发展和建设小康社会对电力的需求。开发雅江,解决西藏中部地区经济社会发展用电问题,是西藏各族人民的迫切愿望。由于条件所限,西藏丰富的水电资源还没有得到充分的开发和利用,开发率不足1%,水力资源开发前景非常可观。

扎墨公路的建设和运行,为水利开发提供了便利的交通条件,将极大地推动雅江的规划和前期工作,方便了水电建设物资的运输,将进一步加快雅江水利开发建设的速度,为西藏经济社会跨越式发展和全面建设小康社会提供有力能源支撑发挥重要作用。

8.3.3 水环境影响评价

新建公路施工期对水环境的污染主要来自施工人员生活污水、施工泥浆水和桥梁建设时对水体的搅混和油污染。陆地上公路施工时,由于施工时间较短,固定生活点比较分散,产生的生活污水对环境影响较小;影响较大的是桥梁施工,施工时人员相对集中、稳定、施工期较长。

新建公路营运期对水环境的污染主要来自路面污染物随雨水径流对地表水造成的污染以及运输危险品车辆在重要水域地段发生交通事故导致的突发性水污染。

1)施工期水环境影响评价

(1)桥梁施工对水体的影响

①扎墨公路跨越河流的达国大桥和西莫河大桥桥墩基础高程均高于设计水位,不会产生涨水淹没墩位的问题,对水体无扰动,不会影响水文情势。

②施工应避开洪水季节并在围堰中进行,桥墩钻出的泥渣应防止落入河中,并与当地政府有关部门协商选址。

③在桥梁下部结构现场浇筑过程中,要使用少量模板和机械油料,如机械油料泄漏或将使用后的废油直接弃入水体,会使水环境中石油类等水质指标值增加,造成水体水质下降。

④桥梁施工时需要的物料、油料、化学品等若堆放在岸边,管理不严、遮盖不密,则可能受雨水冲刷进入水体。桥梁施工营地生活污水若随意排放、生活垃圾没有集中收集管理而随意抛入水体,会对沿线水体造成一定的影响。

施工中对施工机械和施工材料加强现场管理,规范废渣、废水排放,可避免和减缓桥梁施工对沿线地表水体的污染。

(2)施工营地影响

①污水

工程生活污水主要来源于各施工营地,一般路段施工人员生活点比较分散,生活污水量较小,影响较小。影响较大的为桥梁施工,其施工营地人员相对比较集中,施工周期长,污水易排入附近水体对水体造成污染,其影响因子主要是pH、SS、COD和BOD_5等。

为减少对水环境的影响,各施工营地设置了旱厕,施工结束后覆土掩埋,不会对附近水体造成较大影响。

②固体废弃物

固体废弃物主要包括废弃土石方、建筑垃圾和施工人员生活垃圾,其中废弃土石方在设置的弃渣场进行处置，生活垃圾集中收集后经堆肥处理。

施工期间各类施工人员较为集中，产生的生活垃圾按1kg/(人·d)计，在施工场地常驻的施工人员以50人计，因此在每个施工营地产生的生活垃圾总量为50kg/d。

扎墨公路在各施工营地周围建立了小型的垃圾临时堆放点，集中收集进行堆肥处理，可以有效避免垃圾对周围环境影响。

③施工生产废水的影响

施工生产废水主要包括预制构件场、拌和站与隧道生产废水。预制构件场、拌和站废水主要为混凝土转筒和料罐冲洗废水。混凝土生产废水的排放具有浓度高、水量小、间歇集中排放等特点。根据有关资料，混凝土转筒和料罐每次冲洗产生的污水量约为0.5m^3，悬浮物浓度约为5 000mg/L，pH值在12左右，废水污染物浓度超过了《污水综合排放标准》(GB 8978—1996)一级排放标准相应限制的要求。实际施工中均对其进行了沉淀回用。

嘎隆拉隧道在施工中的生产废水主要是隧道施工的冲洗废水。这些废水的组分简单，主要污染物是泥土和沙粒，因此经过沉淀和过滤可以达到净化的目的。在实际施工中，隧道进出口均利用地形条件修建了沉淀池，将污水沉淀处理后回用，减少了废水的排放量。

2)营运期水环境影响评价

(1)桥面降雨径流的影响分析

在营运期，对地表水的污染物主要来自汽车尾气污染物以及运营车辆所泄露的石油类物质，在降雨后所形成的路面径流和桥面径流。根据车流量预测，改建项目运营期公路上车流量很小，路面径流对公路沿线河流水质影响很小。

(2)工程建设对排洪的影响分析

沿线所经河流沟谷在雨季起到排洪除涝的功能，大、中桥设计洪水频率按公路工程设计要求为1/50，小桥涵设计标准为1/25。扎墨公路处于山岭区，在桥梁设计时充分考虑了防洪的要求，充分考虑了洪水不利情况，在不压缩河床断面宽度的同时单孔跨越河沟谷，河槽中不设桥墩，同时对桥头两侧的路基进行必要的防护，不影响泄洪。

8.3.4　声环境影响评价

1)施工期声环境影响评价

公路施工期噪声主要来源于施工机械和运输车辆。新建公路工程量大，施工周期较长，涉及区域较广，不仅包括公路主体工程占地范围(路基、桥梁、养护工区等)，而且包括路外的一些地方(施工便道、取土场、拌和站等)。施工过程中需要使用许多施工机械和运输车辆。

根据公路建设实践经验，昼间施工机械噪声在距施工场地40m以外可以达到标准限值，夜间在200m处基本达到标准限值。

扎墨公路沿线居民区稀少，绝大部分路段施工对居民没有造成噪声影响。对于经过居民点的路段，施工单位事先进行了公告，并合理安排施工时间和机械，尽量减少了施工噪声对居民休息的影响。而且这一影响也是暂时的，居民可以接受。

2)营运期交通噪声影响预测与评价

交通量极小，近、中、远期日交通量分别为205Veh/d、447Veh/d、961Veh/d,，平均小时交通量分别为9Veh/h、18Veh/h、40Veh/h。采用类比监测的方法对未来噪声影响进行分析，类比对象为川藏公路(砂石路面),路段的交通噪声衰减断面的监测结果见表8-6,沿线部分敏感点监测结果见表8-7。

川藏公路路段噪声衰减断面监测结果(2006.10.18)　　表8-6

桩　号	监测时间	距道路中心线的距离					车流量(辆)		
		20m	40m	60m	80m	120m	大车	中车	小车
K3532+120	10:00~10:20	62.4	60.4	58.8	57.5	56.1	2	8	12
	16:00~16:20	62.8	60.5	58.8	57.8	56.3	3	8	11
	20:00~20:20	45.1	43.8	42.2	41.2	41.2	0	3	6
	22:00~22:20	44.1	42.6	41.2	40.5	40.2	0	1	5

川藏公路沿线部分声环境敏感点监测结果　　表8-7

序号	监　测　点	与路距离(m)	昼　间	夜　间
1	K3406+210~K3406+530(海通沟兵站)	9	60.7	39.1
2	K3432+500~K3434+200(卡均村)	23	59.9	42.4
3	K3527+470~K3527+630(吾宗教学点)	76	58.0	38.2
4	K3433+700~K3433+950(如美镇卡均村完小)	25	57.2	40.1

川藏公路的小时交通量在18~66Veh/h之间,川藏公路车流量大于扎墨公路近期和中期的交通量,结合其监测结果和扎墨公路的现状监测结果推测沿线各点均能达标。

8.3.5　环境空气影响分析

1)施工期环境空气影响评述

扎墨公路施工期对环境空气的污染物,主要是施工现场、堆场和进出工地的道路等敞开源的粉尘污染物,以及动力机械排出的尾气污染物。由于扎墨公路所经过地区人烟稀少,施工期搅拌站易避开人口聚居区,受影响人群主要是现场施工人员。

(1)运输车辆道路扬尘。在施工区内的扬尘中有50%是由车辆运输引起的,尤其是灰土运输车引起的道路扬尘对道路两侧影响更为明显。而引起道路扬尘的因素较多,主要跟车辆行驶速度、风速、路面积尘量和路面积尘湿度有关,其中风速还直接影响扬尘的传输距离。

(2)堆场扬尘。包括物料堆的风吹扬尘、装卸扬尘和经过车辆引起路面的积尘再扬尘等。堆场的起尘量与物料种类、性质以及堆场附近的风速相关,比重小的物料容易受扰动而起尘,物料中小颗粒比例大时起尘量相应也大。

堆场扬尘将产生较大的尘污染,会对周围环境带来一定的负面影响,但通过洒水可有效地抑制扬尘量,使堆场的扬尘量减少70%。

(3)施工作业扬尘。以灰土拌和所产生的扬尘最重,灰土拌和有路拌和站拌两种方式,扎墨公路工程全部采用站拌方式,在采取防尘措施的情况下,控制尘污染比较有效。根据对有关灰土拌和场周围TSP监测结果,在风速1.5~2m/s范围内,拌和站下风向100m之内的扬尘影响较严重,至下风向150m处TSP浓度在0.5mg/m^3左右。由上述可知,施工扬尘对施工场界下风向100m之内的影响比较明显,影响范围基本局限在施工场界200m之内,影响较小。

2）营运期环境空气影响简析

营运期环境空气影响主要来自汽车尾气污染物的影响。

根据全国已建成公路的环保竣工验收的结果，日交通量30 000辆时NO_2和TSP均不超标。扎墨公路交通量营运近期仅为205辆·小客车/日，中期为447辆·小客车/日，远期为961辆·小客车/日，交通量很小，且沿线环境空气现状良好，环境容量较大，所以不会对环境空气产生较大影响。

8.4　具体工程措施研究

把公路设计新理念贯彻到西藏扎墨公路建设环境保护中去，通过合理的工程对策，让墨脱独特的生态、人文以及社会环境得到最大限度的保护，营造“路在林中展，溪在路边流，车在景中行，人在画中游”的和谐画面。通过近六年来对墨脱公路的实地跟踪调查，结合汶九等公路的成功经验，针对墨脱公路特殊地形地质条件和独特生态人文环境，初步摸索总结出一套技术可行、经济合理、能最大限度地保护墨脱生态环境的对策措施。

为保证在公路建设的同时，尽量减少对自然生态环境的破坏和扰动，力争实现区域经济、生态环境和实施可持续发展战略，首先要树立生态公路的理念，严格按照《公路建设项目环境影响评价规范》（JTG B03—2006）和《公路环境保护设计规范》（JTG B04—2010）执行，尽可能利用公路区域内现有的老扎墨公路走廊资源，体现“坚持可持续发展，树立节约资源”的公路建设新理念。

8.4.1　路线方案对策

合理的选线是减少或避免公路建设对环境破坏最经济、最有效的途径。为减轻公路对现有地形、植被的破坏和自然水系水质的影响，要因地制宜采用合理的技术等级标准和适宜的技术指标，对路线位置、路基高度等重大决策进行反复推敲，同时利用公路自身线形的变化，结构物的形态使工程建设与区域内独有的景观资源相协调。

1）一般性对策

扎墨公路新改建工程在路线设计上采用了如下环境保护措施：

（1）选线时尽可能地少破坏公路周围的地貌、地形、天然林木和建筑物等，在一般情况下避免高填深挖。做到不诱发新的自然灾害，减少水土流失，保护雅江自然保护区。

（2）合理采用公路纵坡，尽量减少填挖方工程量，力求填挖平衡，减少取土、弃土用地，减少对地表植被和原有地貌破坏。

（3）选线时注意巧妙地利用周围景物，以克服行车的单调感。在行驶的汽车中，驾驶员的心理要求是能不断地获得新鲜而清晰的信息，惬意而优美的公路外观，可以减轻疲劳，使精力集中。

（4）选线时重视对珍稀动植物及其栖息地的保护。当公路通过珍稀植物、野生动物栖息地时，应对路线方案及工程措施进行必要的论证。

2）极限平曲线半径的论证

（1）理论计算

根据实地勘察，老扎墨公路极限最小半径一般出现在回头弯部分，大多仅5m左右，如果按规范要求将半径提高到15m，对于地形横坡陡峻，地质条件极其复杂的路段，路基填挖及防护工程数量非常大，地质情况不容许。为此按 $V=15\text{km/h}$，以普通中型货车为代表车型来确定极限最小平曲线半径。

汽车在曲线上行驶时，横向稳定性是需要考虑的主要因素，影响汽车横向稳定性的主要指标为运行速度、圆曲线半径和超高横坡值，几者之间的相互关系为：

$$R = \frac{V^2}{127(\mu + i)} \tag{8-1}$$

式中：R——曲线半径(m)；

V——车辆速度(km/h)；

μ——路面与轮胎之间的横向力系数(根据扎墨公路路面状况、乘客的舒适度以及节能等方面考虑，取值0.16)；

i——路面的横向坡度(扎墨公路横坡陡峻，为防静止车辆侧滑，最大横坡取6%)。

当 $V=15\text{km/h}$、$\mu=0.16$、$i=6\%$ 时，通过以上公式计算出 $R=8\text{m}$。

根据调查，一般情况下中型车的最小转弯半径在8m左右。当半径取8m时，车辆均可一次顺利通过。

(2)工程方面论证

沿线地形、地质条件极为复杂，采用不适当的最小平曲线半径，可能会导致大量的山体开挖，破坏坡体平衡，诱发新的地质病害。因此最小平曲线半径的确定除了从理论上计算论证以外，还需结合实际工程进行分析。下面结合K107+600处回头弯进行论证：

该处地形较陡，坡体松散，稳定性较差，K107+565为全挖断面，K107+610下边坡需设支挡工程。当 $R=8\text{m}$ 时，挖方边坡及挡墙高度较为合理，工程经济可行；当 $R=10\text{m}$ 时，K107+565断面挖方边坡高达到18.7m，将对山体的稳定性产生影响；当 $R=12\text{m}$ 或15m时，挖方边坡高度将急剧上升，最高达37m，在强震、暴雨的作用下，极易诱发滑坡、泥石流等地质灾害。

全线有多处在一个坡面布设多级回头弯的路段，有的路段地形更加陡峻，若将半径加大，其工程代价更高。因此，从工程安全、环保与造价角度来考虑，最小平曲线半径取为8m是合理的。

(3)对路线技术指标的要求

扎墨公路作为西藏林芝方向一条重要公路，不仅要满足民用物资运输要求，还要考虑国防上的需求。在报告编制阶段，征求了有关部门的意见。虽然8m的最小平曲线半径可以满足部队一般物资的运输要求，但考虑到墨脱方向作战任务的需要，结合军队武器装备的发展趋势，军方提出了更高一级的要求，即最小平曲线半径不小于12m。推荐路线方案中平曲线半径 $<12\text{m}$ 的段落共有19处。

将回头弯半径增大至12m，在工程上来讲有两种方式，一是控制回头曲线下线支挡工程高度，这将导致挖方边坡高度的大幅上升；另外一种方式是控制回头曲线上线部分的挖方边坡高度，这必然导致下线悬空，此时下线需设置高挡墙及高架桥，详见图8-2。在扎墨公路特有的地形、地质及气候条件下，上线挖方边坡过高，山体破坏较大，极易诱发新的地质灾害，第一种方式是不可取的。当地质条件容许时，可考虑采用第二种方式，但下挡防护工程及桥梁工程大幅增加。

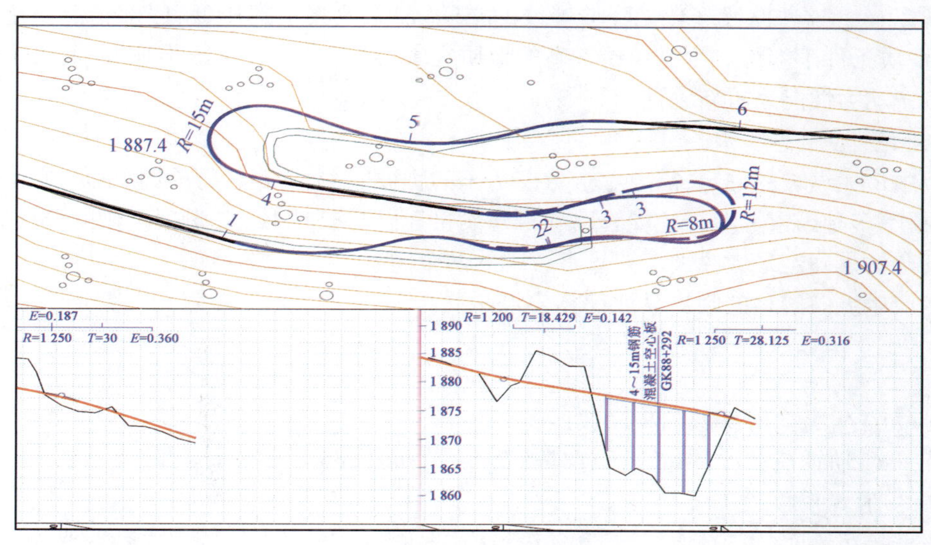

图 8-2　线路方案选线

但并不是所有回头曲线都可以采用上述方法对半径进行调整，有些地段地形、地质条件都极其复杂，多个回头曲线布设在一个坡面上，而整个坡面基本处于极限平衡状态，上边坡根本不能开挖，下侧也因地形悬空或地质原因，使得挡墙及桥梁无法实施。

打尔曲左岸回头弯群，整个坡面崩塌十分严重，在 1km 的路线上密集分布有 11 处中、小型崩塌，如图 8-3 所示，若加大回曲线半径至 12m，路基必然悬空，需设置下挡或桥梁。由于整个坡体均为松散的泥石流堆积体，滑塌物质来源丰富，在强降雨、地震的作用下，桥基将受到大范围堆积体变形破坏的长期威胁，高挡墙及桥梁的设置具有相当大的风险。如考虑强烈地震破坏作用，桥梁及高挡墙工程均会遭受毁灭性破坏。

图 8-3　打尔曲左岸回头弯崩塌

鉴于墨脱境内各边防哨所远离扎墨公路，而等级道路短期内无法修筑到边境线附近，重型装备即使运抵墨脱，也无法送达作战地点。从战略的角度来讲，只有等墨脱境内其他乡村道路发展到一定程度后，扎墨公路的战备功能才能得到最大程度的发挥。为最大程度的发挥投资效益，对全线平曲线半径 <12m 且具备改善条件的回头弯段落的改造宜纳入远期规划，待条件成熟时，再行实施。

综合以上论证结果，本次建设推荐了最小平曲线半径取值为 8m，优先解决扎墨公路“通”的问题。

3）最大纵坡

原有道路大纵坡路段较多，主要有两种情况：一种是滑坡、崩塌及水毁等地质灾害多发路段，原道路抢修大多顺势修筑，纵坡达 15% ～22%；另一种是桥头接线，受桥梁规模控制，最大纵坡达到22%。这些路段多数无降坡展线的空间，如采取将顶部压低、底部抬高使之满足规范要求，地质条件不容许。为避免诱发新的地质灾害，对于这些特殊困难地段，其最大纵坡必须根据汽车动力性能来重新论证。

(1)理论计算

规范中最大纵坡的确定，需要综合考虑货车的爬坡能力、公路通行能力、下坡制动安全性、油耗、磨损等多种因素。鉴于扎墨公路项目建设目标以“通”为核心，中型车辆的爬坡能力、下坡制动安全性是确定最大纵坡需要重点考虑的两个因素。

车辆产生纵向滑移的临界纵坡计算公式如下：

$$i_{\varphi} = \frac{G_{K}}{G} \cdot \varphi \tag{8-2}$$

式中：i_{φ}——产生纵向滑移的临界纵坡；

G_{K}/G——驱动轴荷载/汽车总重，对车辆而言一般取0.65～0.80；

φ——附着系数。

对于低等级路面（本项目对大于10%纵坡路段，采用块石路面），附着系数在潮湿状态下为0.3，泥泞状态下取0.2，本项目路面改造后，附着系数可取0.25。经计算临界纵坡为16%～20%，为安全起见，将纵坡控制在14%以内，车辆纵向不会发生滑移。从车辆自身的动力性能来说，汽车的爬坡能力均大于25%，当纵坡为14%时，车辆不存在爬坡能力不足的问题。

(2)工程方面论证

全线纵坡达14%的段落共有3处，分别是K76+400～K76+810、K86+980～K87+340、K89+040～K89+270。其中K89+000～K89+380段老路纵坡达20%，老路左侧紧临嘎弄曲，右侧为早期水石流堆积体，如图8-4所示。堆积体坡面松散，每年嘎弄曲洪水冲毁路基，掏空左侧坡脚，引起右侧斜坡产生崩塌，坡面坡度达70°～80°，近乎直立，路线已无展线降坡的空间。据实测资料分析（图8-5），当设计纵坡取值为14%时，纵面能较好地贴合地面线，填方较小，挡墙高度较小，工程造价省；当纵坡取值为10%时，K89+270～K89+350中心填方高度将增加9m，挡墙高度达15m，在高地震烈度区，其工程安全风险极大，工程造价也将急剧上升。

图8-4 K89+000～K89+380段坡面崩塌

4)隧道最大纵坡的论证

嘎隆拉隧道进出口两侧平缓台地高程相差340m，K52低于K24，出口侧（K52）山体陡峻，道路展线极其困难，经过反复研究，从地形、地质的角度出发，选择了R线和V线隧道两个方案进行同等深度的比选。如果将V线方案隧道纵坡控制在3%以内，K52侧洞口高程较现方案高出35m左右，隧道出口路线需要6次跨越隧道西侧的3条大型冰川泥石流沟，工程存在相当大的风险。经过多方案反复推敲，最终确定R线及V线隧道的纵坡分别为3.2%和4.0%，均超出了3%的规范要求，R线纵坡超出规范限值较小，基本还属于规范要求的范围，V线方案隧道平均纵坡达到了4.0%，远远超出了规范的要求，必须加以论证。

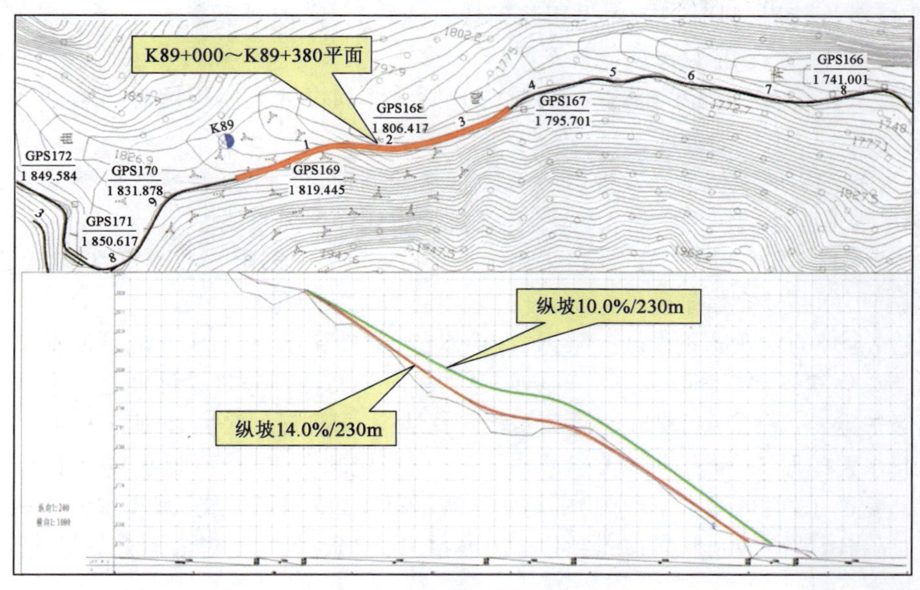

图 8-5 线路选线方案

一般而言，隧道纵坡最大值的确定主要考虑以下 3 个控制因素：

①施工出渣、排水和材料运输的作业效率；

②运营通风的要求；

③运营期车辆行驶的安全性和舒适性。

V 线隧道方案 4.0% 的纵坡增加了隧道施工开挖、出渣、排烟、排水的难度和费用，施工周期也会相应增加。但近年来专业隧道施工队伍的施工设备及施工能力提高非常快，这些困难都是可以解决的。

大的纵坡虽然会导致车辆在爬坡过程中的污染物排放增加，但根据相关计算标准分析，在隧道交通量较小，两侧气压差比较大的情况下，隧道内采用自然通风能够满足规范要求，因此在运营通风上大纵坡也是可行的。

对于特长隧道，道路运营安全需认真研究、论证。嘎隆拉隧道为长大下坡，汽车实际行驶速度大于设计车速，加上隧道出口气象条件复杂，雾、雨、冰、雪天气出现频繁，隧道内外均存在一定安全隐患。为保证隧道运营期间的车辆行驶安全，隧道内部考虑采取设置局部缓坡、间隔一定距离布置紧急停车带、路面设置减速带和醒目的安全标志等措施；隧道出口段则考虑设置路线平纵线形过渡段，确保车辆顺利通过。

8.4.2 结构物设置与路基防护对策

1）一般性对策

通过精心优化设计方案，调整设计参数，研究出符合扎墨公路建设条件的山区低等级公路边坡、路基生态防护技术及与当地景观相协调的构造物方案。

（1）将桥梁、挡墙等结构物的设计与周围的自然环境相融合，在设计桥涵、挡墙等结构物时，尽量将人为的痕迹隐藏起来，使其接近自然。比如，在设计桥台或涵台时尽量将台身埋在土中;在选择墩、台身材料时多考虑采用浆砌块石或片石等,或对混凝土墩、台身表面做些修饰;在处理冲刷时,多采用抛石、铁丝石笼等。

(2)当地势陡峻,路基拓宽困难时,为减少开挖山体和设置大体积圬工挡墙,可设置半边桥,最大限度减小对山体的破坏,避免诱发新的地质灾害。

(3)在跨越沟谷的大桥上以及地势险峻的路基外侧,布置彩色的经幡,提醒危险,祝福平安,既反映出当地醇厚的民俗民风,又为公路添加一道靓丽的风景线。

(4)沿线木材、石料丰富,局部路段采用木桩挡墙、条石石笼挡墙,以丰富路容,美化环境。

(5)需要展示路外自然景色的局部路段,采用通透性好的缆索护栏。

(6)设置合理的水毁防护设施。根据"顺应水势,因势利导"和对洪水的顶冲水流采取"顺其性、挫其锋、分其势、调其向、稳其流"原理,建立沿河公路冲刷防护设计理论和方法,从河流生态环境保护出发,总结工程实践经验和实验研究结论,得到沿河公路冲刷防护设计体系。首先分析引起水毁的原因,计算洪水天然冲刷深度,再顺应水势,设计不阻水(护坦等)、少阻水(短、低、圆、宽的丁坝群、透水工程等)的防护工程,逐渐改变水流结构,减小水流冲刷。同时,加固边坡,提高边坡抗冲刷能力,并与河滩、边坡植树、种草相结合,对沿河边坡坡脚和坡面进行防护。

(7)精心拟定排水沟、边沟的断面细部尺寸,不同段落采用不同的断面形式,以减少开挖,避免不合实际地统一成大尺寸浆砌片石梯形边沟、排水沟,这样不仅难看而且浪费。对于地形条件较好的路段,采用宽浅的土质边沟或排水沟;有条件时,尽量采用植物防护,水流冲刷剧烈时可考虑工程防护。

(8)对高陡边坡路段,考虑采用桩板墙、直立挡墙等方式处理,以减少开挖,避免环境破坏。对路堑墙上方防护以植被自然恢复为主。

(9)浆砌片(块)石砌筑墙体之后,再用高等级砂浆勾出皮带缝,视觉效果大为改观,如果花岗岩足够供应,还可考虑采用条石镶面。

(10)直上直下的上挡墙端头,既难切合坡体实际,又不美观,设计中采用弧形回勾端头,可更好地切合天然坡体。

(11)路线绕过山嘴时会形成暗弯,圆曲线半径较小时,暗弯视距明显不良,容易留下交通事故隐患。如果上边坡高陡,则加强标志标线设置,必要时需设置强制减速设施;如果上边坡较低且边坡稳定,则考虑开挖月牙形视距平台。回头曲线做成视觉开放式弯道,以便上行车辆与下行车辆通视良好。

(12)遵循《公路路基设计规范》(JTG D30—2004)的基本原则进行动态设计,根据实际地形情况,在施工过程中及时调整挖方边坡细部的坡形与坡率,放缓路堑边坡。大挖方边坡要采用变坡率,设置碎落台,以利边坡绿化,避免采用与自然极不协调的大尺度、光亮材料的防护。

2)桥梁设计

最大桥梁为西莫桥,该桥跨越西莫河,如图 8-6 所示,位于雅鲁藏布江和西莫河交汇处上游 200m 左右。该桥所处地质环境属构造强烈剥蚀、河谷强烈下切的峡谷地貌,两岸山体陡峭,河谷深约 63m。地表乔灌木、芭蕉等阔叶林茂密,表层为 0 ~ 5m 碎石土夹块石,下伏弱(微)风化混合片麻岩,在 K134 + 995 附近有构造破碎带,带宽约 5 ~ 8m。

图 8-6　西莫河老桥

老路现有 1-45m 钢架桥，木桥面板，桥面净宽 3.7m，限载 5t，钢架局部锈蚀，可慢速通行小型汽车及骡马、行人，承载能力不满足四级公路荷载等级。由于老路最大纵坡达 22%，车辆爬坡困难，波密岸两个回头弯半径仅为 5m，多次发生翻车事故。

西莫河两岸，特别是墨脱岸地形陡峭，为克服两岸大纵坡，如果在该坡面上强行设置回头弯，势必会大填大挖，工程量大，同时对两岸山体的稳定性、西莫河与雅鲁藏布江交汇口的自然环境风光造成极大破坏。

本次勘测考虑在老桥上游约 6m 处新建桥梁，见图 8-7，桥面较老桥抬升 35m，在墨脱一侧另辟新线，同时取消波密侧的两个回头弯。老桥可作为新桥施工期间的便桥使用。改善后最大纵坡 6%，回头弯半径为 15m，可达到四级路标准，行车条件得到显著改善。

图 8-7　西莫河新桥

该桥推荐采用 1-120m 钢架吊桥。该方案桥形美观，与环境协调性良好；施工工艺相对简单，无需大型施工设备，施工工程中对环境影响破坏小；同时工程造价也较低。

3)路基防护设计

考虑集中排水与分散排水相结合;对于岩质挖方路段,为减少开挖,一般不设边沟;根据地形,适当设置土沟。路堑墙上方防护以植被自然恢复为主;对高陡边坡路段,考虑采用桩板墙、直立挡墙等方式处理,以减少开挖,避免环境破坏;沿线木材、石料丰富,局部路段可考虑采用木桩挡墙、条石石笼挡墙,以丰富路容,美化环境;需要展示路外自然景色的局部路段,可考虑采用通透性好的缆索护栏。

浆砌片(块)石砌筑墙体之后,再用高等级砂浆勾出皮带缝,视觉效果大为改观,如果花岗岩足够供应,还可考虑采用条石镶面。

直上直下的上挡墙端头,既难切合坡体实际,又不美观,可考虑采用弧形端头,更好地切合天然坡体。

隧道进口为两冰川之间的湿地,为保护湿地,除考虑设置涵洞外,还考虑路基以块石填筑,确保两侧湿地之间的"呼吸",达到保护湿地的目的,见图8-8。

a)

b)

图8-8 路基防护

8.4.3 取、弃土及水土保持的对策

在工程施工过程中,必然会出现大量的取、弃土,必须做好处理工作。

结合沿线地形条件和取、弃土情况,确定合理的取、弃土方案,选定合适取土坑、弃土场和料场的位置,并做好土石方的纵向调运,减少临时占地和取、弃土用地,避免对现有水系、河流造成污染,取土场尽量设置在缓坡、植被较少的地带,注意开挖的稳定性,同时进行工程防护,防止水土流失。弃土场的选择本着不增加水土流失的原则,选择山坳或平缓地带弃土,同时采取工程护坡等水土保持措施,防止弃渣下泄,稳定弃渣形成的边坡,防止水土流失对河道的影响。取、弃土场和材料堆放场、施工便道等临时占地在使用完后应及时恢复植被或复耕,弃土场上游应设置截水沟,下游应设置拦挡坝,以减少水土流失,保护环境。路基施工时,应先做好坡脚挡土墙,做好边坡防护,尽量不在雨季开挖修筑路基。

在取土、填方过程中,应将地表土层剥离堆放,而后取土壤表层下面的土。挖后适当平整场地,将先期剥离堆放的表层土壤覆盖在场地上层,以利于保护和利用土壤,并使先锋植物尽快生长起来。缺乏植物生长条件时,应该做到坑形美观。修整后可作为野生动物饮水池,同时兼作蒸发池。

8.4.4　绿化恢复植被对策

沿线自然景色优美,山清水秀,公路建设在某种程度上必然要破坏原有的自然环境和地貌,因此,保护环境和进行防护工程及美化景观是必要的。

在研究当地气候、气象、土壤、植被等状况后,提出了绿化恢复植被对策。对工程取土场、弃渣场进行场地整治,在坡面采用挖沟三维网喷播植草护坡,及时恢复临时占地破坏的植被,防止地表裸露。在公路运营期,设计要求继续完成公路边坡、养护工区等范围内的植树种草工作,加强绿化工程和防护工程的养护,以达到恢复植被、保护路基、减少水土流失的目的。

沿线存在着一定数量的保护植物,施工不能绕避时,应对珍贵树种进行移栽,使得公路建设与生态保护相得益彰。施工结束后,还应恢复原貌,经过精心设计和工程的实施,能使公路建成后与自然环境相协调,保持生态平衡,从而对沿线的环境起到改善和美化作用。

8.4.5　景观对策

1)一般性对策

设计中把景观设计放在了一个十分重要的位置,在不破坏自然景观的前提下,尊重地方特有的门巴、珞巴地方文化特色,做到工程与自然相和谐、与文化相适应,避免人工痕迹过重,不“画蛇添足”,达到自然天成的效果。设计中充分利用有利地形条件和地方材料,做到节约资源。

(1)观景台:都设在景色优美地段,设有停车区、休息区和休息桌椅等设施,使过往驾乘人员可以在此做短暂的休息和停留。全线共设置10处观景台。有仿木的栏杆和石凳,天然木质结构的观景平台和指示牌等,显得自然、朴实,与周围环境较为和谐。

(2)保护原有树木:观景台区域内充分保留了原有的大树,孤植的大树成了区域的点睛之笔,与周围的低矮灌木及地被植物共同构成和谐的景观。

(3)紧急停车带及错车道:结合旧路改造和自然环境景观,为方便驾乘人员临时休息或检查车辆,全线共设置了57处紧急停车区,使车辆遇到故障或需要做短暂休息时能够及时停车,避免影响主线车辆的正常行驶。

2)景观设计

路线经过区域峡谷深邃,高山入云,瀑布众多,沿线的原始森林、冰川、瀑布、湖泊及大峡谷美丽的自然风光魅力无穷。且项目经过区域自北向南海拔高度变化大,小气候特征突出,具有“一山有四季,十里不同天”的特殊景观。因此结合项目环境特点,在本项目路线中设计了10处观景平台,供游人旅客及驾乘人员停留休息观景,如图8-9所示。

冰川观景台:K47+600左侧。此处能欣赏到奇特的冰川景色。

雪山观景台:K57+000左侧、K67+500左侧。此处能欣赏到雪山风景。

瀑布观景台:K61+640左侧、K102+450左侧。此处能欣赏到美丽的瀑布景色。

珍稀植物观景台:K102+000左侧、K121+700右侧。此处能欣赏到桫椤、白桫椤、长喙厚朴、楠木等国家二级保护植物及小果紫薇等濒危植物。

金珠藏布大峡谷观景台:K113+000右侧。此处位于金珠藏布与雅鲁藏布江交汇处,能欣赏金珠藏布大峡谷奇观。

雅鲁藏布江观景台:K127+000右侧、K137+220右侧。K127+000右侧能欣赏到雅鲁藏布江雾景及体验到马迪村人民与世隔绝原始纯朴的生活。K137 +220 右侧能欣赏到墨脱县城全景。

a)雪山

b)瀑布

c)大峡谷

图 8-9 观景台

观景平台设计主要以绿化为主,采用乡土树种对平台周边进行绿化,并给观景留出开阔的视线通道,给人提供良好的休息环境和观景条件,使驾乘人员停留此处能心旷神怡,得到充足的休息和放松。

根据现场条件,将观景平台设计成架空防腐木平台或延伸至观景点的栈道等形式,减小对原生态的破坏。

另外考虑适当设置垂直景观提示牌、防雨棚,养护工区建筑适当体现门巴特色(如吊脚楼)。

保护沿线原有的一些古树,使之成该区域的点睛之笔,与周围的其他植物共同构成和谐的景观。

在跨越沟谷的大桥上以及地势险峻的路基外侧,布置彩色的经幡,提醒危险,祝福平安,既反映出当地醇厚的民俗民风,又为公路添加一道靓丽的风景线。

8.4.6 施工对策

1)一般性对策

公路建设对环境的影响主要集中在工程施工期,因此,加强了工程施工的环保设计,以正确指导工程施工，从而大大降低了公路建设对沿线环境的不利影响。

首先强调了作为建设单位的行政主管部门和管理部门应加强环境保护的力度，更好地保护环境，贯彻以“预防为主、保护优先，在开发和建设中保护，在保护中发展”的方针。

其次环境监理单位和施工监理单位勤与督促检查。工程监理通过对工程参与者行为进行监控督促和评价，并相应地采取措施，保证施工建设行为符合环境保护的要求。

最重要的是施工单位严格依照国家有关的法律、法规和环保设计把环保措施落实到实处，具体要求如下：

(1)施工组织设计中明确环保工程施工要求，工艺设计包含环保工作和质量控制标准。

(2)取土场在施工过程中严格规划取土方式，严禁乱掘乱挖，使取土场取土完毕后，能够利于恢复植被，采取植草或植树的方式来保护环境，避免水土流失。

(3)施工中注意临时工程对周围环境的影响，大型临时工程，如施工点、拌和场地等，取土完毕后恢复了原地貌状态。设在山脚下的大型取土场，工程竣工后尽最大可能恢复了原地貌。

(4)采取临时工程措施，确保施工地段的排灌系统畅通。在雨季施工时，及时设置排水沟、截水沟、挡水墙，避免边坡崩塌、滑坡产生。

(5)采取预防措施，使施工作业产生的粉尘污染减至最低限度。

(6)限定噪声高的施工机械或设备的作业时间。

(7)对爆破作业采取定向爆破和微差延时爆破，严格规范操作。

(8)严格控制红线内砍伐树木植被，珍稀植物采取移植措施。

(9)不让开挖爆破的土石落入河谷中。本项目主要沿河谷布线，施工中大量土石容易滚落河谷中，阻塞河道。因此，施工中要在河流岸边修筑挡墙，控制爆破等，不让土石掉落到溪谷农田里。

(10)施工过程中施工人员的生活垃圾集中达标处理，严禁遍地丢弃，污染环境；施工期间排放的废水符合《污水综合排放标准》(GB 8978—1996)的规定，对生活污水、汽车维修污水等进行妥善处理，达标后才能排入沟渠中。

(11)在工程施工过程中，对野生动物的保护对策有：①施工过程中，严格按照设计图纸施工，决不允许扩大施工范围，不允许砍伐征地以外的树木，禁止猎杀野生动物。②在有国家级保护野生动物出没的路段，设置预告、禁止鸣笛等标志。

2)施工方案

(1)总体施工方案

根据建设条件、建设目标，以“通”为核心，拟定“先通后畅、先易后难、隧道优先、逐段推进”的建设原则：

先通后畅：特殊的建设条件，决定建设将是一个长期的过程，随着认知程度的逐步加深，建设的期望值也会逐步得到提升。不同的建设阶段，其建设目标也会有所不同。通过本次建设，打“通”扎墨公路，保证路基基本稳固，一般地质灾害得到有效治理，对地质灾害发育、规模较大的路段，现阶段考虑养护、保通措施，工程重点放在稳定路基上。公路建成后，通过一段时间的管养、对地质灾害的逐步治理以及局部路段的进一步完善改造，使之成为一条满足标准、工程稳定可靠的等级公路，逐步提高道路服务水平，达到“畅”的目标。

先易后难：建设充分吸取川藏公路的整治及老扎墨公路几十年的建设经验，因地制宜，选择合理的路线建设方案和灾害处治工程措施，提高路基抵抗自然灾害的能力。

对于建设条件相对较好的路段，按等级道路一次建成；对于特殊困难地段，降低技术指标，按保通与灾害治理相结合的方式进行建设。K0 ~ K24 路段路况较好，为最大程度发挥本次建设的投资效益，考虑基本利用，暂不改建；K24 ~ K62 路段地形、地质条件允许，本次建设可按等级道路实施；K62 至墨脱县城长约 74km 路段既有线位线形标准低，本次建设部分工点平纵指标无法满足规范要求，如要强行使道路达到等级公路要求，投资巨大且隐含很大工程风险，这些路段可考虑在今后适当时期进行逐步改善，以提高道路建设的可靠度。

地质灾害治理遵循"可知性、可治性、可靠性"的实施原则。对于一般路基防护及可治理的中小型地质灾害防治措施可考虑"先期一次治理到位"；对于地质灾害严重、目前工程措施无绝对把握的路段，可考虑先期稳固路基，通过营运养护观察，待后期条件成熟时，再提高工程处理措施或选择适宜的建设方案。

隧道先行：通过研究，嘎隆拉隧道建设技术上是可行的。先期实施隧道工程，可改善道路通行条件，降低公路建设成本。多热拉山口段每年有近 10 个月的时间为大雪覆盖，严重制约了施工设备、物质的运输，隧道建成后对改善交通运输条件、降低建设成本及整个施工组织意义重大，因此，嘎隆拉隧道是关键所在，宜提早安排建设。

逐段推进：由于当地社会经济条件极差且受交通条件的制约，施工队伍的安置、医疗保障、施工物资供应等各方面都极其困难，全线全面开展施工是不可能的。建设前期可打通嘎隆拉隧道、实施隧道两端接线，同时墨脱境内全线便道保通，之后利用旱季施工 K52 至墨脱县城段，逐段推进，全线达到建设目标。

为节约投资，先期建设的施工便道工程宜与后期工程统筹安排，以免投资浪费。

(2)隧道施工方案

①高海拔高寒地区的隧道施工的特殊要求

高原隧道施工也应按新奥法组织实施，主要工序采用机械化作业，出渣采用无轨运输方式，二次衬砌浇注采用模板台车。对洞口土质或易坍塌的软弱围岩地段，采用台阶分步开挖法施工；洞身Ⅳ级、Ⅴ级围岩地段要求采用短台阶法施工；Ⅲ级以上围岩地段可采用全断面开挖施工。与平原区隧道不同，本项目位于海拔 3 700m 以上的高寒缺氧地区，这种特殊的自然条件对隧道施工还提出了专门的要求：

a. 施工机械设备应采用高原型机具并进行必要的改造，设备配置必须科学组织才能发挥必要的作用。由于气压低、缺氧、寒冷、多风，内燃机械功率损失较大，防冻起动较难，因此宜尽量少用内燃机设备，多用电动或风动机械。

b. 尽量用机械化施工替代人力施工，减少施工人员，减轻劳动强度，提高劳动生产率。

c. 加强洞内通风机械设备的配置，提供洞内更多的新鲜空气，改善工作面的空气环境。隧道施工通风应以高于内地同类隧道的 2 倍能力为储备，进行现场通风管理，考虑隧道补氧等措施，要求施工单位配备供氧站。

d. 在持续低温的条件下，采用隧道混凝土抗冻融施工技术，确保工程质量，特别是喷混凝土和混凝土的质量。根据隧道的气候及地理条件不同，采用混凝土添加外加剂，拌和站保温，模板敷设电热毯等方法来增强高海拔严寒隧道混凝土的抗冻融能力。隧道内混凝土施工可考虑在洞口设置幕帘，提高洞内温度。

e. 为了防止施工中出现冻融、冻胀的可能，要建立完善的、充分的供暖、防寒、保温设施，保证人员、机械设备和施工的正常运行，特别是隔热层的修筑对保证隧道的正常使用至关重要。

f. 隧道防冻胀是施工中要解决的核心问题。低温和水的存在是形成冻胀的基本因素，因此，除做好防冻胀的措施外，在隧道周围形成一个完善的、通畅的防排水系统，是工程取得成败的关键。

②嘎隆拉隧道的施工条件

嘎隆拉隧道进口端距波密县城约25km，有老路连通，路面状况较好，通过日常养护基本可以保证常年通车。洞口谷地地形平坦开阔，水源丰富，是施工单位理想的生产和生活场所。嘎隆拉隧道施工用电，可以考虑从波密县架设高压电缆引进，但该方案需架设高压线约18km，因受波密县供电严重不足的影响，还需另外设置临时小型的水力发电设备补充部分生产和生活用电。另外，还可考虑由业主单位委托养护部门在K52附近利用瀑布建设一处中型电站，既可保证施工用电，也可兼顾后期营运养护用电。总体而言，隧道进口端的交通运输、材料供应、施工场地、水供应等条件均较好，适宜隧道施工。

嘎隆拉隧道两方案出口端均在岗日嘎布山南坡墨脱县境内。两方案洞口地形均较陡峻，施工场地狭窄，无法满足大规模施工的要求，此外V线方案洞口位于老路K52处陡崖之上，洞口施工需待洞口接线基本与老路连通后方可施工，因洞口的场地狭窄无法布置大型施工机具，因此隧道出口施工单位的料场、库房和生活用房只能布置在离洞口较远的K52附近，隧道施工条件不便利。隧道出口水资源较丰富但无电力供应，采用小水电设施仅能解决部分生产和生活用电，且在冬季枯水季节无法使用，在中型电站建成以前，施工单位必须自备柴油发电机解决供电问题。隧道出口端的物资供应需从波密县城出发沿扎墨老公路翻海拔4 331m的多热拉山口，行程52km左右到达隧道出口山坡的坡脚。由于老路山高坡陡，多级回头展线，坡陡弯急，局部纵坡达20%以上，行车异常困难，事故频发。此外该路段每年的10月至次年7月，基本被冰雪所覆盖，无法通车，严重制约隧道出口端的施工能力。

③隧道施工组织方案

a. 单向掘进方案

鉴于隧道出口端极其困难的施工条件和施工成本控制的要求，隧道可考虑单向掘进方案，按照平均月近尺100m计算，R线隧道方案贯通需26个月左右，V线隧道方案贯通需34个月左右。

b. 双向掘进方案

隧道如采用双向对打的施工方案，按照出口端能够储备充足的物资不受冬季封山影响的情况计算，R线隧道方案贯通需15个月左右，V线隧道方案贯通需18个月左右。

c. 上导超前双向掘进方案

该施工方案将隧道施工状态依据交通运输条件分为开山季节施工和封山季节施工。在开山季节因施工物资运输便利，隧道两洞口按照正常施工对向开挖，同时进行物资储备。到封山季节为简化出口端的施工程序和降低施工成本，隧道出口端的施工改为仅进行上半断面开挖爆破和初期支护，同时隧道进口端仍按照正常工序推进。按照隧道进口端导坑进度180m/月，隧道出口端导坑进度100m/月初步估算，采用该方案R线隧道方案导坑初步贯通需14个月左右，V线隧道方案贯通需15个月左右。

d. 各方案比较

单向掘进方案的施工可靠性最高，施工成本也最低，但因施工期太长，严重制约了全线的正常施工进度；双向掘进方案施工可靠性最差，易因各种偶然因素中断施工，同时施工成本最高；结合两方案的利弊，采用上导超前双向掘进方案，在开山季节交通方便时最大限度的推进隧道两端的施工进度，封山后在保证施工进度的条件下尽量简化出口端的施工工序、工艺和工程量，以保证在困难条件下隧道施工能够正常进行。因此综合考虑各施工组织方案，推荐采用上导超前双向掘进方案。

④高原施工的劳动保护

为了贯彻"以人为本"的指导思想，在隧道施工保证质量和进度的同时，还应充分重视施工人员的健康和安全。高原隧道施工与内地不同，在缺氧的环境下施工人员判断能力和劳动效率要比在平原地区降低许多，因此隧道的施工组织和劳动安排必须制订专门的保护措施：

a. 参加施工人员进入高原地区，要坚持阶梯升高的原则，以防止或减少急性高原反应症的发生。

b. 隧道施工时，各作业施工应有严格控制，禁止超时工作和连续加班。在劳动强度上应比照平原地区降低一个等级安排劳动定额。

c. 施工过程应尽量采用机械化，体力劳动强度保持在次重及中等强度以下，如必须从事大强度的体力劳动时，应尽可能缩短一次持续劳动时间，增加劳动、休息的交替次数。

d. 建立轮休制度和配备良好的医疗保健设施。

e. 搞好高原地区施工人员生活区的卫生和防疫，隧道两端洞口分别设置制氧站，以解决施工人员的高原缺氧问题，施工人员生活、食宿应集中管理，统筹安排，加强高原病防治，施工人员宿舍采用暖气管道保暖。

⑤隧道工程环境保护

随着人们改造自然能力的增强和人们可持续发展意识的普及，工程建设的环境保护意识越来越强。公路建设对环境的影响主要涉及社会环境、生态环境、空气环境和声环境 4 个方面，隧道作为公路的有机组成部分，其环境影响主要表现在对生态环境、空气环境和声环境的影响上。

隧道工程对生态环境的影响主要为隧道废渣、地下水污染和洞口植被破坏，对空气环境的影响主要为施工时通过特殊地层释放出的气体污染，施工时扬起的粉尘和隧道运营期间的隧道内空气污染，对声环境的影响主要表现在施工阶段隧道内噪声污染和隧道运营阶段的噪声污染。隧道的洞口施工，最好采用零开挖进洞，或接长明洞。隧道施工中应采取湿式凿岩机、喷射湿混凝土、水封爆破、水炮泥、水幕降尘、高压射流、机械通风、机械净化和个人防护等措施。收集隧道施工中产生的废水，送到污水处理池，经过反复沉淀、除油，必要时进行消毒处理，直至对人类及环境无害再排放。对隧道施工时产生的优质石渣加以利用，有条件时也可利用荒沟，在其中筑坝填渣，表层覆土植草，变荒沟为美景。隧道施工完成后应恢复被破坏的草皮。公路隧道运营阶段的环境保护主要是注意洞内空气的净化和监测。

8.5　扎墨公路沿线环境观测方法

8.5.1　环境观测方案制订原则

制订扎墨公路建设项目的生态影响观测方案时，遵循的原则包括：

(1)突出代表性，整体和局部兼顾；

(2)技术经济可行；

(3)具有针对性，体现项目特点。

8.5.2　观测方法选定

扎墨公路沿线生态环境评价的核心内容是评价公路周边区域的植被群落、生态系统的变化情况，以及是否由道路建设和运行所致。研究评价方法基于遥感和GIS平台，参阅各类基础资料和研究文献，完成公路沿线区域植被群落和生态系统分析评价。

通过采用多时相、多空间分辨率和多光谱分辨率的遥感影像，定量反演植被覆盖度、植被指数、植被叶面积指数和植被净初级生产力，并且基于GIS平台，结合已有矢量数据，将各类生态因子和生态特征进行收集、存储、处理、图形显示，并进行空间分析，最终判断区域生态系统变化情况和道路本身对区域生态的影响。研究时段选择2000～2011年12年的时间段，分析评价扎墨公路运行—施工—改扩建—运行等各种建设运营活动对区域植被的影响。

8.5.3　数据获取与处理

本书使用的遥感数据源主要包括Landsat MSS\TM\ETM+遥感影像、HJ-1CCD遥感影像，以及Modis Terra的250m 16d合成最大植被指数产品(MOD13Q1 NDVI)、1km 8d合成最大叶面积指数产品(MOD15A2 LAI)、1km年植被净初级生产力产品(MOD17A3 NPP)(表8-8)。

主要遥感数据源　　表8-8

遥感数据	空间分辨率	投影	时间
Landsat MSS	80m	UTM	20世纪70年代
Landsat TM\ETM+	30m	UTM	2000年、2005年
HJ-1 CCD	30m	UTM	2011年
MOD13Q1 NDVI	250m	SIN	2000～2011年
MOD15A2 LAI	1km	SIN	2000～2011年
MOD17A3 NPP	1km	SIN	2000～2010年

MODIS数据产品都经过MRT(Modis Reprojection Tools)工具软件进行镶嵌和投影转换处理；所有Landsat MSS\TM\ETM+、HJ-1 CCD遥感影像均使用ENVI软件进行标准假彩色合成、镶嵌和裁切处理，所有栅格和矢量数据均统一投影到Albers Equal Area坐标系统。

使用的辅助数据主要包括STRM DEM数据、研究区行政区划矢量图、扎墨公路矢量图、水系矢量图、居民点分布矢量图、植被分布矢量图等。

使用的MOD13Q1 NDVI数据为16d合成产品，全年共23期；MOD15A2 LAI数据为8d合成产品,全年共46期。为研究区域植被生长状况的年度变化,需要分别将16d NDVI产品和8d LAI产品分别进行年度最大值合成。

8.5.4 生态指标分析

1)植被指数

利用遥感方法观测扎墨公路周边区域植被指数2000~2011年变化趋势。

植被指数(Vegetation Index,*VI*)是遥感监测地面植物生长和分布的核心指数。当遥感器测量地面反射光谱时,不仅测得地面植物的反射光谱,还测得土壤的反射光谱。当光照射在植物上时,近红外波段的光大部分被植物反射回来,可见光波段的红光大部分被植物吸收,通过对近红外和红波段反射率的线性或非线性组合,可以消除土壤光谱的影响,得到的特征指数称为植被指数。

归一化植被指数(Normalized Difference Vegetation Index,*NDVI*)是近红外波段与可见光红波段反射率之差与这两个波段反射率之和的比值。

计算公路周边区域植被指数的变化趋势。经计算,2000~2011年公路周边区域植被指数变化率的范围为-0.072 82~0.079 62,见图8-10。

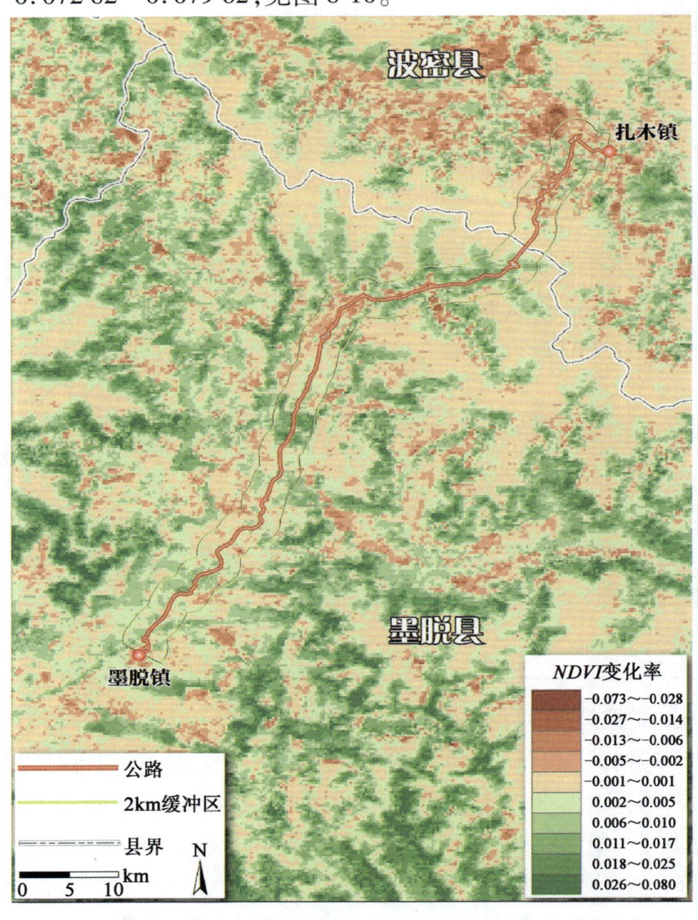

图8-10 扎墨公路沿线*NDVI*变化趋势(2000~2011年)

使用ENVI软件的决策树分类工具(Decision Tree),对植被指数变化率进行分类。根据变化率的大小,将变化趋势分为重度退化(<-0.02)、中度退化(-0.02~-0.01)、轻度退化(-0.01~0)、轻度趋好(0~0.01)、中度趋好(0.01~0.02)和高度趋好(>0.02)6类,将区域2000~2011年植被指数始终小于0.1的区域定义为非植被或植被极稀疏区。

图8-11是公路沿线植被指数的2000年和2011年的变化对比,从图中可以看出,2000~2011年期间,公路沿线的植被没有发生大的变化,整体而言2011年公路沿线植被状况要好于2000年公路沿线的植被状况,甚至在2011年,公路沿线从波弄贡到墨脱镇段的植被波动明显小于2000年的波动幅度,这很可能是由于公路的修建加大了沿线的绿化和植被管理,从而使得沿线植被更加的规整化。

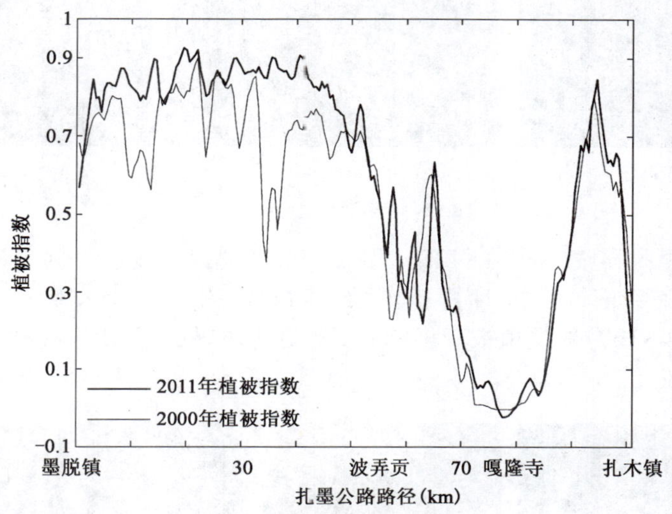

图8-11　公路沿线植被指数变化

根据遥感监测结果,公路沿线2km缓冲区内的植被指数变化以轻度趋好为主,面积百分比为49.54%;其次为轻度退化,面积百分比为24.22%;再次为中度趋好与高度趋好变化,面积百分比合计12.59%;中度退化和重度退化面积极少,面积百分比合计2.16%。总体上看,2km缓冲区内植被指数趋好面积的百分比合计62.12%,高于20km缓冲区内植被指数趋好面积的百分比;2km缓冲区内植被指数植被退化面积的百分比合计26.38%,亦高于20km缓冲区植被退化面积的百分比;2km缓冲区内植被指数趋好面积与退化面积的比值为2.35,低于20km缓冲区内的2.57,说明2km缓冲区内植被受人类活动干扰程度较强。但值得注意的是,缓冲区内与公路线路重合的像元植被指数变化以中度趋好为主,其次为轻度趋好,说明沿线植被保护有成效。

从具体路段来看:

(1)K10~K20沿线植被有轻度退化现象,主要影响植被类型有雪层杜鹃、髯花杜鹃灌丛+圆穗蓼。

(2)隧道入口周边(即嘎隆寺附近),2000~2011年植被指数始终小于0.1,属无植被或植被极度稀疏区。

(3)隧道经过段[嘎隆寺(K24)至冈戎勒(K52)],植被变化以轻度趋好为主,沿线主要植被类型有风毛菊、红景天、垂头菊稀疏植被。

(4)隧道出口段[冈戎勒(K52)至 K65],植被变化以中度趋好为主,沿线主要植被类型有雪层杜鹃、髯花杜鹃灌丛 + 圆穗蓼。

(5)肯宗登村至波弄贡(K65 ~ K80),沿线植被变化以轻度退化为主,是沿线植被退化相对严重的区域,主要影响植被类型为墨脱冷杉林(图 8-12)。

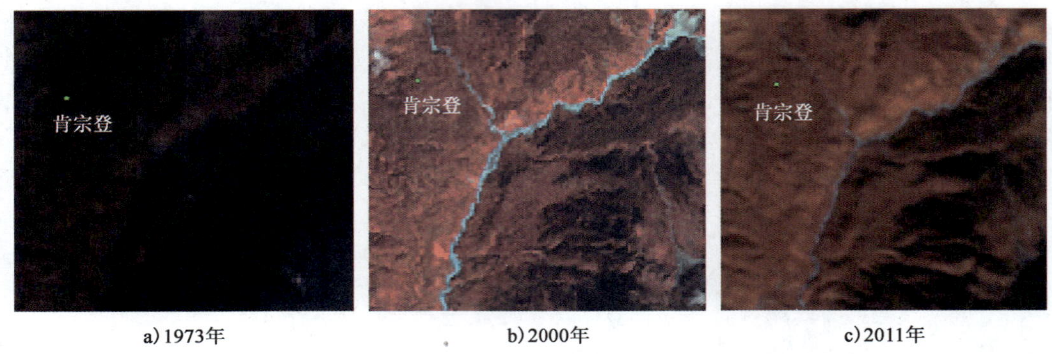

图 8-12 肯宗登村周边植被变化

(6)波弄贡至墨脱县城(K80 ~ K135),沿线植被变化以轻度趋好为主,局部有轻度退化,沿线主要植被类型有云南铁杉林、印楝、刺楝、红木荷林,葱臭木、千果榄仁、细青皮林等林地类型。沿线的玛迪村(K100)周边植被变化以中度趋好为主,处于云南铁杉林与印楝、刺楝、红木荷林的交界处(图 8-13)。

图 8-13 玛让康村周边植被变化

尽管肯宗登村周边植被指数变化以轻度退化为主,是沿线植被退化相对严重的区域,但从 2000 年和 2010 年高空间分辨率图像反映的土地覆盖变化情况来看,沿线植被覆盖良好,并无明显毁林现象。

公路的修建和运营可能会对特定地段的植被产生显著影响。由于公路在嘎隆寺段有隧道建设,属于整个公路中工程量较大的施工活动,因而,选择扎墨公路嘎隆寺附近隧道入口处区域植被指数,做进一步分析,见图 8-14。从图中可以看出,植被指数整体上呈略微上升的趋势,但明显在不同年份中有较大波动,尤其在 2007 年左右,植被指数的均值波动程度最大,在 2006 开始出现较为剧烈的下降,之后又有显著上升,而这一时期,正是扎墨公路动工修建的初期。而从 2008 年开始,植被指数又出现下滑,此时公路修建正处于中间阶段,直到 2011 年进入运营期，植被指数的均值都处下降区域，说明了公路建设对特定路段和地点的植被的确有较为显著的影响。

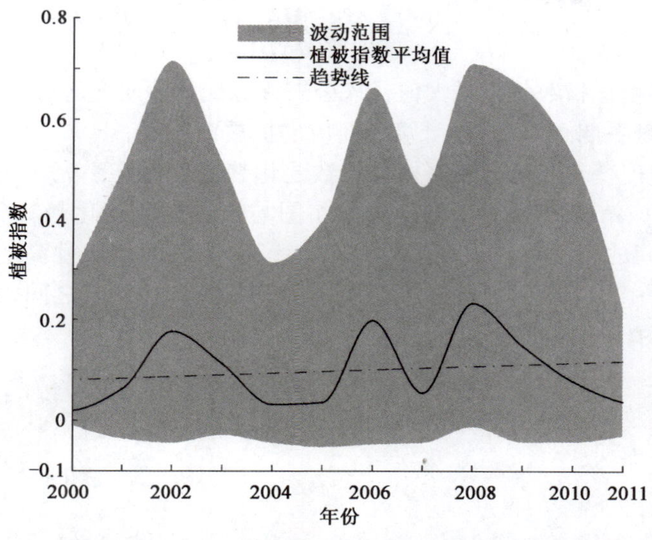

图 8-14　扎墨公路嘎隆寺附近隧道入口处区域植被指数变化

2）植被覆盖度

利用遥感观测公路周边区域植被覆盖度 2000 ~ 2011 年变化趋势。

植被覆盖度（Vegetation Covering）定义为植物垂直投影面积与地表总面积之比，是植被冠层形状、植被空间分布、叶子倾角及重叠所形成的参量。植被覆盖度是描述生态系统的一个重要基础数据，同时又是水文、气象、生态模式的基本参数，地表植被覆盖度及其变化信息，对于揭示地表空间变化规律、探讨变化的驱动因子、计算土壤侵蚀、分析评价区域生态环境具有重要的现实意义。

基于归一化植被指数（*NDVI*）估算植被覆盖度是最常用的植被覆盖度估算方法。通常假设一个像元的信息可以分为土壤与植被两部分，则通过遥感传感器所观测到的 *NDVI* 信息可以表达为绿色植被部分所贡献的信息 $NDVI_{veg}$ 和由非植被覆盖部分所贡献的信息 $NDVI_{soil}$ 组成，即式（8-3）：

$$NDVI = f_g \times NDVI_{veg} + (1 - f_g) \times NDVI_{soil} \tag{8-3}$$

式中：f_g——植被覆盖度，对该式进行变换可得：

$$f_g = \frac{NDVI - NDVI_{soil}}{NDVI_{veg} - NDVI_{soil}} \tag{8-4}$$

由式（8-3）可知植被覆盖度与 *NDVI* 存在线性正相关。研究区植被垂直带谱从低海拔的雨林、季雨林过渡到高海拔的高山荒漠类型，植被类型丰富，植被 *NDVI* 出现从极高值到极低值的变化。2000 ~ 2011 年研究区 *NDVI* 始终大于 0.6 的区域占研究区总面积的 75.19%，植被覆盖良好，因此本书在计算研究区 2000 ~ 2011 年植被覆盖度变化时，每一年的 $NDVI_{veg}$ 直接取区域当年植被指数的最大值 $MNDVI_{max}$。比照研究区的 MSS、TM、HJ-1 CCD 等标准假彩色合成影像，MOD13Q1 NDVI 产品灰度值小于 0.1 的单元格一般认为没有植被覆盖或植被覆盖极稀疏，因此本书 $NDVI_{soil}$ 统一取 0.1。

对于任一时期某像元 $NDVI$ 灰度值 $NDVI_i$，如式(8-5)关系成立：

$$\frac{NDVI_i - 1\,000}{MNDVI_{max} - 1\,000} \leqslant \frac{MNDVI - 1\,000}{MNDVI_{max} - 1\,000} \tag{8-5}$$

因此本书直接将植被指数年度最大值代入公式逐像元计算研究区一年中植被覆盖度最大值，而不必对一年中每一期 $NDVI$ 数据计算其对应的植被覆盖度。

研究区植被覆盖度变化趋势分布与植被指数变化趋势分布几乎完全一致，见图 8-15。利用 ENVI 软件将研究区植被覆盖度变化趋势分布图与植被指数变化趋势分布图组成波段图像，然后统计波段之间的相关系数。经 ENVI 软件计算，两者的相关性高达 0.999 989。分析其原因，是因为 2000～2011 年研究区 $NDVI_{veg}$ 介于 0.997 0～0.999 3 之间，所以在计算植被覆盖度时 $NDVI_{veg}$ 所起的作用等同常值。

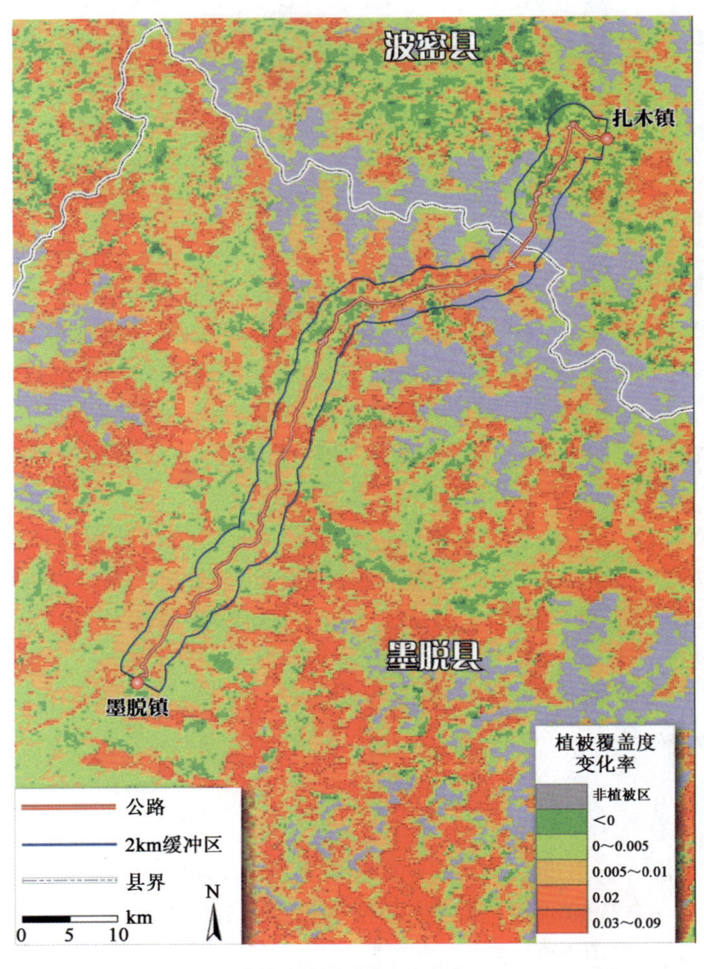

图 8-15　扎墨公路沿线植被覆盖度变化率(2000～2011 年)

3)叶面积指数

利用遥感方法观测扎墨公路周边区域植被叶面积指数 2000～2011 年变化趋势。

植被叶面积指数（Leaf Area Index，*LAI*），即单位地表面积上叶片总表面积的一半。*LAI* 是表征植被冠层结构的基本参量之一，控制着植被许多生理和物理过程，如光合、呼吸、蒸腾作用以及碳循环和降水截留等。

植被叶面积指数采用 MODIS 数据的植被叶面积指数数据，同时采用遥感定量模型反演的叶面积指数数据进行修正和验证。

（1）2km 区域内叶面积指数变化

对比相对容易受公路建设影响的 2km 缓冲区内植被与 20km 缓冲区内植被的叶面积指数变化情况（图 8-16）。

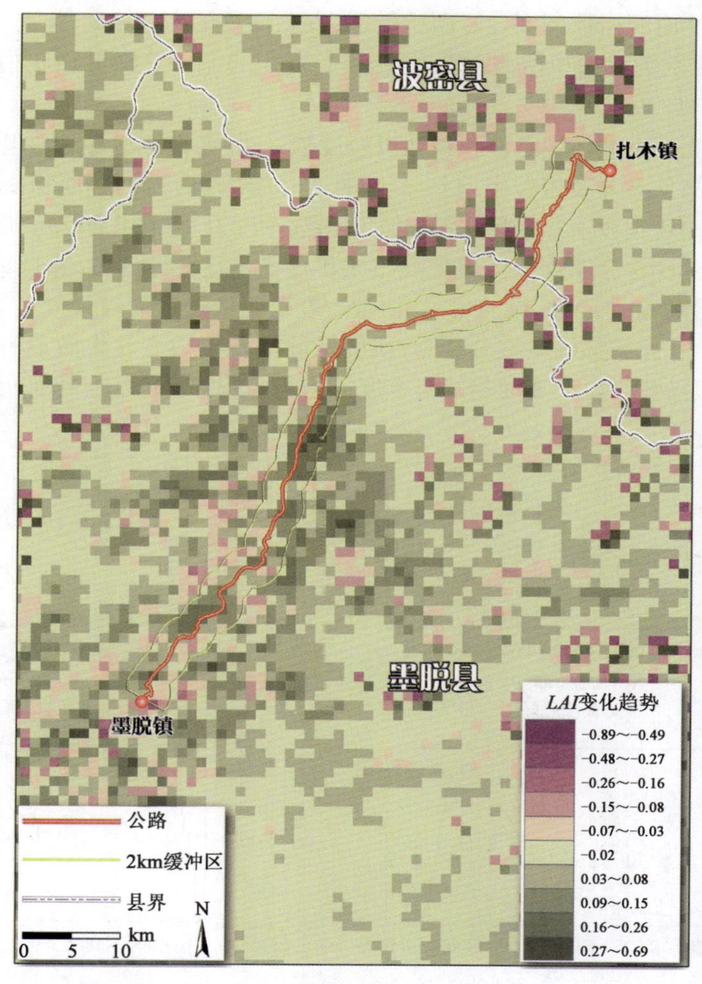

图 8-16　扎墨公路沿线植被 *LAI* 变化趋势（2000～2011 年）

根据遥感监测结果，公路沿线 2km 缓冲区内的植被叶面积指数变化与 20km 缓冲区基本一致，2km 缓冲区内植被叶面积指数变化仍以高度趋好为主。2km 缓冲区内植被叶面积指数高度趋好面积百分比为 49.04%；其次为重度退化，面积百分比为 21.04%；再次为轻度趋好，面积百分比为 17.63%；轻度退化面积极少，面积百分比为 10.22%。

总体上看，2km 缓冲区内植被叶面积指数趋好面积的百分比合计 66.67%，高于 20km 缓冲区内植被叶面积指数趋好面积的百分比;2km 缓冲区内植被叶面积指数植被退化面积的百分比合计 31.26%,亦高于 20km 缓冲区植被退化面积的百分比;2km 缓冲区内植被叶面积指数趋好面积与退化面积的比值为 2.13,低于 20km 缓冲区内的 2.31,说明 2km 缓冲区内植被受人类活动干扰程度较强。

以隧道出口为界,公路南线叶面积指数变化以高度趋好为主,北线以轻度趋好为主,说明扎墨公路两侧植被保护较好。

(2)20km 缓冲区内叶面积指数变化

2000 ~2011 年 20km 范围内叶面积指数增大面积占总面积的 62.43%,植被生长状况整体趋好。20km 范围叶面积指数高度趋好面积最多,占总面积的 42.04%;其次为轻度趋好,占总面积的 20.39%;再次为叶面积指数重度退化,占总面积的 17.92%;叶面积指数轻度退化面积最少,占总面积的 11.39%。

20km 缓冲区北部区域植被叶面积指数以轻度趋好为主,南部区域植被叶面积指数以高度趋好为主,与海拔高低差异及植被类型差异相对应。缓冲区内植被叶面积指数轻度退化与轻度趋好混杂分布,面积很少。缓冲区植被叶面积指数重度退化,在扎墨公路北端的波密县城西北分布比较密集,其次在公路南线沿雅鲁藏布江和扎墨公路平行分布,并且集中在 2 ~5km 的缓冲带内。在公路南端的 20km 缓冲带内,植被重度退化依然沿河谷分布。

从叶面积指数变化趋势的海拔分布看,研究区叶面积指数变化大致以海拔 3 000m 为界,3 000m以下叶面积指数变化以高度趋好与重度退化为主;3 000m 以上叶面积指数变化相对多样(图 8-17)。

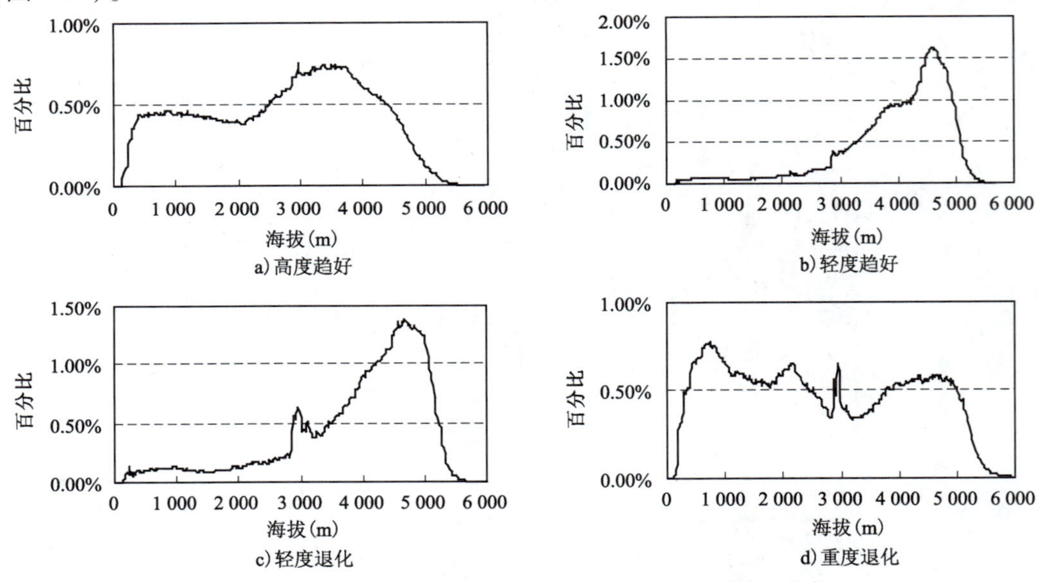

图 8-17 扎墨公路沿线 20km 植被叶面积指数变化趋势的海拔分布

2000 ~2011 年研究区叶面积指数高度趋好主要分布于海拔 2 000m 以下,以及海拔 2 000 ~4 000m 之间的河谷地带,后者分布面积较多;叶面积指数轻度趋好与轻度退化主要分布于 3 000 ~5 000m 之间的高山地带;叶面积指数重度退化主要分布于海拔 3 000m 以下,以及海拔 3 000 ~5 000m 之间的河谷地带,前者分布面积较多。

从叶面积指数变化趋势对应的植被垂直带谱看，海拔3 000m以下的雨林、季雨林、常绿阔叶林、松林以及针阔混交林，叶面积指数高度趋好与重度退化同时存在，并且以高度趋好为主；海拔3 000～5 000m之间的云杉、冷杉林以及高寒灌丛草甸，叶面积指数变化则以轻度趋好为主，其次为高度趋好。

4）植被净初级生产力

利用遥感方法观测扎墨公路周边区域植被净初级生产力2000～2011年变化趋势。

植被净初级生产力（Net Primary Productivity，*NPP*）表示植被所固定的有机碳中扣除本身呼吸消耗的部分，这一部分用于植被的生长和生殖。*NPP*反映了植物固定和转化光合产物的效率，也决定了可供异养生物（包括各种动物和人）利用的物质和能量。

（1）20km缓冲区内*NPP*变化

2000～2010年扎墨公路缓冲区20km内植被*NPP*变化以轻度趋好为主，占缓冲区面积的61.51%；其次为高度趋好，占缓冲区面积的29.39%；再次为轻度退化，占缓冲区面积的4.49%；重度退化面积极少，占缓冲区面积的3.16%。植被退化面积的百分比合计7.66%，低于研究区植被*NPP*退化面积的百分比，见图8-18。

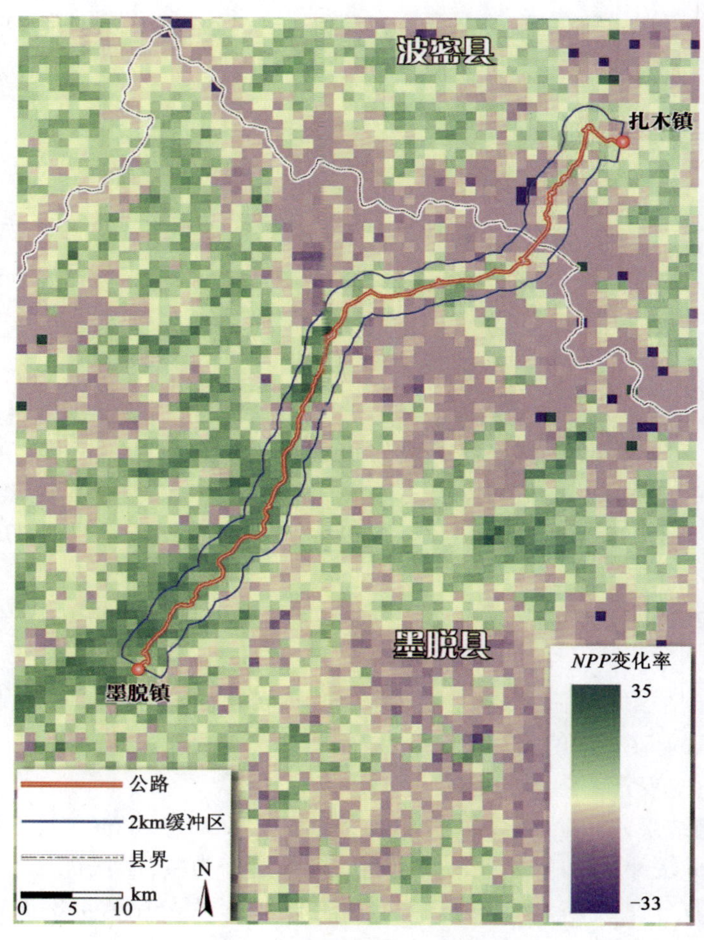

图8-18 扎墨公路沿线植被*NPP*变化趋势（2000～2010年）

植被 *NPP* 轻度趋好变化占据了缓冲区 20km 大部分范围；植被 *NPP* 高度趋好在公路南线分布较多，并且在 0 ~ 2km 缓冲区内最为集中；*NPP* 轻度退化与高度退化仅在研究区北部零星分布。

从 *NPP* 变化趋势的海拔分布看，2000 ~ 2011 年 20km 范围内植被 *NPP* 高度趋好主要分布于海拔 2 000m 以下和 2 000 ~ 4 000m，并且以前者为主；植被 *NPP* 轻度趋好主要分布于 3 000 ~ 4 000m 的海拔带内；植被 *NPP* 轻度退化主要分布于 2 000 ~ 5 000m 的海拔带内，并且在 3 500 ~ 5 000m 的海拔带内相对突出；而植被 *NPP* 重度退化主要分布于海拔 5 000m 左右（图 8-19）。

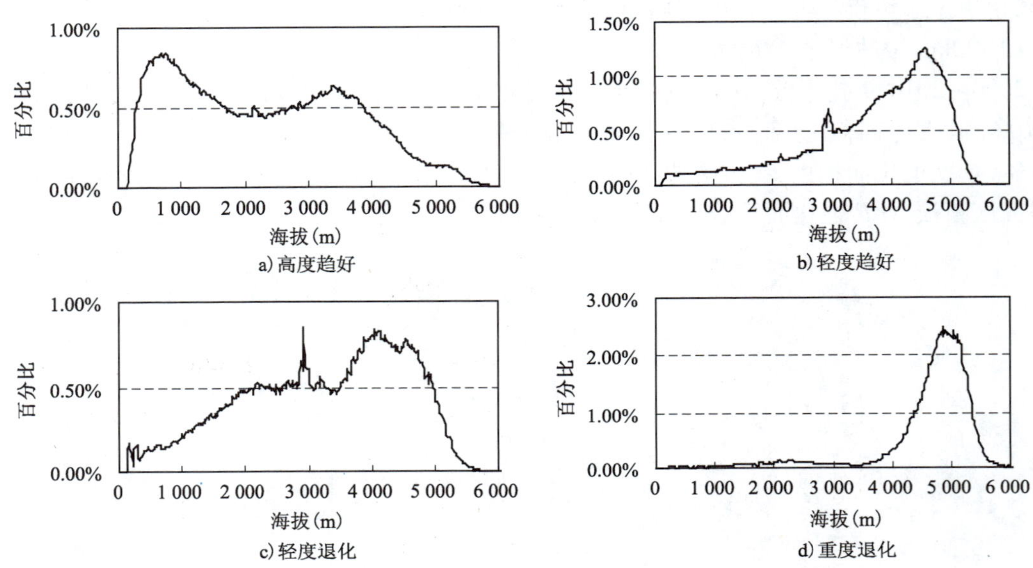

图 8-19　20km 范围内植被 *NPP* 变化趋势的海拔分布

从 2000 ~ 2010 年 *NPP* 变化趋势对应的植被垂直带谱看，海拔 2 000m 以下是雨林、季雨林、常绿阔叶林的分布区，*NPP* 高度趋好与轻度退化同时存在，并且以高度趋好为主；海拔 2 000 ~ 4 000m 之间的松林、针阔混交林、云杉、冷杉林植被 *NPP* 变化存在多样性，高度趋好、轻度趋好与轻度退化同时存在；海拔 4 000 ~ 5 000m 之间的高寒荒漠草甸 *NPP* 变化以轻度趋好为主，其次为轻度退化。

对比 2000 ~ 2010 年研究区植被 *NPP* 不同变化趋势区的 *NPP* 均值随时间的变化（图 8-20）。

2000 ~ 2010 年植被 *NPP* 高度趋好区的 *NPP* 均值变化表现为平稳增大；植被 *NPP* 轻度趋好区与轻度退化区的 *NPP* 均值相对稳定。

（2）2km 范围内 *NPP* 变化情况

根据遥感监测结果，公路沿线 2km 缓冲区内的植被 *NPP* 与 20km 缓冲区植被 *NPP* 的变化趋势基本一致；2km 缓冲区内植被 *NPP* 变化仍以轻度趋好为主，面积百分比为 53.04%；其次为高度趋好，面积百分比为 24.22%；再次为轻度退化，面积百分比为 4.89%；重度退化现象极少，面积百分比为 0.89%。

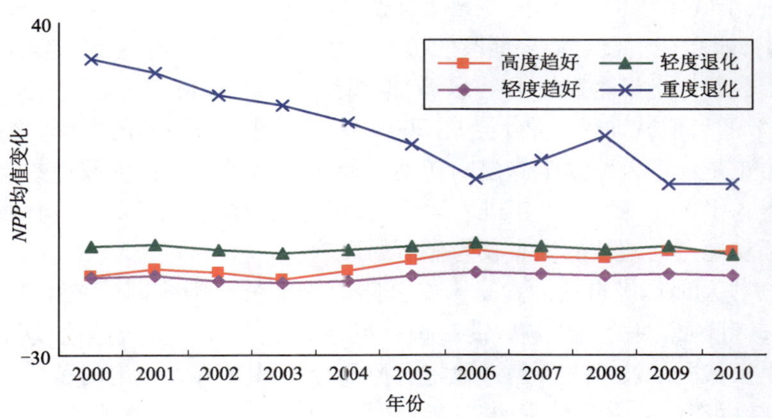

图 8-20 20km 范围内植被 *NPP* 均值变化趋势

总体来看,2km 缓冲区内植被 *NPP* 趋好面积的百分比合计 94.22%,高于 20km 缓冲区内植被 *NPP* 趋好面积的百分比;2km 缓冲区内植被 *NPP* 退化面积的百分比合计 5.78%,低于 20km 缓冲区植被 *NPP* 退化面积的百分比;2km 缓冲区内植被 *NPP* 趋好面积与退化面积的比值为 16.31,高于 20km 缓冲区内的 11.87,说明 2km 缓冲区内植被生产力增加较快。

5)生态指标分析结论

基于 MODIS 16d 合成 250m *NDVI*、8d 合成 1 000m *LAI* 和 1 000m 年均 *NPP* 数据产品,结合 Landsat MSS\TM\ETM + 遥感影像、HJ-1 CCD 遥感影像等数据,利用 GIS 技术对 2000 ~ 2011 年扎墨公路沿线及周边区域的植被指数、植被覆盖度、叶面积指数和植被净初级生产力等 4 个生态指标的年度变化趋势分别进行了时空分析,并评价了扎墨公路建设对沿线相关生态指标的影响,主要结论有:

(1)将 RS、GIS 等技术应用于扎墨公路区域生态环境分析,可以有效地收集相关数据,反映公路建设对沿线生态环境的影响。

(2)扎墨公路所在区域植被较好,部分路段的植被叶面积指数达到了 7.4,处于我国植被整体水平中较高的水平,同时结合其 *NPP* 值,可以看出,公路所在区域植被多数属于较为成熟和稳定的成熟林。

(3)扎墨公路沿线及所在区域植被受气候及海拔影响显著,2000 ~ 2011 年期间,公路所在区域自然本底水平(周边 20km 范围)的植被指数整体趋好。

(4)扎墨公路沿线及公路影响区(2km 范围)内的植被指数、叶面积指数的变化趋势和自然本底变化趋势基本一致,无显著差异。但公路影响区的植被趋好面积百分比和退化面积百分比都高于自然本底变化值,说明公路影响区内植被受人类活动干扰程度较强。同时,公路影响区内植被的 *NPP* 增长显著高于自然本底值也证明了非自然因素对公路影响区植被的影响。

(5)扎墨公路沿线植被 2000 ~ 2011 年变化趋势分析可以看出,2011 年公路沿线植被状况要好于 2000 年公路沿线的植被状况。2011 年公路沿线的波弄贡至墨脱镇段植被波动明显小于 2000 年的波动幅度,这很可能是由于公路的修建加大了沿线的绿化和植被管理,从而使得沿线植被更加的规整化。此外,肯宗登村至波弄贡段沿线植被指数变化以轻度退化为主,是沿线植被退化相对严重的区域,但从 2000 年和 2010 年高空间分辨率(30m)图像反映的土地利用变化情况来看，沿线植被覆盖良好，并无明显毁林现象。

(6)公路的修建和运营会对特定地段的植被产生显著影响。扎墨公路嘎隆寺附近隧道入口处区域植被指数整体上呈略微上升的趋势，但明显在不同年份中有较大波动，尤其在2007年左右，植被指数的均值波动程度最大。在2006开始出现较为剧烈的下降，之后又有显著上升，而这一时期，正是扎墨公路动工修建的初期。而从2008年开始，植被指数出现下滑，此时公路修建已经进入中期，直到2011年进入运营期，植被指数的均值都处下降区域，说明了公路建设对特定路段和地点的植被的确有较为显著的影响。

(7)气候、海拔及地形等自然因素是影响公路沿线及公路影响区植被生态状况的主导型因素，而人为活动等因素对公路影响区的影响有正有负，总体结果是公路建设和运营增大了公路影响区植被生长状况的波动。公路占地将毁掉部分植被并造成一定的植被损失，但公路建设所进行的绿化、生态恢复以及林草种植等活动都会使得沿线部分植被长势较差的路段和区域，植被状况有所提升。一个明显的证据是2011年公路沿线从波弄贡到墨脱镇段的植被指数波动幅度明显小于2000年。

第9章　西藏交通既有科研成果在扎墨公路建设中的推广应用

9.1　概　　述

2009年8月上旬对西藏扎墨公路沿线地质灾害情况进行了详细调查,在前面两阶段研究工作的基础上,针对扎墨公路地质灾害的特点和路基修筑面临的问题,以扎墨公路沿线典型地质灾害段为依托工程,分别从①泥石流灾害治理及其处治技术措施,②滑坡、崩塌灾害治理及其处治技术措施,③冲刷水毁灾害治理及其处治技术措施,④冰雪灾害治理及其处治技术措施等4方面对藏区公路地质灾害防治、处治技术进行总结、归纳,并在扎墨公路设计、施工中推广应用,指导扎墨公路新改建工程的建设。

9.2　主要科研成果

9.2.1　主要科研成果推广概况

(1)相关科研成果的总结

总结、归纳西藏交通既有相关科研成果,形成相对完善的藏区公路路基修筑技术,为扎墨公路的建设提供技术支撑。

(2)相关科研成果的推广应用

根据扎墨公路地质灾害特点和路基修筑面临的主要问题,筛选出可以推广应用的技术,如西藏既有相关公路病害科研项目成果、"西藏干线公路修筑技术研究""公路管理综合信息系统""西藏边防公路整治应急保通关键技术研究""山区高等级公路修筑关键技术与示范工程""公路隧道围岩稳定与支护衬砌设计技术研究"等,通过对这些既有科研项目研究成果的消化吸收,结合西藏扎墨公路的具体工程特点,将这些科研成果很好地在扎墨公路上推广应用。同时,编写出相关设计、施工指南,指导扎墨公路新改建工程的建设。

9.2.2　关键技术

近年来藏区公路交通既有科研成果发展了大量地质灾害防治、处治新技术,由于应用还不够普遍,相关的设计方法、施工工艺和质量控制指标及标准没有得到广泛的验证,在实际应用过程中,存在什么样的问题,尚需进一步研究。因此,在藏区公路地质灾害防治、处治技术方面,新技术设计方法、施工工艺、质量控制指标及标准的分析和完善是关键,也是研究的重点。

9.3 扎墨公路路基病害主要类型

扎墨公路位于雅鲁藏布江流域,区内支沟众多,水系发育,降水及冰雪融水极为丰富。同时,线路处于6条区域大断裂的影响范围内,地质构造特别发育,新构造运动特别活跃,地震频繁,物理风化作用强且影响深度较大;地表岩石极为破碎,沿线第四系松散堆积物分布广泛,厚度巨大(最厚近200m)。这些特殊的自然条件造成沿线自然灾害种类繁多,且具有破坏力大、多次重复出现的特点;同时人为活动对环境的破坏又加剧了这种趋势。主要的自然灾害有:冰雪灾害、水毁及地质病害;其中地质病害又有泥石流、滑坡、崩塌及路基渗水翻浆等。几种灾害往往相辅相成,互为成因。

扎墨公路沿线不良地质分布如表9-1所示。

扎墨公路沿线不良地质分布情况表　　表9-1

地　　段	地　　形	不良地质	工程地质评价
K0+000～K22+960	相对高差大,地面横坡较缓	雪崩5处、泥石流11处、崩塌1处,多为间歇性爆发,少数危害较大	工程地质条件良好,适宜公路建设
K22+960～K53+700	相对高差比较大	雪崩6处、小型泥石流1处,爆发频繁,除1处危害较大外,危害一般不大	工程地质条件一般,适宜公路建设
K53+700～K85+000	相对高差大,地面横坡稍缓	雪崩1处、泥石流27处、崩塌42处、渗水翻浆59处,危害一般不大	工程地质条件一般,适宜公路建设
K85+000～K120+000	相对高差大,地面横坡较陡	严重水毁5处、泥石流22处、崩塌88处、渗水翻浆51处、滑坡6处,爆发频繁,危害较大	工程地质条件较差,公路建设难度大
K120+000～终点	相对高差大,地面横坡较陡	泥石流1处、崩塌14处、渗水翻浆21处、滑坡6处,危害一般不大	工程地质条件一般,适宜公路建设
合计		雪崩12处、泥石流62处、崩塌145处、严重水毁5处、渗水翻浆131处、滑坡12处	

根据沿线灾害的分布密度来看,全线可分为扎木镇～老K80(K0+000～K86+500)、老K80～黑日桥(K86+500～K119+700)、黑日桥～墨脱县城(K119+700～K140+094.086)3段。

9.3.1 扎木镇～老K80 (K0+000～K86+500)

路线跨帕隆藏布后,沿其左岸一级阶地及嘎弄曲左岸高基座阶地(冰川水石流堆积体)逆流而上到K24;翻越多热拉山口后,沿嘎弄曲右岸顺流而下,直到K80。总体山势陡峻,沟谷、水系发育,地形坡度大,一般30°～55°,局部较平缓。上覆地层主要为第四系冲洪积物、古冰川泥石流堆积物、冰碛物及崩坡积物，厚度一般10～70m，最厚约200m；物质组成主要为卵砾石夹漂石土，块石土，碎砾石夹块石土，局部为粉细砂（K85＋300～K86＋500），泥砂质充填，颗粒粒径一般2～60cm，多呈亚圆状—次棱角状，呈稍密—中密状。震探纵波波速 $V_p=450\sim800\text{m/s}$；地基土承载力为250～400kPa。下伏基岩主要有燕山—喜马拉雅期的花岗岩、花岗闪长岩及混合花岗岩夹大量片岩、片麻岩，中生代旁辛组的条带状混合片麻岩、花岗质斜长角闪片麻岩、混合岩及云母片岩、石英片岩等，片理、片麻理及节理较发育，多呈弱风化状，岩质坚硬；震探纵波波速 $V_p=2\,300\sim3\,900\text{m/s}$；地基土承载力1 500～3 000kPa。

该段路线的自然灾害主要有：

1）冰、雪灾害

主要分布在岗日嘎布山及其附近山谷路段，里程桩号K13＋900～K59＋000地段。其中海拔3 800～4 000m以上为冰川作用区；岗日嘎布山山峰海拔均在4 500m左右，终年积雪，各主峰均有放射性冰川发育；穿越山顶的老公路海拔在4 100～4 300m之间，每年仅在8～10月通行，其余时间均为大雪封山，无法通行，积雪厚度3～4m。该段路线海拔高、气温低、积雪难融化，采用机械铲雪不能保障车辆通行，需开凿隧道绕避该段山路。

海拔3 500～3 800m为冰崩、雪崩发育路段，多处于岗日嘎布山斜坡地带，自然坡度约35°～55°，局部大于60°。根据调查，岗日嘎布山南坡及北坡路段共发现有42处冰崩、雪崩，其中对路线有影响的有29处，有6条冰川；冰崩、雪崩规模大小不一，以沟槽型为主，次为山坡型，少量为混合型，携带的物质主要为冰雪，极少量为碎砾石及泥砂质。其危害主要为掩埋路面，堆积厚度一般为2～4m；其中危害较严重的雪崩有21处，进隧道前路段有2处，桩号分别为K13＋920～K14＋900及K17＋020右100m～K17＋205，每年2～4月路面堆雪一般2～4m，最厚约25m（K13＋920～K14＋130）；出隧道后3km路线范围内有19处以上冰崩、雪崩，多属沟槽型；其中RK线出口后要穿过16处大、中型雪崩区，VK线出口处在两条小型雪崩沟之间，两侧距雪崩边界约5～10m，路线5次回头要12次穿过4处中、小型雪崩区，每年2～4月雪崩携带下来的冰雪堆积在公路上的厚度＞4m，交通中断；冰雪消融期又常暴发泥石流，冲毁路基。冰川多处于衰退期，大量的冰碛物为泥石流提供了丰富的物质来源，危及路线安全。

海拔3 500～3 800m的路段，气温低，积雪难融化。

海拔3 000～3 500m主要为积雪，多为自然降雪，风吹雪较少；据民访调查，K24及老里程K 52～K53每年2～4月积雪厚度1.5～2.0m，大雪时，每昼夜降雪厚0.6～0.7m，车辆无法通行。

2）崩塌

调查发现共有53处以上的中、小型崩塌，其中主要分布在打尔曲左岸斜坡，桩号K75＋850～K76＋850，崩塌物质主要为打尔曲古冰川泥石流堆积的碎砾石块石及冰碛物。由于早期道路修筑时未对边坡进行支护，加之多次回头，后期受雨水冲刷及地震作用，在1km的路线上密集分布有11处中、小型崩塌，主要有7处；根据钻探及物探结果，该段无滑坡、大的泥石流等不良地质现象，在工程控制深度（55.50m）内，未发现有明显的软弱结构面，多数崩塌体基本稳定，部分处于欠稳状态，但打尔曲河水侧浸对整个坡面稳定性的影响需长时间观察才能判断。

3)泥石流

调查发现共有39处以上,多属间歇性的处于衰退期的中、小型泥石流,其中主要的泥石流发育于桑谷沟(K58+100~K73+000)及K72+950~K73+000地段。其中桑谷沟泥石流处于发展晚期,可设桥通过;K72+950~K73+000泥石流属常发性质,处于旺盛期,形成区发育多处大型岩石崩塌,物源较丰富,泥石流冲毁并掩埋路基,泄入嘎弄曲,堵塞河道,引起对岸斜坡产生崩塌,可设过水路面或沟口流通区设桥通过。

该段路线工程地质条件总体较好,多属较稳定地段,仅局部属欠稳定路段(K75+850~K76+850),基本适宜公路建设。扎墨公路控制性工程嘎隆拉隧道处于岗日嘎布晚古生代褶皱区出露的花岗岩体上,属相对稳定的花岗岩体断块山,地震基本烈度为Ⅷ度(地震动峰值加速度>0.4g),围岩级别多属Ⅱ~Ⅲ级;隧道附近展布的两条区域性大断裂,一条为北西向通麦—嘎隆寺断裂,整体属晚更新世活动性断裂,隧道附近为全新世活动断裂,与隧道进口段轴线近于直交;另一条为北东向的马尼翁断裂,属全新世活动性断裂,为发震断裂,展布于隧道六方案右侧200~500m,距离较远,对隧道方案影响不大;洞身展布的7条小断层,宽度不大,影响范围小,均不影响隧道方案。因此,选定的隧道方案是可行的。

9.3.2 老K80~黑日桥 (K85+300~K119+700)

属构造强烈剥蚀、河谷强烈下切的高山峡谷地貌,地形具有谷深、坡陡、高差大、坡面形态复杂的特征。地表乔灌木、芭蕉等阔叶林茂密。路线沿嘎弄曲右岸前进到老桩号K108后,跨达国桥进入金珠藏布左岸,于老桩号K113进入雅江左岸。该段路线长35.63km,为重灾路段,是制约老扎墨公路全线通车时间的关键路段。

该段第四系松散覆盖土层可分为:

冲洪积的卵砾石、砂夹漂石,主要分布在嘎弄曲、金珠藏布、雅江阶地及众多支沟沟床,呈稍密—中密状,地基土承载力200~400kPa;

泥石流堆积的碎砾石夹块、漂石,泥砂质充填,分布于冲沟两侧及冲沟中,多呈中密—密实状,少量呈稍密状,地基土承载力300~400kPa;

崩坡积的块石碎砾、泥砂质夹块石土,主要分布于斜坡地带及陡崖下方,呈稍密—中密状,地基土承载力250~400kPa;

残坡积的粗砂、砾砂夹碎砾石土,主要分布于K91+840~K93+080地段的缓坡上,呈中密—密实状,地基土承载力300kPa;

滑坡堆积的碎砾石夹块石土,分布于陡坡及陡坡下较缓地带,呈稍密—中密状,地基土承载力200~350kPa。

第四系土层震探纵波波速V_p=450~800m/s。下伏基岩为混合花岗岩、条带状混合片麻岩、片岩等,节理、裂隙及片里、片麻理较发育,多呈弱风化状,岩质较坚硬至坚硬状。震探纵波波速V_p=2 600~4 500m/s,地基土承载力>1 000kPa。

该段路线3条主干河流两岸树枝状支沟水系发育,多为长年流水冲沟,流量一般为0.5~800L/s,大雨后可暴涨数倍。河谷、沟谷急流溯源侵蚀、侧蚀及底蚀作用强烈。同时受雨水、地形和地表剥蚀、侵蚀的影响,坡面松散体发育,厚度较大,且处于不稳定状态。成为全线地质灾害最多、危害最大的路段,泥石流、滑坡、崩塌及水毁等地质灾害频繁,并反复出现。

1)滑坡

该段路线有K89、冷多1号、冷多2号等5处活动性大、中型滑坡,及3处中、小型死滑坡。多数是由于暴雨或洪水掏脚引起的牵引式滑坡。平面上呈长舌状、圈椅状。后缘滑壁呈陡坎或陡崖状;滑体物质主要为碎砾石夹块石土,泥砂质充填,多呈稍密—中密状,滑体厚度一般15~40m。其中尤以老桩号K89(K92+740~K92+960)和冷多1号(K116+000~K116+070)滑坡最具破坏力,每年暴雨时节,滑体内产生的坡面泥石流、崩塌都冲毁路基、掩埋路面,中断交通。

K89(92+740~K92+960)滑坡沿路线方向长约220.00m,纵轴长约370.00m,平面上呈不规则的"舌状",后缘呈圆弧形,有小陡坎,前缘受觉库沟切割形成临空面,植被不发育,前缘、后缘相对高差约172.00m;两侧边界为沟槽,主滑方向87°,平均滑体厚度约35.00m,滑坡体积方量约1 960 000m^3,物质成分主要为崩坡积的块碎石土和坡残积的碎砾石土,呈松散—中密状;为大型、牵引式滑坡。根据钻探、物探及地质调绘结果,现阶段该滑坡体在晴天总体稳定,雨天处于欠稳定状态,土体含水饱和,局部易出现沿次级滑面滑移的崩塌及坡面泥石流。由于该段地形较陡峭,坡面物质松散,厚度较大,每年雨季坡体前缘的觉库沟均发生规模不等的水石流,掏蚀坡脚,诱发坡体产生小规模的崩塌、滑坡,并逐年垮塌,呈现出发展和扩大的趋势;同时该地段属强震区,处于全新世活动断裂带影响范围内,受地震作用明显;在现有技术条件下,该滑坡难以根治。路线通过滑坡处不便绕避,只有强行通过,即在保证下边坡稳定的前提下,及时清理保通。

2)崩塌

调查发现有80处以上的崩塌体,多属小型,大多可设挡墙进行支护;其中对路线危害最大的是K101、K102崩塌及K87+000~K90+400段嘎弄曲右岸分布的6处大中型崩塌,多由洪水掏脚引起,在大暴雨时崩塌物又形成坡面泥石流,冲毁路基、掩埋路面,对路线影响较大,需进行综合治理。

(1)K101(K103+570~K104+590)崩塌体

沿线长约1.02km,纵轴长约1.18km,平面上呈不规则的"舌状",后缘呈锯齿状,在地貌上,有小陡坎,前缘位于嘎弄曲右岸的陡坎上,前、后缘相对高差约700.00~730.00m;两侧边界为小水沟和陡坎,平均厚度约35.00m,崩塌体积约31 500 000m^3,物质成分主要为崩坡积的块碎石土,呈松散—中密状。为大型、牵引式崩塌体;经勘察,崩塌体前缘弱风化基岩处于嘎弄曲河床以上,总体处于稳定状态;但雨季局部有失稳现象,表现为前缘主要以崩塌形式破坏,斜坡中后部则以土体沿次级软弱面滑移破坏为主,并产生坡面泥石流。由于该段地形较陡峭,坡面物质较松散,厚度较大,雨量充沛,每年雨季坡体前缘的嘎弄曲均发生洪水,掏蚀坡脚,诱发前缘坡脚产生小规模的崩塌、滑坡,并产生坡面泥石流;同时该地段属强震区,处于全新世活动断裂带影响范围内,受地震作用明显,强烈的构造运动及地震作用导致岩石破碎,松散物质丰富;在现有技术条件下,该崩塌体难以根治。若绕避改走嘎弄曲左岸,有可能诱发新的地质灾害。

(2)K102(K104+590~K105+700)崩塌体

与K101崩塌体特征、性质相近。沿线长约1.11km,纵轴长约1.05km,平面呈不规则的"舌状",后缘为基岩陡崖,呈锯齿状,在地貌上,有小陡坎,前缘位于嘎弄曲右岸陡坎上,前、后缘相对高差约920.00～945.00mm；右侧边界为陡坎，左侧边界为基岩陡壁，崩塌体上植被发育，无明显的变形现象，平均厚度35.00m，崩塌体方量约28 800 000m^3，物质成分主要为崩坡积的块碎石土，呈松散—中密状；为大型、牵引式崩塌体。经勘察，该崩塌体现状无明显的变形迹象，总体处于稳定状态；仅雨季局部有失稳现象，表现为前缘主要以崩塌形式破坏，斜坡中后部则以土体沿次级软弱面滑移破坏为主，并产生坡面泥石流。由于该段地形较陡峭，坡面物质较松散，厚度较大，雨量充沛，每年雨季坡体前缘的嘎弄曲均发生洪水，掏蚀坡脚，诱发前缘坡脚产生小规模的崩塌、滑坡，并产生坡面泥石流；同时该地段属强震区，处于全新世活动断裂带影响范围内，受地震作用明显，强烈的构造运动及地震作用导致岩石破碎，松散物质丰富；在现有技术条件下，该崩塌、滑坡体难以根治。若绕避改走嘎弄曲左岸，可能诱发新的地质灾害。

3）泥石流

该段路线共发育21条以上的沟谷型、大中型冰川—暴雨型或暴雨型泥石流沟，及数条坡面型小型泥石流。多属间歇性的，处于衰退期的泥石流，一般设桥或涵通过即可。其中对路线危害大的常发性的泥石流主要有芒给沟（K88+725～K88+925）及冷多2号（K115+020～K115+900）等大型冰川—暴雨型或暴雨型水石流，均处于旺盛期；泥石流形成区一般发育1～5处大型岩石崩塌、滑坡体，固体物质丰富。

（1）冷多2号等水石流的危害主要表现在：早期堆积物在大暴雨时产生大型崩塌，并形成坡面泥石流，冲毁路基、掩埋路面。

（2）芒给沟泥石流基本上每年均发生数次，大暴雨时单次固体物质排出量数万至几百万立方米不等，破坏力极大。路线如从其堆积区通过，路基及桥每年将被毁坏，应尽量绕避，抬高线位，设桥从其流通区沟口通过；但现阶段该泥石流正处于旺盛期，形成区物源极为丰富，发育有5处以上的大型崩塌体；同时该地段处于全新世活动断裂带影响范围内，受地震作用明显，强烈的构造运动及地震作用导致岩石破碎，不断地为泥石流提供丰富的物质来源；充沛的降水和丰富的物质来源，导致泥石流规模不断发展、扩大，其活动规律和发展规模，均具有一定不可预见性，在现阶段和技术条件下难以根治，设桥通过也存在较大风险。

（3）其余为间歇性泥石流或水石流，形成区固体物质来源不多，以侧蚀早期堆积物或崩坡积碎砾石为主，仅个别形成区发育有1处或多处崩塌体，但单次排出的固体物质量在几千至几万立方米之间，颗粒粒径一般为0.2～150cm。

4）水毁

主要集中分布在K88+900～K90+400，嘎弄曲右岸临河路基，有3处以上，沿线路长65～260m不等；老公路每年均被嘎弄曲洪水强烈侧蚀、冲毁，并引起上边坡产生大、中型土质崩塌，交通中断。路线无法绕避，需进行大范围的护岸、护坡等综合治理。

综上所述，K80～黑日桥段地质灾害种类繁多、分布密集、规模大、活动频繁、危害较大，受马尼翁活动断裂、强震、强降雨及嘎弄曲洪水强烈侧蚀的影响，许多地质灾害难以根治，多数灾害路段也不易绕避，因此该段线路是扎墨公路能否修通、保通的关键所在。

9.3.3 黑日桥～墨脱县城（K119+700～K140+094.086）

属中、高山峡谷地貌区。路线沿雅江左岸展布，地表乔灌木、芭蕉等阔叶林茂密。除马迪古滑坡堆积台地外，其余地段自然坡面较为稳定，覆盖层较薄，多处基岩出露。地层主要有第四系泥石流堆积的碎砾石、砂夹块、漂石土，泥砂质充填，呈中密—密实状，地基土承载力300～450kPa；冲洪积的中粗砂、砾砂、卵砾石夹漂石土，多呈中密—密实状，地基承载力250～400kPa；崩坡积和滑坡堆积的碎砾石、泥砂质夹块石土，呈稍密—中密状；第四系土层震探纵波波速 $V_p=450\sim700m/s$；地基土承载力250～350kPa。基岩为条带状混合片麻岩、片岩及混合岩，片理、片麻理及节理较发育，呈弱风化状，岩质坚硬；震探纵波波速 $V_p=2\,800\sim3\,900m/s$；地基土承载力2 500kPa。

该段不良地质较其他地段不发育，崩塌多属小型；冰哥日等水石流均处于衰退期，单次物流量较少；主要不良地质为马迪0号、1号、2号及3号大型滑坡，其中马迪0号滑体距离路线较远，不会危害公路安全。根据勘察结果，马迪1号、2号、3号滑体处于稳定状态，但在地下水及重力作用下会产生蠕动，这将导致局部边坡崩塌、坡脚渗水、路面积水、沉陷翻浆等现象。

总体上该段产生破坏性灾害的可能性较小，但应加强滑体及路基排水，同时设置挡墙对边坡进行支护。

9.4 泥石流灾害治理及其处治技术措施

泥石流是山区特有的一种突发性很强的自然灾害现象或过程，是饱含大量泥沙石块及巨石等松散物与水的混合体，在重力作用下，沿一定坡面或压力坡流动的现象。泥石流流体因固体物质组成及水体含量的差异，常呈黏性阵流、层流，或呈稀性紊流等运动状态，是当地自然地质环境和人文因素综合作用的结果，是山地环境恶化的产物。

泥石流具有暴发突然、历时短暂、来势迅猛、大冲大淤及破坏力强等特点，会给当地社会、经济、人民生命财产和自然环境等造成很大的危害或灾难。

9.4.1 西藏公路建设泥石流灾害治理既有科研成果总结

1)泥石流对公路桥涵的危害

西藏既有公路泥石流的危害是十分严重的。在公路修筑以前，区段内泥石流灾害就很发育。如1902年在易贡藏布流域的扎木西沟，就发生了特大型冰川降雨型泥石流，冲出的固体物质堵塞易贡藏布，形成湖泊；故乡沟和配垄沟也早在20世纪初暴发过泥石流，从许多沟口广泛堆积着的扇形体来看，表明这一地区泥石流曾是相当活跃的。自1954年西藏干线公路全线贯通运营以来，差不多每年都要遭受到泥石流的危害，例如在1953年暴发的故乡沟特大规模泥石流，以28 600m^3/s的流量冲出沟口，在沟口一带淤埋大片农田，阻塞帕隆藏布，使原河道向南移动约200m，构成目前风景秀丽的故乡湖景观。该沟始发至今，几乎连年暴发，形成波状起伏的活跃时期，经常性地毁路断桥。至于一般的堵涵淤桥，局部毁涵断桥、淤埋路面、冲毁路基和防护建筑，则更是层出不穷，防不胜防，每年都有数十起发生。

根据调查分析，西藏既有公路上的泥石流灾害已危及社会、经济、环境等各个方面，特别是对公路的影响和危害更为突出。

川藏公路在修建过程中和通车运营至今，一直多灾多难，经常性地遭受各种山地灾害的危害，其中以泥石流危害最甚。

泥石流以冲、掏、淤、埋、毁等方式对公路和桥涵构成危害，通常表现为冲毁路基、淤埋路面、毁坏和淤埋桥涵,造成断道堵车事故。根据统计资料,全线长 1 286.2km,跨越泥石流沟 341 条,通车几十年来,这段公路多次遭受泥石流灾害,其中尤以 1954、1963、1964、1970、1973、1979、1983、1984、1988、1991 年为甚。据统计,全线范围内先后共发生泥石流 1 300 余次,中断行车 1 500 余天;有 34 条泥石流沟毁桥多次,全线所建的 48 座永久性桥梁到现今已有 17 座被毁坏;毁坏或堵塞的涵洞 200 多座,占总数的 70%;抢险救灾、整治费用高达 1 000 ~ 2 000 万元/年。

目前在公路过沟工程上一般存在 3 种形式:一是公路桥涵被毁,顺其自然,在沟床或扇形地上形成过水路面,如故乡沟、绒重沟等;二是桥涵尚存,但要么淤塞严重,要么冲刷侵蚀剧烈,基础不稳,前者如扎木西沟、地质西沟等,后有加马其美沟等,三是架设临时性的刚架桥或木板桥暂且通行,若再次遭遇泥石流被毁,又得重新架设,耗材费力,这类沟谷较多,有噶玛沟、瓦达沟、沙拢沟、通德沟等。

2)西藏干线公路泥石流特征

(1)泥石流类型特征

西藏独特的自然环境,为泥石流的发生、发展提供了极为有利的条件。泥石流类型齐全,包括降雨(含暴雨)泥石流、冰川泥石流、堵塞溃决及冻融泥石流在内的各种类型均有出现,并以堵塞溃决及冰川泥石流灾害活动为特色,可以说汇集了我国公路交通干线中所有的泥石流灾害类型,是一个名副其实的泥石流灾害博物馆,各方面均有很强的代表性。

(2)泥石流的分布特征

降雨类泥石流分布最广泛,并主要集中在年降水量为 300mm、日最大降水量达 30mm 以上,而年均气温 >0℃、夜雨发生率 >60% 的地区。暴雨泥石流主要分布在藏东南、喜马拉雅山南坡地带。雅鲁藏布江中、上游和“三江”流域上游地带,则主要是雨洪泥石流分布区,林芝、波密及大拐弯附近,则是降雨泥石流分布区。冰川泥石流则主要集中在藏东南八宿—工布江达海洋性冰川集中分布的地区,特别以然乌—东久地段最密集,规模和危害也最大。著名的古乡沟、培龙沟、冬茹弄巴、茶园弄巴、索通沟等 36 条大型、特大型冰川泥石流沟均分布在该地段内。冻融泥石流主要分布在年均气温 <0℃的高原区。泥石流成带、成片分布是西藏干线公路沿线泥石流分布的基本特点。

(3)泥石流的活动特征

①泥石流日内发生的特点

西藏降水的显著特点是多夜雨,绝大多数地区 20 时至次日 8 时的降水量占日降水总量的 60% 以上。拉萨、泽当、日喀则等地区的夜间降水,可占日降水总量的 80% 以上(雨季更明显)。喜马拉雅山南坡地区夜雨也达 50% 以上。藏北及阿里高原夜雨最低,亦在 50% 左右。由此可以得出:降雨泥石流亦主要发生在夜晚。根据加马其美沟 1976 ~ 1977 年对发生泥石流的实际观测资料统计,夜间发生泥石流占 68%。冰雪消融和溃决型泥石流,则主要发生在当日的下午至上半夜。如古乡沟、培龙沟、角弄角、索通等冰川型泥石流就是如此。

②泥石流发生的月变化

西藏气温一般从 4 月开始大幅升高,直至 8 月下旬又开始(高山区)下降。消融型泥石流大多数发生在 5、6、7、8 月 4 个月内,而以 6 月发生频率最高。部分藏东南地区,4 月中旬即可开始暴发。降雨泥石流 4、5 月就已开始,但主要集中在与降雨同步的 6、7、8 月 3 个月内。溃决型泥石流,则主要发生在 6 月下旬至 9 月上旬的时段内。冻融泥石流,则发生在盛夏高温的

6~8月。

③泥石流的多年活动特点

根据近30余年的气候资料对比分析，高温多雨和低温多雨年份，均有利于各类泥石流的发生。干热或干冷年的暴雨，对暴雨泥石流的发生很有利。降温丰水后期和干冷年前期，对冰川泥石流的形成有利。

④泥石流活动的周期性特点

泥石流活动的周期，大体与地震、太阳黑子及降水等的活动周期一致。约50年左右出现一个强烈期，11年左右出现一个活跃期。

⑤同一条沟在不同时期暴发的泥石流规模、性质差异性极大

在一定的水流条件下，泥石流的规模和性质，和流域内松散固体物质类型及直接补给的方式和数量关系相当密切。一般情况下，西藏暴发的泥石流规模均以中、小型或坡面型泥石流为主。当沟谷两侧山坡发生大规模冰雪崩（含冰碛、坡积物）或崩塌滑坡堵塞沟谷后溃决，或因冰川快速运动产生冰崩、雪崩引起冰舌下部的冰湖产生溃决时，就会形成特大型黏性泥石流。

⑥泥石流的运动流态多样

黏性泥石流的运动流态多以阵性流或层流为主，搬运力很强，泥石流体中挟带、漂移输送大量的巨石。尤其是冰川泥石流体中，粒径>1.0m的巨石四处可见。黏性泥石流强大的整体搬运能力，是黏性泥石流活动的重要特点。黏性泥石流运动停止时，前部呈弧形舌状或垄岗状混杂堆积也是一很大特点。稀性泥石流体流态，一般为紊流状态。大石块在运动过程中，多以推移、滚动及跃移的方式向前推进。除遇沟谷的陡坡、跌坎外，大石块的运动速动均小于水流的速度。稀性泥石流堆积的最大特点是大石块之间孔隙很大，有时在缝隙内及大块下留有枯枝落叶，巨石堆积多呈直立或半直立挤压排列。

⑦泥石流的冲淤特点

大冲大淤是西藏泥石流的特点之一。对一般泥石流而言，一次淤积或冲刷3~5m是很正常的现象。对于中、小型坡面泥石流及黏性泥石流多以淤积为主，而稀性泥石流（含石块少）则以冲刷为主。泥石流出山口后，由于坡度变缓，或流体呈散流状态，一般多以淤积为主。当稀性泥石流或水石流能满足一定的水深时，将以冲刷为主。

3）西藏公路泥石流防治工程技术措施

泥石流防治的工程措施是指在泥石流的形成、流通、堆积区内，根据不同的地形地质条件和防治目的，兴建相应的蓄水、引水工程，拦挡、支护工程，排导、引渡工程，停淤工程及改土护坡工程等，控制泥石流的发生、发展和危害。这类防治工程措施，一般适用于泥石流规模较大、活动亦比较频繁、松散固体物质补给及水动力条件相对集中的泥石流灾害治理。

（1）泥石流排导工程与技术

泥石流排导工程是泥石流防治中采用最多的工程措施之一，是利用原有的自然沟道开挖及填筑形成，并具有一定过流能力和较规则平（剖）面形状的开敞式槽形过流建筑物。其主要作用是将泥石流通过排导槽等顺畅地排入下游非危害区，从而消除或减轻泥石流对被保护区的危害。

泥石流排导工程具有结构简单、施工及维护方便、造价低廉、效益明显等优点。排导工程可控制泥石流的流速和流向，但不能制约和改变泥石流的发生、发展条件。排导工程可以单独

使用,或与拦蓄工程等配合使用。

排导工程应具备以下地形条件:

①排导工程布设区应有足够的地形坡度,或采取一定的工程措施后,能创造足够的纵坡,可满足不同性质泥石流的排泄。

②排导工程布设场地顺直,或通过截弯取直后能达到比较顺直。

③排导工程的尾部应有充足的停淤场所,或被排泄的泥沙、石块能较快(或顺利)地由大河等水流挟带、输送至下游。排导槽尾部与大河交接处最好能形成一定的落差,以防止大河河床抬高及水位大涨时,引起排导槽等内部的严重淤积、堵塞,使排泄能力减弱或失效。

④排导工程布设区应无大、中型崩塌滑坡活动,工程地质条件良好。

排导工程种类较多,但其功能及设计原则大同小异。具体可分为泥石流排导槽、渡槽、明洞及涵洞等防治工程。

(2)泥石流拦挡坝工程及技术

①拦沙坝作用

a. 拦沙坝建成后,可控制或提高沟床局部地段的侵蚀基准,防止沟床下切。稳定岸坡崩塌、滑坡体的移动,对泥石流的形成与发展起到抑制作用。

b. 拦沙坝可拦截大量泥沙,改变泥石流的性质,减少大量泥沙下泄对下游的危害。

c. 拦沙坝建成后,将使沟床拓宽、坡度减缓、流体流速降低,对下泄流量产生调节作用。

d. 拦沙坝下游沟床,因水流集中、流速加快,有利于输沙及排泄。

②拦沙坝类型

泥石流拦沙坝因所处的不同地质地形条件,采用的材料及设计的目的意图不同,将有不同的类型。我国常用的拦沙坝形式为重力坝、拱坝、平板坝、格栅坝及爆破筑坝等。按拦沙坝所用的材料可分为:浆砌石坝、混凝土(含钢筋混凝土)坝、钢结构坝、干砌石坝及土坝等。还可分为实体拦沙坝及透水拦沙坝两大类。

应当指出:拦沙坝类型不同,使用条件及所起的作用和达到的目的,亦不完全相同。因此应根据当地不同的自然环境及泥石流活动的规模、性质、被保护对象的要求标准等条件进行综合选择确定。

③拦沙坝的平面布置

a. 拦沙坝最好布设在泥石流形成区的下部,或置于形成区—流通区的衔接部位。

b. 从地形上,拦沙坝应布设于沟道的颈部(峡谷入口处)。坝址处两岸坡体稳定,无危岩、崩滑体存在,沟床及岸坡基岩出露、坚固完整,并具有很大的承载能力。在基岩窄口或跌坎处建坝,不仅节省工程投资,对排泄、消能均十分有利。

c. 拦沙坝应设置在能较好控制主、支沟泥石流活动的沟谷地段。

d. 拦沙坝应设置在靠近沟岸崩塌滑坡活动的下游地段,在崩滑体坡脚的回淤厚度能满足稳定滑坡的要求。

e. 从沟床冲刷下切段下游开始,逐级布设拦沙坝,使坝上游沟床被淤积抬高、展宽,可阻止沟岸崩滑活动的发展。

f. 拦沙坝可设置在沟床质易于活动的沟谷下游,其回淤长度和宽度应能覆盖和稳定沟床质的活动。

g. 在平面布置上，坝轴线尽可能按直线布设，并与流体主流线方向垂直。溢流口应居于沟道中间位置，溢流宽度和下游沟宽保持一致，非溢流段最好对称。坝下游设消能工程，可采用潜槛或消力池构成的软基消能。

h. 当拦沙坝本身不过流时，应在地质条件好的一侧设置排洪道工程。

④拦沙坝高度和间距

拦沙坝的高度除受控于坝址段的地形地质条件外，与拦沙效益、施工期限、坝下消能等各种因素有关。一般情况下，坝体越高，拦沙量越大，固床护坡的效果也越明显。但工程量大，投资高。故应有一个较合理的选择原则，如下：

a. 按工程使用年限所需的最大拦沙库容量确定坝高。

b. 按预防一次或多次典型泥石流的泥沙量确定坝高。

c. 根据坝高与拦沙库容量关系曲线拐点法确定。

d. 按稳定沟岸崩滑体需要确定坝高。

e. 对梯级坝系而言，各坝应组合为相互关联的整体，坝系总高及拦淤量为各单个坝的有效高度及拦淤量之总和。

由于泥石流拦沙坝的坝下消能及坝面磨损等技术不好解决，故从安全角度出发，建议单个坝的高度不应大于30m。对于梯级坝的单个坝高应小于10m。在强地震区及潜在危险（如堵塞溃决）易发区的泥石流沟，更应限制坝体的高度。

拦沙坝的回淤距离，由坝高及回淤纵坡而定。沟床的回淤纵坡与泥石流的性质及活动强度等有关，可采用类比法确定。根据调查统计，拦沙坝的实际淤积坡度在原沟床纵坡的0.5～0.9倍之间选取。

⑤拦沙坝的断面及尺寸选择

对于重力坝，对抗滑、抗倾覆稳定性及结构应力等比较有利的合理断面是梯形或三角形。在实际工程中，坝的下游面近乎垂直。

当坝高 $H<10\text{m}$ 时，底宽 $B=0.7H$；上游面边坡 $n_1=0.5\sim0.6$；下游面边坡 $n_2=0.05\sim0.20$。

当坝高 H 为：$10\text{m}<H<30\text{m}$ 时，底宽 $B=(0.7\sim0.8)H$，$n_1=0.60\sim0.70$，$n_2=0.05\sim0.20$。

当坝高 $H>30\text{m}$ 时，底宽 $B=(0.8\sim1.0)H$，$n_1=0.60\sim0.80$，$n_2=0.05\sim0.20$。

为了增大坝体的稳定性，可适当加长坝基底板，底板厚度 $=(0.05\sim0.10)H$，坝顶上下游面均可直面连接。

非溢流段坝高，为溢流坝高、设计过流泥深及安全超高之总和。

坝顶宽度：对于低坝应为1.2～1.5m，高坝应在3.0～4.5m之间。

坝体排水孔：低坝单孔尺寸为0.3m×0.3m，高坝单孔尺寸为0.5m×0.5m。横向孔距为4～5倍的孔径，纵向间距则可为3～4倍孔径，上下层之间应按品字形布设。对于起调节作用的大排水孔，则最小应为1.5～2.0倍的最大漂石长度。

坝下齿墙：埋深视地基条件而定，最深可达3～5m。齿墙为下窄上宽的梯形断面，下齿宽度常为0.10～0.15倍的坝底宽；上齿宽可为下齿宽的2～3倍。

⑥拦沙坝承受的基本荷载及组合

作用在拦沙坝上的基本荷载,为坝体自重,泥石流体压力、冲击力,堆积物的土压力、水压力及扬压力等。作用的特殊荷载包括地震力、温度应力、冰冻胀压力等。

泥石流荷载组合,可分为空库过流、未满库过流及满库过流3种情况,共达10种组合类型。当坝体尺寸、坝体排水布设及基础形状大小均相同时,有以下结论:

a.空库过流时的荷载组合,对坝体安全威胁最大。稀性泥石流过坝,危险更大;满库过流,则偏于安全。

b.当过流方式相同时,稀性泥石流比黏性泥石流对坝体安全的威胁大。

c.当黏性泥石流首先停淤在坝前时,对坝体安全有利。若库内全为黏性泥石流堆积,坝体就更加安全。

⑦拦沙坝结构计算

重力拦沙坝的结构计算,主要包括抗滑、抗倾覆稳定性计算,坝体及坝基的应力计算和下游抗冲刷稳定性计算等。具体计算方法可借用水坝及挡土墙的计算原理,只是荷载计算及组合不同而已。抗滑稳定安全系数 $K_c \geqslant 1.1 \sim 1.15$,抗倾稳定安全系数 $K_y \geqslant 1.3 \sim 1.6$。坝体计算强度应低于筑坝材料的允许值。

⑧拦沙坝的消能防冲工程

泥石流对坝下沟床及坝脚产生严重的局部冲刷下切,是造成坝体失事的重要原因之一。对坝下游消能,可采用以下措施:

a.副坝消能工程

在主坝下游建一座或多座低拦沙坝(副坝),使主副坝之间形成一个消力池,达到减弱过坝流体的冲、砸能力,控制冲刷坑的动态变形及纵深发展。

对副坝下游消能防冲的处理,一方面可根据需要设置多级副坝,使最后一级副坝只起潜坝的作用;另一方面,可采用灌注桩解决坝下防冲。

b.潜坝工程

在主坝下游沟床适当位置(冲刷坑以外)布设潜坝(齿墙)稳定沟床基准面,控制坝下游冲刷坑的发展。当沟床很宽时,潜坝埋深应在1.5~2.5m之间。当沟床较窄时,埋深可达3.0m以上。

c.拱基或桥式拱形基础

将拦沙坝的基础建成拱形基础,使坝体自身具有较好的受力条件和自保能力。这样当坝基部分被冲刷掏空时,不会对坝体的整体稳定构成威胁,但这种工程不适合泥流及细颗粒物质组成的泥石流。

d.护坦工程

对泥石流规模不大且含沙石粒径很小时,在坝高又不大的情况下,可设置护坦工程以防止冲刷。护坦厚度一般为1.0~2.0m,护坦长度越长越安全,其布设应与下游沟床一致。此外亦可采用类似水利工程的其他固床工程,使坝下游沟床冲刷得到控制。

⑨透水拦沙(格栅)坝工程及技术

以混凝土、钢筋混凝土、浆砌石、型钢等为材料,将坝体做成横向或竖向格栅,或做成平面、立体网格,或做成整体格架结构的透水型拦沙坝。格栅坝不仅能拦蓄大量的泥沙石块,还能起到调节泥沙的效果。与实体坝比较,格栅坝受力条件好,拦沙排水效果突出;大量构件可由工厂预制后装配安装，既缩短了工期，又提高了工程质量，节省材料及投资，还有利于维修管理。此类坝的优点是拦大（漂石、巨砾等）排小（挟沙水流及砾石等），能达到调节拦排泥沙比例的目的。

格栅坝主要用于水及沙石易于分离的水石流、稀性泥石流，以及黏性泥石流与洪水交错出现的沟谷。

格栅坝按结构与构造可分为两大类：一类为在实体圬工重力坝体上开过流切口或布设过流格栅而形成的切口坝、缝隙坝、梁式格栅坝、梳齿坝、耙式坝及筛子坝等。另一类为由相应杆件材料（钢管、型钢、锚索等）组成的格子坝、网格坝及桩林等。按使用材料及受力状况，格栅坝又可分为刚性及柔性两类。刚性格栅坝具有很大的刚性及整体性，属永久性建筑物；柔性格栅坝则具有较大的柔性变形，是一种临时性的拦挡工程。在具体使用中，应结合当地的实际情况，进行综合技术经济比较后，择优确定。

（3）泥石流停淤场工程及技术

泥石流停淤场工程，主要是指在一定时间内，按泥石流的运动及堆积原理，通过采取相应的措施后，将泥石流引入预定的平坦开阔洼地或邻近流域内的低洼地，促使泥石流自然减速停淤。停淤场不仅使泥石流产生大量停淤，还会削减洪峰流量、改变流体性质，这对被保护区不受淤埋是十分重要的。

停淤场属于不固定的临时性工程，设计标准一般要求较低。可将一次或多次拦截泥石流固体物质总量作为设计控制指标，一般利用逐段或逐级加高的方式，分期施工。

停淤场通常设置在流通段下游堆积扇的两侧及扇面的低洼地带，或开阔平缓的沟谷滩地，扇尾至主河间的平缓开阔阶地及邻近流域内的荒废洼地等。停淤场的缺点是占用大量的荒滩地，短期内对开发不利，此外，因停淤量总是有限的，故在一定年限后就需改建。20 世纪后 30 年，古乡沟泥石流未对公路造成毁灭性的破坏原因，一是泥石流的活动规模减小；二是广大养护人员在每年的 5 ~9 月泥石流暴发期，巧妙地利用原有的庞大堆积扇进行停淤的结果。

按停淤场所处的平面位置，可划分为沟道停淤场、堆积扇停淤场、跨流域停淤场、围堰式停淤场 4 种。

泥石流停淤场内的工程结构物将因停淤场类型而异。共同的工程结构物包括：拦挡坝、引流口、围堤（堵截堤）、分流口、集流沟及导流堤等。停淤场工程结构物的设计方法及注意事项，可参考泥石流及水利工程中的相关工程进行。

（4）泥石流沟坡整治工程

泥石流沟坡整治工程，主要是对泥石流沟道及岸坡的不稳定地段进行整治。通过采取相应的工程措施，使沟床及岸坡上的松散土石体保持相对平衡的稳定状态。对于流路不顺、变化大的沟谷段进行调治，使泥石流能沿规定的流路顺畅排泄。

①沟道整治工程

沟道整治工程，主要是对沟道的易冲刷侵蚀地段进行整治，可分为拦沙坝固床稳坡工程和护底工程两类治理措施。后者主要是防止山洪泥石流对沟床的严重冲刷侵蚀下切。常采用沟床铺砌或加肋板等措施。

②护坡工程

护坡工程主要防止坡脚被严重冲刷失稳,形成沟岸的坍塌或滑动,堵塞沟道。一般采用水泥砂浆砌石护坡,或用铅丝笼、木笼及干砌石、重型混凝土块等护坡。护坡高度应根据坡体自身的稳定性而定,最少应大于设计泥位。

对于崩滑体岸坡,可按水工挡土墙要求,采用水泥砂浆或混凝土挡墙支挡,对地下水出露或有雨水冲沟地段,应做好坡面截排水沟工程。若崩滑体系由坡脚被常流水沟冲刷侵蚀,产生缓慢滑动时,在地形条件允许的情况下,可将流水沟道改线,使水流避开滑坡体,则滑坡体会很快稳定下来。此外,采用削坡减载,或采用坡地改梯地,封山育林及植树造林等水土保持措施,对岸坡加以保护。当利用坡面排水沟及等高线壕沟工程拦排地下水及地表雨水时,应对排水沟加强防渗处理,否则作用不大。

③调治工程

一是通过疏浚、截弯取直、丁坝导流等工程措施,规整泥石流的流路,改善其排泄条件,使泥石流对沟岸坡脚及桥墩基础不产生大的局部冲刷和冲击。二是充分利用上游或邻近区内的清水流量,将支沟流出的泥石流稀释,并排泄至保护区以外。三是在上游清水区设置调节水库,并用人工渠道将水流逐渐排入下游,使水土分家,减轻或免除对中下游沟床及岸坡崩滑体坡脚的冲刷,防止泥石流的形成与危害。四是在大河与泥石流沟的交汇地段设导流挡墙,控制大河洪水对泥石流沟口地段的不断冲刷下切,抑制泥石流沟床大幅度后退时形成崩塌滑坡,危害桥梁的安全。加马其美泥石流沟口段的变化就是很好的例证。

9.4.2 扎墨公路沿线泥石流灾害及其处置措施

1)扎墨公路沿线泥石流概况

在公路走廊带内,主要以稀性泥石流为主,共发育有62处,主要有沟谷型的冰川型泥石流、暴雨型泥石流、冰川暴雨混合型泥石流3种类型的泥石流及其他坡面型的小型泥石流。

冰川型泥石流:分布于起点至隧道出口一带的泥石流属于此类。经过调查共有30处。其中K58+100~K58+750段桑谷沟水石流规模最大,该水石流后缘雪山及两侧山体范围内,发育有约20~30条冰川雪石流沟,水石流水源主要以冰融雪及雨水为主。强度已经逐渐减弱,水石流沟已基本稳定,路线从堆积区通过,设计采用在主沟槽抬高线位设置桥梁及其他路段采用过水路面通过,局部设置沟渠排水并在上方设置拦石墙处理。

冰川暴雨混合型泥石流:主要水动力来自低山区的暴雨径流和高山区的冰雪消融水混合补给,区内主要发育于波弄贡至K62段,沿线共发育有约13处,其中尤以芒给沟泥石流及K72+950~K73+000段泥石流危害最大。

芒给沟泥石流上游物源丰富,正处于发展阶段,分别于2002年与2005年大规模暴发,造成嘎弄曲水位暴涨,冲毁下游沿线路基。目前设计考虑采用上、下线方案,上线方案路线从泥石流流通区通过,设置桥梁跨越,并在上、下游均设置导流措施,基本能避开泥石流对路基的危害;下线方案路线基本从堆积区通过,在主沟段设置过水路面,做好必要的导流措施处理,并加强后期日常养护。由于该泥石流正处于发育期,最高洪水位很难界定,目前阶段按保通方式实施,上线方案可作为远期方案。

K72 +950 ~ K73 +000 段泥石流:属冰川暴雨型水石流,处于发展中期,曾于 1987 年及 2005 年再次暴发,规模较大,破坏性大且严重。水石流沟纵深约 1km,上游物源丰富,堆积物向下涌向嘎弄曲右岸河滩,堆积厚度约 4m,冲毁路基,掩埋路面。

雨洪型泥石流:墨脱是多雨地区,全年降雨日在 200 天以上,其中 6 ~9 月降雨量占全年降雨量的 70% 左右。地表径流对谷坡松散固体物质强烈侵蚀、搅和、搬运形成泥石流,墨脱境内大多数泥石流属于这种类型。全线多发育于波弄贡至墨脱县城路段,共有 19 处,多以中小型为主。

2)扎墨公路沿线泥石流防治工程技术措施

泥石流防治工程措施是指在泥石流的形成、流通、堆积区内,根据不同的地形地质条件和防治目的,兴建相应的蓄水、引水工程,拦挡、支护工程,排导、引渡工程,停淤工程及改土护坡工程等,控制泥石流的发生、发展和危害。

根据对西藏自治区诸多既有科研项目的总结分析,以及对西藏自治区多条已建公路泥石流灾害防治措施的成功案例考察与分析,结合墨脱公路泥石流灾害的地形地貌及物质水源条件,将既有科研成果与成功案例措施,推广应用于墨脱公路实际工程。

对于泥石流灾害的防治,通常采用的工程技术措施主要有:排导工程、拦挡坝工程、停淤场设置工程、泥石流整治工程等。

对于排导工程,具体可分为泥石流排导槽、渡槽、明洞及涵洞等,在设置时应根据泥石流发育与流通区的具体地形条件进行。

对于拦挡坝工程,在具体设置时应重点依据泥石流沟的地形地貌、地质条件、泥石流物质组成等,确定拦挡坝的类型、平面布置、高度及间距、断面及尺寸选择、基本荷载及组合、消能防冲工程等。

对于泥石流停淤场工程,主要是指在一定时间内,按泥石流的运动及堆积原理,通过采取相应的措施后,将泥石流引入预定的平坦开阔洼地或邻近流域内的低洼地,促使泥石流自然减速停淤。停淤场属于不固定的临时性工程,设计标准一般要求较低。

前 4 项整治工程主要针对可能发生的泥石流,通过相应的防治工程措施,改变其运动路径,减少及降低泥石流对人工工程可能造成的损坏。泥石流沟坡整治工程,主要是对泥石流沟道及岸坡的不稳定地段进行整治,主要针对泥石流可能的发生条件,采取相应的措施,降低泥石流的发生规模;或对泥石流流通沟道进行调治,使其沿规定的流路顺畅排泄,减小其对人类工程的冲击与损坏,其相应的措施主要有:沟道整治工程、护坡工程及调治工程等。

根据以上不同措施的防治原理及目的,并充分考虑西藏既有的关于泥石流防治方面的研究成果,以及西藏地区类似已建公路的成功使用情况,结合扎墨公路的沿线不同段落泥石流的具体形成与环境条件及其主要类型,确定了扎墨公路泥石流的主要措施为:①对通过流通区的泥石流,尽量提高路基,加大沟底纵坡,疏通泥石流沟槽并对沟底进行铺砌,设置导流堤将坡面泥石流归槽,尽量增大桥涵跨径进行跨越,若抬高路基比较困难时,采用过水路面通过,并加强后期日常养护,及时清理堆积物以保证公路的畅通。②对通过堆积扇区的泥石流,一般采用过水路面及加强日常养护,及时清理泥石流堆积物。

对于芒给沟等大型泥石流沟,需要进行专门的勘察设计与处治方案的确定,并综合考虑多种因素的相互影响。针对芒给沟,通过多方论证,确定处治措施如图 9-1、图 9-2 所示。

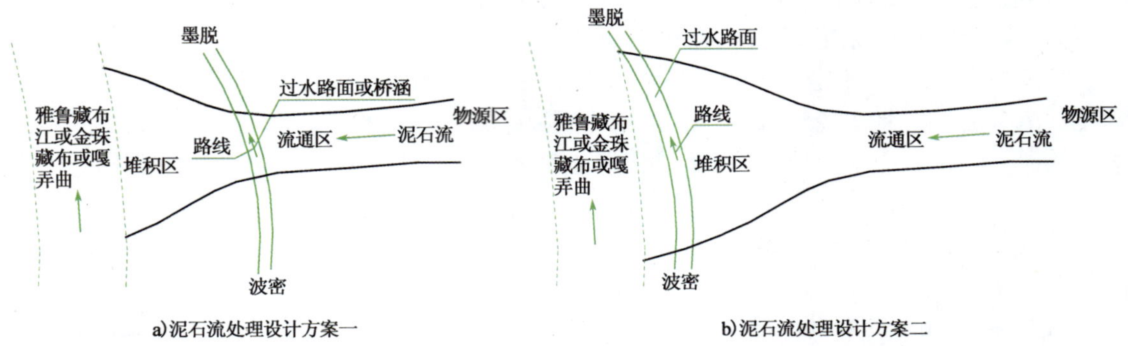

a)泥石流处理设计方案一

b)泥石流处理设计方案二

图 9-1　泥石流处治措施图

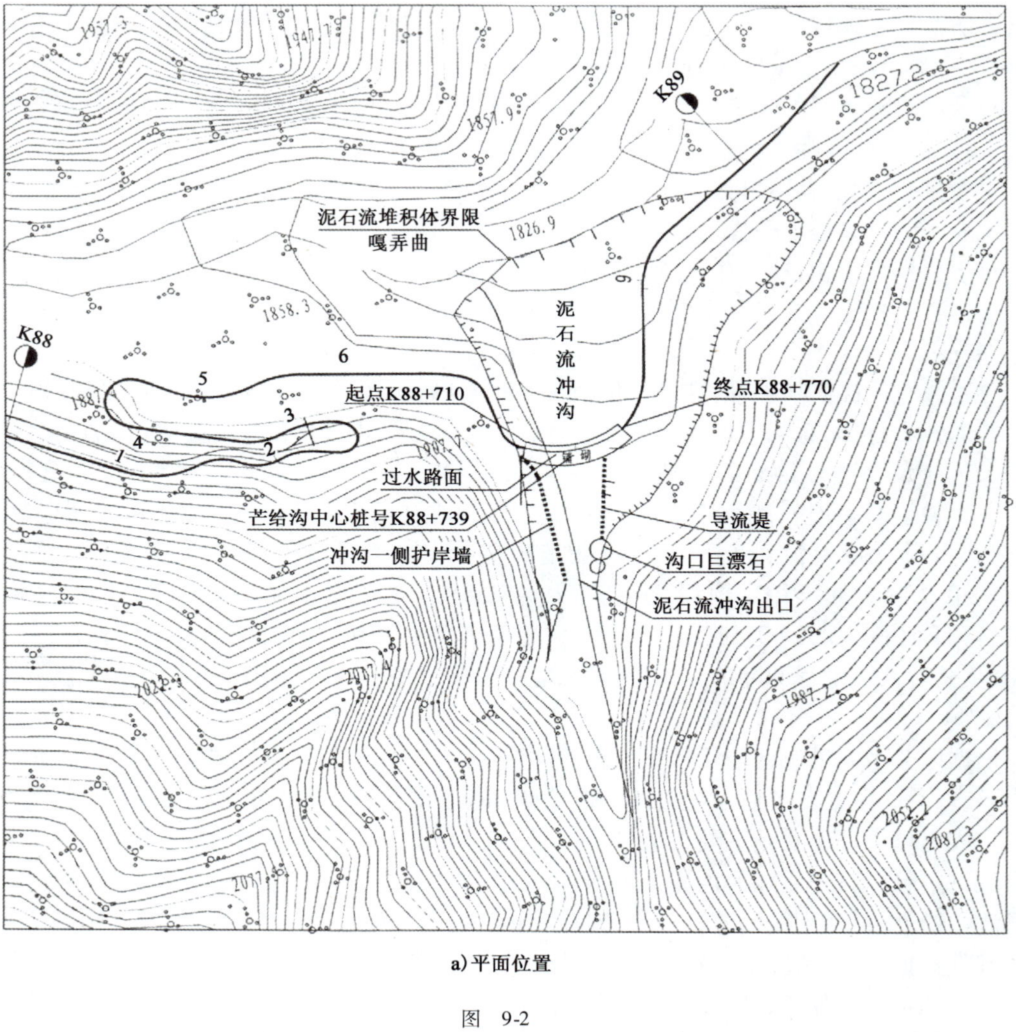

a)平面位置

图　9-2

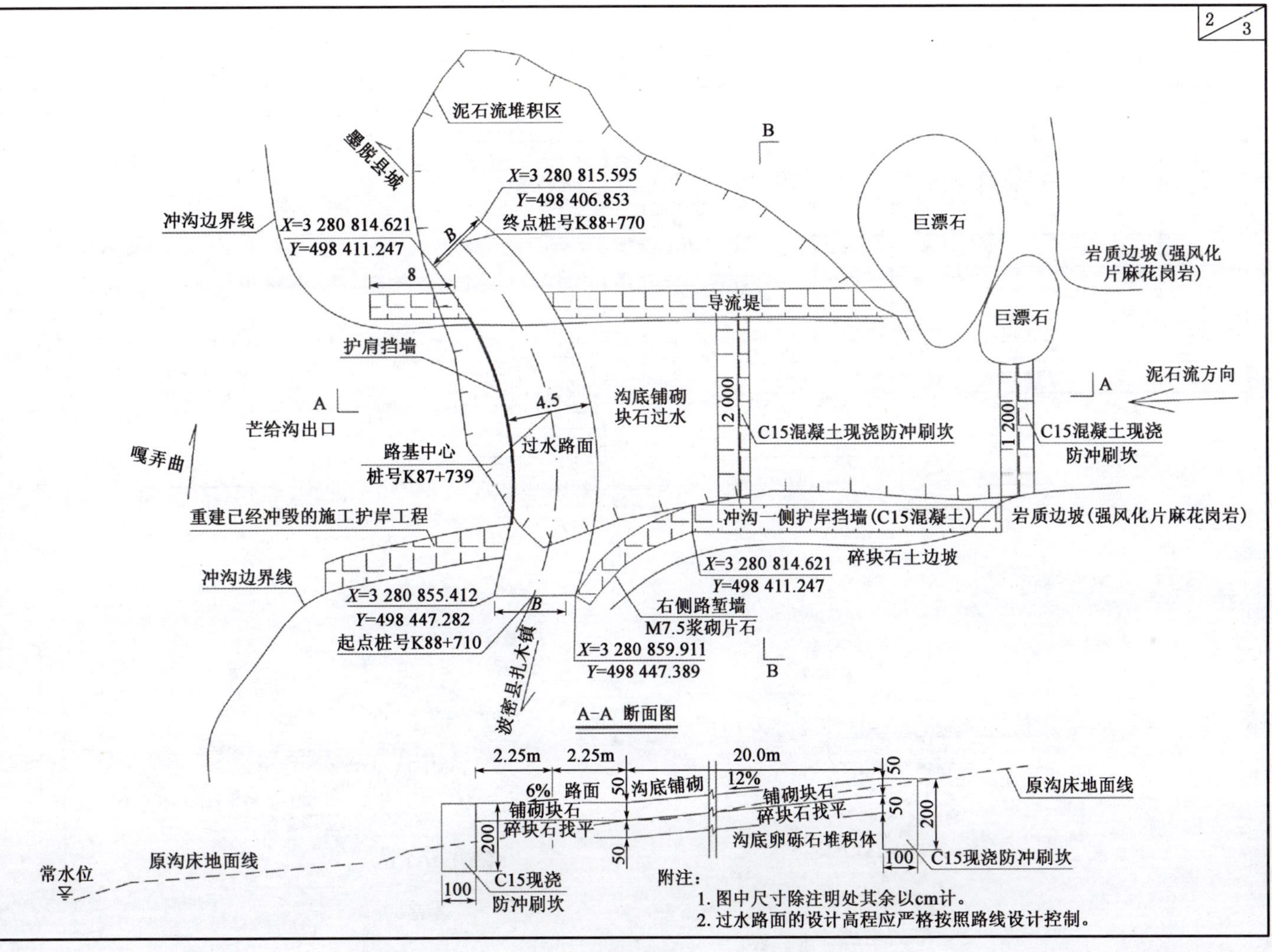

b) 处治布置

2/3
泥石流堆积区
墨脱县城
B
X=3 280 815.595
Y=498 406.853
终点桩号K88+770
巨漂石
冲沟边界线
X=3 280 814.621
Y=498 411.247
岩质边坡(强风化片麻花岗岩)
8
导流堤
巨漂石
护肩挡墙
泥石流方向
A
A
芒给沟出口
4.5
沟底铺砌块石过水
2 000
C15混凝土现浇防冲刷坎
1 200
C15混凝土现浇防冲刷坎
嘎弄曲
路基中心桩号K87+739
过水路面
重建已经冲毁的施工护岸工程
冲沟一侧护岸挡墙(C15混凝土)
岩质边坡(强风化片麻花岗岩)
碎块石土边坡
冲沟边界线
X=3 280 814.621
Y=498 411.247
X=3 280 855.412
Y=498 447.282
起点桩号K88+710
B
右侧路堑墙
M7.5浆砌片石
X=3 280 859.911
Y=498 447.389
B
波密县扎木镇
A-A 断面图
2.25m
2.25m
20.0m
6%
路面
沟底铺砌
12%
铺砌块石
碎块石找平
铺砌块石
碎块石找平
沟底卵砾石堆积体
50
50
50
50
200
200
100
100
原沟床地面线
常水位
原沟床地面线
C15现浇防冲刷坎
C15现浇防冲刷坎
附注：
1. 图中尺寸除注明处其余以cm计。
2. 过水路面的设计高程应严格按照路线设计高程控制。

图 9-2

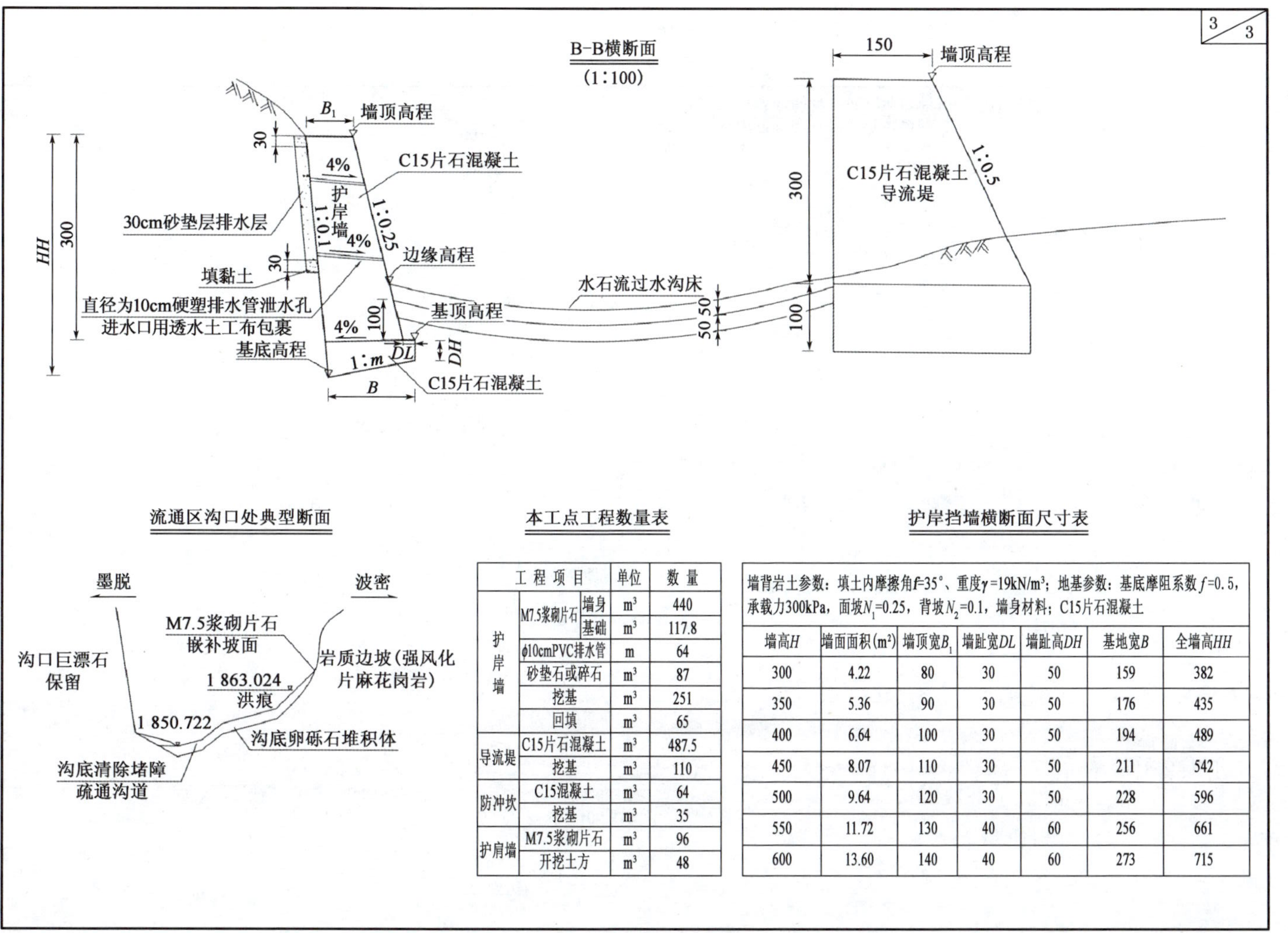

本工点工程数量表

工程项目			单位	数量
护岸墙	M7.5浆砌片石	墙身	m^3	440
		基础	m^3	117.8
	ϕ10cmPVC排水管		m	64
	砂垫石或碎石		m^3	87
	挖基		m^3	251
	回填		m^3	65
导流堤	C15片石混凝土		m^3	487.5
	挖基		m^3	110
防冲坎	C15混凝土		m^3	64
	挖基		m^3	35
护肩墙	M7.5浆砌片石		m^3	96
	开挖土方		m^3	48

护岸挡墙横断面尺寸表

墙背岩土参数：填土内摩擦角f=35°、重度γ=19kN/m³；地基参数：基底摩阻系数f=0.5，承载力300kPa，面坡N_1=0.25，背坡N_2=0.1，墙身材料：C15片石混凝土

墙高H	墙面面积(m²)	墙顶宽B_1	墙趾宽DL	墙趾高DH	基地宽B	全墙高HH
300	4.22	80	30	50	159	382
350	5.36	90	30	50	176	435
400	6.64	100	30	50	194	489
450	8.07	110	30	50	211	542
500	9.64	120	30	50	228	596
550	11.72	130	40	60	256	661
600	13.60	140	40	60	273	715

c)处治设计

图9-2　芒给沟泥石流处治措施图

9.5　滑坡、崩塌灾害治理及其防治技术措施

9.5.1　西藏公路建设滑坡、崩塌灾害治理既有科研成果总结

1)西藏干线公路滑坡、崩塌类型及特征

滑坡是斜坡上部分物质(岩体或土体)沿下伏的软弱面发生整体性滑移的现象,是道路边坡常见的一种山地灾害类型。

滑坡的分类,主要依据滑体的物质组成、滑动面形状、滑动速度、力学特征、滑体厚度、滑坡体积和发展阶段等进行划分。鉴于目前对西藏公路沿线滑坡的研究程度和实际情况,可将公路上的滑坡按滑体物质组成、滑体规模、滑动时间和厚度予以归类(表9-2)。

西藏公路滑坡分类方案及特征　　表9-2

分类依据	类　型	亚类或俗称	特征描述
滑体物质	覆盖层滑坡	黏性土滑坡	常见冰水堆积、冰碛物的牵引—推移式滑坡,也有强风化层滑坡。表现为圆弧形滑动面,规模不一,危害严重
		碎石土滑坡	
		残积层滑坡	
	基岩滑坡	顺层滑坡	较少见,有硬岩切层滑坡或楔体滑坡、软岩顺层滑坡,一般规模大,危害严重
		切层滑坡	
滑坡体积(10^4m^3)	—	小型滑坡	<10
		中型滑坡	10~100
		大型滑坡	100~1 000
		特大型滑坡	>1 000
发生时间	古滑坡	死亡的滑坡	滑体风化破碎,滑坡周界模糊,无变形者为死亡滑坡,有近期变形者为复活滑坡
		复活的滑坡	
	老滑坡	死亡的滑坡	
		复活的滑坡	
	新滑坡	—	滑体破碎,周界清楚,滑坡平台、地表裂缝清晰
滑体厚度(m)	表层滑坡	—	<5
	浅层滑坡		5~10
	中层滑坡		10~30
	深层滑坡		30~50
	超深层滑坡		>50
发生位置	路基滑坡	路基滑移	公路从滑坡中部穿过,滑坡滑动破坏内、外边坡
	内侧滑坡	滑塌、坍塌	位于内边坡上的滑坡,内边坡破坏,掩埋路面
	外侧滑坡	路基沉陷	位于外边坡上的滑坡,造成路基破坏
		—	滑坡体在公路外侧边坡上,尚未破坏路面

西藏干线公路全线各类滑坡均有分布。其中,以厚—巨厚层、古冰碛物、冲—洪积物、古泥石流堆积物构成新生代碎石土的推移式或推移—牵引式滑坡居多,规模以中、小型为主,厚度以中、浅层为主。

西藏干线公路滑坡主要发育在边坡高陡的峡谷地段。按照物质组成与发生机理,主要有以下几种类型:

(1)巨厚层冰碛—冲—洪积层滑坡:主要分布在 G318 线的通麦—东久一带,以 102 滑坡最为典型。

(2)古冰川湖纹泥层滑坡:主要分布在 G318 线古乡—中坝一带,以松宗滑坡最为典型。

(3)残—坡积层滑坡:全区均有分布,在 G214 线红山嘴—盐井、G318 线拉月—东久一带,规模小、数量多、密集成带分布。

(4)岩质滑坡:主要分布在 G318 线通麦—拉月、G318 线聂拉木—樟木、G317 线巴青—昌都一带,以拉月滑坡最为典型。

(5)高速滑坡:主要分布在 G318 线通麦—拉月一带,以易贡滑坡最为典型。

2)西藏干线公路滑坡、崩塌防治工程技术措施

我国对滑坡、崩塌防治技术的研究已有 50 多年的历史,但针对西藏地区"三高"环境条件下的滑坡、崩塌防治技术的研究较少。本书在总结西藏干线公路建设中已有的滑坡、崩塌防治技术的基础上,重点研究了各种工程措施在西藏地区道路建设中的适用条件和设计中的关键技术。

(1)地表与地下截排水系统

①地表截水(明)沟

地表截水(明)沟适用于年均降雨量 500mm 以上的多雨地区,一般布置在滑体后缘以上的稳定山坡上。

②滑坡排水(明)沟

滑坡排水(明)沟适用于年均降雨量 500mm 以上的多雨地区,一般布置在滑体范围内的汇水洼地和槽谷中,其轴线大致顺坡向。

③地表排水盲沟

地表排水盲沟是"三高"环境下的特有地表排水沟。适用于年均降雨量 500mm 以下的高寒山区,且降水的方式 60% 是降雪,地表基本不出现坡面径流。剖面上排水沟底置于地面以下 1m 左右,由片石水泥砂浆浆砌而成,沟内填满弱风化碎石。地表排水盲沟不仅能将后山融雪水拦截排走,还能汇集滑体内地表融雪水并将其排走。由于工程置于地面 1m 以下,所以不需加防冻剂。若滑坡还有缓慢滑动迹象,滑体内的排水盲沟底和两侧采用黏性土压实做成,或用塑料瓦做成叠瓦状。

④截水盲沟

截水盲沟能将滑坡外围的地表水拦截排走。

⑤排水盲(渗)沟

地表排水盲(渗)沟适用于年均降雨量 500mm 以下,且 60% 的降水方式是降雪,地表基本不出现坡面径流的地区。排水盲(渗)沟通常布置在地下水分布比较均匀,或坡面虽有大片潮湿但无明显地下水露头的地段,疏导边坡或滑坡体前缘的壤中水,在滑坡治理工程中是一种疏

导地下水的辅助措施。排水盲(渗)沟主要起到疏干坡体表层地下水,使被疏干的坡体表土能够形成硬壳以维持一定的坡度。有时排水盲(渗)沟也用来截排地表水,以减轻坡面冲刷危害。多布置在滑坡体前缘。

⑥支撑盲(渗)沟

排水盲(渗)沟本身并无抗滑能力,常因其前端无刚性构筑物支挡而失去作用。因此,在边坡渗沟前端应根据需要设置小型抗滑挡墙、渗水支垛等措施,形成支撑盲(渗)沟。布置在坡面上的称为支撑切沟;布置在滑坡前缘的称为支撑盲(渗)沟。

⑦渗水盲洞(泄水隧洞)

深度大于12m的地表排水盲(渗)沟施工难度大,沟壁易垮塌,造价高,以改为渗水盲洞(泄水隧洞)为宜。

⑧垂直钻孔群排除地下水

当滑床为隔水层,且厚度较小,滑床以下为透水层较好的厚砂砾层或中、粗砂岩时,可打垂直钻孔穿透滑动面下的隔水层,伸入到透水性更强的另一层透水层之中。穿过滑坡体的孔段安装透水管,将滑体内的地下水引排到滑床以下的透水层中。而且,下伏透水层接受垂直钻孔群补给的地下水之后,其本身不至于因地下水位上涨到滑动面高程。垂直钻孔群透排地下水适用于稳定阶段的滑坡截排地下水工程。

⑨仰斜钻孔群排水

仰斜钻孔群排水又称“水平钻孔排水”,即用仰斜角度不大的平卧钻孔钻入滑坡体内的含水地段,排出地下水。它是稳定和预防滑坡灾害的有效工程措施之一。

⑩集水井抽排水工程

在地下水汇集的位置,可选用人工挖井和机械钻孔井,伸入地下水位以下隔水层中,定时抽排地下水。含水层段为透水段,用多孔透水材料制作护壁。深入隔水层的井段为集水段,井壁用防渗材料护壁,并在集水段安装潜水泵,将地下水抽上地表,经地表排水沟排出滑坡体外。

(2)支挡工程

滑坡发生滑动之后,滑动面(带)岩土的抗剪强度已大大降低,尤其是活动性较大的滑坡,滑带土的抗剪强度已处于残余抗剪强度的水平。即使在这以后通过滑带土失水、固化直到恢复并提高其抗剪强度需要经历一个漫长的过程。因此,单靠地表和地下的截排水工程,减少地下水对滑带土的侵蚀软化,来达到提高滑带土抗剪强度的想法仍不能阻止滑坡滑动,常常在滑体的中、前部设置必要的抗滑支挡结构以抵挡滑坡滑动。在道路工程中常用的抗滑支挡结构有抗滑墙、抗滑桩和抗滑明硐等。

①抗滑墙

抗滑墙是治理滑坡时常采用的支挡构筑物,简称挡墙,抗滑墙优点是a.治理滑坡收效较快,治理中、小型滑坡时可单独采用。b.抗滑墙结合排水盲沟工程治理效果更佳。在治理大型滑坡时,可联合排水、减重等措施综合治理。c.能就地取材。d.施工方便。抗滑墙缺点是必须事先查清滑坡体受力性质、滑坡体结构、滑动面层数及位置、滑坡推力、抗滑墙基础等情况。

②抗滑桩

抗滑桩是滑坡治理工程中的主要工程措施,已广泛应用于道路工程滑坡防治工程。抗滑桩是利用其深入滑动面以下的桩体周围岩土体的弹性抗力来平衡滑动面以上的滑坡体下滑力的水平分力，使滑坡体保持稳定的一种抗滑结构物。由此抗滑桩的设计必须考虑滑床、滑体岩土的特性和抗滑桩自身的强度。

③抗滑明硐

抗滑明硐是防治滑坡的又一主要工程类型。抗滑明硐适用于滑坡剪出口位置较高、滑坡推力大、不适宜清方减载的工点。由于投资较大，过去多在铁路工程中应用抗滑明硐，在公路建设上应用较少。随着公路建设的发展，公路等级的提升，尤其是高等级公路的建设，在滑坡灾害的防治工程中应用抗滑明硐措施将会越来越多。

④抗滑桩明硐

为了防止在开挖明硐内边墙时恶化滑坡稳定性，并增加抗滑明硐的抗滑能力，先在抗滑明硐的内边墙位置上设置抗滑桩，明硐建成之前，由抗滑桩承担全部的滑坡推力。然后在施工抗滑明硐时，将抗滑桩作为抗滑明硐内边墙的组成部分。待明硐建成之后，抗滑桩和明硐共同承担全部的计算外荷载。施工时，先施工抗滑桩，再施工内边墙和拱。抗滑桩明硐将抗滑桩与抗滑明硐融为一体，无需特殊施工设备，施工工艺也不复杂，安全省工。

(3)锚固技术

置于坡体内的预应力锚索能充分地发挥岩土体的自承潜力，调节和提高岩土体的自身强度和自稳能力，减轻支护结构的自重，节约工程材料，可节省投资20%，具有显著的经济效益。并且，锚索技术能保证施工的安全与稳定。预应力锚索技术，已经广泛地运用于铁路、公路边坡工程以及水利工程等的滑坡治理、高边坡支护中。采用锚索来稳定滑坡可比采用普通抗滑桩节省投资约50%。

(4)土钉墙支护技术

土钉墙指在边坡中埋入短而密的抗拉构件与坡体形成复合体系，增强边坡稳定性。该方法主要用于土质边坡和松散的岩石边坡，加固高度较小，多用于临时边坡加固。

土钉的设置方向一般与土体可能发生的主拉应力方向大体一致，通常接近于水平并向下呈较小的倾角。土钉支护的施工正好与加筋土技术的施工工序相反。它采用从上至下，分步支护，即边开挖边支护的原则。土钉支护技术是用于土体开挖和边坡稳定的一种新型挡土技术，具有对原位土体扰动小，施工设备简单，操作空间小，不会因单个土钉失效而导致整体失稳等优点。

一般说来，土钉支护技术适用于中细砂土、砂土、砾石土以及黏性土和风化岩层。而对于塑性指数大于20的黏性土则不宜采用，且不宜在松散砂土、软塑、流塑黏性土以及有丰富地下水的土层中使用。同时，当采用土钉支护作为永久性结构时，需要进行专门的土钉防锈蚀处理。

(5)预应力锚索抗滑桩工程

普通抗滑桩从受力角度看属于悬臂受力结构，需要依靠其锚固段提供反力来平衡滑坡推力，需要较大的锚固深度。在通常情况下，抗滑桩桩身内力较大，需要较大的桩身截面尺寸和较大的配筋率，同时，作用在桩侧岩土体上的压应力也比较大，为避免岩土体被压坏，也需要较大的截面尺寸。当滑坡规模及滑坡推力较大时，采用这种抗滑结构并不经济。另一方面，普通抗滑桩属于被动受力结构，只有当桩后滑体发生位移或变形后，桩体才开始承担荷载，形成地基反力，并阻止滑坡进一步滑动。显然，抗滑桩的设置并不能立即阻止滑坡体的变形，一般需要半年时间以上，滑体才能逐步稳定，变形也才能终止。显然，这对于滑坡体上或前缘有重要构筑物的情况，普通抗滑桩已不适用。

预应力锚杆(索)桩则不同，将锚索与钢筋混凝土桩联合使用。多根锚索桩构成钢筋混凝土排桩式锚杆(索)挡墙。排桩可以是钻孔桩、挖孔桩或劲性混凝土桩，锚杆(索)可以是预应力或非预应力锚杆(索)，预应力锚杆(索)材料多采用钢绞线(预应力锚索)、四级精轧螺纹钢(预应力锚杆)。锚杆(索)的数量根据坡高及推力荷载可采用桩顶单锚点方法和桩身多锚点方法。

预应力锚索桩由锚索与抗滑桩组合而成，简称锚索抗滑桩。由于锚索的存在，在抗滑桩的顶端增加一个拉力，改变了普通抗滑桩仅依靠锚固段提供反力的不良的悬臂梁受力状态，而成为一端近似铰接(桩顶位移控制在3cm左右)，另一端近似弹性固支的弹性梁，接近简支梁受力状态，使桩的受力更为合理(滑坡推力在预应力锚索抗滑桩的分布近似矩形)。增加预应力锚索，可以减少桩的锚固深度(一般在滑面以下2.5～3.0m)，减少桩身截面尺寸，降低桩身配筋率，可以大幅度节省材料，降低工程造价。同时，预应力锚索桩属于主动受力构件，通过锚索对滑坡体施加预应力，可以主动地约束滑体的变形和位移，及时阻止滑坡体的活动，稳定滑坡。

(6)滑坡减载与反压工程

滑坡减载工程是移开滑坡后部的一部分滑坡体，减小滑体的主动土压力(减少下滑力)，是常采用的治理滑坡措施之一。在滑坡治理工程中，对于推动式滑坡来说，在滑坡体的后部主滑段位置实施减重工程往往成为根治工程措施。对于其他类型的滑坡来说，在主滑段减重也能起到减小下滑力的作用。滑坡反压工程是在滑坡体前部的抗滑段部位或在滑坡体之外的前侧位置，以路堤、堆石坝的工程形式加重，增大滑坡的抗滑力而稳定滑坡。

如果滑坡后部减载工程能够与滑坡前缘反压工程相结合，形成后减前压的综合工程方案，以挖作填，事半功倍，效果更好。此种措施既简单，又省投资。

(7)拦沙坝

拦沙坝能防治沟谷下切，还能够拦截大量的泥石流固体物质。防止泥石流对下游的冲刷、掩埋危害。在治理滑坡的工程中，拦沙坝本身并不与滑坡体相接触，而是用坝库内回淤的泥石流固体物质反压滑坡体防止两岸坍塌，从而稳定滑坡。因此，拦沙坝工程可以防止新滑坡的发生和治理已经发生的滑坡体滑动。拦沙坝适用于治理泥石流地区的自然滑坡。拦沙坝原为水土保持和泥石流治理工程中的拦挡措施之一，包括拦沙坝(实体重力坝)和格栅坝。其适用条件：①泥石流沟道岸坡上发生的滑坡。②滑坡剪出口位于沟床内(坡前滑坡)，或剪出口高于沟床不超过10m的坡面滑坡。③滑坡体前方的沟道不宜过宽。④滑坡体的下游邻近沟道较窄。⑤滑坡体的下游邻近沟道基岩出露较好，或沟道岸坡较稳定。

拦沙坝治理滑坡的功能：①人为地抬高了局部沟段的侵蚀基准，减缓了回淤段的纵坡，遏制了滑坡前方的沟床冲刷作用；②在泥石流地区，崩塌、滑坡、泥石流等灾害共同构成了灾害系统，相互促进。在治理泥石流的工程体系中，拦沙坝发挥拦沙节流，减小沟内泥石流的流速、密度与规模，从而改善了沟道岸坡的重力侵蚀状况。③增大了拦沙坝下游的冲刷力，有利于冲沙、调节泥沙冲淤和沟道演变。

(8)避让工程

避让工程是指采用工程措施避开滑坡灾害，可分为主动避让和被动避让两种类型。无论何种类型的避让工程,采取措施时应事先做好技术论证和经济分析对比。

9.5.2 扎墨公路沿线滑坡、崩塌灾害防治工程技术措施

滑坡灾害主要分布于边坡高陡、岩石破碎松散的峡谷地段。路线主要沿河沟展线,地面横坡较陡,基岩出露少,沿线主要为厚10~50m的崩坡积碎块石土层边坡,雨水侵蚀极强,易形成滑坡。这些段落沟谷狭窄,河床纵坡较大,水流湍急,山坡坡脚侧蚀严重,且受地震、构造断裂活动影响,极易造成山崩、滑坡,很难稳定,表征特征主要为坡面崩塌与泥石流,且发育地点具有不确定性,上部的松散物质受雨水、重力作用逐年垮塌,呈现出发展和扩大的趋势。但基本上不会产生滑移,一般为表层崩塌。勘察发现有规模不等的滑坡12处见表9-3。

全线滑坡处治一览表　　表9-3

序号	分布路段	类型及稳定状态	与路线的关系	处治措施
1	K89+575~K89+640	小型牵引式滑坡,整体稳定	路线从滑坡体前缘通过	设置挡墙
2	K92+355~K92+690	大型牵引式滑坡,整体稳定	路线从滑坡体中部通过	设置上、下挡墙
3	K92+740~K92+960	大型牵引式滑坡,整体稳定	路线从滑坡体中部靠前缘通过	简单的上、下挡墙处理并处理觉库沟
4	K98+620~K98+950	中型古滑坡体(牵引式),整体稳定	路线从滑坡体靠前缘通过	上、下挡墙处理
5	K116+000~K116+100	中型牵引式崩塌—滑坡体	路线从滑坡体靠前缘通过	设置上挡墙
6	K118+460~K118+710	中型古滑坡体	路线从滑坡体中部通过	设置挡墙
7	K120+485~K120+550	小型浅层土质滑坡	路线从滑坡体靠前缘通过	设置上挡墙
8	K128+265~K128+510	大型古滑坡体(整体稳定)	路线从滑坡体中、后部通过	设置上、下挡墙,加强排水处理
9	K128+580~K128+910	大型古滑坡体(整体稳定)	路线从滑坡体中、后部通过	设置上、下挡墙,加强排水处理
10	K130+080~K130+450	大型古滑坡体(整体稳定)	路线从滑坡体中、后部通过	设置上、下挡墙,加强排水处理
11	K134+215~K134+270	小型浅层岩石崩塌—滑坡(稳定)	路线从滑坡体靠前缘通过	设置上、下挡墙,清除危岩
12	K137+035~K137+135	小型浅层滑坡(山扒皮)	路线从滑坡体中、后部通过	设置上挡墙防护
整治情况		一般处理的滑坡10处,保通处理的滑坡2处		

对于滑坡、崩塌灾害的治理，在西藏自治区已针对多条公路开展过相应的科研项目，如“中尼公路聂友段公路病害整改对策研究”“西藏妥坝至昌都公路典型边坡处治技术研究”“西藏干线公路修筑技术研究”“川藏公路102滑坡群整治工程技术研究”“西藏公路人工高切坡超前支护技术研究”等，这些科研项目均针对不同的高边坡等灾害进行了深入系统的研究，其相关成果可为扎墨公路高边坡灾害的防治提供必要的技术支撑。

另外，通过对西藏自治区内多条已建公路的滑坡、崩塌灾害防治效果的实地调研，总结分析了诸多成功案例，也可为扎墨公路相应灾害的防治提供技术借鉴。

对于滑坡、崩塌灾害的防治措施，通常包括以下几种之一或其不同的组合形式：

(1)地表与地下截排水系统：主要包括地表截水明(盲)沟、截排水盲(渗)沟、支撑盲沟(洞)、垂直钻孔群排水、仰斜钻孔群排水等。

(2)支挡工程：主要有抗滑墙、抗滑桩、抗滑明硐、抗滑桩明硐、锚固技术、土钉墙支护技术、预应力锚索抗滑桩工程、减载与反压工程及柔性防护技术等。

在以上总结西藏自治区既有科研成果及已建公路地质灾害防治技术成功案例分析的基础上，结合扎墨公路实际，确定扎墨公路滑坡、崩塌灾害的主要防治原则及技术为：

(1)崩塌的处治措施。对于中小型崩塌，设计上尽量根治。首先从路线平、纵面考虑，以避让清方为主，然后采取必要的工程处治措施，如设置路堑挡墙、拦石挡墙、放缓边坡并辅以及时清理崩塌物等措施，保证车辆通行，如图9-3所示。

(2)滑坡的处治措施。对于整体稳定、不会发生大规模滑移、仅存在局部坡面垮塌等破坏性小的滑坡，如马迪1号、2号、3号滑坡等，设计上考虑一次性治理到位，首先从路线平、纵面考虑，然后采用必要的工程处治措施，设置上、下挡墙，放缓边坡并辅以及时清理崩塌物等措施，保证车辆通行。对于影响范围大，治理难度大，坡面已经出现严重的崩塌等破坏的滑坡，贯彻“保通为主，分步实施，逐步治理”的原则，先按保通方案进行简单治理，然后进行长期的观测，获得详细的认识后，再提高工程处理措施。该路线的滑坡基本均采用一般治理，待详细认识后，提高工程处治措施。对每个滑坡均进行了工点设计，见图9-4。

受降雨及崩坡积松散层厚的影响，该区崩塌体异常发育，区内分布着规模不等的崩塌共有145处。且受地震、构造断裂活动影响，极易造成山崩。而且很难稳定，且发育地点具有不确定性，上部的松散物质受雨水、重力作用逐年垮塌，呈现出发展和扩大的趋势。

另外，石笼挡墙技术在西藏多条已建公路中均得到了较成功的运用(图9-5)，在扎墨公路，作为推广应用的技术之一，该技术也在不同段落的边坡灾害防治方面得到了大量应用。

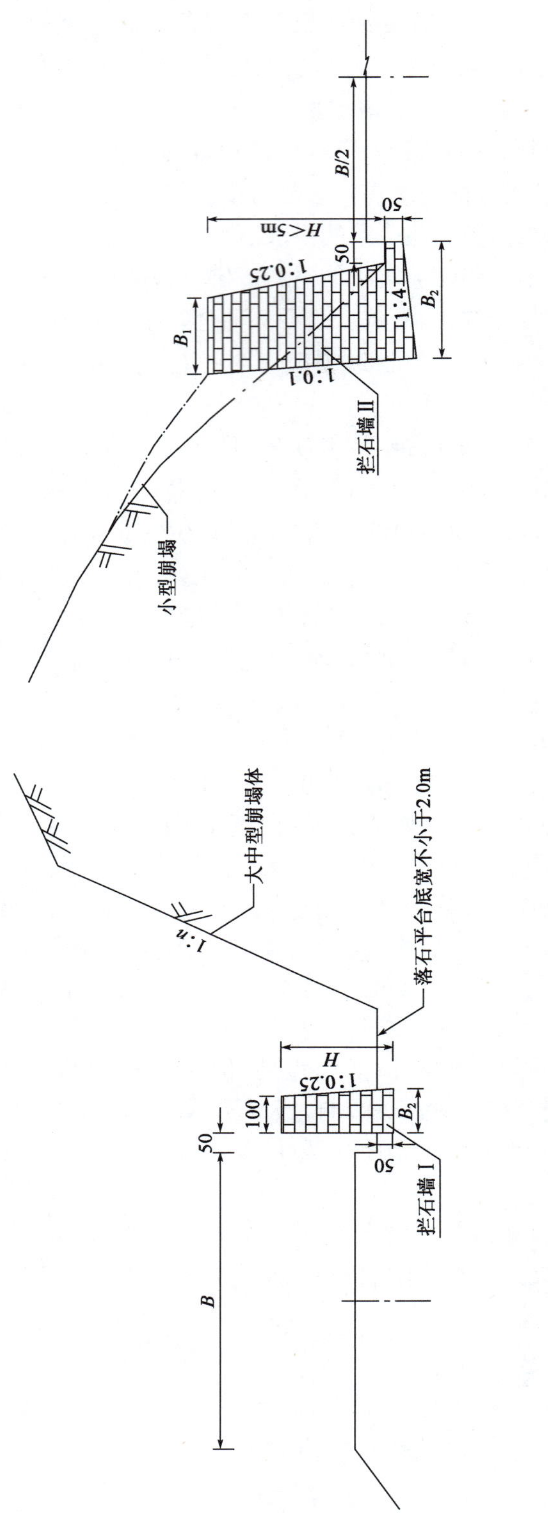

图9-3　中小型崩塌处治方案图（尺寸单位：cm）

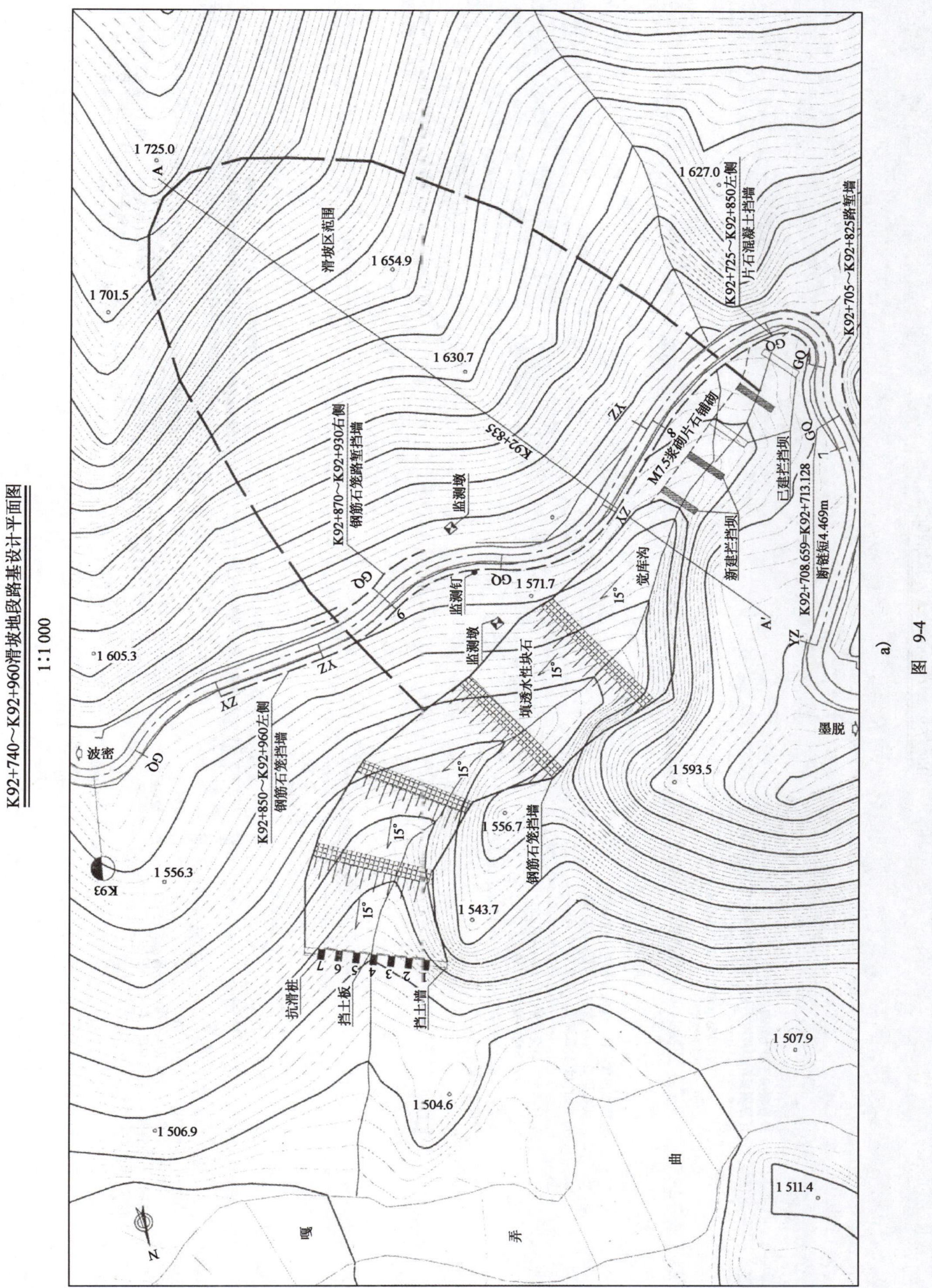

a)

K92+740~K92+960滑坡地段路基设计平面图
1:1 000
滑坡区范围
1 725.0
1 701.5
1 654.9
1 630.7
1 627.0
1 605.3
1 571.7
1 593.5
1 556.7
1 556.3
1 543.7
1 507.9
1 504.6
1 506.9
1 511.4
K92+725~K92+850左侧
片石混凝土挡墙
K92+705~K92+825路堑墙
K92+870~K92+930右侧
钢筋石笼路堑挡墙
K92+850~K92+960左侧
钢筋石笼挡墙
K92+835
M7.5浆砌片石铺砌
已建拦挡坝
新建拦挡坝
K92+708.659=K92+713.128
断链短4.469m
监测墩
监测钉
填透水性块石
觉库沟
钢筋石笼挡墙
抗滑桩
挡土板
挡土墙
波密
墨脱
K93
嘎
弄
曲
N

图 9-4

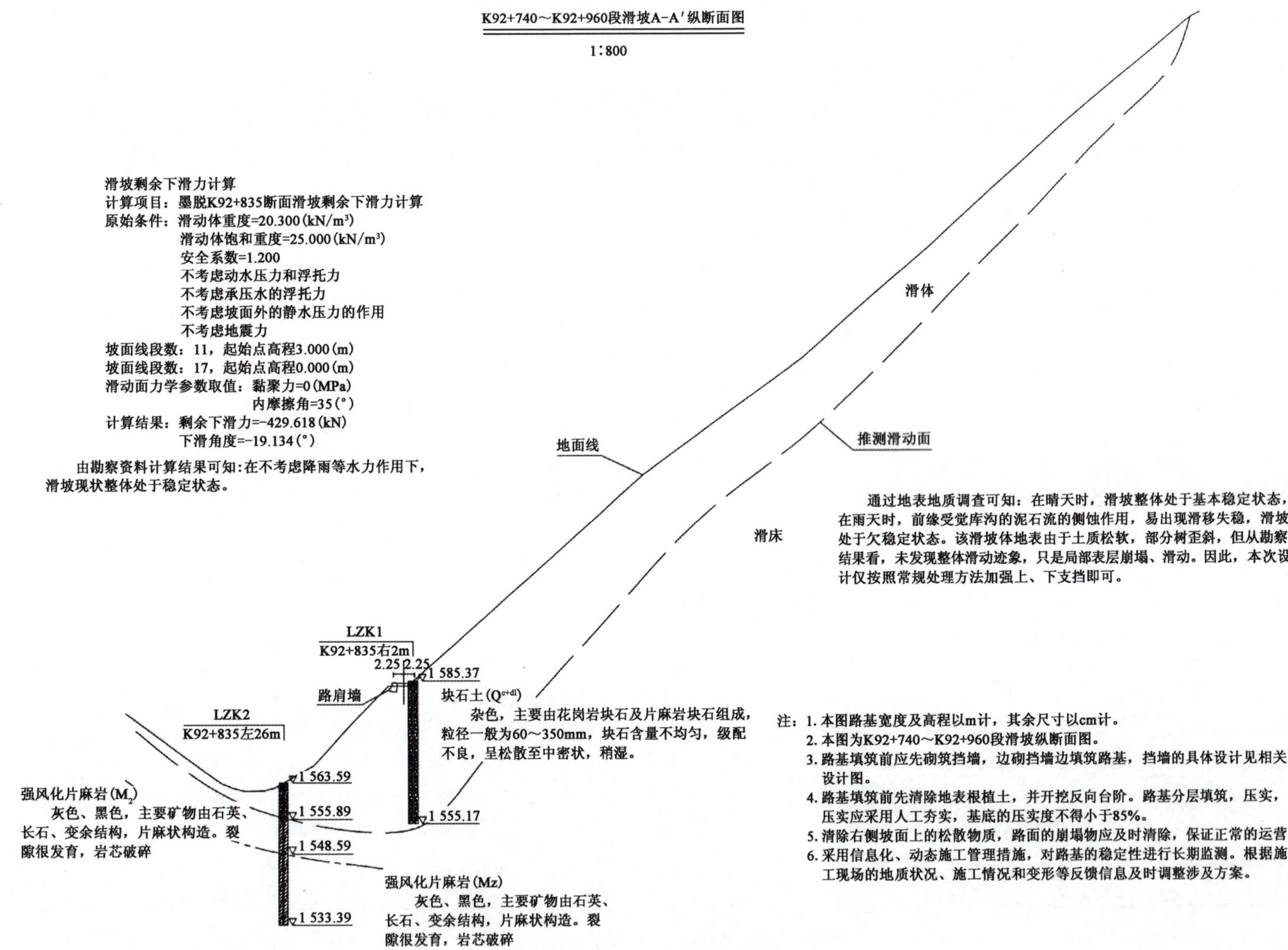

b)

图9-4　典型滑坡工点措施布置图

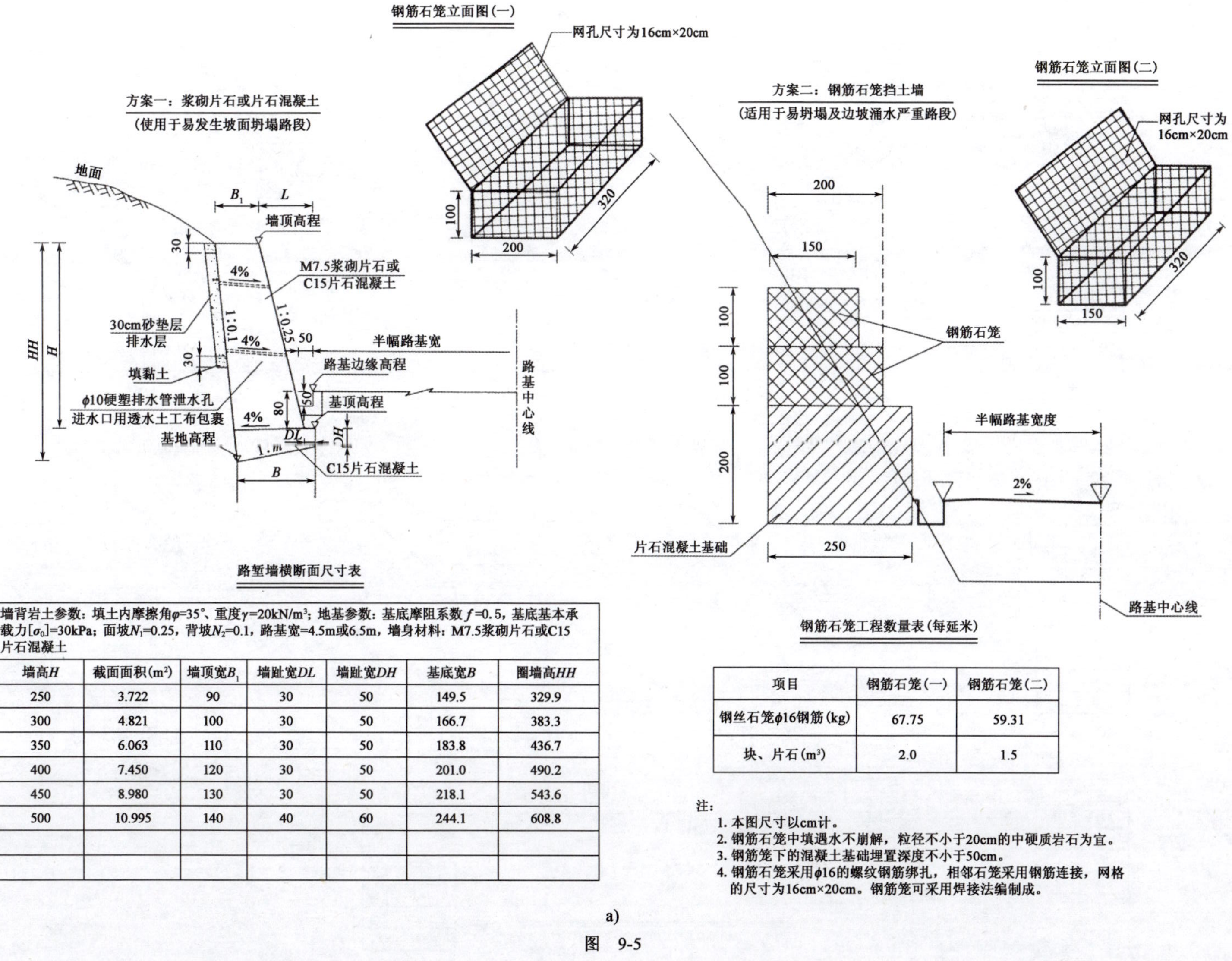

路堑墙横断面尺寸表

墙背岩土参数：填土内摩擦角φ=35°、重度γ=20kN/m³；地基参数：基底摩阻系数f=0.5，基底基本承载力[σ_0]=30kPa；面坡N_1=0.25，背坡N_2=0.1，路基宽=4.5m或6.5m，墙身材料：M7.5浆砌片石或C15片石混凝土

墙高H	截面面积(m²)	墙顶宽B_1	墙趾宽DL	墙趾宽DH	基底宽B	圈墙高HH
250	3.722	90	30	50	149.5	329.9
300	4.821	100	30	50	166.7	383.3
350	6.063	110	30	50	183.8	436.7
400	7.450	120	30	50	201.0	490.2
450	8.980	130	30	50	218.1	543.6
500	10.995	140	40	60	244.1	608.8

钢筋石笼工程数量表(每延米)

项目	钢筋石笼(一)	钢筋石笼(二)
钢丝石笼ϕ16钢筋(kg)	67.75	59.31
块、片石(m³)	2.0	1.5

注：
1. 本图尺寸以cm计。
2. 钢筋石笼中填遇水不崩解，粒径不小于20cm的中硬质岩石为宜。
3. 钢筋笼下的混凝土基础埋置深度不小于50cm。
4. 钢筋石笼采用ϕ16的螺纹钢筋绑扎，相邻石笼采用钢筋连接，网格的尺寸为16cm×20cm。钢筋笼可采用焊接法编制成。

a)

图　9-5

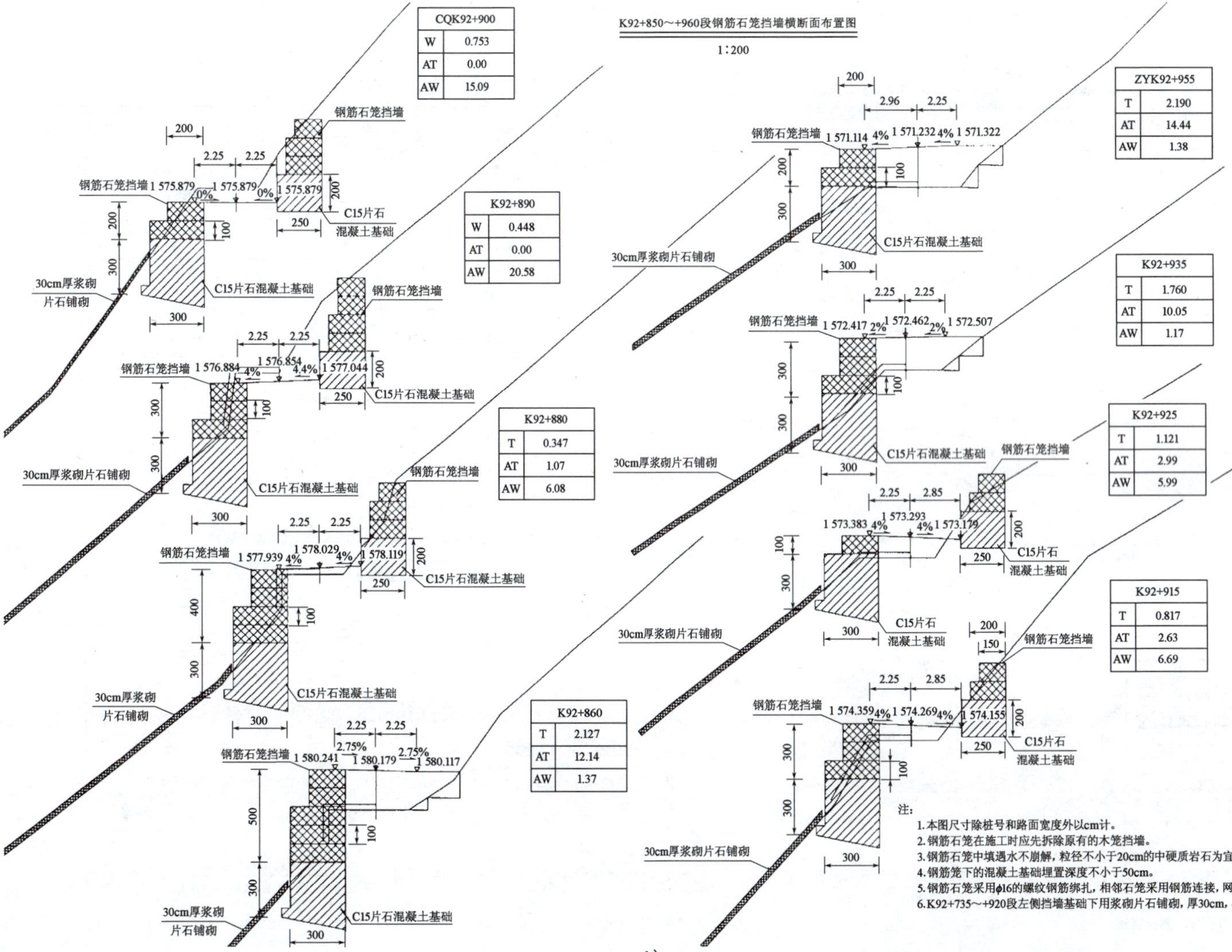
K92+850～+960段钢筋石笼挡墙横断面布置图
1∶200
CQK92+900
W 0.753
AT 0.00
AW 15.09
K92+890
W 0.448
AT 0.00
AW 20.58
K92+880
T 0.347
AT 1.07
AW 6.08
K92+860
T 2.127
AT 12.14
AW 1.37
ZYK92+955
T 2.190
AT 14.44
AW 1.38
K92+935
T 1.760
AT 10.05
AW 1.17
K92+925
T 1.121
AT 2.99
AW 5.99
K92+915
T 0.817
AT 2.63
AW 6.69
钢筋石笼挡墙
C15片石混凝土基础
30cm厚浆砌片石铺砌

注：

1. 本图尺寸除桩号和路面宽度外以cm计。
2. 钢筋石笼在施工时应先拆除原有的木笼挡墙。
3. 钢筋石笼中填遇水不崩解，粒径不小于20cm的中硬质岩石为宜。
4. 钢筋笼下的混凝土基础埋置深度不小于50cm。
5. 钢筋石笼采用ϕ16的螺纹钢筋绑扎，相邻石笼采用钢筋连接，网格的尺寸为16cm×20cm。
6. K92+735～+920段左侧挡墙基础下用浆砌片石铺砌，厚30cm，与拦挡坝直接相连。

b)

图 9-5

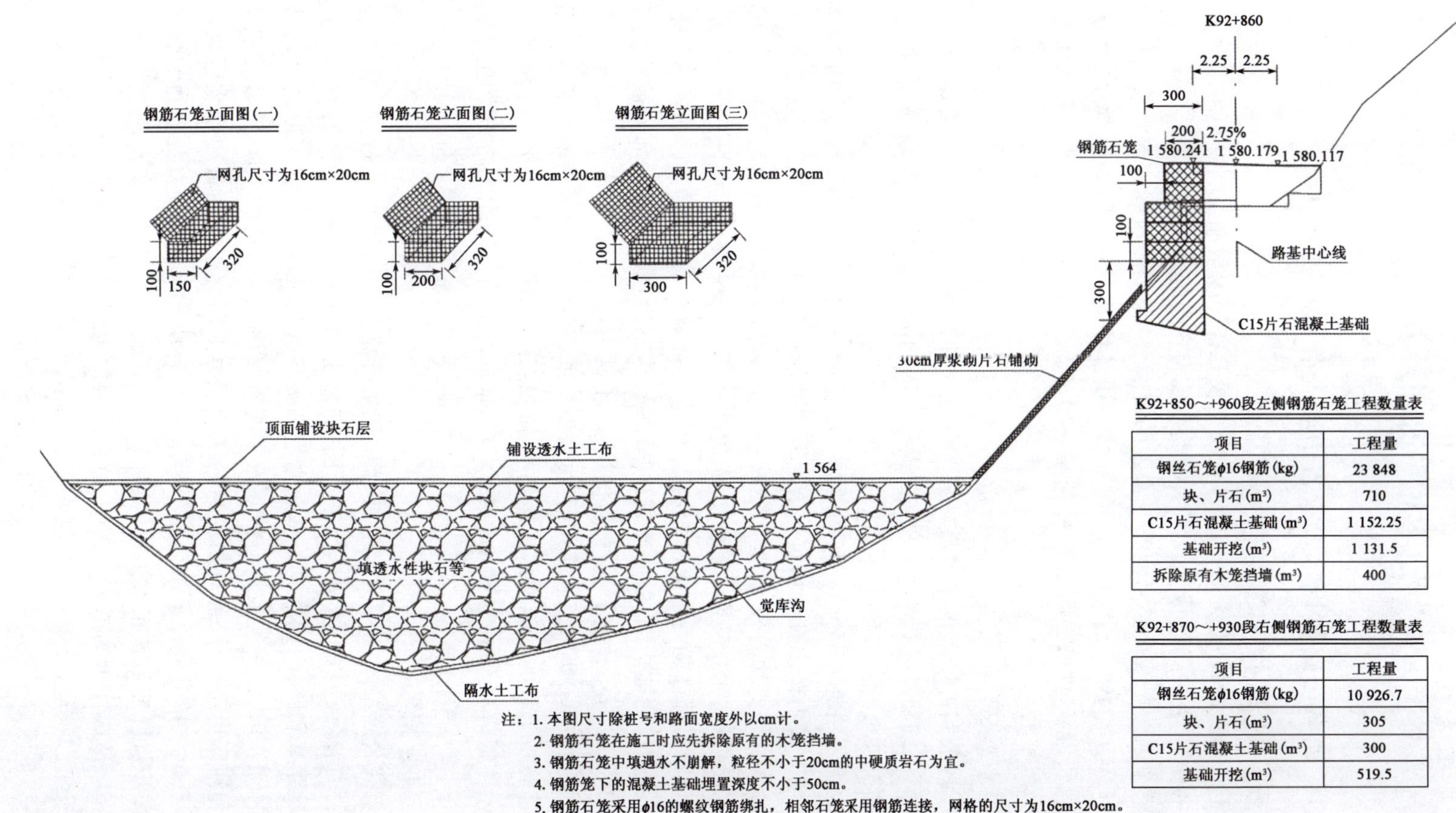

K92+850～+960段左侧钢筋石笼工程数量表

项目	工程量
钢丝石笼ϕ16钢筋(kg)	23 848
块、片石(m^3)	710
C15片石混凝土基础(m^3)	1 152.25
基础开挖(m^3)	1 131.5
拆除原有木笼挡墙(m^3)	400

K92+870～+930段右侧钢筋石笼工程数量表

项目	工程量
钢丝石笼ϕ16钢筋(kg)	10 926.7
块、片石(m^3)	305
C15片石混凝土基础(m^3)	300
基础开挖(m^3)	519.5

注：1. 本图尺寸除桩号和路面宽度外以cm计。
2. 钢筋石笼在施工时应先拆除原有的木笼挡墙。
3. 钢筋石笼中填遇水不崩解，粒径不小于20cm的中硬质岩石为宜。
4. 钢筋笼下的混凝土基础埋置深度不小于50cm。
5. 钢筋石笼采用ϕ16的螺纹钢筋绑扎，相邻石笼采用钢筋连接，网格的尺寸为16cm×20cm。
6. K92+735～+920段左侧挡墙基础下用浆砌片石铺砌，厚30cm，与拦挡坝直接相连。

c)

图9-5　石笼挡墙在扎墨公路边坡防治中的应用

9.6 水毁灾害治理及其防治技术措施

9.6.1 西藏公路建设水毁灾害治理既有科研成果总结

1)西藏干线公路水毁灾害类型

西藏干线公路沿线自然条件复杂,形成水毁的各种因素在空间分布与组合上差异很大,从而发育了多种类型的水毁,成为我国水毁类型较为齐全的地区之一。

通过整个西藏干线公路沿河路基水毁的实例分析,按照沿线河流特征、河流形貌、水文水力条件、河岸河床的组成、物质特征、路基结构和各种危害程度的差异,将水毁分为冲刷型、淹没型、淤埋型、漫流型和浸润型 5 种类型。对于西藏干线公路沿河路基水毁主要是前 3 种类型。

(1)冲刷型水毁

西藏干线公路冲刷型的水毁破坏最为常见。冲刷型水毁是水流冲刷河床,尤其是河岸的结果,紧靠河床的路基外边坡实际上就是河岸,因此沿河路基的稳定性主要取决于河流冲刷能力与河岸的抗冲性能。

西藏干线公路绝大部分与河道并行,一面傍山,一面临河,许多路基是半挖半填或全部为填方筑成,填方多由开山弃渣填筑。若未采取冲刷防护加固措施,在一般的洪水条件下,水位较低,流速不大,坡脚块石较大,坡脚边坡也较平缓,能够抵御冲刷而保持路基边坡的稳定;但在较大洪水条件下,水位较高,流速大,而边坡上部的石块较小,且含有部分岩屑和土质成分,边坡也相对坡脚较陡,随着水流的作用,边坡水下部分含有的岩屑、碎石等细颗粒被水流冲刷带走,路基坡脚逐渐被掏空,最终造成路基坍塌,路基出现缺口或大部分被毁。在路基修筑了防护工程如浆砌片石驳岸、丁坝、护坡的地段,也常出现水毁。究其原因,一是防护工程结构本身不稳定,如护坡基础埋深不够而沿着边坡面下滑,或护坡内部整体稳定性不足而发生局部滑动等。二是防护工程的基础埋深未达到水流的稳定冲刷深度,随着水流的冲刷,防护工程因基础下的河床质被掏空,而导致滑动、倾倒破坏,最后水流直接冲刷无防护措施的路基边坡,导致路基破坏。

(2)淹没型水毁

西藏干线公路沿线江河两岸滑坡、崩塌、泥石流分布广、活动频繁,大量泥沙石块输入河床,河床淤积抬高或展宽,使河形产生变化,加之主河上游来沙,路基的高度相对降低,使洪水很容易淹没路基和路面,退水时路基随之遭到破坏。另一种是江河两岸的滑坡或泥石流经运动后,以独特的方式骤然将大量泥沙倾入主河,形成堵塞坝,这种坝体,不仅控制着主河的水沙交互作用和河床形态变化,而且对主河的挟沙能力的时间与空间分布产生巨大的影响。堵塞坝堵断主河,回水抬升淹没上游公路。而水位上升形成的巨大压力及强烈的管涌作用最终导致溃决。溃坝洪峰流量是正常洪水的数倍至数十倍,其危害类型是溃坝下游长距离的淹没公路,冲毁路基,造成惨重的损失。其中,冰湖溃决的水毁较具代表性。按正常洪水频率而论,可相当于数千年,乃至上万年一遇的洪水,如此大的洪水规模,西藏公路的设计标准是远远达不到的,这是整个西藏干线公路水毁灾害中危害最严重的一种。

(3)淤埋型水毁

(4)漫流型水毁

对于漫流型水毁只在部分路段出现。大部分漫流型水毁都是当支流或坡面水流经过公路流向干流时,因公路排水系统不完善或水流偏离桥涵,而漫溢到路面上,冲刷路面和路基。

(5)浸润型水毁

当路堤两侧水位存在高差时,在路堤内会出现水流渗透,并产生动水压力。在高水位洪水长期作用下,路堤内的浸润线上升并达到背水坡,这会引起路堤内的孔隙水压力上升和非饱和土强度下降,边坡水体的稳定性下降,直至发生坍塌和滑动破坏。

对路基水毁防治应以"预防为主、防治结合"为原则,遵循"顺应水势、因势利导"的原则。路基的防护按部位和功能分为坡面防护和冲刷防护两大类,坡面防护主要采取植被防护、灰浆防护措施,防止坡面的暴雨淋洗和洪水冲刷,并抑制岩石风化、崩塌、脱落等。冲刷防护主要是沿河路基、桥头引道、桥梁墩台及调治构造的防护。根据防护形式的水流结构和机理可分为直接防护和间接防护。直接防护是指直接加固路基边坡坡脚或基础,提高其自身的抗冲能力,工程设施附着在边坡坡脚或基础上,例如护坡、挡土墙、护坦式基础、石笼、抛石等。间接防护主要通过修建顺坝、丁坝等工程或疏浚、改道河道整治措施,使水流偏离被防护的公路路基,以达到防护的目的。

2)西藏干线公路水毁灾害防治工程技术措施

(1)已有水毁防治工程技术

①浆砌石护坡

浆砌石护坡常用于公路路基边坡较平坦,水流流速较大的路段。西藏干线公路沿河路基防护工程中,此结构使用较多。

②浆砌石挡土墙

浆砌石挡土墙常用于公路路基边坡较陡,水流流速较大的路段。在西藏干线公路水毁防治中,挡土墙以重力式居多,其中又以倾斜式占主导。

③浆砌石护坡、挡土墙的浅基护坦

以浆砌石或混凝土护坦为浅基础配合护坡或挡土墙使用,目前在西藏干线公路水毁防治中使用较少。

④浆砌石护坡、挡土墙配置铅丝笼丁坝

在沿河路基,为了将水流挑离防护路基一岸,在采用浆砌石护坡、挡土墙的同时,多配置铅丝笼丁坝,以便更好发挥防护效果,西藏干线公路防护中此种配置形式目前广泛使用,由于考虑到丁坝施工时的难度,多采用铅丝笼丁坝。

⑤铅丝笼挡墙、护坡

由于干线公路沿河路基水流湍急,且防护工程基础不易处理,铅丝笼挡墙、护坡防护目前得以广泛使用,多以箱形石笼为主,尺寸主要为3m×1m×1m,3m×2m×1m,常用材料是镀锌铁丝,直径2.5~4.0mm,以直径6~8mm的钢筋作为骨架。

⑥丁坝

丁坝是干线公路沿河路基常用的防护构造物,它阻挡沿路基的水流,迫使沿岸水流绕过坝头,使水流挑离路基,防护路基边坡,特别是路基边坡脚,免受洪水冲刷而坍塌,当需防护的路基较长时，一般都修筑若干个坝组成丁坝群，更好发挥其防护作用。在西藏干线公路中，丁坝多为铅丝笼结构的坝群，并配合护坡、挡土墙使用。

⑦木桩铅丝石笼护岸配挑水坝防护

木桩结构作为公路路基防护措施，具有一次性投资相对较少，取材方便，能充分利用当地的石料、木料，施工技术简单、方便等优点。但是木桩结构只能是一种临时措施，它存在以下3个较大的缺陷：一是木桩特别是位于水下的部分易受腐蚀，使用年限受限，较短的时间内工程后期维修频繁，后期费用较多；二是木桩结构难以抵挡大洪水的冲刷，一旦发生较大规模洪水造成结构破坏，将直接导致公路路基的损坏；三是木桩结构需砍伐大量木材，对当地生态环境建设十分不利，如果处理不当，砍伐中还会造成新的水土流失。

⑧挡土墙护坦基础、挡土墙阻水堤基础配挑水坝防护工程

在西藏境内，一定条件下，护坦基础浅基挡土墙用于公路路基防护是适宜的，是一种较好的防护措施。需要注意的是：铅丝笼及笼中填石尺寸不能偏小，需经过计算确定，以防洪水冲走，汛前、汛后应进行巡视，对铅丝笼应及时修补和加固；床面必须认真清理，能下挖0.5～1.0m深度更好，然后再铺设铅丝笼；在有深槽处应在铅丝笼外侧打一批矮桩，防止铅丝笼下滑，或和铅丝笼连接固定。

⑨浅基挡土墙配漫水短丁坝群＋上游挑水坝防护工程

⑩挡土墙配锚杆注浆护基

锚杆注浆是隧道、煤矿、城建和水力部门常采用的一种成熟技术，主要用于基础加固、围岩加固和坑道阻水。该结构用于干线公路沿河路基防护未能取得理想效果。

（2）水毁灾害防护新技术

①浆砌石护墙＋沉箱式护坦水毁防护技术、钢丝网护坦＋扣墙加固改造防护技术

浆砌石护坡及临时防护（铁丝石笼、条木排架、木笼框架等）等路基防护工程在公路水毁保通中起到重要作用，但这些措施目前存在两个关键性的问题，一是基础埋置深度不够的问题，部分护墙基底坐落在原河床或原河滩面上，一旦遭遇较大洪水，基础因受冲而悬空，甚至外倾倒入河中，防护工程受损；二是在基础施工中，没有按规范施工，排水不正规，以致基础部分的水泥砂浆被水流稀释甚至带走，造成设计浆砌石基础变为干砌石，设计混凝土基础成为碎块石。

针对该问题，本书提出了浆砌石护墙＋沉箱式护坦以及钢丝网护坦＋扣墙加固改造的防护工程结构形式，并对川藏公路帕隆藏布建中坝段沿河路基（K3930＋600～K3930＋868）和川藏公路朗河下游段沿河公路路基（K4131＋149～K4131＋494）进行了浆砌石护墙＋沉箱式护坦以及钢丝网护坦＋扣墙加固改造专项设计。

②浆砌石护墙＋桩基础防护技术

西藏一些河流部分河段的河床质组成中粗大成分相对较少，河床及河岸物质的抗冲能力相对较差。由于这些路段河流的设计冲刷深度大，枯水位时水深也相对较大，如果采用一般浆砌片石或混凝土作为防护工程的基础，不仅基础工程的结构尺寸偏大，工程投资增加，而且由于水下埋深大，水下施工作业工程量大，基础的质量难以得到有效的保证。针对这些特点，本书提出了浆砌石护墙＋预制桩基础的防护技术，并对川藏公路尼洋河（K4257＋710～K4258＋205）沿河路基进行了专项设计。

③浆砌片石丁坝

丁坝具有保护路基长度大、调治水流作用显著、施工技术相对简单等独特优点，在沿河公路路基防护中普遍使用。丁坝的主要设计内容为：a. 保护沿河路基长度的确定；b. 丁坝长度的确定；c. 丁坝坝高的确定；d. 群坝的坝距及个数的确定。

(3)其他防护新技术

①高压旋喷注浆

高压旋喷注浆，具有应用范围广、施工速度快、可控制固结体形状、设备相对简单、管理方便、加固土体的质量高、可靠性好等优点。多用于提高地基承载力、减少地基变形、止水防渗、基坑临时支护、地下工程等方面，直接应用公路路基冲刷防护工程较为少见。在西藏干线公路的一些沿河路段，如尼洋河沿河路段，拉萨河沿河路段，雅鲁藏布江沿江路段等，当河床及河岸物质较细，特别是粉细沙，采用一般防护技术将遭遇开挖产生涌沙，开挖槽坑边坡坍塌这样的技术难题，采用旋喷浆可以很好解决这一问题。在当地片石料缺乏、工期紧张且浆砌增工养护期过长，不利于水下作业的路段可以考虑采用此技术。

②土工合成材料防护技术

土工合成材料具有良好的力学性能和透水性，在工程上主要起到排水、反滤、分隔、加劲的作用。由于土工合成材料质地轻、强度高、工程造价低、投资少、对河床变形适应性好，在国内外已用于土体加固、防风阻沙、边坡防护、植草绿化等方面，用于路基边坡冲刷防护很少见，在西藏干线公路路基冲刷防护中，建议尝试采用此技术，特别是在石源相对匮乏，以及大量使用块石需开山采石，会破坏生态环境的路段，使用土工合成材料，具有独特优势。

土工合成材料用于路基边坡冲刷防护时，需要对下面一些技术问题进行探索：防护范围；土工合成材料防护的容许流速；土工合成材料防护的整体稳定性；施工技术、方法，特别是水下防护时的施工技术、方法。

9.6.2　扎墨公路沿线水毁灾害概况及其处置技术措施

西藏扎墨公路沿线多沿嘎弄曲展线，局部路段距离河道比较近，由于水流的强烈侧蚀，致使岸线崩塌，道路失去根基而毁，长期中断交通，危害比较严重，主要发育于 K87 + 080 ~ K87 + 240、K88 + 915 ~ K89 + 110、K89 + 130 ~ K89 + 400、K89 + 575 ~ K89 + 705、K90 + 180 ~ K90 + 300，路线基本紧靠嘎弄曲，临河一侧水毁严重，经常冲毁路基，设计上适当抬高路线纵坡，采用台阶式片石混凝土基础，并在左侧设置适当的顺坝、丁坝等调治构造物基本能够处治。

全线水毁处治情况见表 9-4。

全线严重水毁处治一览表　　表 9-4

序号	分布路段	类　型	与路线的关系	处治措施
1	K87 + 080 ~ K87 + 240	嘎弄曲侧蚀	路线从嘎弄曲右边缘通过	设置挡墙 + 调治构造物
2	K88 + 915 ~ K89 + 110	嘎弄曲侧蚀	路线从嘎弄曲右边缘通过	设置台阶式基础挡墙 + 调治构造物
3	K89 + 130 ~ K89 + 400	嘎弄曲侧蚀	路线从嘎弄曲右边缘通过	设置台阶式基础挡墙 + 调治构造物

续上表

序号	分布路段	类　型	与路线的关系	处治措施
4	K89 +575 ~ K89 +705	嘎弄曲侧蚀	路线从嘎弄曲右边缘通过	设置挡墙 + 调治构造物
5	K90 +180 ~ K90 +300	嘎弄曲侧蚀	路线从嘎弄曲右边缘通过	左设置挡墙处理
整治情况		5 处严重水毁段基本能够治理		

9.7　扎墨公路其他灾害治理及其处治技术措施

9.7.1　冰雪灾害

冰雪灾害是指由冰川跃动、冰湖溃决洪水、吹雪、雪崩、强降雪、冰川泥石流、江河冰凌、海冰等造成破坏的自然灾害。

冰雪灾害按成因可分为冰川引起的灾害和积雪、降雪引起的雪灾。按灾害特点可分为暴风雪、冰雪洪水、雪崩、冰川泥石流、风吹雪、河流冰凌与凌汛等。

扎墨公路设隧道穿越岗日嘎布山，由于隧道南端处在印度洋暖湿气流的迎风坡上，强对流天气导致冬季的强降雪，隧道两端的冰雪灾害十分严重。区内冰雪灾害发育于 K9 +000 ~ K58 +000 段，雪崩主要发生在隧道进出口。通过当地走访了解到，隧道附近 24h 降雪量可达 0.7m，2 ~4 月积雪厚度达 2 ~4m。在每年 4 ~5 月的冰雪消融期，山体上方常暴发雪崩，直接危害道路设施，影响交通安全。在目前交通量不大的前提下，要求不间断清雪维持通车是不现实的，为最大发挥本次建设的投资效益，考虑在隧道前后路段配备足够的清雪设备，不定期清理积雪以维持交通。

对全线 12 处雪崩，根据雪崩发育的规模，目前分别采用绕避、过水路面、设置消能平台、机械铲雪等措施处理。当交通量达到一定程度，对雪崩发生的规律掌握程度较好时，远期可考虑修建明洞。具体措施见表 9-5。

全线雪害处治一览表　　表 9-5

序号	分布路段	类型及规模	与路线的关系	处治措施
1	K8 +930 ~ K8 +990	大型沟槽型雪崩（一般 3 ~9m 厚）	路线从雪崩堆积区通过	过水路面 + 消能平台 + 机械铲雪
2	K13 +920 ~ K14 +900	巨型雪崩（一般 5 ~25m 厚）	路线从雪崩堆积区下缘通过	机械铲雪
3	K16 +850 ~ K17 +205	中、小型雪崩、积雪（一般 3 ~5m 厚）	路线从雪崩堆积区下缘通过	机械铲雪
4	K18 +890 ~ K19 +040	中、小型雪崩、积雪（一般 3 ~5m 厚）	路线从雪崩堆积区下缘通过	机械铲雪
5	K19 +400 ~ K19 +440	中、小型雪崩、积雪（一般 3 ~5m 厚）	路线从雪崩堆积区下缘通过	机械铲雪

续上表

序号	分布路段	类型及规模	与路线的关系	处治措施
6	K48 +240 右 70m ~ K48 +340 右 100m	中型雪崩、积雪	路线从雪崩堆积区左侧通过	明洞接长
7	K48 +255 左 25m ~ K48 +378 左 25m	中型雪崩、积雪	路线从雪崩堆积区右侧通过	明洞接长
8	K48 +285 左 165m ~ K48 +445 左 210m	大、中型雪崩、积雪	路线从雪崩堆积区右侧通过	明洞接长
9	K51 +605 ~ K51 +625、K52 +500 ~ K52 +515、K52 +915 ~ K52 +925、K53 +680 ~ K53 +690	小型雪崩	路线从雪崩崩塌区中部通过	机械铲雪
10	K51 +735 ~ K51 +790、K52 +305 ~ K52 +360、K53 +090 ~ K53 +145、K53 +405 ~ K53 +460	大型雪崩	路线从雪崩崩塌区中部或下部通过	机械铲雪
11	K51 +920 ~ K51 +950、K52 +140 ~ K52 +170	大型雪崩	从雪崩流通区通过	机械铲雪
12	K55 +730 ~ K55 +840	中型雪崩	路线从雪崩堆积区下缘通过	机械铲雪
整治情况		对积雪路段需进行长期养护，所有的雪害采用保通治理		

9.7.2　渗水、翻浆灾害

通过勘察已建扎墨公路，路基渗水、翻浆主要有两种表现形式：①路基上方地表径流汇集，对路基形成切割、冲刷导致路基破坏；②水流携带固体物质在路基范围淤塞、堆积，使排水系统失去功用，直至被冲毁。全线共有渗水、翻浆 131 处，一般不影响路基的整体稳定，危害较小，一般通过设置涵洞、边沟、盲沟及加强路基填料基本能够处治。

第10章 本书结语

10.1 主要结论

1)恶劣环境下公路建设原则和设计思路与方法

(1)提出了环境恶劣地区公路建设总体原则,即"先通后畅、先易后难、重点先行、逐段推进",建设理念是"经济、合理、可行、安全、可靠,最大限度提高道路通行时间"。

(2)提出了环境恶劣地区公路设计总体思路。充分吸取、借鉴老扎墨公路建设及川藏公路整治上的经验教训;技术标准必须因地制宜,最大可能地适应地形、地质、水文等条件;尽可能利用老扎墨公路走廊,对地质条件未把握时,宁可降低标准,不能诱发新的地质灾害;路基防护及灾害治理上应坚持"确保路基稳固"原则,重点在路基下边坡防护;在项目所在区域气候、气象、水文、地质、地震等情况难于在短期内摸索调查清楚的情况下,对地质灾害应坚持"可知性、可治性、可靠性"的实施原则,树立"谨慎设计、长期养护,动态设计、逐步改善"的观念,防止出现废置工程,合理分配投资,确保全线保通能力得到最大限度的提高。

(3)建立了在活动断层、松散坡积体和雪崩发育的非对称地形条件下公路隧道路线选择方法;通过国内外经验分别从出渣运输、材料运输、施工排水和施工通风4个方面对特长隧道纵坡进行研究论证,在高海拔地区突破规范3%的限制,采用4.1%的纵坡是可行的。

(4)确立了环境恶劣地区公路路基路面设计原则。以"宁填少挖、稳定路基"为主要原则,减少对欠稳定边坡及环境的破坏,重点稳定下边坡,项目区地震烈度高,下挡墙以刚性防护为主,上挡墙尽量采用柔性防护措施;高度重视沿线雨水充沛的特点,结合路面设计因地制宜地采取各种排水措施。

(5)确立了环境恶劣地区公路泥石流处治原则。以"防、排、清、流"为原则。对沟谷型泥石流,尽量增大桥涵跨径从流通区跨越,无把握时采用过水路面;对坡面型泥石流,采用过水路面通过,并加强后期日常养护,及时清理堆积物。

(6)确立了环境恶劣地区公路滑坡(崩塌)处治原则。由于根治难度比较大,滑坡一般采取设置上下支挡和加强排水,简易路面和及时清理的处治措施。

(7)确立了环境恶劣地区公路冰雪灾害处治原则。对小型雪崩一般设置防雪栅、柔性防护网、砌石挡坝、机械铲雪处理;坡面型雪崩及小型沟槽型雪崩以机械铲雪为主,局部设置柔性防护网;大型沟槽型雪崩采用明洞或过水路面;隧道出口雪崩的处理,先期以清理为主,通过营运期的观测,弄清规律后,远期再考虑设置明洞;配备足够的清雪设备。

(8)确立了环境恶劣地区公路路基排水设计原则。考虑集中排水与分散排水相结合;对于岩质挖方路段,为减少开挖,一般不设边沟;填方路段除有特殊排水要求外,均不设置排水沟;对于降雨量特大路段,边沟排水仅能分担一部分水量,大部分水通过路面排水,集中排水会造成水量集中，冲刷路基下边坡，以路面过水的分散排水形式为主；设置横向盲沟与纵向渗沟排水；过水路面段落，需防止土壤颗粒堵塞。

2）嘎隆寺、马尼翁活动大断裂带对隧道工程建设的影响及工程对策研究

（1）分析研究了区域地质构造、主要断裂带特性和活动性，预测了隧址区主要活动断裂分布、年均位移、发震震级及其位移量，给出了工程场地的地震基本烈度、工程场地的设计地震动参数，直接支撑设计。

（2）区域地震活动与新构造运动关系密切。强震主要发生在喜马拉雅山强烈掀斜隆起区，差异运动强烈地带或地段，如块体周边的深大断裂带及其附近。7 级以上地震主要与北西向和北东向断裂构造带有关，尤其是与断裂构造带中规模较大、全新世强烈活动段，断裂几何构造复杂部位或多组方向断裂交汇处密切相关。其中，7.5 级以上地震发生在断裂构造带中走滑分量较大的北西向和北东向断裂带上。而以倾滑为主的近东西向断裂构造带，最大震级为 7 级左右。

（3）近场区内发育有北西向和北北东向断裂，其中最主要的北西向嘉黎断裂带嘎隆寺断裂在进洞口附近通过，北北东向的扎木—马尼翁断裂北段位于隧道西侧 300m 以外，它们的规模比较大，对地貌的控制作用非常明显，分别为全新世和晚更新世活动断裂。因此，近场区具备发生 7.0 ~7.5 级地震的构造条件（扎木—马尼翁断裂南段具备发生 8 级及以上地震的构造条件）。

（4）隧道附近地块不甚完整、断裂比较发育，应考虑嘎隆寺断裂的近地表活动（包括地震地表破裂）对工程结构的突发性和持续性破坏。该断裂为全新世断层，主断面滑动速率不超过 5mm/a，百年平均位错量不大于 0.5m，可按此考虑该断裂的持续性破坏；该断裂可发生 7 ~7.5 级地震，突发（水平）错动量最大为 3.5m，嘎龙寺断裂还具有垂直活动分量，可按水平分量的 1/2 ~2/3 考虑设防；在隧道建设和维护过程中应按此考虑该断裂地震地表破裂的影响。

（5）扎木—马尼翁断裂北段为晚更新世活动断裂，距离隧道最近为 300m，可不考虑其对隧道直接的近地表地震破裂作用。

（6）此外，还应考虑沿这两条断裂发生的地震作用对隧道口造成边坡失稳危害，以及破碎地块（小断层）环境下的岩爆、崩塌、涌水等灾害。

（7）南迦巴瓦构造结地震活动强烈，历史上记载有 $M \geqslant 4.7$ 级破坏性地震 159 次，其中 6.0 级及 6.0 级以上地震 21 次，最大地震为 1950 年察隅—墨脱 8.6 级地震。

临时地震台阵，于 2007 年 8 月至 2011 年 6 月在研究地区记录到 483 次地震，最小震级为 0.4 级，最大为 4.5 级，其中 $M \geqslant 2.2$ 级地震资料基本是完整的。

地震活动与北西向和北东向断裂构造关系密切，表现出明显的时空不均匀性和规律性，监测地震有沿隧道附近两条断裂活动的迹象。

（8）断层滑动对未设防的隧道的破坏是不可逆转的，因此在高烈度地震区进行隧道抗震设计时，应考虑尽量避开断层。另外计算也揭示破坏集中区域仅集中在以断层破裂面为中心的一定区域内，因此可有针对性地采取一定的抗震措施，对隧道衬砌的呈 S 形变形，可适当考虑给隧道预留一定的净空，以降低震害；破裂面附近衬砌内力集中，且隧道破坏区域仅集中在以断层破裂面为中心的一定区域内，可考虑在断层位置附近缩小隧道节段的长度，节段间采用柔性连接，这样可有效降低应力集中，隧道破坏时破坏位置会主要集中在连接部位，从而降低

对隧道主体的影响。

3)高地应力区隧道围岩稳定性预测技术与工程措施

(1)采用3孔交汇应力解除法测得了隧址区比较真实的三维空间地应力状态,为隧道设计、施工、岩爆预测及防治措施的制订奠定了基础。

(2)采用 Kaiser 效应测试方法对隧道初始地应力进行了系统的研究,得到了隧道地应力场的分布规律。

(3)采用地应力场逐步回归方法,对隧址区空间地应力场进行了三维反演分析。通过转轴公式,将钻孔应力解除法测得的应力值转换为计算坐标系下的应力分量,合成出隧道初始地应力场,应用统计学原理证明了结果的正确性。

(4)采用改进型应力恢复法现场测试围岩的二次应力,得到了比较真实的围岩二次应力状态,确定了隧道开挖的影响范围。为隧道施工力学数值模拟计算提供了对比、检验的依据。

(5)通过岩石力学的单轴压缩试验、三轴压缩试验、围压卸载试验等对隧道岩爆倾向性进行了深入的研究,弄清了隧道岩爆发生的特点、程度和规律。

(6)提出了岩爆预测的新方法——岩爆最大熵最优相对隶属度预测模型,并在隧道中成功地得到应用。

(7)通过大量的数值模拟试验,提出了高地应力区隧道合理的施工工法和支护参数。

4)高烈度地震区震害评估及隧道结构抗震设计技术

(1)提出了一种新的基于无限元人工边界的地下工程合理的地震动输入方法。该方法考虑到了地层的辐射阻尼和地震波在地层中的反射和散射,采用波场分解的方法给出了地震波从底面垂直入射时底边界和侧边界面各自不同的等效地震荷载的计算公式,并基于 Abaqus 进行二次开发编制了相关的程序,同时进行了算例考证。

(2)研制了一种新型隔震材料泡沫混凝土,采用正交试验进行了配合比方案比选,遴选出轻质、低强度和较好延性的方案,具有较好的隔震和缓冲性能,然后对优选方案开展了的动三轴试验,分析材料在地震应变率范围内的变形和强度特征,试验结果表明:泡沫混凝土抗压强度均随应变速率的增加而增加;试验中该材料无剪胀现象,这是由于泡沫混凝土多孔隙所致;泡沫混凝土在动态压缩荷载作用下轴向变形明显,但破坏后仍保持完整性,这表明该材料具有较好的延性,地震中可以耗散相当多的地震能量。

(3)研究了隧道动态响应特性,结果表明:地震强度和持时增加,隧道位移增大;低频地震波导致的隧道位移明显高于高频地震,因此低频的地震更易造成隧道的破坏;对剪切波,水平入射时位移响应幅值最小,垂直入射时位移响应幅值最大;随着埋深的增加,隧道位移响应幅值有明显减小的趋势,但是这种趋势只是针对一般地质情况,在围岩质量、地应力和断层的交叉影响下,埋深较大时也会出现震害。

(4)隧道近场区发震断层引发的地震不同于一般远场地震,具有速度脉冲效应、较大的峰值和较长的周期。由于缺乏实际地震监测记录,本书首先根据近场区地震动参数,采用考虑高频分量叠加的等效脉冲模型,人工合成了近断层脉冲地震动记录,然后采用运动学震源模型,将上述合成波用于模拟隧道进口处走滑断层错动激震,以此来评价隧道的地震安全性。另外,本书还开展了地震引发的次级断层错动对隧道安全性影响的初步研究,同时分析了隧道洞口边坡震害对隧道稳定性的影响。

(5)高烈度地震下隧道工程抗震方法研究。首先归纳出了隧道抗震设计的两个总体思路,即:改变衬砌一定范围内围岩的性能和改变结构本身的性能,接着沿循这两个思路总结了目前隧道采用的各类抗减震措施,然后据此开展了隧道抗震设计方法的一系列研究,包括隧道断面形式优化研究、减震层减震效果研究、加固围岩减震效果研究以及隧道抗错断设计研究。其中减震层研究方面,通过数值试验验证了泡沫混凝土的隔震效果,泡沫混凝土采用 Crushable-Foam 率相关本构模型,结果表明泡沫混凝土作为衬砌隔震层具有较好的隔震效果,并针对工程具体情况给出了合理经济的隔震层厚度。另外专门比较了采用隔震层抗震和传统的提高刚度抗震两类思路的优劣,最后综合以上研究结论,针对隧道工程的抗震设计提出了一些适用性的建议。

(6)嘎隆拉隧道抗震和现场地震监测研究。综合运用上述研究成果,开展嘎隆拉隧道动力响应分析研究,评估近场断层错动激震和高烈度远场地震对包含非发震弱断层的进洞口区域的影响,并提出了适合嘎隆拉隧道的抗震措施。同时进行了隧道地震作用下动力响应的远程无线监测,通过在隧道进洞口处埋设加速度仪,获得 3 个方向的加速度动力时程记录,可以为研究隧道工程在地震动时的真实动力响应特性提供第一手现场资料。

(7)泡沫混凝土作为一种轻质、高压缩性的新型理想塑性的建筑材料,可以作为预留变形填充材料填充到初期支护与二次衬砌之间,能有效地吸收围岩的流变变形,改善二次衬砌受力,对深埋软岩隧道的长期稳定性十分有利。

5)西藏扎墨公路典型地质灾害防治研究

(1)探明了扎墨公路典型地质灾害(泥石流、滑坡崩塌)的区域环境特征、分布规律和危险性评估及发展趋势,获得了宝贵的实测数据,提出了创新的认识,为典型地质灾害及综合防治技术提供第一手基础资料。

(2)通过现场考察和 TM 卫星遥感解译,扎墨公路沿线共发育有大小不同类型的泥石流沟 80 条;发育有大小不同的滑坡崩塌 64 个。探明了该路段典型地质灾害的各种特征值。

(3)利用 Microsoft Visual Studio 2008 开发平台,首次建立了扎墨公路典型地质灾害分布及危险性分段资料编目库,首次实现了对扎墨公路泥石流、滑坡(含崩塌)状况完整和准确的把握。

(4)根据扎墨公路泥石流、滑坡及崩塌的危险性分段评价指标,建立扎墨公路地质灾害综合危险性分段指标,基于比例尺 1:100 000 地形图及灾害分布图和 GIS 技术,首次编制了《西藏扎墨公路典型地质灾害危险性分段图》。将扎墨公路分为 5 个区:一级(极高危险)地质灾害段(Ⅰ),二级(高危险)地质灾害段(Ⅱ),三级(次高危险)地质灾害段(Ⅲ)和四级(中危险)地质灾害段(Ⅳ);而五级(轻危险)地质灾害段(Ⅴ)因在公路沿线缺失,故没有。为今后制订该段公路病害整治规划或建设规划提供了真实的基础资料和科学依据。

(5)收集滑坡(含崩塌)、泥石流形成物、堆积物及沟床堆积物粒径估测的有 63 个,其中取样分析的 28 个,进行流变测验的 2 个,分析滑坡(含崩塌)、泥石流的形成机制,为防治方案提供设计参数。

(6)重点详勘和研究了暴雨型泥石流沟(芒给沟)、冰川型泥石流沟(申达贡日沟)、K85 滑坡。测量了地形图 3 幅(比例尺 1:2 000),为滑坡、泥石流综合防治方案提供了基础性图件资料。

(7)揭示西藏乃至全国地震十分强烈、暴雨极其强盛的高山地区泥石流、滑坡(含崩塌)的发育规律和形成机制，提出43条沟谷型泥石流防治工程设计参数计算。

(8)探明了泥石流对扎墨公路的危害特点，提出了公路泥石流灾害防治的基本(或新)思路，总结并发展了适合扎墨公路泥石流防治工程的关键技术。

①提出了泥石流沟的桥梁净高和桥台基础埋深的确定技术。

②推荐了排泄泥石流涵洞的孔径、净高和比降计算技术。

③设计了泥石流地区过水路面两种新型结构形式：双层过水路面和混合式过水路面。

④提出了公路泥石流导流堤的高度计算技术和适合扎墨公路的结构形式。

⑤提出了公路泥石流防冲护墙基础埋深的计算技术与基础防护技术，对扎墨公路80处泥石流灾害点的防治工程和其结构提出了初步建议，选择冰川型泥石流沟和暴雨型泥石流沟进行了依托工程设计并实施。

(9)探明了滑坡(含崩塌)对扎墨公路的发育程度及危害特点，提出了公路滑坡(含崩塌)灾害防治的基本(或新)思路，总结并发展了适合扎墨公路滑坡(含崩塌)防治工程的关键技术：

①滑坡(含崩塌)复合式丁坝工程。

②滑坡(含崩塌)木笼林生态棚洞。

③滑坡(含崩塌)生态护坡技术。

(10)典型灾害点芒给沟、申达贡日沟和K85滑坡依托工程设计并实施。

(11)扎墨公路80条泥石流沟的综合防治技术。

(12)扎墨公路64个滑坡(含崩塌)的综合防治技术。

6)扎墨公路沿线环境观测方法与公路建设对环境的影响度研究

针对扎墨公路项目区环境特点，重点对生态影响进行了分析。基于MODIS 16d合成250m *NDVI*、8d合成1 000m *LAI*和1 000m年均*NPP*数据产品，结合Landsat MSS\TM\ETM+遥感影像、HJ-1 CCD遥感影像等数据，利用GIS技术对2000~2011年扎墨公路沿线及周边区域的植被指数、植被覆盖度、叶面积指数和植被净初级生产力等4个生态指标的年度变化趋势分别进行了时空分析，评价了公路建设对沿线生态环境的影响。同时结合水环境、声环境、空气环境及景观、社会等影响，综合分析评价了扎墨公路建设对区域环境的影响。主要研究结论如下：

(1)扎墨公路项目区自然环境特殊，交通不便，常规环境观测方法费时费力，而且点源数据主观性强、微观性大，难以较好地反映公路建设生态环境变化全貌。遥感技术在生态观测方面，不仅可以对现状进行全面把握，还可以追踪历史生态状况，对区域生态变化有一个较为全面的认识，及时掌握环保措施的实施效果。

(2)虽然扎墨公路为低等级的新改建公路，路域范围较小，但从相对较长的时间尺度上，通过选取适当评价指标，遥感方法仍可以较好地反映公路建设运营对区域生态的整体影响。

(3)遥感方法可以反映公路建设对微观地段的生态影响。嘎隆拉隧道入口处区域植被指数在施工前与施工期间的变化，反映了工程建设对所在微观区域植被的影响。

(4)遥感观测表明，扎墨公路沿线及公路影响区内的植被指数、叶面积指数的变化趋势和自然本底变化趋势基本一致，无显著差异，表明公路建设对区域生态的影响不显著。但公路影响区的植被趋好面积百分比和退化面积百分比都高于自然本底变化值，也说明了公路影响区内植被受到了人类活动的干扰。

(5)气候、海拔及地形等自然因素是影响公路沿线及公路影响区植被生态状况的主导型因素,而人为活动等因素会对公路影响区的影响有正有负,总体结果是公路建设和运营增大了公路影响区植被生长状况的波动。公路占地将毁掉部分植被并造成一定的植被损失,但公路建设所进行的绿化、生态恢复以及林草种植等活动都会使得沿线部分植被长势较差的路段和区域,植被状况有所提升。

(6)扎墨公路建设对沿线生态环境、声环境、水环境、空气环境和居民生活产生了一定的不利影响,但通过设计和施工中相应的环境保护工程措施及管理措施,其不利影响得到了有效控制,项目的经济效益、社会效益和环境效益得到了较好的协调统一。

7)公路建设新理念在扎墨公路建设环境保护工程中的应用

(1)平面设计尽量利用现有老路线位,不片面追求高指标,遵循"灵活、合理地运用平、纵面指标"的原则。在地形、地质条件较好的路段,设计时尽可能地优化老路平面半径,裁弯取直,适当将原有回头弯半径加大,间距加长,以便改善行车条件;对于特殊困难路段,适当降低了技术标准,线位适应地形的变化,避免因高填深挖而诱发新的地质病害,增强工程的可靠性和安全性,降低工程投资。

(2)常规路段纵断面设计时,充分考虑当地水文、气候、地形、地质等因素,最大限度地优化老路纵坡,不片面追求高指标,在保证行车安全性的前提下,灵活选取纵面指标,特殊困难路段,适当突破了规范值,尽量减小对山体的破坏,避免高填深挖,严格控制挡墙高度,降低工程造价。同时力争做到:小半径路段设置缓坡,桥上纵坡控制在5.0%以内,回头弯内的纵坡不超过4.5%,休息坡取3.0%。一般路段计算临界纵坡为16%~20%,为安全起见,将纵坡控制在14%以内,车辆纵向不会发生滑移。

(3)最大桥梁为西莫桥,该桥位于雅鲁藏布江和西莫河交汇处上游200m左右,属构造强烈剥蚀、河谷强烈下切的峡谷地貌,谷深约63m。发育构造破碎带。

老路现有1-45m钢架桥,桥面净宽3.7m,限载5t,局部锈蚀,承载能力不满足四级公路荷载等级。由于老路最大纵坡达22%,车辆爬坡困难,波密岸两个回头弯半径仅为5m,多次发生翻车事故。

由于西莫河两岸,特别是墨脱岸地形陡峭,为克服两岸大纵坡,如果在该坡面上强行设置回头弯,势必会大填大挖,工程量大,同时对两岸山体的稳定性、西莫河与雅鲁藏布江交汇口的自然环境风光造成极大破坏。

(4)研究并推荐了扎墨公路建设条件下的山区低等级公路边坡生态防护技术及与当地景观协调的构造物方案,对路基挡墙、桥涵方案及防护形式提出了合理化建议,采用合理的路基防护形式,尽量减少对山体的破坏,避免诱发新的地质灾害,减少水土流失,路基防护与周边自然环境融为一体。

(5)工程措施和植被措施相结合进行防护。对取、弃土方案提出合理化建议,减少临时占地和取、弃土用地,采取工程护坡等水土保持措施,避免对现有水系、河流造成污染。

(6)从K90开始至墨脱县城陆续有桫椤、白桫椤、长喙厚朴、楠木等国家二级保护植物及小果紫薇濒危植物分布。首先对沿线的植物种群进行调查,对保护植物提出相应的保护、移栽措施,其次对施工后期的地貌恢复工作也应进行相关研究。经过精心设计和工程的实施,能使公路建成后与自然环境相协调,保持生态平衡,从而对沿线的环境起到改善和美化作用。

(7)重点研究施工过程中的施工组织设计、生活和机械垃圾的处理方式,保障公路畅通的同时,确保施工期间对自然环境的保护。

8)西藏交通既有科研成果在扎墨公路建设中的推广应用

(1)通过广泛的调查,明确了扎墨公路沿线路基病害的主要类型,获得了扎墨公路路基病害特点与既有科研成果的切入点,从而为既有科研成果在扎墨公路的应用奠定了基础。

(2)通过对既有科研项目中有关泥石流防治技术的研究成果总结分析,以及对国道318线的实地调研,明确了西藏特殊气候与地质条件下泥石流的主要特征,包括类型特征、分布特征、活动特征、差异性特征、流态多样性特征及冲淤特征等,在此基础上,针对不同特征的泥石流灾害,详细分析了各种防治技术与工程措施的技术特点与适用条件,并结合扎墨公路沿线泥石流灾害分布与发育的具体特点,针对性地提出了扎墨公路沿线泥石流防治工程技术措施建议。

(3)通过对既有科研项目中关于滑坡、崩塌灾害治理技术的成果总结分析,以及对国道318线众多滑坡、崩塌灾害的实地调研与分析,明确了西藏特殊地质条件下滑坡、崩塌的主要类型及特征,概化出了西藏地区滑坡、崩塌的发育模型;并在对不同防治技术与工程措施的技术特点与适用条件进行详细分析的基础上,结合扎墨公路沿线滑坡、崩塌分布与发育条件及特点,提出了针对扎墨公路沿线滑坡、崩塌灾害防治工程技术措施建议。

(4)水毁灾害也是扎墨公路建设过程中遇到的重要路基灾害之一,本书通过对西藏自治区既有科研项目中关于路基水毁灾害方面的成果总结与分析,以及对西藏自治区多条公路水毁灾害的实地调研分析,详细研究了路基水毁的特点及不同水毁防治技术与工程措施的技术适宜性,同时,结合扎墨公路路基水毁的具体特征,针对性地提出了扎墨公路沿线水毁灾害处置技术措施。

(5)针对西藏地区常见的冰雪灾害及渗水、翻浆灾害,也结合扎墨公路沿线特殊的地形、气候特点,提出了相应的处置措施建议。

9)嘎隆拉隧道抗防冻技术

通过对寒区隧道温度场分布、常用的防冻和保温措施及保温材料的性能等进行研究,并结合嘎隆拉隧道工程地质条件、水文地质条件、自然气候条件、衬砌结构形式等因素综合分析,初步得出以下结论:

(1)通过对国内外隧道冻害实态调查分析,归纳总结了隧道冻害类型及其产生机理,以及冻害产生的影响因素。在此基础上,认为嘎隆拉隧道在建设及运营期存在发生冻害的可能,如设计及施工措施不当,易引起隧道冻害。建议分段实施保温隔热层,埋深较深处厚度可减小。建议洞口回填时使用块石,有利于隧道排水,减小冻害。

(2)重点对防寒保温层适用材料、安装位置、长度和厚度等设计参数进行详细研究。对不安装保温层、安装中间保温层、安装外层保温层3种方式进行数值分析研究,建议采用外层设置保温层的方法。

(3)冻害预测:冻害将主要发生在两端洞口部分,设防应主要考虑防水、隔热及加热等综合措施。

(4)提出寒区隧道防排水设计原则,对原设计隧道防排水系统进行优化,建议在出洞口小半径转弯处设置泄水洞，将洞内中心水沟地下水直接排出路基以外：①减少洞内地下水发生冻害的可能性；②提高泄水能力；③降低施工难度。在此基础上提出了适用于嘎隆拉隧道的两套防排水方案。

(5)提出了寒区隧道冻害等级及设防等级的划分措施，为寒区隧道的建设提供了理论指导和工程借鉴。

(6)通过对硬质聚氨酯泡沫塑料、干法硅酸铝纤维板玻璃棉制品、岩棉、矿渣、棉制品、硅酸钙制品、憎水膨胀珍珠岩制品等保温材料的对比研究，推荐采用聚氨酯或聚酚醛保温材料。参考以往低温注浆的实际经验，扎墨公路工程中低温注浆应是可行的，冬季是可以进行隧道施工的，空气幕技术不可行。

10)活动断层区公路隧道抗错断结构设计研究

结合西藏扎墨公路嘎隆拉隧道穿越活动断层区隧道结构措施的研究课题，应用材料力学和结构力学强度理论，提出了穿越活动断层区公路隧道的抗错断设计理念，及其相应的计算理论和方法，并结合嘎隆拉隧道的初步设计文件，对嘎隆拉隧道的抗错断结构设计进行了研究。主要研究工作和结论有：

(1)结合嘎隆拉隧道隧址区的工程地质条件及地震构造环境，对嘎隆拉隧道工程错断效应进行了初步分析，分析了嘎隆拉隧道进行抗错断设计的必要性；

(2)在参考国内外活动断层区隧道工程经验的基础上，提出了穿越活动断层区公路隧道的3种抗错断设计理念，即“超挖设计”、“铰接设计”和“隔离消能设计”；

(3)简要分析了“超挖设计”的设计理念，提出了嘎隆拉隧道“超挖设计”的抗错断设计图；

(4)重点分析了“铰接设计”理念的设计理论，依据隧道结构设计中的地层—结构法，提出了“铰接设计”中衬砌节段、节段间柔性连接长度的计算模型及方法；

(5)依据隧道结构设计中的荷载—结构法，提出了“铰接设计”中衬砌节段长度的计算模型、方法和节段间柔性连接剪切刚度的计算模型及方法；

(6)根据嘎隆拉隧道初步设计文件，有针对性地提出了嘎隆拉隧道采用“铰接设计”理念时的抗错断设计图；

(7)在对隧道开挖施工进行数值分析的基础上，对采用“铰接设计”理念，并依据荷载—结构法计算的抗错断设计效果进行了分析，分析结果表明了抗断结构的有效性。

11)高烈度地震区隧道地震动力响应及抗减震措施研究

结合模型试验和数值分析对嘎隆拉隧道洞口段地震作用下围岩的频谱特性、加速度放大系数、土体对衬砌的动压力、衬砌的应力和位移、围岩衬砌的破坏模式、减震层和抗震缝对衬砌频谱特性的影响、不设置减震措施时衬砌的频谱特性、减震层减震效果、弹性模量对减震层减震效果的影响以及抗震缝的减震效果进行了研究。

(1)衬砌上的峰值动土压力在边坡段随着隧道埋深的增加逐渐增加，在洞身段减小并趋于稳定；

(2)边坡主要破坏模式为局部整体滑落，土体剥落掉块，地表主要破坏模式为长横向裂缝以及部分轴向裂缝；

(3)接近洞门处衬砌主拉、主压应力以及位移较大，边墙的拉压应力状态高于拱顶和仰

拱,接近洞门处衬砌将最先出现拉压开裂;

(4)断层处衬砌主要发生竖向剪切破坏;

(5)衬砌与土体的加速度时程曲线、傅氏谱的形状非常相似,其卓越频率也与土体的卓越频率相同,地震时结构与土体同步震动,不表现出自身的固有震动频率;

(6)地震波水平横向分量为隧道地震破坏的控制地震波分量,实际工程抗震设计中应主要考虑地震波对隧道的水平横向震动作用;

(7)隧道洞口段土体对地震波20Hz以内的低频成分尤其对土体卓越频率附近的频率成分有明显的放大作用,对地震波20Hz以上的高频成分有滤波作用;

(8)土体加速度放大系数沿边坡坡脚至坡顶逐渐增大;

(9)土体内部加速度放大系数在接近地表处由深至浅逐渐增大;

(10)减震层、抗震缝的设置不会改变结构的地震反应的频谱特性;

(11)减震层的设置会增加结构的峰值加速度;

(12)减震层的应力减震率在31.92%~46.82%之间,位移减震率为18.51%;

(13)弹性模量E越小,衬砌的峰值第一、第三主应力和峰值位移越小,弹性模量对衬砌峰值第一、第三主应力的影响相对于对位移的影响大;

(14)抗震缝的设置会减小衬砌峰值应力反应,使衬砌节段内的峰值应力变得较为均匀,会使衬砌整体结构应力变得均匀,但同时会增大衬砌的峰值剪应力,会导致衬砌在抗震缝处的应力集中;

(15)根据衬砌动力响应规律及减震层、抗震缝的减震效果分析,建议嘎隆拉隧道在洞口40m处设置一道抗震缝,并在40m范围内设置减震层。减震层的材料刚度越小越好,抗震缝处的衬砌结构应力集中问题有待解决。

12)现代冰川地区嘎隆拉特长隧道施工关键技术

(1)建立了国家级的"冰川堆积体隧道开挖施工工法",采用"三台阶开挖、预留核心土、半幅落底"方法通过冰川堆积体和断层破碎带。

(2)针对洞内地下水极其丰富的情况,实施水泥—水玻璃注浆堵水加多级抽排水的处理方案。

(3)为防止洞外水沟长期运行可能引发的松散坡积体失稳滑坡,危及路基安全,同时为提高隧道抗冻能力,在距隧道出口75m的位置设置反流性泄水导洞,将隧道内的地下水全部通过泄水导洞排出路域外。

10.2 主要特色

(1)建立了"地震监测台阵网",并通过现场调查,查明了嘎隆寺和马尼翁断裂带的分布及其特征,预测了其年均位移、发震震级及位移量与近期活动性。

(2)综合采用三孔交汇法结合Kaiser效应测试、应力恢复法和数值模拟方法,揭示了嘎隆拉隧道隧址区地应力场特征,提出了最大熵最优相对隶属度岩爆预测方法和岩爆防治措施。

①采用现场3孔交汇应力解除法、Kaiser效应测试法和三维反演分析,对隧道初始地应力场进行了系统研究,应用统计学原理证明了结果的正确性。

②采用改进型应力恢复法现场测试围岩的二次应力，得到了比较真实的围岩二次应力状态，确定了隧道开挖的影响范围，丰富和充实了隧道初始地应力围岩二次应力的研究方法。

③通过岩石力学的单轴压缩试验、三轴压缩试验、围压卸载试验等对隧道岩爆倾向性进行了深入的研究，弄清了隧道岩爆发生的特点、程度和规律。提出了岩爆发生的力学机制及新的预测方法——岩爆最大熵最优相对隶属度预测模型，并在隧道中成功地得到应用。

④提出了高地应力区隧道合理的施工工法和支护参数。

(3)建立了基于无限元人工边界的地震动输入方法，研制了具有隔震消能特性的泡沫混凝土抗震材料，提出了基于隧道地震反应特性分析和安全性评估的隧道抗震设计方法和措施。

①提出了一种新的基于无限元人工边界的地下工程合理的地震动输入方法。地下工程抗震分析中一个关键的环节是地震动的合理输入。该方法考虑到了地层的辐射阻尼和地震波在地层中的反射和散射，采用波场分解的方法给出了地震波从底面垂直入射时底边界和侧边界各自不同的等效地震荷载的计算公式，并基于 abaqus 进行二次开发编制了相关的程序，同时进行了算例考证。

②研制了一种新型隔震材料泡沫混凝土，具有较好的隔震和缓冲性能，泡沫混凝土在动态压缩荷载作用下轴向变形明显，但破坏后仍保持完整性，表明该材料具有较好的延性，地震中可以耗散相当多的地震能量。

③提出了高烈度地震下隧道工程抗震设计方法。开展了隧道抗震设计方法的一系列研究，包括隧道断面形式优化研究、减震层减震效果研究、加固围岩减震效果研究。

(4)查明了扎墨公路沿线主要地质灾害的形成机理、发育及分布规律，建立了扎墨公路典型地质灾害编目库，提出了扎墨公路地质灾害危险性评估方法和防治措施。

①利用 Microsoft Visual Studio 2008 开发平台，首次建立了扎木至墨脱公路典型地质灾害分布及危险性分段资料编目库，首次实现了对扎墨公路泥石流、滑坡(含崩塌)状况完整和准确的把握。

②根据扎墨公路泥石流、滑坡及崩塌的危险性分段评价指标，建立了扎墨公路地质灾害综合危险性分段指标，基于比例尺 1:100 000 地形图及灾害分布图和 GIS 技术，首次编制了《西藏扎墨公路典型地质灾害危险性分段图》。

③揭示西藏乃至全国地震十分强烈，暴雨极其强盛的高山地区泥石流、滑坡(含崩塌)的发育规律和形成机制，提出了 43 条沟谷型泥石流防治工程设计计算参数。

④探明了泥石流对扎墨公路的危害特点，提出了公路泥石流灾害防治的基本(或新)思路，总结并发展了适合扎墨公路泥石流防治工程的关键技术。

⑤探明了滑坡(含崩塌)对扎墨公路的发育程度及危害特点，提出了公路滑坡(含崩塌)灾害防治的基本(或新)思路，总结并发展了适合扎墨公路滑坡(含崩塌)防治工程的关键技术。

(5)利用了 RS 和 GIS 技术，提出了适合扎墨公路特殊区域的环境观测方法，分析了区域关键生态指标的变化趋势，评价了扎墨公路建设对环境的影响。

①针对扎墨公路项目区的特殊环境，采用了合适的生态评价指标和评价时间尺度，提出了适合扎墨公路区域特点的环境观测方法。

②根据 RS、GIS 技术采集的区域关键生态因子现状与动态变化数据，对扎墨公路建设运营导致的区域生态环境变化进行分析，评价了扎墨公路建设对区域敏感生态环境的影响。

(6)基于扎墨公路建设目标,应用公路建设新理念提出了路线、结构物设置、路基防护、取弃土及水土保持、绿化恢复、施工环保及景观等方面的环境保护对策。

(7)提出了穿越活动断层区公路隧道的3种抗错断设计理念,即"超挖设计""铰接设计"和"隔离消能设计",并重点分析了"铰接设计"理念的设计理论,建立了公路隧道"超挖+铰接"的抗错断设计方案及其设计计算方法。

(8)建立了现代冰川地区嘎隆拉特长隧道施工技术——"三台阶开挖、预留核心土、半幅落底"的断层破碎带施工技术、高寒富水隧道设置反流性泄水导洞技术,汇集全洞地下水排入泄水洞,极大地降低了隧道及洞外路基冻害发生的可能性。

参 考 文 献

[1] 李金都，陈书涛. 南水北调西线调水区地质条件与关键工程地质问题分析[J]. 人民黄河，1999，21(2)：22-24.

[2] 戚蓝，马斌，钟登华. 断层错位影响下输水管道结构分析[J]. 水利水电技术，2001，32(12)：47-48.

[3] 冯启民，赵林. 跨越断层埋地管道屈曲分析[J]. 地震工程与工程振动，2001，21(4)：80-87.

[4] R. John Caulfield, D. Scott Kieffer, David F. Tsztoo, Bill Cain. Seismic design measures for the retrofit of the Claremont tunnel[M]. RETC PROCEEDINGS, 2005.

[5] Russo M, Germani G, Amberg W. Design and construction of large tunnel through active faults: a recent application [C]. International Conference of Tunnelling & Underground Space Use. Istanbul, Turkey, 2002, 10: 16-18.

[6] A. R. Shahidi, M. Vafaeian. Analysis of longitudinal profile of the tunnels in the active faulted zone and designing the flexible lining[J]. Tunnelling and Underground Space Technology, 2005, 20(3): 213-221.

[7] 梁文灏，李国良. 乌鞘岭特长隧道方案设计[J]. 现代隧道技术，2004，41(2)：1-7.

[8] Sharma S, Judd R. J. Underground opening damage from earthquakes[J]. Engineering Geology, 1991, 30: 263-276.

[9] Bray. J. D, Rodriguez-Marek. Characterization of forward-directivity ground motions in the near-fault region[J]. Soil Dynam Earthquake Eng. 24: 815-828.

[10] Somerville, P. G. N. F. Smith, R. W. Graves, N. A. Abrahamson. Modification of empirical strong ground motion attenuation relations to include the amplitude and duration effects of rupture directivity[J]. Seismological Research Letters, 1997, 68: 180-230.

[11] 李强. 鄂西山区地下开采的环境效应及其预测评价[M]. 成都：西南交通大学出版社，1994：101-111.

[12] 侯发亮. 圆形隧道中岩爆的判据及防治措施[M]. 北京：知识出版社，1989，195-201.

[13] 王元汉，李卧东，李启光，等. 岩爆预测的模糊数学综合评判方法[J]. 岩石力学与工程学报，1998，17(5)：493-501.

[14] 冯夏庭. 地下峒室岩爆预报的自适应模式识别方法[J]. 东北大学学报，1994，5：471-475.

[15] 李庶林，冯夏庭. 深井硬岩岩爆倾向性的多指标自适应模式判别[J]. 矿业研究与开发，1998：06：3-5.

[16] 杨涛，李国维. 基于先验知识的岩爆预测研究[J]. 岩石力学与工程学报，2000，4：429-431.

[17] 杨莹春，诸静. 一种新的岩爆分级预报模型及应用[J]. 煤炭学报，2000，2：169-172.

[18] 李天斌,肖学沛. 地下工程岩爆预测的综合集成方法[J]. 地球科学进展,2008,23(5):533-540.

[19] 国家地震局震害防御司. 中国历史强震目录(公元前23世纪—公元1911年)[M]. 北京:地震出版社,1995.

[20] 国家地震局震害防御司. 中国近代地震目录(公元1912~1990年 $M_S \geq 4.7$)[M]. 北京:中国科学技术出版社,1999.

[21] 中华人民共和国国家标准. GB 17741—2005 工程场地地震安全性评价 [S]. 北京:中国建筑工业出版社,2005.

[22] 胡聿贤. 地震安全性评价技术教程[M]. 北京:地震出版社,1999.

[23] 霍俊荣. 近场强地面运动衰减规律的研究[D]. 大连:国家地震局工程力学研究所,1989.

[24] 胡新亮,刁桂苓,马瑾,等. 利用数字地震记录的P、S振幅比资料测定小震震源机制解的可靠性分析[J]. 地震地质,2004,26(2):347-354.

[25] 梁尚鸿,李幼铭,束沛镒,等. 利用区域地震台网P、S振幅比资料测定小震震源参数[J]. 地球物理学报,1984,27(3):249-257.

[26] 刘杰,郑斯华,康英,等. 利用P波和S波的初动和振幅比计算中小地震的震源机制解[J]. 地震,2004,24(1):19-26.

[27] 刘启元,吴建春. 论地震数值预报-关于我国地震预报研究发展战略的思考[J]. 地学前缘,2003,10(特刊):217-224.

[28] 刘焰,钟大赉. 东喜马拉雅构造结地质构造框架[J]. 自然科学进展,1998,8(4):506-509.

[29] 潘桂棠. 青藏高原新生代构造演化[M]. 北京:地质出版社,1990.

[30] 潘裕生,孔祥儒. 青藏高原岩石圈结构演化和动力学[M]. 广州:广东科技出版社,1998.

[31] 钱方. 念青唐古拉山东南麓第四纪冰川地质[M]. 北京:地质出版社,1982.

[32] 邵翠茹,尤惠川,曹忠权,等. 雅鲁藏布大峡谷地区构造和地震活动特征[J]. 震灾防御技术,2008,3(4):398-412.

[33] 滕吉文. 中国青藏高原地球物理研究的第一批重大成果其发展导向与核心科学问题的认识和思考[J]. 地球物理学进展,2008,23(2):301-318.

[34] 田玥,陈晓非. 地震定位研究综述[J]. 地球物理学进展,2002,17(1):147-155.

[35] 王椿镛,楼海,吕智勇,等. 青藏高原东部地壳上地幔S波速度结构——下地壳流的深部环境[J]. 中国科学(D辑),2008,38(1):22-32.

[36] 汪一鹏. 青藏高原活动构造基本特征青藏高原岩石圈现今变动与动力学[M]. 北京:地震出版社,2001.

[37] 西藏自治区地震局地震工程研究所. 西藏米林机场场地地震安全性评价报告[R]. 中国地震局分析预报中心,2001.

[38] 西藏自治区地震局地震工程研究所. 西藏林芝八一镇第二大桥工程场地地震安全性评价报告[R]. 中国地震局分析预报中心,2003.

[39] 西藏自治区地质矿产局. 西藏自治区区域地质志[M]. 北京:地质出版社,1993.

[40] 许志琴,蔡志慧,张泽明,等. 喜马拉雅东构造结—南迦巴瓦构造及组构运动学[J]. 岩石

学报,2008,24(7):1463-1476.

[41] 杨文东,金星,李山有,等.地震定位研究及应用综述[J].地震工程与工程振动,2005,25(1):14-20.

[42] 于海英.地震台阵的应用及最新进展[J].地震地磁观测与研究,1999,20(6):68-73.

[43] 张培震,王琪.中国大陆现今地壳运动和构造变形—青藏高原岩石圈现今变动与动力学[M].北京:地震出版社,2001.

[44] 赵政璋.青藏高原大地构造特征及盆地演化[M].北京:科学出版社,2001.

[45] 郑来林,金振民,潘桂堂,等.东喜马拉雅南迦巴瓦地区区域地质特征及构造演化[J].地质学报,2004,78(6):744-751.

[46] 张泽明,王金丽,赵国春,等.喜马拉雅造山带东构造结南迦巴瓦岩群地质年代学和前寒武纪构造演化[J].岩石学报,2008,24(7):1477-1487.

[47] 中国地震局,中国地震年鉴2004[M].北京:地震出版社,2004.

[48] 周尚哲.青藏高原更新世冰川再认识——中国西部第四纪冰川与环境[M].北京:地质出版社,1991.

[49] Tapponnier P,Peltzer G,Le Dain A Y,et al. Propagating extrusion tectonics in Asia:New insight from simple experiments with plasticine[J]. Geology,1982,10:611-616.

[50] England P C, Molnar P. Right-lateral shear and rotation of the explanation for strike-slip in eastern Tibet[J]. Nature, 1990,344:140-142.

[51] 于学馥,郑颖人,等.地下工程围岩稳定性分析[M].北京:煤炭工业出版社,1983.

[52] 李四光.地质力学概论[M].北京:科学出版社,1973.

[53] 于学馥.信息时代岩土力学与采矿计算初步[M].北京:科学出版社,1991.

[54] Brown. E. T,Hoek. E. Technical note trends in relation ships between measured in-situ stress and depth [J]. International Journal of Rock Mechanics and Mining Science and Geomechanics Abstracts,1978,15: 211-215.

[55] 冯紫良.初始地应力的反推原理[J],隧道工程,1985,(4):42-48.

[56] 杨林德,黄伟,等.初始地应力场位移反分析的有限单元法[J].同济大学学报,1985,(4):69-77.

[57] 郭怀志,马启超,薛玺成,等.岩体初始应力场的分析方法[J].岩土工程学报,1983,5(3):64-72.

[58] 张有天,胡惠昌.地应力场趋势分析[J].水利学报,1984(4):31-38.

[59] 肖明,刘志明,等.锦屏二级水电站三维地应力场反演回归分析[J].人民长江,2000,9(9):42-44.

[60] 朱伯芳.岩体初始地应力反分析[J].水利学报,1994,10(10):30-35.

[61] 朱焕春,赵海斌.河谷地应力场的数值模拟[J].水利学报,1996,5(5):29-36.

[62] 庞作会.复杂初始地应力场的反分析[J].岩土工程学报,1998,20(4):44-47.

[63] 陆家佑,王昌明.根据岩爆反分析岩体应力研究[J].长江科学院院报,1994,11(3):27-30.

[64] 于波等.灰色建模理论在峨口铁矿地应力分布规律研究中的应用[J].岩石力学与工程

学报 1996,15(2):122-127.
[65] 蒋中明,徐卫亚,邵建富.基于人工神经网络的初始地应力场三维分析[J].河海大学学报,2002,30(3):52-56.
[66] 蒋中明,徐卫亚.三维初始地应力场反分析的径向基函数法[J].岩土力学,2002,23(6):737-741.
[67] 陈宗基.岩爆的工程实录、理论与控制[J].岩石力学与工程学报,1987,6(1):1-18.
[68] 章梦涛.冲击地压和突出的统一失稳理论[J].煤炭学报,1991(4): 48-53.
[69] 张金铸,林天健.岩石力学中的转化和突变问题[J].煤炭学报,1979(2): 39-47.
[70] 贾愚如.水工洞室中岩爆机制与判据:岩石力学在工程中的应用[M].北京:知识出版社,1989,254-260.
[71] 黄学军,姜永东.隧道岩爆的判据与预测预报[J].矿业安全与环保,2005,32(2):7-9.
[72] Kidybinski A. Bursting liability indices of coal[J]. International Journal of Rock Mechanics and Mining Science and Geomechanics Abstracts,1981,18(4):295-304.
[73] 杨林德.岩土工程问题的反演理论与工程实践[M].北京:科学出版社,1996.
[74] 郑永来,杨林德,等.地下结构抗震[M].上海:同济大学出版社,2005.
[75] Dowding C. H, Rozen A. Damage to rock tunnels from earthquake shaking[J]. J. Geotech. Eng. Div., ASCE 104 (GT2), 1978: 175-191.
[76] Sharma S, Judd R. J. Underground opening damage from earthquakes[J]. Engineering Geology, 1991, 30: 263-276.
[77] 陶连金,张倬元,姜德义. 复杂工程岩体稳定性评价[M]. 成都:成都科技大学出版社,1998.
[78] 刘吉.黄草坪.2#隧道地震动力响应的物理模拟试验初步研究[D].成都:成都理工大学,2007.
[79] 李金都, 陈书涛. 南水北调西线调水区地质条件与关键工程地质问题分析[J]. 人民黄河, 1999,21 (2):22-24.
[80] 蒋树屏.地震中桥隧受损分析及修复对策[R].重庆交通科研设计院,2008.
[81] 刘启方,袁一凡,金星,等.近断层地震动的基本特征[J].地震工程与工程振动,2006,26(1):1-8.
[82] 冯启民,邵广彪.近断层地震动速度、位移峰值衰减规律的研究[J].地震工程与工程振动.2004,24(4):13-19.
[83] 王启耀,蒋臻蔚,彭建兵.全新活动断裂和地裂缝对公路工程的影响及对策[J].公路,2006,2(2): 104-108.
[84] 李爽,谢礼立.近场问题的研究现状与发展方向[J].地震学报,2007, 29(1):102-111.
[85] 黄志全,漆家福,伍法权,等.南水北调一期工程的主要工程地质问题[J].中国地质灾害与防治学报,2002 ,13(3):1-9.
[86] 陆兆溱.工程地质学[M].北京:中国水利水电出版社,1986.
[87] 黄醒春,卢海星.复杂断层扰动下的原岩应力场的数值分析与评价[J]. 岩土工程学报,

2000,22(3):327-331.

[88] 苏生瑞.断裂构造对地应力场的影响及其工程意义[D].成都:成都理工学院,2001.

[89] 宋惠珍,曾海容.逆冲断层应力场的数值模拟[J].地震地质,1999,21(3):275-282.

[90] 薛之龙,杨家卫.小湾水电站泄洪洞过F7断层有限元线弹性分析[J].云南水力发电,2001,17(3):55-58.

[91] 陈红旗,魏云杰.断裂构造工程效应综述[J].岩土工程技术,2003,17(5):249-252.

[92] 李金都,陈书涛.南水北调西线调水区地质条件与关键工程地质问题分析[J].人民黄河,1999,21(2):22-24.

[93] 陈健云,胡志强.超大型地下洞室群的三维地震响应分析[J].岩土工程学报,2001,23(4):494-498.

[94] 番昌实.隧洞及地下结构抗震问题的研究概述[J].世界隧道,1996,33(5):7-16.

[95] 冯启民,赵林.跨越断层埋地管道屈曲分析[J].地震工程与工程振动,2001,21(4):80-87.

[96] 罗国煜,陈新民,李晓昭,等.城市环境岩土工程[M].南京:南京大学出版社,2000.

[97] 李起彤.活动层及其工程评价[M].北京:地震出版社,1991.

[98] 松田时彦.活断层和地震的地质研究[M].卢振恒(译).北京:地震出版社,1983:15-31.

[99] 廖秋林,曾钱帮.基于ANSYS平台复杂地质体FLAC3D模型的自动生成[J].岩石力学与工程学报,2005(24):1010-1013.

[100] 朱维申,何满潮.复杂条件下围岩稳定性与岩体动态施工力学[M].北京:科学出版社,1995.

[101] 吴波,刘维宁,高波,等.地铁分岔隧道施工性态的三维数值模拟与分析[J].岩石力学与工程学报,2004,23(18):3081-3086.

[102] 李仲奎,戴荣,姜逸明.FLAC3D分析中的初始应力场生成及在大型地下洞室群计算中的应用[J].岩石力学与工程学报,2002,21(增2):2387-2392.

[103] 周吾紡,郭东信,邱国庆,等.中国冻土[M].北京:科学出版社,2000.

[104] 施天谟著.计算传热学[M].陈越南,范正翘,等译.北京:科学出版社,1987.

[105] 铁道第三勘察设计院.冻土工程[M].北京:中国铁道出版社,2002.

[106] 中华人民共和国国家标准.GB 50176—1993 民用建筑热工设计规范[S].北京:中国标准出版社,1993.

[107] 蒋树屏.我国公路隧道建设技术的现状及展望[C].国际隧道研讨会,2004.

[108] 中国工程院土木水利与建筑学部工程结构安全性与耐久性研究咨询项目组.混凝土结构耐久性设计与施工指南[M].北京:中国建筑出版社,2004.

[109] 唐光谱,刘西拉.基于唯象损伤观点的混凝土冻害模型研究[J].四川建筑科学研究.2007,33(3):138-143.

[110] 中华人民共和国行业标准.TB 10005—2010 铁路混凝土结构耐久性设计规范[S].北京:中国铁道出版社.2005.

[111] 潘华,邱洪兴.基于损伤力学的混凝土疲劳损伤模型[J].东南大学学报.2006,36(4):

605-608.

[112] Sayles F H. Triaxial constant strain rate tests and triaxial creep tests on frozen Ottawa sand [C]. Proceeding of 2nd International Permafrost Conference, Yakutsk, USSR, 1973: 384-391.

[113] Chamberlain E, Groves C, Perham R. The mechanical behavior of frozen earth materials under high pressure triaxial test conditions[J]. Geotechnique, 1972,22(3):469-483.

[114] Parameswaran V R, Jones S J. Triaxial testing of frozen sand[J]. Glaciology, 1981,27(95):147-155.

[115] Jones S J. The confined compressive strength of polycrystalline ice [J]. Glaciology, 1982, 28(98):171-177.

[116] Ladanyi B. An engineering theory of creep of frozen soils[J]. Canadian Geotechnical Journal, 1972,9(1):63-80.

[117] Ladanyi B. Stress transfer mechanism in frozen soils [J]. Special lecture, 10th CANCAM, 1985.

[118] Ladanyi B, Morel J F. Effect of internal confinement on compression strength of frozen soils [J]. Canadian Geotechnical Journal, 1990, 27:8-18.

[119] Seed H B, Lee K L. Undrained strength characteristics of cohesionless soils[J]. Soil mech. Found. Div. ,1993(SM6): 333-360.

[120] Ting J M, Martin R T, Ladd C C. Mechanism of strength for frozen sand[J]. ASCE Journal of Geotechnical Engineering, 1983, 109(10):1286-1302.

索 引